HaR 262

1

Topométrie générale

troisième édition

Roger Duquette et Ernest P. Lauzon

LES ÉDITIONS DE
L'ÉCOLE POLYTECHNIQUE DE MONTRÉAL

Topométrie générale, troisième édition, Roger Duquette et Ernest P. Lauzon

Page de couverture : Daniel Viens et Chantal Fauteux

Pour connaître nos distributeurs et nos points de vente, veuillez consulter notre site Web à l'adresse suivante : www.polymtl.ca/pub

Courrier électronique des Presses internationales Polytechnique : pip@polymtl.ca

Dépôt légal : 3e trimestre 1996   ISBN 2-553-00570-9
Bibliothèque nationale du Québec   Imprimé au Canada
Bibliothèque nationale du Canada

Avant-propos

Destinée avant tout aux étudiants des niveaux collégial et universitaire, cette troisième édition de *Topométrie générale*, suffisamment détaillée mais concise, constitue également une excellente référence pour ceux qui travaillent dans le domaine de la géomatique.

Afin d'être fidèles au titre de l'ouvrage, nous nous sommes limités à la topométrie. Nous avons donc choisi de ne pas aborder de sujets tels que la géodésie, la photogrammétrie et l'astronomie géodésique. Toutefois, compte tenu de l'importance que prendra le système de positionnement global par satellites (GPS) dans les prochaines années, nous y avons consacré le dernier chapitre.

L'utilisation de termes précis a constitué une de nos plus grandes préoccupations; nous étions motivés en cela par le fait que ce manuel s'adresse aux spécialistes du mesurage de précision. Cependant, nous désirions tenir compte du contexte québécois et respecter nos us et coutumes, c'est pourquoi nous avons évité de faire un chambardement trop en profondeur du vocabulaire de la spécialité. En guise de complément utile, nous avons ajouté un lexique, et les termes qui y figurent sont en caractères italiques dans l'ouvrage.

Seul le système international d'unités (SI) a servi tout au long du manuel. De plus, en annexe, on retrouve un guide mis à jour du SI et une table des facteurs de conversion des divers systèmes de mesure. Pour faciliter la compréhension, nous avons utilisé, en règle générale, les lettres minuscules pour identifier les distances, les lettres majuscules pour les points, et les lettres grecques pour les angles. Conformément aux normes de la géométrie tridimensionnelle, les lettres X, Y et Z correspondent à des points (la dernière représentant l'altitude).

Ce manuel se divise en six parties, qui représentent autant de dimensions de la topométrie générale. Dans la première partie, nous posons les bases de la discipline et fournissons des renseignements de nature paratopométrique. La deuxième partie présente les principes essentiels concernant les instruments et les éléments de mesure fondamentaux obtenus à l'aide de ceux-ci. Dans la troisième, nous examinons différentes méthodes d'acquisition des données relatives aux mesures, tout en mettant l'accent sur les techniques d'opération sur le terrain. La quatrième partie vient compléter la précédente par la présentation des calculs pertinents qui justifient, en quelque sorte, les travaux de mesurage déjà répertoriés. Dans la cinquième, nous appliquons à des domaines bien spécifiques les techniques et les principes étudiés précédemment. Enfin, la sixième partie traite du système de positionnement global par satellites, soit le système NAVSTAR/GPS.

Les instruments de topométrie ont grandement bénéficié des récents développements scientifiques. Dans cette troisième édition, nous avons accordé une place de choix aux nouveaux instruments électroniques de mesure et à leur incidence sur les modes d'acquisition des données. Nous nous sommes également attardés au traitement des données et à l'implantation des résultats obtenus pour l'exécution de travaux de construction en général. Ainsi, la plupart des chapitres ont été partiellement ou substantiellement modifiés par rapport aux éditions précédentes, ce qui a permis d'actualiser le contenu de l'ouvrage. Nous aurions pu nous limiter à ne décrire que les instruments très modernes, car ils sont, de façon générale, beaucoup plus simples à utiliser. Toutefois, comme les instruments traditionnels sont encore en usage, le géomètre doit pouvoir s'en servir adéquatement. Pour cette raison, nous avons conservé les parties de chapitre qui traitent des principes et des modes d'opération des instruments traditionnels.

De nombreux exemples ont été intégrés au texte pour en favoriser la compréhension. À la fin de la plupart des chapitres, nous avons ajouté des exercices, et les réponses à certains d'entre eux figurent à l'annexe B. De plus, un index alphabétique à la fin de l'ouvrage permet d'en faciliter la consultation.

Enfin, nous tenons à remercier tout le personnel des Éditions de l'École Polytechnique de Montréal et plus particulièrement Jean Dulude, Lucien Foisy, Diane Ratel, Martine Aubry et Daniel Viens. Une mention toute spéciale de remerciement va à Jean Bélanger, qui nous a fourni son assistance technique tout au long de cette troisième édition.

Nous serions reconnaissants envers les lecteurs de nous communiquer toute erreur qui se serait glissée dans cet ouvrage.

Table des matières

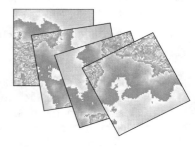

Introduction

Notions d'ensemble   PARTIE A

1.1 GÉNÉRALITÉS

La *topométrie* est une division importante de la *géomatique*. La géomatique, aussi appelée sciences géodésiques, est la discipline qui englobe toutes les méthodes d'acquisition et de traitement des dimensions physiques de la Terre.

Si l'on veut satisfaire aux exigences de la vie moderne, on ne peut se dispenser de la géomatique. On y a recours pour :

a) cartographier la Terre, au-dessus et au-dessous du sol ainsi qu'au fond des mers;

b) dresser des cartes de navigation aérienne, terrestre et maritime;

c) établir les limites de propriétés tant publiques que privées;

d) créer des banques de données relatives aux ressources naturelles et à l'utilisation des terres;

e) déterminer la forme et les dimensions de la Terre de même que pour étudier la gravité et le champ magnétique;

f) dresser des cartes de notre satellite naturel et, éventuellement, des autres planètes.

La géomatique joue un rôle extrêmement important dans plusieurs branches du génie. Par exemple, elle est requise avant, pendant et après la planification et la construction d'autoroutes, de chemins de fer, de tunnels, de canaux, de ponts, de bâtisses, de systèmes d'aqueducs et d'égouts, de galeries de mines, d'oléoducs, de sites de lancement de fusées ainsi que de stations de repérage et de poursuite de satellites.

Dans ce chapitre, nous verrons d'abord l'historique de la géomatique ainsi que les principaux instruments de calcul et de mesure nécessaires au travail de tout spécialiste de la mesure (ingénieur, géomètre, arpenteur, etc.). Par la suite, nous définirons mathématiquement et physiquement la surface de la Terre dont on se sert pour effectuer les observations et les calculs en géomatique, et nous présenterons divers systèmes de références géodésiques qui sont des éléments essentiels d'orientation basés sur des surfaces définies. Enfin, nous définirons les principales divisions de la géomatique, soit la topométrie, la *géodésie*, la *topographie*, la *photogrammétrie*, l'*astronomie géodésique* et la *télédétection*.

1.2 L'HISTORIQUE

La géomatique, et en particulier la topométrie, est la plus vieille discipline pratiquée par l'homme, parce que, de tout temps, il a été nécessaire de délimiter et de diviser les terres.

Le plus ancien plan topographique connu est une tablette d'argile babylonienne (fig. 1.1). Ce plan, fabriqué vraisemblablement vers l'an 4000 av. J.-C., représente une partie de la ville de Dunghi, en Mésopotamie. On peut y distinguer les différents lots de la subdivision d'un terrain.

Sous Sésostris III, environ 2000 ans av. J.-C., la terre d'Égypte était divisée en parcelles qui déterminaient l'assiette de l'impôt foncier. Les arpenteurs égyptiens devaient en rétablir régulièrement les limites, que les crues du Nil faisaient disparaître annuellement.

Ce genre d'activité a amené les savants grecs à développer la géométrie, mot qui signifie en grec *mesure de la terre*. La science en général en était alors à ses premiers balbutiements.

Les mesures linéaires se faisaient au cordeau avec des jalons (fig. 1.2). La chaîne à mailles a remplacé le cordeau et, à son tour, a été supplantée par les rubans d'acier. Aujourd'hui, on mesure de plus en plus les distances à l'aide d'appareils électroniques.

Figure 1.1 Le plus ancien plan topographique.

Figure 1.2 Le mesurage d'un champ fait à l'aide du cordeau (1420 av. J.-C.).

Environ 500 ans av. J.-C., les Babyloniens ont découvert l'arbalète (bâton de Jacob des Chaldéens), soit une longue tige (t) portant une graduation sur une de ses faces (fig. 1.3). Sur cette tige pouvait coulisser un curseur (c), c'est-à-dire une seconde tige de longueur parfaitement connue et perpendiculaire à la première. L'oeil de l'observateur était placé en O. L'arbalète servait à mesurer l'angle α, surtout lorsqu'on voulait trouver la hauteur de l'astre (A).

Cent vingt ans av. J.-C., Héron, savant mathématicien et physicien d'Alexandrie, a décrit dans *Dioptra* un des premiers instruments de mesure des angles : la *dioptre* (fig. 1.4), mise au point par Hipparque, de Nicée. Cet instrument consistait en un poteau qui portait un plateau de mesurage pouvant se déplacer horizontalement ou verticalement au moyen de vis sans fin. Une *alidade* à pinnules servait à prendre les directions. Au IVe siècle ap. J.-C., les Chinois ont inventé la *boussole*. La conception du *théodolite*, par Léonard Digges, date du XVIe siècle, mais sa réalisation technique était alors impossible, la science de l'optique n'en étant qu'à ses débuts. L'invention de la lunette par Galilée et du *vernier*, au début du XVIIIe siècle, a considérablement amélioré la précision de la mesure des angles.

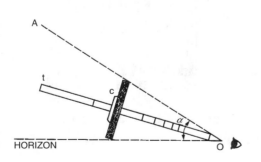

Figure 1.3 L'arbalète.

Figure 1.4 La dioptre d'Hipparque.

Figure 1.5 Le chorobate.

L'ancêtre du *niveau* utilisé aujourd'hui est le chorobate (fig. 1.5), sorte de poutre d'environ 6 m supportée à chaque extrémité et portant sur le dessus une rainure qui, remplie d'eau, servait de niveau. C'est Thévenot qui, en 1666, a inventé le niveau à bulle, mais sa réalisation ne s'est concrétisée qu'un siècle plus tard.

En Égypte, 2000 ans av. J.-C., les arpenteurs officiels du pharaon utilisaient déjà un recueil de formules mathématiques pour calculer les superficies, recueil qui comprenait aussi des méthodes de mesurage des champs. Au début du XVIIIe siècle sont apparus, en France, les premiers ouvrages complets traitant de la topographie et de l'*arpentage* (fig. 1.6). C'est à peu près à ce moment que l'arpentage a commencé à être une profession véritablement organisée; les arpenteurs-jurés étaient regroupés en corporations. Leurs activités étaient semblables à celles des arpenteurs-géomètres d'aujourd'hui : délimitation de propriétés, procédure de bornage, estimation des biens, confection des livres et des plans terriers, etc.

Figure 1.6 Extrait d'un ouvrage traitant des méthodes et des instruments topométriques.

Figure 1.7 Le boulier compteur.

1.3 LES INSTRUMENTS DE CALCUL ET DE MESURE

Pour effectuer leur travail quotidien, les ingénieurs-géomètres ont souvent recours à des instruments de calcul et de mesure. Ces équipements ont évolué avec le temps et l'essor prodigieux de l'électronique a servi de catalyseur à cette évolution.

Signalons que les Babyloniens et les Égyptiens utilisaient déjà le boulier compteur (fig. 1.7) constitué d'un cadre portant des tiges parallèles sur lesquelles peuvent coulisser 10 boules : la première tige sert à compter les unités, la deuxième, les dizaines, et ainsi de suite.

1.3.1 Les instruments de calcul

C'est vers 1948 que l'usage des ordinateurs électroniques a commencé à se répandre. Voici un bref historique de leur évolution et de leurs effets sur les travaux de l'ingénieur-géomètre.

De 1950 à 1965. C'est l'ère des grands ordinateurs électroniques (à lampes) de type «unité centrale» (ex. : génération Cray). Bien qu'ils fussent assez performants, leur prix et leur format ne les rendaient accessibles qu'aux grandes entreprises et aux organismes gouvernementaux. Ces imposantes pièces d'équipement ont servi notamment à évaluer la précision des réseaux géodésiques au Canada (Service géodésique canadien) et aux États-Unis (Département américain de géodésie) (sect. 1.5). Parmi les autres outils de calcul, on trouve la célèbre *règle à calcul* (fig. 1.8) et les tables de logarithmes, de même que les calculateurs mécaniques de format de table actionnés à l'aide de cames. Ces derniers faisaient appel à des principes de fonctionnement très ingénieux développés et améliorés entre la fin du XIXe siècle et les années 50. L'esprit inventif de leurs concepteurs a permis d'optimiser le rendement des systèmes mécaniques au point de permettre le calcul de la racine carrée. D'un gabarit et d'un poids assez importants, ces instruments constituent les ancêtres de nos calculatrices contemporaines.

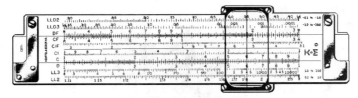

Figure 1.8 La règle à calcul.

De 1965 à 1975. Le calculateur de format de table se démocratise. Grâce aux progrès technologiques qui permettent la miniaturisation des composantes, il acquiert un format plus pratique et performe davantage (fig. 1.9). Cette seconde génération de calculateurs de table (à ne pas confondre avec *calculatrice de poche*) pouvait être reliée à des unités de disques, ce qui permettait aux fabricants de concevoir des logiciels de calcul pour différentes disciplines scientifiques dont la géomatique. Affichant des performances relativement élevées et d'un format plus adapté aux PME de l'époque, ces calculateurs étaient néanmoins trop coûteux pour qu'une diffusion au grand public soit possible. Cette époque marque l'entrée dans l'ère informatique de nombreux bureaux d'ingénieurs et d'arpenteurs-géomètres ainsi que de maisons d'enseignement.

Figure 1.9   Le calculateur de table (modèle Wang, série 700).

Parallèlement à ces types d'instruments se développait un nouvel outil de calcul appelé couramment aujourd'hui la calculatrice de poche. C'est Hewlett-Packard qui, en 1972, a mis en marché la HP-35 (fig. 1.10), reléguant ainsi à l'histoire la règle à calcul. Cette première calculatrice, de format de poche comme son nom l'indique et dont les performances se limitaient aux principales fonctions arithmétiques et trigonométriques, ne pouvait pas rivaliser en puissance avec les calculateurs de table. Cependant, son format pratique et son prix abordable en ont fait un outil qui a répondu aux besoins de nombreux professionnels et qui s'est rapidement imposé sur le marché des instruments de calcul.

De 1975 à 1981.   Du calculateur de table, nous passons aux premiers ordinateurs personnels dignes de ce nom. Grâce aux compagnies Apple (série Apple IIe) et Radio Shack (série TRS-80) en tête de groupe, l'ingénieur-géomètre dispose d'outils relativement performants qui supportent plusieurs logiciels d'application en topométrie, géodésie et autres disciplines connexes. Ces systèmes possèdent des avantages, dont leur format pratique et leur gamme de périphériques plus complète, qui va du moniteur pleine grandeur au disque rigide, en passant par les lecteurs de disquettes.

Figure 1.10   La calculatrice électronique de poche.

De 1981 à 1995. Date historique que 1981, alors qu'IBM met en marché la première génération d'ordinateurs personnels fonctionnant avec le système d'exploitation DOS. On crée ainsi une nouvelle norme, et nombreuses sont les compagnies qui, pour des fins de compatibilité, alignent leur nouvelle gamme de produits sur la norme IBM. Optant pour une approche plus conviviale et un autre type de microprocesseur, Apple crée une autre norme en 1984 en lançant le Macintosh. Évoluant parallèlement en puissance, ces deux types de systèmes devraient être réunis dans une architecture unifiée, basée sur un microprocesseur haute performance (nommé Power PC) et développée conjointement par IBM, Motorola et Apple en 1994.

On ne peut passer sous silence la croissance phénoménale de la capacité des ordinateurs entre 1981 et 1994. Des premiers systèmes à 8 bits (PC et XT), on est passé aux appareils à 16 bits (PC-286 et PC-386) et à ceux de 32 bits (PC-486). Ces derniers (fig. 1.11), quoique très performants, doivent maintenant céder la place à la récente génération de microprocesseurs de 64 bits (Pentium, Pentium-Pro, Alpha AXP et Power PC).

Le professionnel de la géomatique trouve son compte dans ce processus évolutif, puisque le nombre de logiciels d'application ne cesse de croître et ces derniers effectuent des opérations de plus en plus complexes. De nos jours, le professionnel peut travailler en réseau et avoir accès à de nombreuses banques d'informations. Par ailleurs, les prix sont très abordables et, surtout, la disponibilité des équipements portatifs offre une plus grande autonomie aux équipes qui travaillent sur le terrain.

On trouve un bon exemple de l'intégration de l'informatique en géomatique dans le vaste programme de la réforme cadastrale au Québec, qui a débuté en 1990 et s'étalera sur 14 ans. Le programme vise la réalisation d'une image complète et la mise à jour régulière du morcellement foncier privé au Québec. À cette fin, on aura recours à plus de 150 stations de travail ainsi qu'à de nombreux serveurs répartis sur tout le territoire québécois. Les stations feront vraisemblablement appel à la technologie PC-486, alors que les serveurs disposeront de l'architecture de 64 bits du microprocesseur Alpha AXP. Des firmes spécialisées en géomatique et plus de 500 arpenteurs-géomètres seront mis à contribution dans ce projet colossal.

Figure 1.11   L'ordinateur personnel.

1.3.2 Les instruments de mesure

Certains facteurs tels que l'explosion démographique, la hausse de la valeur des terrains et même la nouvelle conscience écologique ne sont que mieux servis par l'utilisation des nouveaux équipements topométriques. À titre d'exemple, ces derniers permettent de décrire plus aisément, et avec précision et rapidité, l'étendue réelle des dégâts à la suite d'un incident écologique.

Pour les mesures linéaires de courtes distances, la chaîne métallique (chap. 8) a toujours sa place parmi les outils de travail de l'ingénieur-géomètre. Toutefois, à partir de la Seconde Guerre mondiale, l'avènement des appareils de mesure électroniques de distances a considérablement modifié les façons de travailler.

De cette période (1940-1945) sont issus des systèmes de localisation électronique tels que le SHORAN (*SHOrt RAnge Navigation*), conçu par RCA et qui servait à guider les avions lors des missions de bombardement. Après la Seconde Guerre mondiale, on a raffiné ces systèmes pour des applications civiles telles que l'établissement de points géodésiques, et ces raffinements ont donné naissance au HIRAN (*HIgh precision shoRAN*), puis au SHIRAN (*Super HIRAN*) vers la fin des années 50. Durant la même période, au Canada, on utilisait également le système AERODIST.

En 1966, à la demande de l'armée américaine, la firme Litton Systems Limited a développé le système ISS (*Inertial Surveying System*), qui consistait principalement en une plate-forme inertielle contenant deux gyroscopes et trois accéléromètres. Les gyroscopes servaient à maintenir l'orientation de la plate-forme dans une direction N.-S. durant la mesure, la direction étant maintenue parallèle au système géodésique. Les accéléromètres, qui mesuraient les accélérations de la plate-forme le long des trois axes cartésiens, servaient à calculer les nouvelles coordonnées de cette plate-forme. En 1974, on a amélioré le système ISS, ce qui a rendu possible des applications civiles en arpentage.

Figure 1.12 Le théodolite électronique (modèle TC-500).

Figure 1.13 Le carnet de levé électronique (modèle GRE-4A).

À partir de stations aéroportées, on a pu utiliser ces méthodes pour obtenir de façon rapide et précise des informations photographiques et géodésiques. C'est à l'aide de ce type de méthodes qu'on a parachevé des réseaux de points géodésiques dans le Grand Nord canadien.

Il est aujourd'hui difficile de dissocier les instruments de mesure des instruments de calcul, car ils sont complémentaires et tous deux essentiels au processus de prise des mesures et à l'obtention du résultat final. Par exemple, les théodolites électroniques (fig. 1.12) jumelés aux carnets de levés électroniques (fig. 1.13) ont simplifié la prise des mesures, d'autant plus qu'on transmet électroniquement les informations à un ordinateur qui effectue le traitement et assure l'impression par le biais de logiciels d'arpentage et de dessin. Par ailleurs, la réalisation du programme spatial est à l'origine de la télédétection. Cette discipline permet de recueillir, à l'aide de satellites, de multiples données qu'il serait physiquement impossible d'obtenir autrement.

À titre d'exemple, en 1992, on a réalisé l'ambitieux projet de mesurage de l'altitude exacte du mont Everest en ayant recours à des équipements des plus sophistiqués. Simultanément sur deux versants et à l'aide d'une approche trigonométrique (angles et distances) et de méthodes de télédétection, des équipes d'ingénieurs-géomètres ont établi l'altitude du plus haut sommet de la Terre à 8846,10 m par rapport au niveau moyen de l'eau dans le golfe de Bengale. Pour la réalisation de ce projet, les scientifiques se sont servis de cinq stations GPS WILD et de nombreux théodolites/télémètres électroniques WILD T3000 et DI3000.

1.4 LA REPRÉSENTATION DE LA TERRE

De tout temps, l'homme a cherché à connaître et à déterminer la forme et les dimensions de notre planète. Au Ve siècle av. J.-C., les Grecs, tels que le philosophe Parménide et le célèbre philosophe et mathématicien Pythagore, admettaient déjà la sphéricité de la Terre.

C'est le mathématicien, astronome et philosophe Ératosthène, né à Cyrène en Grèce, qui a été le premier à déterminer de façon sérieuse la distance entre deux villes. En l'an 230 av. J.-C., il avait constaté qu'à Syène (aujourd'hui Assouan), le soleil éclairait le fond d'un puits vertical le 21 juin et qu'à Alexandrie, située sensiblement sur le même méridien, un obélisque vertical projetait une ombre au même instant. En mesurant l'angle zénithal que faisait le soleil avec la verticale à Alexandrie, il a obtenu la différence de latitude entre les deux villes. Il a évalué ensuite la distance entre Syène et Alexandrie en se basant sur le temps nécessaire à la parcourir. Puisqu'il connaissait la distance le long du méridien et la différence de latitude entre les deux points (fig. 1.14), il a calculé la longueur d'un arc de méridien ayant une amplitude de un degré en latitude et il a obtenu 128 km; il s'agit d'une valeur remarquable pour l'époque, la valeur admise actuellement étant de 111 km.

Pendant plusieurs siècles, faute d'une valeur plus précise, on a utilisé celle trouvée par Ératosthène. En 1617, un géodésien et astronome hollandais, Snell Van Royen (dit Snellius, 1581-1626), dont on attribue au père, Rodolphe Snell (1547-1613), la découverte des lois de la réfraction (Descartes en a tiré les plus importantes conséquences), a publié un ouvrage remarquable intitulé *Eratosthenes Batavus de terræ ambitus vera quantitate*. Ce document est en fait un compte rendu des opérations géodésiques qu'il avait entreprises pour mesurer l'arc du méridien compris entre Leyde et Soeterwoode.

Cette tentative de Snellius est la première qui ait été faite avec la méthode trigonométrique. Il a pris la mesure d'un arc méridien terrestre en établissant une triangulation à proximité et le long d'un méridien. Si on mesure les angles de tous les triangles et la longueur d'un seul côté (fig. 1.15), on peut calculer la longueur d'un arc de méridien compris entre deux points de latitude connue, en projetant les éléments mesurés et calculés sur le méridien. Snellius a trouvé des valeurs plus précises qu'Ératosthène, mais la forme sphérique de la Terre est demeurée.

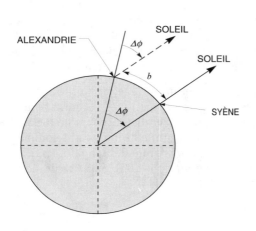

Figure 1.14 La mesure d'une longueur d'arc de méridien par Ératosthène.

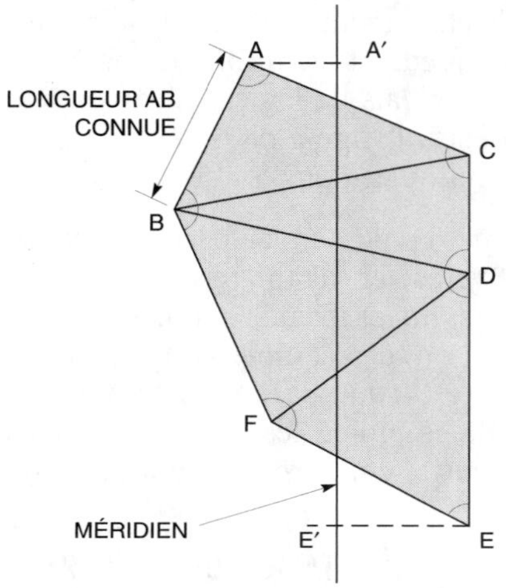

Figure 1.15 La triangulation à proximité et le long d'un méridien.

Au début du XVIIᵉ siècle, à la suite du développement des sciences pures et appliquées et surtout de la mécanique rationnelle, on a remis en question l'hypothèse de la Terre sphérique. Des savants tels Nicolas Copernic (Polonais, 1473-1543), Galilée (dit Galileo Galilei, Italien, 1564-1642), Johannes Kepler (Allemand, 1571-1630), Christiaan Huygens (Hollandais, 1629-1695), Isaac Newton (Anglais, 1642-1727) et bien d'autres ont contribué par leurs travaux de recherche, observations et publications à mieux définir la forme de notre planète. En 1687, Newton a énoncé le principe suivant : la forme d'équilibre d'une masse fluide homogène soumise aux lois de l'attraction universelle et tournant autour d'un axe est un ellipsoïde de révolution autour de cet axe et aplati aux pôles. L'hypothèse de la Terre sphérique a ainsi cédé la place à la Terre ellipsoïdale.

Depuis lors, plusieurs géodésiens, astronomes et géophysiciens de même que divers organismes ont effectué des observations, pris des mesures et publié leurs résultats. Le tableau 1.1 présente les ellipsoïdes les plus courants jusqu'en 1967. L'Association internationale de géodésie (A.I.G.) a adopté, en 1924, un ellipsoïde international dont le demi-grand axe était celui qu'avait calculé le géodésien américain J. Hayford en 1909. Avec l'ère spatiale, les satellites géodésiques ont permis de déterminer les dimensions de la Terre avec une plus grande précision, et c'est ainsi qu'en 1967 l'A.I.G. a adopté de nouvelles valeurs. En 1979, à Canberra en Australie, grâce au système de satellites dit de positionnement global, le GPS (*Global Positioning System*), la XVIIᵉ assemblée générale de l'Union internationale de géodésie et géophysique a adopté un nouvel ellipsoïde géocentrique, le GRS 80 (*Geodetic Reference System 1980*). Les paramètres de cet ellipsoïde sont les suivants :

a (demi-axe équatorial) = 6 378 137 m (valeur exacte par définition)

$1/f$ = 298,257 222 100 88 (nombre fixé par détermination géophysique; 14 chiffres significatifs)

où f = aplatissement de l'ellipsoïde $[(a - b)/a]$

De ces deux paramètres, on tire les valeurs du demi-petit axe b et de l'excentricité première e de cet ellipsoïde :

b = 6 356 752,314 140 3 m (14 chiffres significatifs)

e^2 = 0,006 694 380 022 903 4 (14 chiffres significatifs)

Tableau 1.1   Ellipsoïdes courants jusqu'en 1967

Nom	Date	Demi-axe équatorial, a	Demi-axe polaire, b	$1/f$
Everest	1830	6 377 276	6 356 075	300,80
Bessel	1841	6 377 397	6 356 079	299,15
Clarke	1866	6 378 206,4	6 356 583,8	294,98
Clarke	1878	6 378 199	6 356 439	293,15
Clarke	1880	6 378 301	6 356 566	293,47
Hayford	1909	6 378 388	6 356 912	297,00
Heiskanen	1929	6 378 400	6 357 010	298,20
Jeffreys	1948	6 378 099	6 356 631	297,10
Krassovsky	1948	6 378 245	6 356 863	298,30
Hough	1959	6 378 270	6 356 794	297,00
Oxford	1959	6 378 201	6 356 772	297,65
Fischer	1960	6 378 155	6 356 773	298,30
International	1967	6 378 160	6 356 774,5	298,247

Note : Valeur arrondie au mètre près pour certains ellipsoïdes.

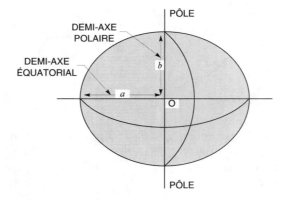

Figure 1.16   L'ellipsoïde de révolution engendré par la rotation d'une ellipse méridienne autour du petit axe; ce dernier coïncide sensiblement avec l'axe de rotation de la Terre.

Comme on vient de le voir, on considère généralement la Terre comme un ellipsoïde de révolution (fig. 1.16). En fait, la Terre n'est pas un ellipsoïde parfait mais, dans son aspect physique, on la considère comme un géoïde, c'est-à-dire une surface quelconque coïncidant approximativement avec le niveau moyen de la mer; cette surface est en tout point perpendiculaire aux lignes de force de la pesanteur ou à la verticale du lieu. De cette façon, on s'assure de conserver le plus fidèlement possible les propriétés dynamiques et géométriques de la Terre.

La surface de la Terre étant formée de vallées, de mers, de collines, de montagnes, etc., on ne peut l'identifier à une surface de niveau ni au géoïde, qui correspond à une surface équipotentielle. Si on fait exemption du relief de la surface terrestre, c'est sur le géoïde qu'on se base pour prendre les mesures linéaires, goniométriques et altimétriques, et ce en se référant à la verticale du lieu, direction qui représente un élément ou une donnée physique.

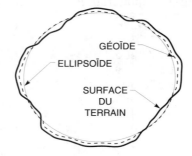

Figure 1.17a   Représentation d'ensemble de l'ellipsoïde de révolution, du géoïde et de la surface du terrain. Nous avons amplifié les échelles afin de mettre en évidence le décalage entre les trois éléments cités.

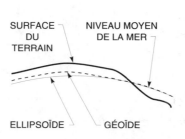

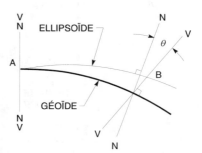

Figure 1.17b   Représentation plus détaillée d'une portion de la figure 1.17a. On note la coïncidence du géoïde avec le niveau moyen de la mer.

Figure 1.17c   Schémas montrant le point d'origine, A, où la normale par rapport à l'ellipsoïde, N, coïncide avec la verticale du lieu, V (par rapport au géoïde). L'écart angulaire entre ces deux éléments est clairement représenté au point B.

Puisque le géoïde ne répond à aucune équation mathématique, on doit se donner une surface rigoureusement définie, sur laquelle on s'appuiera pour effectuer les calculs relatifs à la détermination de la position des points situés à la surface du géoïde. Pour les calculs de précision, on a recours à l'ellipsoïde de révolution (fig. 1.16). Il existe évidemment des ondulations, ou écarts, entre le géoïde et un ellipsoïde donné, mais ils sont relativement petits, soit de l'ordre de quelques centaines de mètres ou moins. De même, l'angle entre la verticale du lieu, qui se réfère au géoïde, et la normale par rapport à l'ellipsoïde, angle qu'on appelle la déviation de la verticale en un lieu donné, est généralement petit (fig. 1.17).

Afin de simplifier les calculs, et lorsque les exigences le permettent, on traite la Terre comme une sphère ayant 6371 km de rayon. Dans le cas d'étendues plus restreintes, ce qui est le cas en topométrie, on considère la Terre comme plane.

1.5 LES SYSTÈMES DE RÉFÉRENCES GÉODÉSIQUES

À la connaissance de la forme et des dimensions de notre globe terrestre doit s'ajouter celle de la position de lieux, de places, d'endroits, etc. Une des activités fondamentales en géomatique ou en géodésie consiste à déterminer les coordonnées de points de la surface terrestre. À cette fin, on a défini et précisé divers systèmes de coordonnées qu'on a dû ensuite adapter aux nouvelles exigences de précision créées par l'arrivée d'instruments de mesure électroniques et, plus récemment, par celle des satellites.

Trois valeurs de coordonnées sont nécessaires pour qu'on puisse déterminer la position d'un point à la surface terrestre. Deux d'entre elles, la latitude et la longitude, servent à définir le point en position planimétrique, alors que la troisième coordonnée sert de cote altimétrique. Pour calculer la latitude et la longitude d'un point, on peut, en s'appuyant sur un point et une direction connus, effectuer des mesures directes d'angles horizontaux et de distances horizontales, tandis que, pour déterminer l'altitude d'un point, on procède généralement par nivellement. De façon naturelle et historique, on a donc développé deux réseaux distincts, c'est-à-dire les réseaux planimétriques et les réseaux altimétriques.

Conséquemment, on a défini deux surfaces de référence (datum), soit la surface de référence ellipsoïdale pour la planimétrie et la surface de référence géoïdale pour l'altimétrie. La première sert à établir notamment les coordonnées de latitudes et de longitudes, alors que la deuxième, le géoïde, sert d'assise aux altitudes.

Vers 1880, lors de l'établissement du système de référence planimétrique, ou datum planimétrique, pour le levé du littoral de la Nouvelle-Angleterre, aux États-Unis, on a utilisé l'ellipsoïde de Clarke 1866 (tabl. 1.1). Au début du XXe siècle, on a adopté cet ellipsoïde comme partie intégrante du système de référence normalisé pour les États-Unis, système appelé *U.S. Standard Datum*. En 1913, les États-Unis, le Canada et le Mexique ont adopté l'ellipsoïde de Clarke, et le *U.S. Standard Datum* a été rebaptisé le *North American Datum* (NAD 1913). Ce système, qu'on n'utilise plus aujourd'hui, comporte les paramètres suivants :

— ellipsoïde utilisé : Clarke 1866
— point fondamental : Meades Ranch, Kansas (fig. 1.17c) (ou point d'origine)
  dont la latitude = 39° 13' 26,686" N.
  et la longitude = 98° 32' 30,506" O.

– azimut fixé : Meades Ranch vers Waldo
$\alpha = 75° 28' 14,52"$, mesuré à partir de la partie sud du méridien

On a retenu Meades Ranch comme point d'origine parce qu'il se situe approximativement au centre géographique des États-Unis. Le développement et l'étendue des réseaux géodésiques ont fait en sorte qu'on a décelé des erreurs inacceptables dans les coordonnées NAD 1913 et, en 1927, les États-Unis ont donc entrepris un nouveau calcul des coordonnées de leurs réseaux. Le Canada a fait de même avec ses réseaux géodésiques. On a désigné sous le nom NAD 27 les coordonnées recalculées même s'il a fallu plusieurs années pour compléter la compensation. En fait, ce n'est qu'en 1932 qu'on a officiellement adopté le système de référence géodésique NAD 27. Celui-ci est identique au NAD 1913, sauf qu'il existe entre les deux un écart de 4,88" relatif à l'azimut de la ligne Meades Ranch vers Waldo.

Au Canada, à cette époque, le NAD 27 comprenait un nombre très restreint de réseaux primaires et quelques réseaux secondaires presque tous situés le long de la limite sud du pays. Compte tenu des besoins cartographiques, on a continué à établir des réseaux géodésiques dans l'ensemble du Canada. Toutefois, le calcul et la compensation de chaque nouveau réseau, prolongement du canevas existant, s'appuyaient dorénavant sur des points de coordonnées préalablement compensés et fixés dans le système NAD 27. Cette procédure était nécessaire, si l'on tient compte des moyens et méthodes de l'époque.

Vers 1960, l'apparition des télémètres électroniques (géodimètres, tellouromètres et autres) ainsi que l'avènement d'ordinateurs plus puissants ont vraiment permis l'évaluation de la précision des réseaux implantés. On a constaté la présence d'erreurs d'échelle significatives et d'importantes distorsions concernant les coordonnées NAD 27.

De 1968 à 1978, on a apporté de nouvelles et majeures compensations à six régions canadiennes, y compris le Québec, afin de réduire les distorsions à l'intérieur de ces régions. Ces nouvelles compensations ont permis l'amélioration de la précision relative du positionnement pour les coordonnées à l'intérieur des régions. Cependant, elles ont entraîné des écarts substantiels d'une région à l'autre, ce qui a créé des différences importantes entre les réseaux du système NAD 27 et ceux touchés par les nouvelles compensations. Devant le besoin évident de procéder à une compensation globale pour tous les réseaux, tant canadien, américain que mexicain, on a mis au point un nouveau système de référence, le NAD 83, en tenant compte de la nouvelle technologie de positionnement par satellites. Plus loin, nous décrirons brièvement ce système.

En ce qui concerne les surfaces de référence altimétrique et plus précisément la détermination de la coordonnée verticale des points situés à la surface terrestre, il existe au Canada divers datums altimétriques : a) le datum altimétrique officiel; b) le datum altimétrique international des Grands Lacs 1955 (*International Great Lakes Datum 1955*, I.G.L.D.); c) les datums altimétriques locaux (*Chart Datums*).

On a établi le datum altimétrique officiel du Canada au moyen de cinq marégraphes dispersés le long des côtes Est et Ouest canadiennes et à l'aide également d'un repère altimétrique situé à Rouses Point, dans l'État de New York, aux États-Unis. Ce repère est sous la juridiction d'un organisme fédéral américain, le *U.S. National Geodetic Survey*. Un des cinq marégraphes est situé au Québec, à Pointe-au-Père. Cette surface de référence altimétrique coïncide approximativement avec le niveau moyen de la mer (N.M.M.), et c'est sur ce datum altimétrique que sont basées les altitudes orthométriques officielles au Canada.

Quant au datum international des Grands Lacs, il couvre le territoire allant de Pointe-au-Père, à l'Est, jusqu'à la tête des Grands Lacs, à Port Arthur, à l'Ouest. Il recouvre les rives nord et sud du fleuve Saint-Laurent et des Grands Lacs, et ce tant aux États-Unis qu'au Canada. Ce datum est très voisin du datum officiel, sauf que les altitudes sur cette surface sont des cotes dynamiques plutôt qu'orthométriques (sect. 13.4).

Les datums altimétriques locaux (*Chart Datums*) ont comme référence le niveau des plus basses eaux à un endroit donné. Ils n'ont aucun lien les uns avec les autres compte tenu qu'ils ont chacun leur propre niveau de référence. Ces surfaces de référence servent de repères pour la navigation et assurent donc, à marée basse, la garantie d'un minimum d'eau sous le bateau. Au Canada, on trouve des datums locaux le long du littoral ainsi que sur les rives du Saint-Laurent, du Saguenay et des Grands Lacs. Étant donné qu'il existe divers systèmes de référence altimétrique, il devient très important pour l'utilisateur de savoir à quel système se réfère la cote d'un repère de nivellement.

Comme on l'a vu précédemment, le NAD 27 faisait appel à un seul point d'origine et à une seule orientation, tous deux fixes sur une surface mathématiquement définie. De telles considérations ont engendré beaucoup de distorsions et de discordances dans les coordonnées des points. La nouvelle technologie du positionnement par satellites, faisant appel à la méthode Doppler, ainsi que la modélisation précise du géoïde, durant les années 70, ont permis de déterminer les coordonnées spatiales d'un grand nombre de points avec une grande précision.

En 1978, les États-Unis et le Canada ont convenu de définir un nouveau système de référence géodésique nord-américain qui s'appuyait sur un ensemble de stations Doppler. Portant le nom de système géodésique mondial 1984, il comprend des coordonnées cartésiennes à trois dimensions, dont l'origine est le centre de masse de la Terre et dont l'axe des z est parallèle à la direction du pôle terrestre (fig. 1.18). Si on superpose sur ce système l'ellipsoïde du GRS 80 (similaire

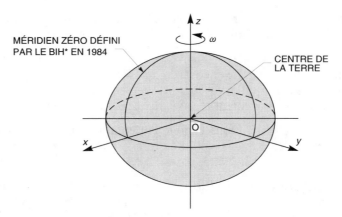

*BIH : Bureau international de l'heure

Figure 1.18 Le système géodésique mondial 1984 (WGS 84, *World Geodetic System 1984*).

au WGS 84, *World Geodetic System 1984*), qui est défini comme géocentrique, on obtient le nouveau système désigné sous l'appellation *North American Datum 1983*, ou NAD 83. Il s'agit d'un système plus rigoureux en matière de précision et d'homogénéité qui intègre les réseaux géodésiques du Canada, du Groenland, des États-Unis, du Mexique et de l'Amérique centrale. Les délais d'adaptation des documents officiels ont fait en sorte que le ministère de l'Énergie et des Ressources du Québec n'utilise le nouveau système de coordonnées, le NAD 83, que depuis 1990. Pour connaître les relations et la transformation des coordonnées d'un système à l'autre (de NAD 27 à NAD 83 et vice versa), on doit consulter un ouvrage spécialisé dans le domaine. Par ailleurs, le réseau de nivellement géodésique du Canada fait actuellement l'objet d'une étude intensive en prévision d'un réajustement désigné par *North American Vertical Datum 1987* ou NAVD 87.

Afin d'obtenir plus d'informations sur les systèmes de références, on doit s'adresser à des organismes qui oeuvrent dans la production de points géodésiques (au fédéral : ministère de l'Énergie, des Mines et des Ressources, ministère des Transports et *Water Survey of Canada*; au provincial : ministère de l'Énergie et des Ressources du Québec).

1.6 LA TOPOMÉTRIE

La topométrie (du grec *topos* = lieu et *metron* = mesure) est l'ensemble des techniques de mesurage géométrique grâce auxquelles on détermine la forme et les dimensions d'objets et de lieux, sans tenir compte de la courbure de la Terre. Signalons que certains aspects de la topométrie au Québec sont du ressort exclusif de l'arpenteur-géomètre.

Les principales branches de la topométrie sont les suivantes :

Topométrie de construction. La topométrie de construction consiste à donner des alignements et des altitudes qui servent à la construction de bâtisses, de réseaux d'égouts et d'aqueducs, de rues, etc. (chap. 16).

Topométrie routière. La topométrie routière est intimement liée aux autoroutes, aux chemins de fer, aux oléoducs et aux travaux qui s'étendent, de façon générale, sur de grandes distances (chap. 19).

Topométrie cadastrale. La topométrie cadastrale, aussi appelée arpentage légal, consiste principalement à déterminer la délimitation et le morcellement des propriétés foncières. Au Québec, c'est un champ d'activités exclusivement réservé aux arpenteurs-géomètres.

Topométrie souterraine. Les opérations comme l'orientation et les dimensions des tunnels et des galeries de mines, le calcul des volumes, etc., relèvent de la topométrie souterraine (chap. 17).

Topométrie hydrographique. La topométrie hydrographique, ou tout simplement l'hydrographie, a pour but de représenter le littoral, les lacs et rivières, les fonds marins, etc. (chap. 18).

Topométrie industrielle. L'aménagement des installations industrielles, au moyen d'instruments optiques, constitue la principale application de la topométrie industrielle (chap. 20).

1.7 LA GÉODÉSIE

La géodésie est la science qui a pour objet l'étude qualitative et quantitative de la forme de la Terre et de ses propriétés physiques (la gravité, le champ magnétique, etc.).

Elle permet de localiser, avec une grande précision, des points géodésiques servant d'ossature aux levés topographiques. Les opérations de base sont la triangulation, la trilatération, le cheminement de précision et le *nivellement de précision*. Comme les étendues sont assez grandes, on doit tenir compte de la courbure de la Terre.

Depuis quelques années, on a mis au point de nouvelles techniques de mesurage telles que le système Doppler (satellites), la *technologie inertielle*, et ainsi de suite.

1.8 LA TOPOGRAPHIE

La topographie (du grec *graphein* = dessiner) est l'art de représenter graphiquement un lieu sous forme de *plans* ou de *cartes*. La confection proprement dite de ces cartes ou de ces plans relève de la *cartographie*. Une carte ou un plan est la représentation graphique, à une certaine échelle, de la projection orthogonale des détails de la surface de la Terre, qu'ils soient naturels (rivières, montagnes, forêts, etc.), artificiels (bâtisses, routes, etc.) ou conventionnels (limites administratives).

On sait que l'*échelle* est le rapport de similitude entre le terrain et sa représentation sur la carte ou le plan. Si on a, par exemple, l'échelle 1:1000 (ou le millième), 1 cm sur le plan représente 1000 cm (ou 10 m) sur le terrain. Par convention et aussi parce que c'est plus simple, on prend toujours 1 comme numérateur et un nombre commençant par 1, 2 ou 5 suivi de zéro comme dénominateur.

Lorsque le terrain qu'on doit relever est d'une superficie assez restreinte et qu'on peut représenter tous les détails à l'échelle, qui est toujours assez grande, la représentation est appelée plan. Par contre, lorsque la surface est assez grande et qu'on doit représenter certains détails par les signes conventionnels, à cause de la petite échelle requise, cette représentation est appelée carte. Fait important à signaler : dans ce dernier cas, on représente en plan une surface courbe, ce qui entraîne nécessairement des déformations. Celles-ci dépendent du système de projection adopté. La *projection* se fait suivant un modèle mathématique donné et en fonction d'une surface plane, d'une surface conique ou d'une surface cylindrique. Les projections peuvent être :

- conformes : les directions sont conservées;
- équivalentes : les superficies sont conservées;
- équidistantes : les distances sont conservées dans une direction déterminée.

Dans les deux premiers cas, les distances sont altérées. Quant au troisième cas, qui suscite peu d'intérêt, les distances sont conservées dans une direction déterminée.

Au Canada, on a opté pour le système *Mercator Transverse Universal* (M.T.U.), qui est une projection conforme. Depuis plusieurs années, on utilise aussi le système *Mercator Transverse Modified*, dans lequel les fuseaux sont de 3° au lieu de 6°, ce qui permet de réduire les variations d'échelle.

1.9 LA PHOTOGRAMMÉTRIE

La photogrammétrie est la science qui permet d'obtenir des informations quantitatives et qualitatives au moyen de photos. Comme l'indique la définition, la photogrammétrie englobe deux champs d'activité : l'un *métrique* et l'autre *interprétatif*. Le premier consiste à prendre, directement ou indirectement, des mesures sur des photos aériennes ou terrestres en vue de déterminer la forme et les dimensions d'objets. La photogrammétrie interprétative, quant à elle, consiste à déduire certains renseignements par l'examen d'images obtenues au moyen de capteurs optiques ou non optiques (comme les capteurs infrarouges, les radars, etc.). Cette partie de la photogrammétrie implique nécessairement que l'interprétateur possède de bonnes connaissances dans le domaine concerné (géologie, foresterie, etc.).

Les photos sont prises de telle sorte qu'une photo recouvre environ 60 % de la précédente (fig. 1.19). L'ensemble de ces deux perspectives observées dans un restituteur forme un modèle stéréoscopique (fig. 1.20) dans lequel sont prises directement ou indirectement les mesures requises. C'est ainsi qu'on obtient la restitution.

On utilise la photogrammétrie notamment en topographie, en foresterie, en géologie, en génie, en architecture, en archéologie, en urbanisme, en médecine, en géographie, en balistique et en biomorphologie.

Figure 1.19 Prise de photos aériennes (docum. Zeiss).

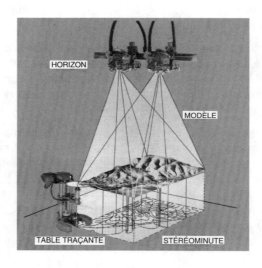

Figure 1.20 Modèle stéréoscopique (docum. Bausch & Lomb).

1.10 L'ASTRONOMIE GÉODÉSIQUE

Basée sur des principes d'astronomie et de trigonométrie sphérique, l'astronomie géodésique permet, à partir d'observations relatives aux astres, de déterminer la position absolue de points et la direction absolue de lignes sur la surface de la Terre. La position absolue est donnée par la latitude et la longitude par rapport à l'équateur et au méridien origine de Greenwich. La direction absolue provient de l'angle formé par la ligne et le méridien du lieu.

1.11 LA TÉLÉDÉTECTION

La télédétection est la science et l'art qui permettent d'obtenir de l'information au moyen de connaissances et de techniques appropriées. En fait, la télédétection sert à recueillir de l'information à distance, sans contact direct avec l'objet détecté, qu'il s'agisse de surfaces ou même de phénomènes naturels (fig. 1.21).

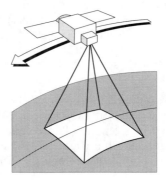

Figure 1.21   Les satellites se déplacent sur une orbite. Les scènes sont découpées le long de la trace du satellite.

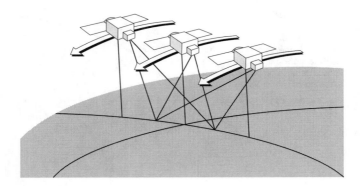

Figure 1.22   Le cycle orbital d'observations rendu possible par les visées obliques.

À l'origine, la télédétection faisait principalement référence à la photographie aérienne. Par la suite, on a développé plusieurs techniques d'analyse et d'interprétation grâce auxquelles on a pu extraire de la télédétection des informations utiles pour différents domaines d'applications (cartographie, géologie, foresterie, etc.). De nos jours, les techniques d'acquisition et d'analyse ont beaucoup évolué. En outre, on utilise maintenant des plates-formes spatiales comme capteurs. En comparaison avec les systèmes aéroportés, elles ont l'avantage de couvrir une surface d'observation beaucoup plus grande, et ce à des intervalles réguliers dans le temps (fig. 1.22) :

images Spot :	60 km × 60 km	cycle orbital : 26 jours
images Landsat :	185 km × 185 km	cycle orbital : 14 jours

Cette particularité permet à un utilisateur de faire une observation chronologique d'une région ou d'un phénomène d'intérêt. Les données captées par les satellites sont transmises vers des stations de réception sur la Terre, où on les traite et les visualise au moyen d'ordinateurs. Ces images numériques se composent de pixels qui, d'un système d'acquisition à l'autre, se distinguent par diverses résolutions spatiales, spectrales et radiométriques.

Les nouveaux systèmes d'acquisition permettent d'obtenir de l'information dans des régions spectrales allant des rayons X aux micro-ondes. Il est ainsi possible de recueillir beaucoup plus d'informations concernant les surfaces observées. De cette façon, on peut mieux définir la signature spectrale et temporelle d'un objet. Dans certains champs d'applications comme la géologie, la foresterie et l'agriculture, ces données sont très importantes pour l'identification précise des surfaces.

Les techniques d'analyse, qu'elles soient empruntées à la photogrammétrie ou à tout autre domaine, ont évolué dans le même sens. Par exemple, en intégrant la partie analytique de la photogrammétrie, on peut modéliser la géométrie d'un couplet stéréoscopique composé d'images Spot dans le but d'en extraire la topographie (fig. 1.23). On a recours à la télédétection dans différents domaines d'applications comme la géologie, la foresterie, l'agriculture, la météorologie, l'hydrologie et l'environnement.

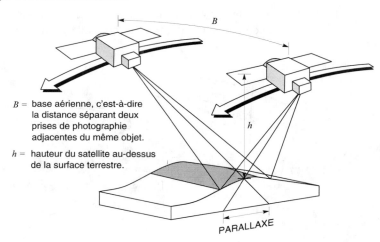

$B =$ base aérienne, c'est-à-dire la distance séparant deux prises de photographie adjacentes du même objet.

$h =$ hauteur du satellite au-dessus de la surface terrestre.

Figure 1.23 L'observation stéréoscopique grâce à la parallaxe créée par les deux angles de prise de vue (satellite Spot).

1.12 LE GPS

Vers le milieu des années 60, au coeur de la guerre froide, une équipe a travaillé au perfectionnement du système de positionnement global, le GPS, pour le ministère américain de la Défense. Ce système permettait de guider les missiles et de localiser les navires et les avions. Cette technologie militaire a donné naissance à des applications civiles de plus en plus nombreuses. Parmi celles-ci, on compte la localisation d'une position, l'établissement et l'enregistrement d'un parcours, les écarts par rapport à ce même parcours, la vitesse ainsi qu'une estimation du temps d'arrivée à destination.

En juillet 1993, par le lancement du dernier satellite Navstar, les autorités américaines ont complété la configuration des 24 satellites destinés aux systèmes de positionnement global. Cette constellation satellitaire est placée sur 6 orbites, à raison de 4 satellites par orbite, à 20 000 km de la Terre (fig. 1.24a). Afin de déterminer une position, le récepteur GPS (fig. 1.24b et c) fait appel à un minimum de 4 satellites qui émettent des signaux horaires de très haute précision et d'autres informations que captent les antennes GPS. Ensuite, le récepteur convertit ces informations en valeurs numériques puis en coordonnées tridimensionnelles à l'aide d'un logiciel GPS spécial.

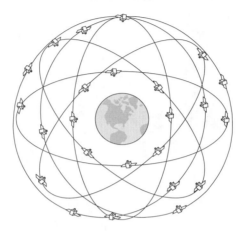

Figure 1.24a   Les satellites Navstar répartis sur 6 plans orbitaux à 20 000 km de la Terre.

Figure 1.24b   Le récepteur GPS Magellan.   **Figure 1.24c**   Le récepteur GPS Leica.

Les fabricants de récepteurs GPS sont nombreux; parmi les principaux, on trouve Leica, Trimble, Magellan, Motorola et Novatel, ce dernier étant canadien. Aujourd'hui, on utilise le GPS aussi bien dans le domaine militaire (systèmes de guidage, planification d'interventions, etc.) que dans les loisirs (nautisme, randonnée en forêt, etc.). D'autres applications civiles y trouvent aussi de grands avantages; c'est le cas notamment de l'aviation et de la navigation commerciales ainsi que du transport routier. En géomatique, cet outil peut servir à la délimitation des terres ou à l'établissement de réseaux géodésiques. Le chapitre 21 traite de façon plus détaillée du système GPS.

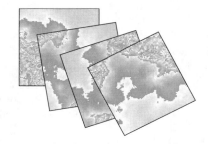

Notions
préliminaires

Notions d'ensemble   PARTIE A

2.1 GÉNÉRALITÉS

Toutes les opérations en topométrie se ramènent, de façon générale, à deux types de mesures : a) mesures de distances; b) mesures d'angles. Les mesures de distances peuvent s'effectuer horizontalement, c'est-à-dire en fonction de la pente, ou verticalement (nivellement). Par convention et aussi parce que c'est plus commode, on donne toujours les mesures horizontalement, à l'exception du nivellement. Quant aux angles, on les mesure soit dans le plan horizontal, soit dans le plan vertical.

Afin de prendre des mesures précises et exactes, le spécialiste de la topométrie doit posséder des notions mathématiques d'ordre général qui constituent la base de sa pratique. C'est pourquoi nous consacrons ce chapitre à l'étude de notions telles que les unités de mesure, les chiffres significatifs, les nombres arrondis, la courbe de distribution normale et la théorie des moindres carrés, et nous en donnons plusieurs exemples.

2.2 LES UNITÉS DE MESURE

Depuis les années 60 et 70, on tend de plus en plus à adopter le Système international d'unités (SI)[1]. En juin 1971, le gouvernement du Canada a même mis sur pied la Commission du système métrique.

Au Québec, dans les titres de propriété, on trouve fréquemment des unités en système impérial, en système français (ancien) et en mesure d'arpenteur. Étant donné qu'en géomatique, et particulièrement en arpentage légal, les documents et les renseignements ont une vie assez longue, il est nécessaire de connaître les anciens systèmes et surtout leurs relations avec le SI (annexe A).

En 1960, à la suite d'une longue série de conférences internationales, on a créé le Système international d'unités. Ce système métrique modernisé, identifié par les lettres SI, remplace tous les anciens systèmes de mesure, y compris les versions précédentes du système métrique. Dans ce manuel, nous utilisons exclusivement le SI.

La vertu fondamentale du SI est, sans conteste, sa simplicité de transformation basée sur le système de numération décimale. Pour effectuer les calculs, il suffit bien souvent de déplacer la marque décimale.

Les unités qui intéressent plus particulièrement les géomètres sont le *mètre* (m) et le kilomètre (km) pour exprimer les distances, le mètre carré (m^2) et l'*hectare* (ha) pour les superficies (1 ha = 10 000 m^2), le mètre cube (m^3) pour les volumes ainsi que le *radian* (rad) et le degré (°) pour les angles.

Le mètre, soit l'unité de base de longueur, correspondait à l'origine au dix millionième du quart du méridien de Paris. En 1889, on l'a défini comme la distance entre deux lignes gravées sur une barre, d'un alliage platine-iridium, conservée près de Paris. Depuis 1960, le mètre étalon est la longueur égale à 1 650 763, 73 longueurs d'onde, dans le vide, de la radiation orangée du Krypton 86.

2.3 LES NOMBRES APPROXIMATIFS

Un nombre est exact si on peut le représenter par un symbole (ex. : π, e, $\sqrt{5}$, 2/7, 3, etc). Cependant, on ne peut pas toujours représenter par un symbole décimal des nombres exacts (ex. : 2/3 = 0,666..., π = 3,141 59...). On appelle nombre approximatif toute représentation décimale qui n'est pas exacte.

---

1. Ne pas confondre avec le système métrique.

2.4 LES CHIFFRES SIGNIFICATIFS

Pour commencer, il est important de bien comprendre la différence fondamentale qui existe entre les chiffres employés dans un dénombrement et ceux utilisés dans un mesurage. Si on dit qu'il y a 10 voitures, il n'y a pas d'équivoque quant à la quantité, mais si on dit que la distance entre deux points est de 10 m, le renseignement est incomplet. Il faut, dans ce dernier cas, ajouter le degré de précision avec lequel la distance a été mesurée, et les chiffres significatifs constituent une bonne manière d'apporter cette précision. Lors du mesurage, compte tenu de la destination et de l'échelle, il faut choisir l'instrument et la méthode les plus appropriés pour obtenir une précision suffisante mais non superflue.

Le nombre de chiffres significatifs, qu'il ne faut pas confondre avec le nombre de décimales, est le nombre de chiffres qui ont un sens, c'est-à-dire dont on a la certitude de leur exactitude. Par exemple, si on nous dit qu'une distance est de 274,3 m, nous devons conclure qu'elle se situe entre 274,25 et 274,35 m. Dans ce cas, il y a 4 chiffres significatifs, c'est-à-dire que les 3 premiers chiffres sont sûrs et que le quatrième est une approximation à une demi-unité près. Plus de chiffres donneraient une fausse indication de la précision et entraîneraient une perte de temps dans les calculs. Les zéros, qui sont à l'extrême gauche ou à l'extrême droite d'un nombre, ne sont pas de façon générale significatifs. Toutefois, les zéros placés à droite du nombre et à droite de la marque décimale sont toujours significatifs (ex. : dans 3,760, il y en a 4). Cependant, les zéros à droite d'un nombre entier peuvent porter à confusion; ainsi, dans 6700, il peut y avoir 2, 3 ou 4 chiffres significatifs. On peut éliminer l'incertitude en utilisant la notation scientifique : $6,70 \times 10^3$ comporte 3 chiffres significatifs. Une autre façon de procéder consiste à placer une barre au-dessus du dernier chiffre significatif; par exemple, 67̄00 donne aussi 3 chiffres significatifs. On peut aussi rendre significatifs tous les zéros à droite du nombre en ajoutant la marque décimale (ex. : dans 6700, il y en a 4).

2.5 LES NOMBRES ARRONDIS

Lorsqu'un nombre comporte des chiffres au-delà de la précision possible ou pour des raisons pratiques évidentes, on peut vouloir ne conserver qu'un nombre déterminé de chiffres significatifs d'un nombre approximatif. Ainsi, pour représenter 2/7 = 0,285 714, on peut utiliser 0,29, 0,286 ou 0,2857 en laissant tomber les chiffres les moins «significatifs». Ce procédé s'appelle l'arrondissement.

Pour arrondir un nombre de telle sorte que l'erreur absolue soit inférieure à la moitié de l'unité du rang de la dernière place conservée, on peut procéder selon la règle suivante : l'arrondissement d'un nombre à n chiffres significatifs se fait par l'élimination de tous les chiffres placés à droite de la n^e place (tabl. 2.1). Si les chiffres éliminés sont plus petits que la moitié de l'unité du rang de la n^e place, on laisse le dernier chiffre tel quel. S'ils sont plus grands, on augmente de 1 le n^e chiffre significatif. Si les chiffres éliminés valent la moitié de l'unité de la n^e place, on laisse le n^e chiffre tel quel s'il est pair, mais on l'augmente de 1 s'il est impair.

L'arrondissement définitif d'un nombre doit se faire en une seule étape : par exemple, 3,8346 devient 3,83 et non 3,835 puis 3,84. Dans les grandes mesures, il faut être conséquent. Par exemple, si une personne habite à 3 km passé Québec, qui est à 250 km de Montréal, on ne dira pas qu'elle habite à 253 km de Montréal.

Tableau 2.1 Exemples d'arrondissements à 4 chiffres significatifs

Avant arrondissement	Après arrondissement à 4 chiffres	
832,416 5	832,4	par défaut
41,004 7	41,00	par défaut
55,008 9	55,01	par excès
1 365,67	1 366	par excès
0,004 668 5	0,004 668	par défaut et selon la règle
0,000 063 175	0,000 063 18	par excès et selon la règle

2.6 LES OPÉRATIONS MATHÉMATIQUES

Lorsqu'on effectue des opérations mathématiques, on doit tenir compte des chiffres significatifs en observant certaines règles.

Pour ce qui est d'une addition ou d'une soustraction, on procède comme suit :

a) On place toutes les valeurs en colonne, en respectant la marque décimale.

b) On identifie la position du chiffre significatif de droite qui est le plus à gauche parmi les valeurs données (le chiffre 3 dans l'exemple suivant).

c) Tous les nombres, vers la droite, sont arrondis à l'unité qui suit celle trouvée en b).

d) On fait la somme ou la différence.

e) Ensuite, on arrondit le résultat au chiffre significatif trouvé en b).

$$
\begin{array}{rcl}
467,3 & \rightarrow & 467,30 \\
6,0875 & \rightarrow & 6,09 \\
0,0019 & \rightarrow & 0,00 \\
15,62 & \rightarrow & \underline{15,62} \\
& & 489,01 \quad \text{devient } 489,0
\end{array}
$$

Dans une multiplication ou une division, le nombre de chiffres significatifs du produit ou du quotient est le même que le plus petit nombre de chiffres significatifs des facteurs eux-mêmes. Ex. : $1618,43 \times 4,73 = 7655,1739$, qui devient $76\overline{6}0$. Toutefois, il faut tenir compte du chiffre significatif qu'on peut gagner en multipliant ou perdre en divisant. Ainsi, 3×5 donne 15, c'est-à-dire 2 chiffres significatifs au lieu de 1.

Lorsqu'un des facteurs est un nombre pur, il n'a aucune influence sur le choix du nombre de chiffres significatifs. Par exemple, 3 fois la distance de 128,47 m est égal à 385,41 m, soit 5 chiffres significatifs. Par contre, si un nombre est incommensurable, il faut prendre un chiffre de plus que le nombre de chiffres significatifs de l'autre ou des autres facteurs. Dans l'exemple précédent, si on multiplie la distance par π, on prend 3,141 59.

Le nombre de chiffres significatifs d'une moyenne est égal au même nombre de chiffres significatifs qu'il y a dans les valeurs données, à moins que le nombre de mesures soit plus grand que 10. Dans ce cas, on ajoute autant de chiffres significatifs qu'il y a de puissances de 10 (ou tout simplement le $\log_{10}$) du nombre de mesures.

Ex. : $17 + 16 + 15 + 16 + 17 + 15 + 17 + 17 + 16 + 17 \rightarrow 16,3$

Dans le cas des calculs intermédiaires, on recommande d'ajouter un chiffre significatif, mais de le laisser tomber dans le résultat final.

Remarque : En raison de la généralisation des calculatrices de poche, qui sont de plus en plus programmables, nous avons jugé bon de conserver plus de décimales que nécessaire pour les calculs intermédiaires, mais nous en avons tenu compte pour exprimer le résultat final.

2.7 LA NATURE DES MESURES

Dépendantes. Les mesures peuvent être dépendantes lorsque l'opérateur est influencé par une valeur déjà connue.

Conditionnées. Des mesures sont dites conditionnées lorsqu'il existe une relation théorique entre elles, la somme des angles d'un polygone par exemple.

Indépendantes. Les mesures qui ne sont ni dépendantes ni conditionnées sont indépendantes.

Répétées. Lorsqu'on reprend des mesures afin de vérifier une quantité, et ce dans les mêmes conditions, on les dit répétées.

Multiples. Les mesures multiples sont celles qu'on prend de façon cumulative et dans les mêmes conditions, dans le but d'augmenter la précision.

2.8 LA PRÉCISION ET L'EXACTITUDE

La précision présuppose le raffinement dans le mesurage et l'étroite concordance des mesures répétées, tandis que l'exactitude concerne la fidélité avec la valeur vraie.

Une valeur peut être très précise tout en étant inexacte. Par exemple, lors du mesurage, si un chaîneur lit sur la chaîne 27,562 27,563 27,561..., on peut dire que la distance est précise mais, si l'autre chaîneur ne tient pas convenablement l'origine de la chaîne sur la marque, la distance est inexacte.

2.9 LES ERREURS

De façon générale, et en particulier en topométrie, les mesures physiques sont susceptibles d'être entachées d'inexactitudes qu'on classe en fautes et en erreurs.

La faute est l'inexactitude qui résulte d'une maladresse, d'un oubli ou d'une méprise, comme lire 35 au lieu de 53. Il est à noter qu'elles sont généralement assez importantes. Puisqu'on n'est jamais certain de ne pas commettre de bévues, il est indispensable de prévoir des moyens de vérification, et ce par des chemins différents. La faute implique généralement l'incompétence.

L'erreur est l'inexactitude qui découle de l'imperfection inévitable des instruments et de nos sens. Les erreurs sont généralement petites, mais leur accumulation peut devenir importante. Dans le mesurage, les erreurs sont de deux types : systématique et fortuite.

L'erreur systématique dépend des méthodes et des instruments utilisés : mesurer avec une chaîne trop courte par exemple. Elle suit des lois mathématiques et physiques. L'erreur systématique est toujours de même signe, dans les mêmes conditions de mesurage, et par conséquent cumulative. Habituellement, on peut l'évaluer et l'éliminer en appliquant des correctifs appropriés.

Les erreurs systématiques proviennent de trois sources distinctes : la nature, l'instrument et l'opérateur.

La nature. Les mesures peuvent être affectées par des phénomènes naturels comme le vent, la dilatation des matériaux due à la variation de la température, la réfraction de l'air, l'influence de la pression, l'humidité de l'air.

L'instrument. L'imperfection dans la construction et le réglage des instruments affectent la précision des mesures.

L'opérateur. Les erreurs personnelles dépendent des limites et des habitudes propres à l'opérateur. Celui-ci pourrait avoir tendance, lors de la lecture d'un vernier par exemple, à considérer la coïncidence trop à gauche ou trop à droite; cette tendance chez un individu ira toujours dans le même sens.

L'erreur fortuite découle uniquement du hasard et, par conséquent, elle échappe à tout contrôle de l'opérateur. Elle est sujette aux lois des probabilités.

Voici un bon exemple qui illustre la nuance entre les deux types d'erreurs : le tir à la carabine sur une cible (fig. 2.1). On suppose un grand nombre de coups. On constate que tous les coups ont percé hors de la cible avec une certaine concentration en A. Les trous B et C et même D sont dus à des bévues, soit à un manque d'attention du tireur. La distance d découle d'erreurs systématiques, une ligne de mire faussée par exemple. Quoique concentrés, les coups n'ont pas tous porté dans le même trou. Ce décalage par rapport au centre de symétrie de l'ensemble est dû à des erreurs fortuites.

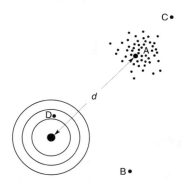

Figure 2.1 Tir à la carabine sur une cible.

Supposons qu'on prenne, avec le même soin et dans les mêmes conditions, un grand nombre de mesures d'une certaine distance et que ces dernières soient différentes. Chacune de ces mesures étant aussi fiable que les autres, on dit alors de ces discordances qu'elles sont tout simplement fortuites.

Si le nombre de mesures tend vers l'infini, on peut déduire les propriétés suivantes :

a) La moyenne arithmétique, $\bar{l}$, des observations est la valeur la plus probable. En pratique, on ne connaît jamais la valeur vraie, x.

b) Les erreurs les plus petites sont les plus nombreuses.
c) Le nombre d'erreurs positives est égal au nombre d'erreurs négatives de même grandeur.
d) La probabilité de grosses erreurs est très faible.
e) La somme algébrique de toutes les erreurs tend vers zéro.

Normalement, si une grandeur est mesurée n fois, la différence entre la valeur de chacune d'elles et la valeur vraie donne l'erreur vraie, ε ($\varepsilon = l - x$). Toutefois, comme on ne connaît jamais la valeur vraie, on prend la valeur moyenne, $\bar{l}$, et on obtient une erreur apparente appelée erreur résiduelle ou écart, v ($v = l - \bar{l}$) (tabl. 2.2).

2.10 LA COURBE DE DISTRIBUTION NORMALE

Nous avons mesuré une distance 153 fois et avons obtenu des résultats variant de 31,765 à 31,783 m ainsi qu'une moyenne arithmétique de 31,774 01 m (tabl. 2.2). En prenant des écarts de 1 mm, nous avons fait le décompte de la population et construit l'histogramme de la figure 2.2. On appelle *histogramme* la représentation visuelle de la distribution des erreurs résiduelles données par la ligne brisée bordant l'ensemble des rectangles adjacents.

Pour calculer la moyenne arithmétique, $\bar{l}$, et son écart type, σ_{moy}, nous avons procédé comme suit :

$$\bar{l} = \frac{[l]}{n} = \frac{2144}{153} + 31,760 = 31,744\ 01\ \text{m}$$

$$\sigma = \sqrt{\frac{[vv]}{n-1}} = \pm\sqrt{\frac{2133,97}{152}} = \pm\ 3,75\ \text{mm}$$

$$\sigma_{moy} = \pm\frac{\sigma}{\sqrt{n}} = \pm\frac{3,75}{\sqrt{153}} = \pm 0,303\ \text{mm ou} \pm 0,000\ 3\ \text{m}$$

$$\bar{l} = 31,774\ 0 \pm 0,000\ 3\ \text{m}$$

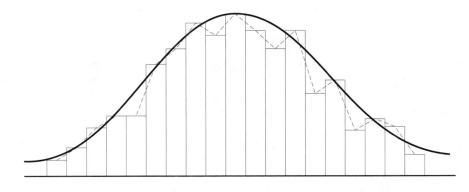

Figure 2.2 Le modèle de distribution des erreurs.

Tableau 2.2 Exemples d'erreurs résiduelles

Valeur l (m)	Fréquence f	Produit $f(l - 31,760)$	Erreur résiduelle v (mm)	fv	fv^2
31,765	1	5	-9,01	-9,01	81,24
31,766	2	12	-8,01	-16,03	128,42
31,767	4	28	-7,01	-28,05	196,73
31,768	5	40	-6,01	-30,07	180,79
31,769	5	45	-5,01	-25,07	125,65
31,770	10	100	-4,01	-40,13	161,05
31,771	12	132	-3,01	-36,16	108,94
31,772	15	180	-2,01	-30,20	60,79
31,773	14	182	-1,01	-14,18	14,37
31,774	17	238	-0,01	-0,22	0,00
31,775	15	225	+0,99	+14,80	14,61
31,776	13	208	1,99	25,83	51,32
31,777	14	238	2,99	41,82	124,90
31,778	7	126	3,99	27,91	111,27
31,779	8	152	4,99	39,90	198,96
31,780	3	60	5,99	17,96	107,53
31,781	4	84	6,99	27,95	195,27
31,782	3	66	7,99	23,96	191,37
31,783	1	23	8,99	+8,99	80,76
153 n		2144 $f[l - 31,760]$		0 $[v]$	2133,97 $[vv]$[1]

1. Sommes des erreurs v^2.

Le polygone des fréquences est la ligne brisée joignant les milieux des bases supérieures des différents rectangles (fig. 2.2). Lorsque le nombre de mesures tend vers l'infini et qu'on réduit les écarts indéfiniment, le polygone des fréquences tend vers la courbe en cloche de Gauss appelée courbe de probabilité ou courbe de distribution normale. L'équation de cette courbe est :

$$y = k e^{-h^2 x^2}$$

où y = probabilité qu'une erreur donnée x survienne
k et h = constantes qui déterminent la forme de la courbe
e = base des logarithmes népériens

2.11   LA THÉORIE DES MOINDRES CARRÉS

Supposons qu'on mesure une certaine quantité plusieurs fois, ce qui donne l_1, l_2,..., l_n, et qu'on prenne la moyenne arithmétique, $\bar{l}$, comme la meilleure valeur possible. Les erreurs résiduelles, v, sont les suivantes :

$$v_1 = l_1 - \bar{l}$$
$$v_2 = l_2 - \bar{l}$$
$$\vdots$$
$$v_n = l_n - \bar{l}$$

L'équation de la courbe de distribution normale peut s'écrire comme suit :

$$y = ke^{-h^2v^2}$$

où v remplace x, la grandeur de l'erreur.

Les probabilités, y, qu'on a de rencontrer chacune de ces probabilités sont les suivantes :

$$y_1 = ke^{-h^2v_1^2}$$
$$y_2 = ke^{-h^2v_2^2}$$
$$\vdots$$
$$y_n = ke^{-h^2v_n^2}$$

La probabilité que ces erreurs se produisent simultanément dans une série de mesures est égale au produit de leur probabilité individuelle :

$$y = y_1 \times y_2 \times \cdots \times y_n$$
$$= ke^{-h^2\left(v_1^2 + v_2^2 + \cdots + v_n^2\right)}$$

La valeur de la moyenne $\bar{l}$ doit être telle que la probabilité soit maximale. Cette condition existe lorsque l'exposant de e est minimal, c'est-à-dire quand on a :

$$[vv] = \text{MINIMUM}$$

Pour confirmer cette condition, il s'agit de démontrer que la meilleure valeur de la moyenne $\bar{l}$ est la moyenne arithmétique des valeurs mesurées.

Ainsi :

$$v_1^2 = \left(l_1 - \bar{l}\right)^2$$

$$v_2^2 = \left(l_2 - \bar{l}\right)^2$$

$$\vdots$$

$$v_n^2 = \left(l_n - \bar{l}\right)^2$$

$$[vv] = \left(l_1 - \bar{l}\right)^2 + \left(l_2 + \bar{l}\right)^2 + \cdots + \left(l_n - \bar{l}\right)^2$$

Prenons les dérivées première et seconde de cette fonction par rapport à $\bar{l}$, soit :

$$\frac{d[vv]}{d\bar{l}} = -2\left(l_1 - \bar{l}\right) - 2\left(l_2 - \bar{l}\right) - \cdots - 2\left(l_n - \bar{l}\right)$$

$$\frac{d^2[vv]}{d\bar{l}^2} = 2 + 2 + \cdots 2$$

Comme la dérivée seconde est positive, la fonction $[vv]$ donne bien un minimum. De plus, la dérivée première permet d'écrire l'équation suivante :

$$\left(l_1 - \bar{l}\right) + \left(l_2 - \bar{l}\right) + \cdots + \left(l_n - \bar{l}\right) = 0$$

$$n\bar{l} = l_1 + l_2 + \cdots + l_n$$

$$\bar{l} = \frac{l_1 + l_2 + \cdots + l_n}{n}$$

Par conséquent, la moyenne arithmétique est la meilleure valeur qu'on puisse utiliser pour calculer des erreurs résiduelles dans la théorie des moindres carrés.

2.12   LES SORTES D'ERREURS

En ce qui a trait au traitement des erreurs, il y a lieu de distinguer les erreurs suivantes :

Erreur vraie. L'erreur vraie, ε, est la différence entre la valeur vraie et la valeur mesurée; comme on ne connaît jamais la valeur vraie, on ne connaît jamais non plus l'erreur vraie :

$$\varepsilon = l - x \tag{2.1}$$

Erreur résiduelle. L'erreur résiduelle, v, est la différence entre une observation et la moyenne arithmétique de toutes les observations :

$$v = l - \bar{l} \tag{2.2}$$

Erreur moyenne. L'erreur moyenne, e_{moy}, est la moyenne arithmétique des erreurs :

$$e_{moy} = \frac{[|v|]}{n} \tag{2.3}$$

Écart type. L'écart type, σ, aussi appelé erreur quadratique, est l'erreur qui correspond au point d'inflexion de la courbe de distribution normale. On calcule l'écart type à partir de la somme des carrés des erreurs (tabl. 2.2) :

$$\sigma = \pm \sqrt{\frac{[\varepsilon\varepsilon]}{n}} = \pm \sqrt{\frac{[vv]}{n-1}} \tag{2.4}$$

L'écart type est très utile lorsqu'on veut comparer la précision des différentes séries de mesures d'une même quantité.

Erreur probable. L'erreur probable, e_{prob}, est l'erreur pour laquelle il y a autant d'erreurs supérieures que d'erreurs inférieures, prises en valeur absolue :

$$e_{prob} = 0{,}6745 \ \sigma \tag{2.5}$$

Erreur maximale. L'erreur maximale est le plus grand écart en valeur absolue d'un ensemble d'écarts provenant d'une série d'observations. Par convention, on peut calculer cette erreur en se basant sur 99,7 % des observations, laquelle valeur correspond à $3 \ \sigma$.

Écart type de la moyenne. L'écart type calculé à partir d'une série d'observations s'applique à une seule observation et est quelquefois appelé écart type d'une observation. Si on considère la valeur moyenne d'une série d'observations, on calcule l'écart type de la moyenne, σ_{moy}, comme suit :

$$\sigma_{moy} = \pm \frac{\sigma}{\sqrt{n}} \text{ ou } \pm \sqrt{\frac{[vv]}{n(n-1)}} \tag{2.6}$$

2.13 LA PROPAGATION DES ERREURS

Généralement, on calcule une quantité à partir de plusieurs quantités différentes et on détermine la précision de cette première en fonction de la précision des autres prises individuellement.

Par exemple, connaissant les écarts types des mesures individuelles x, y, z, calculons l'écart type de la fonction $F = f(x, y, z)$.

Tout d'abord, considérons n déterminations de la fonction F :

$$F_1 = f(x_1, y_1, z_1)$$
$$F_2 = f(x_2, y_2, z_2)$$
$$\vdots$$
$$F_n = f(x_n, y_n, z_n)$$

Ensuite, puisqu'on sait que l'erreur vraie, ε_i, de chaque détermination est la dérivée totale, dF_i, de chacune d'elles, l'écart type de la fonction F est par définition :

$$\sigma_F = \pm \sqrt{\frac{[\varepsilon\varepsilon]}{n}} \text{ ou } \pm \sqrt{\frac{[dF_i^2]}{n}}$$

L'erreur vraie d'une détermination quelconque, p, est :

$$dF_p = \left(\frac{\partial f}{\partial x}\right) dx_p + \left(\frac{\partial f}{\partial y}\right) dy_p + \left(\frac{\partial f}{\partial z}\right) dz_p$$

Si on divise par n la somme des carrés de ces erreurs, on a l'expression suivante :

$$\frac{\Sigma dF_i^2}{n} = \left(\frac{\partial f}{\partial x}\right)^2 \frac{\Sigma dx_i^2}{n} + \left(\frac{\partial f}{\partial y}\right)^2 \frac{\Sigma dy_i^2}{n}$$
$$+ \left(\frac{\partial f}{\partial z}\right)^2 \frac{\Sigma dz_i^2}{n} + 2\left(\frac{\partial f}{\partial x}\right)\left(\frac{\partial f}{\partial y}\right) \frac{\Sigma dx_i dy_i}{n}$$
$$+ 2\left(\frac{\partial f}{\partial y}\right)\left(\frac{\partial f}{\partial z}\right) \frac{\Sigma dy_i dz_i}{n} + 2\left(\frac{\partial f}{\partial z}\right)\left(\frac{\partial f}{\partial x}\right) \frac{\Sigma dz_i dx_i}{n}$$

Les termes dx_i, dy_i et dz_i sont des erreurs de nature accidentelle et, par conséquent, leur signe est dû au hasard. Il en est de même pour les produits $dx_i dy_i$, ce qui donne une somme qui tend vers zéro. Par contre, les termes dx_i^2 sont tous positifs, de même que leur somme Σdx_i^2 qui est, par définition, le carré de l'écart type σ_x de la quantité x; la même chose se produit pour y et z.

Par conséquent, on peut écrire la loi de propagation des erreurs :

$$\sigma_F^2 = \left(\frac{\partial f}{\partial x}\right)^2 \sigma_x^2 + \left(\frac{\partial f}{\partial y}\right)^2 \sigma_y^2 + \left(\frac{\partial f}{\partial z}\right)^2 \sigma_z^2 \qquad (2.7)$$

qui est une composition vectorielle.

Les exemples 2.1, 2.2 et 2.3 présentent différents calculs d'erreurs.

. . . .

EXEMPLE 2.1

Quelle précision peut-on obtenir en déterminant la différence d'altitude, Δh, d'un point A, mesurée par nivellement trigonométrique, si la distance horizontale, d, est de 50,00 m $\pm$ 0,01 m et l'angle vertical, α, de 30° 00' $\pm$ 01'?

Solution

$$\Delta h = d \operatorname{tg} \alpha$$

$$\sigma_{\Delta h} = \pm \sqrt{\left(\frac{\partial \Delta h}{\partial d}\right)^2 \times \sigma_d^2 + \left(\frac{\partial \Delta h}{\partial \alpha}\right)^2 \times \sigma_\alpha^2}$$

$$= \pm \sqrt{\left(\operatorname{tg} \alpha \times \sigma_d\right)^2 + \left(d \sec^2 \alpha \times \sigma_\alpha\right)^2}$$

$$= \pm \sqrt{\left(0{,}577 \times 0{,}01\right)^2 + \left(50 \times 1{,}155^2 \times \frac{\pi}{60 \times 180°}\right)^2}$$

$$= \pm \sqrt{0{,}000\ 033\ 33 + 0{,}000\ 376\ 46}$$

$$= \pm\ 0{,}02\ \text{m}$$

Dans cet exemple, on constate que la plus grande erreur provient de la mesure angulaire. Pour que les mesures soient homogènes, il faudrait mesurer l'angle vertical avec plus de précision, soit à 20" près par exemple.

. . . .

EXEMPLE 2.2

Avec quelle précision peut-on mesurer une distance, d, de n longueur de chaîne, l, si l'appréciation donnée par la chaîne est de $\pm\ 0{,}005$ m?

Solution

$$d = n\,l \text{ ou } l_1 + l_2 + \dots + l_n$$

$$\sigma_d = \pm \sqrt{\left(\frac{\partial d}{\partial l}\right)^2 \sigma_l^2} \text{ ou } \pm \sqrt{\sigma_{l_1}^2 + \sigma_{l_2}^2 + \dots + \sigma_{l_n}^2}$$

$$= \pm \sqrt{n\ \sigma_l^2}$$

$$= \pm\ \sigma_l \sqrt{n}$$

$$= \pm\ 0{,}005 \sqrt{n}$$

. . . .

EXEMPLE 2.3

La figure 2.3 donne les dimensions, ainsi que leurs erreurs standard respectives, d'un terrain de forme rectangulaire.

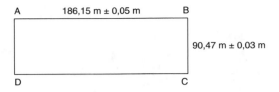

Figure 2.3 (Exemple 2.3)

Quelles sont la superficie de ce terrain, S, et l'erreur standard de cette superficie, σ_S?

Solution

$$S = AB \times BC$$
$$= 186{,}15 \times 90{,}47$$
$$= 16\ 840{,}99\ m^2$$

$$\sigma_S = \sqrt{(\partial S/\partial AB)^2\ \sigma_{AB}^2 + (\partial S/\partial BC)^2\ \sigma_{BC}^2}$$
$$= \sqrt{(BC)^2\ \sigma_{AB}^2 + (AB)^2\ \sigma_{BC}^2}$$
$$= \sqrt{(90{,}47)^2\ (0{,}05)^2 + (186{,}15)^2\ (0{,}03)^2}$$
$$= 7{,}2\ m^2$$

Réponse : $16\ 841\ m^2\ \pm\ 7\ m^2$

Remarque : En topométrie, on exprime souvent le degré de précision d'un mesurage par l'*erreur relative*, c'est-à-dire le rapport entre l'erreur calculée et la quantité mesurée. Une erreur de 1 cm sur une distance de 10 m n'a pas le même degré de raffinement que sur une distance de 100 m. On représente cette erreur relative sous forme de fraction, par exemple 1/10 000. Quelquefois, on dira «mesurer au 10 000ᵉ». La différence entre la valeur qu'on aurait dû obtenir et la valeur calculée ou mesurée s'appelle *erreur absolue*.

. . . .

2.14 LA COMPENSATION ET LA PONDÉRATION

Précédemment, nous avons insisté sur le fait qu'on ne connaît jamais la valeur vraie et que la meilleure valeur possible était la moyenne arithmétique. Toutefois, dans certains cas, il arrive que la somme de plusieurs quantités doive égaler une valeur fixe, comme la somme des angles d'un polygone. On prend alors la moyenne arithmétique des valeurs mesurées pour chaque angle. On fait la somme des angles que l'on compare avec la valeur théorique et, ensuite, on répartit également l'erreur à chacun des angles, sauf indication contraire.

S'il y a plus de quantités mesurées que d'inconnues, il faut procéder à une compensation par la répartition proportionnelle (chap. 12) ou par les moindres carrés (sect. 2.11). On a recours à la compensation par les moindres carrés, basée sur les lois des probabilités, dans les travaux de précision comme ceux effectués en géodésie. On compense les quantités observées de telle sorte que la somme des erreurs résiduelles soit minimale.

Il est évident que certaines quantités obtenues sont plus fiables que d'autres, à cause des instruments utilisés, de la technique choisie et des conditions plus favorables. Lors d'une compensation, il est certainement désirable d'attribuer des poids différents à chaque observation.

On peut définir le poids d'une observation comme la valeur de confiance, de mérite, de reproduction ou encore de la quantité de travail (soin, attention, répétition, etc.) attribuée à une mesure relativement à une autre.

Pour illustrer ceci, considérons l'exemple suivant. Soit la longueur d'une ligne mesurée 20 fois à l'aide de la même technique de mesure, du même degré de raffinement, des mêmes soins, du même personnel expérimenté, des mêmes conditions atmosphériques, etc. (tabl. 2.3).

Tableau 2.3   Valeurs de la longueur d'une ligne

N° d'essai	Valeur obtenue	N° d'essai	Valeur obtenue
1	89,66	11	89,65
2	89,63	12	89,65
3	89,65	13	89,66
4	89,69	14	89,64
5	89,66	15	89,61
6	89,64	16	89,64
7	89,61	17	89,65
8	89,65	18	89,65
9	89,64	19	89,63
10	89,63	20	89,65

Chaque valeur du tableau 2.3 possède un poids égal parce que toutes les conditions d'observations étaient les mêmes. On peut obtenir la valeur la plus probable de la longueur de la ligne en établissant la moyenne de toutes ces mesures. Cependant, on peut calculer la valeur moyenne de la façon suivante :

$$
\begin{aligned}
89,69 \times 1 &= 89,69 \text{ m} \\
89,66 \times 3 &= 268,98 \text{ m} \\
89,65 \times 7 &= 627,55 \text{ m} \\
89,64 \times 4 &= 358,56 \text{ m} \\
89,63 \times 3 &= 268,89 \text{ m} \\
89,61 \times 2 &= 179,22 \text{ m} \\
\hline
20 \text{ essais} \quad \text{Total} &: 1792,89 \\
\hline
1792,89 \div 20 &= 89,645 \text{ m}
\end{aligned}
$$

On peut considérer les 20 mesures équivalentes à 6 mesures, et ce en fonction de leur mérite relatif, ou poids, soit 1, 3, 7, 4, 3 et 2. On peut donc écrire :

$$\bar{l} = \frac{p_1\,l_1 + p_2\,l_2 + \cdots + p_n\,l_n}{p_1 + p_2 + \cdots + p_n} = \frac{[p\,l]}{[p]}$$

où $\bar{l}$ = moyenne pondérée de plusieurs mesures d'une quantité ou d'une grandeur

$l_1, l_2, ..., l_n$ = valeurs obtenues des mesures

$p_1, p_2, ..., p_n$ = poids relatifs des mesures

Supposons maintenant que chacune des 20 observations ait une erreur standard de $\pm\ 0,02$ m. La seule mesure égale à 89,69 m a donc une erreur standard de $\pm\ 0,02/\sqrt{1}$; la moyenne des trois mesures égales à 89,66 m a une erreur standard de $\pm\ 0,02/\sqrt{3}$; la moyenne des 7 mesures égales à 89,65 m a une erreur standard de $\pm\ 0,02/\sqrt{7}$ et ainsi de suite (tabl. 2.4).

Tableau 2.4   Erreurs standard des mesures

Valeur (m)	Poids	Erreur standard
89,69	$1 \rightarrow p_1$	$\pm\ 0,02/\sqrt{1}$
89,66	$3 \rightarrow p_2$	$\pm\ 0,02/\sqrt{3}$
89,65	$7 \rightarrow p_3$	$\pm\ 0,02/\sqrt{7}$
89,64	$4 \rightarrow p_4$	$\pm\ 0,02/\sqrt{4}$
89,63	$3 \rightarrow p_5$	$\pm\ 0,02/\sqrt{3}$
89,61	$2 \rightarrow p_6$	$\pm\ 0,02/\sqrt{2}$

Des données du tableau 2.4, on peut tirer ceci :

$$p_1 = 1, \quad \sigma_1 = \pm\ 0,02/\sqrt{1}, \quad \sigma_1^2 = (0,02)^2/1$$
$$p_2 = 3, \quad \sigma_2 = \pm\ 0,02/\sqrt{3}, \quad \sigma_2^2 = (0,02)^2/3$$
$$p_3 = 7, \quad \sigma_3 = \pm\ 0,02/\sqrt{7}, \quad \sigma_3^2 = (0,02)^2/7$$

et ainsi de suite

$$p_1/p_2 = 1/3 \quad \text{et} \quad \sigma_2^2/\sigma_1^2 = 1/3, \quad \text{donc} \quad p_1/p_2 = \sigma_2^2/\sigma_1^2$$
$$p_1/p_3 = 1/7 \quad \text{et} \quad \sigma_3^2/\sigma_1^2 = 1/7, \quad \text{donc} \quad p_1/p_3 = \sigma_3^2/\sigma_1^2$$
$$p_2/p_3 = 3/7 \quad \text{et} \quad \sigma_3^2/\sigma_2^2 = 3/7, \quad \text{donc} \quad p_2/p_3 = \sigma_3^2/\sigma_2^2$$

et ainsi de suite

Par conséquent, on obtient :

$$p_1\sigma_1^2 = p_2\sigma_2^2 = p_3\sigma_3^2 = \ldots = p_n\sigma_n^2 \qquad (2.8)$$

et

$$p_1 = \left(1/\sigma_1^2\right) p_2 \sigma_2^2$$

d'où

$$p_1 \propto \left(1/\sigma_1^2\right) \tag{2.9}$$

Le poids est donc inversement proportionnel à l'erreur standard, ou écart type.

Remarque: On a supposé que l'erreur standard de chacune des 20 observations était de ± 0,02 m et on a attribué le même poids à chaque observation. On appelle parfois cette quantité «erreur standard de poids unitaire» et on la désigne par σ_0. On peut alors exprimer l'erreur standard des valeurs pondérées en fonction de leur poids et de l'erreur standard de poids unitaire comme suit :

$$\sigma_1^2 = (0,02)^2/1 = (0,02)^2/p_1 = \sigma_0^2/p_1$$
$$\sigma_2^2 = (0,02)^2/3 = (0,02)^2/p_2 = \sigma_0^2/p_2$$

et ainsi de suite

d'où

$$\sigma_1 = \sigma_0 \sqrt{(1/p_1)}$$
$$\sigma_2 = \sigma_0 \sqrt{(1/p_2)}$$

De façon générale, on peut écrire que :

$$\sigma = \sigma_0 \sqrt{(1/p)} \tag{2.10}$$

Si le poids d'une mesure est 1, alors :

$$\sigma = \sigma_0 \tag{2.11}$$

On calcule l'écart type, ou erreur standard, de la moyenne pondérée comme suit :

$$\sigma_{\text{moy}} = \pm \sqrt{\frac{[pvv]}{[p]\,(n-1)}} \tag{2.12}$$

et l'écart probable de la moyenne pondérée de la façon suivante :

$$e_{\text{moy}} = 0,6745 \sqrt{\frac{[pvv]}{[p]\,(n-1)}} \tag{2.13}$$

Les exemples 2.4 à 2.7 présentent des calculs de l'erreur standard et l'exemple 2.8, un calcul de valeurs compensées.

· · · · · · · · · · · · · · · · · ·

EXEMPLE 2.4

Soit une distance AB qu'on mesure de trois façons différentes (tabl. 2.5). Quelle est la longueur la plus probable de AB et l'erreur standard de la moyenne pondérée?

Tableau 2.5 Mesure d'une distance (exemple 2.4)

Procédé	Longueur, AB (m)	Erreur standard, σ_{AB} (m)
Barre stadimétrique, b	365,10	$\pm$ 0,08
Chaîne, c	365,18	$\pm$ 0,04
Télémètre électronique, t	365,20	$\pm$ 0,02

Solution

Étant donné que les poids relatifs, p, sont inversement proportionnels à σ_2, on peut écrire :

$$p_b \propto 1/(0,08)^2, \quad p_c \propto 1/(0,04)^2, \quad p_t \propto 1/(0,02)^2$$

$$p_b/p_c = (0,04)^2/(0,08)^2 = 1/4 \quad \rightarrow \quad p_c = 4p_b$$

$$p_b/p_t = (0,02)^2/(0,08)^2 = 1/16 \quad \rightarrow \quad p_t = 16p_b$$

En posant $p_b = 1$, on obtient $p_c = 4$ et $p_t = 16$.

Pour calculer la longueur du segment AB, $\bar{l}_{AB}$, on procède comme suit :

$$\bar{l}_{AB} = \frac{(1 \times 365,10) + (4 \times 365,18) + (16 \times 365,20)}{1 + 4 + 16}$$

$$= \frac{7669,02}{21}$$

$$= 365,191 \text{ m}$$

Tableau 2.6 Calcul de l'erreur standard de la moyenne pondérée (exemple 2.4)

Procédé	v $(l - \bar{l})$	vv	p	pvv
Barre stadimétrique	$365,10 - \bar{l}_{AB}$ -0,091	0,0083	1	0,0083
Chaîne	$365,18 - \bar{l}_{AB}$ -0,011	0,0001	4	0,0004
Télémètre	$365,20 - \bar{l}_{AB}$ 0,009	0,0001	16	0,0016

$$\sigma_{moy\,(AB)} = \sqrt{[pvv]/([p] \times (n - 1))}$$

$$= \sqrt{[0,0103]/(21 \times 2)}$$

$$= \pm 0,016 \text{ m}$$

$\Sigma p = 21 \qquad \Sigma pvv = 0,0103$

$n = 3$

Réponse : 365,191 m $\pm$ 0, 016 m

....

EXEMPLE 2.5

On mesure une ligne par sections à l'aide d'une chaîne. Les résultats et leurs erreurs standard correspondantes sont les suivants :

Section AB = 167,38 m ± 0,02 m
Section BC = 224,35 m ± 0,04 m
Section CD = 83,71 m ± 0,01 m
Section DE = 166,03 m ± 0,03 m

Quelles sont la longueur de la ligne AE, l_{AE}, et son erreur standard, σ_{AE}?

Solution

Longueur de la ligne AE

$$
\begin{aligned}
l_{AE} &= l_{AB} + l_{BC} + l_{CD} + l_{DE} \\
&= 167,38 + 224,35 + 83,71 + 166,03 \\
&= 641,47 \ m
\end{aligned}
$$

Erreur standard

$$
\begin{aligned}
\sigma_{AE} &= \pm \sqrt{\left(\partial l_{AE}/\partial l_{AB}\right)^2 \sigma_{AB}^2 + \left(\partial l_{AE}/\partial l_{BC}\right)^2 \sigma_{BC}^2 + \left(\partial l_{AE}/\partial l_{CD}\right)^2 \sigma_{CD}^2 + \left(\partial l_{AE}/\partial l_{DE}\right)^2 \sigma_{DE}^2} \\
&= \pm \sqrt{\sigma_{AB}^2 + \sigma_{BC}^2 + \sigma_{CD}^2 + \sigma_{DE}^2} \\
&= \pm \sqrt{\left(0,02\right)^2 + \left(0,04\right)^2 + \left(0,01\right)^2 + \left(0,03\right)^2} \\
&= \pm 0,0548 \ m \ \left(\pm 0,055 \ m\right)
\end{aligned}
$$

Réponse : l_{AE} = 641,47 m ± 0,05 m

....

EXEMPLE 2.6

En mesurant la ligne AE de l'exemple 2.5 avec un télémètre électronique, t, à la place d'une chaîne, c, on obtient une longueur de 641,42 m avec une erreur standard, σ, de ± 0,01 m. Calculer la longueur la plus probable de la ligne AE et son erreur standard.

Solution

On sait que le poids relatif, p, s'obtient comme suit :

$$
p \propto 1/\sigma^2
$$

d'où

$$
p_c \ \sigma_c^2 = p_t \ \sigma_t^2
$$

Posons que :

$$p_c = 1$$

d'où

$$p_t = 1 \times (0,05)^2 / (0,01)^2 = 25$$

On obtient la longueur la plus probable de la ligne AE de la façon suivante :

$$\bar{l}_{AE} = \frac{(1 \times 641,47) + (25 \times 641,42)}{1 + 25} = 641,422 \text{ m}$$

Tableau 2.7 Calcul de l'erreur standard de la moyenne pondérée (exemple 2.6)

Procédé	v $(l - \bar{l})$	vv	p	pvv
Chaîne	$641,47 - \bar{l}_{AE}$ 0,048	0,0023	1	0,0023
Télémètre	$641,42 - \bar{l}_{AE}$ -0,002	0,0000	25	0,0001

$$\sigma_{\text{moy (AE)}} = \sqrt{[pvv] / ([p] \times (n - 1))}$$

$$= \sqrt{[0,0024 / (26 \times 1)]}$$

$$= \pm 0,01 \text{ m}$$

$\Sigma\, p = 26 \quad \Sigma\, pvv = 0,0024$

$n = 2$

Réponse : 641,42 m ± 0,01 m

. . . .

EXEMPLE 2.7

On mesure un angle à l'aide de trois théodolites différents et on obtient les valeurs ainsi que les erreurs standard suivantes :

Théodolite A : 66° 17' 30" ± 10"
Théodolite B : 66° 17' 36" ± 6"
Théodolite C : 66° 17' 40" ± 20"

Quelles sont la meilleure valeur de cet angle et son erreur standard?

Solution
On sait que :

$$p \propto 1/\sigma^2$$

d'où

$$p_A\, \sigma_A^2 = p_B\, \sigma_B^2 = p_C\, \sigma_C^2$$

Posons que :

$$p_C = 1$$

d'où

$$p_A = \left(\sigma_C/\sigma_A\right)^2 = \left(20/10\right)^2 = 4$$
$$p_B = \left(\sigma_C/\sigma_B\right)^2 = \left(20/6\right)^2 = 100/9$$

ou encore

$$p_A = 36, \quad p_B = 100, \quad p_C = 9$$

On peut maintenant calculer la meilleure valeur, c'est-à-dire la moyenne pondérée, $\bar{l}$:

$$\bar{l} = \frac{\left(66{,}291\,67° \times 36\right) + \left(66{,}293\,33° \times 100\right) + \left(66{,}294\,44° \times 9\right)}{36 + 100 + 9}$$

$$= 66° \, 17' \, 35''$$

Tableau 2.8 Calcul de l'erreur standard de la moyenne pondérée (exemple 2.7)

Instruments	v $(l - \bar{l})$	vv	p	pvv
Théodolite A	66° 17' 30" – $\bar{l}$ - 5"	25	36	900
Théodolite B	66° 17' 36" – $\bar{l}$ 1"	1	100	100
Théodolite C	66° 17' 40" – $\bar{l}$ 5"	25	9	225

$$\sigma_{\text{moy (angle)}} = \sqrt{[pvv]/([p] \times (n-1))}$$
$$= \sqrt{[1225/(145 \times 2)]}$$
$$= \pm 2{,}06''$$

$\varSigma\, p = 145 \quad \varSigma\, pvv = 1225$

$n = 3$

Réponse : 66° 17' 35" ± 2"

. . . .

EXEMPLE 2.8

On mesure les quatre angles d'un quadrilatère ABCDA (tabl. 2.9). Si on considère que le nombre de répétitions est égal au poids de l'observation, quelles sont les valeurs compensées des angles A, B, C et D?

Tableau 2.9 Mesures des angles d'un quadrilatère (exemple 2.8)

Angle	Valeur observée (moy.)	Nombre de répétitions
A	85° 22' 20"	2
B	103° 08' 25"	1
C	72° 46' 30"	3
D	98° 43' 15"	6

Solution

Puisque la somme des angles intérieurs d'un quadrilatère est de 360°, on peut dire que :

$$(85° 22' 20" + 103° 08' 25" + 72° 46' 30" + 98° 43' 15") - 360° = 30"$$

L'erreur angulaire de fermeture est donc de 30".

Pour trouver les valeurs compensées des quatre angles, on doit au préalable calculer les corrections compensées (tabl. 2.10).

Tableau 2.10 Calcul des corrections compensées (exemple 2.8)

	Angles				
	A	B	C	D	
p	2	1	3	6	$[p] = 12$
$p/[p]$	2/12	1/12	3/12	6/12	
Correction	6"	12"	4"	2"	$[corr.] = 24"$

Or, l'erreur étant de 30", il faut compenser les corrections par un facteur de 30/24, soit 1,25. Correction compensée = correction × 1,25

Correction compensée	7,5"	15"	5"	2,5"

Réponse :

A = 85° 22' 20" − 7,5" = 85° 22' 12,5"

B = 103° 08' 25" − 15" = 103° 08' 10"

C = 72° 46' 30" − 5" = 72° 46' 25"

D = 98° 43' 15" − 2,5" = 98° 43' 12,5"

. . . .

2.15 L'HOMOGÉNÉITÉ DES MESURES

Lorsqu'on détermine une quantité à partir de mesures linéaire et angulaire, il faut que la précision de ces mesures soit comparable, c'est-à-dire $\Delta l = l \Delta \alpha$ (fig. 2.4).

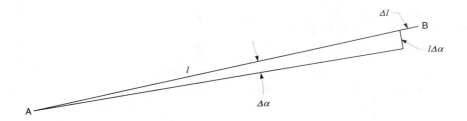

Figure 2.4 L'homogénéité des mesures.

Ainsi, pour des mesurages au 5000ᵉ, on a :

$$\Delta l = l \times \frac{1}{5000} \cong l\Delta\alpha$$

$$\frac{\Delta l}{l} = \frac{1}{5000} = \Delta\alpha$$

alors

$$\Delta\alpha = 0{,}0002 \text{ rad ou} \cong 41''$$

Le tableau 2.11 présente diverses précisions linéaires, l'erreur angulaire correspondante et le degré d'appréciation suggéré.

Tableau 2.11 Homogénéité des mesures

Précision linéaire	Erreur angulaire correspondante	Degré d'appréciation suggéré
1 : 1 000	3' 26"	1'
1 : 5 000	0' 41"	30"
1 : 10 000	21"	20"
1 : 50 000	04"	06"
1 : 100 000	02"	01"
1 : 1 000 000	00,2"	00,2"

2.16 REMARQUES GÉNÉRALES

Avant d'entreprendre la réalisation d'un projet, le topomètre doit se préoccuper des points suivants :

a) Connaître le but du projet.
b) Savoir quel degré de précision est requis pour sa réalisation. Bien qu'il soit désirable de prendre toutes les mesures avec le plus de précision possible, il ne faut pas oublier qu'une augmentation de la précision entraîne nécessairement une augmentation de la durée des travaux et de leur coût.

c) Déterminer la précision relative de chacune des mesures.
d) Identifier les sources d'erreurs.
e) Trouver les moyens adéquats pour les éliminer ou, à tout le moins, les réduire.
f) Se ménager des moyens de vérification indépendants, c'est-à-dire calculer une même quantité en empruntant des chemins différents. Dans le cas où la vérification ne peut se faire autrement que par la répétition exacte des mêmes opérations initiales, il est souhaitable de confier le travail de vérification à une autre personne.

EXERCICES

2.1 Quelle est la nature des erreurs suivantes?

a) Chaîner à une température différente de celle de l'étalonnage.
b) Projeter d'une façon imprécise un point de la chaîne sur le terrain.
c) Mesurer avec une chaîne qui n'a pas sa longueur nominale.
d) Chaîner à l'extérieur d'un alignement donné.
e) Mesurer une distance avec la chaîne inclinée.
f) Lire 3,479 alors que 3,478 serait une meilleure lecture.
g) Faire une lecture sur le mauvais vernier.
h) Tourner un angle en faisant des pointés imprécis sur les cibles.
i) Inscrire dans le cahier de notes 68 à la place de 89.
j) Chaîner avec une tension différente de celle de l'étalonnage.
k) Mesurer une distance avec une chaîne qui n'est supportée qu'aux extrémités, en ignorant qu'à l'étalonnage la chaîne était entièrement supportée.
l) Oublier de tenir compte d'une longueur de chaîne (30 m) lors du mesurage.
m) Effet d'un vent continu sur le fil à plomb lors de la mise en station.
n) Effet de la réfraction sur la ligne de visée.
o) Ne pas tenir la mire verticalement lors du nivellement.
p) Oublier de niveler son instrument.
q) La tension n'est pas tout à fait la bonne.

2.2 Quel est le nombre de chiffres significatifs des valeurs suivantes :

a) 47 6$\underline{2}$8   b) 36,715   c) 9,5400   d) 0,0003   e) 230   f) $4,950 \times 10^6$ g) 30 002
h) 850 $\overline{0}$00

2.3 Arrondir les valeurs suivantes à 3 chiffres significatifs :

a) 25,476   b) 785,52   c) 39 481   d) 9,1375

2.4 Effectuer les opérations suivantes :

a) 732,563   b) 36,004   c) 147,63   d) 47,9   e) 6 fois 387   f) $4651 \times \pi$
   29,4 $-$ 7,8 $\times$ 32,5 $\times$ 63,2
   75,157
   0,008
 $+$ 34,03

2.5 On mesure une distance 10 fois et on obtient les valeurs suivantes :

128,567	128,572	128,563	128,568
128,562	128,575	128,571	128,565
128,569	128,574		

   a) Quelle est la longueur la plus probable?
   b) Quel est l'écart type?
   c) Quel est l'écart type de la moyenne?

2.6 Quelle est l'erreur affectant la superficie d'un terrain rectangulaire si ses dimensions sont 20,40 ± 0,01 m et 44,73 ± 0,02 m?

2.7 Quelle est la longueur du côté a du terrain triangulaire de la figure 2.5?

Quel est l'écart type de a si $\sigma_b = \pm 0,005$ m et $\sigma_A = \sigma_B = \pm 3''$?

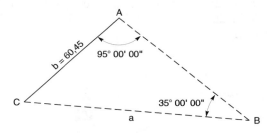

Figure 2.5 (Exercice 2.7)

2.8 Deux opérateurs mesurent un angle ABC avec le même théodolite et dans les mêmes conditions (tabl. 2.12). En fonction des observations effectuées, lequel des opérateurs obtient le résultat le plus précis?

Tableau 2.12 (Exercice 2.8)

1er opérateur	2e opérateur
66° 15' 00"	66° 14' 50"
66° 14' 20"	66° 15' 00"
66° 14' 40"	66° 14' 30"
66° 15' 10"	66° 15' 00"
66° 14' 50"	66° 14' 30"
66° 15' 20"	66° 15' 00"
66° 15' 30"	66° 14' 40"
66° 14' 40"	66° 14' 30"
66° 14' 20"	66° 14' 50"
66° 14' 50"	66° 15' 00"
66° 15' 20"	66° 14' 30"
66° 15' 00"	66° 14' 40"

2.9 Soit un triangle ABC (fig. 2.6) pour lequel $\sigma_{AC} = \pm\,0,05$ m, $\sigma_{AB} = \pm\,0,03$ et $\sigma_{\alpha} = \pm\,30''$. Quelles sont la superficie de ce triangle et son erreur standard?

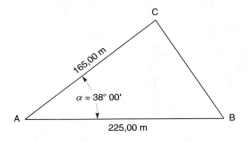

Figure 2.6 (Exercice 2.9)

2.10 Quelles sont les coordonnées rectangulaires x_C et y_C du point C et leurs erreurs standard si l'erreur standard de la distance BC est égale à $\pm\,0,05$ m et que celle de l'angle ABC est égale à $\pm\,0°\,00'\,30''$ (fig. 2.7)?

Note : $x_A = 600$ m $\qquad y_A = 800$ m

$\qquad\qquad\;\; x_B = 600$ m $\qquad y_B = 300$ m

$\qquad\qquad\;\;$ L'angle ABC $= 90°\,00'\,00''$

$\qquad\qquad\;\;$ BC $= 575,35$ m

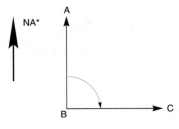

* NORD ASTRONOMIQUE

Figure 2.7 (Exercice 2.10)

2.11 Le tableau 2.13 présente les dimensions d'un prisme droit (fig. 2.8). Déterminer le volume de ce prisme droit ainsi que sa déviation standard.

Tableau 2.13 (Exercice 2.11)

Élément mesuré	Valeur obtenue (cm)	Déviation standard (cm)
a	23,45	± 0,05
b	10,38	± 0,08
c	6,40	± 0,06

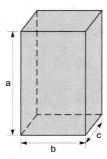

Figure 2.8 (Exercice 2.11)

2.12 Quelle est la moyenne pondérée des observations suivantes?

Angles	Poids
68° 17' 58"	1
68° 17' 54"	2
68° 17' 56"	3
68° 18' 02"	1

2.13 Quelle est l'erreur standard de la moyenne pondérée de l'exercice 2.12?

2.14 Déterminer les valeurs compensées des angles d'un triangle ABC, sachant que les valeurs des angles et des poids respectifs sont les suivantes :

A = 67° 32' 20" $p = 5$
B = 55° 46' 26" $p = 1$
C = 56° 41' 05" $p = 3$

2.15 On mesure les trois côtés d'un triangle et on obtient les résultats suivants :

a = 1 265,55 m ± 0,02 m
b =   638,22 m ± 0,04 m
c = 1 640,60 m ± 0,06 m

Quelles sont les valeurs des angles A, B et C ainsi que leurs erreurs standard respectives?

2.16 Déterminer la superficie du triangle de l'exercice 2.15 et l'erreur standard de cette superficie.

2.17 On utilise quatre théodolites différents pour mesurer un angle et on obtient les résultats suivants :

	Mesure de l'angle	Erreur standard
Théodolite A	45° 20' 30"	± 10"
Théodolite B	45° 20' 24"	± 2"
Théodolite C	45° 20' 40"	± 20"
Théodolite D	45° 20' 30"	± 20"

Quelles sont la meilleure valeur de cet angle et son erreur standard?

2.18 On considère le poids d'un angle comme proportionnel au nombre de répétitions de cet angle. Soit le polygone ABCDEA dont on a mesuré les angles intérieurs (tabl. 2.14). Quelles sont les valeurs compensées de ces angles?

Tableau 2.14 (Exercice 2.18)

Sommet	Valeur observée	Nombre de répétitions
A	148° 12' 10"	2
B	102° 16' 30"	2
C	115° 44' 50"	4
D	70° 25' 25"	4
E	103° 21' 35"	6

2.19 Soit une ligne AD qu'on mesure en trois sections. Déterminer la longueur de cette ligne et son erreur standard, sachant que :

AB = 327,36 m
BC = 686,77 m
CD = 434,80 m

Les erreurs standard respectives des sections AB, BC et CD sont ± 0,03 m, ± 0,05 m et ± 0,06 m.

2.20 Soit une distance AB qu'on mesure avec trois télémètres électroniques différents (tabl. 2.15). Quelles sont la longueur de cette distance et son erreur standard?

Tableau 2.15 (Exercice 2.20)

Télémètre	Distance AB	σ
A	895,60 m	$\sigma_A = \pm 0,01$ m
B	895,65 m	$\sigma_B = \pm 0,02$ m
C	895,55 m	$\sigma_C = \pm 0,04$ m

Le carnet de notes

Notions d'ensemble   PARTIE A

3.1 GÉNÉRALITÉS

On appelle «notes» l'ensemble des renseignements qu'on obtient sur le terrain. On doit enregistrer et conserver ces renseignements dans un carnet de notes, qui constitue le seul document officiel et permanent du travail fait sur le terrain. Le fait d'égarer un carnet ou de le détruire peut représenter une perte considérable d'argent et entraîner des problèmes de toutes sortes, surtout si le but du levé est de permettre d'engager des poursuites judiciaires.

Le secrétaire, celui qui prend les notes sur le terrain, a une fonction très importante et quelquefois difficile. Il doit faire preuve de vigilance, de jugement et d'intelligence. Ce rôle devrait être assumé par le chef d'équipe.

Évidemment, la façon de prendre les notes est personnelle. Néanmoins, ces notes doivent avoir certaines propriétés et satisfaire à des normes généralement acceptées ayant trait à l'accessibilité, c'est-à-dire que quelqu'un du milieu devrait pouvoir s'y retrouver sans trop de difficulté.

En plus du carnet de notes conventionnel, qui est manuscrit, on trouve sur le marché une grande variété de carnets de levés électroniques qui permettent l'enregistrement automatique des observations provenant des différents équipements de mesure. Dans le présent chapitre, les premières sections concernent plus spécifiquement le carnet de notes conventionnel, alors que les dernières traitent du carnet de levés électronique. L'arrivée du carnet électronique ne signifie pas la mise au rancart du carnet manuscrit. En fonction des équipements disponibles et des directives de l'employeur, c'est au chef d'équipe qu'il revient de juger s'il doit utiliser le carnet manuscrit seul ou en combinaison avec le carnet électronique pour des croquis et des notes additionnelles.

3.2 LA NATURE DES NOTES

La prise de notes peut s'effectuer de différentes façons : par description, tabulation, croquis, photos ou enregistrement automatique.

Lorsqu'il s'agit de mesurer une simple distance, un croquis est peut-être indiqué. Si la distance est assez grande et comporte des sections avec des pentes différentes, la tabulation est probablement plus appropriée. Si on doit déterminer rigoureusement certains détails, alors une description s'impose, comme dans le cas d'un *repère d'altitude*. Pour compléter la prise de notes sur le terrain, il peut s'avérer très commode de prendre des photos avec un appareil à développement instantané. Par ailleurs, il ne faut jamais hésiter à faire un croquis car, comme on le dit souvent, une image vaut mille mots.

Tout au long du livre, nous avons intercalé des modèles de prise de notes lorsque le contexte s'y prêtait.

3.3 LES RENSEIGNEMENTS DE BASE

Au début de chaque travail et au fur et à mesure que le besoin s'en fait sentir, il faut donner certains renseignements statutaires.

Titre. On doit définir le projet en faisant une courte description et indiquer l'emplacement. On ne doit pas oublier de commencer sur une nouvelle feuille, surtout dans un carnet à feuilles mobiles.

Date. De façon générale, un document non daté a peu de valeur. En ce qui a trait aux poursuites judiciaires, la date a une valeur incontestable. Si le projet nécessite plusieurs jours sur le terrain, il faut donner la date chaque fois. Dans certains cas, l'heure est nécessaire.

Conditions atmosphériques. Il faut donner la température et indiquer si c'est ensoleillé ou nuageux, s'il vente, s'il neige, etc. Ces conditions ont une certaine influence sur la précision des mesurages. Si on mesure une quantité à deux périodes différentes et que les valeurs ne concordent pas, les conditions atmosphériques seront utiles pour attribuer des poids à ces mesures. La température peut servir à la correction du chaînage, notamment si on veut tenir compte de la dilatation.

Membres de l'équipe. Il faut inscrire les noms de tous les membres de l'équipe et indiquer la fonction de chacun. Des explications supplémentaires pourraient être requises ultérieurement et il faut savoir à qui s'adresser. Quelquefois, l'identité de l'équipe est une indication de la valeur du travail.

Instruments. On inscrit les instruments utilisés. Le type d'instrument permet d'évaluer, dans certains cas, la précision possible. On doit réserver quelques pages au début du carnet de notes pour y inscrire une table des matières qui facilitera les références ultérieures. Il est évident qu'il faut paginer le carnet, s'il ne l'est pas déjà.

3.4 LES QUALITÉS DES NOTES

Des bonnes notes doivent posséder un certain nombre de qualités que nous allons expliquer brièvement.

Originales. On doit prendre les notes directement sur le terrain. Il ne faut pas les rédiger sur des bouts de papier et ensuite les transcrire dans le carnet de notes. On les inscrit sur-le-champ sans se fier à sa mémoire. Si, pour certaines raisons, on transcrit des notes, on doit le mentionner. Lors d'un procès, des notes transcrites pourraient être refusées.

Il n'est pas permis d'effacer dans un carnet de notes, sauf s'il s'agit d'un croquis. Si un nombre est erroné, on doit le biffer proprement et inscrire au-dessus la nouvelle valeur. Si toute une page est à recommencer, on y trace des diagonales, on écrit NUL en gros caractères et on indique la raison du changement, s'il y a lieu, mais il ne faut jamais la détruire.

Exactes. Évidemment, l'exactitude est une qualité primordiale dans tous les travaux de topométrie.

Complètes. Il est important que les notes soient complètes. Avant de quitter le terrain, on doit les vérifier pour s'assurer qu'il n'y a pas eu d'omission. Une seule omission peut s'avérer très dispendieuse, surtout lorsque le lieu est éloigné du bureau. On recommande de prendre plus de mesures que nécessaire pour pouvoir faire des vérifications.

Lisibles. On recommande d'écrire en lettres moulées et de bien former les chiffres, puisque les notes illisibles sont inutiles. On doit choisir un crayon qui n'est ni trop mou ni trop dur, soit un crayon H ou 2H. Tout est fonction du papier utilisé et du degré d'humidité de l'air.

Claires. Des notes claires, en plus de faciliter la compréhension et la mise en plan, permettent de déceler plus facilement les erreurs et les omissions. On doit aérer les notes en se disant que le papier coûte moins cher qu'une erreur d'interprétation. Il n'est pas nécessaire que les croquis soient à l'échelle, mais il faut respecter les proportions. L'utilisation d'une règle et d'un rapporteur d'angles peut s'avérer très commode.

Intelligibles. On doit prendre les notes dans un ordre logique pour en faciliter la compréhension et l'interprétation, et éviter tout équivoque.

3.5 LES SORTES DE CARNETS

Comme le carnet de notes a la vie dure sur le terrain et qu'il contient des renseignements importants, qui doivent être permanents, il faut utiliser le meilleur. Pas de fausses économies! Le papier doit être spécialement traité, de sorte qu'il puisse supporter des températures humides sur le terrain.

Les carnets de notes sont généralement reliés ou à feuilles mobiles. Le carnet relié est plus fiable et plus sûr. Plus fiable, puisqu'on ne peut pas changer ni ajouter des feuilles. Plus sûr, car il n'y a pas de danger de perdre de feuilles. Par contre, le carnet à feuilles mobiles est plus souple. Par exemple, on peut en retirer les feuilles et les verser directement au dossier concerné. Généralement, la page de gauche comporte six colonnes et celle de droite est quadrillée (fig. 3.1).

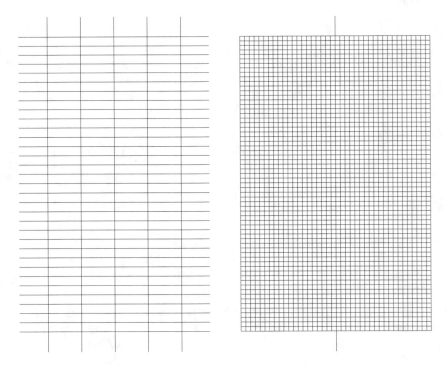

Figure 3.1 Modèle de feuilles de notes.

Quoique le même carnet puisse servir pour tous les travaux sur le terrain, certains préfèrent utiliser un carnet spécial lorsqu'ils font du nivellement, soit un carnet n'ayant pas de feuilles quadrillées. Il est possible de se composer des modèles personnels de feuilles de notes (fig. 3.2).

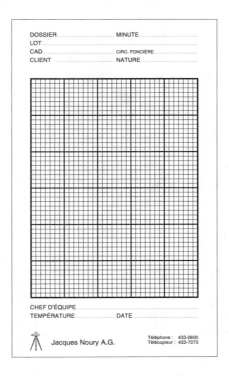

Figure 3.2 Modèle personnel de feuille de notes.

3.6 RECOMMANDATIONS GÉNÉRALES

En plus des remarques précédentes, nous faisons les suggestions suivantes :

a) Inscrire, à l'encre, le nom, l'adresse et le numéro de téléphone du propriétaire, au cas où on perdrait le carnet de notes.

b) Conserver les carnets de notes dans une voûte.

c) Établir la concordance entre les croquis et la tabulation ou la description.

d) Utiliser des signes conventionnels pour économiser de l'espace.

e) Indiquer la direction du Nord sur les croquis (méridienne).

f) Répéter à haute voix une valeur en l'inscrivant pour permettre à celui qui l'a donnée de la vérifier.

g) Pour les nombres plus petits que l'unité, toujours mettre un zéro avant la marque décimale, par ex. : 0,58 plutôt que ,58.

h) Respecter la règle des chiffres significatifs. Par exemple, écrire 8,40 plutôt que 8,4 si le mesurage a été fait au centième.

i) Ne jamais superposer un nombre à un autre et ne jamais essayer de changer un chiffre en un autre, comme un 9 en un 8.

j) Ne jamais perdre de vue le but du travail, de façon à recueillir tous les détails pertinents.

3.7 LE CARNET DE LEVÉS ÉLECTRONIQUE

Avec l'invention des calculatrices de poche, qui n'ont cessé d'être plus performantes et qui permettent maintenant d'emmagasiner un grand nombre de données et d'informations, on a commencé à remplacer graduellement, sans pour autant l'éliminer, le carnet de notes conventionnel par le carnet de levés électronique. En général, peu importe le type d'équipements de mesure utilisés en géomatique (chaîne, niveau, théodolite, télémètre électronique, etc.), on peut emmagasiner dans la mémoire d'une calculatrice toute observation d'une grandeur (distance, angle, dénivelée, etc.) et récupérer cette valeur pour effectuer des calculs. C'est ainsi qu'est apparue, sur le marché des équipements d'arpentage, une gamme substantielle de carnets électroniques. Par ailleurs, le jumelage de ces équipements aux goniomètres et télémètres électroniques à affichage numérique a influé sur les approches et les méthodes de travail en géomatique.

Dans le texte qui suit, nous donnons un bref aperçu de l'évolution des carnets électroniques depuis une vingtaine d'années de même que leurs principales catégories.

(a)   (b)

Figure 3.3 Les systèmes automatiques d'enregistrement : a) Geodat 700; b) Geodat 500.

En 1972, la compagnie Geodimeter, une filiale de Geotronics, en Suède, lance le premier système automatique d'enregistrement des observations sur le terrain, soit le Geodat 700 (fig. 3.3a). De format assez volumineux, ce système effectue l'enregistrement sur un support constitué d'une bobine de papier perforé selon un certain code. Un lecteur permet d'acheminer l'information contenue sur le ruban de papier perforé à un ordinateur central qui exécute les calculs. Parmi les successeurs du Geodat 700, on trouve le modèle Geodat 402, mis au point en 1987 et dont la capacité est d'environ 1500 points, et le modèle 500, lancé vers 1991, qui est issu de la miniaturisation des composantes et représente une version encore plus compacte aux performances améliorées. Cette unité d'enregistrement, qui ne comporte ni clavier ni écran, peut emmagasiner environ 3000 points (fig. 3.3b et 3.11b).

Vers la fin des années 70, la compagnie Wild (aujourd'hui Leica) met au point l'enregistreur électronique GRE2, grâce auquel on peut saisir les données sur le terrain et les transférer directement aux systèmes Wild ainsi qu'à la plupart des types de calculateurs. Mis à part la mesure de distance qui s'enregistre automatiquement par branchement direct au télémètre DI4, on doit entrer manuellement dans le GRE2 (fig. 3.4a) toutes les valeurs des autres mesures (angles, dénivelées, etc.). Sa capacité d'enregistrement est de 24 ko, ce qui correspond à environ 200 observations, mais elle peut être élargie à 400 observations. Vers 1982, la compagnie Wild met au point un enregistreur qui se fixe au sommet du tachymat TC1 ou TC1L. Portant le nom de GRE1, cet enregistreur peut emmagasiner toutes les observations sur une cassette à bande magnétique protégée par un couvercle étanche (fig. 3.4b).

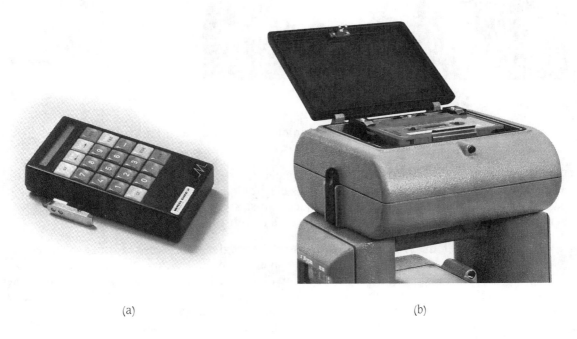

(a) (b)

Figure 3.4 Les enregistreurs électroniques : a) GRE2; b) GRE1.

Au début des années 80, on assiste à l'arrivée sur le marché des premiers carnets programmables. Alors que la firme américaine Lietz, aujourd'hui Sokkia, lance le modèle SDR2 (fig. 3.5a), la compagnie Leica récidive avec les modèles GRE3 et GRE4 (fig. 3.5b) et la compagnie Topcon réplique avec le modèle FC-1 (fig. 3.5c). Ces équipements enregistrent et exécutent, à partir de fonctions préprogrammées ou programmables, différents types de calculs qui concernent les coordonnées, par exemple, et ce à partir des données recueillies sur le terrain. Selon les modèles, la capacité d'enregistrement varie de 32 à 128 ko, ce qui permet la saisie de 500 à 2000 observations. L'affichage numérique ou alphanumérique ainsi que l'étendue des fonctions de traitement ont donné naissance à de nombreux modèles de carnets électroniques.

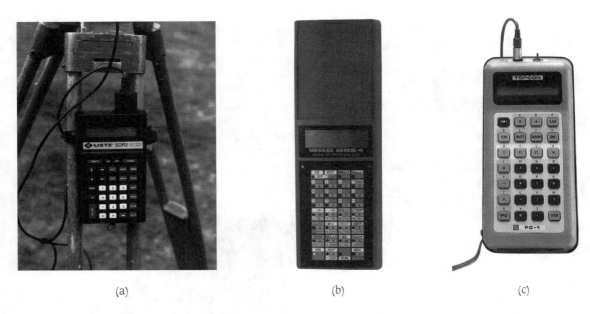

(a)   (b)   (c)

Figure 3.5 Les carnets électroniques : a) SDR2; b) GRE4; c) FC-1.

Depuis 1990, les principaux fabricants d'équipements de géomatique se sont évertués à mettre au point différents systèmes de carnets de levés électroniques dont la flexibilité et le coût varient passablement de l'un à l'autre et qui répondent ainsi aux divers besoins des utilisateurs. On peut grouper les principaux systèmes de la façon suivante :

1. **Le carnet de type modules/disques d'enregistrement des données brutes recueillies sur le terrain.** À titre d'exemple, on peut citer le module REC GRM10, produit par la compagnie Leica et compatible avec la gamme d'équipements du même fabricant (fig. 3.6), ainsi que l'unité d'enregistrement Geodat 500 (fig. 3.3b) de la compagnie Geotronics. De même, la firme Topcon offre des modules de mémoire permettant d'augmenter la capacité d'enregistrement des modèles de stations totales ITS-1/1B.

Figure 3.6   Le module/disque d'enregistrement REC GRM10.

2. **Le carnet de type calculatrice scientifique transformable en carnet de levés électronique par l'ajout de modules enfichables.**   La compagnie TDS (Tripod Data System Inc.) a réalisé le module FC-48 pour la compagnie Topcon, qui l'utilise avec la calculatrice HP-48SX ou 48GX (fig. 3.7a). En outre, TDS produit le module Système 95 qu'on peut utiliser avec le modèle HP-95LX, ce qui procure une capacité accrue d'enregistrement et de traitement (fig. 3.7b). Ces combinaisons modules/calculatrices sont compatibles avec toutes les stations totales dont, entre autres, les modèles Topcon et Nikon.

(a)   (b)

Figure 3.7   a) La calculatrice HP-48SX et les modules TDS/Topcon FC-48; b) la calculatrice HP-95LX et le module Système 95 de TDS.

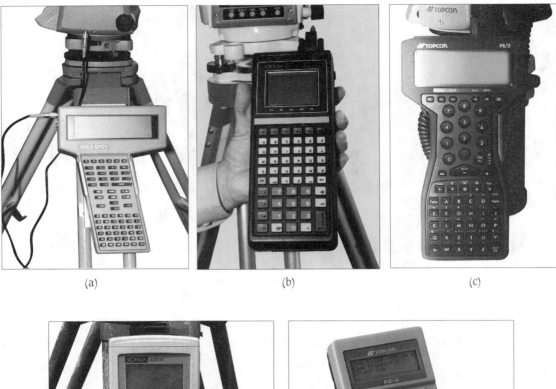

(a) (b) (c)

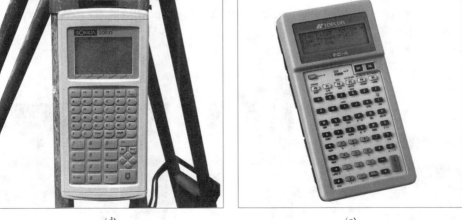

(d) (e)

Figure 3.8 Les carnets de type ordinateur : a) GPC1 de Leica; b) série MC de CMT; c) System FS/2 de Topcon; d) SDR33 de Sokkia; e) FC-4 de Topcon.

3. **Le carnet de type ordinateur portatif de terrain.** Sa capacité de mémoire et de traitement s'apparente à celle d'ordinateurs portatifs. Alliant puissance et souplesse d'opération et de programmation, ce carnet est compatible avec le système d'opération

MS-DOS. Parmi les modèles offerts, on trouve le GPC1 de Leica (fig. 3.8a), la série MC de Corvallis MicroTechnology Inc. (fig. 3.8b), le System FS/2 de Topcon (fig. 3.8c), le SDR33 de Sokkia (fig. 3.8d) et le FC-4 de Topcon (fig. 3.8e). En 1995, une variante du carnet de type ordinateur portatif de terrain a fait son apparition. Elle se compose essentiellement d'un écran tactile plat et d'un crayon pointeur qui remplace la souris et le clavier. Le modèle Ponpad/Penwindows de Leica en est un bon exemple.

4. **Le carnet intégré dans la station totale.** Les modèles DTM-720, 730 et 750 de la série Kheops, conçus par Nikon, constituent un bon exemple de ce type de carnet (fig. 3.9a). L'enregistrement et le traitement des données recueillies sur le terrain se font à même la station totale, qui est dotée de deux lecteurs de cartes à mémoire et de programmes. La compagnie Geotronics, par le biais de ses systèmes 500, 600 et 4000 (fig. 3.9b), offre un carnet de notes qui permet de nombreuses applications sur le terrain grâce à des logiciels préprogrammés et à une unité amovible qui est intégrée dans la station totale.

Le tableau 3.1 présente les caractéristiques de ces systèmes sous forme de grille comparative.

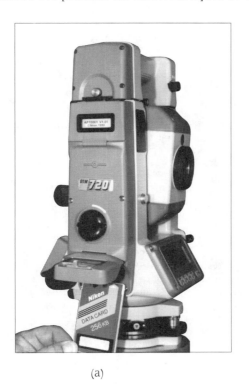

(a)

(b)

Figure 3.9   Les carnets intégrés dans la station totale : a) modèle DTM-720 de Nikon; b) modèle 600 de Geotronics.

Tableau 3.1 Grille comparative des divers types de carnets de levés électroniques*

Type	Modules/disques d'enregistrement des données brutes recueillies sur le terrain	Calculatrices scientifiques transformables en carnets de levés électroniques par l'ajout de modules enfichables
Processeur	---	– Processeur 48SX et autres processeurs industriels de type Hewlett Packard.
Mémoire morte (ROM) Mémoire permanente dans laquelle sont logées les applications intégrées	---	– 512 ko
Mémoire vive (RAM) Mémoire dans laquelle sont enregistrés les programmes et les données recueillies sur le terrain	– Modules de 64 à 256 ko (de 700 à 5500 observations)[1]	– Modules de 128 ko à 1 Mo (de 1000 à 5000 observations)[1]
Exemples de modèles (liste non exhaustive)	– Module REC GRM10 de Leica – Geodat 500 de Geotronics – Module à mémoire Topcon pour les stations ITS-1 et 1B	– Modèles HP-48SX et 48GX de Hewlett Packard et modules TDS/Topcon FC-48. – Modèle HP-95LX de Hewlett Packard et module Système 95 de TDS (Tripod Data System)
Interfaces	– Unité GIF-10 avec interface sérielle RS-232C par câble avec fiche à 25 broches (GRM10) – Câble de transfert 0-RS232 (Geodat)	– Câble de transfert des données dans une interface sérielle RS-232C
Commentaires	– Le module REC GRM10 est de type disquette qui s'insère aussi bien dans une station totale que dans un niveau électronique (ex. : la gamme des équipements électroniques de Leica). – Les données brutes emmagasinées dans le module REC GRM10 peuvent être traitées partiellement au moyen des fonctions COGO de la station totale. – Le Geodat 500 est une unité externe d'enregistrement sans clavier.	– Possibilité de traiter les observations à l'aide : a) d'une gamme complète de fonctions COGO, dont les courbes et les spirales; b) d'applications, en topométrie routière, dont les calculs de volumétrie (HP-95LX). – Compatibilité avec la station totale et les niveaux électroniques (HP-95LX). – Fonctions de calculatrice scientifique disponibles. – Format très pratique. – Coût abordable.

* Spécifications techniques en date de 1994.

1. Il s'agit d'un ordre de grandeur, compte tenu que le principe et le format d'enregistrement varient d'un fabricant à l'autre.

Tableau 3.1 (suite)

Carnets de type ordinateurs portatifs de terrain	Carnets intégrés dans la station totale
– Intel 80C86, 80C88 (performance d'un 80286) et 80386 – Chips and Technology F8680A – NEC V25 à V40 (de 5 à 8 MHz)	– NEC V25 – Autres processeurs industriels
– Variable, de 64 ko à 1 Mo	– Variable, de 128 à 256 ko
– Modules de 128 ko à 8 Mo (de 1000 à 80 000 observations)[1]	– Modules de 128 à 512 ko (de 1000 à 10 000 observations)[1]
– GPC1 de Leica – FC-4 de Topcon – SDR33 de Sokkia – System FS/2 de Topcon – Série MC de CMT : MC-V-H/T, MC-III – Microflex de DAP Technology	– Systèmes 500, 600 et 4000 de Geodimeter – DTM-720, 730 et 750 de la série Kheops de Nikon
– Câble à interface sérielle RS-232C – Lecteur de cartes à mémoire avec câble de raccordement à l'interface RS-232C	– Câble à interface sérielle RS-232C – Lecteur de cartes à mémoire avec câble de raccordement à l'interface RS-232C
– Ordinateur de terrain de format pratique et compatible avec MS-DOS. – Ensemble intégré qui allie la puissance de l'ordinateur aux fonctions de carnet de notes. – Cartes à mémoire interchangeables. – Compatibilité avec la station totale et les niveaux électroniques. – Clavier adapté à la prise de mesures et aux traitements des observations. – Programmable en Lotus 1-2-3, dBASE, BASIC et Microsoft «C». – Conversion en fichiers DXF pour traitement sur Autocad. – Vaste bibliothèque de programmes transférables d'un ordinateur à un carnet.	– Pour les systèmes 600 et 4000, le carnet de notes est détachable de la station totale, ce qui permet l'enregistrement des données à partir du prisme. – Nombreux programmes sous forme de cartes enfichables : a) fonctions COGO, implantation; b) topométrie routière, etc. – Compatible avec MS-DOS. – Augmentation de la capacité de la mémoire à l'aide de cartes à mémoire interchangeables.

3.8 LA SÉQUENCE DES OPÉRATIONS ET LA GESTION DES FICHIERS DANS UN CARNET DE LEVÉS ÉLECTRONIQUE

La figure 3.10 illustre la séquence des opérations pour la création d'un fichier de travail et pour l'enregistrement des mesures prises sur le terrain. Ce procédé est conforme à l'utilisation d'une calculatrice HP-48SX ou 48GX munie d'un module enfichable TDS/Topcon, modèle FC-48. La figure 3.11 montre le principe d'enregistrement des observations recueillies sur le terrain pour les équipements conçus par deux fabricants, soit Leica et Geodimeter. La gestion des fichiers correspond à celle d'une base de données de type relationnel, ce qui permet de maximiser l'espace mémoire.

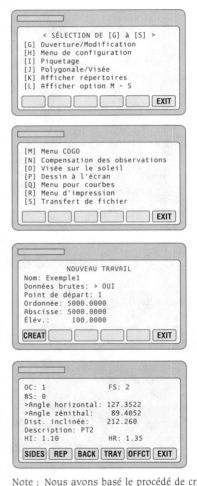

- À l'aide des deux menus principaux, l'utilisateur a accès à différentes options pour l'enregistrement et le traitement des données recueillies sur le terrain.

- Pour commencer un nouveau travail sur le terrain, il faut d'abord ouvrir un fichier en appuyant sur la touche [G].

- Déterminer maintenant le nom du fichier de travail ainsi que l'enregistrement ou non des données brutes recueillies.

- Identifier le point de départ (station de départ), puis entrer les coordonnées x, y, z de ce même point qui seront sauvegardées en appuyant sur la touche de fonction correspondant à *Creat*.

- Poursuivre la polygonale par le transfert des informations à partir de la station totale, en prenant soin de définir le point FS (*Foresight*), s'il y a lieu. Ce dernier s'accroît automatiquement le long de la polygonale.

- Visualiser à l'écran le résultat de la polygonale en appuyant sur la touche [P] du premier menu principal.

- De retour au bureau, transférer les données recueillies sur le terrain dans un ordinateur plus puissant où elles seront traitées. La touche [S] permet ce transfert par le biais d'une interface RS-232C.

- Il est aussi possible d'imprimer les données brutes sur une imprimante HP à infrarouge en sélectionnant la touche [R].

- Pour plus d'information concernant les capacités du carnet, consulter le manuel d'utilisation.

Note : Nous avons basé le procédé de création et d'enregistrement des données recueillies sur le terrain sur l'utilisation d'une calculatrice HP-48SX ou 48GX munie d'un module enfichable TDS/Topcon FC-48.

Figure 3.10 La séquence des opérations pour la création de fichiers et pour l'enregistrement des mesures. Source : courtoisie de la compagnie Norman Wade ltée.

Avec les carnets de la compagnie Leica

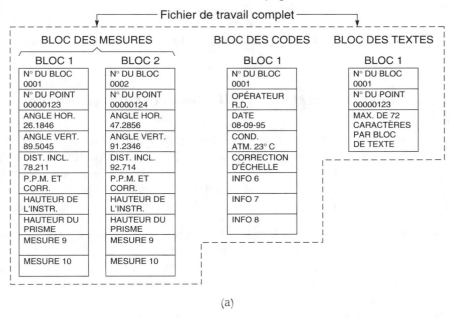

(a)

Avec les carnets de la compagnie Geotronics

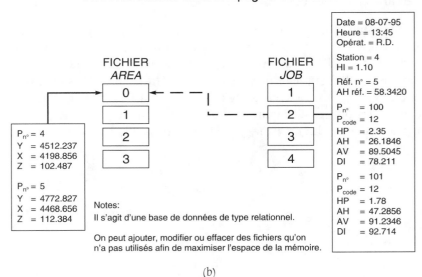

(b)

Figure 3.11 Le principe d'enregistrement des données recueillies sur le terrain. Source : courtoisie de Leica Canada inc. et de Technicom ltée.

L'examen de ces figures révèle une différence significative entre les deux principes d'enregistrement. En effet, la quantité d'informations enregistrée par ko de mémoire varie d'un fabricant à l'autre, en fonction du format et du contenu des fichiers. De plus, le processus de compression utilisé par certains fabricants est un paramètre important pouvant justifier l'écart de capacité d'emmagasinement.

3.9 LE CHEMINEMENT, LE TRANSFERT ET L'ADAPTATION DES DONNÉES RECUEILLIES SUR LE TERRAIN

La figure 3.12 montre le cheminement et le processus de transfert des données recueillies à l'aide des trois premiers systèmes présentés à la section 3.7. Ces informations proviennent d'une observation effectuée sur le terrain. Le haut de la figure, la partie A, expose le cheminement de la valeur observée après sa saisie dans un module/disque d'enregistrement. Ce procédé est possible dans la mesure où on a recours à une station totale compatible avec le module utilisé.

La section centrale et celle du bas, les parties B et C, font référence aux carnets de type calculatrice scientifique ainsi qu'aux carnets de type ordinateur portatif de terrain. On doit de préférence avoir recours à une station totale, mais on peut aussi utiliser tout théodolite muni d'un dispositif de lecture optique ou à vernier physique, à la condition de procéder manuellement à l'enregistrement des données dans le carnet de levés électronique. En ce qui concerne le carnet de type intégré dans la station totale, les communications bilatérales entre la station et les ordinateurs ou d'autres instruments se font directement à l'aide d'une interface sérielle RS-232C ou d'un lecteur de cartes à mémoire.

Après leur transfert dans l'ordinateur, les fichiers peuvent avoir différents formats. Dans la plupart des cas, on devra les transformer avant de pouvoir les utiliser avec des logiciels de géomatique. La partie gauche de la figure 3.13 présente de façon générale le processus d'adaptation des données recueillies sur le terrain en vue de leur traitement dans un ordinateur. La partie droite montre un exemple. Les nouveaux logiciels de géomatique ainsi que certains carnets électroniques intègrent les phases d'adaptation des fichiers dans le protocole de transfert. L'utilisateur n'a donc pas à effectuer lui-même les transformations.

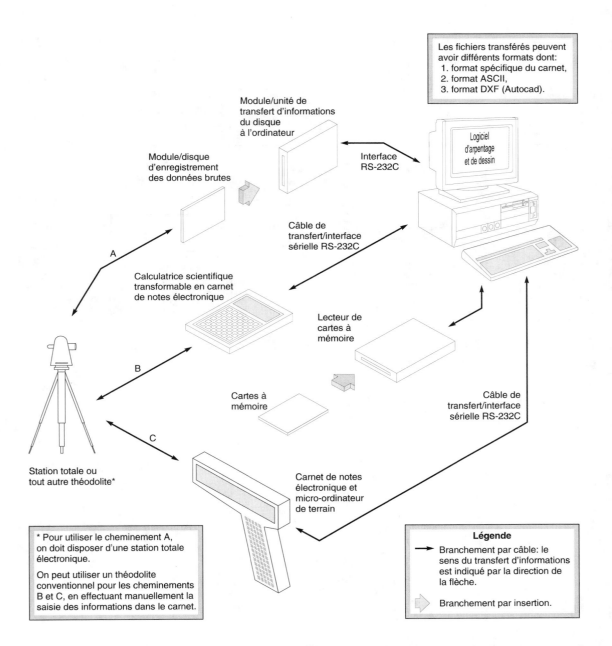

Figure 3.12   Le cheminement et le transfert d'informations, depuis la collecte sur le terrain à l'aide d'une station totale jusqu'au traitement dans un ordinateur.

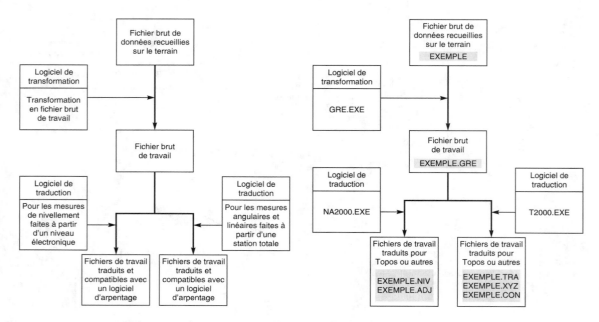

Figure 3.13 Le processus d'adaptation des données recueillies sur le terrain en vue de leur traitement dans un ordinateur.

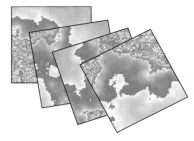

Les principaux organes communs

4.1 GÉNÉRALITÉS

Les différentes mesures à prendre sur le terrain exigent l'utilisation d'un certain nombre d'instruments, dont les principaux sont le théodolite, le niveau et le télémètre (fig. 4.1). Pour simplifier leur présentation, nous décrirons les organes communs rencontrés dans la plupart des instruments. Il est évident que la description détaillée de tous les accessoires, dispositifs et mécanismes utilisés dans les instruments de topométrie est beaucoup trop vaste pour être traitée complètement dans ce manuel. Nous étudierons les principes généralement mis à profit par les fabricants.

(a)   (b)   (c)

Figure 4.1 Les principaux instruments de topométrie : a) théodolite; b) niveau; c) télémètre.

4.2 RAPPEL DE QUELQUES NOTIONS D'OPTIQUE GÉOMÉTRIQUE POUR DES LENTILLES SIMPLES OU MINCES

Une lentille est un disque de verre en flint-glass (silex) ou crown-glass, ou un combiné des deux, formé de deux calottes sphériques. Une lentille constitue donc un milieu réfringent transparent. L'axe de la lentille, aussi appelé axe principal, est la droite joignant les centres géométriques des calottes sphériques. Il existe deux catégories de lentilles : convergentes, dont les extrémités sont minces, et divergentes, dont les extrémités sont épaisses (fig. 4.2).

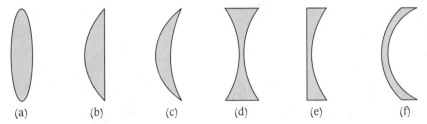

Figure 4.2 Les types de lentilles : a) biconvexe; b) plan convexe; c) ménisque convergent; d) biconcave; e) plan concave; f) ménisque divergent.

4.2.1 Les propriétés des lentilles minces

a) Sur l'axe d'une lentille simple se situe un point tel que tout rayon lumineux incident passant par ce point ne subit aucune déviation, quel que soit l'angle d'incidence, i. L'angle de réfraction, r, est donc égal à l'angle d'incidence, ceux-ci étant opposés par le sommet. Ce point coïncide approximativement avec le centre géométrique de la lentille, qu'on nomme centre optique, O (fig. 4.3).

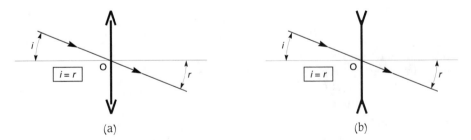

Figure 4.3 Les centres optiques : a) lentille convergente; b) lentille divergente.

b) Tout rayon lumineux incident et parallèle à l'axe principal d'une lentille est réfracté à travers celle-ci et croise réellement, dans le cas d'une lentille convergente, ou virtuellement, dans le cas d'une lentille divergente, l'axe en un point F appelé le foyer-image. Inversement, il existe un foyer-objet tel que tout faisceau de rayon lumineux issu de ce point se réfracte en un faisceau parallèle à l'axe principal (fig. 4.4).

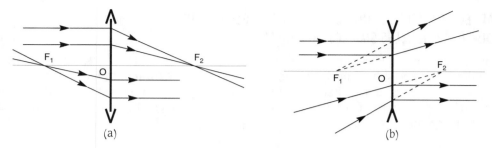

Figure 4.4 Les foyers : a) lentille convergente; b) lentille divergente.

c) Le foyer-objet et le foyer-image sont équidistants du centre optique. De plus, il y a des plans focaux passant par les foyers où convergent les faisceaux de rayons parallèles (fig. 4.5).

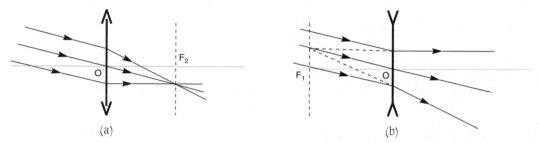

Figure 4.5 Les plans focaux : a) lentille convergente; b) lentille divergente.

Compte tenu de ces propriétés, on peut facilement réaliser la construction géométrique de l'image d'un point ou même d'un objet. La figure 4.6 illustre la construction de l'image du segment AB pour une lentille convergente. Dans ce cas, on obtient une image A'B' réelle (projetable sur un écran) et renversée. Les triangles AOB et A'OB' étant semblables, on a :

$$\frac{AB}{A'B'} = \frac{OA}{OA'} \rightarrow \frac{h_o}{h_i} = \frac{d}{d'} \rightarrow \frac{h_i}{h_o} = \frac{d'}{d} \tag{4.1}$$

où h_o = hauteur de l'objet AB
 h_i = hauteur de l'image A'B'
 d = distance entre l'objet et la lentille
 d' = distance entre la lentille et l'image

Les triangles A'B'F$_2$ et OCF$_2$ étant semblables, on a :

$$\frac{h_i}{h_o} = \frac{d' - f}{f} \tag{4.2}$$

où f est la distance focale.

Des équations 4.1 et 4.2, on tire :

$$\frac{d'}{d} = \frac{d' - f}{f} \rightarrow d'f = dd' - df \rightarrow d'f + df = dd'$$

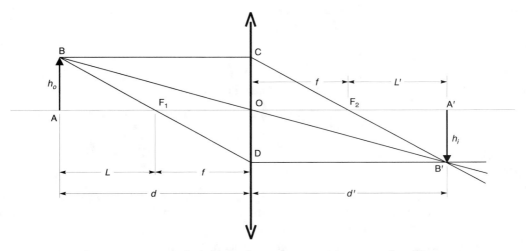

Figure 4.6 La construction de l'image du segment AB pour une lentille convergente.

Si on divise les deux membres de cette équation par $dd'f$, on obtient :

$$\frac{d'f}{dd'f} + \frac{df}{dd'f} = \frac{dd'}{dd'f} \rightarrow \frac{1}{d} + \frac{1}{d'} = \frac{1}{f} \tag{4.3}$$

À l'aide de l'expression 4.3, on peut calculer, pour une lentille convergente, la position de l'image par rapport à celle de l'objet, pourvu qu'on connaisse la distance focale f. La figure 4.7 illustre la construction de l'image du segment AB pour une lentille divergente. Dans ce cas, on obtient une image A'B' virtuelle et droite.

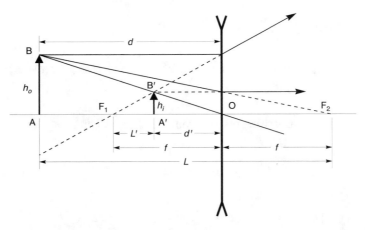

Figure 4.7 La construction de l'image du segment AB pour une lentille divergente.

Par une démonstration analogue à la précédente, on obtient :

$$\frac{1}{d} - \frac{1}{d'} = -\frac{1}{f} \qquad (4.4)$$

L'expression 4.4 permet de calculer, pour une lentille divergente, la position de l'image par rapport à celle de l'objet, dans la mesure où on connaît la distance focale.

L'exemple 4.1 montre comment calculer la distance entre le centre optique et l'endroit où l'image se forme ainsi que la hauteur de l'image.

· · · · · · · · · · · · · · · · · · ·

EXEMPLE 4.1

Soit une lentille convergente mince pour laquelle la distance focale, f, est égale à 12 cm et un objet, AB, situé à 60 cm du centre optique de cette lentille. Si le point A se situe sur l'axe optique et que l'objet mesure 8 cm de hauteur :

a) À quelle distance du centre optique l'image se formera-t-elle?
b) Quels seront la hauteur de l'image et son sens (image droite ou renversée)?

Solution

a) On trouve la distance à l'aide de l'équation 4.3 :

$$\frac{1}{d} + \frac{1}{d'} = \frac{1}{f}$$

$$d' = \frac{1}{(1/f) - (1/d)} = \frac{1}{(1/12) - (1/60)} = 15 \text{ cm}$$

b) On calcule la hauteur de l'image à l'aide de l'équation 4.1 :

$$\frac{h_i}{h_o} = \frac{d'}{d}$$

$$h_i = h_o\,(d'/d) = 8 \text{ cm} \times (15/60) = 2 \text{ cm} \text{ (image renversée)}$$

· · · · · · · · · · · · · · · · · · ·

Dans l'équation 4.3, si on substitue respectivement d et d' par $L + f$ et $L' + f$ (fig. 4.6), on obtient :

$$\frac{1}{L + f} + \frac{1}{L' + f} = \frac{1}{f}$$

ou encore

$$(L' + f)f + (L + f)f = (L + f)(L' + f)$$

$$L'f + f^2 + Lf + f^2 = LL' + Lf + L'f + f^2$$

d'où

$$f^2 = LL'$$ (4.5)

Par conséquent, si on connaît la distance entre l'objet et le foyer-objet de même que la distance entre l'image et le foyer-image, on peut calculer la distance focale, f, de la lentille.

Voyons à l'exemple 4.2 comment calculer la distance focale d'une lentille convergente.

. . . .

EXEMPLE 4.2

La distance entre un objet et le foyer-objet est de 25 cm, alors que la distance entre l'image de cet objet et le foyer-image est de 4 cm. Quelle est la distance focale de cette lentille convergente?

Solution

Équation 4.5 :

$$f^2 = LL'$$

$$f = \sqrt{(25 \times 4)} = 10 \text{ cm}$$

. . . .

4.2.2 La convergence d'une lentille

La convergence d'une lentille se définit comme l'inverse de la distance focale, c'est-à-dire $1/f$. L'unité de convergence adoptée est la dioptrie qui correspond à celle d'une lentille ayant 1 m de distance focale. Ainsi, une lentille convergente de 20 cm de distance focale a une convergence de $(1/0,20) = 5$ dioptries, tandis qu'une lentille divergente ayant une distance focale de -10 cm a une convergence de $(1/-0,10) = -10$ dioptries.

Remarque : Un ensemble de plusieurs lentilles centrées sur un même axe équivaut à une seule lentille; la convergence résultante est donc égale à la somme des convergences constituant l'ensemble.

Ainsi :

$$\frac{1}{f_r} = \frac{1}{f_1} + \frac{1}{f_2} + \frac{1}{f_3} + \ldots + \frac{1}{f_n} = \sum_{i=1}^{i=n} \frac{1}{f_i}$$

Un ensemble formé de 3 lentilles ayant respectivement 5, -10 et 15 dioptries a une convergence résultante de 10 dioptries et donc une distance focale équivalant à 10 cm.

4.2.3 La loupe

Lorsqu'on examine avec une lentille convergente un objet situé entre le foyer et le centre optique, la lentille agit comme une loupe, c'est-à-dire qu'elle donne de l'objet une image droite, virtuelle et agrandie (fig. 4.8). L'objet AB examiné peut être un objet réel ou une image réelle fournie par une autre lentille. En général, les loupes ont une distance focale relativement petite, soit de l'ordre de 2 cm ou moins.

Remarque : À la figure 4.8, la distance OA' doit être supérieure à la distance minimale de vision distincte qui est de l'ordre de 15 cm pour un oeil normal.

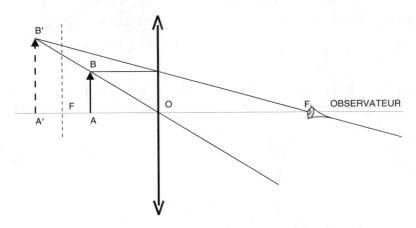

Figure 4.8 Le principe de la loupe.

4.2.4 La lunette astronomique

La lunette astronomique, destinée à l'observation des astres, comprend essentiellement une lentille convergente d'une assez grande distance focale, appelée objectif. Pour tout objet AB très éloigné, la lunette donne une image réelle renversée A'B', située dans le plan focal de l'image. On observe cette image à l'aide d'un oculaire, soit une lentille convergente à courte distance focale. L'oculaire, de même axe que l'objectif, agit comme une loupe et donne une image virtuelle agrandie A"B" de l'image A'B' formée par l'objectif (fig. 4.9).

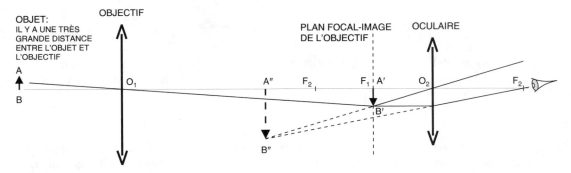

Figure 4.9 Le principe de la lunette astronomique.

4.3 LA LUNETTE D'UN INSTRUMENT TOPOMÉTRIQUE

La lunette employée en topométrie est une lunette astronomique dont le principe optique est expliqué à la figure 4.9. Elle se compose principalement d'un *objectif* (a), d'un *oculaire* (b), d'un *dispositif de mise au point* (c) et d'un *réticule* (d) (fig. 4.10).

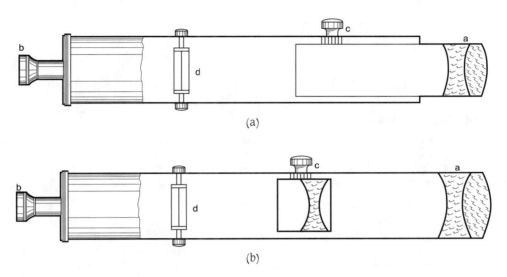

Figure 4.10 La lunette astronomique à mise au point : a) externe; b) interne.

4.3.1 L'objectif

L'objectif (a) (fig. 4.10) tire son nom de sa position qui est du côté de l'objet. Il est en fait un système optique convergent constitué de plusieurs lentilles accolées qui permettent l'élimination des défauts de lentilles tels que l'aberration de sphéricité, d'astigmatisme et de chromatisme. À grande distance focale, il donne, dans le plan du réticule, une image réelle et renversée de l'objet, appelée image intermédiaire (fig. 4.9).

4.3.2 L'oculaire

Comme son nom l'indique, l'oculaire (fig. 4.10 et 4.11) est situé près de l'oeil de l'observateur. Il est constitué d'un système complexe de lentilles qui, comme l'objectif, forme un système achromatique et convergent. Agissant à la façon d'une loupe, il donne de l'image intermédiaire et des fils du réticule une image finale virtuelle et agrandie, qui est soit droite soit renversée. Pour obtenir une image droite, ce qui facilite l'observation, on a recours à des lentilles additionnelles qui, théoriquement, diminuent la clarté de l'image. L'importance relative de l'oculaire par rapport à l'objectif tient au fait qu'il agit à titre de loupe.

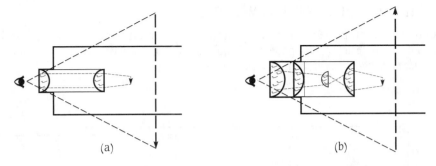

Figure 4.11   L'oculaire : a) à image renversée; b) à image droite.

4.3.3 La monture et le réticule

La monture est un support cylindrique permettant l'assemblage des éléments décrits ci-dessus. Quant au réticule, il s'agit d'une monture placée perpendiculairement à l'axe de la lunette et située dans le plan focal de l'objectif, du côté où se forme l'image. Il porte un système de fils ou de lignes gravées dont l'intersection avec le centre optique de l'objectif donne la ligne de visée (fig. 4.12).

Ces lignes étaient autrefois formées à l'aide de fils d'araignée brune tendus en croix sur une bague retenue à l'intérieur de la lunette (fig. 4.12a). Aujourd'hui, on utilise une plaque de verre sur laquelle sont gravées ou photographiées ces lignes (fig. 4.12b et c). On peut ajouter d'autres lignes, appelées fils de stadia, parallèlement au fil central et à égale distance de celui-ci (fig. 4.12b). Il existe différents modèles de réticules pour diverses applications.

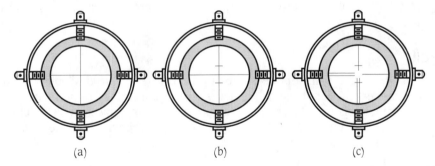

Figure 4.12   Les réticules : a) croisée simple; b) croisée simple et fils stadimétriques; c) fils stadimétriques et fils d'encadrement.

4.3.4 Le dispositif de mise au point externe

À l'intérieur de la monture de la lunette, l'objectif doit pouvoir se déplacer longitudinalement pour qu'on puisse observer des objets plus ou moins proches dont l'image ne serait pas exactement située dans le plan focal de l'objectif. Ce déplacement longitudinal est possible grâce à un mécanisme à crémaillère (fig. 4.10a).

Le cheminement optique de ce type de lunette répond aux principes et aux équations d'optique géométrique des lunettes astronomiques (fig. 4.9 et art. 4.2.1).

4.3.5 Le dispositif de mise au point interne

Dans les lunettes modernes, on utilise une lentille divergente entre l'objectif et le foyer de celui-ci. On effectue la mise au point avec la lentille divergente interne (fig. 4.10b). De cette façon, on élimine la possibilité d'un déplacement qui ne serait pas rigoureusement parallèle à l'axe optique, ce dernier devant être invariablement lié à l'axe géométrique de la lunette pour assurer un bon contrôle du pointé. De plus, à grossissement égal, on obtient ainsi une lunette beaucoup plus courte que celle des anciens instruments tout en assurant une meilleure étanchéité.

La figure 4.13a illustre les relations géométriques dans le cas d'une lentille divergente interne, L_2, située à une distance d de la lentille convergente L_1. Les lettres F_1 et F'_1 représentent les foyers de la lentille L_1, et f_1, sa distance focale correspondante; F_2 et F'_2 représentent les foyers de L_2, et f_2, sa distance focale.

Plan principal arrière, région-image. Le rayon lumineux incident BC, parallèle à l'axe principal (fig. 4.13a), rejoint au point F' l'axe principal du système optique après deux réfractions successives à travers les lentilles L_1 et L_2.

Un rayon lumineux passant par le centre optique O_2, parallèle à CD, rencontre le plan focal passant par F_2 au point E. Le prolongement F'D se fait également au point E. La droite F'D rejoint le rayon incident BC au point G.

Le plan qui passe par le point G et qui est perpendiculaire à l'axe optique s'appelle le plan principal arrière (région-image). Le point P' représente le point principal arrière sur l'axe optique. À partir du plan principal arrière, il s'agit de déterminer la distance focale équivalente, soit f'.

Des triangles semblables GDR et O_2DF' (fig. 4.13a), on peut dire que :

$$\frac{GR}{O_2F'} = \frac{RD}{DO_2}$$

$$\frac{d_P'}{f' - d_P'} = \frac{RD}{DO_2}$$

Des triangles semblables CRD et O_2DF'$_1$, on peut dire que :

$$\frac{CR}{O_2F_1'} = \frac{RD}{DO_2}$$

$$\frac{d}{f_1 - d} = \frac{RD}{DO_2}$$

d'où

$$\frac{d_P'}{f' - d_P'} = \frac{d}{f_1 - d}$$

et

$$\left(f_1 d_P' \right) - \left(d d_P' \right) = d f' - d d_P'$$

d'où

$$d_P' = \frac{df'}{f_1} \qquad (4.6)$$

Cette dernière relation permet d'obtenir la distance du plan principal arrière GP', région-image, à partir de la lentille L_2.

Plan principal avant, région-objet. À la figure 4.13b, le rayon HH' est parallèle à l'axe optique après réfraction au point H de la lentille L_2. Le prolongement de F'_2H donne le point I de L_1, et la droite FI représente le rayon incident qui vient de la région-objet et qui rejoint l'axe principal au point F.

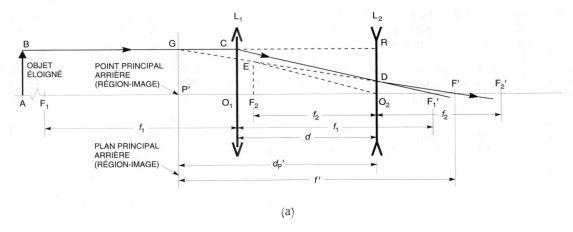

(a)

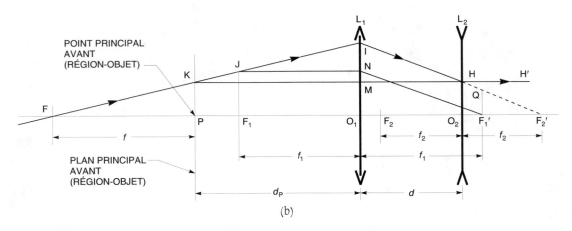

(b)

Figure 4.13 a) Le plan principal arrière, région-image; b) le plan principal avant, région-objet.

L'intersection des droites FI et HH' donne le point K qui appartient au plan principal avant. Ce dernier, perpendiculaire à l'axe principal, coupe cet axe au point P. Donc, la droite FP représente la distance focale équivalente du système, soit f.

Menons la droite JN parallèle à l'axe principal et traçons la droite NF'$_1$. Du point F'$_1$, élevons la perpendiculaire à l'axe principal qui vient couper le segment F'$_2$H au point Q.

À la figure 4.13b, les triangles KMI et JNI sont semblables, d'où :

$$\frac{KM}{JN} = \frac{MI}{NI}$$

$$\frac{d_P}{f_1} = \frac{MI}{NI}$$

Les triangles MIH et F'$_1$QF'$_2$ sont également semblables, d'où :

$$\frac{MH}{F'_1 F'_2} = \frac{MI}{QF'_1}, \quad \text{or} \quad QF'_1 = NI$$

$$= \frac{MI}{NI} = \frac{d_P}{f_1}$$

$$\frac{d}{d + f_2 - f_1} = \frac{d_P}{f_1}$$

ou bien

$$dd_P + f_2 d_P - f_1 d_P = df_1$$

$$d_P \left(d + f_2 - f_1 \right) = df_1$$

$$d_P = \frac{df_1}{f_2 - f_1 + d} \tag{4.7}$$

Cette relation exprime la distance à laquelle se situe le plan principal avant KP, région-objet, par rapport à la lentille L$_1$. Les triangles KMI et FO$_1$I sont semblables, d'où :

$$\frac{PO_1}{FO_1} = \frac{MI}{O_1 I}$$

$$\frac{d_P}{f + d_P} = \frac{MI}{O_1 I}$$

De même, les triangles MIH et IO_1F_2' sont semblables, d'où :

$$\frac{MH}{O_1F_2'} = \frac{MI}{O_1I}$$

$$\frac{d}{d + f_2} = \frac{MI}{O_1I} = \frac{d_P}{f + d_P}$$

$$df + dd_P = dd_P + f_2d_P$$

$$df = f_2d_P$$

En substituant la distance d_P de l'équation 4.7, on obtient :

$$df = f_2\left(\frac{df_1}{f_2 - f_1 + d}\right) = \frac{df_1f_2}{f_2 - f_1 + d}$$

d'où

$$f = f' = \frac{f_1f_2}{f_2 - f_1 + d} \tag{4.8}$$

ou encore

$$\frac{1}{f} = \frac{f_2 - f_1 + d}{f_1f_2} = \frac{1}{f_1} - \frac{1}{f_2} + \frac{d}{f_1f_2} \tag{4.9}$$

Les équations 4.8 et 4.9 expriment la distance focale équivalente, f ou f', en fonction des distances focales des lentilles convergente L_1 et divergente L_2 ainsi qu'en fonction de l'espacement entre les deux lentilles. Si la distance d devient nulle, les expressions 4.8 et 4.9 se simplifient, et on obtient :

$$f = \frac{f_1f_2}{f_2 - f_1} \tag{4.10}$$

$$\frac{1}{f} = \frac{1}{f_1} - \frac{1}{f_2} \tag{4.11}$$

Note : Dans les expressions 4.6 à 4.11, on doit toujours écrire en valeurs absolues les valeurs des distances focales.

La figure 4.14 synthétise les figures 4.13a et b. Elle illustre le cheminement du faisceau lumineux provenant de l'objet AB, faisceau grâce auquel on obtient l'image A'B' si on tient compte des deux plans principaux, KP et GP', et de la distance focale équivalente, FP ou P'F', du système formé des deux lentilles L_1 et L_2. L'oculaire L_3 donne une image agrandie A"B" de A'B'.

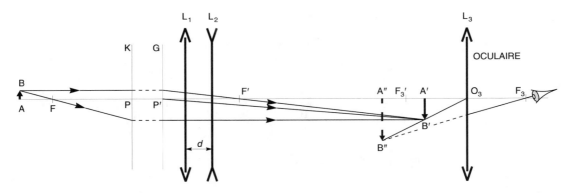

Figure 4.14 La synthèse des figures 4.13a et b.

L'exemple 4.3 présente divers calculs relatifs à deux lentilles, l'une convergente et l'autre divergente.

· · · · · · · · · · · · · · · · ·

EXEMPLE 4.3

Soit deux lentilles, L_1 et L_2, situées sur le même axe et distantes l'une de l'autre de 130 mm. La lentille convergente L_1 a une distance focale de 160 mm et la lentille divergente L_2, de 50 mm.

a) Quelle est la distance focale équivalente de ce système?
b) Calculer la distance entre le plan principal avant et la lentille L_1 ainsi que la distance entre le plan principal arrière et la lentille L_2.
c) Quelle est la distance entre les deux plans principaux, d_{pp}'?
d) Si on utilisait une lentille simple convexe ou convergente qui aurait la distance focale équivalente de ce système, de combien de millimètres la lunette du télescope serait-elle plus longue?

Solution

a)

Équation 4.8 :

$$f = \frac{f_1 f_2}{f_2 - f_1 + d} = \frac{160 \times 50}{(50 - 160) + 130} = 400 \text{ mm}$$

b)

Équation 4.7 :

$$d_P = \frac{d f_1}{f_2 - f_1 + d}$$

$$= \frac{130 \times 160}{(50 - 160) + 130} = 1040 \text{ mm}$$

Équation 4.6 :

$$d_P' = \frac{df'}{f_1} = \frac{(130 \times 400)}{160} = 325 \ \text{mm}$$

c)

$$d_{PP}' = d_P + d - d_P' = 1040 + 130 - 325 = 845 \ \text{mm}$$

d)

D'après la figure 4.13a, pour un système utilisant deux lentilles, on a :

$$F'O_1 = d + \left(f' - d_P'\right) = 130 + \left(400 - 325\right)$$

$$= 205 \ \text{mm}$$

Selon le résultat obtenu en a), pour un système qui utilise une lentille ayant une distance focale équivalente f ou f', on a :

$$f \ \text{ou} f' = 400 \ \text{mm}$$

Ainsi, la lunette du téléscope serait plus longue de :

$$400 - 205 = 195 \ \text{mm} \approx 200 \ \text{mm}$$

• • • • • • • • • • • • • • • • • •

On obtient la mise au point en faisant coulisser l'oculaire et le tube porte-objectif ou la lentille divergente jusqu'à ce que l'image finale et les fils du réticule apparaissent aussi nets que possible.

Cela se fait en deux étapes :

a) *Réglage de l'oculaire.* L'opérateur règle l'oculaire en faisant coulisser ou en vissant et dévissant le tube porte-oculaire jusqu'au moment où les fils du réticule apparaissent très nets.

b) *Réglage de l'objectif.* Le réglage de l'oculaire donne une distance fixe entre l'oculaire et le réticule. Il s'agit maintenant d'amener l'image dans le plan de l'observation, c'est-à-dire dans le plan du réticule, à l'aide du dispositif de mise au point (c) (fig. 4.10), jusqu'à ce que l'image soit très nette. Après cette dernière opération, il est possible que les fils du réticule aient perdu un peu de leur netteté. Dans un tel cas, il faut recommencer les deux étapes.

Afin de s'assurer que la mise au point est correcte, l'opérateur pourra vérifier s'il n'y a pas de parallaxe en hochant la tête de gauche à droite. Si les fils semblent se déplacer par rapport à l'image, il y a de la parallaxe. Une mise au point parfaite, se caractérisant par l'absence de parallaxe, se manifeste lorsque le plan de l'observation de l'oculaire coïncide avec le plan de l'image intermédiaire de l'objectif, et ce dans le plan du réticule (fig. 4.15a). Les figures 4.15b, c et d montrent la présence de parallaxe qu'on supprime en raffinant la mise au point. Une fois ce travail accompli, la lunette est prête pour les observations. Il ne faudra plus, pour un même opérateur, toucher à l'oculaire, mais seulement au dispositif de mise au point en fonction des différentes distances d'observation. En outre, il lui faudra s'assurer de l'absence de parallaxe à chaque nouvelle visée.

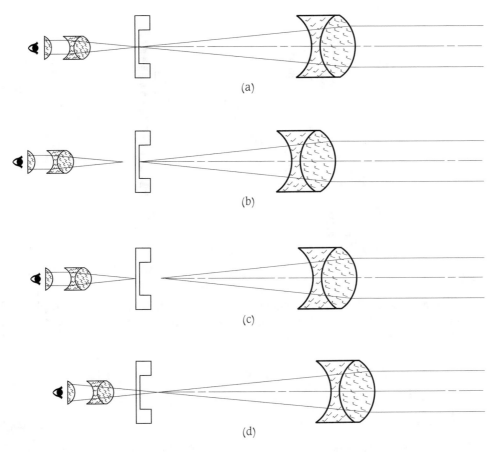

Figure 4.15 a) L'absence de parallaxe; b), c) et d) la présence de parallaxe.

4.3.6 Les caractéristiques d'une lunette

Les principales caractéristiques d'une lunette utilisée en topométrie sont le grossissement, le champ, le pouvoir séparateur et la clarté.

Grossissement. Le grossissement est le rapport entre l'angle sous lequel on voit un objet à travers la lunette et l'angle sous lequel il est vu à l'oeil nu (fig. 4.16). Il est approximativement égal au rapport entre les distances focales de l'oculaire et de l'objectif. Expérimentalement, on le détermine en observant, avec les deux yeux, une mire placée à environ 5 m de l'instrument. On compare 1 cm de la mire vu à travers la lunette avec un oeil et l'espace correspondant vu sur la mire avec l'autre oeil.

Champ. Le champ est la partie de l'espace visible à travers la lunette. Il est limité par le cône ayant son sommet au centre optique de l'oculaire et dont la base est la distance entre deux points extrêmes du champ. Il est important de noter que plus le grossissement est grand, plus l'angle de champ est petit. L'exemple 4.4 montre comment déterminer l'angle de champ.

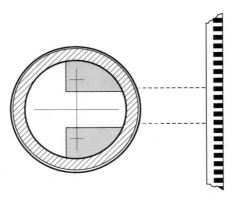

Figure 4.16 Le grossissement.

. . . .

EXEMPLE 4.4

À travers une lunette ayant un grossissement de 20X, on voit 8 cm d'une mire placée à 5 m, tandis qu'à travers une lunette ayant un grossissement de 40X, on n'en voit que 4 cm. Quel est l'angle de champ de chaque lunette (fig. 4.17)?

Solution

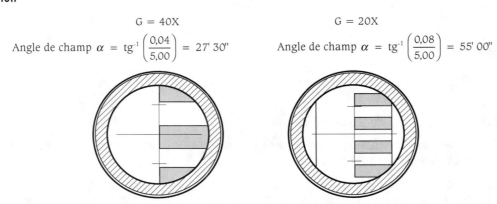

$$G = 40X \qquad\qquad\qquad\qquad G = 20X$$

Angle de champ $\alpha = \text{tg}^{-1}\left(\dfrac{0,04}{5,00}\right) = 27' \, 30''$ Angle de champ $\alpha = \text{tg}^{-1}\left(\dfrac{0,08}{5,00}\right) = 55' \, 00''$

Figure 4.17 Le champ de la lunette (exemple 4.4).

. . . .

Pouvoir séparateur. Le pouvoir séparateur est le plus petit angle sous lequel deux points voisins sont perçus à travers la lunette comme distincts l'un de l'autre. On démontre que le pouvoir séparateur est donné par l'expression suivante :

$$p'' \approx \frac{120}{d_o} \qquad (4.12)$$

où d_o représente le diamètre de l'objectif (mm).

Dans l'exemple 4.5, nous présentons les calculs relatifs au diamètre de l'objectif et à la distance minimale entre deux traits.

. . . .

EXEMPLE 4.5

Calculer le diamètre de l'objectif, d_o, d'une lunette si son pouvoir séparateur est égal à 3". Ensuite, trouver la distance minimale, d_{min}, qu'il doit y avoir entre deux traits situés à 100 m de la lunette si on veut les percevoir distinctement l'un de l'autre.

Solution

Équation 4.12 :

$$p'' \approx \frac{120}{d_o}$$

$$d_o = 120/3'' = 40 \text{ mm}$$

$$d_{min} = 100 \times \text{tg}(0°\ 00'\ 03'') = 1,5 \text{ mm}$$

. . . .

Clarté. La clarté est le rapport de la quantité de lumière impressionnant l'oeil en regard de l'intensité d'éclairage de l'objet. La clarté dépend du diamètre de l'objectif et de la qualité des composantes optiques.

4.4 LA NIVELLE

La nivelle est un accessoire servant à vérifier l'horizontalité d'une ligne ou d'un plan. Par conséquent, la nivelle permet aussi de s'assurer de la verticalité de l'axe d'un instrument, qui, par construction, doit être rigoureusement perpendiculaire au plan déterminé par la nivelle.

La nivelle de type conventionnel consiste en une fiole qui a un peu la forme d'un tonneau ou d'un tore de révolution légèrement cintré et qui est presque entièrement remplie d'alcool ou d'éther (fig. 4.18). Le tube, dont la face extérieure porte généralement une graduation uniforme de 2 mm, est protégé par une gaine métallique et y est fixé avec une substance plastique.

La bulle de gaz ou de vapeur, couramment appelée la bulle, prend la position du point le plus haut. La *directrice de la nivelle* est la tangente imaginaire qui passe au centre de la nivelle.

4.4.1 Les types de nivelles

Nivelle tubulaire. La fiole de la nivelle tubulaire est en forme de tore de révolution. Son rayon de courbure, plus ou moins grand, est fonction de la sensibilité désirée (fig. 4.18a).

Nivelle réversible. La nivelle réversible consiste en une fiole ayant la forme d'un tonneau et portant des graduations sur deux faces opposées (fig. 4.18b).

Nivelle sphérique. La nivelle sphérique est constituée par une fiole dont la partie supérieure, en forme de calotte sphérique, comporte un repère circulaire (fig. 4.18c). On l'utilise pour le calage grossier de l'instrument.

Nivelle cavalière. La nivelle cavalière est une nivelle qu'on dépose sur les tourillons d'une lunette pour en assurer l'horizontalité (fig. 4.18d). Elle est libre de tourner bout pour bout. Elle est généralement très sensible.

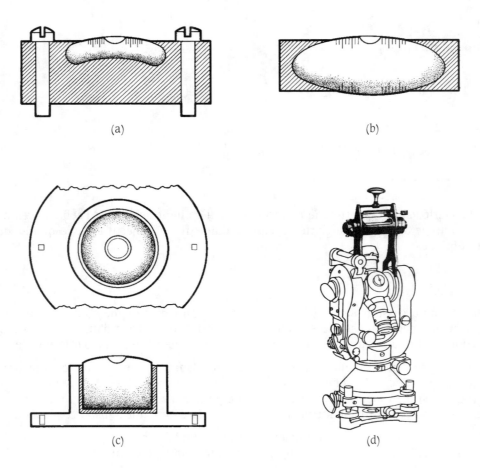

(a)

(b)

(c)

(d)

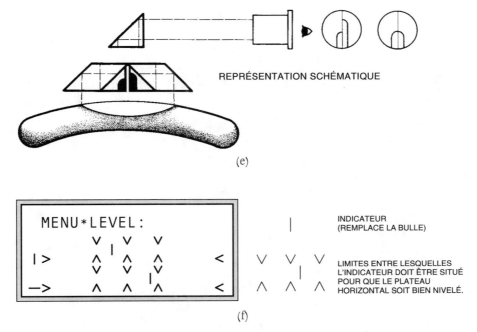

Figure 4.18 Les nivelles : a) tubulaire; b) réversible; c) sphérique; d) cavalière; e) à bulle coupée; f) électronique.

Nivelle à bulle coupée. La nivelle à bulle coupée est une nivelle tubulaire munie d'un système optique d'observation à prismes qui permet de voir simultanément les deux extrémités de la bulle (fig. 4.18e). Il s'agit de faire coïncider les deux demi-bulles ainsi obtenues. C'est une nivelle très précise.

Nivelle électronique. La nivelle électronique se compose d'un mécanisme capable de détecter une certaine inclinaison longitudinale et transversale du plateau horizontal; le tout est affiché à l'écran (fig. 4.18f).

4.4.2 La sensibilité de la nivelle

La sensibilité d'une nivelle est donnée par l'angle α. On doit basculer la nivelle d'une valeur équivalente à cet angle pour que la bulle se déplace d'une division ou d'une distance unitaire. La sensibilité s'exprime en secondes d'arc par division, celle-ci étant généralement de 2 mm.

Pour déterminer la sensibilité d'une nivelle, on évalue la distance verticale balayée, s, de la ligne de visée sur une mire placée à une distance d. Cette distance correspond à un déplacement d'une division S de la bulle (fig. 4.19a). Étant donné que $d >> s$, on peut à toutes fins utiles considérer le triangle aMb comme isocèle. Menant par le point M la bissectrice Mc, on obtient :

$$ac = cb = \frac{s}{2}$$

d'où

$$\mathrm{tg}\ \frac{\alpha}{2} = \frac{\mathrm{ac}}{d} = \frac{s}{2d}$$

$$\frac{\alpha}{2} = \mathrm{tg}^{-1}\left(\frac{s}{2d}\right)$$

$$\alpha = 2\ \mathrm{tg}^{-1}\left(\frac{s}{2d}\right) \tag{4.13}$$

Puisque α est un angle relativement petit, on a :

$$\alpha_{\mathrm{rad}} = \frac{s}{d} \tag{4.14}$$

$$\alpha" = \frac{s}{d\ \sin 1"} \tag{4.15}$$

ou encore

$$\alpha" = 206\ 265\ \frac{s}{d} \tag{4.16}$$

On peut aussi déterminer la sensibilité de la nivelle en fonction de son rayon de courbure r :

$$r\alpha_{\mathrm{rad}} = S$$

$$r = S/\alpha_{\mathrm{rad}} \quad \text{en substituant } \alpha_{\mathrm{rad}} \text{ de l'équation 4.14}$$

$$= Sd/s$$

$$= \frac{S}{\alpha"\ \sin 1"}$$

$$= \frac{206\ 265\ S}{\alpha"} \tag{4.17}$$

Pour augmenter la précision lors de la détermination de la sensibilité de la nivelle, on peut créer un déplacement de plusieurs divisions de la bulle, soit n divisions, ce qui permet d'amplifier l'intervalle s sur la mire (fig. 4.19b) :

$$\alpha_{\mathrm{rad}} = 2\ \mathrm{tg}^{-1}\left(\frac{s}{2\ nd}\right) \tag{4.18}$$

$$\alpha" = \frac{s}{nd\ \sin 1"} \tag{4.19}$$

ou

$$\alpha" = 206\ 265\ \frac{s}{nd} \tag{4.20}$$

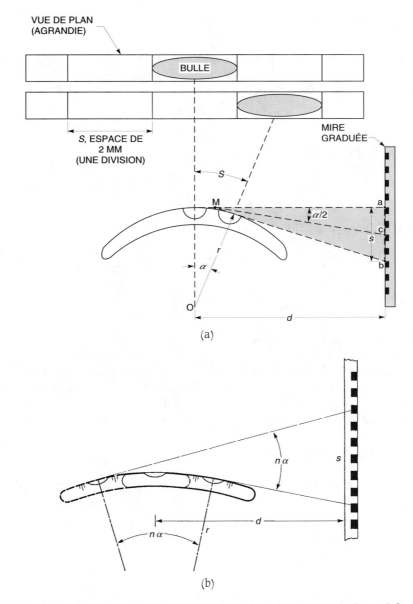

Figure 4.19 a) La détermination de la sensibilité de la nivelle; b) l'amplification de l'intervalle s sur la mire qui permet une meilleure précision lors de la détermination de la sensibilité de la nivelle.

Voyons à l'exemple 4.6 comment déterminer la sensibilité d'une nivelle et la valeur de son rayon de courbure.

EXEMPLE 4.6

Sachant qu'une division sur une nivelle est égale à 0,002 m, calculer la sensibilité d'une nivelle et la valeur de son rayon de courbure si, pour un déplacement de 4 divisions de la bulle, la distance verticale balayée est de 0,039 m sur une mire placée à 50 m de l'instrument.

Solution

Sensibilité d'une nivelle, équation 4.19 :

$$\alpha" = \frac{s}{nd \sin 1"} = \frac{0,039}{4 \times 50 \times \sin 1"} = 40"$$

Rayon de courbure, équation 4.17 :

$$r = \frac{206\,265\ S}{\alpha"} = \frac{206\,265 \times 0,002}{40"} = 10\ \text{m}$$

. . . .

La sensibilité est inversement proportionnelle au basculement de la nivelle et directement proportionnelle à son rayon de courbure r (tabl. 4.1). Plus une nivelle est sensible, plus il est difficile de la caler. Au moindre basculement, la bulle passe rapidement d'un bout à l'autre de la fiole et on dit qu'elle est folle. Le choix de la nivelle dépend de la précision désirée. Par ailleurs, un léger déplacement de la bulle entraîne nécessairement une variation de la lecture de la mire. Signalons que la sensibilité d'une nivelle électronique est de l'ordre de 5".

Tableau 4.1   Sensibilité de la nivelle

Instrument	Sensibilité par 2 mm	Rayon de courbure (m)
Niveau d'ingénieur	40"	10
Niveau de précision	10"	41
Théodolite d'ingénieur sur la lunette	30"	14
sur le plateau	75"	6
Théodolite de précision sur le plateau	20"	21
Nivelle sphérique	10'	0,7
Nivelle cavalière	2"	206

4.5 LE DISPOSITIF DE LECTURE

Pour mesurer des angles avec précision, il faut doter les instruments topométriques de l'un des dispositifs suivants : *vernier*, *microscope de lecture* ou *affichage numérique*.

4.5.1 Le vernier

L'acuité visuelle étant limitée quant à l'appréciation des fractions de divisions, Pierre Vernier a conçu, en 1631, un dispositif permettant de les évaluer directement sans qu'il soit nécessaire de surcharger la graduation principale.

Ce dispositif, appelé vernier, consiste en une petite règle coulissant le long de la règle principale (fig. 4.20). Cette réglette comporte une division de plus que la règle principale et elle est graduée en fonction de cette dernière. Elle permet d'améliorer le *degré d'appréciation* d'un instrument de mesure. Le fonctionnement du vernier est rigoureusement le même, qu'il s'agisse d'une graduation rectiligne ou circulaire.

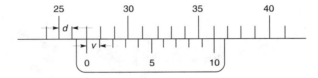

Figure 4.20   Le vernier et l'échelle principale.

Le degré d'appréciation d'un vernier, qui est la plus petite lecture donnée directement sur l'instrument, est aussi la différence entre une division d de l'échelle principale et une division v du vernier. Ainsi, pour n divisions du vernier, on peut écrire :

$$nv = (n - 1)\, d$$

$$v = \left(\frac{n - 1}{n}\right) d$$

alors :

$$d - v = d - \left(\frac{n - 1}{n}\right) d = \frac{d}{n} \tag{4.21}$$

Le degré d'appréciation est donc égal à une division de l'échelle principale divisée par le nombre de divisions de la réglette. Ce nombre de divisions peut être 10, 20, 30,..., suivant l'appréciation désirée.

Les verniers peuvent être gradués dans les deux sens, c'est-à-dire dans le sens des aiguilles d'une montre et dans le sens contraire. En topométrie, on utilise trois types de verniers circulaires : simple, double et double replié.

Vernier simple. Le vernier est simple lorsque l'instrument est gradué dans un seul sens, généralement celui des aiguilles d'une montre (fig. 4.21a).

Vernier double. Lorsque l'instrument est gradué dans les deux sens, il faut que le vernier le soit aussi. Pour effectuer la lecture, on prend la graduation du vernier qui est dans le même sens que la graduation principale choisie (fig. 4.21b).

Vernier double replié. Dans le cas du vernier double, on remarque qu'il y a deux lignes en coïncidence simultanément, mais on choisit celle qui est dans le même sens que l'échelle principale adoptée. Pour le vernier double replié, un même trait sur la réglette est chiffré dans les deux sens (fig. 4.21c).

Pour lire le vernier, on commence par localiser l'index, qui nous donne le nombre de degrés et un multiple de 15, 20 ou 30 min, selon le cas (lecture directe sur le limbe). L'appoint est donné par le trait de la réglette qui est en coïncidence avec un trait de l'échelle principale, comme 321° 13' 20" à la figure 4.21a. Si le limbe est gradué dans les deux sens, il faut choisir la graduation correspondante du vernier. Par exemple, à la figure 4.21b, on lit 91° 27' dans le sens horaire et 268° 33' dans le sens contraire et, à la figure 4.21c, on lit respectivement 117° 05' 30" et 242° 54' 30". Généralement, les verniers sont par paire et diamétralement opposés l'un à l'autre.

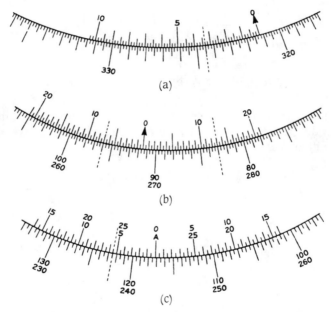

Figure 4.21 Les verniers : a) simple; b) double; c) double replié.

4.5.2 Le microscope de lecture

La précision des verniers est limitée, la nécessité de lire deux verniers requiert un temps assez long et les fautes de lecture peuvent être assez fréquentes. On a remédié à ces inconvénients en utilisant des dispositifs optiques. La graduation y est gravée sur des plaques de verre donnant des traits plus fins que la gravure sur l'argent. Les lectures du limbe et de l'appoint sont faites directement, ce qui réduit les possibilités de fautes. On en utilise de nombreux types; dans le texte qui suit, nous présentons les plus courants.

Microscope à index. La graduation du limbe est fine et relativement dense; le grossissement du microscope permet de faire une lecture directe. Un index situé dans le plan du réticule se superpose à l'image du limbe (fig. 4.22a).

Microscope à échelle. Habituellement, les limbes sont gradués en degrés. L'image d'une échelle, donnant les minutes et placée dans le plan du réticule, se superpose à celle du limbe (fig. 4.22b).

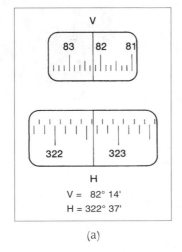
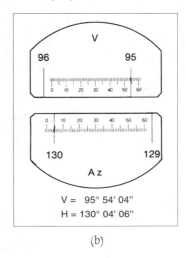

(a)   (b)

Figure 4.22   Les microscopes : a) à index (docum. Salmoiraghi); b) à échelle (docum. Wild).

Micromètre optique.   Dans ce dispositif, les limbes sont gradués en degrés et en fractions de degré, et l'index, généralement à deux traits, est mobile. On encadre une division du limbe en déplaçant l'index à l'aide d'une vis micrométrique et on lit l'appoint sur le bouton moleté (fig. 4.23a).

Micromètre à coïncidence.   Un jeu de prismes amène en juxtaposition les images de deux plages diamétralement opposées du limbe. Une vis micrométrique permet d'amener en coïncidence les graduations, et le déplacement du jeu de prismes lu dans le microscope de lecture donne l'appoint (fig. 4.23b et c).

Micromètre à lame à faces parallèles. Ce dispositif, surtout utilisé pour le nivellement de précision, consiste en une plaque de verre à deux faces parallèles placée sur le passage de la ligne de visée. Lorsque cette plaque est perpendiculaire à la ligne de visée, cette dernière n'est pas déviée. Par contre, la rotation de la plaque entraîne un déplacement parallèle de la ligne de visée. La graduation de la vis micrométrique donne l'appoint (fig. 7.12). On exploite le même principe pour la lecture des angles sur certains théodolites (fig. 4.24a).

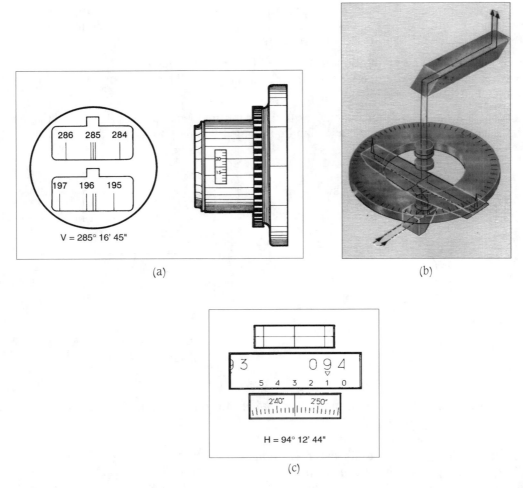

(a)

(b)

(c)

Figure 4.23   Les micromètres : a) optique (docum. Slom); b) et c) à coïncidence
(docum. Wild).

4.5.3 L'affichage numérique

Dans certains instruments modernes, on transforme le déplacement angulaire mécanique en une
lecture numérique directe. La transformation s'obtient par différents codes binaires imprimés cir-
culairement sur une plaque de verre, et ces codes sont lus par un lecteur soit magnétique soit
photoélectrique. Les signaux sont analysés électroniquement, et les déplacements angulaires
sont automatiquement affichés (fig. 4.24b).

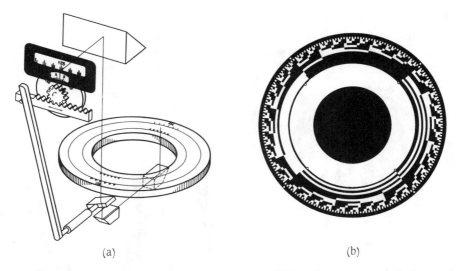

(a)	(b)

Figure 4.24   a) Le micromètre à lame à faces parallèles (docum. Kern); b) la graduation circulaire codée (docum. Zeiss).

La figure 4.25 illustre un exemple simple de clavier numérique. Il en existe une très grande variété et chaque fabricant rivalise d'ingéniosité afin d'intégrer le plus grand nombre de fonctions
au clavier.

Clavier

☼   : écran à cristaux liquides et éclairages
du réticule
%/VA : conversion des angles verticaux en
pente exprimée en pourcentage
R/L   : sélection du sens de la lecture de
l'angle horizontal
HOLD : maintien de l'affichage de l'angle
horizontal avec reprise possible des
mesures
RST   : mise à zéro de l'angle horizontal

Figure 4.25   Un exemple de clavier numérique.

4.6 LE TRÉPIED

En général, on installe un instrument d'observation sur un trépied. Les trépieds sont de deux types : a) à jambes fixes; b) à jambes télescopiques (fig. 4.26).

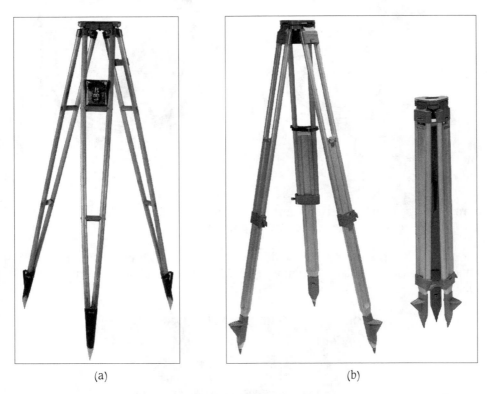

(a)   (b)

Figure 4.26   Les types de trépieds : a) à jambes fixes; b) à jambes télescopiques.

4.6.1 Le plateau du trépied

L'instrument repose sur le plateau du trépied. Le plateau, percé en son centre, laisse passer une *vis d'ancrage* dont les filets s'accrochent dans un évidement fileté pratiqué à la partie inférieure de l'instrument, ce qui le rend parfaitement solidaire de son trépied (fig. 4.27a). Dans certains cas, l'ouverture est plus grande : elle permet la translation de l'instrument sur le trépied, ce qui facilite la mise en station du théodolite.

D'autres trépieds comportent un plateau à rotule favorisant un calage plus rapide de l'instrument. Les instruments de la compagnie Kern peuvent, en plus, avoir une canne de centrage perpendiculaire au plateau et qui comporte une nivelle sphérique permettant le calage sommaire de l'instrument (fig. 4.27b).

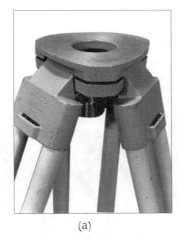 

(a)   (b)

Figure 4.27   Les plateaux de trépied (docum. Kern) : a) plateau simple; b) plateau avec rotule.

4.6.2 La mise en station

La *mise en station* consiste à placer un instrument à la verticale et à le caler. On installe l'instrument au-dessus de la station, en ayant soin de placer son plateau le plus horizontalement possible. En terrain horizontal, les trois pattes forment sensiblement un triangle équilatéral.

En terrain incliné, deux jambes du trépied devront se trouver approximativement sur une même horizontale et la troisième sera fortement inclinée dans la partie haute du terrain (fig. 4.28).

Figure 4.28   Un instrument sur un terrain incliné (docum. Kern).

Il faut éviter qu'une des jambes de l'instrument ne soit dans la direction de l'alignement, et ce afin de ne pas gêner l'opérateur durant le mesurage.

4.7 LES VIS CALANTES

Le calage de l'instrument se fait à l'aide de trois ou quatre petites pattes appelées *vis calantes* (fig. 4.29).

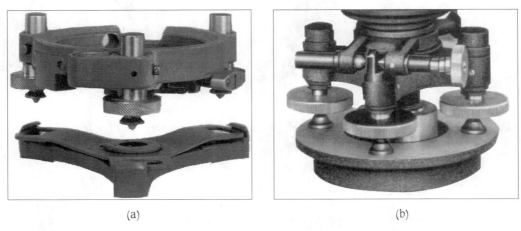

(a)   (b)

Figure 4.29 Les vis calantes : a) système à trois vis; b) système à quatre vis.

Signalons que les instruments Kern ne comportent pas les vis calantes habituelles mais des vis excentriques, ce qui donne un faible basculement mais supprime toute possibilité de jeu (fig. 4.30).

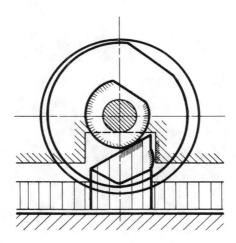

Figure 4.30 L'excentrique de calage (docum. Kern).

Pour ce qui est du système à quatre vis, on fait le calage en prenant les vis opposées, deux à deux, et en les tournant dans des sens opposés l'une par rapport à l'autre, après avoir pris soin d'orienter l'instrument pour qu'une des nivelles soit en direction des vis opposées. Il est bon de remarquer que la bulle se déplace dans le même sens que le pouce gauche (fig. 4.31a).

Le procédé diffère légèrement dans le cas du système à trois vis. On oriente l'instrument pour qu'une nivelle soit en direction de deux vis, et on tourne ces dernières dans des sens opposés l'une par rapport à l'autre. On fait pivoter l'instrument pour qu'il soit perpendiculaire à la position première et on tourne la troisième vis, toujours en appliquant la règle du pouce gauche (fig. 4.31b).

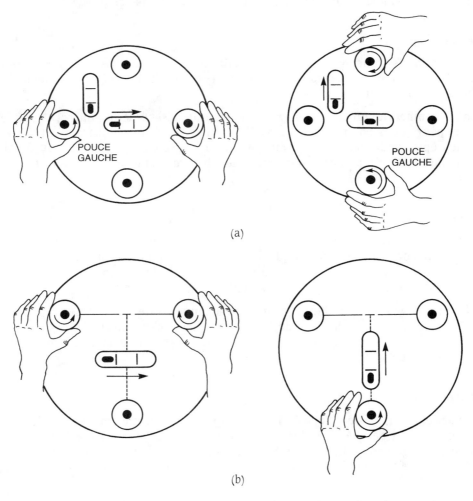

(a)

(b)

Figure 4.31 Le calage : a) système à quatre vis; b) système à trois vis.

Avec une nivelle sphérique, si on tourne deux vis dans des sens opposés l'une par rapport à l'autre, la bulle se déplace dans la direction des deux vis. Si on tourne une seule vis, la bulle se déplace perpendiculairement aux deux autres vis.

Le calage par compensateurs. La majorité des systèmes sont munis de vis calantes pour le calage de l'instrument. Cependant, la firme Geotronics utilise un microprocesseur qui transmet l'inclinaison du plateau à des compensateurs qui rectifient automatiquement l'horizontalité du plateau.

4.8 LES DISPOSITIFS DE CENTRAGE

Pour centrer un théodolite sur une station, on utilise différents dispositifs décrits ci-après.

4.8.1 Le fil à plomb

Au-dessous de la vis d'ancrage se trouve un petit crochet servant à suspendre un *fil à plomb* (sect. 5.3). En procédant aux opérations de centrage, on doit stabiliser le fil à plomb, ce qui est très difficile quand le vent souffle fort.

On place l'instrument approximativement de niveau au-dessus de la station. On règle la longueur du fil pour que la pointe soit à moins de 5 mm de la station. Au besoin, on glisse l'instrument sur le trépied pour que le fil à plomb soit sur la verticale du point. Après avoir calé convenablement l'instrument, on s'assure que le fil à plomb est demeuré sur la station et on le ramène si nécessaire.

4.8.2 La canne de centrage

Certains instruments comme les théodolites Kern (fig. 4.28) sont munis d'une canne solidaire de l'axe de l'instrument à la place du fil à plomb et d'une articulation à rotule. Cette canne se compose de deux tubes coulissant l'un dans l'autre. Le tube extérieur, pointu à une extrémité, porte une nivelle sphérique destinée à rendre la canne verticale.

Lors de la mise en station, on place la pointe de la canne sur le point. Après avoir débloqué la fixation de la rotule, on cale la bulle de la nivelle sphérique en faisant varier la longueur des jambes du trépied et on complète le centrage par une translation de l'instrument sur le plateau du trépied. On bloque alors la rotule.

4.8.3 La lunette de centrage

La lunette de centrage, souvent appelée à tort plomb optique, est constituée d'une lunette coudée dont une branche est parallèle au plateau de l'instrument et l'autre, perpendiculaire. Certaines lunettes de centrage sont solidaires de l'instrument lui-même, tandis que d'autres le sont de l'embase. La lunette de centrage ne donne la verticale que lorsque l'instrument est calé convenablement.

En procédant à la mise en station, on peut faire une première approximation avec le fil à plomb. Ensuite, on cale la nivelle. Puis, au moyen de la translation, on finit le centrage en évitant tout mouvement de rotation.

On peut procéder avec la lunette de centrage de la même manière qu'avec une canne de centrage, comme on l'a vu précédemment. On amène la visée sur le repère au sol, puis, en faisant varier la longueur des jambes du trépied, on cale la nivelle. Pour que cette méthode soit efficace, il ne faut pas que le repère soit trop éloigné du plan des trois pointes du trépied.

4.8.4 Le dispositif pour centrage forcé

Ce n'est pas un dispositif de centrage comme tel, mais il favorise l'interchangeabilité des différents instruments utilisés (théodolite, cible, etc.), et ce rigoureusement en un même point (fig. 4.32).

Figure 4.32 Le centrage forcé (docum. Kern).

Les embases sont construites de telle façon qu'elles libèrent facilement l'instrument et peuvent en recevoir d'autres, les organes d'accouplement étant identiques (fig. 4.29).

Nous verrons aux chapitres 5, 7 et 8 les principaux instruments utilisés en topométrie.

EXERCICES

4.1 Dans le but de déterminer la sensibilité d'une nivelle, un opérateur a noté que, pour un déplacement de 5 divisions de la bulle, la distance verticale correspondante est de 29 mm sur une mire placée à 60 m de l'instrument. Calculer la sensibilité de la nivelle et la valeur de son rayon de courbure si chaque division sur la nivelle vaut 2 mm.

4.2 Quelle est la sensibilité d'une nivelle si un déplacement de 3 divisions de 2 mm de la bulle entraîne un déplacement de la ligne de visée de 35 mm sur une mire placée à 80 m de l'instrument? Quel est son rayon de courbure?

4.3 Une nivelle a une sensibilité de 7 s. Quel est son rayon de courbure si chaque division sur la nivelle vaut 2 mm?

4.4 Quel est le rayon de courbure d'une nivelle si sa sensibilité est de 2 s par division de 2 mm?

4.5 Quelle est la sensibilité d'une nivelle dont le rayon de courbure est de 100 m si chaque division de la nivelle vaut 2 mm?

4.6 Quelle est la sensibilité d'une nivelle dont le rayon de courbure est de 90 m si chaque division de la nivelle vaut 2 mm?

4.7 Compléter le tableau suivant en calculant les éléments manquants pour les verniers proposés.

Graduation	Appréciation	Nombre	v	d
rectiligne	2 mm			1 cm
		10		1 cm
	0,1 mm			1 cm
circulaire	1'			30'
		60		30'
	20"			20'
		40		20'

4.8 Une lentille convergente a une longueur focale de 10 cm. Si un objet AB, perpendiculaire à l'axe optique, est placé à 30 cm en avant de la lentille et si le point A est sur l'axe optique :

a) Représenter graphiquement et à l'échelle la grandeur, le sens et la position de l'image de cet objet.

b) S'agit-il d'une image réelle ou virtuelle?

c) Calculer la distance séparant l'objectif de l'image et vérifier l'exactitude du graphique demandé en a).

d) Si l'objet AB mesure 15 cm de hauteur, quelle est la hauteur de l'image?

4.9 On effectue une visée avec une lunette topométrique à mise au point externe sur un objet situé à 50 m de l'objectif de l'instrument. L'image de l'objet, située dans le plan des fils du réticule, est à 301,8 mm de l'objectif.

a) Quelle est la distance focale de cet objectif?

b) Si, avec cette même lunette, on voulait effectuer une visée sur un point situé à 15 m de l'instrument, de quelle distance et dans quel sens devrait-on déplacer l'objectif pour obtenir une image de ce point située dans le plan du réticule?

c) Si la distance focale de l'oculaire de cette lunette est égale à 10 mm, quel est le grossissement de cette lunette?

4.10 Soit un ensemble de quatre lentilles accolées formant un objectif. Les deux premières, L_1 et L_2, sont convergentes, tandis que les deux dernières, L_3 et L_4, sont divergentes. Les distances focales pour L_1 et L_2 sont respectivement de 5 et 40 cm et, pour L_3 et L_4, de 10 et 50 cm. Calculer la convergence résultante de cet objectif et sa distance focale en mm.

4.11 Dans une lunette à mise au point interne, l'objectif et la lentille mobile sont distants de 65 mm. L'objectif a une distance focale de 100 mm et la lentille divergente mobile, de 60 mm. Si l'oculaire a une convergence de 100 dioptries :

a) Quelle est la distance focale équivalente de ce système?

b) Calculer la distance entre le plan principal avant et la lentille L_1 ainsi que la distance entre le plan principal arrière et la lentille L_2.

c) Quelle est la distance entre les deux plans principaux?

d) Si on utilisait une lentille simple convexe ou convergente qui aurait la distance focale équivalente de ce système, de combien de millimètres la lunette du télescope serait-elle plus longue?

e) Quel est le grossissement de cette lunette?

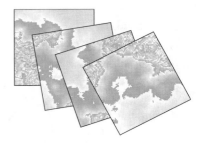

Les instruments
accessoires

5.1 GÉNÉRALITÉS

Dans ce chapitre, nous étudierons les instruments accessoires qui servent à faciliter et à compléter les mesurages effectués à l'aide des principaux instruments utilisés en topométrie.

5.2 LE JALON

On utilise des jalons afin de matérialiser, aussi clairement que possible, les points à relever et de faciliter ainsi l'observation.

Les jalons sont des tiges en bois, en métal ou en plastique, peintes en blanc et en rouge, parfaitement rectilignes et dont la longueur varie entre 1,50 et 3,00 m (fig. 5.1). Les jalons en bois ont une section généralement octogonale de 30 à 40 mm de diamètre. Ils sont munis à leur extrémité inférieure d'une pointe métallique. Quant aux jalons de métal ou de plastique, ce sont des tiges généralement creuses dont la section circulaire a un diamètre de 15 à 20 mm. Certains de ces jalons sont offerts en longueur de 1,00 m et peuvent s'abouter les uns aux autres pour former des longueurs plus grandes.

5.3 LE FIL À PLOMB

Le fil à plomb est un fil tendu par un poids généralement en laiton et de forme conique qui donne la verticale (fig. 5.2a). Signalons que ce fil doit être suffisamment lourd pour résister au vent. On trouve différentes grosseurs de plomb dont le poids varie entre 300 et 1000 g environ (fig. 5.2b). Ces fils servent à transférer un point d'une certaine altitude à une autre ou à fixer un théodolite sur un point donné.

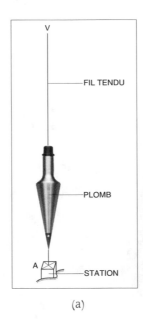

(a)　　　　　　　　　　　　(b)

Figure 5.1　Des jalons.

Figure 5.2　a) Le fil à plomb donnant la verticale du lieu, VA;
b) des fils à plomb de différentes grosseurs.

5.4 LES MIRES

Les mires, faites de bois, de métal ou de fibre de verre, sont des règles graduées et généralement pliantes ou coulissantes qui ont une longueur de 3 à 5 m. La mire doit être tenue verticalement sur chaque point à niveler, de façon à ce que l'opérateur puisse lire la distance depuis ce point jusqu'au plan de nivellement constitué par l'instrument. Les graduations, qui sont en centimètres ou en demi-centimètres, sont de différents types (fig. 5.3). On distingue trois catégories de mires : à voyant, parlante et codée.

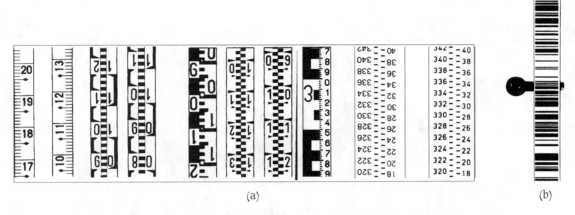

(a)   (b)

Figure 5.3 a) Des graduations de mire; b) la graduation de la mire codée.

Mire à voyant. La mire à voyant comporte une cible mobile que l'aide-opérateur déplace suivant les indications de l'opérateur (fig. 5.4a). C'est l'aide qui fait la lecture au moyen du vernier de la mire. On utilise rarement ce procédé de nos jours.

Mire parlante. Une mire est dite parlante (la plupart des mires le sont, même les mires à voyant) parce que l'opérateur peut faire la lecture directement à travers la lunette de l'instrument. Le travail de l'aide consiste à s'assurer de la verticalité de la mire. Étant donné que la lecture se fait à travers la lunette et que de nombreuses lunettes sont à image renversée, la graduation est souvent dessinée à l'envers sur la mire, ce qui en facilite la lecture.

Mire codée. Une mire est dite codée si la graduation classique, c'est-à-dire numérique, est remplacée par un code à barres du type de ceux qu'on trouve sur les emballages de produits de consommation courante. Pour interpréter un tel code, il faut disposer d'un lecteur approprié. On doit donc combiner cette mire à un niveau électronique dont le système de lecture est compatible avec la mire utilisée. En cas de panne du système électronique du niveau, on peut utiliser ce dernier comme un niveau à lecture optique. On se sert alors de l'endos de la mire codée qui est gradué dans le système conventionnel (fig. 5.3b).

5.4.1 Les modèles de mires

Compte tenu des différents usages et des difficultés de manipulation, il existe plusieurs modèles de mire.

Mire coulissante. La mire coulissante se compose de deux ou trois règles plates qui peuvent glisser les unes sur les autres (fig. 5.4a). La mire *Philadelphia*, une combinaison des mires à voyant et parlante, consiste en deux sections, généralement de 2,20 m de longueur, pouvant coulisser l'une sur l'autre. La mire *Frisco* consiste en trois sections de 1,50 m.

Mire pliante. La mire pliante, ou mire à charnières, est formée de deux ou quatre règles reliées par des charnières que l'on peut rabattre quand on la transporte (fig. 5.4b).

Mire articulée. La mire articulée consiste en plusieurs règles reliées à l'aide de boulons autour desquels elles peuvent tourner (fig. 5.4c).

Mire télescopique. La mire télescopique est constituée de plusieurs tubes de différentes dimensions s'emboîtant les uns dans les autres et portant une ou deux faces graduées (fig. 5.4d).

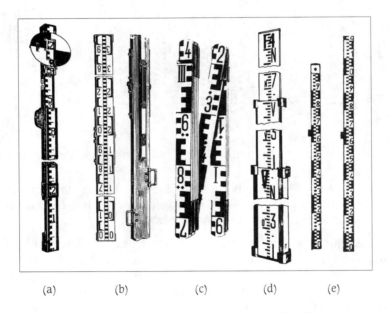

(a)   (b)   (c)   (d)   (e)

Figure 5.4   Les mires : a) coulissante avec voyant; b) pliante (vue de face et de dos); c) articulée; d) télescopique; e) aboutante.

Mire aboutante. La mire aboutante se compose de plusieurs sections qui s'aboutent les unes aux autres pour former la longueur de la mire (fig. 5.4e, 5.3b et 5.5c).

Mire rigide. La mire rigide, formée d'une seule section de 3 m, est généralement une mire de précision (fig. 5.5a et 5.5b). La graduation se trouve sur un ruban en acier *invar* retenu au corps principal de la mire uniquement par des ressorts à chaque extrémité. Cette mire porte une double graduation placée sur le corps principal. L'appoint se mesure au moyen d'un *micromètre à lame à faces parallèles*.

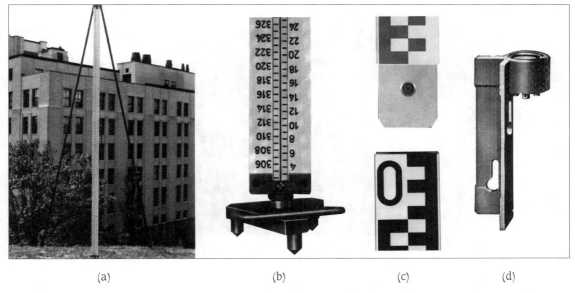

(a)   (b)   (c)   (d)

Figure 5.5   a) La mire de précision (rigide); b) le socle pour mire de précision; c) la mire aboutante; d) la nivelle pour mire.

5.4.2 La nivelle pour mire

Il faut tenir la mire rigoureusement verticale au moment de la lecture. Pour que l'aide puisse s'en assurer, il utilise une nivelle de mire qui est en fait une nivelle sphérique (fig. 5.5d). Un système de *contrefiches* ou de deux jalons permet de tenir la mire verticale et immobile surtout lorsqu'on effectue le nivellement de précision (fig. 5.5a).

5.4.3 Le socle pour mire

Lorsqu'on procède au nivellement de précision, on utilise, pour les points de changement, un socle pour mire (fig. 5.5b).

5.5 LE NIVEAU À MAIN

Un niveau à main est un instrument qu'on tient dans la main et qu'on utilise pour effectuer des nivellements de faible précision ou encore pour faire certaines vérifications. C'est un tube de laiton de 12 à 15 cm de longueur. La ligne de visée est donnée par un repère à une extrémité et par un minuscule trou à l'autre extrémité. Une nivelle est montée sur ce tube; on peut voir la bulle de la nivelle par l'oculaire à l'aide d'un miroir placé à 45° à l'intérieur du tube (fig. 5.6).

Figure 5.6   Le niveau à main.

5.6 LE CLINOMÈTRE

Le clinomètre à vernier physique est fondamentalement semblable au niveau à main, excepté que la nivelle est solidaire d'un cercle gradué, ce qui permet de mesurer des angles verticaux lorsqu'une valeur approximative est suffisante (fig. 5.7). On peut l'utiliser pour effectuer le chaînage suivant la pente, si celle-ci n'est pas trop forte.

Figure 5.7 Le clinomètre.

Le clinomètre à lecture optique (fig. 5.8a) consiste en un boîtier fait en aluminium résistant à la corrosion. Un disque gradué en degrés et en pourcentages se déplace entre deux paliers à rubis. Les pièces mobiles sont logées dans une capsule en plastique hermétique remplie d'un liquide qui permet d'amortir toutes les oscillations qui perturbent le disque gradué. Ainsi, la graduation se déplace lentement et également.

En général, lorsqu'on se sert d'un clinomètre, on garde les deux yeux ouverts et on tient l'appareil de sorte que la graduation soit lisible à travers l'optique et que l'orifice latéral rond soit à gauche. En raison d'une illusion d'optique, le réticule semble se prolonger au-delà du boîtier du clinomètre. Avec l'oeil gauche, on aligne sur la cible (point, jalon, etc.) le réticule qui est prolongé virtuellement et, avec l'oeil droit, on lit sur la graduation la déclivité de la pente (fig. 5.8b).

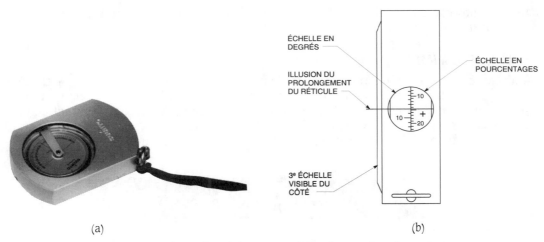

(a) (b)

Figure 5.8 a) Le clinomètre à lecture optique; b) son fonctionnement.

5.7 LES PETITS ACCESSOIRES

Outre les principaux instruments accessoires, il ne faut pas oublier ceux qui, malgré leurs petites dimensions, revêtent une certaine importance lors d'un travail effectué sur le terrain. Par exemple, citons les massettes (fig. 5.9a) ainsi que différents types de clous dont ceux qu'on utilise couramment en construction et ceux auxquels on a particulièrement recours en topométrie, soit les clous à béton nommés PK qui, une fois fichés dans la surface bétonnée ou asphaltée, demeurent en position stable et permanente (fig. 5.9b).

On trouve également sur le marché des accessoires destinés à signaler un objet, un point ou une ligne et d'autres servant soit à marquer un chaînage, soit à identifier un point ou une altitude. Les rubans de signalisation, marqueurs et crayons de cire font partie de cette gamme d'accessoires (fig. 5.9c et d). Certains petits accessoires facilitent la prise de mesures sur le terrain et permettent d'en accroître la précision; c'est le cas du pince chaîne (fig. 5.9e) qu'on peut utiliser lors du chaînage.

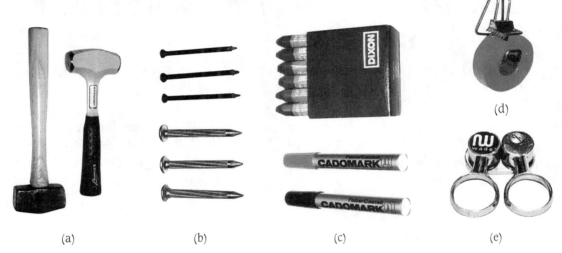

(a)   (b)   (c)   (e)

(d)

Figure 5.9 Les petits accessoires : a) massettes; b) clous et PK; c) marqueurs; d) ruban de signalisation; e) pince chaîne.

5.8 LES ÉQUIPEMENTS DE TÉLÉCOMMUNICATION

Très souvent, la distance qui sépare entre eux les membres d'une équipe et l'environnement où ils exécutent leur travail nécessitent l'usage d'équipements de télécommunication appropriés. De plus, dans un but d'économie de temps, il peut s'avérer très utile d'établir une communication entre le bureau et l'équipe sur le terrain.

Il existe une gamme très variée d'émetteurs-récepteurs qui font appel aux ondes électromagnétiques dont la portée va d'une centaine de mètres à quelques kilomètres et même à plusieurs kilomètres dans le cas de la radiotéléphonie. La figure 5.10a illustre un modèle standard d'émetteur-récepteur qui peut atteindre environ 3 km de portée maximale. La figure 5.10b présente un modèle de type «mains libres» ayant une portée de 400 m et dont le passage en mode d'émission est activé automatiquement par la voix.

(a)

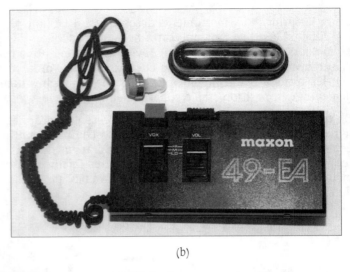
(b)

Figure 5.10 Les émetteurs-récepteurs : a) portatif; b) de type «mains libres».

5.9 LES PIQUETS, REPÈRES ET BORNES

Bien que ces objets ne soient pas des instruments accessoires, ils deviennent indispensables lorsque vient le temps de marquer sur le terrain l'emplacement d'un point permanent ou temporaire.

Piquet. Le piquet est un petit pieu généralement en bois que l'on fiche en terre pour localiser temporairement un point ou la station occupée par un instrument (fig. 5.11a).

Repère. Le repère est une marque matérielle, ordinairement en métal, servant à localiser sur le terrain un point, un alignement ou une altitude. Les repères géodésiques et altimétriques sont généralement des plaques de bronze (médaillons) fixées dans le roc ou à l'extrémité d'une colonne de béton (fig. 5.11b).

(a)   (b)   (c)

Figure 5.11 a) Le piquet; b) le repère géodésique; c) la borne.

Borne. La borne est aussi une marque matérielle, définie par règlement, que l'on fiche en terre pour délimiter de façon officielle et permanente des propriétés contiguës (fig. 5.11c). Cette marque ne prend le caractère de borne qu'après l'homologation par la cour ou par les propriétaires concernés.

5.10 LE DÉTECTEUR FERROMAGNÉTIQUE

Au fil des ans et parfois même sur une courte période, il arrive souvent que les repères métalliques se retrouvent ensevelis sous quelques centimètres, voire quelques décimètres de terre, végétation et autres, ce qui les rend relativement difficiles à localiser. Dans ce cas, l'utilisation d'un détecteur ferromagnétique peut s'avérer très utile et quelquefois indispensable (fig. 5.12a).

(a)

(c)

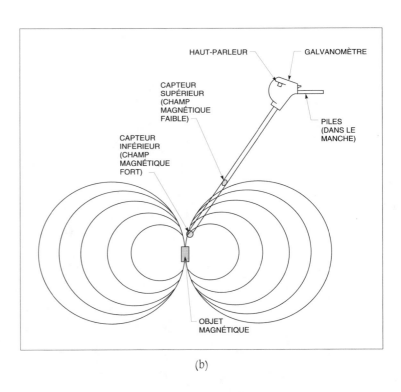

(b)

Figure 5.12   Le détecteur ferromagnétique : a) vue de profil; b) principe de fonctionnement; c) galvanomètre du détecteur.

Le principe de fonctionnement de cet instrument repose sur l'apparition d'un écart entre les deux champs magnétiques qui se créent entre deux capteurs. Un de ces capteurs est situé à l'extrémité inférieure de la canne, alors que l'autre est fixé plus haut sur celle-ci, ce qui permet d'obtenir et de mesurer une différence sensible d'intensité entre les deux champs magnétiques (fig. 5.12b).

Une telle différence se manifeste par un signal sonore qui devient de plus en plus aigu au fur et à mesure que le détecteur approche d'un objet métallique. Un galvanomètre (fig. 5.12c) indique aussi l'importance de l'écart entre les champs magnétiques et facilite ainsi la recherche de la borne ou du repère. Cet instrument détecte la présence de métaux ferromagnétiques tels que le fer, le cobalt et l'acier, mais non celle de métaux non magnétiques comme l'aluminium, le cuivre et l'argent.

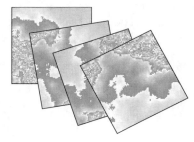

Les goniomètres

6.1 GÉNÉRALITÉS

Le terme *goniomètre* est le nom générique qui désigne les instruments servant à mesurer les angles. Dans ce chapitre, nous décrirons l'équerre, le sextant, le goniographe, la boussole, le théodolite et le gyrothéodolite. De plus, nous expliquerons comment mesurer des angles au moyen d'un théodolite et nous verrons brièvement les fautes et les erreurs commises lors de la mesure angulaire.

6.2 L'ÉQUERRE

L'équerre ne sert pas en réalité à mesurer, mais bien à construire sur le terrain un angle droit. On peut classer cet instrument en trois catégories : l'équerre d'arpenteur, l'équerre à miroirs et l'équerre à prismes.

6.2.1 L'équerre d'arpenteur

L'équerre d'arpenteur est un appareil à visée directe, généralement fabriqué en cuivre. Sa surface comprend des petites ouvertures verticales ayant la forme de simples fentes, de 1 ou 2 mm de largeur, et des fenêtres, qui sont un élargissement de la fente et qui s'étendent seulement sur la moitié de la hauteur. Un fil de crin est tendu suivant les axes médian et vertical de la fenêtre.

L'ensemble d'une fente et du fil de crin de la fenêtre opposée forme un couple de *pinnules* donnant une ligne ou plan de visée. Les plans de visée forment entre eux des angles de 45° ou 90° (fig. 6.1a).

6.2.2 L'équerre à miroirs

L'*équerre à miroirs*, aussi appelée *équerre à réflexion*, est formée de deux miroirs fixés à 45° l'un de l'autre et donnant, après réflexion, deux directions perpendiculaires (fig. 6.1b). L'équerre à miroirs et l'équerre d'arpenteur ont été remplacées par l'équerre à prismes.

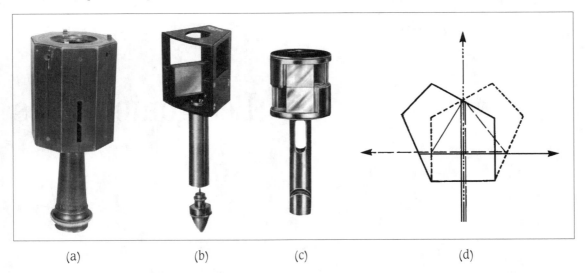

(a)   (b)   (c)   (d)

Figure 6.1   L'équerre : a) d'arpenteur; b) à miroirs; c) et d) à prismes.

6.2.3 L'équerre à prismes

L'*équerre à prismes*, aussi appelée *équerre optique*, se compose d'un prisme pentagonal dont les faces réfléchissantes forment entre elles un angle de 45° (fig. 6.1c et d). L'équerre optique double comprend deux prismes pentagonaux superposés, ce qui permet de placer un point dans un alignement donné (fig. 6.2); c'est pourquoi on l'appelle également équerre d'alignement.

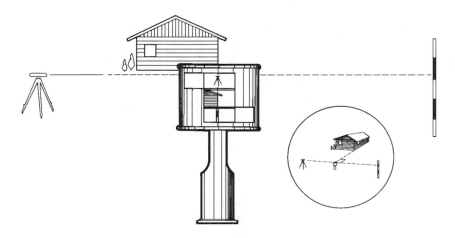

Figure 6.2 L'équerre à prismes dans un alignement donné.

6.3 LE SEXTANT

Le *sextant* est un instrument portatif qui sert principalement à mesurer des angles verticaux et horizontaux. Sa principale propriété est de pouvoir donner simultanément deux directions. Il porte le nom de sextant parce que le limbe, bien qu'il soit gradué en 120°, est la sixième partie du cercle (fig. 6.3).

(a)   (b)

Figure 6.3 Le sextant : a) de marine; b) de poche.

Le sextant consiste en un bras qui tourne autour d'un centre et qui entraîne un vernier (B) à son extrémité, le long du limbe (A), et un miroir (E) appelé miroir mobile (fig. 6.4). Un second miroir (D), qu'on nomme miroir fixe, forme la moitié d'une fenêtre dont l'autre moitié est transparente. Une lunette (C), dirigée vers le miroir fixe, donne simultanément deux images, l'une vue directement à travers la partie transparente et l'autre réfléchie sur le miroir fixe après avoir été réfléchie une première fois sur le miroir mobile.

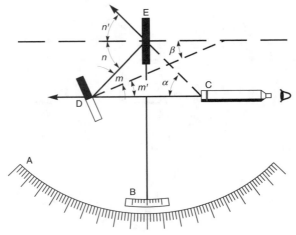

Figure 6.4   Le principe du sextant.

L'angle β formé entre les miroirs, qui est aussi l'angle entre leur normale, est donné par le déplacement angulaire du bras et donc par le vernier. L'angle entre les deux directions est représenté par α. Étant donné que l'angle produit par le rayon réfléchi et la normale égale celui produit par le rayon incident, on a :

$$n = n'$$

et

$$m = m'$$

Dans le triangle EFD, on a :

$$n = m + \beta$$

et, dans le triangle ECD, on a :

$$2n = 2m + \alpha$$

Par conséquent, on peut dire que :

$$\alpha = 2\beta$$

L'angle β, qui correspond aussi au déplacement angulaire du vernier (repère), vaut ainsi la moitié de l'angle mesuré.

Précisons que, pour graduer le limbe, qui est de 60°, on le partage en 120 parties égales en donnant à chacune la valeur de 1°, ce qui permet d'obtenir directement la grandeur réelle de l'angle.

En topométrie, on utilise très rarement le sextant de marine; par contre, on se sert quelquefois du sextant de poche, qui est en fait une version modifiée et basée sur le même principe, afin de mesurer approximativement des angles ou vérifier leur ordre de grandeur.

6.4 LE GONIOGRAPHE

Le goniographe est un appareil qui permet de représenter graphiquement des angles. On utilise comme plan de report une planchette dont l'horizontalité est contrôlée au moyen d'une nivelle sphérique. La mise en plan se fait directement sur une feuille fixée sur la planchette, d'où l'expression «levé à la planchette». Pour matérialiser la trace horizontale, on se sert d'une alidade (fig. 6.5).

C'est l'ensemble planchette et alidade que l'on appelle goniographe. Avec cet appareil, on évite les opérations intermédiaires, ce qui simplifie de beaucoup le travail de bureau. Par contre, on allonge le temps passé sur le terrain et on doit se soumettre aux caprices de la nature.

6.5 LA BOUSSOLE

La boussole consiste en une aiguille aimantée supportée par un pivot au centre d'un cercle gradué (fig. 6.6). L'aiguille pointe vers le *pôle Nord* magnétique, qui est situé à environ 1500 km au sud du pôle Nord géographique. Plus précisément, l'aiguille suit la direction du champ magnétique, lequel subit l'influence des conditions locales. L'aiguille forme, avec l'horizontale, un angle qu'on appelle *inclinaison magnétique*. Dans l'hémisphère Nord, pour annuler l'effet de l'inclinaison et rendre l'aiguille horizontale, on enroule un petit fil du côté sud de l'aiguille.

Contrairement au théodolite (sect. 6.6), c'est l'aiguille aimantée qui fait office d'index, tandis que le limbe gradué tourne. La ligne de visée se matérialise par les pinnules, ce qui explique pourquoi l'est et l'ouest sont interchangés sur une boussole d'arpenteur.

On rencontre, quoique rarement, des boussoles dont l'index suit la ligne de visée et dont l'aiguille aimantée est solidaire du limbe qui repose sur un bain d'huile; dans un tel cas, l'est et l'ouest occupent leur position réelle.

Figure 6.5 Le goniographe (docum. Wild).

Figure 6.6 La boussole (docum. K & E).

La *déclinaison magnétique* est l'angle qui se forme entre la direction du nord magnétique et la direction du *vrai nord*. Une déclinaison ouest indique que le nord magnétique est à l'ouest du vrai nord. Le ministère fédéral de l'Énergie, des Mines et des Ressources publie, tous les cinq ans, des cartes donnant la déclinaison magnétique (fig. 6.7).

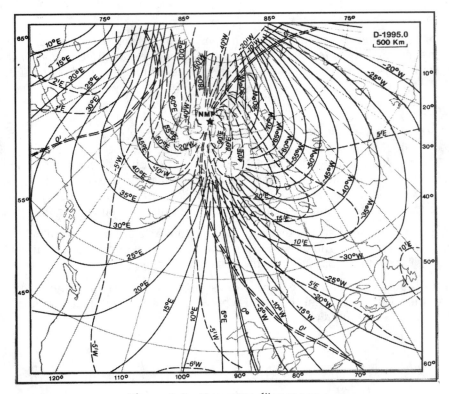

Figure 6.7   Une carte d'isogones.

La ligne qui joint les points de même déclinaison magnétique s'appelle *isogone*. L'isogone zéro porte le nom de *ligne agonique*.

La déclinaison magnétique n'est pas constante en un lieu donné; elle est fonction de l'espace et du temps. Il existe différents types de variations.

Variation séculaire.   La variation séculaire est sensiblement sinusoïdale et de plusieurs degrés, et s'étale sur une période de 300 à 400 ans.

Variation annuelle.   La variation annuelle, qu'il ne faut pas confondre avec le taux annuel de variation séculaire, est une fluctuation de quelques minutes d'arc au cours de l'année. Elle est plus grande en été qu'en hiver.

Variation diurne.   La variation diurne consiste en une fluctuation de 5 à 15' au cours de la journée, et ce en fonction de la saison et de l'endroit.

Variation temporaire ou accidentelle. La variation accidentelle, causée par des orages magnétiques, est due à des phénomènes atmosphériques tels que les orages électriques, les aurores boréales, les taches solaires, etc.

Variation locale. La variation locale, aussi appelée attraction locale, provient de deux sources :

a) l'une, naturelle, est la conséquence de la présence dans le sous-sol d'importantes masses de roches magnétiques;

b) l'autre, artificielle, est due à la proximité de lignes électriques ou de constructions métalliques.

6.6 LE THÉODOLITE

Le théodolite est l'instrument le plus universel utilisé en topométrie (fig. 6.8). Bien que sa fonction principale soit de mesurer des angles horizontaux et verticaux, le théodolite sert à bien d'autres opérations, comme nous le verrons dans les prochains chapitres.

Le mesurage angulaire repose sur un ensemble de trois axes : 1. l'axe de la lunette; 2. la lunette bascule dans un plan vertical autour d'un axe horizontal appelé *axe secondaire*; 3. ce dernier tourne autour d'un axe vertical appelé *axe principal* (fig. 6.9a). Le théodolite comprend une lunette donnant la ligne de visée ainsi que des cercles horizontal et vertical gradués qui portent des index permettant de faire la lecture des angles. Il est important de noter que l'angle horizontal mesuré entre deux droites avec un théodolite est un angle dièdre et non un angle plan; il s'agit de l'angle entre les deux plans verticaux qui contiennent ces deux droites (fig. 6.9b). Si les points A et B changent d'altitude tout en demeurant dans ces deux plans, l'angle horizontal restera le même.

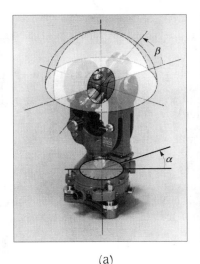

(a)   (b)

Figure 6.8 Le théodolite Wild T-2 de Leica.

Figure 6.9 a) Le principe du théodolite; b) l'angle horizontal β correspondant à l'angle dièdre entre deux plans.

En plus de la lunette (sect. 4.3), le théodolite comporte différentes parties destinées à faciliter la lecture des angles et à en assurer la fidélité (fig. 6.10a).

Cercle horizontal. Le cercle horizontal (a) est constitué de deux plateaux concentriques. Un des plateaux, appelé *plateau inférieur*, porte le limbe; l'autre, appelé *plateau supérieur*, est muni d'un repère de lecture qui est accompagné dans certains cas d'un vernier. Le plateau supérieur entraîne, dans sa rotation, la lunette qui lui est solidaire. Dans le *théodolite cumulateur*, les deux plateaux peuvent être rendus solidaires. Pour ce qui est des théodolites modernes, les deux plateaux n'existent plus comme tels, mais on en conserve néanmoins la notion.

Cercle vertical. Le cercle vertical (b) ressemble, dans sa conception, au cercle horizontal, mais la position du limbe est permanente. Le réglage de ce dernier s'effectue à l'aide d'une nivelle (c). Certains instruments sont munis d'un système qui corrige automatiquement l'erreur de *collimation* verticale.

Dispositif de lecture. Le dispositif de lecture (d) permet de faire la lecture sur les cercles gradués, et sa facture varie suivant le constructeur (sect. 4.5).

Vis de blocage. La *vis de blocage* (e) permet d'immobiliser provisoirement la lunette dans le plan vertical ou dans le plan horizontal. Sur les théodolites cumulateurs, elle peut aussi rendre les deux plateaux solidaires.

Vis de rappel. La *vis de rappel* (f) est un mécanisme qui sert à compléter un déplacement angulaire en faisant une rotation, en sens inverse de la rotation initiale, afin de neutraliser le jeu de la vis. Grâce au pas de la vis de rappel, on peut obtenir une meilleure maîtrise de l'instrument. Parce qu'elle est une *vis micrométrique*, la vis de rappel permet de faire des mises à zéro et des pointés plus précis.

Dispositif de centrage. Le dispositif de centrage (g) sert à placer l'instrument sur la verticale de la station (sect. 4.8).

Embase. L'embase (h) est la partie inférieure d'un instrument qui relie ce dernier au trépied.

Vis calantes. Les vis calantes (i), munies d'un boulon moleté et situées sur l'embase d'un instrument, permettent de régler la verticalité de l'axe principal de l'instrument.

La figure 6.10b illustre une coupe longitudinale verticale du modèle directionnel Wild T-2 de Leica. Cette coupe schématise la complexité et l'ingéniosité du système optique, qui permet des lectures angulaires précises à 1". Le faisceau lumineux, après réflexion sur le miroir latéral, est dirigé au moyen de prismes sur deux plages diamétralement opposées au cercle vertical ou horizontal. Les images de ces deux plages, ou graduations, sont perçues dans l'oculaire auxiliaire de lecture placé parallèlement à l'alidade. En actionnant la vis micrométrique latérale de l'instrument, on obtient la coïncidence des graduations. Signalons qu'on ne peut effectuer cette opération qu'après avoir visé la cible. Ce mode d'opération caractérise les théodolites directionnels.

On peut grouper les théodolites en trois grandes catégories : les *théodolites cumulateurs,* les *théodolites directionnels* et les théodolites électroniques qui fonctionnent suivant le mode par accumulation ou le mode des directions.

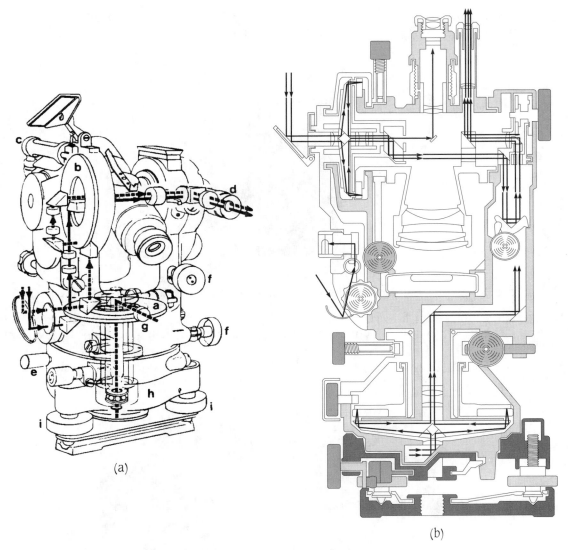

Figure 6.10   a) Les parties d'un théodolite; b) une coupe longitudinale verticale du théodolite Wild T-2.

6.6.1 Le théodolite cumulateur

Le théodolite cumulateur est un instrument qui sert, comme son nom l'indique, à mesurer les angles par accumulation. Pour ce faire, il est muni d'une vis de blocage qui fixe les deux plateaux ensemble et permet de mesurer des angles multiples.

Le théodolite cumulateur à verniers physiques. La précision du théodolite cumulateur à verniers physiques est de l'ordre de la minute. Certains modèles munis de verniers doubles repliés ont une précision de 30", alors que d'autres ont un degré d'appréciation égal à 20". Le modèle T-28 de la compagnie Buff & Buff (fig. 6.11) possède une précision de 1', tant pour l'angle vertical que pour l'angle horizontal.

Figure 6.11   Le théodolite cumulateur à verniers physiques (modèle T-28 de Buff & Buff).

Le théodolite cumulateur à lecture optique.   Ce type de théodolite se différencie du précédent par son dispositif de lecture du vernier qui est optique et non physique (sect. 4.5). La précision de ces instruments varie de 1' à 6".

Le modèle Wild T-1 de la compagnie Leica (fig. 6.12a) a une précision angulaire de 6" et le Sokkisha TM-20C de la compagnie Sokkia (fig. 6.12b), une précision de 20".

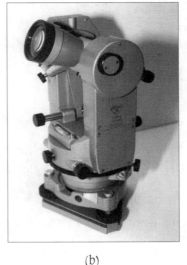

(a)   (b)

Figure 6.12   Le théodolite cumulateur à lecture optique : a) modèle Wild T-1 de Leica; b) modèle Sokkisha TM-20C de Sokkia.

6.6.2 Le théodolite directionnel

Le théodolite directionnel ne possède pas de vis de blocage qui rendrait solidaires les deux plateaux et ne permet donc pas de prendre des angles multiples. À une certaine position du cercle inférieur, qui peut être déplacé au besoin, la lecture sur l'instrument correspond tout simplement à une direction. Pour obtenir un angle, on prend la différence entre deux directions.

Le théodolite directionnel à lecture optique. Nous expliquons le principe de fonctionnement de ce type de théodolite à la section 6.8.1 (mesure des directions). La précision de cet appareil varie de 10" à 1", à l'exception du modèle Wild T-3 de Leica dont la précision est de 0,2".

La figure 6.13 illustre les modèles Wild T-2 de la compagnie Leica et Sokkisha TM-1A de la compagnie Sokkia qui possèdent tous deux une précision angulaire de 1".

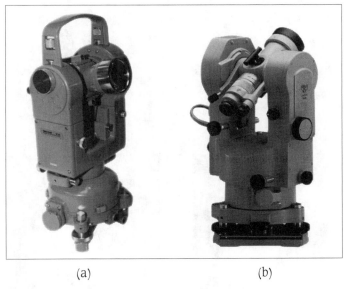

(a)   (b)

Figure 6.13   Le théodolite directionnel à lecture optique : a) modèle Wild T-2 de Leica; b) modèle Sokkisha TM-1A de Sokkia.

6.6.3 Le théodolite électronique

Parmi la vaste gamme de théodolites électroniques, certains sont conçus pour fonctionner selon le mode par accumulation et d'autres, selon le mode des directions (sect. 6.8). Certains modèles permettent à l'opérateur de travailler dans le mode de son choix, en plus d'offrir des programmes intégrés spécifiques à certains travaux. De plus, on peut les brancher au carnet de notes électronique et ainsi transférer automatiquement les informations. La précision de ces instruments varie de 20" à 0,5".

Les modèles de théodolites électroniques à affichage numérique illustrés aux figures 6.14a, b, c et d sont respectivement le Wild T-1000 de Leica, le DT-05 de Topcon, la station totale électronique Wild TC-500 de Leica et la station totale/système 4000 de Geodimeter. Le tableau 6.1 donne la précision angulaire des théodolites et des stations totales des principaux fabricants.

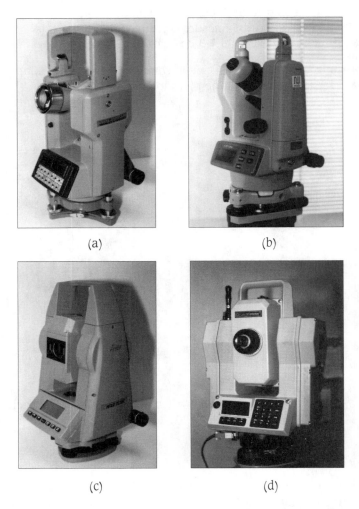

(a) (b)

(c) (d)

Figure 6.14 Le théodolite électronique à affichage numérique : a) modèle Wild T-1000 de Leica; b) modèle DT-05 de Topcon; c) station totale Wild TC-500 de Leica; d) station totale/système 4000 de Geodimeter.

Tableau 6.1 Tableau comparatif de la précision angulaire de différents théodolites

Modèle		Fabricant	Dispositif de lecture	Précision angulaire	Autres caractéristiques
AG-20B		Topcon	vernier physique	20"	cumulateur
AG-30B		Topcon	vernier physique	30"	cumulateur
BT-20		Sokkia	vernier physique	20"	cumulateur
115 et 116		Sokkia	vernier physique	1'	cumulateur
T-28	√	Buff & Buff	vernier physique	1'	cumulateur
T-1	√	Leica	optique	6"	cumulateur
T-1A		Leica	optique	20"	cumulateur
T-2	√	Leica	optique	1"	directionnel
T-16		Leica	optique	1'	cumulateur
TL-10G		Topcon	optique	10"	cumulateur
TL-30G		Topcon	optique	30"	cumulateur
TM-1A	√	Sokkisha*	optique	1"	directionnel
TM-20C	√	Sokkisha*	optique	20"	cumulateur
T-1000	√	Leica	affichage numérique	3"	
T-1610		Leica	affichage numérique	1,5"	
T-3000		Leica	affichage numérique	0,5"	
TC-500	√	Leica	affichage numérique	6"	station totale
TC-600		Leica	affichage numérique	5"	station totale
TC-1010	√	Leica	affichage numérique	3"	station totale
TC-2002		Leica	affichage numérique	0,5"	station totale
TCM-1800		Leica	affichage numérique	1"	station totale motorisée
510		Geodimeter	affichage numérique	3"	station totale
systèmes 600 et 4000	√	Geodimeter	affichage numérique	2"	station totale motorisée
ETL-1		Topcon	affichage numérique	2"	
DT-05	√	Topcon	affichage numérique	7"	
DT-20B		Topcon	affichage numérique	20"	
ITS-1	√	Topcon	affichage numérique	2"	station totale
GTS-302	√	Topcon	affichage numérique	3"	station totale
GTS-4		Topcon	affichage numérique	2"	station totale
CTS-2	√	Topcon	affichage numérique	10"	station totale
DT-4		Sokkia	affichage numérique	5"	
DT-5A		Sokkia	affichage numérique	10"	
DT-6		Sokkia	affichage numérique	20"	
STE-XL		Sokkia	affichage numérique	1"	station totale
SET-3C	√	Sokkia	affichage numérique	3"	station totale
SET-5A		Sokkia	affichage numérique	5"	station totale
NE-10LA	√	Nikon	affichage numérique	7"	
NE-20S		Nikon	affichage numérique	20"	
DTM-720	√	Nikon	affichage numérique	5"	station totale
DTM-750		Nikon	affichage numérique	2"	station totale
C-100	√	Nikon	affichage numérique	10"	station totale
D-50		Nikon	affichage numérique	20"	station totale

√ Instruments illustrés dans le livre.

* Les équipements Sokkisha sont aujourd'hui fabriqués et distribués sous le nom de Sokkia.

6.7 LE GYROTHÉODOLITE

Le gyroscope de théodolite ou *gyrothéodolite* (fig. 6.15) est un théodolite combiné à un gyroscope qui permet de déterminer directement la direction du nord géographique (astronomique). L'orientation à l'aide d'un gyroscope est plus précise que l'orientation magnétique et, contrairement à l'observation astronomique, on peut l'effectuer indépendamment des conditions atmosphériques.

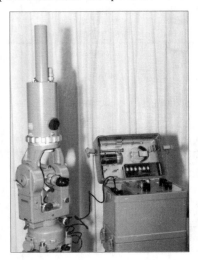

Figure 6.15 Le gyrothéodolite (modèle Wild GAK1 de Leica).

6.7.1 L'historique

C'est Leonhard Euler qui a établi les premières bases mathématiques du principe gyroscopique vers 1765. Dès 1810, un appareil qui fonctionnait selon ce principe a été construit en Allemagne par Bohenberger. Aux États-Unis, en 1832, Walter Rogers Johnson a réalisé une version améliorée qu'il a appelée «rotascope». En 1852, Léon Foucault, qui poursuivait des études sur ce sujet afin de mettre en évidence la rotation de la Terre, a monté un appareil qu'il a baptisé gyroscope (*gyros* = cercle, *skopein* = voir). Finalement, la dernière évolution qui a amené le gyroscope comme on le connaît aujourd'hui a été réalisée par Hopkins, en 1878, lorsqu'il a ajouté de l'énergie électrique au principe mécanique de l'appareil.

6.7.2 Le principe de fonctionnement

On peut considérer comme un gyroscope tout corps solide qui possède une symétrie de révolution de même qu'un moment d'inertie important autour de cet axe et qui peut être mis en rotation rapide autour de cet axe. Précisons que ce dernier est censé passer par un point fixe. Dans le Wild GAK1 (fig. 6.16), la toupie (24) est asservie à la verticale du lieu parce qu'elle est suspendue à un fin ruban (16). Ainsi, son axe de rotation (7) est toujours maintenu horizontal par suite de l'attraction terrestre. La toupie tourne à une très grande vitesse, 22 000 rév/min (révolutions par minute), et, par l'influence de sa force d'inertie, cherche à maintenir son plan de rotation qu'elle occupe fortuitement dans l'espace. Cependant, comme elle est reliée au globe terrestre par l'intermédiaire du théodolite et du trépied, elle est déviée de son plan de rotation initial en raison de la rotation de la Terre.

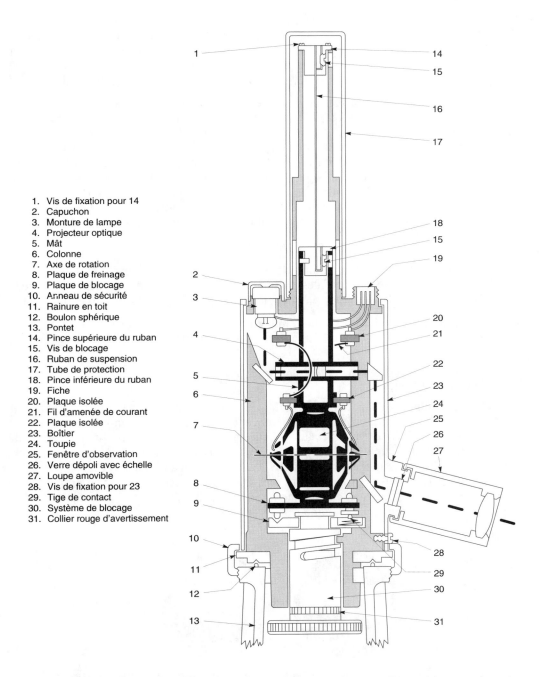

1. Vis de fixation pour 14
2. Capuchon
3. Monture de lampe
4. Projecteur optique
5. Mât
6. Colonne
7. Axe de rotation
8. Plaque de freinage
9. Plaque de blocage
10. Anneau de sécurité
11. Rainure en toit
12. Boulon sphérique
13. Pontet
14. Pince supérieure du ruban
15. Vis de blocage
16. Ruban de suspension
17. Tube de protection
18. Pince inférieure du ruban
19. Fiche
20. Plaque isolée
21. Fil d'amenée de courant
22. Plaque isolée
23. Boîtier
24. Toupie
25. Fenêtre d'observation
26. Verre dépoli avec échelle
27. Loupe amovible
28. Vis de fixation pour 23
29. Tige de contact
30. Système de blocage
31. Collier rouge d'avertissement

Figure 6.16 Une coupe schématique du gyrothéodolite (modèle Wild GAK1 de Leica).

La toupie asservie à la pesanteur réagit à cette perturbation par un pivotement autour de la direction du fil à plomb, pivotement qu'on appelle précession, et ce jusqu'à ce que son axe de rotation se trouve dans le plan du méridien (direction du nord géographique). Dans cette position, la toupie tourne comme la Terre, d'ouest en est, et ne subit plus l'influence de la rotation de la Terre. On utilise cette propriété physique de la toupie pour trouver la direction du nord géographique.

Par suite de l'inertie de masse de la toupie, l'axe de celle-ci ne se place pas immédiatement en direction du nord géographique, bien qu'on l'ait entraîné dans cette direction à l'aide du théodolite. L'axe est plutôt animé d'un mouvement imperceptiblement amorti de part et d'autre du nord. En mesurant les élongations maximales ou la durée de ces battements, il est possible de trouver d'une manière simple la direction du nord, qui est la position médiane entre ces battements. Si on désigne par θ la masse cinétique du rotor de la toupie, par ω_k la vitesse de rotation de la toupie, par ω_E la vitesse de rotation de la Terre, par φ la latitude géographique et par A l'angle que forme l'axe de rotation de la toupie par rapport au méridien, la formule exprimant la force directionnelle, R, qui tend à amener la toupie dans le méridien est la suivante :

$$R = \theta \cdot \omega_k \cdot \omega_E \cdot \cos \varphi \cdot \sin A$$

Quand l'axe de la toupie se situe dans le méridien, l'angle A est nul et, par conséquent, la force directionnelle est égale à 0. Dans les grandes latitudes, cette force diminue rapidement et elle est nulle aux pôles. Le domaine d'emploi pour le modèle GAK1 va jusqu'à environ 75° de latitude.

Dans le texte qui suit, nous expliquons sommairement deux méthodes de détermination de l'*azimut astronomique* au moyen d'un gyrothéodolite : la méthode des passages et la méthode des points d'élongation.

6.7.3 La méthode des passages

Après avoir bloqué l'alidade du théodolite dans la direction du nord obtenue par préorientation, on détermine au moyen du chronomètre les différences de temps entre au moins trois passages successifs du repère de la toupie au centre de l'échelle index (fig. 6.17a) et on lit l'amplitude des oscillations du repère de la toupie sur l'échelle (fig. 6.17b). La correction angulaire à apporter à la préorientation est proportionnelle à l'amplitude et à la différence du temps d'oscillation à l'est et à l'ouest du milieu de l'échelle. On détermine une fois pour toutes le facteur de proportionnalité et on s'en sert comme constante d'instrument. Le calcul de la correction angulaire est très simple et peut s'effectuer en quelques secondes.

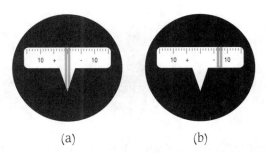

(a)   (b)

Figure 6.17 Le repère de la toupie : a) au milieu de l'échelle; b) au point d'élongation.

6.7.4 La méthode des points d'élongation

Après une préorientation, on maintient le repère de la toupie aussi exactement que possible au centre de l'échelle index (fig. 6.17a) par une rotation continue de l'alidade avec la vis de rappel du cercle horizontal du théodolite. À l'approche de l'élongation maximale, la vitesse de déplacement du repère diminue au moment où le repère semble immobile pendant un court instant. C'est à ce moment qu'on effectue chaque fois la lecture du cercle horizontal du théodolite. À partir des lectures du cercle prises lors de trois élongations maximales et successives, il est facile de calculer, à l'aide de la moyenne dite «de Schuler», la valeur de la division du cercle qui correspond à la direction du nord géographique.

Ces deux méthodes de la détermination de l'azimuth astronomique donnent des résultats de précision équivalente. La méthode des points d'élongation est un peu plus fastidieuse en raison de la continuelle et régulière poursuite du repère de la toupie, mais elle ne nécessite pas de chronométrage.

6.8 LA MESURE DES ANGLES AVEC UN THÉODOLITE

Pour mesurer un angle avec un théodolite, on peut procéder de différentes façons selon qu'il s'agit d'un angle horizontal ou vertical.

6.8.1 L'angle horizontal

On peut mesurer un angle horizontal à l'aide des méthodes suivantes : mesure directe, mesure des directions, double retournement et accumulation.

Mesure directe. La mesure directe des angles est le procédé élémentaire de mesure qu'on utilise avec le théodolite cumulateur et qui consiste à lire l'angle directement sans calcul. La marche à suivre est la suivante :

1. On place l'index du vernier en coïncidence avec le début de la graduation du limbe et on bloque le plateau supérieur en place. Pour améliorer la coïncidence, on utilise la *vis de rappel*.
2. On libère le plateau inférieur s'il est bloqué et on dirige la lunette vers le premier point, ce qui entraîne les deux plateaux.
3. On bloque le plateau inférieur et on complète le pointé à l'aide de la vis de rappel inférieure.
4. On libère le plateau supérieur et on dirige la lunette vers le second point.
5. Après avoir bloqué le plateau supérieur, on complète le pointé à l'aide de la vis de rappel supérieure.
6. Le dispositif de lecture donne l'angle entre les deux alignements. Avec un système à verniers (sect. 4.5), on fait la lecture des minutes et des secondes sur les deux verniers. Les microscopes à index ou à échelle donnent directement la lecture. Avec les micromètres optiques, à coïncidence et à lame à faces parallèles (sect. 4.5), on fait les lectures après avoir réalisé la coïncidence ou l'encadrement des divisions, et ce dans les deux sens.

Mesure des directions. Avec un théodolite directionnel, on procède principalement par la mesure des directions et on obtient l'angle par différence de la façon suivante :

1. On libère le plateau supérieur et on dirige la lunette vers le premier point.

2. Après avoir bloqué le plateau supérieur, on complète la visée à l'aide de la vis de rappel.

3. On fait la lecture dans cette première direction après avoir réalisé la coïncidence ou l'encadrement des divisions.

4. Il en va de même pour l'autre point.

5. La différence entre ces deux lectures donne l'angle cherché.

Double retournement. Pour améliorer la précision et surtout pour éliminer certaines erreurs dues à l'instrument, on fait les mesures par *double retournement*. On procède ainsi : après avoir observé en lunette droite par exemple, on fait pivoter l'appareil de 180° autour de son axe principal (premier retournement), puis on fait basculer la lunette autour de son axe secondaire (second retournement), soit en lunette renversée, de façon à viser de nouveau le même point. Généralement, on considère que l'instrument est en lunette droite (à ne pas confondre avec lunette à image droite) lorsque le cercle vertical est à gauche, mais, si l'instrument n'a pas de cercle vertical, on peut adopter la position qui nous semble la plus normale, par exemple lorsque la nivelle est en dessous de la lunette. L'identification de la lunette droite n'a qu'une importance relative; c'est l'ensemble des deux positions qui améliore le mesurage.

Ce procédé a la propriété d'annuler la plupart des erreurs dues à l'instrument, quel que soit le théodolite utilisé. Il est donc très important de procéder régulièrement par double retournement pour mesurer des angles. La figure 6.18 donne un modèle de prise de notes relatif à un mesurage par double retournement avec un théodolite directionnel. Pour établir la moyenne des appoints, on prend les quatre valeurs tant en lunette renversée qu'en lunette droite.

Accumulation. La mesure par accumulation consiste à prendre des *angles multiples* afin d'en améliorer la précision. Cette technique n'est utilisable qu'avec un théodolite cumulateur. On procède comme si on effectuait une mesure directe, mais, au lieu de faire la lecture à l'étape 6, on reprend le procédé à l'étape 2 et ainsi de suite, autant de fois que cela est nécessaire. Chaque fois, on se trouve à ajouter la valeur de l'angle; il suffit ensuite de diviser la lecture finale par le nombre de fois n qu'on a mesuré l'angle. En principe, on fait la même erreur de lecture pour l'angle accumulé que pour une seule mesure directe et on divise donc ainsi l'erreur par n. Pour tirer tous les avantages de ce procédé, il est important de prendre autant de mesures en lunette droite qu'en lunette renversée. Après la première mesure, il faut noter la valeur de l'angle. On le fait pour se donner un moyen de vérification et, surtout, afin d'avoir l'ordre de grandeur, puisque l'accumulation peut être supérieure à 360°. La figure 6.19 illustre un exemple de mesurage par accumulation avec un théodolite cumulateur à verniers physiques. Pour compter le nombre de fois, on trace un trait pour chaque visée en lunette droite et ensuite on biffe chacun de ces traits pour chaque visée en lunette renversée. La barre au-dessus du 40" de la visée sur A indique que cette valeur est dans l'unité de minute précédente, tandis que les 60" de la visée sur B correspondent au zéro de la minute suivante. Si on mesure l'angle 6 fois, il faut bien remarquer que, à chaque valeur de 60° comprise dans l'angle à mesurer, correspond une circonférence complète qui n'est pas indiquée dans l'angle accumulé. Ce dernier, qui est la lecture finale moins la lecture initiale divisée par 6, donne la valeur qu'on doit ajouter à un multiple de 60 pour obtenir une valeur voisine de la première lecture. Ainsi, l'angle mesuré est égal à :

$$60° + \frac{225° \ 38' \ 00''}{6} = 97° \ 36' \ 20''$$

VISÉE	LUN	C.H.	APPOINT → ←	MOY.	ANGLE
A	D	28°34'	25"|30"	38"	
B	D	149°18'	40"|50"	39"	120°44'01"
B	R	329°18'	35"|30"		
A	R	208°34'	45"|50"		

VISÉE	LUN	Nb	C.H.	VERNIER A	B	MOY.	ANGLE
A	D	0	0°00'	00"	40"	50"	
B	D	1	97°36'				97°36'20"
XXX							
B	R	6	225°37'	40"	60"	50"	

Figure 6.18 Le double retournement avec un théodolite directionnel.

Figure 6.19 La mesure par accumulation avec un théodolite cumulateur à verniers physiques.

6.8.2 L'angle vertical

Pour ce qui est des angles verticaux, compte tenu que le limbe est fixe, on lit directement les angles. Toutefois, il est important de bien vérifier la graduation au préalable, car, dans certains instruments, l'origine est à l'horizontale, tandis que dans d'autres elle est à la verticale. Dans ce dernier cas, l'origine peut être dirigée vers le zénith, ce qui donne un angle zénithal, ou vers le nadir, ce qui donne un angle nadiral. Normalement, on donne l'angle vertical à partir de l'horizon : positif (+) vers le haut et négatif (-) vers le bas.

6.8.3 Des exemples de prise de notes dans un carnet conventionnel

Les figures 6.20a, b et c illustrent la prise de notes de mesures angulaires dans un carnet conventionnel. Le premier exemple s'applique à un théodolite cumulateur à verniers physiques, le deuxième, à un théodolite cumulateur à lecture optique et le troisième, à un théodolite directionnel à lecture optique.

(a)

		PRISE DES MESURES					

POINT ou STATION	LUN	REP	C.H.	VERNIERS			ANGLE	MOYENNE
				A	B	MOY.		
⚲ ⁸			T-28	(ℓ=1')			ST. N°:	B
A	C.G.	0	147°	00'	01'	00'30"		
C	C.G.	1	317°	27'				
X								
X								
X								
C	C.D.	6	89°	42'40'41'00"				

POINT	LUNETTE	LECTURE	ANGLE VERTICAL		
			ANGLE	MOY.	
⚲ ⁸		T-28	(ℓ=1')		ST. N°: B
A	C.G.	8°14'			
A	C.D.	8°16'			
C	C.G.	–10°22'			
C	C.D.	–10°20'			

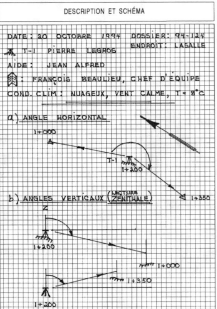

DESCRIPTION ET SCHÉMA

DATE: 18 OCTOBRE 1994   TRAVAIL: DOSSIER 94-115
ENDROIT: MONTRÉAL
⚲ T-28 MARCEL LEROUX
AIDE: JEAN VIENS
ANDRÉ LAFLEUR CHEF D'ÉQUIPE
COND. CLIM: VENT LÉGER, NUAGEUX, t≃10°C

a) ANGLE HORIZONTAL:

b) ANGLES VERTICAUX:

(b)

		PRISE DES MESURES			

POINT ou STATION	LUN	REP	LECTURE	ANGLE	MOY.	
⚲ ⁸			T-1	(ℓ=6")	ST. N°:	1+200
1+000	C.G.	0	0°00'00"			
1+350	C.G.	1	212°14'06"			
X						
X						
X						
1+350	C.D.	6	193°24'48"			

POINT	LUNETTE	LECTURE	ANGLE VERTICAL		
			ANGLE	MOY.	
⚲ ⁸		T-1	(ℓ=6")	ST. N°:	1+200
1+000	C.G.	113°26'12"			
1+000	C.D.	246°33'42"			
1+350	C.G.	81°17'30"			
1+350	C.D.	278°42'36"			

DESCRIPTION ET SCHÉMA

DATE: 20 OCTOBRE 1994   DOSSIER: 94-124
ENDROIT: LASALLE
⚲ T-1 PIERRE LEGROS
AIDE: JEAN ALFRED
FRANÇOIS BEAULIEU, CHEF D'ÉQUIPE
COND. CLIM: NUAGEUX, VENT CALME, T = 8°C

a) ANGLE HORIZONTAL

b) ANGLES VERTICAUX (LECTURE ZÉNITHALE)

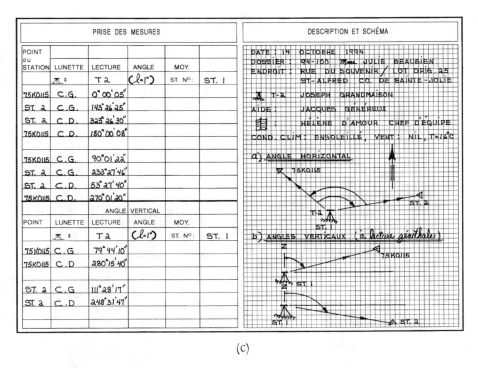

PRISE DES MESURES					
POINT ou STATION	LUNETTE	LECTURE	ANGLE	MOY.	
	𝝿⁸	T2	(l=1")	ST. N°:	ST. 1
75K0115	C.G.	0°00'05"			
ST. 2	C.G.	143°26'25"			
ST. 2	C.D.	323°26'30"			
75K0115	C.D.	180°00'08"			
75K0115	C.G.	90°01'22"			
ST. 2	C.G.	233°27'46"			
ST. 2	C.D.	53°27'40"			
75K0115	C.D.	270°01'20"			

		ANGLE VERTICAL			
POINT	LUNETTE	LECTURE	ANGLE	MOY.	
	𝝿⁸	T2	(l=1")	ST. N°:	ST. 1
75K0115	C.G	79°44'10"			
75K0115	C.D	280°15'40"			
ST. 2	C.G	111°28'17"			
ST. 2	C.D	248°31'47"			

(c)

Figure 6.20 La prise de notes de mesures angulaires dans un carnet conventionnel au moyen : a) d'un théodolite cumulateur à verniers physiques; b) d'un théodolite cumulateur à lecture optique; c) d'un théodolite directionnel à lecture optique.

L'arrivée du carnet de notes électronique a modifié passablement le mode d'enregistrement des observations. On peut continuer à prendre des notes de manière conventionnelle ou on peut utiliser cette méthode comme un complément (ex. : dessins, croquis) à l'enregistrement dans un carnet électronique. Compte tenu de l'évolution rapide de ces systèmes de collecte de données ainsi que de la diversité des modes d'opération, nous invitons le lecteur à se référer au chapitre 3, qui présente un historique ainsi qu'une classification des systèmes offerts.

6.9 LES FAUTES ET LES ERREURS DANS LA MESURE ANGULAIRE

Les fautes, qui sont dues à un oubli ou à une maladresse de l'opérateur, représentent généralement des écarts appréciables. On doit tenter de les éviter par une attention de tous les instants. Les fautes possibles sont les suivantes :

a) le choix de la mauvaise graduation lorsqu'on utilise des instruments gradués dans les deux sens;

b) une mauvaise lecture du vernier ou du microscope de lecture;

c) une mauvaise identification de la station ou du point visé.

Les erreurs systématiques dans la mesure des angles sont généralement des erreurs dues à l'instrument. Nous en discuterons plus en détail au chapitre 9.

Pour le moment, on peut proposer comme mode d'opération correctif le double retournement et l'alternance dans le sens de rotation de l'instrument.

EXERCICES

6.1 Quelle est la valeur des angles suivants qu'on a mesurés avec un théodolite cumulateur à verniers (fig. 6.21)?

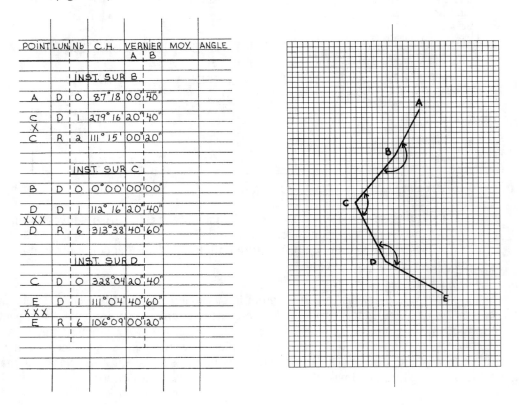

POINT	LUN	Nb	C.H.	VERNIER A B	MOY.	ANGLE
			INST. SUR B			
A	D	0	87°18'00"	40"		
C X C	D	1	279°16'20"	40"		
	R	2	111°15'00"	20"		
			INST. SUR C			
B	D	0	0°00'00"	00"		
D X X X	D	1	112°16'20"	40"		
D	R	6	313°38'40"	60"		
			INST. SUR D			
C	D	0	328°04'20"	40"		
E X X X	D	1	111°04'40"	60"		
E	R	6	106°09'00"	20"		

Figure 6. 21   (Exercice 6.1)

6.2 Quelle est la valeur des angles suivants qu'on a mesurés avec un théodolite cumulateur à verniers (fig. 6.22)?

6.3 Quelle est la valeur des angles suivants qu'on a mesurés avec un théodolite cumulateur muni d'un microscope de lecture (fig. 6.23)?

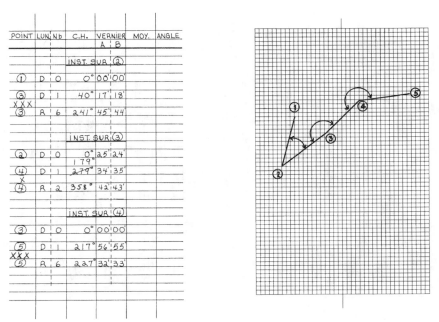

POINT	LUN	Nb	C.H.	VERNIER A	VERNIER B	MOY.	ANGLE
			INST. SUR ②				
①	D	0	0°00'00'				
③	D	1	40°17'18'				
XXX							
③	R	6	241°45'44'				
			INST. SUR ③				
②	D	0	0°25'24'				
			179°				
④	D	1	279°34'35'				
X							
④	R	2	358°42'43'				
			INST. SUR ④				
③	D	0	0°00'00'				
⑤	D	1	217°56'55'				
XXX							
⑤	R	6	227°32'33'				

Figure 6.22 (Exercice 6.2)

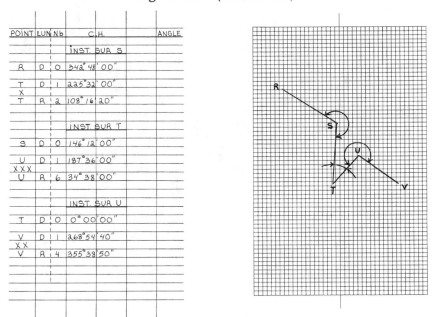

POINT	LUN	Nb	C.H.	ANGLE
			INST. SUR S	
R	D	0	342°48'00"	
T	D	1	225°32'00"	
X				
T	R	2	108°16'20"	
			INST. SUR T	
S	D	0	146°12'00"	
U	D	1	187°36'00"	
XXX				
U	R	6	34°38'00"	
			INST. SUR U	
T	D	0	0°00'00"	
V	D	1	268°54'40"	
XX				
V	R	4	355°38'50"	

Figure 6.23 (Exercice 6.3)

6.4 Quelle est la valeur des angles suivants qu'on a mesurés par double retournement avec un théodolite directionnel (fig. 6.24)?

POINT	LUN.	C.H.	APPOINT	MOY.	ANGLE
		INST. SUR N			
M	D	114°28'	34"	26"	
O	D	306°03'	12"	117"	
O	R	126°03'	18"	16"	
M	R	294°28'	22"	27"	
		INST. SUR O			
N	D	75°44'	12"	19"	
P	D	296°03'	46"	154"	
P	R	116°03'	32"	135"	
		43			
N	R	255°44'	58"	66"	
		INST. SUR P			
O	D	212°56'	34"	29"	
Q	D	124°53'	02"	57"	
Q	R	304°53'	09"	115"	
O	R	32°56'	27"	21"	

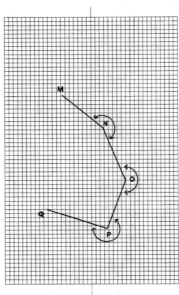

Figure 6.24 (Exercice 6.4)

POINT	LUN.	ANGLE ZÉNITHAL	ANGLE VERTICAL
A	D	58°14'20"	
A	R	301°45'30"	
B	D	104°10'10"	
B	R	255°49'40"	
C	D	62°36'30"	
C	R	297°23'20"	

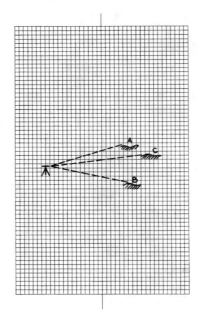

Figure 6.25 (Exercice 6.5)

6.5 Quelle est la valeur des angles verticaux ci-dessus (fig. 6.25)?

6.6 Quelle est la valeur des angles verticaux suivants (fig. 6.26)?

POINT	LUN.	ANGLE NADIRAL	ANGLE VERTICAL
M	D	55° 34' 20"	
M	R	304° 25' 30"	
N	D	121° 19' 00"	
N	R	238° 40' 50"	
O	D	112° 54' 20"	
O	R	247° 05' 40"	

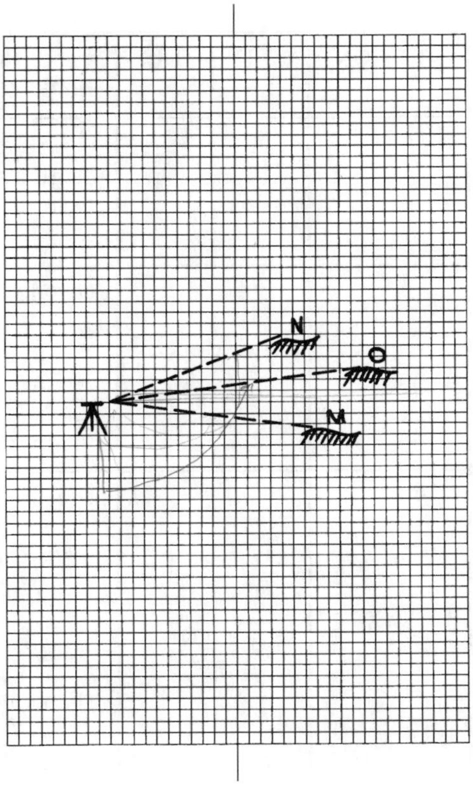

Figure 6.26 (Exercice 6.6)

6.7 Quelle est l'erreur angulaire de fermeture du triangle ABC, si on a mesuré ses angles intérieurs avec un théodolite cumulateur muni d'un microscope de lecture?

STATION	LUN	Nb	CERCLE HORIZONTAL	ANGLE	DESCRIPTION
			T-1A (20") (degré d'appréciation $l = 20$")		Date : _____ Cond. atm. : _____ Endroit : _____ Équipe : _____
			Théodolite sur A		
B	D	0	0° 00' 00"		
C	D	1	88° 15' 20"		
XXX					
C	R	6	169° 33' 00"		
			Théodolite sur B		
C	D	0	330° 00' 00"		
A	D	1	26° 43' 10"		
XXX					
A	R	6	310° 19' 30"		
			Théodolite sur C		
A	D	0	0° 00' 00"		
B	D	1	35° 01' 20"		
XXX					
B	R	6	210° 07' 30"		

6.8 Quelle est l'erreur angulaire de fermeture du quadrilatère ABCD, si on a mesuré ses angles intérieurs avec un théodolite cumulateur muni d'un microscope de lecture?

STATION	LUN	Nb	CERCLE HORIZONTAL	ANGLE	DESCRIPTION
			T-1 (degré d'appréciation $l = 6''$)		Date : _____ Cond. atm. : _____ Endroit : _____ Équipe : _____
			Théodolite sur A		
B	D	0	0° 00' 00"		
D	D	1	86° 15' 24"		
XXX					
D	R	6	157° 33' 00"		
			Théodolite sur B		
C	D	0	295° 00' 00"		
A	D	1	0° 11' 08"		
XXX					
A	R	6	326° 07' 00"		
			Théodolite sur C		
D	D	0	315° 58' 18"		
B	D	1	67° 02' 42"		
XXX					
B	R	6	262° 28' 18"		
			Théodolite sur D		
A	D	0	0° 05' 30"		
C	D	1	97° 34' 00"		
XXX					
C	R	6	224° 55' 30"		

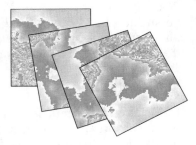

L'altimètre et le niveau

7.1 GÉNÉRALITÉS

Dans ce chapitre, nous traiterons d'abord des instruments utilisés en altimétrie, soit l'*altimètre* et le niveau, puis nous parlerons brièvement de la lecture sur une mire. L'*altimétrie* consiste à déterminer les *altitudes* et à mesurer les *dénivelées*. L'altitude d'un point est sa hauteur au-dessus du *niveau moyen de la mer* (N.M.M.); on appelle altitude arbitraire la hauteur d'un point au-dessus d'une surface de référence quelconque. Quant à la dénivelée, il s'agit de la différence d'altitude entre deux points donnés.

7.2 L'ALTIMÈTRE

L'altimètre est essentiellement un baromètre anéroïde dont on a modifié le cadran en ajoutant ou en substituant une échelle altimétrique à l'échelle barométrique (fig. 7.1). Le principe fondamental de cet instrument réside dans la variation de la pression atmosphérique en fonction de l'altitude. Toutefois, comme les conditions atmosphériques changent dans le temps, on n'obtient pas directement l'altitude. Il faut alors procéder par différence de lectures.

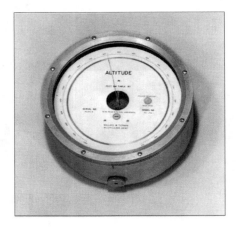

Figure 7.1   L'altimètre (docum. W & T).

Un bouton spécial permet de faire correspondre la lecture de l'altimètre à l'altitude d'un point connu. Pour tout autre point, on obtient directement l'altitude, pourvu que les lectures soient prises dans un temps assez court et que les conditions atmosphériques soient relativement stables.

Petits et légers, les altimètres sont facilement transportables et tout à fait indiqués lorsqu'il s'agit de déterminer rapidement des altitudes relatives à de grandes étendues et quand les exigences de précision le permettent. Certains instruments sont sensibles à de faibles variations de pression atmosphérique et donnent des lectures à ±0,5 m. Ils sont très utiles lorsqu'on entreprend des études préliminaires relatives à un projet de génie ou qu'on établit des réseaux de contrôle qui seront utilisés en photogrammétrie (dans certains cas particuliers).

7.3 LE NIVEAU

La fonction première d'un niveau est de permettre d'établir un plan horizontal de référence (fig. 7.2). On mesure la distance verticale entre chacun des points et le plan, pour ensuite en calculer les altitudes.

Figure 7.2 Un plan horizontal de référence (docum. Wild).

Le niveau est constitué principalement d'une *lunette* (sect. 4.3) qui, placée horizontalement, donne un plan horizontal en tournant autour de son axe principal. L'horizontalité de la lunette est généralement réglée au moyen d'une nivelle fixée sur la lunette dont l'axe est parallèle à la direction de cette nivelle.

Il y a plusieurs types de niveaux : à colliers, à lunette fixe, à bascule ou articulé, articulé à lunette réversible, automatique, de précision ou géodésique, électronique numérique et laser.

Niveau à colliers. La principale caractéristique du niveau à colliers consiste en sa lunette amovible (fig. 7.3). Cette dernière peut être tournée «bout pour bout» sur les colliers de l'instrument. L'axe optique de la lunette et la directrice de la nivelle, dont elle est solidaire, sont parallèles. Aujourd'hui, on a remplacé cet instrument par les autres types de niveaux.

Niveau à lunette fixe. Sur le niveau à lunette fixe, comme son nom l'indique, la lunette est solidaire du support. La nivelle est fixée soit sur le support, soit sur la lunette (fig. 7.4).

Figure 7.3 Le niveau à colliers.

Figure 7.4 Le niveau à lunette fixe.

(a)

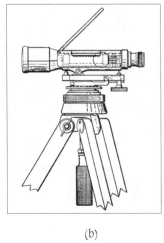

(b)

Figure 7.5 Le niveau à bascule ou niveau articulé : a) modèle N-55 d'Ertel; b) coupe schématique.

Niveau à bascule ou niveau articulé. Le niveau à bascule ou articulé se distingue du niveau à lunette fixe par le fait que la lunette est reliée au support au moyen d'une articulation autour de laquelle elle peut basculer (fig. 7.5). En règle générale, la nivelle est à bulle coupée et solidaire de la lunette. L'image de la nivelle se voit directement dans la lunette principale ou par le truchement d'une lunette auxiliaire (fig. 4.18). À chaque lecture, on peut vérifier l'horizontalité de la lunette et caler l'instrument si cela est nécessaire.

Niveau articulé à lunette réversible. La particularité du niveau à lunette réversible est que la lunette peut tourner de 180° autour de son axe longitudinal (fig. 7.6). Cela permet d'effectuer une lecture en lunette droite et une autre en lunette renversée, puis de faire la moyenne, ce qui annule certaines erreurs dues à l'instrument, surtout l'erreur de collimation de la ligne de visée.

Figure 7.6 Le niveau articulé à lunette réversible (modèle Wild N-2 de Leica).

Niveau automatique. Le niveau automatique (fig. 7.7) a l'avantage d'assurer automatiquement l'horizontalité de la ligne de visée, à la suite d'un calage sommaire à l'aide d'une nivelle sphérique. Grâce à sa facilité et à sa rapidité de calage, cet instrument est devenu très populaire.

(a) (b)

Figure 7.7 Le niveau automatique : a) modèle AE-5 de Nikon; b) modèle AT-F6 de Topcon.

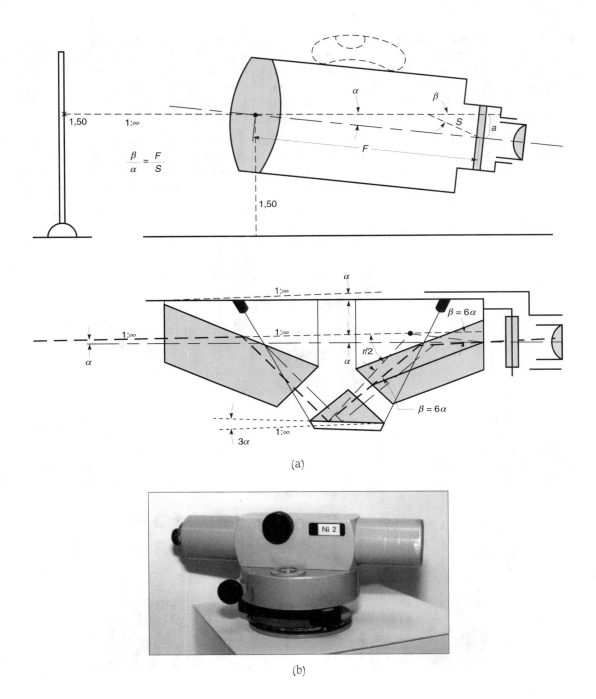

$$\frac{\beta}{\alpha} = \frac{F}{S}$$

(a)

(b)

Figure 7.8 a) Le dispositif de compensation à trois prismes; b) un niveau muni d'un tel dispositif (modèle Ni 2 de Zeiss).

Plusieurs types de dispositifs de compensation servent à assurer l'horizontalité de la ligne de visée, mais le principe de base est toujours le même. Le compensateur doit comporter une pièce mobile dont les déplacements sont entraînés par l'action de la pesanteur.

La figure 7.8a illustre une coupe longitudinale du niveau Ni 2 et de son compensateur à prismes. La figure 7.8b montre cet appareil, fabriqué par la compagnie Zeiss. La compensation provient d'un système optique composé de trois prismes: deux sont fixes et le troisième, qui est situé au milieu et suspendu par des fils, est libre d'osciller. En fonction de l'inclinaison de la lunette, de l'action de la pesanteur et de l'écartement des points d'attache des fils, la rotation du prisme mobile donne la déviation nécessaire à la ligne de visée pour la rendre horizontale.

La figure 7.9a illustre un deuxième dispositif de compensation qui est très sensible; il s'agit du type pendulaire à amortissement magnétique. Un amortisseur magnétique assure un freinage rapide du compensateur pendulaire et permet ainsi de niveler automatiquement la ligne de visée dès que la nivelle sphérique est centrée. Le système pendulaire, fait de matériaux conducteurs, oscille à l'intérieur d'un champ magnétique engendré par la proximité d'un aimant. L'induction électromagnétique provoquée par le passage du conducteur génère un courant de sortie qui, à son tour, crée une force dans le sens opposé à celui du pendule. Le modèle GK-1A de la compagnie Kern (fig. 7.9b) a été l'un des premiers niveaux automatiques à faire usage de ce principe.

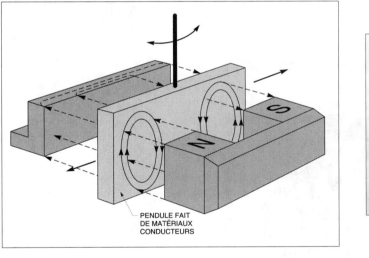

PENDULE FAIT
DE MATÉRIAUX
CONDUCTEURS

(a)

(b)

Figure 7.9 a) Le dispositif de compensation pendulaire à amortissement magnétique; b) un niveau muni d'un tel dispositif (modèle GK-1A de Kern).

Certains fabricants, dont la compagnie Leica, utilisent un troisième dispositif de compensation : le type pendulaire à amortissement pneumatique (fig. 7.10a). Après avoir nivelé approximativement l'instrument à l'aide de la nivelle sphérique, on constate que le rayon lumineux horizontal provenant de la mire ne coïncide pas nécessairement avec le centre du réticule. Pour compenser le résidu de l'inclinaison de la ligne de visée, on fait basculer le prisme dans le sens opposé à celui de la lunette.

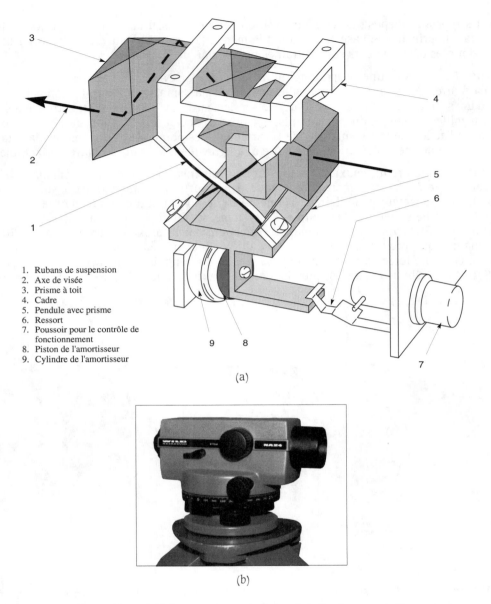

1. Rubans de suspension
2. Axe de visée
3. Prisme à toit
4. Cadre
5. Pendule avec prisme
6. Ressort
7. Poussoir pour le contrôle de fonctionnement
8. Piston de l'amortisseur
9. Cylindre de l'amortisseur

(a)

(b)

Figure 7.10 a) Le dispositif de compensation pendulaire à amortissement pneumatique; b) un niveau d'un tel dispositif (modèle Wild NA-24 de Leica).

La valeur de ce basculement dépend du centre de gravité du pendule dont la position doit être telle que le rayon horizontal coïncide avec le centre du réticule. Ce rayon, qui passe par le centre de l'objectif, coïncide avec le fil horizontal du réticule tant que l'angle d'inclinaison de la lunette n'excède pas 15 min dans un sens ou dans l'autre.

Un bouton-poussoir permet de faire balancer le pendule. Ainsi, avant de lire la mire, l'opérateur peut vérifier si le pendule bascule librement. Les oscillations sont amorties rapidement au moyen d'un piston qui se déplace dans un cylindre. Le modèle Wild NA-24 fonctionne selon ce principe (fig. 7.10).

Niveau de précision ou niveau géodésique. Le niveau géodésique est un niveau de haute précision généralement à bascule et pourvu d'une nivelle à bulle coupée très sensible (fig. 7.11). Il est muni d'un micromètre à lame à faces parallèles (fig. 7.12) qui permet de déplacer la ligne de visée parallèlement à elle-même et de l'amener en coïncidence avec une division de la mire de précision (sect. 5.4). Ce déplacement constitue l'appoint qui doit être ajouté à une lecture directe sur la mire.

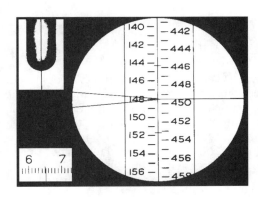

Figure 7.11 Le niveau géodésique (modèle N-3 de Leica).

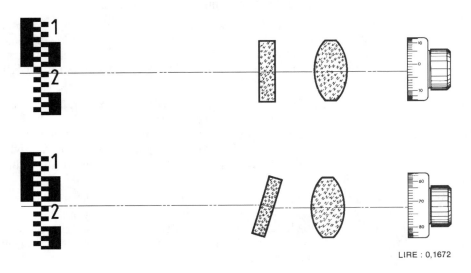

LIRE : 0,1672

Figure 7.12 Le micromètre à lame à faces parallèles.

Figure 7.13 Le niveau électronique numérique (modèle NA-2000 de Leica).

Niveau électronique numérique. Depuis quelques années, il existe sur le marché une version électronique du niveau automatique optique. Ces niveaux électroniques (fig. 7.13) sont dotés d'un affichage alphanumérique à cristaux liquides ainsi que de divers programmes qui guident l'opérateur, à l'aide de menus, tout au long de la mesure et qui lui fournissent les résultats finaux requis pour différents modes de nivellement. De plus, ils permettent l'enregistrement d'informations au moyen d'un carnet de notes électronique, d'un ordinateur portatif ou d'un module d'enregistrement (module REC GRM10, fig. 3.6). Les niveaux numériques se combinent avec une mire conventionnelle ou codée (sect. 5.4). On recommande l'utilisation de la mire codée afin de tirer profit des avantages de ces systèmes.

Niveau à laser. Le laser prend une place de plus en plus importante dans les différentes applications du génie civil. On y a recours notamment pour mesurer des distances, aligner des points, niveler des dalles, percer des trous et couper divers métaux tels que l'acier.

La précision, la simplicité d'utilisation et le coût d'opération peu élevé du système laser constituent les principaux facteurs qui ont entraîné la création de nouvelles techniques dans l'industrie de la construction, tant dans le domaine du bâtiment que dans celui des travaux publics. Non seulement les lasers possèdent-ils une précision adéquate, mais ils sont sécuritaires et efficaces.

Le niveau à laser, qui a été conçu et testé sur le terrain, fournit un plan de référence fiable ainsi qu'une précision comparable à celle d'un niveau automatique classique (optique). Il s'installe rapidement, car sa mise à niveau est automatique sur une certaine plage de correction (±12' pour les lasers Leica). Si l'appareil est perturbé à l'intérieur de cette plage, il se remet de niveau automatiquement; toute perturbation au-delà de cette plage provoque toutefois un arrêt du laser, ce qui permet d'éviter les erreurs.

Grâce au niveau à laser rotatif (fig. 7.14), on peut effectuer des travaux de nivellement avec un seul opérateur. Une fois l'appareil nivelé sommairement puis mis sous tension, le faisceau rotatif invisible est capté par un récepteur adaptable à différents types de mires. Lorsque le récepteur capte le faisceau, c'est-à-dire lorsqu'il a trouvé le niveau de référence, il émet un son ou affiche un message sur un indicateur à cristaux liquides.

Le tableau 7.1 présente les caractéristiques de divers modèles de niveaux.

Tableau 7.1 Les caractéristiques de divers modèles de niveaux

Modèle		Fabricant	Type	Grossissement	Précision (sur 1 km de nivellement double) (mm)	Autre caractéristique
NA-20	√	Leica	Automatique	× 20	± 2,5	3e, 4e ordre
NA-24	√	Leica	Automatique	× 24	± 2,0	3e, 4e ordre
NA-28		Leica	Automatique	× 28	± 1,5	2e - 4e ordre
NA-2		Leica	Automatique	× 32	± 0,7	1er, 2e ordre
AT-F6	√	Topcon	Automatique	× 24	± 2,0	3e, 4e ordre
AT-G6	√	Topcon	Automatique	× 24	± 2,0	3e, 4e ordre
AT-G3		Topcon	Automatique	× 30	± 1,5	2e - 4e ordre
AT-G1		Topcon	Automatique	× 32	± 0,7	1er, 2e ordre
C-3		Sokkia	Automatique	× 24	± 2,0	3e, 4e ordre
C3-E		Sokkia	Automatique	× 22	± 2,0	3e, 4e ordre
B-2		Sokkia	Automatique	× 30	± 1,5	2e - 4e ordre
B-1		Sokkia	Automatique	× 32	± 0,8	1er, 2e ordre
AX-1		Nikon	Automatique	× 18	± 5,0	4e ordre
AZ-2		Nikon	Automatique	× 24	± 2,0	3e, 4e ordre
AE-5	√	Nikon	Automatique	× 22	± 2,0	3e, 4e ordre
AE-7		Nikon	Automatique	× 30	± 1,0	2e - 4e ordre
N-2	√	Leica	À bascule et réversible	× 26	± 1,5	2e- 4e ordre
N-3	√	Leica	À nivelle	× 47	± 0,2	1er, 2e ordre
TS-3A		Topcon	À bascule	× 32	± 1,5	2e - 4e ordre
TS-E1		Topcon	À bascule	× 42	± 0,2	1er, 2e ordre
PL-1		Sokkia	À bascule	× 42	± 0,2	1er, 2e ordre
NA-2000	√	Leica	Numérique	× 24	± 1,2	2e - 4e ordre
NA-2002		Leica	Numérique	× 24	± 1,2	2e - 4e ordre
NA-3000		Leica	Numérique	× 24	± 0,4	1er, 2e ordre

Modèle		Fabricant	Type	Rayon de travail (m)	Précision (horizontalité) (mm/m)	Sensibilité du détecteur (haute/normale) (mm)
EL-1	√	Spectra-Physics	Laser	n.d.	n.d.	± 0,8/1,5
LNA-10		Leica	Laser	100	3,0/50	± 0,8/2,4
LNA-20		Leica	Laser	120	3,0/50	± 0,8/2,4
LNA-30		Leica	Laser	450	3,0/50	± 0,8
RL-50	√	Topcon	Laser	30	3,6/50	± 1,0/2,0
RL-VH		Topcon	Laser	50	2,5/50	± 1,0/2,0
RL-H		Topcon	Laser	350	2,5/50	± 1,0/2,0
LP-3A		Sokkia	Laser	150	2,7/50	± 0,8/2,5
LP-3C		Sokkia	Laser	200	2,7/50	± 0,8/2,5

√ Instruments illustrés dans le livre.

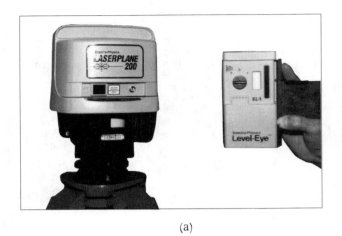

(a)   (b)

Figure 7.14   Le niveau à laser rotatif : a) modèle Laserplane 200 (EL-1) et son récepteur, de Spectra-Physics; b) modèle RL-50 de Topcon.

7.4 LA LECTURE SUR UNE MIRE

Lorsqu'on dirige la lunette vers une mire tenue sur un point, la lecture (fil horizontal du réticule sur la graduation) donne la différence de hauteur entre le point et le plan horizontal passant par la lunette (fig. 7.2). Si l'altitude du point est de 147,65 m et la lecture sur la mire de 2,85 m, l'altitude du plan de nivellement est de 150,50 m (chap. 13). Si la lecture sur un autre point est de 0,32 m, la différence d'altitude ou de hauteur entre les deux points est de 2,53 m.

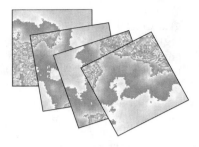

La mesure linéaire

Instruments   PARTIE B

8.1 GÉNÉRALITÉS

Le mesurage linéaire, généralement appelé chaînage, est la base de toute opération topométrique. Il sert, d'une part, à déterminer la distance entre deux points à la surface de la Terre et, d'autre part, à implanter ou à piqueter sur le terrain deux points entre lesquels la grandeur linéaire est préétablie. En topométrie, l'expression «distance entre deux points» signifie toujours la distance horizontale entre ces deux points. Si les points sont situés chacun à une altitude différente, la distance horizontale cherchée est la projection orthogonale entre ces deux points. Par conséquent, la mesure linéaire est toujours ramenée à l'horizontale, soit par calculs, soit par la technique de chaînage employée lors du mesurage. La détermination de la grandeur linéaire s'effectue de trois façons : par la *mesure directe,* par la *mesure indirecte* ou par la *mesure électronique.*

8.2 LA MESURE DIRECTE

Une mesure est directe lorsqu'on parcourt dans son entier la longueur dont on cherche la grandeur et qu'on compte le nombre de fois que se répète l'unité de mesure, en appliquant bout à bout un certain nombre de fois l'instrument de mesure.

8.2.1 Le podomètre

Le podomètre est un appareil en forme de montre qui sert à compter les pas quand on veut évaluer une distance (fig. 8.1). Lorsqu'on peut le régler, cet instrument, que l'opérateur porte habituellement à la ceinture, tient compte de la longueur moyenne des pas de l'opérateur. Pour évaluer cette dernière, il suffit de compter ses pas en franchissant plusieurs fois une distance connue et en marchant d'un pas naturel. Bien que sa précision soit limitée, cette méthode est très utile quand on veut obtenir une valeur approximative d'une distance ou faire une vérification.

Figure 8.1   Le podomètre (docum. Watt).

8.2.2 L'odomètre

L'odomètre consiste en une roue étalonnée que l'on pousse à l'aide d'un manche (fig. 8.2a). Le nombre de tours recueilli par un compte-tours relié à la roue (fig. 8.2b) est converti en mesure linéaire et donne la distance conformément au plan de roulement de l'instrument. Cet appareil est très utile notamment pour l'évaluation des travaux de pavage, de réfection de rues et de routes de même que pour l'évaluation, à des fins de soumissions, des avant-métrés de conduites (gaz, électricité, aqueducs, égouts, voies ferrées, etc.). En somme, on a recours à l'odomètre pour déterminer de manière rapide et efficace des distances sur toute surface appropriée au fonctionnement de cet appareil. Le degré d'appréciation des différents modèles est de l'ordre de 0,10 m.

(a)

(b)

Figure 8.2 a) L'odomètre; b) l'affichage numérique.

8.2.3 La perche télescopique

La perche télescopique consiste en une tige de section circulaire, rectangulaire ou autre, composée de plusieurs éléments qui s'emboîtent et coulissent les uns sur les autres (fig. 8.3a). Au fur et à mesure de l'étirement d'un ou de plusieurs éléments, un mécanisme interne, relié à un ruban d'acier gradué, entraîne ce dernier et donne ainsi la longueur de la distance correspondant à la partie utilisée de la perche, c'est-à-dire la distance entre le pied et la tête de celle-ci. La figure 8.3b représente le boîtier, qui contient le ruban gradué ainsi que le repère de lecture. Le degré d'appréciation de cet instrument correspond au millimètre pour les modèles à graduation métrique et à une fraction de pouce ou à 1/100 pi pour les modèles à graduation impériale.

La perche télescopique peut servir à déterminer la hauteur de tunnels, de ponts, de viaducs et de véhicules ainsi qu'à calculer les dimensions linéaires de bâtiments (fig. 8.3c). Faite en fibre de verre, elle est facile à manipuler. En outre, ses propriétés isolantes, aussi bien thermiques qu'électriques, en font un instrument tout indiqué pour, par exemple, déterminer la hauteur de fils électriques et calculer la distance entre deux objets dont la température est élevée.

(a)

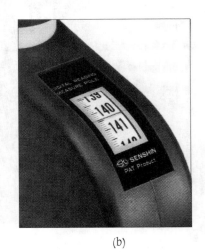

(b)

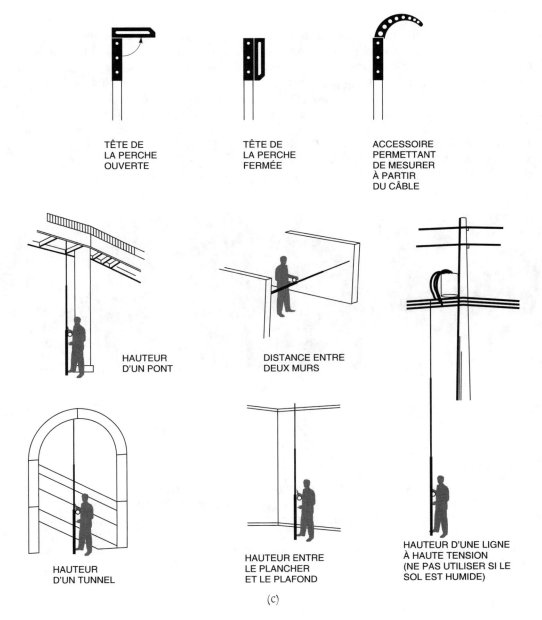

TÊTE DE
LA PERCHE
OUVERTE

TÊTE DE
LA PERCHE
FERMÉE

ACCESSOIRE
PERMETTANT
DE MESURER
À PARTIR
DU CÂBLE

HAUTEUR
D'UN PONT

DISTANCE ENTRE
DEUX MURS

HAUTEUR
D'UN TUNNEL

HAUTEUR ENTRE
LE PLANCHER
ET LE PLAFOND

HAUTEUR D'UNE LIGNE
À HAUTE TENSION
(NE PAS UTILISER SI LE
SOL EST HUMIDE)

(c)

Figure 8.3 a) La perche télescopique; b) l'affichage numérique; c) diverses applications de la perche télescopique.

8.2.4 La chaîne de ceinture

La chaîne de ceinture est un instrument de mesure linéaire qui permet à un opérateur de déterminer la grandeur d'une distance tout en ayant les mains libres (fig. 8.4a et b). Un fil qui se déroule d'une bobine placée dans l'instrument enregistre sur un compteur la distance parcourue (fig. 8.4c). Sur le marché, on trouve des bobines facilement interchangeables qui vont jusqu'à 10 000 m dans le système métrique et 10 000 vg dans le système impérial. Son mode d'opération consiste simplement à attacher le fil à un objet fixe, à mettre le compteur à zéro et à commencer la mesure en avançant dans la direction de la ligne à mesurer. Une fois que l'opérateur a obtenu et noté la grandeur, il sectionne le fil biodégradable et l'abandonne sur place. La précision de cette méthode de mesurage est de l'ordre de $\pm 0,2$ %. La chaîne de ceinture sert dans divers domaines, dont la voirie, la prospection minière, l'agriculture et la foresterie.

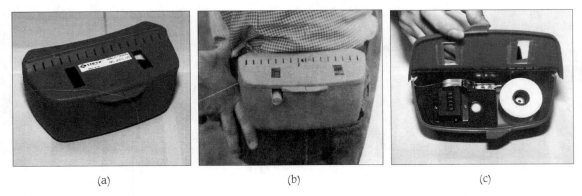

(a) (b) (c)

Figure 8.4 a) La chaîne de ceinture; b) la chaîne de ceinture portée à la taille; c) le mécanisme interne.

8.2.5 La chaîne

La chaîne est l'un des plus anciens instruments de mesure. Au début, elle était munie de médailles attachées à différents maillons qui servaient à mesurer les distances. Par la suite, on a remplacé les maillons par des chaînons rectilignes, ce qui a donné la chaîne d'arpenteur ou chaîne Gunter. Mesurant 66 pi ou 792 po M.A. (mesure anglaise), elle était divisée en 100 chaînons de 0.66 pi chacun (fig. 8.5a). Plus tard est apparue la chaîne d'ingénieur qui avait 100 pi de longueur, soit 100 chaînons de 1 pi chacun (fig. 8.5b).

Ces deux types de chaînes ne servent plus aujourd'hui; toutefois, on trouve encore dans de vieux documents des dimensions en chaîne Gunter.

Ces chaînes ont cédé la place à des rubans d'acier, gradués sur toute leur longueur et enroulés sur des moulinets, qu'on continue à nommer chaînes. Depuis la mise en place du système SI, la plupart d'entre elles sont graduées en mètres plutôt qu'en pieds. Elles sont offertes en longueurs

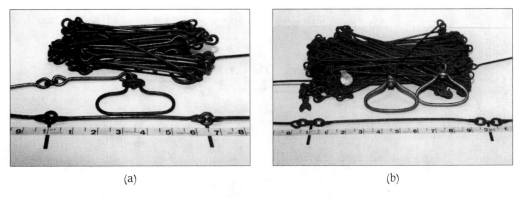

(a)   (b)

Figure 8.5   a) La chaîne Gunter; b) la chaîne d'ingénieur.

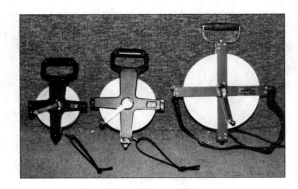

Figure 8.6   Des chaînes métalliques de 30, 50 et 100 m de longueur.

de 30, 50 et 100 m (fig. 8.6). On trouve aujourd'hui des chaînes en fibre de verre dont la précision est légèrement inférieure à celle du ruban d'acier, mais qui sont beaucoup moins fragiles et moins dangereuses lorsqu'on travaille près d'installations électriques.

Pour effectuer les mesurages de haute précision, il faut se servir de chaînes en acier invar. Le coefficient de dilatation thermique de cet alliage nickel-acier est inférieur à 1/30 de celui de l'acier ordinaire.

8.2.6 Le galon

Le galon se compose d'un ruban d'acier relativement mince, de toile métallisée ou de fibres plastifiées. Il s'enroule dans un boîtier léger, en cuir ou en métal, que l'on peut mettre facilement dans sa poche (fig. 8.7). Le galon est commode pour mesurer de courtes distances et pour lever les détails. Il est offert en longueurs de 10, 20 et 30 m.

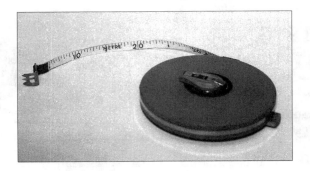

Figure 8.7 Le galon.

8.2.7 La graduation

Pour les chaînes et les galons, il existe divers types de graduations (fig. 8.8). La position de l'origine varie d'un ruban à l'autre : sur certains rubans, elle est à l'extrémité de l'anneau (fig. 8.8a); sur d'autres, elle est à l'extrémité du ruban (fig. 8.8b); sur d'autres encore, elle consiste en une marque placée à une courte distance de l'extrémité du ruban (fig. 8.8c).

Le ruban peut être gradué en centimètres ou en millimètres sur toute sa longueur ou encore en centimètres sur toute sa longueur avec un mètre divisé en millimètres. Cette subdivision est placée avant l'origine ou immédiatement après (fig. 8.8d).

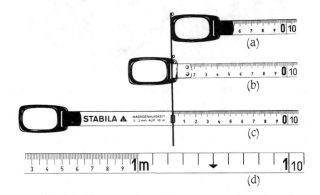

Figure 8.8 Des graduations de chaînes et de galons : a) origine placée à l'extrémité de l'anneau; b) origine placée à l'extrémité du ruban; c) origine sous forme de marque sur le ruban; d) un mètre subdivisé en millimètres.

8.2.8 Le chaînage

On appelle chaînage la mesure directe d'une distance à l'aide d'une chaîne ou d'un ruban d'acier. En ce qui a trait aux grandes distances, on peut localiser un point, à partir d'une origine, par sa valeur mesurée écrite sous la forme «8 + 136,75» et appelée conventionnellement *chaînage du point*. La valeur de gauche indique le nombre de kilomètres et celle de droite, le nombre de mètres. La différence du chaînage de deux points donne la distance horizontale entre ceux-ci, dans un même alignement. Cela permet d'avoir en un coup d'oeil l'ordre de grandeur de la distance et d'éviter toute confusion quant à l'altitude. Le mesurage peut s'appliquer lorsqu'on mesure une distance ou qu'on implante un point à une distance donnée. Le procédé est analogue dans les deux cas et nous traiterons donc ceux-ci simultanément.

Le chaîneur qui reste sur le point initial est le chaîneur arrière et celui qui se dirige vers l'autre point est le chaîneur avant. Un bon chaînage est une opération assez difficile et très importante; il doit être confié à des aides compétents. Deux chaîneurs qui s'entendent peuvent chaîner vite et bien. Abordons maintenant les principales étapes du chaînage.

1. Alignement. La ligne à mesurer doit être bien définie sur le terrain. L'usage des jalons est très approprié dans ce cas-là. Le chaîneur arrière reste sur le premier point et tient l'origine de la chaîne, tandis que le chaîneur avant, le moulinet et un jalon en main, se dirige vers l'autre point. Après une longueur de chaîne, il s'arrête et est aligné par le chaîneur arrière ou par l'opérateur pour atteindre une plus grande précision. Il doit se tenir en dehors de la ligne pour ne pas cacher l'autre extrémité à celui qui l'aligne. On donne l'alignement en faisant des signes de la main soit vers la gauche, soit vers la droite (sect. 11.15).

2. Tension. Avant d'appliquer la tension, il est important de s'assurer que la chaîne est bien tendue et qu'il ne s'est pas formé de boucle; s'il se formait une boucle, la moindre tension briserait la chaîne. Le chaîneur arrière tient l'origine avant le point et retient la chaîne, pendant que le chaîneur avant applique graduellement la tension. Lorsque le chaîneur arrière juge que la tension a atteint la valeur normale (qui dépend de la longueur mesurée et de la nature de la chaîne), il laisse aller la chaîne jusqu'à ce que l'origine coïncide avec le point. Ensuite, il arrête le déplacement et crie C-O-R-R-E-C-T. Le chaîneur avant plante son jalon vis-à-vis de l'extrémité de la chaîne, après quoi il crie à son tour C-O-R-R-E-C-T et relâche la tension. Pour faciliter l'application de la tension, on peut se servir d'une pince chaîne (fig. 5.9e). Pour en maîtriser la tension, il faut se placer perpendiculairement au chaînage, bien écarter les pieds et appuyer fermement les coudes contre le corps (fig. 8.9a). Si le point est au sol, on place le genou qui est du côté de la chaîne par terre et on appuie l'avant-bras opposé sur l'autre genou (fig. 8.9b).

3. Vérification. Comme nous l'avons vu précédemment, on applique la tension sur la chaîne pour vérifier la position obtenue, puisqu'il est plus précis de mesurer une distance entre deux points que de placer un point à une distance donnée.

4. Projection verticale. Lorsque la chaîne ne repose pas sur le sol, il faut projeter le point verticalement avec un jalon ou, de préférence, avec un fil à plomb (fig. 8.9a). On maintient la corde du fil à plomb sur la division appropriée en la pinçant avec le pouce, de telle sorte que le plomb soit à moins de 1 cm du sol. Si on se sert d'un jalon, il ne faut jamais simultanément tenir le jalon d'une main et tirer la chaîne de l'autre. Si le jalon n'est pas tenu par une autre personne, il faut le planter approximativement, le rendre vertical et ensuite vérifier la distance. On le déplace au besoin et on recommence la vérification.

5. Lecture de la chaîne. Si la distance est plus courte que la chaîne, il faut en faire la lecture. Cette dernière dépend du type de graduation utilisé, c'est pourquoi il est important de le connaître avant le début du mesurage. Pour ce qui est d'une chaîne graduée en millimètres sur toute sa longueur, il n'y a pas de problème. Quant à la chaîne qui n'a qu'un mètre gradué en millimètres,

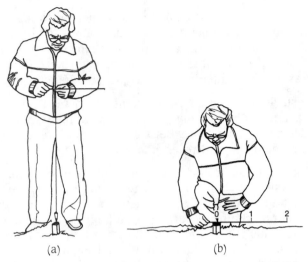

Figure 8.9   Le chaînage : a) lorsque la chaîne ne repose pas sur le sol; b) lorsque le point est au sol.

deux cas peuvent se présenter : ce mètre peut être placé avant ou après l'origine. Lorsque le mètre gradué est avant l'origine, la graduation est dans le sens opposé à la graduation principale. Le chaîneur avant place une division métrique en coïncidence avec le point avant, de façon à ce que le mètre gradué chevauche le point arrière. Le chaîneur avant fait la lecture à haute voix : *deux cinq* pour 25 m par exemple. Le chaîneur arrière crie l'appoint *sept trois six*, le chaîneur avant répète *deux cinq virgule sept trois six* (25,736 m) et le chaîneur arrière confirme par C-O-R-R-E-C-T. Si le mètre gradué est après l'origine, il faut soustraire la valeur donnée par le chaîneur arrière. Le chaîneur avant répète *deux quatre virgule deux six quatre* (24,264), et le tout est confirmé par le chaîneur arrière.

6. Inscription de la lecture. L'inscription de la lecture doit se faire immédiatement. Même pour des longueurs de chaîne entière, il faut l'inscrire sur-le-champ.

Mode de chaînage. C'est la nature du terrain qui détermine le mode de chaînage. Dans le texte qui suit, nous présentons les deux modes, soit supporté et suspendu.

Supporté

Lorsque le terrain est plat et horizontal, la chaîne peut être supportée sur toute sa longueur. Il s'agit du cas le plus facile. Il suffit d'appliquer la tension nécessaire pour faire disparaître les ondulations dans la chaîne. Lorsque le terrain est plat mais incliné, on peut églament appliquer cette technique. Toutefois, il est nécessaire de ramener la distance mesurée dans le plan horizontal (sect. 8.1).

Suspendu

Il arrive souvent qu'on doit suspendre la chaîne pour éviter un obstacle ou tenir compte des accidents du terrain. Dans ce cas, il faut appliquer la tension appropriée pour réduire la flèche. Il est à noter que, suivant la section de la chaîne, une tension trop grande peut l'allonger et fausser la mesure. Pour le mode suspendu, on peut utiliser la méthode par cultellation ou ressauts horizontaux ou la méthode suivant la pente du chaînage (fig. 8.10a et b).

Par cultellation ou ressauts horizontaux : En terrain très accidenté, il est souvent impossible de tendre la chaîne horizontalement sur toute sa longueur. On peut alors fractionner le chaînage en autant d'éléments horizontaux que l'opération le permet et l'exige : c'est ce qu'on appelle *cultellation*. On chaîne et note individuellement ces éléments ou encore on les cumule sur la chaîne elle-même (fig. 8.10a). On opère généralement en descendant pour que l'origine ait un point d'appui stable.

Suivant la pente : Dans le cas du chaînage suivant la pente (fig. 8.10b), on mesure l'angle vertical β soit avec un théodolite (sect. 6.6), soit avec un clinomètre (sect. 5.6). Avec un clinomètre, il faut être prudent, car la précision est faible, surtout lorsque la pente est prononcée.

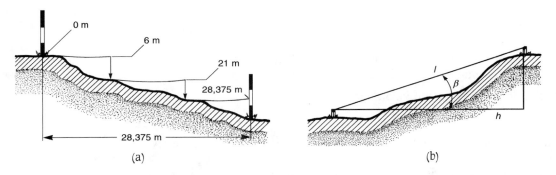

Figure 8.10 Le chaînage : a) par cultellation; b) suivant la pente.

La précision est supérieure avec le théodolite, mais il faut beaucoup plus de temps pour effectuer le mesurage. La distance réduite à l'horizontale, h, d'une distance l mesurée suivant la pente, sous un angle β, correspond à la relation suivante :

$$h = l \cos \beta \tag{8.1}$$

On peut également déterminer la réduction dans le plan horizontal en calculant la correction à apporter à la distance inclinée afin d'obtenir la distance horizontale cherchée. Nous verrons cette réduction un peu plus loin dans la section.

Fautes relatives au chaînage. On doit tout faire pour éviter les fautes dues à un oubli ou à une maladresse de l'opérateur (ce qui représente généralement des écarts appréciables). Une attention de tous les instants s'impose. Voici les fautes les plus courantes :

a) mauvaise identification de l'origine : ce cas survient surtout lorsqu'une chaîne a un mètre gradué avant l'origine;
b) oubli de l'opérateur d'inscrire une distance, surtout lors du chaînage par cultellation;
c) transposition des chiffres, comme lire 12 au lieu de 21 lorsque la chaîne est lue à l'envers;
d) mauvaise interprétation, comme inscrire 17,27 dans le carnet au lieu de 27,17 ou encore 99 au lieu de 80,19 (il faut toujours indiquer la marque décimale);
e) proximité d'une division, par exemple 24,95 au lieu de 23,95;
f) chaîne non tendue.

Erreurs systématiques relatives au chaînage. Dans cette section, nous verrons les différentes causes d'erreurs et les corrections appropriées. Il ne faut pas perdre de vue qu'une chaîne trop longue donne une grandeur trop petite et qu'une chaîne trop courte donne une grandeur trop grande. Pour une longueur l mesurée en mètres, nous allons voir les différents types de corrections qui s'imposent.

Correction pour l'étalonnage

La longueur d'une chaîne est rarement celle qui est indiquée par sa longueur nominale. On doit étalonner assez régulièrement sa chaîne. La correction d'étalonnage est la suivante :

$$c_e = l\left(\frac{N_0 - N}{N}\right) \tag{8.2}$$

où c_e = correction due à l'étalonnage (m)
N_0 = longueur de la chaîne comparée à l'étalon (m)
N = longueur nominale de la chaîne (m)

C'est une correction positive ou négative.

Correction pour la pente

La pente, qui s'exprime en pourcentage, est le rapport entre la dénivelée d et la distance horizontale correspondante h. À la figure 8.11a, la pente du segment AB est de 3 %, alors qu'à la figure 8.11b elle est de -2 %. Afin de déterminer la correction pour la pente, on procède, à partir de la formule de Pythagore, par le développement du binôme de Newton pour chacune des sections mesurées (fig. 8.11c). Ainsi, la distance horizontale h_1 de la section AB s'obtient comme suit :

$$h_1 = \sqrt{l_1^2 - d_1^2} = \left(l_1^2 - d_1^2\right)^{1/2}$$

$$= \left(l_1^2\right)^{1/2} + \frac{(1/2)\left(l_1^2\right)^{-1/2}\left(-d_1^2\right)}{1!} + \frac{(1/2)(-1/2)\left(l_1^2\right)^{-3/2}\left(-d_1^2\right)^2}{2!} + \ldots$$

$$= l_1 - \frac{d_1^2}{2l_1} - \frac{d_1^4}{8l_1^3} - \ldots$$

$$h_1 - l_1 = -\frac{d_1^2}{2l_1} - \frac{d_1^4}{8l_1^3} - \ldots$$

Or, puisque la correction cherchée correspond à la différence entre la distance inclinée et la distance horizontale, on a :

$$c_{p_1} = l_1 - h_1$$

$$= \frac{d_1^2}{2l_1} + \frac{d_1^4}{8l_1^3} + \ldots \tag{8.3}$$

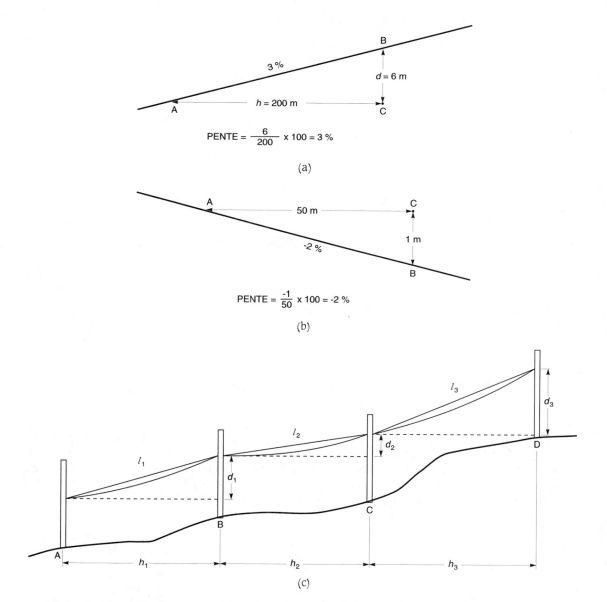

Figure 8.11 a) Une pente positive; b) une pente négative; c) la correction pour la pente.

En topométrie, si la pente est inférieure ou égale à 8 %, on peut négliger le deuxième terme de l'équation :

$$c_{p_1} = \frac{d_1^2}{2l_1}$$

On applique ce principe aux deuxième et troisième sections, ce qui donne :

$$c_{p_2} = \frac{d_2^2}{2l_2}$$

$$c_{p_3} = \frac{d_3^2}{2l_3}$$

d'où :

$$h_1 + h_2 + h_3 + \ldots = l_1 + l_2 + l_3 + \ldots - \left(\frac{d_1^2}{2l_1} + \frac{d_2^2}{2l_2} + \frac{d_3^2}{2l_3} \right)$$

et

$$\sum_{i=1}^{i=n} h_i = \sum_{i=1}^{i=n} l_i - 1/2 \sum_{i=1}^{i=n} \frac{d_i^2}{l_i} \qquad (8.4)$$

Pour chaque section chaînée ou si la pente est uniforme, la correction pour la pente est donc :

$$c_p = \frac{d^2}{2l} \qquad (8.5)$$

Si la distance chaînée AB est de 30 m et la dénivelée entre A et B, de 0,25 m, on a :

$$c_p = \frac{(0,25)^2}{2 \times 30} = 0,001 \text{ m}$$

d'où :

$$h = 30,000 - 0,001 = 29,999 \text{ m}$$

Correction pour l'alignement

À première vue, les erreurs de mauvais alignement, imputables à l'effet du hasard, semblent être des erreurs fortuites. Cependant, puisqu'elles sont toujours de même signe, elles se comportent comme des erreurs systématiques. Cette correction, qui se situe dans le plan horizontal, s'exprime par une relation analogue à celle de la pente. La figure 8.12 illustre un chaînage fait le long des segments horizontaux A-1, 1-2 et 2-B situés à l'extérieur de l'alignement AB.

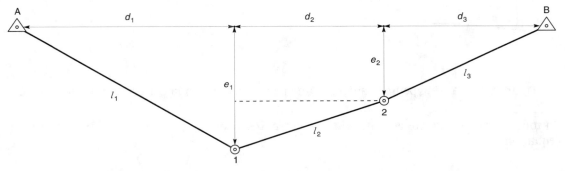

Figure 8.12 La correction pour l'alignement.

La correction pour la première section est :

$$c_{a_1} = \frac{e_1^2}{2l_1} \tag{8.6}$$

où c_a = correction pour l'alignement
e_1 = écart d'alignement pour la première section

La correction pour la deuxième section est :

$$c_{a_2} = \frac{(e_1 - e_2)^2}{2l_2}$$

où $e_1 - e_2$ = écart d'alignement pour la deuxième section
e_2 = écart d'alignement pour la troisième section

La correction pour la troisième section est :

$$c_{a_3} = \frac{e_2^2}{2l_3}$$

La correction d'alignement totale, c_{a_t}, est donc :

$$c_{a_t} = c_{a_1} + c_{a_2} + c_{a_3}$$

Cette formule est valable dans la mesure où l'alignement AB n'est pas croisé.

Si on doit sortir de l'alignement à cause d'un obstacle (fig. 8.13), la correction d'alignement totale devient alors :

$$c_{a_t} = c_{a_1} + c_{a_2} = \frac{e^2}{2l_1} + \frac{e^2}{2l_2} = \frac{e^2}{2}\left(\frac{1}{l_1} + \frac{1}{l_2}\right) \tag{8.7}$$

Si plusieurs obstacles peuvent masquer l'alignement, il est préférable d'utiliser une des méthodes décrites au chapitre 11 (sect. 11.2 et 11.7).

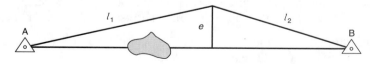

Figure 8.13 Un cas d'obstacle dans l'alignement.

De façon générale, en ce qui a trait au chaînage, l'alignement n'a pas besoin d'être très précis, mais il faut faire attention lorsque la distance diminue. Prenons un écart de 0,10 m (10 cm) pour une chaîne de 30 m (fig. 8.14); la correction est alors :

$$c_a = \frac{(0,10)^2}{2 \times 30} = 0,000\,17 \text{ m} \quad \text{ou} \quad 0,17 \text{ mm}$$

La correction pour l'alignement est toujours négative. Un écart de 0,25 m (25 cm) pour une portée de 30 m donne une erreur de 1 mm.

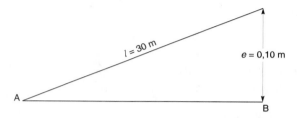

Figure 8.14   Un exemple de correction pour l'alignement.

Correction pour l'horizontalité

Le défaut d'horizontalité est de même nature que le défaut d'alignement et leur calcul respectif s'effectue au moyen des mêmes équations (8.5 ou 8.6). Toutefois, il faut apporter plus d'attention à l'horizontalité de la chaîne qu'à son alignement parce que c'est une opération plus difficile à réaliser. Il ne faut pas confondre l'erreur d'horizontalité avec le chaînage suivant la pente.

Correction pour la dilatation

Tous les matériaux se dilatent ou se contractent sous l'effet d'une variation de température. La température normale d'étalonnage est, par convention, de 20 °C.

La correction relative à la dilatation est :

$$c_d = l\,k\,(t - 20) \tag{8.8}$$

où c_d = correction pour la dilatation (m)
l = longueur mesurée dans les mêmes conditions de température (m)
k = coefficient de dilatation
t = température de la chaîne (°C)

En ce qui concerne le mesurage de précision, il est important de connaître la température de la chaîne. Pour ce faire, on doit de préférence effectuer le chaînage en mode suspendu, car la chaîne atteint ainsi la température ambiante. On recommande l'utilisation d'un thermomètre de chaîne.

Le coefficient de dilatation thermique de l'acier est d'environ 1/80 000 par degré Celsius et celui de l'acier invar, d'environ 1/2 000 000 par degré Celsius.

La correction pour la dilatation est positive ou négative. Une variation de 3 °C donne une erreur d'environ 1 mm pour une portée de 30 m.

Correction pour la tension

Lorsqu'on applique une tension assez grande sur un ruban, il s'étire. Si la tension est trop forte, il peut y avoir déformation permanente ou même rupture. La limite d'élasticité du ruban est donnée par son module d'élasticité, E, qui est le rapport entre la charge unitaire T/S et la déformation unitaire a/l, d'où :

$$E = \frac{Tl}{Sa}$$

où E = module d'élasticité [daN/mm^2 : 1 kgf (kilogramme-force) = 9,8 N (newtons) ou 0,98 daN]
   T = tension appliquée au matériau (daN)
   l = longueur du matériau (m)
   S = section (mm^2)
   a = allongement du matériau (m)

Pour une longueur l chaînée et si on applique une même tension sur la chaîne, la correction relative à la différence de tension devient alors :

$$c_T = \frac{(T - T_0)\, l}{SE} \tag{8.9}$$

où c_T = correction pour la tension (m)
   T = tension appliquée sur la chaîne lors du mesurage (daN)
   T_0 = tension à l'étalonnage (daN)
   l = longueur chaînée (m)
   S = section de la chaîne (mm^2)

Le module d'élasticité E de l'acier est d'environ 25 000 daN/mm^2. La correction pour la tension est positive ou négative. Pour une chaîne de 30 m, la tension à l'étalonnage est généralement de 4,5 daN. Une variation de 2 daN donne une erreur d'environ 1 mm pour une chaîne de 30 m ayant une section de 2,6 mm^2.

Correction pour la chaînette

Lorsqu'on opère en mode suspendu, le ruban prend la forme d'une courbe, appelée chaînette, dont l'équation est voisine de celle de la parabole (fig. 8.15). Un bon exemple est le câble d'un pont suspendu. On peut réduire la flèche f en augmentant la tension, mais on ne peut jamais l'éliminer. La différence entre la longueur de la chaîne et la corde imputable à la flèche et appelée correction de la chaînette est donc :

$$c_c = n \left(\frac{p^2 d^3}{24\, T^2} \right) \tag{8.10}$$

où c_c = correction pour la chaînette (m)
   n = nombre d'intervalles ayant le même espacement entre les supports
   p = poids unitaire de la chaîne (daN/m)
   d = espacement entre les supports (m)
   T = tension appliquée lors du mesurage (daN)

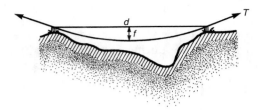

Figure 8.15 La chaînette.

Si une chaîne n'est supportée qu'aux extrémités, la correction par section chaînée devient :

$$c_c = \frac{P^2 l_c}{24\,T^2} \qquad (8.11)$$

où P = poids de la chaîne (daN)
l_c = longueur de la chaîne (m)

Pour une longueur mesurée l comprenant un nombre entier n de longueurs de chaîne l_c, l'expression 8.11 devient :

$$c_c = \frac{P^2 l}{24\,T^2} \qquad (8.11a)$$

La correction pour la chaînette est toujours négative. Une variation de 1,6 daN dans la tension, pour une chaîne de 30 m ayant une section de 2,6 mm², donne une erreur d'environ 1 mm. Le vent peut aussi provoquer une chaînette latérale, ce qui est beaucoup plus difficile à évaluer.

On peut utiliser trois méthodes pour éliminer l'erreur imputable à la chaînette :

1. supporter la chaîne sur toute sa longueur ou à des intervalles plus courts;
2. calculer la correction relative à la chaînette et corriger la valeur mesurée;
3. augmenter la tension jusqu'à ce que la correction pour la tension, c_T, compense l'erreur due à la chaînette :

$$\frac{\left(T_n - T_0\right) l}{SE} = \frac{P^2 l}{24\,T_n^2}$$

où T_n est la tension normale (daN).

De cette façon, la tension normale devient :

$$T_n = \frac{P}{2}\sqrt{\frac{SE}{6\left(T_n - T_0\right)}} \qquad (8.12)$$

En pratique, on peut se servir de deux méthodes pour appliquer la tension normale lorsqu'on mesure en mode suspendu : soit directement, en déterminant la tension à l'aide d'un dynamomètre, soit indirectement, en mesurant la flèche.

Les graphiques de la figure 8.16 permettent de déterminer la tension normale (fig. 8.16a) et la flèche correspondante (fig. 8.16b) en fonction de la portée et de la température pour une chaîne en acier dont la section est de 13,0 mm × 0,2 mm.

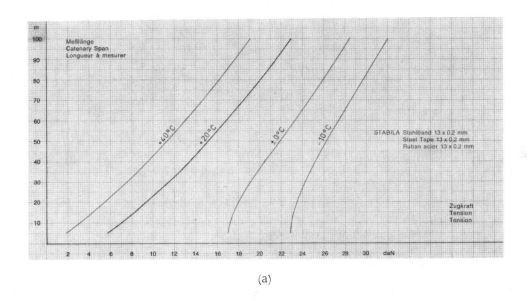

(a)

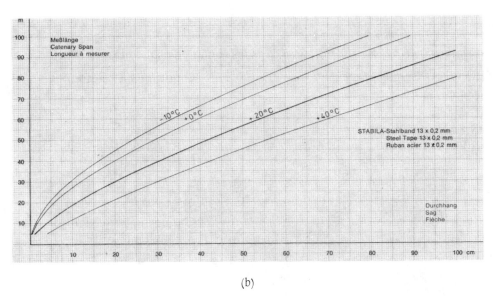

(b)

Figure 8.16   Le graphique : a) de la tension normale; b) de la flèche correspondant à la tension normale (docum. Stabila).

Importance des causes d'erreurs. Afin que les différentes causes d'erreurs aient une importance relative, nous présentons les écarts à partir des conditions normales, ce qui donne une erreur d'environ 1 mm pour une chaîne de 30 m ayant une section de 2,6 mm² (tabl. 8.1).

Tableau 8.1 Écarts pour une erreur de 1 mm

Causes d'erreurs	Écarts
Étalonnage	1 mm
Alignement	25 cm
Horizontalité	25 cm
Dilatation	3 °C
Tension	2 daN
Chaînette	1,6 daN

Erreurs fortuites relatives au chaînage. Les erreurs fortuites relatives au chaînage sont principalement des erreurs d'appréciation ou d'évaluation de coïncidence. Voici les principales :

1. erreur de verticalité du jalon;
2. erreur de mise en place du jalon à l'extrémité de la chaîne;
3. erreur d'appréciation de la lecture de la part de l'opérateur;
4. erreur dans la détermination de la température de la chaîne;
5. défaut d'application de la bonne tension;
6. déplacement du fil à plomb par le vent.

Les exemples 8.1 et 8.2 présentent deux cas de mesure directe.

. . . .

EXEMPLE 8.1

Quelle est la distance AB si on l'a mesurée dans les conditions suivantes?

Conditions lors du mesurage

l = 300,000 m
t = 28 °C
T = 6,0 daN
Pente uniforme = 5 %
Écart d'alignement au chaînage : 0 + 030 = 0,50 m
Chaîne supportée aux extrémités seulement

Conditions à l'étalonnage

N = 30 m
N_0 = 30,0030 m
k = 1,25 × 10^{-5}/°C
E = 25 000 daN/mm²
t_0 = 20 °C
P = 0,60 daN
T_0 = 4,5 daN
S = 2,6 mm²
Chaîne supportée sur toute sa longueur

Solution

Équation 8.2 (correction pour l'étalonnage) :

$$c_e = l\left(\frac{N_0 - N}{N}\right) = 300,000\left(\frac{30,0030 - 30}{30}\right) = 0,0300 \text{ m}$$

Équation 8.5 (correction pour la pente) :

$$c_p = \frac{d^2}{2l} = \frac{15^2}{2 \times 300} = 0,3750 \text{ m}$$

Équation 8.7 (correction pour l'alignement) :

$$c_{a_t} = \frac{e^2}{2} \left(\frac{1}{l_1} + \frac{1}{l_2} \right) = \frac{0,50^2}{2} \left(\frac{1}{30} + \frac{1}{270} \right) = 0,0046 \text{ m}$$

Équation 8.8 (correction pour la dilatation) :

$$c_d = l\, k\, (t - 20) = 300,000 \times 1,25 \times 10^{-5} \times (28 - 20) = 0,0300 \text{ m}$$

Équation 8.9 (correction pour la tension) :

$$c_T = \frac{(T - T_0)\, l}{SE} = \frac{(6,0 - 4,5)\, 300,000}{2,6 \times 25\,000} = 0,0069 \text{ m}$$

Équation 8.11a (correction pour la chaînette) :

$$c_c = \frac{P^2 l}{24\, T^2} = \frac{0,60^2 \times 300}{24 \times 6,0^2} = 0,1250 \text{ m}$$

Après avoir calculé les valeurs numériques des corrections, on doit déterminer le signe algébrique de chacune d'elles. La correction pour l'étalonnage est positive puisque $N_1 > N$. La correction pour la pente est négative puisque la distance horizontale est la projection orthogonale de la distance inclinée; il en va de même pour la correction d'alignement. Quant aux corrections pour la dilatation et la tension, elles sont positives, car $t > t_0$ et $T > T_0$. Enfin, la correction pour la chaînette est négative. On obtient la distance réduite à l'horizontale h en additionnant la longueur chaînée l avec la somme algébrique des corrections :

$$h = 300,000 + 0,0300 - 0,3750 - 0,0046 + 0,0300 + 0,0069 - 0,1250$$
$$= 299,5623 = 299,562 \text{ m}$$

Nous aurions pu également calculer la distance corrigée selon la pente, soit $l' = 299,9373$ m, et la réduire dans le plan horizontal en fonction de l'angle vertical. Puisqu'une pente de 5 % équivaut à un angle vertical de 2° 52' et suivant l'équation 8.1, on a :

$$h = 299,9373 \cos 2°\, 52' = 299,562 \text{ m}$$

· · · · · · · · · · · · · · · · ·

EXEMPLE 8.2

Quelle distance doit-on chaîner, d_c, pour implanter le point B à 300,000 m (distance horizontale) du point A, si les conditions à l'étalonnage et lors du mesurage sont identiques à celles de l'exemple 8.1?

Solution

Toutes les valeurs numériques des corrections calculées à l'exemple 8.1 demeurent les mêmes, sauf que leur signe est changé :

$$d_c = 300,000 - 0,0300 + 0,3750 + 0,0046 - 0,0300 - 0,0069 + 0,1250$$
$$= 300,438 \text{ m}$$

· · · · · · · · · · · · · · · · · ·

8.3 LA MESURE INDIRECTE

La mesure d'une distance est indirecte lorsqu'on l'obtient sans avoir à parcourir dans son entier la longueur à mesurer en comptant le nombre de fois que se répète l'unité de mesure. La mesure indirecte des distances s'appuie sur la résolution d'un triangle, lequel est le plus souvent rectangle (fig. 8.17a) ou isocèle (fig. 8.17b). La distance horizontale s'obtient par les relations suivantes :

$$h = \text{b cotg } \alpha \qquad\qquad h = \frac{1}{2} \text{ b cotg} \left(\frac{\alpha}{2} \right)$$

Les instruments qu'on utilise pour obtenir la mesure indirecte sont basés sur ce principe, c'est-à-dire $h = f(\text{b}, \alpha)$. Si la base est fixe, la distance dépend de l'angle mesuré et, inversement, si l'angle est fixe, la distance dépend de la base.

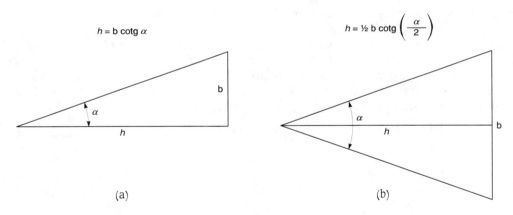

Figure 8.17 Le principe de la mesure indirecte pour un triangle : a) rectangle; b) isocèle.

Le classement des instruments de mesure indirecte, surtout en ce qui a trait à leur nom, comporte certains problèmes. En effet, ils n'ont pas tous été mis au point en même temps et les fabricants ont voulu leur donner des noms significatifs qui soient différents de ceux des appareils déjà sur le marché. Nous pourrions tous les appeler télémètres optiques (donnant une mesure à distance). Ce sont tous ou presque des stadimètres puisque la lecture se fait généralement sur une mire (stadia). Le tachéomètre (du grec *takheos* = rapide) fait aussi partie de tous ces appareils puisqu'il permet de déterminer rapidement des distances et des dénivelées.

En tenant compte du contexte historique et de certaines similitudes, nous avons adopté le classement suivant : télémètre optique, barre stadimétrique, fils stadimétriques, stadimètre et tachéomètre.

8.3.1 Le télémètre optique

Le télémètre est un instrument optique dont la base linéaire est la station occupée par l'observateur. Il comporte principalement deux objectifs dont l'écartement constitue la base géométrique. La figure 8.18 illustre un petit télémètre pourvu d'une base fixe de 25 cm. L'optique fournit de l'objet visé deux images observées par le biais de l'oculaire de la lunette (fig. 8.19a). Pour mesurer la distance entre le télémètre et un objet donné, on tourne le disque gradué jusqu'à ce que les deux images se superposent (fig. 8.19b). La déviation du système optique donne indirectement la distance rectiligne lue sur la division en face de l'index, et ce suivant la pente, entre le télémètre et l'autre point, qui est parfois inaccessible.

Le télémètre se prête à de multiples tâches telles que le travail de reconnaissance sur le terrain. Toutefois, sa faible précision (de 1/100 à 1/10 en fonction de la portée de mesure) en fait un instrument rarement utilisé en topométrie.

Figure 8.18 Un petit télémètre optique.

(a)   (b)

Figure 8.19 a) Les deux images avant le réglage; b) la superposition des deux images (on lit la distance sur le disque gradué).

8.3.2 La barre stadimétrique

La barre stadimétrique consiste en une base linéaire horizontale qui comporte deux cibles espacées exactement de 2 m (fig. 8.20). La séparation entre les deux cibles est maintenue par une tige ou un fil en acier invar tendu par des ressorts dans un tube en aluminium. Quelles que soient les variations de température, le faible coefficient de dilatation thermique $(0,50 \times 10^{-6}/°C)$ de l'acier invar maintient un écartement fixe.

On cale la barre stadimétrique à l'aide d'une nivelle sphérique et de vis calantes. On l'oriente perpendiculairement à la ligne à mesurer au moyen d'une petite lunette située au milieu de la barre.

Figure 8.20 La barre stadimétrique.

Afin de mesurer l'angle parallactique entre les deux cibles, on a recours à un théodolite de précision (chap. 6). On mesure l'angle à plusieurs reprises et, chaque fois, on décale le cercle gradué pour éliminer les erreurs dues à l'imperfection de la graduation.

Comme le théodolite donne un angle dièdre, qui est indépendant de l'inclinaison de la ligne de visée, la distance obtenue est directement horizontale (fig. 8.21). Cette dernière équivaut à 1/2 b cotg $(\alpha/2)$ et, comme la base est de 2 m, la relation devient :

$$h = \cotg\left(\frac{\alpha}{2}\right) \tag{8.13}$$

Par la dérivée $dh = -1/2 \operatorname{cosec}^2 \alpha/2 \, d\alpha$, on voit que l'erreur augmente rapidement lorsque l'angle diminue, c'est-à-dire lorsque la distance augmente. Lorsqu'il faut mesurer une grande distance, on recommande de la fractionner afin que chaque portée soit inférieure à 150 m (fig. 8.22).

L'erreur relative de la distance mesurée devient :

$$\frac{dh}{h} = \frac{\operatorname{cosec}^2 \alpha/2}{2h} \, d\alpha \tag{8.14}$$

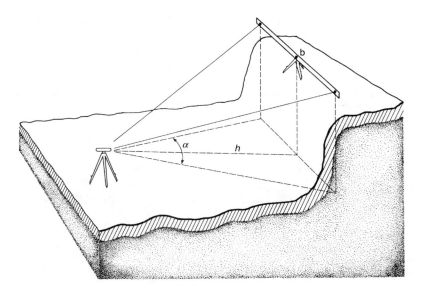

Figure 8.21 Le principe de la barre stadimétrique.

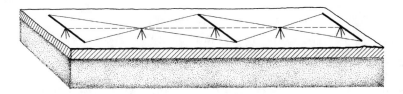

Figure 8.22 Le fractionnement d'une ligne à mesurer.

Dans l'équation 8.14, si on substitue h par cotg $\alpha/2$ (équat. 8.13), on obtient :

$$\frac{\mathrm{d}h}{h} = \frac{\mathrm{cosec}^2\ \alpha/2}{2\ \mathrm{cotg}\ \alpha/2}\ \mathrm{d}\alpha$$

$$= \frac{\sin\ \alpha/2}{2\ \sin^2\ \alpha/2\ \cos\ \alpha/2}\ \mathrm{d}\alpha$$

$$= \frac{\mathrm{d}\alpha}{2\ \sin\ \alpha/2\ \cos\ \alpha/2}$$

$$= \frac{\mathrm{d}\alpha}{\sin\ \alpha} \qquad\qquad (8.14a)$$

où dα s'exprime en radians (rad).

L'exemple 8.3 présente le calcul d'une distance horizontale et de son erreur relative.

· · · · · · · · · · · · · · · · · ·

EXEMPLE 8.3

Calculer la distance horizontale AB et son erreur relative si l'angle horizontal α mesuré entre les deux cibles d'une barre stadimétrique de 2 m est 1° 08' 20" ±1".

Solution

Équation 8.13 (distance horizontale) :

$$h = \cotg\left(\frac{\alpha}{2}\right) = \cotg\left(\frac{1° \ 08' \ 20"}{2}\right) = 100,614 \text{ m}$$

Équation 8.14 (erreur relative) :

$$\frac{dh}{h} = \frac{\cosec^2 \alpha/2}{2h} \ d\alpha = \frac{\cosec^2 \ 1° \ 08' \ 20"/2}{2 \ (100,614)} \ (0,000 \ 004 \ 8)$$

$$\approx \frac{1}{4100}$$

ou encore l'équation 8.14a :

$$\frac{dh}{h} = \frac{d\alpha}{\sin \alpha} = \frac{0,000 \ 004 \ 8}{\sin 1° \ 08' \ 20"} \approx \frac{1}{4100}$$

· · · · · · · · · · · · · · · · · ·

8.3.3 Les fils stadimétriques

Les fils stadimétriques ne constituent pas un instrument de mesure à proprement parler. Cependant, ils sont un accessoire standard commun à toute lunette de théodolite et de niveau optiques, ils sont à l'origine de la mise au point des stadimètres et ils comportent une fonction analogue à ceux-ci pour la mesure d'une distance. Pour ces raisons, nous traiterons ici du mesurage fait à l'aide des fils de stadia (stadimétrie).

Principe. Soit une lunette définie par son axe optique RO (R étant la croisée des fils du réticule et O, le centre ou plus précisément le point nodal de l'objectif) ainsi qu'une mire verticale (fig. 8.23).

En plus de représenter l'emplacement des fils de stadia sur le réticule, les points S et S' sont les images des points M et M' de la mire (les rayons passant par le centre O de l'objectif ne sont pas déviés et les rayons passant par le foyer antérieur F sont réfractés parallèlement à l'axe optique). On obtient deux triangles isocèles semblables, FAB et FMM', opposés par le sommet et ayant respectivement i et s comme base et h' et f comme hauteur.

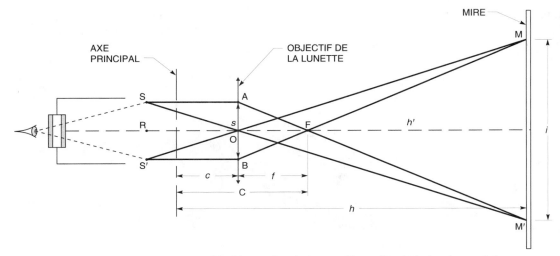

Figure 8.23 Le principe des fils stadimétriques (ligne de visée horizontale).

On peut donc dire que :

$$\frac{h'}{i} = \frac{f}{s}$$

$$h' = i\left(\frac{f}{s}\right) \tag{8.15}$$

Puisque la distance focale f et l'écartement s des fils stadimétriques sont constants, la distance h' est directement proportionnelle à la longueur i interceptée sur la mire. La distance de l'axe principal par rapport au centre optique de l'objectif est représentée par c.

Posons :

$$\left(\frac{f}{s}\right) = K \tag{8.16}$$

et

$$f + c = C \tag{8.17}$$

En substituant les équations 8.16 et 8.17 aux données de l'équation 8.15, on obtient :

$$h = K\,i + C \tag{8.18}$$

On donne à la constante de stadia K une valeur commode, par exemple 100 (quelquefois 50 ou 200). La valeur du paramètre de stadia C est d'environ 30 cm pour les lunettes à *mise au point* externe.

Dans les instruments modernes, la mise au point est interne et elle se fait à l'aide d'une lentille divergente supplémentaire, ce qui a pour effet de ramener le sommet F du triangle plus près de l'axe principal et de rendre la valeur du paramètre C négligeable. Dans ce cas, l'équation 8.18 devient :

$$h = K\,i \tag{8.18a}$$

Ligne de visée inclinée. On peut obtenir la distance rectiligne entre l'instrument et le point visé sur la mire en plaçant cette dernière perpendiculairement à la ligne de visée, mais la pratique courante consiste à la tenir verticalement (fig. 8.24).

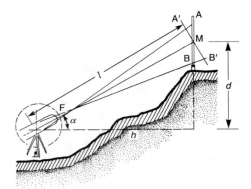

Figure 8.24 La ligne de visée inclinée.

Considérons une ligne imaginaire A'B' perpendiculaire à la ligne de visée FM. Les triangles MAA' et MBB' sont sensiblement rectangles en A' et B' et leurs angles en M sont égaux à l'angle vertical α. Ainsi, la longueur qui aurait été interceptée sur la mire, si elle avait été placée perpendiculairement à la ligne de visée, aurait été :

$$A'B' = AB \cos \alpha \quad \text{ou} \quad i' = i \cos \alpha$$

Par analogie avec l'équation 8.18, la distance inclinée l, mesurée à partir du point M jusqu'à l'axe principal de l'instrument, est :

$$l = Ki \cos \alpha + C$$

La distance ramenée à l'horizontale est donc :

$$h = Ki \cos^2 \alpha + C \cos \alpha$$

et la dénivelée :

$$d = Ki \cos \alpha \sin \alpha + C \sin \alpha$$

ou

$$d = \frac{1}{2} Ki \sin 2\alpha + C \sin \alpha$$

Pour les instruments à mise au point interne, les relations précédentes deviennent :

$$h = Ki \cos^2 \alpha \quad \text{ou} \quad \frac{1}{2} Ki(1 + \cos 2\alpha) \tag{8.18b}$$

$$d = \frac{1}{2} Ki \sin 2\alpha \tag{8.18c}$$

Arc de Beaman. L'arc de Beaman (fig. 8.25) consiste en deux échelles accessoires ajoutées sur le cercle vertical de certains instruments pour faciliter les calculs stadimétriques. Ces deux échelles sont graduées en pourcentage. L'échelle V donne la dénivelée par 100 m (1 m sur la mire) suivant la pente, tandis que l'échelle H donne la correction à soustraire par 100 m pour la distance horizontale. En un mot, l'échelle V correspond à 100 ($1/2 \sin 2\alpha$) ou $50 \sin 2\alpha$ et l'échelle H correspond à 100 ($1 - \cos^2 \alpha$) ou $100 \sin^2 \alpha$. Pour éviter les lectures négatives relatives aux dénivelées, l'échelle donne une lecture de 50 (quelquefois 30) pour une inclinaison nulle.

Figure 8.25 L'arc de Beaman.

Si on effectue sur l'échelle V une lecture de 80 et sur l'échelle H une lecture de 10, et si la longueur interceptée sur la mire est de 1,25 m, on obtient :

$$h = (100 \times 1{,}25) - (10 \times 1{,}25) = 112{,}5 \text{ m}$$
$$d = 1{,}25 (80 - 50) = 37{,}5 \text{ m}$$

Étalonnage des fils stadimétriques. Pour la plupart des instruments, la constante de stadia, K, est égale à 100. Quant au paramètre de stadia, C, il est d'environ 30 cm pour les instruments à mise au point externe et négligeable pour les instruments à mise au point interne. On doit parfois vérifier ces valeurs, surtout lorsqu'on travaille avec d'anciens instruments.

Dans le cas d'un instrument à mise au point externe, on détermine d'abord le paramètre de stadia C. On fait la mise au point en choisissant un point éloigné (à au moins 300 m) et on mesure la distance entre le centre approximatif de l'objectif et la position du réticule. On obtient ainsi la valeur de la longueur focale f.

On fait ensuite la mise au point en prenant un point plus rapproché, soit à environ 50 m, et on mesure la distance entre le centre de l'objectif et l'axe principal de l'instrument, ce qui donne c. Le paramètre C est la somme de f et de c. Pour les instruments à mise au point interne, on considère ce paramètre comme négligeable.

Pour déterminer la constante K, on prend une ligne PP' d'environ 200 m en terrain relativement plat. Si l'instrument est à mise au point externe, on prend le point P à une distance égale à C de l'axe principal et, si l'instrument est à mise au point interne, on prend P directement sur l'axe de l'instrument.

Ensuite, on place des points à tous les 20 m le long de la ligne, à des distances de h_1, h_2, h_3, etc. On détermine, avec le plus de précision possible, les longueurs i_1, i_2, i_3, etc., interceptées sur une mire placée successivement sur tous les points.

On calcule ensuite la constante K en prenant la moyenne de :

$$K_1 = \frac{h_1}{i_1}, \; K_2 = \frac{h_2}{i_2}, \; K_3 = \frac{h_3}{i_3}, \; \ldots, K_n = \frac{h_n}{i_n}$$

8.3.4 Le stadimètre

Le stadimètre est un appareil qui donne la distance à partir de l'intervalle intercepté sur une mire (stadia) installée sur un autre point, l'angle étant en principe fixe. Afin d'obtenir une distance horizontale, on doit tenir compte de l'inclinaison de la ligne de visée.

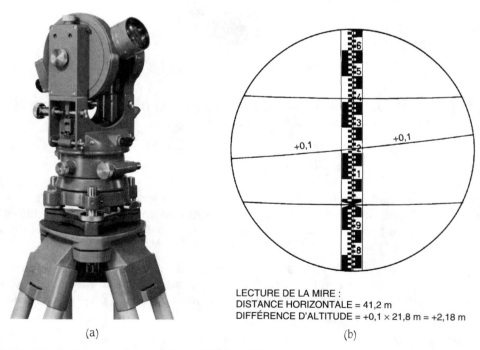

LECTURE DE LA MIRE :
DISTANCE HORIZONTALE = 41,2 m
DIFFÉRENCE D'ALTITUDE = +0,1 × 21,8 m = +2,18 m

(a)   (b)

Figure 8.26 a) Le système optique RDS de Wild; b) la lecture sur une mire au moyen du système optique RDS de Wild.

Il y a deux types de stadimètres : à réticule variable et à variation de pente.

Stadimètre à réticule variable. Le stadimètre à réticule variable est muni d'un mécanisme qui modifie l'écartement des fils de stadia en fonction soit de l'inclinaison, soit d'un système optique. Ce dernier superpose à l'image du réticule l'image d'un anneau à diagrammes stadimétriques placé sur l'axe secondaire et tournant avec celui-ci (fig. 8.26a et 8.26b).

Stadimètre à variation de pente. Le stadimètre à variation de pente, basé sur le principe de Sanguet, donne la distance en variant la pente de la ligne (fig. 8.27).

Figure 8.27 Le stadimètre à variation de pente (docum. Ertel).

Supposons qu'on installe un stadimètre en A et une mire parlante en B. La distance AB réduite à l'horizontale est représentée par h (fig. 8.28). On effectue une première visée, TM, qui forme un angle α sur l'horizontale TB" et qui donne la lecture m sur le point M de la mire. On fait ensuite une seconde visée, sous un angle α', et on effectue la lecture m' sur le point M'. La longueur de mire interceptée, i, entre les deux visées est donc :

$$i = \text{M'M} = m' - m$$

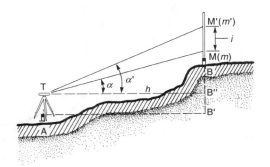

Figure 8.28 La réduction par variation de pente.

Par ailleurs, on peut dire que :

$$B''M = h \operatorname{tg} \alpha = h\,p \quad (p \text{ étant la pente de TM})$$

et

$$B''M' = h \operatorname{tg} \alpha' = h\,p' \quad (p' \text{ étant la pente de TM'})$$

d'où

$$M'M = B''M' - B''M = i = h\,(p' - p)$$

La distance AB réduite à l'horizontale est donc :

$$h = \frac{i}{(p' - p)} \tag{8.19}$$

Pour une même différence de pente $(p' - p)$ et quelle que soit la pente p de la première visée, la formule donne la distance horizontale h en fonction de la longueur de mire interceptée i. Par exemple, si on a $(p' - p) = 1/100$, on a également $h = 100i$; il s'agit là de l'équivalent d'un stadimètre à angle constant.

Le principe, magistralement réalisé de façon mécanique par Sanguet, a été depuis conçu de manière optique par la firme milanaise Filotecnica Salmoiraghi.

La graduation angulaire du cercle vertical a été remplacée par une échelle tangentielle donnée en pourcentage. Le 100 % correspond à un angle vertical de 45°. Chaque centimètre sur la mire correspond à 1 m à l'échelle du terrain.

Par l'intermédiaire d'un système optique qui comprend des lentilles et des prismes à réflexion totale, l'image de l'échelle tangentielle est incluse dans le champ visuel de la lunette (fig. 8.29).

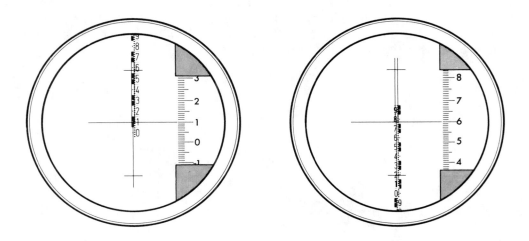

Figure 8.29   Un exemple de lecture (docum. Filotecnica Salmoiraghi).

La méthode de mesurage consiste à prendre des lectures sur une mire en faisant varier l'inclinaison de la lunette pour la faire passer d'une pente p_1 à une pente p_2. De préférence, il faut choisir pour p des valeurs entières qui facilitent le calcul de h. Par exemple, si on a une lecture de 8,1 cm pour une pente de 1 et de 377,0 cm pour une pente de 6 (fig. 8.29), la distance est :

$$h = \frac{377,0 - 8,1}{6 - 1} = 73,78 \text{ m}$$

8.3.5 Le tachéomètre

Le tachéomètre (du grec *takheos* = rapide) est un appareil qui permet de mesurer rapidement des distances horizontales et des dénivelées. Dans cette catégorie, nous groupons les instruments qui servent à mesurer indirectement les distances à l'aide d'un vernier optique qu'on obtient par duplication d'image (fig. 8.30). On utilise le tachéomètre conjointement avec une mire spéciale généralement horizontale.

Figure 8.30 La duplication d'image.

Principe de la duplication d'image. Considérons une lunette L et une mire horizontale M orientée perpendiculairement à la ligne de visée. On fait une première visée avec la lunette seule, ce qui donne le point A (fig. 8.31a). Si on ajoute, devant l'objectif, un prisme triangulaire d'angle β, appelé *diastimètre*, le rayon visuel est dévié d'un angle α jusqu'à un point B (fig. 8.31b). L'intervalle de mire intercepté, AB = i, est proportionnel à la distance et on a :

$$h = i \cot g \, \alpha$$

L'ajout d'une plaque de verre à faces parallèles permet d'augmenter la précision en facilitant la coïncidence des graduations du vernier optique (fig. 8.31c). La figure 8.32 illustre le tachéomètre REDTA 002 de la firme Carl Zeizz JENA ainsi que sa mire.

L'arrivée des télémètres électroniques a rendu caduc l'emploi du stadimètre et du tachéomètre optiques.

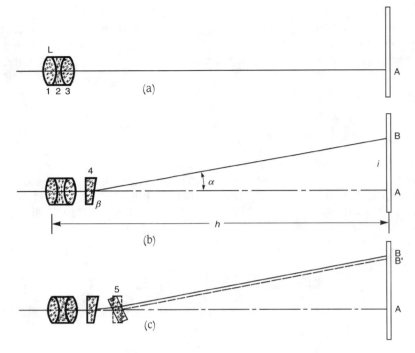

Figure 8.31 Le principe de la duplication d'image : a) une première visée donnant le point A; b) la déviation du rayon visuel jusqu'à un point B; c) l'augmentation de la précision par l'ajout d'une plaque de verre.

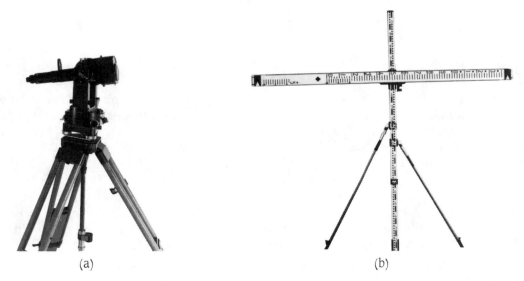

Figure 8.32 Le tachéomètre REDTA 002; b) sa mire.

8.4 LA MESURE ÉLECTRONIQUE

Depuis quelques années, on se sert de plus en plus d'appareils électroniques pour mesurer des distances au moyen des propriétés de la propagation des ondes.

L'invention du *radar* pendant la Seconde Guerre mondiale a donné le coup d'envoi. C'est le physicien suédois Erik Bergstrand qui, en 1948, a mis au point le premier télémètre électronique. Son appareil, appelé *géodimètre*, était le résultat d'efforts en vue d'améliorer les méthodes de détermination de la vitesse de la lumière. En 1957, en Afrique du Sud, le deuxième télémètre électronique a fait son apparition sur le marché sous le nom de *telluromètre*. Celui-ci utilisait des micro-ondes.

Ces deux nouvelles techniques ont en quelque sorte révolutionné l'art du mesurage en géométronique. Au début, les télémètres électroniques étaient encombrants et coûteux. La naissance du transistor et, par la suite, la miniaturisation ont entraîné une diminution importante de leur volume et une baisse appréciable de leur prix. Depuis, le nombre et la qualité de ces appareils n'ont cessé de s'accroître. Sans faire une étude exhaustive des appareils électroniques, nous en verrons néanmoins les principes de base, qui reposent sur les propriétés fondamentales de la propagation des ondes, soit :

a) La fréquence d'une onde semble constante entre son point d'émission et son point de réception, quelle que soit la distance entre ces points.

b) La vitesse de propagation d'une onde est à peu près constante dans le vide et elle semble être la même pour toutes les fréquences.

c) L'atmosphère diminue la vitesse de propagation des ondes, et ce en fonction de la fréquence de l'onde ainsi que de la composition et des conditions du milieu de propagation.

d) L'amplitude d'une onde diminue lorsque cette dernière traverse l'atmosphère; c'est ce qu'on appelle le phénomène de l'absorption. Certains gaz sont plus absorbants que d'autres.

e) Pour une fréquence donnée, la longueur d'onde varie en fonction de la vitesse de propagation.

8.4.1 Le principe de fonctionnement

La mesure électronique des distances est basée sur le principe suivant : un émetteur placé à une extrémité de la distance à mesurer transmet une onde (série d'ondes) qui se propage dans l'air à une vitesse supposément constante. Cette onde est réfléchie à l'autre extrémité de la distance et captée à son point de départ (fig. 8.33).

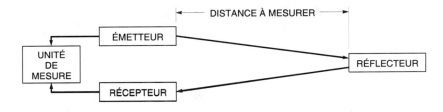

Figure 8.33 Le principe de fonctionnement de la mesure électronique des distances.

Il y a trois types de télémètres électroniques et leurs différences fondamentales résident dans la nature de l'onde utilisée et dans la façon de la moduler. Les appareils électro-optiques transmettent une onde lumineuse, les appareils à micro-ondes transmettent des micro-ondes dont la fréquence se situe entre 3 et 35 GHz et les appareils à ondes longues transmettent des ondes radio dont la fréquence varie de 30 à 300 KHz (fig. 8.34).

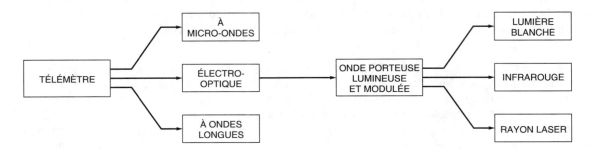

Figure 8.34 Les caractéristiques des trois types de télémètres électroniques.

Deux méthodes sont mises à contribution dans la mesure électronique d'une distance : la première utilise des impulsions, ou «pulses», et la seconde emploie la comparaison de phases. L'étude se limitera aux appareils électro-optiques qui utilisent la seconde méthode.

8.4.2 Le principe de la comparaison de phases

La figure 8.35 illustre le principe de la comparaison de phases. Un télémètre est installé sur le point A et un réflecteur, sur le point B. Le signal émis est une série d'ondes sinusoïdales qui sont réfléchies par le réflecteur et qui parcourent ainsi le double de la distance. La position d'un point le long d'une onde s'obtient par sa phase angulaire variant de 0° à 360°. À la figure 8.35a, la distance AB correspond à 4 longueurs d'ondes et la comparaison de phases à l'origine est de 0; il en est ainsi pour chaque demi-longueur d'onde, $1/2\lambda$.

On ne peut pas déterminer le nombre de $1/2\lambda$. À la figure 8.35b, le déphasage $d\Phi$ donne la distance $\Delta\lambda$, qui est une fraction de $1/2\lambda$. Il faut choisir une fréquence ou une série de fréquences qui permet d'obtenir une précision assez grande pour des distances appréciables.

La portée de propagation d'une onde dépend de sa fréquence. La fréquence requise pour l'onde convenable étant trop faible, on la superpose à un signal d'une plus grande fréquence, appelé onde porteuse.

On nomme modulation cette combinaison de fréquences. On peut moduler soit la fréquence, soit l'amplitude (fig. 8.36).

Ces dernières années sont apparus de nouveaux appareils à courte portée qui utilisent un rayon infrarouge comme onde porteuse. Le plus grand avantage de l'infrarouge provient de la technique de modulation qui est plus simple, ce qui rend les instruments moins coûteux.

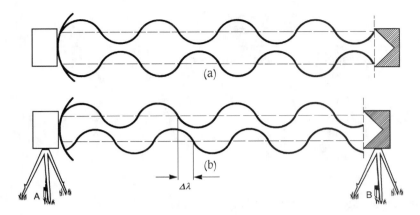

Figure 8.35 Le principe de la comparaison de phases : a) nombre entier de longueurs d'ondes; b) déphasage en fonction de la distance à mesurer.

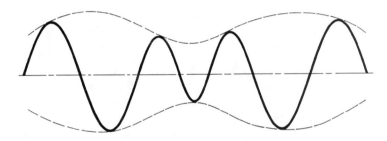

Figure 8.36 La modulation d'amplitude.

Le fonctionnement interne des différents télémètres électro-optiques diffère légèrement de l'un à l'autre, mais le principe fondamental demeure le même. Dans l'aller-retour de la distance à mesurer l, il y a un certain nombre n de longueurs d'ondes λ plus une partie de longueur d'onde p :

$$l = \frac{1}{2} \left(n\,\lambda + p \right) \qquad (8.20)$$

L'appareil peut calculer la valeur de p, mais il est incapable de déterminer directement n. Si on déplace le réflecteur d'un nombre entier de $1/2\lambda$, p reste constant. On élimine cette ambiguïté en faisant appel à des fréquences multiples.

Plusieurs instruments fonctionnent par décimalité. Supposons que la première fréquence de modulation soit de 15 MHz, ce qui donne une demi-longueur d'onde de 10 m. Si la distance à mesurer est de 5282,75 m, cette première fréquence donnera une lecture de 2,75 m. Les autres fréquences seront des sous-multiples de la première et on obtiendra les résultats donnés au tableau 8.2.

Tableau 8.2 Lecture en fonction de différentes fréquences

Fréquence (MHz)	Demi-longueur d'onde (m)	Lecture (m)
15	10	2,75
1,5	100	8 ,
0,15	1 000	2 ,
0,015	10 000	5 ,
		5 282,75

8.4.3 Les types de télémètres électroniques topométriques

Aujourd'hui, on trouve un nombre considérable de télémètres électroniques topométriques. Il serait fastidieux d'exposer en détail les modes d'emploi de tous ces instruments. D'ailleurs, les fabricants fournissent de tels modes qui expliquent la manière de se servir de leurs appareils et de les entretenir.

Bien qu'il existe trois types de télémètres électroniques, nous nous limiterons au télémètre électro-optique qui utilise l'infrarouge. Fonctionnant selon le principe de la comparaison de phases, cette catégorie est la plus répandue.

Premiers télémètres électroniques. Les premiers télémètres électroniques topométriques, qui ont servi durant la période 1965-1980, consistaient en une entité complètement autonome qui s'installait directement sur un trépied. Plutôt lourds et encombrants, ils mesuraient la distance suivant la pente. Le modèle 3805 de Hewlett Packard est un bon exemple (fig. 8.37). La portée de ce modèle était de 500 m avec 1 prisme et pouvait atteindre 1500 m avec 3 prismes. La précision de la mesure était de ±(7 mm + 10 mm/km de portée).

Figure 8.37 Un des premiers télémètres électroniques (modèle 3805 de Hewlett Packard).

Télémètres électroniques modulaires. Durant la période 1975-1990, la plupart des fabricants ont mis sur le marché des télémètres légers, compacts et modulaires. Au début, les distancemètres étaient conçus pour s'adapter aux théodolites optiques au moyen d'un support et ils mesuraient la distance suivant la pente. Cette distance était réduite à l'horizontale si on mesurait l'angle vertical à l'aide d'un théodolite. Le modèle Autoranger de K & E fait partie de cette gamme (fig. 8.38a).

Par la suite, certains systèmes modulaires ont incorporé dans l'unité de mesure une calculatrice qui permettait l'insertion de l'angle vertical ou zénithal. En actionnant un sélecteur, on pouvait afficher séquentiellement la distance inclinée, la distance horizontale ainsi que la dénivelée (fig. 8.38b).

(a)　　　　　　　　　　　　　　　(b)

Figure 8.38　Le télémètre électronique modulaire : a) le modèle Autoranger de K & E; b) le modèle 450 de Citation.

À la fin des années 80, les fabricants ont mis au point un télémètre électronique modulaire plus compact que ses prédécesseurs. Ce télémètre s'installe sur la lunette d'un théodolite électronique et se combine avec ce dernier, ce qui permet à l'utilisateur de mesurer, calculer et enregistrer des observations en appuyant sur des touches. L'ensemble théodolite, télémètre et carnet de notes électronique constitue en fait une station totale modulaire (fig. 8.39).

Télémètres électroniques intégrés (stations totales intégrées). À la fin des années 80, les compagnies ont intégré le distancemètre au théodolite électronique et ont ainsi créé un appareil qui regroupe les mesures goniométriques et linéaires. Cet ensemble très fonctionnel facilite la tâche de l'opérateur notamment sur les plans du transport, de l'installation, de la mise en station, des visées et de la stabilité des réglages.

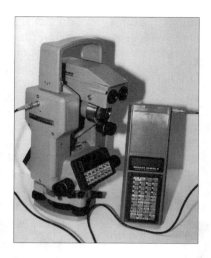

Figure 8.39 Une station totale modulaire : théodolite T-1000, télémètre DI-1000 et carnet électronique GRE-4.

Il existe une vaste gamme de stations totales intégrées allant du modèle simple, qui permet la collecte de données et leur enregistrement, au système plus complexe, qui intègre des microprocesseurs et des logiciels de traitement des observations (fig. 8.40).

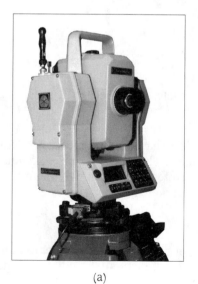

(a)   (b)   (c)

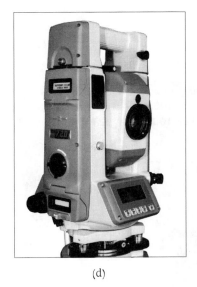  

(d)　　　　　　　　　　　(e)　　　　　　　　　　　(f)

Figure 8.40　La station totale intégrée : a) système 500 de Geodimeter; b) système 600 de Geodimeter; c) modèle SET-3C de Sokkia; d) modèle DTM-720 de Nikon; e) modèle CTS-2 de Topcon; f) modèle GTS-303 de Topcon.

Mini-télémètres électroniques.　L'opérateur peut maintenant se procurer un appareil électro-optique de mesure de distance, appelé lasermètre, qui fonctionne au moyen d'un rayon laser visible. Portatif et intégrant une technologie laser avancée, cet appareil détermine sans réflecteur la grandeur des dimensions linéaires et permet ainsi de calculer en quelques instants des superficies et des volumes. Une de ses principales fonctions consiste à déterminer les dimensions intérieures d'un bâtiment, qui serviront, par exemple, à préparer des plans de copropriété. La figure 8.41 illustre le modèle sans réflecteur DISTO de la compagnie Leica, dont la portée varie de 0,2 à 30 m (résolution millimétrique).

Figure 8.41　Le mini-télémètre électronique ou lasermètre (modèle DISTO de Leica).

8.4.4 Les accessoires

Parmi les nombreux accessoires qui font partie de l'équipement nécessaire à la mesure électronique des distances, les principaux sont les réflecteurs, les piles et les chargeurs.

Réflecteur. En général, on fabrique un réflecteur avec du verre plein ayant la forme d'un cylindre. On coupe ce cylindre par trois plans mutuellement perpendiculaires. Ensuite, on métallise les surfaces taillées et on les recouvre d'un enduit protecteur. Le tout, fixé dans une monture, porte le nom de prisme à réflexion totale (fig. 8.42).

Figure 8.42 Le prisme à réflexion totale.

L'onde émise par le télémètre est dirigée sur le réflecteur, parcourt la distance $l_1 + l_2 + l_3$ à l'intérieur du prisme (fig. 8.43) et est réfractée parallèlement à l'onde émise (d'incidence). Précisons que $l_1 + l_2 + l_3 = (2 \times l)$. Si on tient compte de l'indice de réfraction du verre, soit 1,517, la distance géométrique optique parcourue à l'intérieur du prisme est égale à $(2l \times 1,517)$. Puisque cette expression correspond à la distance aller-retour à l'intérieur du prisme, le point virtuel D est situé à 1,517l de la face AC du prisme. Compte tenu que le point D ne passe pas nécessairement par le point E (verticale passant par la station), la distance DE représente la constante du prisme ou du réflecteur, C_r. La grandeur usuelle de cette constante est de 30 mm. Cette correction est toujours négative, et on peut la faire à la main ou bien la compenser automatiquement avec le télémètre.

La figure 8.44a illustre un prisme dont la constante (*offset*) est de 30 mm. L'ensemble prisme et cible est monté sur une canne télescopique. La figure 8.44b montre un prisme fixé sur une cible goniométrique qui permet de tenir compte de l'excentricité entre le télémètre et la lunette d'une station modulaire Leica (art. 8.4.3). Il est possible de faire pivoter ces prismes; on peut donc orienter leur face perpendiculairement à l'alignement du télémètre. Des prismes multiples ont cette particularité d'augmenter substantiellement, c'est-à-dire de doubler et même de tripler, la portée de la mesure (fig. 8.45).

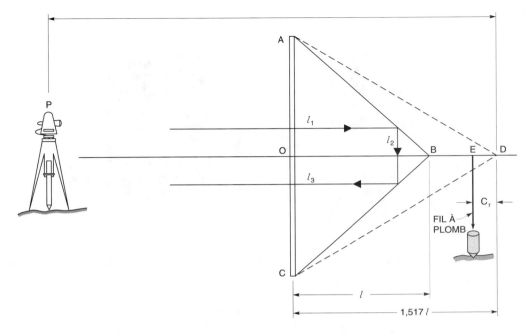

Figure 8.43 Le principe de réflexion d'un prisme.

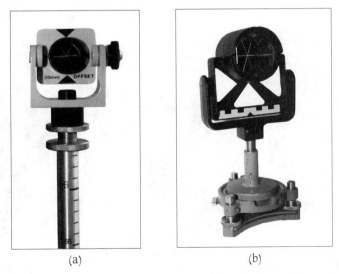

Figure 8.44 Le prisme simple : a) sur une canne télescopique; b) un modèle de Leica.

(a)   (b)

Figure 8.45 Les prismes multiples : a) ensemble de 3 prismes; b) ensemble de 16 prismes.

Piles et chargeurs. La plupart des télémètres électroniques sont alimentés par des piles internes ou externes de 12 V fonctionnant en courant continu et faites d'un alliage de nickel et de cadmium. Avec une pile chargée à fond, le nombre de mesures varie de 300 à 4000 selon la capacité de la pile, le type de télémètre, le mode d'opération et les conditions atmosphériques. Les fabricants fournissent l'équipement nécessaire au rechargement des piles. La durée moyenne de chargement étant d'environ 15 h, on doit prévoir une pile supplémentaire bien chargée pour faire face aux imprévus lors des observations. La figure 8.46 illustre différents modèles de piles et de chargeurs.

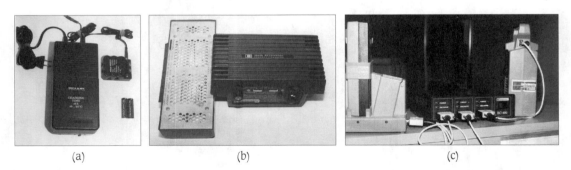

(a)   (b)   (c)

Figure 8.46 Différents modèles de piles et de chargeurs : a) Leica; b) Hewlett Packard; c) Geodimeter.

Psychromètre, thermomètre, baromètre et abaque. Étant donné que la vitesse de propagation des ondes électromagnétiques varie selon les conditions atmosphériques, on doit apporter une correction à la mesure au moment de l'observation (art. 8.4.5). Les paramètres permettant d'obtenir cette correction sont l'humidité relative et la pression barométrique. À l'aide d'un psychromètre à fronde (fig. 8.47b), on obtient la température sèche et la température humide. On détermine l'humidité relative à partir de ces deux observations. On doit également noter la pression barométrique (fig. 8.47a). La correction due aux conditions atmosphériques s'effectue soit par calculs, soit par lecture directe sur un abaque (fig. 8.47c).

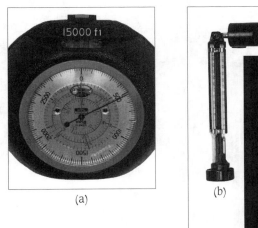
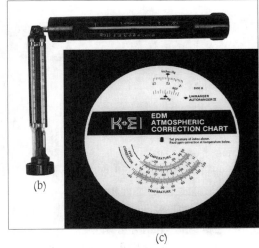

(a)　　　　(b)　　　　(c)

Figure 8.47　a) Le baromètre; b) le psychromètre; c) l'abaque de télémètre.

En topométrie, on obtient la correction en n'observant que la température sèche et la pression. Précisons que cette correction s'exprime sous forme de parties par million (p.p.m.). Avant de prendre la mesure, on doit entrer dans le télémètre la valeur trouvée sur l'abaque. Dans certains modèles, on entre les valeurs de la température et de la pression à partir du clavier du télémètre. Dans tous les cas, la longueur qu'on obtient est automatiquement corrigée en fonction de la variation de vitesse. L'ordre de grandeur de cette correction dans des conditions normales d'opération est d'environ 30 p.p.m., soit 3 mm pour une portée de 100 m. Puisque la précision moyenne des télémètres, exprimée en écart type, est approximativement de $\pm$(4 mm + 4 p.p.m.) pour de courtes portées (< 100 m), la correction calculée est pratiquement négligeable.

8.4.5 Les erreurs systématiques relatives au mesurage électronique

Les erreurs systématiques peuvent provenir de quatre grandes causes de source naturelle :

1. les variations de la vitesse de propagation de l'onde utilisée;
2. les variations du trajet géométrique;
3. l'effet du milieu ambiant sur l'appareil de mesure;
4. l'effet du milieu de propagation sur l'amplitude de l'onde utilisée.

Phénomènes produisant une variation de la vitesse de propagation de l'onde utilisée. La nature du milieu dans lequel l'onde électromagnétique se propage affecte la vitesse de cette dernière. Ainsi, plus le milieu de propagation est dense, plus la vitesse de l'onde diminue. Généralement, on admet que la vitesse de la lumière dans le vide, c, est égale à 299 792,5 km/s. Le rapport entre la vitesse de propagation d'une onde dans le vide et sa vitesse de propagation, v, dans un milieu donné s'appelle indice de réfraction, n. Il s'agit de l'indice de cette onde de fréquence f pour ce milieu.

Si on a :

$$n = c/v \tag{8.21}$$

et

$$v = \lambda f \tag{8.22}$$

alors on peut dire que :

$$\lambda = \frac{c}{nf} \tag{8.23}$$

où λ = longueur d'onde (m)
   c = vitesse de propagation d'une onde dans le vide (m/s)
   f = fréquence (Hz)

On a adopté l'unité comme indice de réfraction dans le vide. L'indice de réfraction atmosphérique, déterminé de façon expérimentale, est approximativement de 1,0003. Les formules suivantes permettent d'obtenir une valeur plus précise de l'indice de réfraction de l'air en fonction de la sorte d'ondes utilisées :

$$n_a = c/v_a \tag{8.24}$$

où n_a = indice de réfraction de l'air
   v_a = vitesse de propagation de l'onde dans l'air (km/s)

Pour les ondes lumineuses, n_a s'exprime par :

$$n_a = 1 + \frac{0,359\,474\,\left(n_g - 1\right)p}{273,2 + t} - \frac{1,5026\,e \times 10^{-5}}{273,2 + t} \tag{8.25}$$

où p = pression atmosphérique (mm de Hg)
   e = tension de vapeur (mm de Hg)
   t = température de l'air (°C)

L'indice de réfraction n_g, qui est fonction de la longueur de l'onde lumineuse, s'exprime par :

$$n_g = 1 + \left(287,604 + \frac{4,8864}{\lambda_l^2} + \frac{0,068}{\lambda_l^4} \right) \times 10^{-6} \qquad (8.26)$$

où λ_l représente la longueur de l'onde lumineuse porteuse (0,633 μm pour le laser rouge et de 0,900 μm à 0,930 μm pour l'infrarouge).

Voyons, aux exemples 8.4 et 8.5, comment calculer la longueur d'onde et l'indice de réfraction de l'air.

· · · · · · · · · · · · · · · · · · · ·
EXEMPLE 8.4

Quelle est la longueur d'onde d'un faisceau si la fréquence et l'indice de réfraction du milieu sont respectivement de 10^7 Hz et de 1,0003?

Solution

Équation 8.23 :

$$\lambda = \frac{c}{nf} = \frac{299\ 792,500}{1,0003 \times 10^7} = 29,97 \text{ m}$$

· · · · · · · · · · · · · · · · · · ·
EXEMPLE 8.5

Quelle est la valeur de l'indice de réfraction de l'air pour une onde lumineuse porteuse au laser rouge si les conditions atmosphériques sont les suivantes?

$p = 770$ mm de Hg
$e = 7,0$ mm de Hg
$t = 10$ °C

Solution

Équation 8.26 :

$$n_g = 1 + \left(287,604 + \frac{4,8864}{\lambda_l^2} + \frac{0,068}{\lambda_l^4} \right) \times 10^{-6}$$

$$= 1 + \left(287,604 + \frac{4,8864}{0,633^2} + \frac{0,068}{0,633^4} \right) \times 10^{-6}$$

$$= 1,000\ 300$$

Équation 8.25 :

$$n_a = 1 + \frac{0,359\,474\,\left(n_g - 1\right)p}{273,2 + t} - \frac{1,5026\,e \times 10^{-5}}{273,2 + t}$$

$$= 1 + \frac{0,359\,474\,\left(1,000\,300 - 1\right)770}{273,2 + 10} - \frac{1,5026 \times 7 \times 10^{-5}}{273,2 + 10}$$

$$= 1,000\,293$$

. . . .

Phénomènes produisant une variation du trajet géométrique. Le trajet géométrique d'une onde est le chemin qu'elle parcourt réellement dans l'espace entre son point d'émission et son point de réception. Il est certain que tout trajet géométrique qui n'est pas exactement en ligne droite a pour effet d'augmenter la valeur de la distance entre deux points. Les phénomènes connus qui font varier le trajet géométrique sont :

- la réfraction et la courbure terrestre,
- le rebondissement des ondes,
- l'excentricité.

Réfraction et courbure terrestre. On peut reconnaître l'effet de la réfraction comme double. En plus de causer une variation de la vitesse de propagation de l'onde, elle en change le trajet géométrique.

En pratique, on considère qu'une onde voyageant près de la surface terrestre dans les basses couches de l'atmosphère suit une courbe qui pourrait être assimilée à un arc de cercle dont le rayon est d'environ sept fois le rayon terrestre.

Si on mesure la distance AB avec un télémètre, on obtient une valeur qui suit l'arc AB (fig. 8.48). Pour obtenir la distance A'B' correspondant au niveau moyen de la mer (N.M.M.), il faut :

1. calculer la corde AB;
2. calculer la corde AC;
3. calculer l'arc AC;
4. calculer l'arc A'B'.

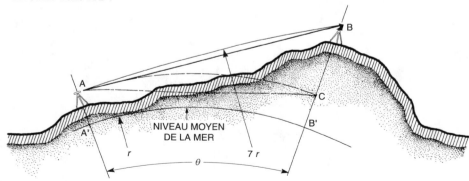

Figure 8.48 La mesure d'une grande distance.

En ce qui concerne le calcul de la corde AB en fonction de la réfraction, il faut savoir que, pour une distance de 200 km, la différence entre la corde et l'arc est de 168 mm, soit moins de 1 p.p.m. Cette valeur étant négligeable en topométrie, on n'en tient pas compte. La corde AC correspond tout simplement à la réduction à l'horizontale de la distance AB, et l'arc AC s'obtient par calculs trigonométriques. Quant à la distance A'B' au niveau moyen de la mer, on l'obtient par proportion :

$$A'B' = \frac{\text{arc AC} \times r}{r + \text{altA}}$$

où r = rayon de la Terre
     alt A   = altitude du point A

Voyons à l'exemple 8.6 comment calculer une distance au niveau moyen de la mer.

· · · · · · · · · · · · · · · · · · ·

EXEMPLE 8.6

Avec un télémètre à moyenne portée, on mesure une distance l entre deux points A et B (fig. 8.48). On obtient la valeur de 12 652,5 m après corrections (température, humidité, réfraction, etc.). Si les altitudes aux points A et B sont respectivement de 240,00 m et de 860,00 m, calculer cette distance au niveau moyen de la mer. On peut considérer la Terre comme une sphère dont le rayon est de 6371 km.

Solution

a) Réduction à l'horizontale suivant la corde AC :

$$\overline{AC} = \sqrt{\overline{AB}^2 - \overline{BC}^2} = \sqrt{(12\,652,5)^2 - (860,00 - 240,00)^2}$$
$$= 12\,637,300 \text{ m}$$

b) Calcul de l'angle au centre θ :

$$\theta = 2\sin^{-1}\left(\frac{\overline{AC}}{2\,(r + \text{altA})}\right) = 2\sin^{-1}\left(\frac{12\,637,300}{12\,742\,480}\right)$$
$$= 0,113\,645\,7° \text{ ou } 6'\,49''$$

c) Calcul de l'arc AC :

$$\text{arc AC} = \frac{2\pi\,(r + \text{altA})\,\theta}{360°} = \frac{2\pi \times 6\,371\,240 \times 0,113\,645\,7}{360°}$$
$$= 12\,637,302 \text{ m}$$

d) Calcul de l'arc A'B' au niveau moyen de la mer :

$$A'B' = \frac{\text{arc AC} \times r}{r + \text{altA}} = \frac{12\,637,302 \times 6\,371\,000}{6\,371\,240}$$

$$= 12\,636,8 \text{ m}$$

· · · · · · · · · · · · · · · · · ·

Rebondissement des ondes. Les ondes émises par un appareil de mesure de distance se propagent dans les trois dimensions. Certains rayons rejoignent la cible en ligne à peu près droite. D'autres rayons émis en même temps que les premiers sont réfléchis par le sol ou par un obstacle quelconque et rejoignent quand même la cible, faussant ainsi quelque peu les résultats.

L'effet de rebondissement varie en fonction des fréquences utilisées et de la distance à mesurer. On peut difficilement évaluer l'erreur due au rebondissement, mais on peut en diminuer les effets en employant des modes d'opération appropriés.

Excentricité. Lorsqu'on effectue la mesure suivant la pente et au moyen d'un télémètre monté sur un théodolite, l'écart vertical entre les deux instruments affecte très peu la distance mesurée. Si le réflecteur ne coïncide pas avec la cible, il faut en tenir compte.

La figure 8.49 illustre un télémètre E monté sur un théodolite T, un réflecteur R et une cible C. Pour obtenir la distance horizontale h entre le télémètre et le prisme, on procède comme suit :

$$h = \left(l - e_2 \sin \alpha\right) \cos \alpha \qquad (8.27)$$

L'erreur dans la valeur de l due à $\Delta\alpha$ est négligeable.

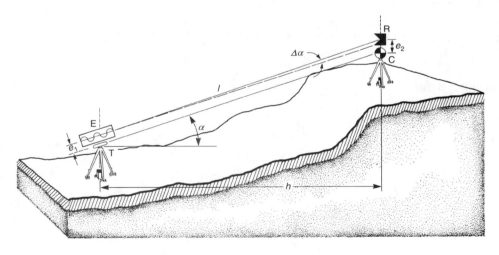

Figure 8.49 L'excentricité de la ligne de visée.

L'exemple 8.7 montre comment calculer la distance horizontale.

· · · · · · · · · · · · · · · · · ·

EXEMPLE 8.7

On mesure une distance suivant la pente au moyen d'un télémètre et on obtient la valeur de 604,32 m. Le réflecteur est placé à 0,04 m (4 cm) au-dessus de la cible. Quelle est la distance horizontale h si l'angle vertical est de 13° 12' 30"?

Solution

Équation 8.27 :

$$h = \left(604{,}32 - 0{,}04 \sin 13° 12' 30"\right) \cos 13° 12' 30"$$
$$= 588{,}32 \text{ m}$$

· · · · · · · · · · · · · · · · · ·

Phénomènes affectant l'appareil de mesure. En raison de leur imperfection, les circuits électroniques de l'appareil peuvent influer sur la précision du mesurage. Cette erreur est inhérente à l'instrument et elle varie en fonction de la température de l'appareil lui-même et de l'humidité de l'air ambiant.

Phénomènes affectant l'amplitude de l'onde. La puissance d'émission d'un faisceau d'ondes sert entre autres à surmonter l'inertie du milieu, qui entraîne le phénomène d'absorption des couches atmosphériques et qui se traduit par une perte d'énergie ou encore par une diminution d'amplitude. Ce phénomène n'affecte pas la vitesse de propagation, il n'a donc aucun effet sur le déphasage. Toutefois, il agit sur la portée de l'appareil.

Lors du mesurage avec un télémètre, les effets de l'absorption sont les suivants :

a) pour une intensité d'émission donnée, l'intensité de réception varie en fonction des conditions atmosphériques;

b) dans certaines conditions, l'absorption peut même empêcher l'opérateur d'effectuer toute mesure;

c) les effets de l'absorption varient suivant la longueur d'onde utilisée par l'appareil.

8.4.6 La précision des télémètres électroniques

Par convention, les fabricants fournissent l'erreur totale des télémètres sous la forme $\pm(x \text{ mm} + y \text{ p.p.m.})$: la première partie représente l'erreur inhérente à l'appareil, considérée comme fixe, et la seconde partie est proportionnelle à la distance (mm/km de portée). Le tableau 8.3 présente la portée et la précision de divers télémètres et stations totales.

Tableau 8.3 La portée et la précision de divers télémètres et stations totales

Modèle		Fabricant	Type	Portée (km) 1 prisme	Portée (km) 3 prismes	Précision
DI-1000	√	Leica	Unité modulaire	0,9	1,2	5 mm + 5 p.p.m.
DI-1600		Leica	Unité modulaire	3,0	4,2	3 mm + 2 p.p.m.
DI-2002		Leica	Unité modulaire	3,0	4,2	1 mm + 1 p.p.m.
DI-3000S		Leica	Unité modulaire	11,0	16,0	3 mm + 1 p.p.m.
DM-H1		Topcon	Unité modulaire	0,8	1,4	1 mm + 2 p.p.m.
DM-A5		Topcon	Unité modulaire	0,8	1,4	5 mm + 3 p.p.m.
DM-S3L		Topcon	Unité modulaire	4,7	5,7	5 mm + 3 p.p.m.
RED-mini2		Sokkia	Unité modulaire	1,0	1,5	5 mm + 5 p.p.m.
RED-2L		Sokkia	Unité modulaire	4,6	6,4	5 mm + 5 p.p.m.
RED-2V		Sokkia	Unité modulaire	7,0	9,0	5 mm + 5 p.p.m.
TC-500	√	Leica	Unité intégrée	0,7	1,1	5 mm + 5 p.p.m.
TC-1010	√	Leica	Unité intégrée	2,0	2,8	3 mm + 2 p.p.m.
TC-1610		Leica	Unité intégrée	2,5	3,5	2 mm + 2 p.p.m.
TC-2002		Leica	Unité intégrée	2,0	2,8	1 mm + 1 p.p.m.
510		Geodimeter	Unité intégrée	1,6	2,3	3 mm + 3 p.p.m.
Systèmes 600 et 4000	√	Geodimeter	Unité intégrée	1,8	2,5	3 mm + 3 p.p.m.
CTS-2	√	Topcon	Unité intégrée	0,7	1,0	3 mm + 5 p.p.m.
ITS-1		Topcon	Unité intégrée	2,2	3,0	3 mm + 2 p.p.m.
GTS-302	√	Topcon	Unité intégrée	2,3	3,1	2 mm + 2 p.p.m.
SET-5A		Sokkia	Unité intégrée	1,0	1,2	5 mm + 3 p.p.m.
SET-XL		Sokkia	Unité intégrée	2,4	3,1	5 mm + 3 p.p.m.
SET-3C	√	Sokkia	Unité intégrée	8,2	10,8	5 mm + 5 p.p.m.
D-50		Nikon	Unité intégrée	0,3	0,5	5 mm + 10 p.p.m.
C-100	√	Nikon	Unité intégrée	0,7	1,0	5 mm + 5 p.p.m.
DTM-720	√	Nikon	Unité intégrée	1,8	2,5	3 mm + 3 p.p.m.

√ Instruments illustrés dans le livre.

L'exemple 8.8 montre la façon de calculer l'écart type et l'erreur relative d'une distance mesurée avec un télémètre.

EXEMPLE 8.8

On a mesuré une distance de 475 m à l'aide d'un télémètre Nikon D-50 muni d'un réflecteur à trois prismes. Quels sont l'écart type de cette mesure, σ, et son erreur relative, e_r?

Solution

D'après le tableau 8.3, la précision du télémètre Nikon D-50 est de $\pm(5$ mm + 10 p.p.m.$)$; par conséquent (chap. 2) :

$$\sigma = \sqrt{\sigma_i^2 + \sigma_d^2}$$

$$= \sqrt{5^2 + \left(475 \times 10^{-3} \times 10\right)^2}$$

$$= \pm 7 \text{ mm } (0{,}007 \text{ m})$$

$$e_r = \frac{0{,}007}{475} = \frac{1}{(475/0{,}007)} = \frac{1}{68\ 000}$$

. . . .

8.4.7 Les causes d'erreurs

Les appareils de mesure électronique sont très précis. La distance maximale qu'ils peuvent mesurer est déterminée par trois facteurs : la construction de l'appareil, la cible (prismes) et les conditions atmosphériques. La présence de fumée, de brume ou de pluie réduit de façon exponentielle la distance maximale.

Le manque de précision et les principales causes d'erreurs proviennent :

- d'une mauvaise mise en station;
- de la modification du réglage de la constante;
- d'un mauvais ajustement de la correction atmosphérique;
- d'un nombre de prismes non approprié;
- du manque de précision lors des visées;
- de prismes mal centrés.

Tous ces points sont à surveiller attentivement.

Mise en garde contre les rayons du soleil. Les systèmes optiques des télémètres électroniques sont pourvus d'une mise au point à l'infini. Les capteurs étant localisés dans le foyer du récepteur, il ne faut pas viser le soleil afin d'éviter d'endommager les composantes du système.

EXERCICES

8.1 Calculer la variation de température, de tension et de différence d'altitude qui donnera, dans chacun des cas, une erreur de 1 mm pour la chaîne suivante :

Longueur nominale, $N = 30$ m

Section de la chaîne, $S = 2,0$ mm²

Module d'élasticité, $E = 25\ 000$ daN/mm²

Coefficient de dilatation, $k = 1/80\ 000$ par °C

Poids de la chaîne, $P = 1,00$ daN

Température d'étalonnage, $t_0 = 20$ °C

Tension à l'étalonnage, $T_0 = 7,0$ daN

8.2 Quelle est la distance entre deux points si la valeur avant correction est de 463,847 m? Les conditions sont les suivantes :

Conditions lors du mesurage

$T = 10,0$ daN
$t = 28$ °C
Chaîne supportée aux extrémités
Pente nulle

Conditions à l'étalonnage

$N = 30$ m
$N_0 = 30,0050$ m
$T_0 = 7,0$ daN
$t_0 = 20$ °C
$k = 1/80\ 000$ par °C
$E = 25\ 000$ daN/mm²
$S = 2,0$ mm²
$P = 1,00$ daN
Chaîne entièrement supportée

8.3 Au moyen de la chaîne de l'exercice 8.2, quelle doit être la distance à mesurer si on veut placer un point B à 450,000 m d'un point A et si les conditions sur le terrain sont les suivantes?

$T = 8,0$ daN
$t = 12$ °C
Chaîne supportée au centre et aux extrémités
Pente nulle

8.4 Quelle doit être la distance à mesurer si on veut implanter un point à 420,548 m et si les conditions sont les suivantes?

Conditions lors du mesurage

$T = 5,5$ daN
$t = 24$ °C
Chaîne supportée au centre

Conditions à l'étalonnage

$N_0 = 30,008$ m
$T_0 = 5,0$ daN
$t_0 = 20$ °C
$k = 1,40 \times 10^{-5}$/°C
$E = 26\ 000$ daN/mm²
$S = 3,0$ mm²
$P = 0,8$ daN
Chaîne supportée sur toute sa longueur

8.5 Un terrain de forme rectangulaire doit être vendu à 50 000 $ l'hectare. Le terrain mesure 200 m sur 600 m. Quel est le prix payé en trop ou en moins si on a fait le mesurage à une température de -15 °C alors que la chaîne de 30 m n'est exacte qu'à 20 °C?

$$k = 1,35 \times 10^{-5}/°C \qquad P = 0,6 \text{ daN} \qquad E = 24\ 000 \text{ daN/mm}^2 \qquad S = 2,4 \text{ mm}^2$$

8.6 On doit implanter un point B à 600 m d'un point A. Quelle doit être la distance à mesurer si les conditions sont les suivantes?

Conditions lors du mesurage

$T = 8$ daN
$t = 5$ °C
Chaîne supportée aux
   deux extrémités
Pente uniforme de 3 %

Conditions à l'étalonnage

$N = 30$ m
$N_0 = 29,992$ m
$T_0 = 5$ daN
$t_0 = 20$ °C
$k = 1/80\ 000$ par °C
$E = 25\ 000$ daN/mm^2
$S = 2,6$ mm^2
$P = 1,00$ daN
Chaîne entièrement supportée

8.7 On doit implanter un point B à 230 m d'un point A. Calculer :

a) la distance qu'on doit chaîner pour que le point B soit à 230 m de A;

b) la précision relative du chaînage si on omet les corrections pour la température, la tension, la longueur nominale, l'écart d'alignement et la chaînette.

Conditions lors du mesurage

$T = 6,5$ daN
$t = -10$ °C
Chaînage effectué le long d'une
   pente uniforme de 4 %
Chaîne supportée aux deux extrémités
   seulement
Écart d'alignement au chaînage = 0 + 090 de 1,0 m

Conditions à l'étalonnage

$N = 30$ m
$N_0 = 29,993$ m
$T_0 = 4,5$ daN
$t_0 = 20$ °C
$k = 1,25 \times 10^{-5}/°C$
$E = 25\ 000$ daN/mm^2
$S = 2,6$ mm^2
$P = 0,60$ daN
Chaîne supportée sur
   toute sa longueur

8.8 Quelle est la superficie réelle, c'est-à-dire corrigée, d'un terrain ABCD de forme rectangulaire (fig. 8.50), si on a procédé dans les conditions suivantes?

Conditions lors du mesurage	Conditions à l'étalonnage
Côté AB	*Pour AB et BC*
$T = 10,0$ daN	$N = 30$ m
$t = 29\,°C$	$N_0 = 29,9950$ m
Chaîne supportée aux deux extrémités	$T_0 = 6,0$ daN
Pente nulle	$t_0 = 20\,°C$
Longueur chaînée = 300 m	$k = 1/80\ 000$ par °C
	$S = 2,6$ mm^2
Côté BC	$P = 1,0$ daN
$T = 10,0$ daN	Chaîne entièrement supportée
$t = 29\,°C$	
Chaîne supportée aux deux extrémités	
Pente uniforme : angle vertical de 5° 00'	
Distance chaînée = 180 m	

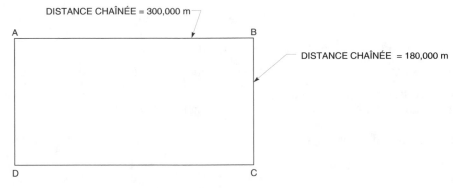

Figure 8.50 (Exercice 8.8)

8.9 On a mesuré une distance de 360 m avec une chaîne posée sur un trottoir horizontal en béton chauffé par le soleil. Quelle est la correction requise si la température du béton est de 50 °C, la température d'étalonnage, de 20 °C et le coefficient de dilatation thermique de l'acier, de $1,25 \times 10^{-5}/°C$?

8.10 En mesurant une distance AB, on a brisé la chaîne de 30 m après 5 longueurs. Une fois celle-ci réparée, on a constaté qu'elle était plus courte de 5 mm. On a ensuite mesuré 4 autres longueurs. Quelle est la longueur de la ligne si on a fait le chaînage dans les conditions suivantes?

Conditions lors du mesurage	Conditions à l'étalonnage
$T = 5,0$ daN	$N_0 = 29,993$ m
$t = 28$ °C	$T = 5,0$ daN
Chaîne supportée aux deux extrémités	$t = 20$ °C
	$k = 1,35 \times 10^{-5}$/°C
	$E = 25\ 500$ daN/mm^2
	$S = 2,6$ mm^2
	$P = 0,85$ daN
	Chaîne entièrement supportée

8.11 On a mesuré une distance AB dans les conditions suivantes :

Conditions lors du mesurage	Conditions à l'étalonnage
$T = 7,5$ daN	$N = 30$ m
$t = -4$ °C	$N_0 = 29,995$ m
Chaîne supportée aux deux extrémités	$T_0 = 4,5$ daN
Pente uniforme de 4 %	$t_0 = 20$ °C
	$k = \alpha = 1/80\ 000$ par °C
	$E = 25\ 000$ daN/mm^2
	$S = 2,6$ mm^2
	$P = 0,8$ daN
	Chaîne entièrement supportée

a) Quelle est la distance horizontale corrigée de AB si la distance mesurée sur le terrain est de 390 m?

b) Quelle serait la précision relative du chaînage si on omettait les corrections pour la température, la tension, la longueur nominale et la chaînette?

8.12 À partir d'un théodolite installé sur un point A, on prend les lectures suivantes sur une mire placée sur un point B. Quelles sont la dénivelée et la distance ramenée à l'horizontale si les constantes K et C sont respectivement de 100 et 0?

Fil supérieur   0,456
Fil central   2,042
Fil inférieur   3,628
$\alpha = 22°\ 36'\ 00''$

8.13 Quelle est la constante K d'un niveau à mise au point interne, si on a pris les lectures suivantes sur une mire placée à 50 m et à 80 m de l'appareil?

	à 50 m	à 80 m
Fil supérieur	1,883	2,426
Fil central	1,635	2,030
Fil inférieur	1,387	1,634

8.14 Trouver la hauteur d'un édifice en utilisant le mesurage stadimétrique. Les lectures faites sur la mire placée sur les fondations et le toit sont les suivantes :

	Fondations	Toit
Fil supérieur	1,200	1,204
Fil central	1,000	1,000
Fil inférieur	0,800	0,796
Angle vertical	-5° 44'	9° 56'

Hauteur de l'instument = 1,5 m

K = 100 et C = 0,30

8.15 Dans le but de déterminer l'altitude du point B, on a procédé par la méthode stadimétrique. Les lectures effectuées sur la mire placée sur le point A et sur le point B sont les suivantes :

	Point A	Point B
Fil supérieur	1,750 m	2,350 m
Fil central	1,350 m	1,350 m
Fil inférieur	0,950 m	0,350 m
Angle zénithal	94° 30' 00"	77° 02' 00"

Hauteur de l'instrument = 1,350 m

Altitude du point A = 156,35 m

K = 100 et C = 0

Quelle est l'altitude du point B?

8.16 On a mesuré une distance de 1025,324 m à l'aide du télémètre électronique DI-1000 de Leica. Quels sont l'écart type de cette mesure et son erreur relative?

8.17 Quelle est la vitesse de propagation dans l'air d'une onde lumineuse infrarouge, v_a, dont la longueur, λ_l, est égale à 0,910 μm, si les conditions atmosphériques sont les suivantes?

t = -10 °C

p = 765 mm de Hg

e = 6,5 mm de Hg

8.18 Quelle est la fréquence de l'onde de l'exercice 8.17?

8.19 Quelle est la distance horizontale, ramenée au niveau moyen de la mer, entre deux points, si la valeur qu'on obtient d'un télémètre est de 6357,7 m, l'altitude du point A, de 108,00 m et l'altitude du point B, de 590 m? (On peut considérer la Terre comme une sphère dont le rayon est de 6371 km.)

8.20 En mesurant une distance avec un télémètre, on obtient la valeur de 280,65 m. Si le réflecteur est placé à 6 cm au-dessus de la cible et que l'angle vertical est de 18° 29' 45", quelle est la distance horizontale?

Les erreurs dues aux instruments et les réglages

9.1 GÉNÉRALITÉS

Quel que soit le degré de perfection d'un instrument fabriqué en usine, celui-ci finit par se détériorer. Il est donc important que l'opérateur puisse vérifier l'état de ses instruments, les régler si nécessaire et surtout adopter un mode d'opération qui élimine les erreurs.

Dans ce chapitre, nous verrons comment procéder à la vérification de différents types de niveaux et de théodolites. Avant d'entreprendre la vérification et le réglage d'un instrument sur le terrain, il est bon de suivre les règles suivantes :

1. Choisir un terrain plat, suffisamment de niveau et permettant de faire des visées d'environ 100 m de part et d'autre. Le sol doit être ferme, ce qui facilite une mise en station stable de l'instrument.
2. Choisir des périodes de la journée pendant lesquelles les conditions atmosphériques sont favorables. Privilégier les journées nuageuses.
3. Placer l'instrument à l'ombre ou le protéger par un parasol et éviter d'installer le trépied sur l'asphalte par une journée chaude.
4. Bien serrer les vis sans les forcer.

Étant donné qu'il y a des réglages qui peuvent en affecter d'autres, il est important de suivre une certaine séquence dans les opérations.

9.2 LE NIVEAU À LUNETTE FIXE

On doit ajuster le niveau à lunette fixe de telle sorte que l'axe optique de la lunette décrive un plan horizontal quand cette dernière tourne autour de l'axe principal de l'appareil (sect. 7.3).

Les principales vérifications sont les suivantes :

1. Le fil horizontal du réticule doit être dans un plan perpendiculaire à l'axe principal.
2. La *directrice de la nivelle* doit être dans un plan perpendiculaire à l'axe principal de l'appareil.
3. La *ligne de visée* doit être parallèle à la directrice de la nivelle.

9.2.1 Le fil horizontal du réticule dans un plan perpendiculaire à l'axe principal

Vérification

1. Installer fermement l'instrument, sans qu'il soit nécessaire de le caler.
2. Choisir un point bien défini qui coïncide avec le fil horizontal.
3. Faire tourner lentement la lunette autour de l'axe principal en se servant de la vis de rappel.
4. Si le fil ne demeure pas en coïncidence avec le point choisi, le fil horizontal est déréglé.

Réglage

5. Desserrer deux vis adjacentes.
6. Tourner le réticule dans le tube pour ramener le point à mi-chemin.
7. Resserrer les deux mêmes vis.

On répète ces opérations jusqu'à ce que le fil demeure en coïncidence avec le point choisi.

Mode d'opération correctif. Pour éliminer cette erreur, il s'agit tout simplement de n'utiliser que la croisée des fils du réticule pour faire les pointés.

9.2.2 La directrice de la nivelle dans un plan perpendiculaire à l'axe principal

Vérification

1. Installer fermement l'instrument.
2. Caler la nivelle, c'est-à-dire amener la bulle entre ses repères (fig. 9.1a).
3. Tourner la lunette de 180° autour de l'axe principal (fig. 9.1b).
4. Si la nivelle revient entre ses repères, elle est bien réglée; sinon, le déplacement est le double de l'erreur.

Réglage

5. Corriger la nivelle de la moitié de l'erreur, à l'aide de la vis de réglage placée à l'extrémité de celle-ci (fig. 9.1c).
6. Centrer de nouveau la nivelle à l'aide des vis calantes (fig. 9.1d).

Répéter la vérification et le réglage jusqu'à ce que la bulle reste entre ses repères.

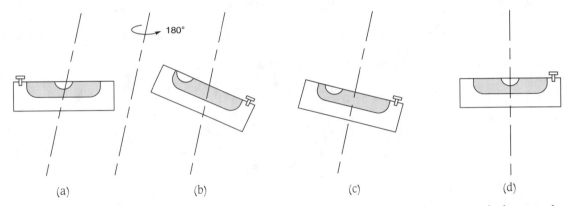

Figure 9.1 Le réglage de la directrice de la nivelle : a) caler la nivelle; b) tourner la lunette de 180°; c) corriger la nivelle de la moitié de l'erreur; d) centrer de nouveau la nivelle.

Mode d'opération correctif. Même si la nivelle est déréglée, il est encore possible de se servir convenablement de l'instrument sans avoir à régler de nouveau la nivelle. On peut procéder en calant la nivelle pour chaque visée, pourvu que la directrice soit parallèle à la ligne de visée.

9.2.3 La ligne de visée parallèle à la directrice de la nivelle

La vérification se fait par la méthode des visées réciproques qui comporte deux procédés de vérification expliqués ci-dessous. Auparavant, voyons comment éliminer l'erreur d'inclinaison par mode d'opération sur le terrain.

Supposons qu'on installe un niveau à mi-distance entre le point A, dont on connaît l'altitude, et le point B, dont on recherche l'altitude (fig. 9.2). Les triangles rectangles aa'N et bb'N sont égaux puisque $\alpha_1 = \alpha_2$ (angles opposés par le sommet). En outre, les distances d_1 et d_2 sont égales. On peut donc dire que :

$$aa' = e_1 = bb' = e_2$$

où e_1 = erreur de dénivelée pour une portée égale à d_1
   e_2 = erreur de dénivelée pour une portée égale à d_2

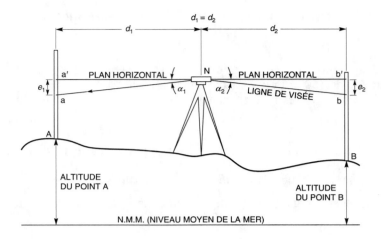

Figure 9.2 Un niveau installé à mi-distance entre deux mires.

À partir de ces données, on peut calculer l'altitude du point B :

$$\text{altB} = \text{altA} + a' - b'$$

or

$$a' = a + e_1$$

et

$$b' = b + e_2$$

Par conséquent, on obtient :

$$\text{altB} = \text{altA} + a + e_1 - b - e_2$$

Puisque :

$$e_1 = e_2$$

on a donc :

$$\text{altB} = \text{altA} + a - b \tag{9.1}$$

Cette expression indique que, si l'instrument est à mi-chemin entre les points A et B ou encore si la portée arrière est égale à la portée avant, l'erreur d'inclinaison de la ligne de visée s'annule.

Premier procédé de vérification. Considérons la méthode des visées réciproques avec un niveau installé au-delà des deux mires (fig. 9.3). Les triangles rectangles N_1bb' et N_2dd' sont égaux, d'où $bb' = dd' = e_2$.

De même, les triangles rectangles N_1aa' et N_2cc' sont égaux, d'où $aa' = cc' = e_1$.

Quand l'appareil est en position 1, la différence apparente d'altitude, Δ_{a_1}, et la différence réelle d'altitude, Δ_r, entre les points A et B sont les suivantes :

$$\Delta_{a_1} = a - b \tag{9.2}$$

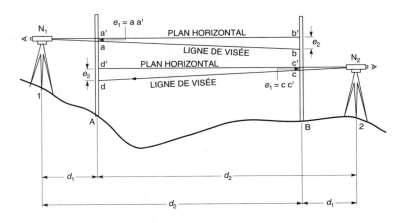

Figure 9.3 Les visées réciproques avec un niveau installé au-delà des deux mires.

$$\Delta_r = a' - b'$$

$$= a + e_1 - \left(b + e_2\right)$$

$$= a + e_1 - b - e_2 \tag{9.3}$$

Quand l'appareil est en position 2, on a :

$$\Delta_{a_2} = d - c \tag{9.4}$$

$$\Delta_r = d' - c'$$

$$= d + e_2 - \left(c + e_1\right)$$

$$= d + e_2 - c - e_1 \tag{9.5}$$

En additionnant les équations 9.3 et 9.5, on obtient :

$$\Delta_r + \Delta_r = \left(a - b\right) + \left(d - c\right)$$

d'où

$$\Delta_r = \frac{\left(a - b\right) + \left(d - c\right)}{2}$$

$$= \frac{\Delta_{a_1} + \Delta_{a_2}}{2} \tag{9.6}$$

En soustrayant les équations 9.3 et 9.5, on obtient :

$$0 = \left(a - b\right) + e_1 - e_2 - \left(d - c\right) + e_1 - e_2$$

$$2e_2 - 2e_1 = \left(a - b\right) - \left(d - c\right)$$

$$e_2 - e_1 = \frac{\left(a - b\right) - \left(d - c\right)}{2} \tag{9.7}$$

Les triangles rectangles N_1aa' et N_1bb' sont semblables, par conséquent :

$$\frac{N_1a'}{aa'} = \frac{N_1b'}{bb'}$$

ou encore

$$\frac{d_1}{e_1} = \frac{d_2}{e_2}$$

d'où

$$e_1 = \frac{d_1}{d_2} \times e_2$$

Enfin, en substituant cette expression dans l'équation 9.7, on obtient :

$$e_2 - \frac{d_1}{d_2} \times e_2 = \frac{(a - b) - (d - c)}{2}$$

$$e_2\left(1 - \frac{d_1}{d_2}\right) = \frac{(a - b) - (d - c)}{2}$$

$$e_2\left(\frac{d_2 - d_1}{d_2}\right) = \frac{(a - b) - (d - c)}{2}$$

$$e_2 = \left(\frac{d_2}{d_2 - d_1}\right)\left(\frac{(a - b) - (d - c)}{2}\right) \tag{9.8}$$

L'équation 9.8 représente l'erreur d'inclinaison, e_2, pour une distance égale à d_2. Pour trouver le signe ou le sens de l'erreur d'inclinaison, on peut se poser la question suivante : puisqu'on connaît la différence réelle d'altitude entre les points A et B (équat. 9.6), quelle valeur aurait-on lu sur la mire située au loin de l'appareil si la ligne de visée avait été horizontale? Puisque la distance $d_1 << d_2$, on néglige l'erreur d'inclinaison, e_1, dans ce raisonnement. En fait, il s'agit de comparer b avec b' ou d avec d'. Voyons à l'exemple 9.1 comment calculer l'erreur d'inclinaison et son sens.

· · · · · · · · · · · · · · · · · ·
EXEMPLE 9.1

Dans le but de déterminer l'erreur d'inclinaison de la ligne de visée d'un niveau, on a pris les mesures suivantes (fig. 9.4) :

	Mire en A	Mire en B
Niveau près de A (à 6 m de A)	1,848 m	2,959 m
Niveau près de B (à 6 m de B)	0,383 m	1,584 m

La distance entre les points A et B est de 60 m.

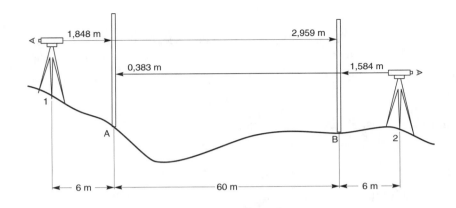

Figure 9.4 (Exemple 9.1)

a) Quelle est l'erreur d'inclinaison de la ligne de visée du niveau en mètre par mètre?

b) Quelle est l'altitude réelle du point C (fig. 9.5) si on fait le nivellement avec ce niveau et si l'altitude du repère de nivellement (RN) n° 25 est de 100 m?

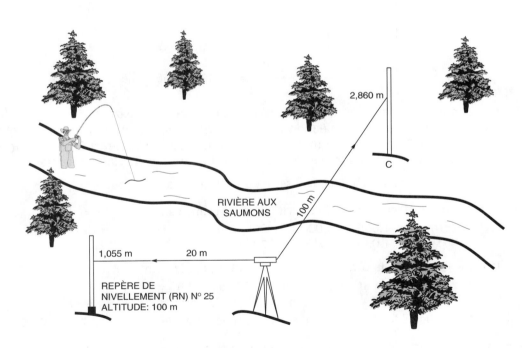

Figure 9.5 (Exemple 9.1)

Solution

a) Pour déterminer l'erreur d'inclinaison de la ligne de visée, on doit d'abord trouver la différence apparente d'altitude entre les points A et B quand l'appareil est en position 1 (équat. 9.2) :

$$\Delta_{a_1} = a - b$$

$$= 2,959 - 1,848 = 1,111 \text{ m}$$

et quand l'appareil est en position 2 (équat. 9.4) :

$$\Delta_{a_2} = d - c$$

$$= 1,584 - 0,383 = 1,201 \text{ m}$$

Ensuite, on additionne ces deux résultats afin de déterminer la différence réelle d'altitude entre les points A et B (équat. 9.6) :

$$\Delta_r = \frac{\Delta_{a_1} + \Delta_{a_2}}{2}$$

$$= \frac{1,111 + 1,201}{2} = 1,156 \text{ m}$$

Enfin, l'erreur d'inclinaison s'obtient à l'aide de l'équation 9.8 :

$$e_2 = \left(\frac{d_2}{d_2 - d_1} \right) \left(\frac{(a - b) - (d - c)}{2} \right)$$

$$= \left(\frac{66}{60} \right) \left(\frac{(1,201) - (1,111)}{2} \right) = 0,0495 \text{ m/66 m de visée}$$

Pour déterminer le sens de l'erreur d'inclinaison, on effectue le raisonnement suivant. Si la ligne de visée avait été horizontale, on aurait lu sur la mire au loin (mire en B): 1,848 + 1,156 = 3,004 m. Toutefois, on a lu 2,959 m, soit une valeur inférieure à 3,004 m. Par conséquent, la ligne de visée est inclinée vers le bas, c'est-à-dire sous le plan horizontal.

Réponse de a) : e = 0,000 75 m/m de visée en dessous du plan horizontal

b) On doit d'abord corriger la lecture de la visée arrière comme suit :

Lecture corrigée = 1,055 + (0,000 75 × 20)
                 = 1,055 + 0,015 = 1,070 m

Par la suite, on apporte la correction à la visée avant pour le point C :

Lecture corrigée du point C = 2,860 + (0,000 75 × 100)
                            = 2,860 + 0,075 = 2,935 m

L'altitude de la ligne de visée ramenée à l'horizontale est égale à 100 + 1,070 = 101,070 m.

Réponse de b) : Par conséquent, l'altitude réelle du point C est de 101,070 − 2,935 = 98,135 m.

. . . .

Deuxième procédé de vérification

1. Fixer deux points A et B espacés de l_1 (environ 60 m) en terrain plat (fig. 9.6).
2. Placer le niveau, en un point C, à mi-chemin entre A et B.
3. Faire les lectures a et b sur les mires placées sur les points A et B. On obtient ainsi la différence réelle d'altitude : $\Delta_r = (b - \varepsilon) - (a - \varepsilon) = b - a$.
4. Placer le niveau au point D à l_2 ($l_2 = l_1/10$) à l'extérieur du segment AB et près de A.
5. Faire les lectures c et d sur les mires et calculer la différence apparente d'altitude : $\Delta_a = d - c$.
6. Comparer les deux valeurs : si $b - a = d - c$, la ligne de visée est alors parallèle à la directrice de la nivelle, c'est-à-dire horizontale. Sinon, on procède comme expliqué ci-dessous.

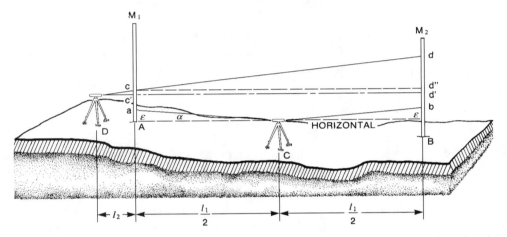

Figure 9.6 Les visées réciproques avec un niveau installé à mi-chemin entre les deux mires et à l'extérieur du segment AB.

Réglage

7. Calculer la lecture de correction d' pour la mire placée en B :

$$d'' = c + (b - a)$$

$$d - d'' = (d - c) - (b - a) \tag{9.9}$$

D'après la figure 9.6, on peut dire que :

$$d - d' = \left(\frac{l_1 + l_2}{l_1}\right)(d - d'') \tag{9.10}$$

Si on reporte le deuxième membre de l'équation 9.9 dans l'équation 9.10, on obtient alors :

$$d - d' = \left(\frac{l_1 + l_2}{l_1}\right)\left[(d - c) - (b - a)\right]$$

et, puisque l_2 égale le dixième de l_1, on a :

$$d' = d - 1,1 \left[(d - c) - (b - a)\right] \qquad (9.11)$$

8. Déplacer verticalement le réticule jusqu'à ce qu'on obtienne la lecture de correction d' sur la mire placée en B. Pour déplacer verticalement le réticule, on desserre deux vis opposées et on les resserre après avoir effectué le déplacement.

On peut calculer l'erreur de collimation verticale, α, en divisant (d − d") par la distance entre les deux mires :

$$\alpha = \text{tg}^{-1} \left(\frac{d - d'}{AB} \right) = \text{tg}^{-1} \left(\frac{(d - c) - (b - a)}{AB} \right)$$

L'erreur de collimation verticale, α, est l'angle entre la ligne de visée et la directrice de la nivelle. On peut la donner en degrés ou encore par la tangente de l'angle.

L'exemple 9.2 présente un calcul de lecture de correction.

. . . .
EXEMPLE 9.2

Lors du réglage d'un niveau à lunette fixe, afin de rendre la ligne de visée parallèle à la directrice de la nivelle, on a fait sur deux mires espacées de 60 m les lectures suivantes :

	Mire en A	Mire en B
Instrument à mi-chemin	0,453 m (a)	1,762 m (b)
Instrument à 6 m de A et à l'extérieur du segment AB	1,568 m (c)	2,911 m (d)

Quelle lecture de correction faudrait-il obtenir sur la mire placée en B?

Solution

$$d' = d - 1,1 \left[(d - c) - (b - a)\right]$$
$$= 2,911 - 1,1 \left[(2,911 - 1,568) - (1,762 - 0,453)\right]$$
$$= 2,874 \text{ m}$$

. . . .

Mode d'opération correctif. Il y a deux façons de procéder lorsqu'on veut annuler l'erreur de collimation verticale :

1. on peut balancer les portées avant et arrière;
2. après avoir déterminé la valeur de l'erreur de collimation verticale, on peut corriger chaque lecture ou la somme algébrique des lectures en fonction de la longueur des portées.

9.3 LE NIVEAU À BASCULE

Les vérifications d'un niveau à bascule sont sensiblement les mêmes que celles qui se rapportent au niveau à lunette fixe. Les seules variations sont les suivantes :

1. On vérifie la perpendicularité de la nivelle sphérique, plutôt que de la nivelle tubulaire, avec l'axe principal. Son réglage n'a qu'une importance relative.
2. La correction de l'erreur de collimation verticale se fait sur la nivelle tubulaire plutôt que sur le réticule.

9.4 LE NIVEAU RÉVERSIBLE

Bien que le niveau réversible soit lui aussi à bascule, les principales vérifications sont quelque peu différentes :

1. La directrice de la nivelle sphérique doit être perpendiculaire à l'axe principal.
2. Le fil horizontal du réticule doit être dans un plan perpendiculaire à l'axe principal.
3. La ligne de visée doit coïncider avec l'axe physique de la lunette.
4. La directrice doit être parallèle à la ligne de visée.

Les vérifications 1 et 2 sont identiques à celles concernant le niveau à bascule ou le niveau à lunette fixe.

9.4.1 La ligne de visée en coïncidence avec l'axe physique de la lunette

Vérification

1. On fait une lecture en lunette droite.
2. Après avoir tourné la lunette de 180° autour de son axe physique, on fait une autre lecture en lunette renversée.
3. Si les deux lectures sont identiques, il y a coïncidence entre la ligne de visée et l'axe physique, sinon l'écart est le double de l'erreur.

Réglage

4. La lecture de correction est la moyenne des lectures faites en 2 et en 3.
5. On déplace verticalement le réticule pour obtenir la lecture de correction.

On répète la vérification et le réglage jusqu'à ce que la ligne de visée donne la même lecture après une rotation autour de son axe.

Mode d'opération correctif. Si le réglage n'est pas fait, on prend une première lecture en lunette droite et une seconde en lunette renversée, et on fait la moyenne.

9.4.2 La directrice parallèle à la ligne de visée

Vérification

1. Caler approximativement le niveau à l'aide de la nivelle sphérique.
2. Caler la nivelle tubulaire à l'aide des vis calantes.
3. Tourner la lunette autour de son axe physique.
4. Si la bulle reste entre ses repères, la nivelle est réglée; sinon, le déplacement donne le double de l'erreur.

Réglage. Pour ce qui est du réglage, on peut procéder de deux façons : avec ou sans mire.

A) Avec une mire

5. On fait une lecture en lunette droite après avoir calé la nivelle.
6. On fait une lecture en lunette renversée après avoir calé de nouveau la nivelle.
7. La moyenne donne la lecture de correction.
8. On ramène la lunette à la lecture de correction à l'aide des vis calantes.
9. On cale la nivelle à l'aide des vis de réglage placées à l'extrémité de la nivelle.

On répète les opérations à partir de 5.

B) Sans mire

5. On ramène la bulle de la moitié de l'écart à l'aide des vis calantes.
6. On cale la nivelle à l'aide des vis de réglage placées à l'extrémité de la nivelle.

Mode d'opération correctif. On prend une lecture en lunette droite et une autre en lunette renversée en ayant soin de caler la nivelle avant chaque lecture.

9.5 LE NIVEAU AUTOMATIQUE

En ce qui concerne le niveau automatique, seulement trois vérifications sont nécessaires :

1. s'assurer que le fil horizontal du réticule est dans un plan perpendiculaire à l'axe vertical (art. 9.2.1);
2. vérifier si la directrice de la nivelle sphérique est bel et bien perpendiculaire à l'axe principal (sect. 9.4);
3. s'assurer que la ligne de visée est horizontale lorsque l'instrument est calé.

On fait la vérification en employant la méthode des visées réciproques (art. 9.2.3), et le réglage s'effectue sur le réticule.

9.6 LE THÉODOLITE

La fonction du théodolite est de mesurer des angles horizontaux et verticaux, et de servir de niveau à l'occasion. Les principales vérifications relatives à un théodolite sont les suivantes :

1. Le fil vertical du réticule doit être dans un plan perpendiculaire à l'axe secondaire.
2. Les directrices des nivelles du plateau horizontal doivent être perpendiculaires à l'axe principal.
3. La ligne de visée doit être perpendiculaire à l'axe secondaire.
4. L'axe secondaire doit être perpendiculaire à l'axe principal.
5. La nivelle de la lunette doit être parallèle à la ligne de visée.
6. L'*angle vertical* doit être de zéro lorsque la ligne de visée est horizontale.

Le procédé de vérification et de réglage de l'étape 1 est le même que celui que nous avons établi pour le fil horizontal du réticule du niveau (art. 9.2.1). Par ailleurs, le procédé de l'étape 2 est le même que celui que nous avons décrit pour la nivelle du niveau à lunette fixe (art. 9.2.2).

9.6.1 La ligne de visée perpendiculaire à l'axe secondaire

Vérification

1. Après avoir calé l'instrument, il faut faire une visée arrière en lunette droite sur un point A bien défini et situé à une distance d'environ 100 m (fig. 9.7).

2. On fait basculer la lunette autour de son axe secondaire et on fixe en lunette renversée un point B à une même altitude et à une même distance que A.
3. Tout en conservant la lunette renversée, on doit maintenant la tourner et viser à nouveau le point arrière A.
4. On fait basculer de nouveau la lunette, et la visée devrait passer par B; sinon, on fixe un autre point, C, et l'écart BC donne 4 fois l'erreur.

Réglage

5. Placer un point D de telle sorte que :

$$\overline{CD} = \frac{1}{4}\ \overline{BC}$$

6. Ramener la ligne de visée sur D en déplaçant latéralement le réticule (fig. 9.7).

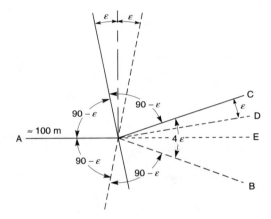

Figure 9.7 Le double retournement.

Mode d'opération correctif. On peut éliminer cette erreur par le double retournement; pour l'implantation d'un point, on prend le milieu E de l'écart BC.

9.6.2 L'axe secondaire perpendiculaire à l'axe principal

Vérification

1. On installe l'instrument à proximité d'un point élevé et bien défini, comme un clocher (fig. 9.8).
2. Après avoir visé le point haut A, on bascule la lunette vers le bas et on fixe un point B.
3. On fait un double retournement sur le point A.
4. On bascule de nouveau la lunette vers le bas et, si l'axe secondaire est perpendiculaire à l'axe principal, la ligne de visée passera par le point B; sinon, on fixe un autre point, C.

Réglage

5. On place un point D au milieu de l'écart BC et on vise ce point.
6. On bascule la lunette vers le haut pour que la ligne de visée passe par le point A.

---

7. La correction se fait sur un des deux tourillons. Il s'agit de remonter ou de descendre une des extrémités de l'axe secondaire, ce qui entraîne un déplacement de la ligne de visée.

8. On ramène ainsi la ligne de visée sur A. Si les points B et C ne sont pas à la même altitude que l'instrument, on ne prend pas toute la correction.

Après chaque correction, on vise de nouveau le point D et on reprend le procédé décrit à l'étape 6 jusqu'à ce qu'il ne soit plus nécessaire de faire de correction.

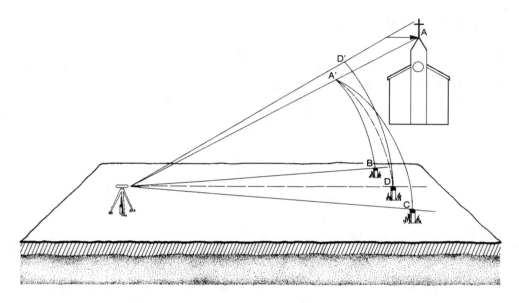

Figure 9.8 Le réglage des tourillons.

Mode d'opération correctif. On peut éliminer cette erreur par le double retournement qui donne le point D.

9.6.3 La nivelle de la lunette parallèle à la lignée de visée

Si la lunette du théodolite est munie d'une nivelle, la directrice de cette dernière doit être parallèle à la ligne de visée.

On procède à la vérification en employant la méthode des visées réciproques (art. 9.2.3), et la mise au point s'effectue au moyen de la vis de réglage de la nivelle (et non sur le réticule).

9.6.4 L'angle vertical égal à zéro

L'angle vertical doit être de zéro lorsque la ligne de visée est horizontale. Plusieurs cas peuvent se présenter selon le type d'instrument utilisé :

a) index fixe;
b) index mobile;
c) collimation verticale automatique.

Un angle vertical égal à zéro ne veut pas nécessairement dire que la lecture du cercle vertical est de zéro. Il est très important de vérifier la graduation de l'instrument. Certains instruments ont l'origine du cercle vertical au zénith et l'horizontale donne 90° ou 270°. D'autres ont l'origine au nadir et l'horizontale donne également 90° ou 270°. Pour les théodolites à verniers physiques, l'origine est sur l'horizontale. Quelques rares instruments possèdent une graduation correspondant à la moitié de l'angle vertical; pour obtenir l'angle, il faut multiplier par deux ou encore faire la différence des lectures en lunette droite et en lunette renversée.

Vérification

1. Rendre la ligne de visée horizontale au moyen de la nivelle de la lunette ou à l'aide de la méthode des visées réciproques (art. 9.2.3).
2. Vérifier l'angle vertical et, s'il n'est pas égal à zéro, faire le réglage requis en tenant compte du type d'instrument.

Réglage

3. a) Pour ce qui est d'un instrument à index ou à vernier fixe, on fait la correction en déplaçant l'index ou le vernier afin de ramener la lecture à zéro (ou 90° ou 270°).
   b) Avec un instrument à index ou à vernier mobile, on procède comme suit : après avoir ramené la lecture à zéro (ou 90° ou 270°) avec la vis de rappel, on corrige l'erreur sur la nivelle en calant celle-ci au moyen de la vis de réglage.
   c) Avec un instrument à collimation verticale automatique, le réglage s'effectue par le déplacement du cercle vertical qui ramène la lecture à zéro (ou 90° ou 270°).

Mode d'opération correctif. On peut éliminer cette erreur de deux façons :

1. On fait le double retournement et on prend la moyenne des deux valeurs de l'angle vertical. Quant aux instruments dont la graduation est égale à la moitié de l'angle, la différence des deux lectures en lunette droite et en lunette renversée élimine l'erreur.
2. On corrige l'angle vertical de l'erreur du zéro; cette erreur correspond à la valeur de l'angle vertical qu'on obtient lorsque la ligne de visée est horizontale.

EXERCICES

9.1 Quelle est l'erreur d'inclinaison de la ligne de visée d'un niveau si la vérification de l'instrument par la méthode des visées réciproques donne :

	Mire en A	Mire en B
Instrument à 4 m de A et à l'extérieur de AB	1,32 m	0,84 m
Instrument à 4 m de B et à l'extérieur de AB	2,02 m	1,53 m

La distance entre les deux mires est de 80 m.

9.2 On vérifie un niveau sur deux points, A et B, séparés par une distance de 60 m. Sans corriger l'erreur d'inclinaison de la ligne de visée, on détermine la différence d'altitude entre les deux points, C et D, situés sur les rives d'une rivière. Quelle est la vraie différence d'altitude entre les points C et D si on a les lectures suivantes?

À la vérification :

	Mire en A	Mire en B
Instrument à 2 m de A et à l'extérieur de AB	1,32 m	0,83 m
Instrument à 2 m de B et à l'extérieur de AB	1,89 m	1,43 m

Sur la rive de la rivière :

	Mire en C	Mire en D
Fil supérieur	2,00 m	1,82 m
Fil central	1,98 m	1,04 m
Fil inférieur	1,96 m	0,26 m

Les constantes stadimétriques sont les suivantes : K = 100 et C = 0.

9.3 Dans le but de déterminer l'erreur d'inclinaison de la ligne de visée d'un niveau, on a procédé de la façon suivante :

	Mire en A	Mire en B
Instrument près de A	0,945 m	2,420 m
	0,915 m	2,090 m
	0,885 m	1,760 m
Instrument près de B	0,820 m	1,635 m
	0,490 m	1,605 m
	0,160 m	1,575 m

Quelle est l'erreur d'inclinaison de la ligne de visée de cet instrument en mètre par mètre si les constantes K et C sont respectivement de 100 et 0?

9.4 Si l'altitude d'un point A est de 30,000 m, quelle est celle d'un point B? La vérification du niveau a donné les lectures suivantes :

	Mire en 1	Mire en 2
Instrument près de 1	0,926 m	2,658 m
	0,911 m	2,185 m
	0,896 m	1,712 m
Instrument près de 2	1,939 m	2,847 m
	1,466 m	2,832 m
	0,993 m	2,817 m

La détermination de la différence d'altitude entre les points A et B donne les lectures suivantes :

	Mire en A	Mire en B
	0,237 m	2,613 m
	0,176 m	1,561 m
	0,115 m	0,509 m

Constantes stadimétriques : K = 100 et C = 0.

9.5 La ligne de visée d'un niveau est hors de réglage et donne une lecture de 0,067 m au-dessus du plan horizontal sur une distance de 60,000 m. Pour une position d'instrument donnée, la longueur d'une visée arrière sur un point d'altitude de 36,250 m est de 6 m. La lecture sur la mire est de 1,740 m. Calculer l'altitude d'un point situé à 90 m de l'appareil si la lecture sur la mire est de 2,118 m.

9.6 Quelle est l'inclinaison de la ligne de visée d'un niveau si les lectures sur la mire placée sur les points A et B distants de 50 m sont les suivantes?

Mire	Niveau	
	à mi-chemin (m)	à 5 m de A et à l'extérieur de AB (m)
A	2,865	3,242
B	3,648	4,000

9.7 Soit un niveau installé à mi-chemin entre deux mires. Quelle est l'erreur de collimation verticale en mètre par mètre de ce niveau, si les lectures sur deux mires A et B espacées de 60 m, soit m_A et m_B, sont respectivement de 0,473 et 1,635 m? Si on place le niveau à 6 m de la mire A et à l'extérieur de AB, les lectures m_A' et m_B' sont alors de 2,068 et 3,272 m.

9.8 Lors de la vérification d'un niveau, que devrait-on lire sur la mire B si les lectures faites sur les deux mires A et B espacées de 70 m, soit m_A et m_B, sont respectivement de 1,163 et 2,739 m? Précisons que l'instrument est placé à mi-chemin entre A et B. Si on installe le niveau à 7 m de la mire A et à l'extérieur de AB, les lectures m_A' et m_B' sont alors de 1,938 et 3,472 m.

9.9 À partir de la figure 9.9, lorsque l'instrument est installé au point 2, que devrait-on lire sur la mire en A pour obtenir une ligne de visée horizontale?

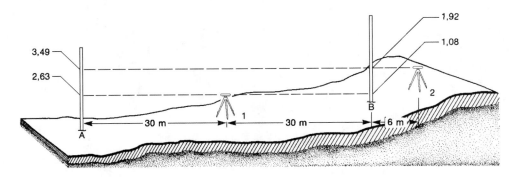

Figure 9.9 (Exercice 9.9)

Les angles
et l'orientation

10.1 GÉNÉRALITÉS

La localisation de points implique, en plus de la mesure des distances, le mesurage d'angles ou encore l'orientation de droites. De façon générale, on définit un angle comme l'écartement entre deux droites concourantes. Dans certains cas toutefois, il est possible de caractériser l'angle : il peut s'agir, par exemple, de la lecture d'une direction sur un instrument. On mesure les angles dans le plan horizontal ou dans le plan vertical en utilisant un goniomètre (chap. 6).

Lorsqu'on mesure un angle, il y a trois éléments de base à considérer (fig. 10.1) :

a) une droite OA de référence comme origine;
b) le sens de rotation (à ne pas confondre avec la rotation de l'instrument);
c) la valeur angulaire α.

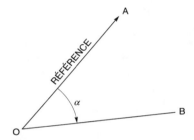

Figure 10.1 Les éléments d'un angle.

Dans ce chapitre, nous décrirons en premier lieu les sortes d'angles et les méthodes qui servent à les mesurer. En second lieu, nous présenterons des notions ayant trait à l'orientation d'une ligne, à la convergence des méridiens ainsi qu'à la course, à l'azimut et au gisement d'une ligne.

10.2 LES SORTES D'ANGLES

Un angle, qui est l'écartement entre deux droites concourantes, s'obtient en valeur absolue ou se caractérise suivant sa situation ou son sens.

Angle intérieur ou angle extérieur. Dans une polygonale fermée, un angle α_1 situé à l'intérieur est appelé *angle intérieur* et un angle α_2, *angle extérieur* (fig. 10.2).

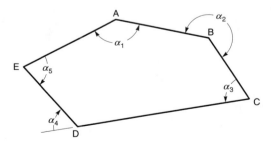

Figure 10.2 Les sortes d'angles.

Angle à droite ou angle à gauche. Un angle α_5 mesuré dans le sens des aiguilles d'une montre se nomme *angle à droite*, tandis qu'un angle α_3 mesuré dans le sens contraire porte le nom d'*angle à gauche*.

Lorsqu'il est question d'angles à droite ou à gauche, on présuppose une valeur orientée et, par conséquent, une mesure à partir d'une droite origine, et ce dans un sens d'orientation qui dépend de celui de la graduation du limbe et non de la rotation proprement dite de la lunette.

Angle de déflexion. Dans une polygonale ouverte ou fermée, l'*angle de déflexion* α_4 se mesure à partir du prolongement d'un côté, vers la droite ou vers la gauche, jusqu'au côté suivant.

Pour mesurer l'angle de déflexion, on effectue une visée arrière sur la station précédente avec une lecture horizontale de 0°. Puis, on bascule la lunette autour de son axe secondaire, mais la lecture demeure toujours 0°. On libère ensuite le plateau supérieur et on tourne l'instrument autour de son axe principal, vers la droite ou vers la gauche, jusqu'à la station suivante. Pour ce qui est d'un angle mesuré par double retournement, se référer à la section 6.8.

10.3 LES MÉTHODES DE MESURAGE DES ANGLES

On mesure les angles directement à l'aide d'un théodolite, d'un sextant ou d'un goniographe, et indirectement à l'aide d'une boussole, en faisant la différence entre deux directions observées (chap. 6). Compte tenu de l'instrument utilisé et de la précision désirée, on mesure les angles par les méthodes des angles individuels, du tour d'horizon ou des réitérations décalées. On peut également obtenir la grandeur d'un angle au moyen d'une chaîne seulement (art. 10.3.4).

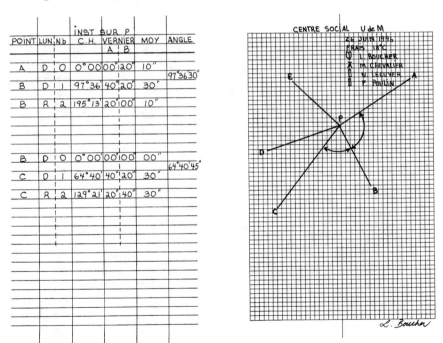

Figure 10.3 Le mesurage des angles individuels au moyen d'un théodolite cumulateur à verniers physiques.

10.3.1 Les angles individuels

Cette méthode consiste à mesurer chacun des angles pris individuellement quel que soit le procédé utilisé (sect. 6.8). La figure 10.3 illustre le mesurage des angles individuels par double retournement à l'aide d'un théodolite cumulateur à verniers physiques.

10.3.2 Le tour d'horizon

Cette méthode consiste à pointer successivement tous les points en faisant un tour d'horizon. Dans le cas d'un théodolite cumulateur, la fermeture sur la direction initiale permet de vérifier s'il n'y a pas eu entraînement du plateau inférieur par le plateau supérieur. Lorsqu'on utilise un théodolite directionnel, la fermeture sur le point de référence permet d'apporter une correction à la mesure des angles si la tour d'observation subit une torsion pendant le mesurage.

Lorsqu'on a le choix, on prend comme référence R la direction initiale qu'on peut pointer avec le plus de précision. À la figure 10.4, on vise successivement R, A, B, C, D et R en lunette droite et R, D, C, B, A et R en lunette renversée.

Les deux valeurs de l'appoint dépendent de la coïncidence ou de l'encadrement des divisions dans les deux sens. Si la seconde valeur tombe dans la minute suivante, on ajoute 60 s et si elle tombe dans la minute précédente, on trace une barre au-dessus de la valeur. La même règle s'applique à la moyenne des quatre valeurs (lunette droite et lunette renversée).

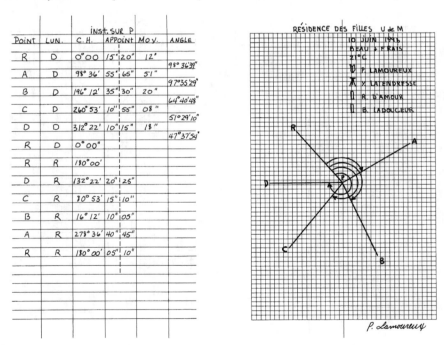

Figure 10.4 Le mesurage des angles par tour d'horizon au moyen d'un théodolite directionnel à lecture optique.

10.3.3 Les réitérations décalées

La réitération décalée s'emploie surtout avec les théodolites directionnels. Elle consiste à réitérer un certain nombre de fois la mesure d'un angle en décalant régulièrement l'origine de chaque nouvelle mesure. De la sorte, on utilise la totalité de la graduation, ce qui annule l'effet de l'excentrement de l'axe principal. On fait aussi des décalages au micromètre optique pour la même raison. Cette méthode s'utilise pour le mesurage de précision, en géodésie par exemple.

10.3.4 La chaîne

Bien que le procédé soit peu pratique, il est possible d'obtenir la valeur d'un angle ou de l'implanter en utilisant seulement une chaîne.

Méthode du triangle isocèle. Pour déterminer un angle avec cette méthode, on prend d'abord une même longueur sur les deux côtés de l'angle (fig. 10.5a), 50 m par exemple, ce qui donne les deux points D et E. Ensuite, on mesure la distance DE et on calcule l'angle à l'aide de la relation suivante :

$$\alpha = 2 \sin^{-1} \left(\frac{\overline{DE}}{2\overline{BE}} \right) \qquad (10.1)$$

Méthode du triangle rectangle. On prend une distance BE, 100 m par exemple, sur un des côtés de l'angle (fig. 10.5b), puis on mesure la perpendiculaire DE sur BC. L'angle β s'obtient par la relation suivante :

$$\beta = \text{tg}^{-1} \left(\frac{\overline{DE}}{\overline{BE}} \right) \qquad (10.2)$$

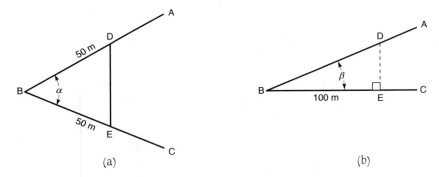

Figure 10.5 La méthode du triangle : a) isocèle; b) rectangle.

10.4 L'ORIENTATION D'UNE LIGNE

L'orientation d'une ligne correspond à l'angle horizontal qu'elle forme avec une ligne de référence appelée *méridien*. Cette ligne de référence est un méridien géographique, magnétique ou conventionnel.

Le *méridien géographique* ou *astronomique* du lieu représente le grand cercle de la sphère terrestre passant par les pôles et le lieu. Le *méridien magnétique* d'un lieu est le plan vertical défini par la verticale du lieu et la direction du champ magnétique terrestre en ce lieu. La position de l'aiguille aimantée donne cette direction. Quant au *méridien conventionnel*, il correspond au plan vertical dont on choisit arbitrairement la direction pour remplacer le méridien astronomique ou magnétique inconnu ou pour simplifier les calculs. Évidemment, il est préférable d'utiliser les deux premiers lorsque c'est possible.

10.5 LA CONVERGENCE DES MÉRIDIENS

La direction d'un méridien provient de sa *méridienne*, qui est l'intersection du plan méridien du lieu avec l'horizon (AT, fig. 10.6). La convergence des méridiens des points A et B, situés sur un même parallèle, correspond à l'angle C entre les méridiennes ou tangentes aux méridiens de A et B. Cette convergence est fonction de la latitude, ϕ, et de la longitude, λ :

$$C = \frac{AB}{AT} \tag{10.3}$$

$$\Delta\lambda = \frac{AB}{O'A} \tag{10.4}$$

où C et λ s'expriment en radians.

Si on divise l'équation 10.3 par 10.4, on obtient :

$$\frac{C}{\Delta\lambda} = \frac{O'A}{AT} \tag{10.5}$$

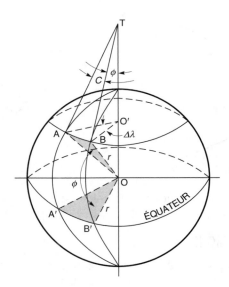

Figure 10.6 La convergence des méridiens.

Dans le triangle ATO', on a :

$$O'A = AT \sin \phi \qquad (10.6)$$

Dans l'équation 10.5, si on remplace O'A par cette dernière expression, on obtient :

$$C = \Delta\lambda \left(\frac{AT \sin \phi}{AT} \right) = \Delta\lambda \sin \phi \qquad (10.7)$$

où C et λ s'expriment dans les mêmes unités.

Remarque : Si la latitude du point B est différente de celle du point A, on doit utiliser la latitude moyenne dans l'équation 10.7.

Voyons à l'exemple 10.1 comment calculer la convergence des méridiens.

. . . .

EXEMPLE 10.1

Quelle est la convergence au point B si on a les latitudes et longitudes suivantes pour les points A et B?

$$\phi_A = 44°\ 00'\ 00''\ \text{N.} \qquad \lambda_A = 73°\ 30'\ 00''\ \text{O.}$$
$$\phi_B = 46°\ 00'\ 00''\ \text{N.} \qquad \lambda_B = 75°\ 00'\ 00''\ \text{O.}$$

Solution

À partir de l'équation 10.7, on trouve que :

$$C = \Delta\lambda \sin \phi$$
$$= \Delta\lambda \sin \phi_{\text{moy}}$$
$$= \left(75°\ 00'\ 00'' - 73°\ 30'\ 00'' \right) \sin 45°\ 00'\ 00''$$
$$= 1°\ 03'\ 38''$$

où $\phi_{\text{moy}} = \dfrac{\phi_A + \phi_B}{2}$.

Si on prend comme rayon de la Terre, r, la valeur de 6371 km, la longueur d'un arc de grand cercle ayant 1° d'angle au centre est :

$$l = \frac{2\pi r}{360°} = \frac{2 \times \pi \times 6371}{360°} = 111 \text{ km/1°}$$

L'angle au centre pour une longueur de 1 km est :

$$\theta = \frac{3600/1}{111} = 32''/1 \text{ km}$$

Pour un arc de parallèle situé à 45° de latitude, on a :

$$\theta_{45°} = \frac{32/1}{\cos 45°} = 46''/1 \text{ km} = \Delta\lambda$$

Par conséquent, la convergence pour un arc de 1 km situé à 45° de latitude dans une direction est-ouest est la suivante :

$$C = \left(\frac{46}{1} \times \sin 45°\right) = 32''/1 \text{ km} \approx 30''/1 \text{ km}$$

En topométrie, il n'est pas nécessaire de tenir compte de la convergence des méridiens, étant donné que les distances à mesurer sont relativement courtes.

. . . .

10.6 LA COURSE

La course d'une ligne est l'angle aigu qu'on mesure à partir de la direction nord ou sud du méridien local, et ce vers l'est ou vers l'ouest, jusqu'à la ligne considérée. Par convention, on représente la course par la lettre N. ou S. qu'on inscrit devant la valeur de l'angle et par la lettre E. ou O., après la valeur de l'angle. Par exemple, à la figure 10.7, on a :

course de AB = N. 50° E.
course de AC = S. 60° E.
course de AD = S. 20° O.
course de AE = N. 70° O.

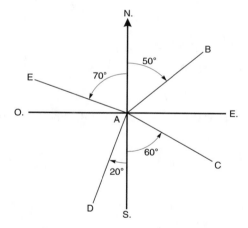

Figure 10.7 La course de lignes.

Course inverse ou arrière. La direction d'une ligne correspond toujours à une valeur orientée; ainsi, BA est dans le sens opposé de AB. Il est à noter que la première lettre représente l'origine de la ligne et la seconde, la destination. Si on connaît la course de AB, par exemple N. 50° E., et la convergence des méridiens C, la course inverse ou arrière de AB, c'est-à-dire la course de BA, est S. 50° O. ± C (fig. 10.8a). En topométrie, puisqu'on ne tient pas compte de la convergence, si la course de AB est N. 50° E., la course de BA est donc S. 50° O. (fig. 10.8b).

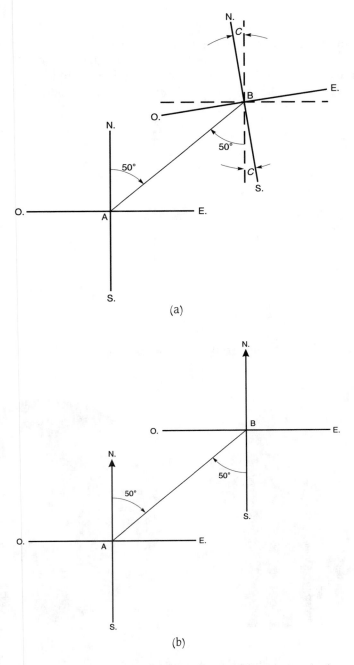

(a)

(b)

Figure 10.8 La course inverse : a) lorsqu'on tient compte de la convergence; b) en topométrie.

10.7 L'AZIMUT

En général, l'azimut α d'une ligne est l'angle compris entre 0° et 360°, mesuré dans le sens des aiguilles d'une montre, à partir de la direction nord du méridien local jusqu'à la ligne. À la figure 10.9, l'azimut de AE est de 290°. Il est important de noter que, en ce qui concerne l'azimut, le méridien de référence est celui qui passe par l'origine de la ligne.

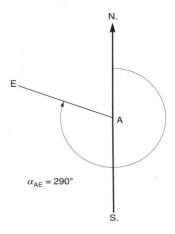

Figure 10.9 L'azimut d'une droite.

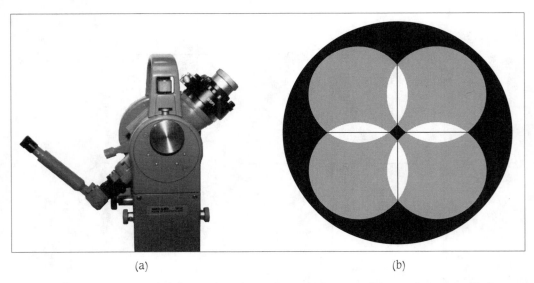

(a)   (b)

Figure 10.10   a) Un théodolite muni d'un prisme solaire et d'un oculaire coudé; b) une image du soleil perçue à travers un prisme solaire (modèle Wild de Leica).

La détermination de l'azimut d'une ligne ou d'une droite peut s'effectuer de différentes façons et l'une d'elles se fait par l'observation des astres. La figure 10.10a illustre un théodolite muni d'un prisme solaire et d'un oculaire coudé. Grâce à cette combinaison d'accessoires et d'un théodolite électronique ou conventionnel, on peut effectuer des observations astronomiques du soleil. L'oculaire coudé s'avère très utile lorsque la hauteur de l'astre ne permet pas d'observation directe dans l'oculaire de la lunette, et le filtre solaire protège les yeux de l'observateur tout en rendant possible un meilleur pointé au centre de l'astre.

Lorsqu'on vise le soleil avec le prisme solaire emboîté sur l'objectif du théodolite (fig. 10.10a), on voit quatre images du soleil disposées en carré qui se recouvrent légèrement. Au centre de celles-ci se forme une figure quadrangulaire symétrique (fig. 10.10b). Lorsqu'on pointe avec la croisée du réticule le centre de cette figure, la ligne de visée de la lunette se trouve correctement alignée sur le centre du soleil.

Azimut inverse ou arrière. Pour obtenir l'azimut inverse ou arrière d'une ligne, il faut lui ajouter ou lui retrancher 180° sans oublier de tenir compte de la convergence des méridiens, C (fig. 10.11). De façon générale, il ne devrait être question d'azimut qu'en géodésie.

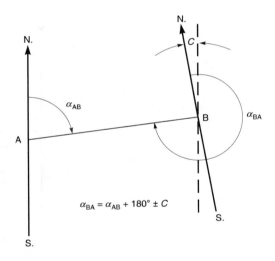

Figure 10.11 L'azimut inverse ou l'arrière d'une droite.

10.8 LE GISEMENT

Le gisement γ d'une ligne AB est l'orientation de cette ligne par rapport à un méridien autre que celui qui passe par l'origine de la ligne. La différence entre le gisement et l'azimut de cette ligne est égale à la convergence des méridiens au point considéré. Signalons que le gisement, tout comme la course, correspond à une valeur orientée et que l'inscription doit donc se lire de la gauche vers la droite.

Le méridien de référence peut être astronomique, magnétique ou arbitraire et des signes conventionnels servent à leur représentation (fig. 10.12).

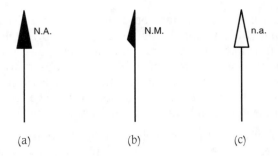

(a)   (b)   (c)

Figure 10.12   Le méridien de référence : a) nord astronomique; b) nord magnétique; c) nord arbitraire.

10.8.1 Le gisement inverse ou arrière

Le gisement inverse ou arrière d'une droite AB est le gisement de BA. Si le gisement de AB, soit γ_{AB}, est de 60°, son gisement inverse, soit γ_{BA}, est égal à 240° (fig. 10.13). La différence entre le gisement et l'azimut de cette droite est égale à la convergence des méridiens au point considéré.

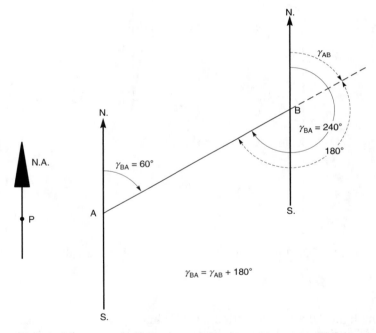

Figure 10.13   Le gisement inverse ou arrière d'une droite.

10.8.2 Les relations entre le gisement et la course

Voyons les quatre cas courants de même que les cas limites qui illustrent les relations entre le gisement et la course (fig. 10.14).

1er cas : si $0° < \gamma_{AB} < 90°$, alors la course AB = N. γ E.

2e cas : si $90° < \gamma_{AB} < 180°$, alors la course AB = S. $(180° - \gamma)$ E.

3^e cas : si $180° < \gamma_{AB} < 270°$, alors la course AB = S. $(\gamma - 180°)$ O.

4^e cas : si $270° < \gamma_{AB} < 360°$, alors la course AB = N. $(360° - \gamma)$ O.

Cas limites :

Si $\gamma_{AB} = 0°$, alors la course AB = N. 0° E. ou N. 0° O. ou franc nord.

Si $\gamma_{AB} = 90°$, alors la course AB = N. 90° E. ou S. 90° E. ou franc est.

Si $\gamma_{AB} = 180°$, alors la course AB = S. 0° E. ou S. 0° O. ou franc sud.

Si $\gamma_{AB} = 270°$, alors la course AB = S. 90° O. ou N. 90° O. ou franc ouest.

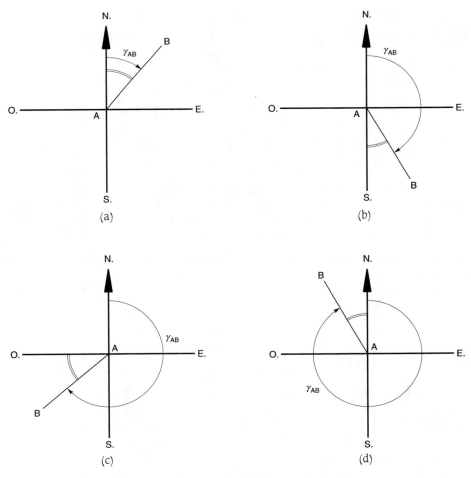

Figure 10.14 Les relations entre le gisement et la course : a) 1er cas; b) 2e cas; c) 3e cas; d) 4e cas.

10.8.3 Le calcul des gisements

Si on parcourt le périmètre d'une polygonale ABCDEA dans le sens contraire des aiguilles d'une montre, on considère que les angles intérieurs, eux, sont mesurés dans le sens des aiguilles d'une montre afin de faciliter les calculs relatifs aux gisements (fig. 10.15a) et vice versa (fig. 10.15b).

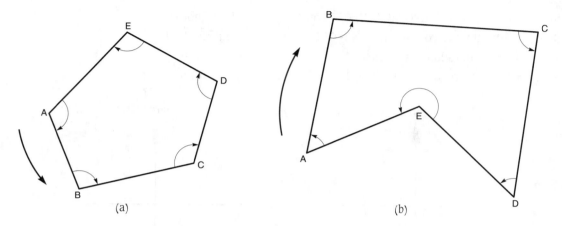

(a)   (b)

Figure 10.15   Le sens du mesurage des angles : a) sens des aiguilles d'une montre; b) sens contraire des aiguilles d'une montre.

Pour déterminer les gisements d'une polygonale à partir d'un côté d'orientation connue, on passe par les angles intérieurs (fig. 10.16) ou par les angles de déflexion (fig. 10.17). Dans le texte qui suit, nous présentons les relations qui expriment les gisements d'une polygonale, à partir d'angles intérieurs et d'angles de déflexion mesurés vers la droite ou vers la gauche.

Angles intérieurs mesurés vers la droite	**Angles intérieurs mesurés vers la gauche**
(fig. 10.16a)	(fig. 10.16b)
γ_{AB} = valeur au départ	γ_{AB} = valeur au départ
$\gamma_{BC} = \gamma_{AB} + 180° + \angle ABC$	$\gamma_{BC} = \gamma_{AB} + 180° - \angle ABC$
$\gamma_{CD} = \gamma_{BC} + 180° + \angle BCD$	$\gamma_{CD} = \gamma_{BC} + 180° - \angle BCD$
$\gamma_{DA} = \gamma_{CD} + 180° + \angle CDA$	et ainsi de suite.
$\gamma_{AB} = \gamma_{DA} + 180° + \angle DAB$	

Si la somme des angles intérieurs est égale à 180° ($n - 2$, où n est le nombre de côtés de la polygonale), c'est-à-dire si l'erreur angulaire de fermeture est nulle, la valeur de γ_{AB} calculée dans la dernière expression doit être égale à la valeur au départ de γ_{AB}. Autrement, l'écart entre la valeur γ_{AB} qu'on a calculée et celle donnée au départ doit être égal à l'erreur angulaire de fermeture, à moins que la polygonale ait subi une compensation angulaire avant le calcul des gisements.

Expression générale (angles intérieurs mesurés vers la droite et vers la gauche) :

$$\gamma \text{ (d'un côté quelconque)} = \gamma \text{ (inverse du côté précédent)} \pm \text{ angle intérieur}$$

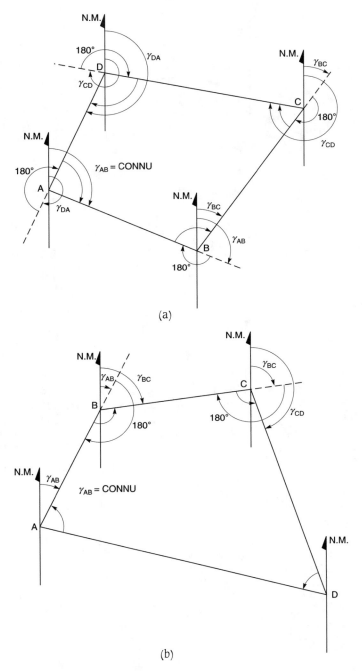

Figure 10.16 Le calcul des gisements à partir des angles intérieurs d'une polygonale fermée : a) angles intérieurs mesurés vers la droite; b) angles intérieurs mesurés vers la gauche.

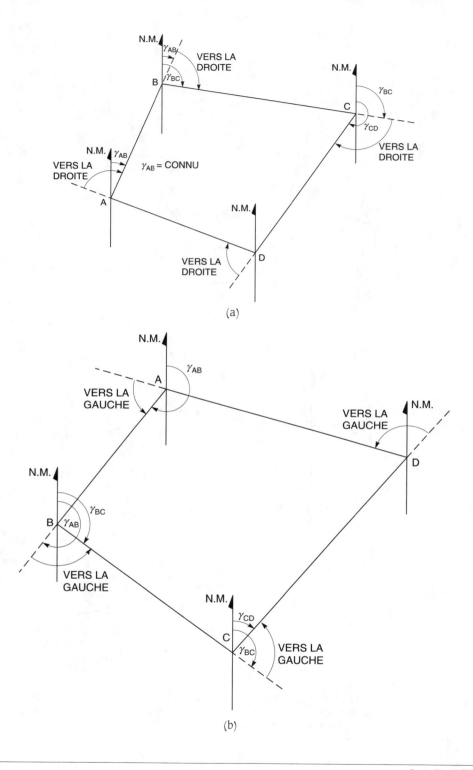

(a)

(b)

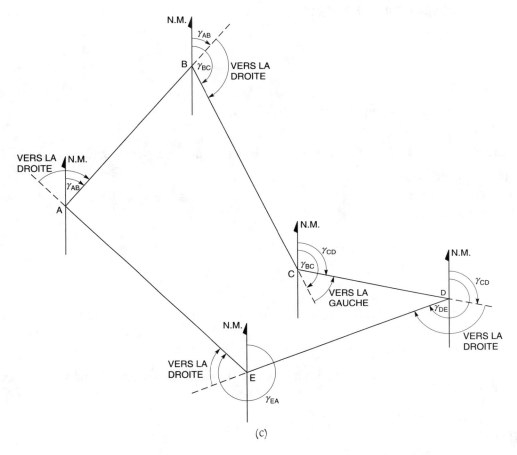

Figure 10.17 Le calcul des gisements à partir des angles de déflexion : a) angles mesurés vers la droite; b) angles mesurés vers la gauche; c) angles mesurés vers la gauche et la droite.

Angles de déflexion mesurés vers la droite (fig. 10.17a)

γ_{AB} = valeur au départ

$\gamma_{BC} = \gamma_{AB} + \angle B$

$\gamma_{CD} = \gamma_{BC} + \angle C$

et ainsi de suite.

La condition de fermeture angulaire est :

Σ (angles de déflexion à droite) = 360°

Angles de déflexion mesurés vers la gauche (fig. 10.17b)

γ_{AB} = valeur au départ

$\gamma_{BC} = \gamma_{AB} - \angle B$

$\gamma_{CD} = \gamma_{BC} - \angle C$

et ainsi de suite.

La condition de fermeture angulaire est :

Σ (angles de déflexion à gauche) = 360°

Cas général avec des angles de déflexion mesurés vers la droite et vers la gauche (fig. 10.17c)

L'expression générale est :

$$\gamma \text{ (côté quelconque)} = \gamma \text{ (côté précédent)} \pm \text{angle de déflexion}$$

γ_{AB} = valeur au départ

$\gamma_{BC} = \gamma_{AB} + \angle B$

$\gamma_{CD} = \gamma_{BC} - \angle C$

$\gamma_{DE} = \gamma_{CD} + \angle D$

et ainsi de suite.

Pour une polygonale fermée ABCDEA, la condition de fermeture angulaire en fonction des angles de déflexion est :

Σ (angles de déflexion à droite) $- \Sigma$ (angles de déflexion à gauche) = 360°

L'exemple 10.2 présente le calcul de gisements avec la méthode des angles intérieurs et l'exemple 10.3, avec la méthode des angles de déflexion.

· · · · · · · · · · · · · · · · · ·

EXEMPLE 10.2

Calculer les gisements de la polygonale de la figure 10.18 au moyen de la méthode des angles intérieurs ($\gamma_{AB} = 35°\ 00'$).

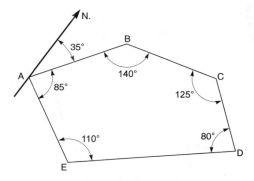

Figure 10.18 (Exemple 10.2)

Solution

Gisement	AB	35°
		180°
Gisement	BA	215°
Angle	−B	−140°
Gisement	BC	75°
		180°
Gisement	CB	255°
Angle	−C	−125°
Gisement	CD	130°
		180°
Gisement	DC	310°
Angle	−D	− 80°
Gisement	DE	230°
		180°
Gisement	ED	410°
Angle	−E	−110°
Gisement	EA	300°
		180°
Gisement	AE	120°
Angle	−A	− 85°
Gisement	AB	35°

. . . .

EXEMPLE 10.3

Calculer les gisements de la polygonale de la figure 10.19 au moyen de la méthode des angles de déflexion ($\gamma_{AB} = 40° 00'$).

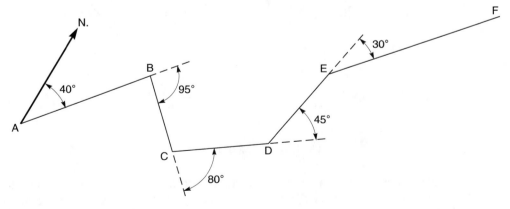

Figure 10.19   (Exemple 10.3)

Solution

Gisement	AB	40°
Angle	B	95°
Gisement	BC	135°
Angle	−C	− 80°
Gisement	CD	55°
Angle	−D	− 45°
Gisement	DE	10°
Angle	E	30°
Gisement	EF	40°

. . . .

EXERCICES

10.1   Soit la polygonale ABCDEFA (fig. 10.20). Si le gisement magnétique du côté AB est égal à 140° :

a) dire si cette polygonale ferme angulairement et justifier la réponse;

b) calculer le gisement et la course magnétiques de chacun des côtés de cette polygonale;

c) calculer le gisement et la course astronomiques de chacun des côtés de cette polygonale, compte tenu que la déclinaison magnétique du lieu est N. 15° 0' O.

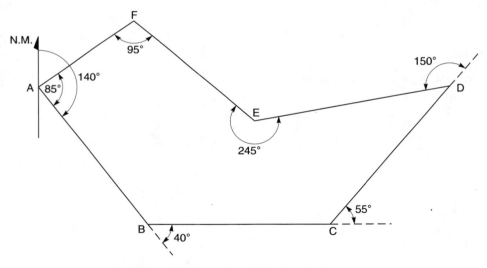

Figure 10.20   (Exercice 10.1)

10.2   Dans le but de mesurer un angle avec une chaîne, on a pris une distance horizontale de 30,00 m sur chacun des côtés de l'angle, et ce à partir du sommet. On a ainsi obtenu une corde de 26,75 m. Calculer l'angle horizontal.

10.3 On désire tracer sur le terrain un angle horizontal de 65° 00' à l'aide de la méthode du triangle isocèle. Quelle sera la longueur de la corde à mesurer, si on prend une distance de 20,00 m sur chacun des côtés de l'angle?

10.4 On doit mesurer un angle horizontal sur le terrain avec une chaîne au moyen de la méthode du triangle rectangle. On mesure une distance de 100 m sur un des côtés de l'angle et on obtient une distance de 88,764 m lorsqu'on mesure entre les deux côtés de l'angle, et ce perpendiculairement au premier côté. Quelle est la valeur de l'angle horizontal?

10.5 Pour tracer sur le terrain un angle horizontal de 26° 00' par la méthode du triangle rectangle, on mesure une distance de 50,00 m sur le premier alignement. Quelle est la distance à mesurer perpendiculairement à ce premier alignement, si on veut obtenir un point du second?

10.6 Soit les angles de la polygonale de la figure 10.21.

a) Calculer le gisement de chacun des côtés, en cheminant dans le sens des aiguilles d'une montre, si le côté AB forme un angle de 28° 40' avec la direction du nord astronomique.

b) Calculer la course magnétique de chacun des côtés, si la déclinaison magnétique du lieu est de 12° 30' O.

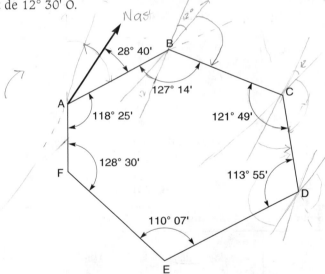

Figure 10.21   (Exercice 10.6)

10.7 On a fait le levé des courses suivantes à la boussole :

Côté	Course
1-2	N 45° 12' E.
2-3	S. 87° 48' E.
3-4	S. 6° 27' E.
4-5	S. 38° 09' O.
5-1	N. 28° 34' O.

---

a) Calculer les angles intérieurs de cette polygonale.

b) Calculer le gisement magnétique de chacun des côtés.

c) Calculer le gisement et la course astronomiques de chacun des côtés, si la déclinaison magnétique est de 15° 30' O.

10.8 Les gisements de chacun des côtés d'une polygonale sont les suivants :

Côté	Gisement
1-2	321° 28'
2-3	19° 48'
3-4	63° 38'
4-5	150° 45'
5-6	202° 11'
6-1	256° 42'

a) Calculer les angles intérieurs de cette polygonale.

b) Calculer les angles de déflexion, si le cheminement se fait dans le sens numérique des stations.

c) Calculer la course de chacun des côtés.

10.9 On a mesuré les angles de déflexion d'une polygonale et obtenu les résultats suivants :

Sommet	Angle de déflexion
A	48° 24' D
B	45° 15' D
C	110° 06' D
D	93° 21' G
E	126° 50' D
F	72° 00' D
G	50° 46' D

a) Calculer les angles intérieurs de cette polygonale.

b) Calculer le gisement et la course de chacun des côtés, si le gisement du côté AB est de 325° 00'.

10.10 On a mesuré les angles suivants d'une polygonale fermée :

Sommet	Type d'angle	Valeur angulaire
1	Intérieur droit	100° 45'
2	Déflexion gauche	105° 00'
3	Extérieur gauche	89° 10'
4	Intérieur droit	85° 55'
5	Extérieur gauche	121° 31'
6	Déflexion gauche	142° 34'
7	Intérieur droit	138° 27'
8	Extérieur gauche	226° 52'

Le gisement du côté 1-2 est de 200° 00'.

a) Faire une représentation graphique de cette polygonale.

b) Calculer les angles intérieurs.

c) Calculer le gisement et la course de chacun des côtés.

10.11 Dans la polygonale de la figure 10.22, calculer le gisement de chaque côté si le gisement de AB est de 70° 20'.

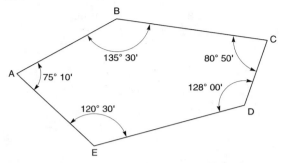

Figure 10.22 (Exercice 10.11)

10.12 Calculer le gisement de chaque côté d'une polygonale ouverte (fig. 10.23), si le gisement de MN est de 75° 30' 20".

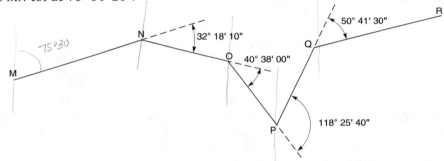

Figure 10.23 (Exercice 10.12)

10.13 Vérifier la fermeture angulaire de la polygonale de la figure 10.24. Calculer aussi le gisement et la course de chacun de ses côtés.

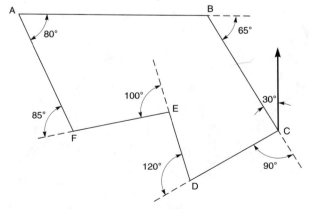

Figure 10.24 (Exercice 10.13)

10.14 La figure 10.25 illustre une polygonale, dont les courses sont indiquées sur chacun des côtés.

   a) Quel est l'angle de déflexion à chacun des sommets?
   b) Quel est le gisement de chacun des côtés?

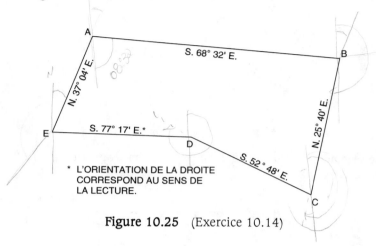

Figure 10.25 (Exercice 10.14)

10.15 Soit la polygonale ABCDEFA (fig. 10.26).

   a) Dire si cette polygonale ferme angulairement et justifier la réponse.
   b) Calculer le gisement et la course magnétiques de chacun des côtés, si le gisement magnétique du côté AB est égal à 30°.
   c) Calculer le gisement et la course astronomiques de chacun des côtés, si la déclinaison magnétique du lieu est N. 20° O.

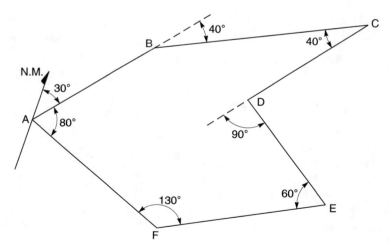

Figure 10.26 (Exercice 10.15)

10.16 Quelle est l'erreur angulaire de fermeture de la polygonale de la figure 10.27?

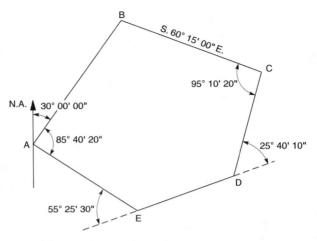

Figure 10.27 (Exercice 10.16)

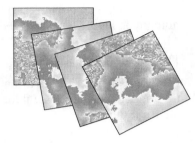

Les opérations
sur le terrain

11.1 GÉNÉRALITÉS

Dans ce chapitre, nous verrons les opérations de base effectuées sur le terrain. Presque chaque situation sur le terrain est un cas particulier, et une bonne connaissance des théorèmes de géométrie s'impose pour qu'on puisse résoudre de la meilleure façon les problèmes rencontrés. Le nombre de méthodes possibles est fonction de l'imagination de l'opérateur.

11.2 LE JALONNEMENT

Le jalonnement consiste à placer des jalons ou à fixer des marques (piquets ou autres) suivant un alignement donné. Le jalonnement peut se faire à vue ou à l'aide d'un instrument, généralement un théodolite.

11.2.1 Le jalonnement à vue

Trois cas de jalonnement à vue peuvent se présenter; nous allons les expliquer brièvement.

1. Placer un jalon entre deux points

Soit A et B, les points donnés sur lesquels sont fichés verticalement des jalons (fig. 11.1). L'opérateur se place à l'arrière de l'un d'eux, A par exemple, à une distance d'environ 3 m. Un aide tient bien verticalement le jalon M. L'opérateur fait déplacer l'aide vers la gauche ou vers la droite (sect. 11.15) jusqu'à ce que le jalon soit dans l'alignement donné. L'aide doit se tenir de côté pour ne pas masquer l'alignement.

Figure 11.1   Le jalonnement à vue entre deux points.

2. Placer un jalon dans l'alignement de deux points, mais au-delà ou en deçà de ceux-ci

Si le point à implanter est au-delà de B, le procédé est identique à celui que nous venons de voir (fig. 11.2a). Si le point est en deçà de A, l'opérateur peut faire le jalonnement seul (fig. 11.2b).

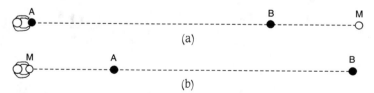

Figure 11.2   Le jalonnement à vue à l'extérieur des points A et B : a) point au-delà de B; b) point en deçà de A.

3. Jalonner en franchissant un obstacle

Lorsque deux points A et B sont sur les versants opposés d'une colline (fig. 11.3), l'opérateur plante un premier jalon en M_1 visible de A et de B, puis l'aide, guidé par l'opérateur, fait de

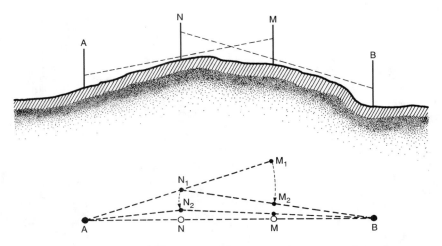

Figure 11.3 Le jalonnement à vue par-dessus un obstacle.

même en N_1, dans l'alignement AM_1. De la même façon, l'aide guide l'opérateur pour ramener le jalon en M_2 dans l'alignement BN_1, ensuite de N_1 en N_2, et ainsi de suite jusqu'à ce que les jalons soient dans le même alignement.

11.2.2 Le jalonnement au moyen d'un instrument

Pour faire ce type de jalonnement, on installe l'instrument sur l'une des deux stations. Encore ici, trois cas peuvent se présenter.

1. Placer un jalon entre les deux stations

On procède comme s'il s'agissait d'un jalonnement à vue, mais avec plus de précision. L'opérateur doit viser la pointe du jalon même s'il tient ce dernier verticalement.

2. Placer un jalon dans l'alignement des deux stations, mais au-delà ou en deçà de celles-ci

Deux cas peuvent se présenter : l'instrument est placé sur la station arrière ou sur la station avant.

Instrument placé sur la station arrière. Après que l'opérateur a visé la station avant, il incline le jalon de cette dernière, s'il y a lieu, et il procède comme s'il s'agissait d'un jalonnement à vue.

Instrument placé sur la station avant. Après que l'opérateur a visé la station arrière, il tourne la lunette de 180° autour de l'axe principal de l'instrument pour ensuite donner l'alignement du point M (fig. 11.4a)

ou

il bascule la lunette autour de son axe secondaire pour implanter le point M (fig. 11.4b)

ou

il fait un double retournement qui donne les points N_1 et N_2. Le milieu entre ces derniers est le point M cherché (fig. 11.4c).

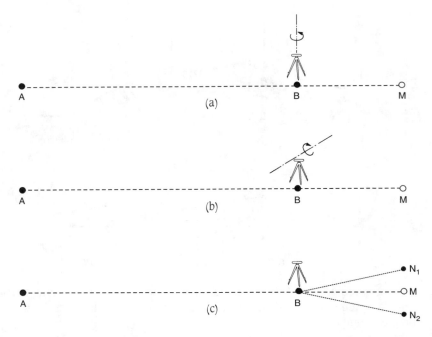

Figure 11.4 a), b) et c)   Le jalonnement au moyen d'un instrument placé sur la station avant.

3. Placer un jalon, les stations n'étant pas visibles l'une de l'autre

Il y a une foule de méthodes possibles. Elles sont fonction de l'opérateur et des particularités du terrain. En voici quelques-unes.

Triangle quelconque. Le jalonnement d'une droite dont les stations ne sont pas visibles l'une de l'autre peut se faire par l'intermédiaire d'un triangle quelconque (fig. 11.5). On installe l'instrument sur un point arbitraire F, visible des deux points A et B de la droite. On mesure ensuite les distances a et b ainsi que l'angle β. On peut obtenir l'angle α en calculant AB par la loi du cosinus et α par la loi des sinus, ou bien par la relation 11.1 :

$$\frac{\sin \alpha}{a} = \frac{\sin(\alpha + \beta)}{b} = \frac{\sin \alpha \cos \beta + \cos \alpha \sin \beta}{b}$$

$$\frac{b}{a} = \cos \beta + \cotg \alpha \sin \beta$$

Si on multiplie la dernière expression par cosec β, on obtient :

$$\frac{b}{a} \cosec \beta = \cotg \beta + \cotg \alpha$$

$$\cotg \alpha = \frac{b}{a} \cosec \beta - \cotg \beta \tag{11.1}$$

Après avoir installé l'instrument en A et pris une visée arrière sur F, on tourne l'instrument d'un angle α pour jalonner la ligne AB.

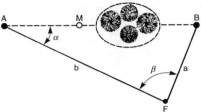

Figure 11.5 Le jalonnement par triangle quelconque.

Triangle rectangle. En considérant la précision requise et la grandeur de l'angle α, on peut, à l'aide d'une équerre optique, trouver un point F qui forme avec A et B un triangle rectangle (fig. 11.6) et ensuite calculer l'angle α. Pour obtenir une plus grande précision, on installe l'instrument au point F et on mène une perpendiculaire d'essai. On mesure ensuite l'écart Δb entre le point B et cette perpendiculaire, on ajoute la valeur obtenue à b, puis on mesure a = B'F. L'angle α calculé avec l'équation 11.2 permet de jalonner la ligne AB :

$$\alpha = \text{tg}^{-1}\left(\frac{a}{b}\right) \text{ ou } \text{tg}^{-1}\left(\frac{a}{b \pm \Delta b}\right) \tag{11.2}$$

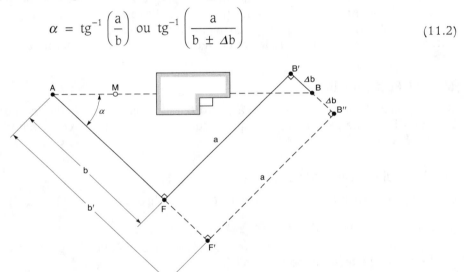

Figure 11.6 Le jalonnement par triangle rectangle.

Cheminement auxiliaire. Dans l'impossibilité de trouver un point duquel A et B soient visibles, on peut faire un cheminement auxiliaire entre A et B (fig. 11.7). Il faut alors prendre comme méridienne conventionnelle le premier côté de la polygonale. La somme des ΔX et la somme des ΔY des côtés de cette polygonale donnent les ΔX et ΔY de la droite AB, ce qui permet de calculer l'angle α que cette dernière forme avec la méridienne :

$$\alpha = \text{tg}^{-1}\left(\frac{\Delta X}{\Delta Y}\right) \tag{11.3}$$

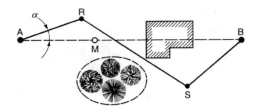

Figure 11.7 Le jalonnement par cheminement auxiliaire.

11.3 LA MISE EN STATION SUR UN POINT INTERMÉDIAIRE

Il arrive quelquefois qu'il faille installer l'instrument sur un point quelconque dans l'alignement de deux points impossibles à occuper (inaccessibilité, coût élevé, etc.).

Il faut alors procéder par approximations successives. Pour calculer la première approximation, on prend un point qui nous semble dans l'alignement. Si le point cherché est entre les deux points donnés, on peut utiliser une équerre optique double (fig. 6.1) ou procéder comme s'il s'agissait de jalonner en franchissant un obstacle. Ensuite, on vérifie l'alignement et, au besoin, on déplace l'instrument jusqu'à l'alignement final. Lorsque le point cherché est entre les deux autres, on recommande de faire le double retournement lors de la dernière vérification.

11.4 LA PERPENDICULAIRE

On peut mener une perpendiculaire à une droite donnée par un point de la droite ou hors de la droite ou bien une perpendiculaire quelconque, en utilisant une équerre optique, un théodolite ou une chaîne.

11.4.1 À l'aide d'une équerre optique

C'est une méthode pratique pour mener une perpendiculaire.

1. **D'un point de la droite**

    On se place sur le point donné et, au moyen d'une équerre optique simple ou double, on donne l'alignement du point cherché.

2. **D'un point hors de la droite**

    Dans ce cas-ci, on procède par tâtonnement. Lorsqu'on se sert d'une équerre optique double, il est relativement facile de se placer dans l'alignement de deux points. On vérifie ensuite si la perpendiculaire passe par le point donné, sinon on se déplace au besoin. Finalement, l'endroit occupé par l'équerre optique est le point cherché (fig. 6.2).

3. **Perpendiculaire quelconque**

    Dans l'alignement de la droite, on trouve d'abord un point qu'on marque au sol et ensuite un autre point suivant la perpendiculaire.

11.4.2 À l'aide d'un théodolite

L'utilisation d'un théodolite permet d'obtenir une plus grande précision.

1. D'un point de la droite

On installe l'instrument sur le point C, puis, après avoir fait une visée arrière sur le point A par exemple, on tourne la lunette de 90° pour placer un autre point M de la perpendiculaire (fig. 11.8).

2. D'un point hors de la droite

Il faut commencer par trouver un point F dans l'alignement donné, près du point cherché. On peut procéder par approximations successives (sect. 11.3) ou bien directement. Dans ce dernier cas, après avoir installé l'instrument sur un des points, A par exemple, et pris une visée arrière sur l'autre point B, on fait une visée avant pour placer le point F (fig. 11.9).

De ce point F, on mène une perpendiculaire d'essai, comme dans le cas précédent. On mesure l'écart entre le point C et cette perpendiculaire, et on place un point M à une même distance de l'instrument dans l'alignement donné.

3. Perpendiculaire quelconque

On procède comme dans le cas précédent, sauf que la perpendiculaire d'essai est la perpendiculaire cherchée.

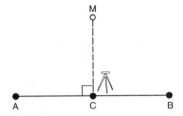

Figure 11.8 La perpendiculaire d'un point de la droite.

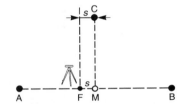

Figure 11.9 La perpendiculaire d'un point hors de la droite.

11.4.3 À l'aide d'une chaîne

1. D'un point de la droite

On peut procéder soit par triangle isocèle, soit par triangle rectangle dans le rapport 3, 4, 5.

Triangle isocèle. On prend dans l'alignement deux points, F et G, de part et d'autre et à égale distance du point donné A (fig. 11.10a). Sur ces deux points, on met les deux extrémités d'une chaîne, de 30 m par exemple, puis on tient ensemble les graduations 13 et 17 m, ce qui donne le point M de la perpendiculaire MA. On peut utiliser deux chaînes et prendre des longueurs égales.

Triangle rectangle dans le rapport 3, 4, 5. On prend dans l'alignement un point F (fig. 11.10b) à une distance de 9 m du point A, en utilisant une chaîne de 30 m. On met les deux extrémités de la chaîne sur les points A et F, puis on tient ensemble les graduations 12 et 15 m, ce qui donne le point M de la perpendiculaire MA.

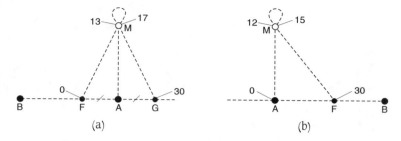

Figure 11.10 La perpendiculaire d'un point d'une droite à l'aide d'une chaîne : a) par triangle isocèle; b) par triangle rectangle dans le rapport 3, 4, 5.

2. D'un point hors de la droite

On peut procéder par perpendiculaire d'essai ou par intersection droite-cercle.

Perpendiculaire d'essai. À partir d'un point quelconque F, on mène une perpendiculaire d'essai FG. On mesure l'écart s qui sépare le point C de cette perpendiculaire, puis on place un point M sur la droite à une distance s de F (fig. 11.11a).

Intersection droite-cercle. Dans l'alignement AB, on prend deux points F et G à égale distance de C (fig. 11.11b). Le milieu M de FG est le point cherché.

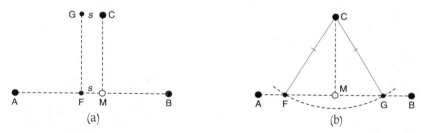

Figure 11.11 La perpendiculaire d'un point hors de la droite à l'aide d'une chaîne : a) par perpendiculaire d'essai; b) par intersection droite-cercle.

11.5 LA PARALLÈLE

La parallèle peut être quelconque ou passer par un point donné. Nous présentons ci-dessous quelques méthodes relatives à la façon de mener, à partir d'un point donné, une parallèle par rapport à une droite donnée.

Perpendiculaires égales. Premièrement, à partir d'un point C, on abaisse une perpendiculaire CF sur AB (fig. 11.12). Deuxièmement, à partir d'un point quelconque G sur la droite AB, ou bien à partir du point B, on élève une perpendiculaire GM de la même longueur que CF. Signalons qu'on prend un point quelconque pour généraliser la méthode. Le segment CM constitue la parallèle cherchée.

Doubles angles droits. À partir d'un point C, on abaisse une perpendiculaire CF sur AB (fig. 11.13). Toujours à partir de C, on élève une perpendiculaire CM sur CF, qui est parallèle à AB.

Triangles semblables. À partir d'un point quelconque F de AB, ou bien à partir du point A, on prolonge FC d'une longueur CG égale à FC (fig. 11.14). On joint le point G à un autre point H de AB ou bien au point B. Le milieu M de GH donne, avec le point C, une parallèle à AB. Les deux triangles CGM et FGH ont un rapport de similitude de 1/2, mais on peut choisir n'importe quel rapport.

Diagonales de parallélogramme. On relie le point A ou un point quelconque F à C et on en prend le milieu G (fig. 11.15). À partir d'un point H (ou B), on prolonge HG d'une longueur GM égale à HG, ce qui donne le point M de la parallèle cherchée.

Angles alternes-internes. À partir d'un point quelconque F (ou A) de l'alignement AB, on mesure l'angle α (fig. 11.16). Du point C, on construit cet angle α sur CF, ce qui donne le point M de la parallèle à AB.

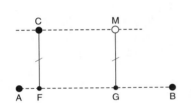

Figure 11.12 La parallèle à une droite par perpendiculaires égales.

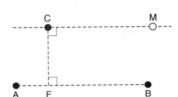

Figure 11.13 La parallèle à une droite par doubles angles droits.

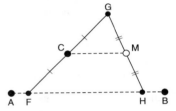

Figure 11.14 La parallèle par triangles semblables.

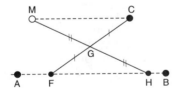

Figure 11.15 La parallèle par les diagonales d'un parallélogramme.

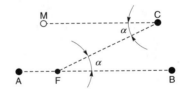

Figure 11.16 La parallèle par angles alternes-internes.

11.6 L'INTERSECTION DE DEUX ALIGNEMENTS

L'intersection de deux alignements peut se situer entre les points des deux droites, d'une seule des deux droites ou même d'aucune d'elles. Lorsque l'intersection est sur le prolongement de la droite et que l'instrument est installé vers le point cherché, il faut procéder par double retournement (fig. 11.17).

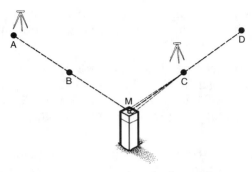

Figure 11.17   L'intersection de deux alignements.

On peut utiliser deux instruments pour trouver l'intersection, et ce simultanément dans les deux alignements. Le plus souvent, on se sert d'un seul instrument au moyen duquel on trouve une position approximative. Sur cette dernière, on peut planter un piquet. Signalons que la façon de procéder varie suivant la précision désirée, la distance et la nature du terrain, etc. Sur la tête du piquet, on marque deux points selon un alignement et on trace une droite. On installe l'instrument dans l'autre direction et, dans son alignement, on trouve sur le piquet le point M, soit l'intersection entre la ligne de visée et la marque tracée.

11.7   LE PROLONGEMENT AU-DELÀ D'UN OBSTACLE

Lorsqu'un obstacle se dresse dans un alignement et qu'il empêche que les points soient visibles l'un de l'autre, on peut employer une des méthodes suivantes : l'alignement parallèle, le triangle rectangle ou le triangle isocèle.

Alignement parallèle. On trace une droite FG, parallèle à la droite donnée AB et à une distance s (sect. 11.5), et on la prolonge au-delà de l'obstacle. Dans cet alignement, on place les points H et I (fig. 11.18). La parallèle MN, tracée à une même distance s, correspond à l'alignement cherché.

Triangle rectangle.   On prend une direction AF qui forme un angle α avec l'alignement AB donné (fig. 11.19). On mesure la distance AF dans cet alignement. Après avoir installé l'instrument en F, on prend une direction FM qui forme avec FA un angle égal au complément de l'angle α. On mesure une distance FM égale à AF $\sin\alpha$. À partir de M, un angle de 90° donne MN dans le prolongement de AB.

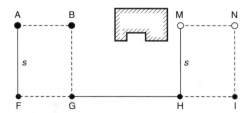

Figure 11.18   Le prolongement au-delà d'un obstacle par alignement parallèle.

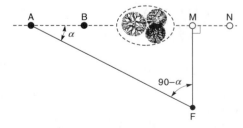

Figure 11.19   Le prolongement au-delà d'un obstacle par triangle rectangle.

Triangle isocèle. Ici aussi, le segment AF forme un angle α avec l'alignement AB donné, et il faut mesurer la distance AF (fig. 11.20). On tourne un angle de déflexion de 2α en F et on porte la distance AF jusqu'en M. À partir de ce point, l'angle de déflexion α donne la direction MN cherchée.

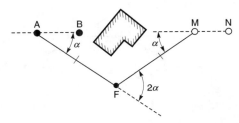

Figure 11.20 Le prolongement au-delà d'un obstacle par triangle isocèle.

11.8 LES OBSTACLES AU CHAÎNAGE

Il arrive souvent que des obstacles empêchent le mesurage entre deux points, bien que ces derniers soient accessibles. Que chaque point puisse être vu à partir de l'autre ou non, on peut toujours faire un cheminement auxiliaire (art. 11.2.2, fig. 11.7). La distance entre les deux points, par exemple A et B, se calcule alors comme suit :

$$d_{AB} = \sqrt{\Delta X_{AB}^2 + \Delta Y_{AB}^2} \tag{11.4}$$

11.8.1 Les points visibles l'un de l'autre

1. Droite parallèle

À partir du segment AB, on élève deux perpendiculaires, AF et BG, d'égale longueur (fig. 11.21). La distance FG est égale à AB.

2. Triangle rectangle

On élève une perpendiculaire AF (fig. 11.22). Une fois cette distance et l'angle α mesurés, on trouve que la distance AB est égale à b cotg α.

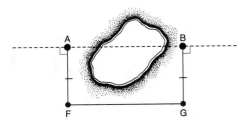

Figure 11.21 Le chaînage au-delà d'un obstacle par droite parallèle.

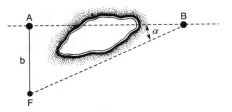

Figure 11.22 Le chaînage au-delà d'un obstacle par triangle rectangle.

3. Triangles semblables

On prend un point F à une certaine distance de l'obstacle, on mesure AF et BF, puis on en prend les milieux G et H (fig. 11.23). La distance AB cherchée est le double de GH.

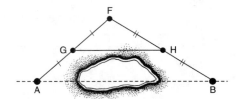

Figure 11.23   Le chaînage au-delà d'un obstacle par triangles semblables.

4. Télémètre électronique

Si un télémètre électronique est disponible, c'est certainement la meilleure méthode pour obtenir la distance AB (sect. 8.4).

11.8.2   Les points non visibles l'un de l'autre

1. Triangles semblables

La méthode est la même que celle que nous avons décrite précédemment.

2. Loi du cosinus

À partir d'un point F quelconque, on mesure les distances AF et BF (fig. 11.24). En ayant la valeur de l'angle β mesuré en F, on obtient la distance AB par la loi du cosinus :

$$d_{AB}^2 = b^2 + a^2 - 2\,ab\,\cos\beta \tag{11.5}$$

3. Triangle rectangle

Parce que cette méthode se fait par tâtonnement, elle est moins intéressante. Toutefois, on peut l'utiliser si les fonctions trigonométriques ne sont pas disponibles. Il faut implanter le point F de telle sorte qu'il forme un angle droit avec A et B (fig. 11.25). La distance AB se détermine alors comme suit :

$$d_{AB} = \sqrt{b^2 + a^2} \tag{11.6}$$

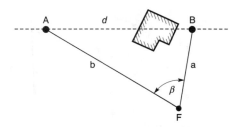

Figure 11.24   Le chaînage au-delà d'un obstacle par la loi du cosinus.

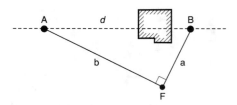

Figure 11.25   Le chaînage au-delà d'un obstacle par triangle rectangle.

11.9 L'IMPLANTATION D'UN ANGLE

Le procédé de construction d'un angle sur le terrain est semblable à celui du mesurage des angles. À l'aide d'un théodolite cumulateur, il faut placer l'index à zéro et fixer les deux plateaux ensemble. On fait une visée arrière sur le premier point. On libère le plateau supérieur et on le tourne jusqu'à ce que l'index donne la lecture de l'angle désiré. Il s'agit maintenant de placer un point dans cet alignement.

Avec un théodolite directionnel, il faut faire la visée arrière sur le premier point avant de prendre la lecture de cette première direction. Après avoir ajouté la valeur de l'angle à la première lecture, on tourne la lunette jusqu'à ce que l'index donne la valeur finale de la seconde direction.

Il est possible, à la rigueur, de construire un angle α à l'aide d'une chaîne seulement. On prend d'abord une longueur AF de 30 m par exemple sur AB et, à partir de F, on élève une perpendiculaire par rapport à AB (sect. 11.4). Il faut ensuite implanter le point M à une distance FM égale à AF tg α; ce point doit être sur la perpendiculaire (fig. 11.26).

Remarque : Lors de l'implantation ou du mesurage d'un angle, dans une polygonale notamment, s'il y a un côté assez court, on recommande de prendre un point de référence au loin afin de minimiser l'erreur dans l'orientation de ce petit côté (fig. 11.27). L'erreur de pointé de B vers C et de C vers B, si petite soit-elle, entraîne une variation appréciable dans les directions BC et CB.

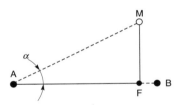

Figure 11.26 L'implantation d'un angle à la chaîne.

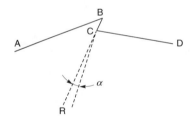

Figure 11.27 Le mesurage d'un angle dont un des côtés est très court.

11.10 LA STATION EXCENTRÉE

Lorsque, pour quelque raison que ce soit, il est impossible d'occuper une station A, on installe l'instrument à proximité sur un point T appelé *station excentrée* (fig. 11.28a). On calcule les directions θ (0 à 360°) à partir de cette station de même que la correction nécessaire ξ, appelée réduction au centre. On ramène ainsi ces valeurs à ce qu'elles auraient été (β) si on les avait mesurées à partir de la station principale, par exemple A.

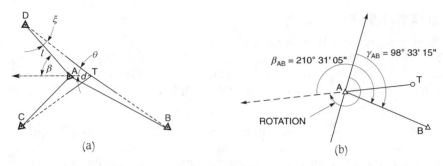

Figure 11.28 a) La station excentrée; b) la détermination de la rotation pour l'obtention du gisement.

On détermine par mesurage ou par calcul la distance d entre la station excentrée T et la station principale A qui peut être inaccessible. On évalue la distance l entre le point considéré, par exemple D, et la station principale. La droite TA constitue la méridienne arbitraire de référence. On apporte la correction ξ en tenant compte de son signe.

Dans le triangle TAD, on a :

$$\frac{\sin \xi}{d} = \frac{\sin \theta}{l}$$

$$\sin \xi = \frac{d \sin \theta}{l}$$

$$\xi = \sin^{-1}\left(\frac{d \sin \theta}{l}\right)$$

$$\beta = \theta + \xi \tag{11.7}$$

L'exemple 11.1 présente le calcul de gisements à partir d'une station excentrée.

. . . .
EXEMPLE 11.1

Dans la figure 11.28a, quels sont les gisements de AC et AD si celui de AB est de 98° 33' 15" et si la distance entre la station excentrée et la station principale est de 12,735 m? Les distances évaluées pour B, C et D sont respectivement de 7043, 4638 et 1936 m. Les orientations à partir de la méridienne arbitraire de référence sont respectivement de 210° 34' 15", 315° 18' 47" et 50° 41' 33".

Solution

L'équation 11.7 permet de déterminer la correction ξ à apporter pour chaque point visé. Pour B, on a :

$$\xi = \sin^{-1}\left(\frac{12,735 \ \sin 210° 34' 15"}{7043}\right) = -3' 10"$$

Pour les points C et D, on obtient respectivement -6' 38" et 17' 30".

	B	C	D
Distance	7043 m	4638 m	1936 m
θ	210° 34' 15"	315° 18' 47"	50° 41' 33"
ξ	-3' 10"	-6' 38"	+17' 30"
β	210° 31' 05"	315° 12' 09"	50° 59' 03"
Rotation	248° 02' 10"	248° 02' 10"	248° 02' 10"
Gisement	98° 33' 15"	203° 14' 19"	299° 01' 13"

La rotation de 248° 02' 10", qu'on applique à chaque direction pour obtenir le gisement, se détermine comme dans la figure 11.28b :

$$\begin{aligned} \gamma_{AB} &= \text{rotation} + \beta_{AB} \\ \text{rotation} &= \gamma_{AB} - \beta_{AB} \\ &= 98° 33' 15" - 210° 31' 05" \\ &= -111° 57' 50" \rightarrow 248° 02' 10" \end{aligned}$$

. . . .

11.11 LES POINTS D'APPUI

Dans un levé topométrique, un point d'appui est un point déjà connu ou déterminé dans un système de coordonnées et servant d'appui au levé de détails du terrain. Que ce soit en planimétrie ou en altimétrie, l'ensemble des points d'appui est souvent appelé canevas ou réseau de points d'appui. Voyons les quatre méthodes qu'on peut employer afin de localiser ces points.

11.11.1 Le cheminement

Le cheminement consiste en une série d'opérations, de proche en proche, servant à mesurer sur le terrain les différents éléments d'une polygonale ou d'un circuit de nivellement (fig. 11.29). Il est important de bien faire la distinction entre cheminement, polygonale et polygonation. La *polygonale* est la figure géométrique obtenue lors d'un cheminement et composée d'une succession

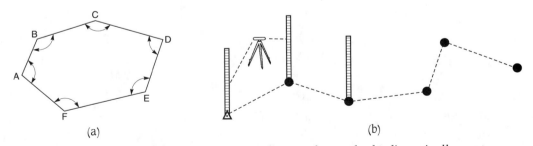

(a) (b)

Figure 11.29 Les cheminements : a) d'une polygonale; b) d'un nivellement.

d'angles et de segments de droite. La *polygonation* correspond à l'ensemble des opérations qui consistent à mesurer et à calculer une polygonale. Étant donné l'importance de la polygonation en topométrie, nous en reparlerons plus en détail au chapitre 12.

11.11.2 La triangulation

La triangulation est un ensemble de triangles rattachés les uns aux autres et dont on mesure les angles. On calcule les distances à partir d'une ligne de base qui est un côté du premier triangle (fig. 11.30). En topométrie, on n'utilise pas la triangulation comme telle; elle fait plutôt partie de la géodésie.

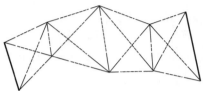

Figure 11.30 La triangulation.

11.11.3 La trilatération

La trilatération est aussi un ensemble de triangles dont on mesure les côtés plutôt que les angles. Elle n'est possible que si on utilise des appareils de mesure électronique des distances. Comme la triangulation, elle implique de grandes distances pour lesquelles on tient compte de la courbure terrestre et de la réfraction atmosphérique.

11.11.4 Le relèvement

Le *relèvement* est l'opération topométrique qui vise à déterminer la position (coordonnées) d'un point occupé par le théodolite au moyen de visées sur au moins trois points connus.

À partir de la station P dont on veut obtenir les coordonnées, on mesure les angles α et β entre les droites qui joignent cette station à chacun des points connus A, B et C (fig. 11.31).

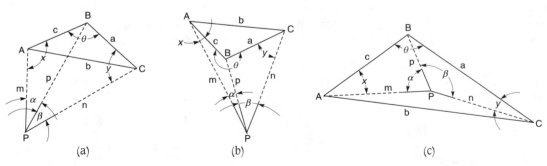

(a)   (b)   (c)

Figure 11.31 Le relèvement : a) premier cas : $\alpha + \beta < 180°$; $\theta = \gamma_{BA} - \gamma_{BC} < 180°$;
b) deuxième cas : $\alpha + \beta < 180°$; $\theta = \gamma_{BA} - \gamma_{BC} > 180°$; c) troisième cas :
$\alpha + \beta > 180°$; $\theta = \gamma_{BA} - \gamma_{BC} < 180°$.

Ces trois points, choisis dans l'ordre alphabétique, par exemple, de la gauche vers la droite, forment un triangle dont on peut calculer la longueur et la direction de chacun des côtés a, b et c.

Le point P est situé à l'intersection des segments capables des angles α et β sur les côtés a et c du triangle. Si les points A, B, C et P sont concycliques (sur le même cercle), le problème est indéterminé. Dans le voisinage de cette circonférence, la détermination est très faible, ce qui correspond à une intersection en sifflet, c'est-à-dire sous un angle très aigu et par conséquent peu précis.

Trois cas peuvent se présenter.

Premier cas. Le point médian B et le point cherché P peuvent être de part et d'autre de la droite qui joint les points extrêmes A et C (fig. 11.31a). La différence θ entre les gisements de BC et BA est plus petite que 180°. Si cette différence est négative, il faut ajouter 360°.

Deuxième cas. Ces deux points peuvent être du même côté de cette droite (fig. 11.31b), mais à l'extérieur du triangle ABC, ce qui donne une détermination plus forte. La différence entre ces gisements est plus grande que 180° et doit être positive. La somme des angles α et β mesurés en P est plus petite que 180°.

Troisième cas. Le point P peut être à l'intérieur du triangle ABC (fig. 11.31c), ce qui correspond à la meilleure détermination. La somme des angles α et β est plus grande que 180°, tandis que l'angle θ est plus petit que 180°.

Nous présentons ci-dessous une des nombreuses méthodes analytiques permettant de résoudre le relèvement.

À la figure 11.31, on a la somme des angles du quadrilatère ABCP :

$$\theta + \alpha + \beta + x + y = 360°$$

d'où

$$\frac{1}{2}(x + y) = 180 - \frac{1}{2}(\theta + \alpha + \beta) \tag{11.8}$$

Si $\theta + \alpha + \beta = 180°$, le point P est sur le même cercle que les trois points donnés (A, B et C) et nous sommes en présence d'un quadrilatère inscriptible. Par conséquent, dans ce cas particulier, le problème est indéterminé.

Pour rendre cette méthode générale, on calcule θ comme suit :

$$\theta = \gamma_{BA} - \gamma_{BC}$$

ou

$$\theta = 360 + \gamma_{BA} - \gamma_{BC} \quad (\text{si } \gamma_{BA} < \gamma_{BC})$$

Dans le triangle ABP, on a :

$$\frac{p}{\sin x} = \frac{c}{\sin \alpha} \rightarrow p = \frac{c \sin x}{\sin \alpha}$$

et, dans le triangle CBP, on a :

$$\frac{p}{\sin y} = \frac{a}{\sin \beta} \rightarrow p = \frac{a \sin y}{\sin \beta}$$

ce qui donne :

$$\frac{c \sin x}{\sin \alpha} = \frac{a \sin y}{\sin \beta}$$

Posons :

$$\frac{\sin x}{\sin y} = \frac{a \sin \alpha}{c \sin \beta} = k$$

D'après les identités trigonométriques, on sait que :

$$\sin x \pm \sin y = 2 \sin \frac{1}{2} (x \pm y) \cos \frac{1}{2} (x \mp y)$$

on peut donc écrire que :

$$\frac{\operatorname{tg} \frac{1}{2} (x - y)}{\operatorname{tg} \frac{1}{2} (x + y)} = \frac{\sin x - \sin y}{\sin x + \sin y}$$

et

$$\frac{\operatorname{tg} \frac{1}{2} (x - y)}{\operatorname{tg} \frac{1}{2} (x + y)} = \frac{k - 1}{k + 1}$$

Ainsi, on obtient :

$$\operatorname{tg} \frac{1}{2} (x - y) = \left(\frac{k - 1}{k + 1} \right) \operatorname{tg} \frac{1}{2} (x + y)$$

ou encore

$$\frac{1}{2} (x - y) = \operatorname{tg}^{-1} \left[\left(\frac{k - 1}{k + 1} \right) \operatorname{tg} \frac{1}{2} (x + y) \right] \tag{11.9}$$

La somme des équations 11.8 et 11.9 donne x et leur différence, y. Le gisement de BP est égal au gisement de AB plus l'angle $(\alpha + x)$. Après avoir calculé la valeur de p, on trouve les coordonnées de P, soit le point cherché.

L'exemple 11.2 présente un calcul effectué au moyen de la méthode du relèvement.

EXEMPLE 11.2

Quelles sont les coordonnées du point P si les angles, mesurés entre les directions menées de cette station vers les points connus A, B et C, sont $\alpha = 16°\ 07'\ 15''$ et $\beta = 25°\ 11'\ 12''$?

	X (m)	Y (m)
A	3640,000	4260,000
B	4390,000	3860,000
C	5290,000	4235,000

Solution

	X (m)	Y (m)	Distance (m)	Gisement	Angle θ
A	3640,000	4260,000			
↑			850,000	298° 04' 21"	
B	4390,000	3860,000			230° 41' 33"
↓			975,000	67° 22' 48"	
C	5290,000	4235,000			

Équation 11.8 :

$$\frac{1}{2}(x + y) = 180 - \frac{1}{2}\left(230°\ 41'\ 33'' + 16°\ 07'\ 15'' + 25°\ 11'\ 12''\right) = 44°\ 00'\ 00''$$

$$k = \frac{975,000\ \sin 16°\ 07'\ 15''}{850,000\ \sin 25°\ 11'\ 12''} = 0,748\ 403\ 0$$

Équation 11.9 :

$$\frac{1}{2}(x - y) = \mathrm{tg}^{-1}\left[\left(\frac{0,748\ 403\ 027 - 1}{0,748\ 403\ 027 + 1}\right)\mathrm{tg}\ 44°\ 00'\ 00''\right] = -7°\ 54'\ 41''$$

$$x = 36°\ 05'\ 19'' \qquad y = 51°\ 54'\ 41''$$

$$\gamma_{BP} = 118°\ 04'\ 21'' + 36°\ 05'\ 19'' + 16°\ 07'\ 15'' = 170°\ 16'\ 55''$$

$$p = \frac{975,000\ \sin 51°\ 54'\ 41''}{\sin 25°\ 11'\ 12''} = 1803,190\ \text{m}$$

$$X_p = 4390,000 + 1803,190\ \sin 170°\ 16'\ 55'' = 4694,378\ \text{m}$$

$$Y_p = 3860,000 + 1803,190\ \cos 170°\ 16'\ 55'' = 2082,685\ \text{m}$$

11.12 LE LEVÉ DE DÉTAILS

On localise les détails du terrain à partir des points d'appui dont nous avons parlé précédemment. Il ne faut pas perdre de vue que, de façon générale, le but du levé de détails est l'établissement d'une carte ou d'un plan. Les mesures doivent faciliter l'opération inverse qu'est la mise en plan. On doit recueillir plus de données qu'il en faut afin de se doter de moyens de vérification.

Pour ce qui est du levé de détails, il y a plusieurs façons de procéder qui sont, dans l'ensemble, des mesures combinées d'angles et de distances.

Rayonnement. Le rayonnement est un procédé topométrique qui sert à localiser des points inconnus à partir d'un point connu occupé généralement par un théodolite, et ce par la mesure des distances et des directions (fig. 11.32). Autrement dit, les points sont localisés par coordonnées polaires. Depuis l'arrivée des appareils de mesure électronique des distances, on utilise de plus en plus cette méthode.

Biangulation. La biangulation est la localisation d'un point M à partir d'une droite AB (points A et B connus) au moyen des angles α et β mesurés à chaque extrémité de la droite (fig. 11.33).

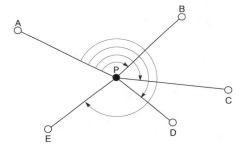

Figure 11.32 Le rayonnement.

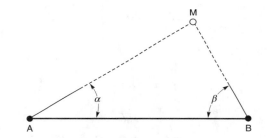

Figure 11.33 La biangulation.

Bilatération. La bilatération est la localisation d'un point M à partir d'une droite AB (points A et B connus) au moyen des distances a et b mesurées à chaque extrémité de la droite (fig. 11.34).

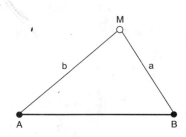

Figure 11.34 La bilatération.

Angulation-latération. L'angulation-latération est la localisation d'un point M à partir d'une droite AB (points A et B connus) au moyen de la mesure d'un angle α à une extrémité de la droite et de la mesure d'une distance depuis l'autre extrémité (fig. 11.35). Lors de la mise en plan, les deux solutions peuvent créer une ambiguïté. Il faut donc fournir les détails pour lever cette ambiguïté.

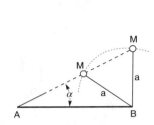

Figure 11.35 L'angulation-latération.

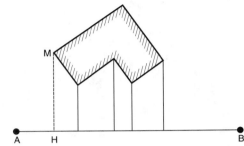

Figure 11.36 Les ordonnées rectangulaires.

Ordonnées rectangulaires. Cette méthode consiste à prendre comme axe de référence opératoire la ligne droite joignant deux points connus A et B (fig. 11.36). On localise le point inconnu M en mesurant sur AB la longueur AH jusqu'au pied de la perpendiculaire abaissée de ce point sur AB ainsi que la longueur MH de la perpendiculaire.

Intersection. On peut localiser un point M en faisant l'intersection de deux alignements AB et CD donnés (fig. 11.37). La biangulation, la bilatération et l'angulation-latération sont en quelque sorte une forme d'intersection.

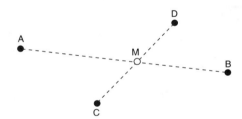

Figure 11.37 L'intersection.

11.13 SUGGESTIONS PRATIQUES

Lors du mesurage sur le terrain, une foule de méthodes s'offrent à l'opérateur. Celui-ci doit choisir celle qui donnera les meilleurs résultats compte tenu des circonstances. L'opérateur doit toujours se rappeler qu'il faut exécuter le mesurage en fonction de la mise en plan, dont la réalisation se doit d'être facile et efficace.

À la figure 11.38, la bâtisse est réellement localisée, mais elle ne peut pas être mise en plan facilement. On n'y parvient qu'après une série de calculs ou de constructions géométriques. Si l'angle en A avait été mesuré, la réalisation de la mise en plan aurait été facile.

Afin de se doter de moyens de vérification, on ne saurait trop insister sur la nécessité de prendre plus de mesures que ne l'exige la solution. Par exemple, si les coins d'une bâtisse sont localisés par rayonnement, il faut en plus mesurer directement les dimensions de cette bâtisse (fig. 11.39).

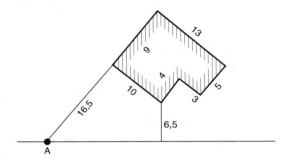

Figure 11.38 Une bâtisse mal localisée.

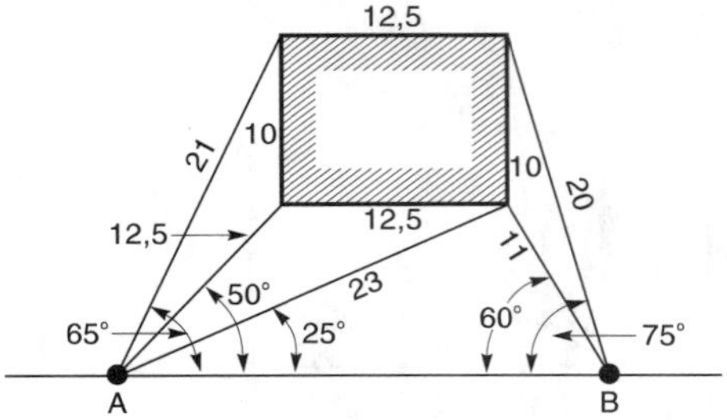

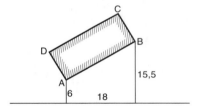

Figure 11.39 Des données surabondantes.

Si on localise un point au moyen de l'intersection de deux droites ou de deux arcs de cercle, il faut que l'angle soit voisin de 90° autant que possible et jamais inférieur à 30°. À la figure 11.40, les points M et N sont mal définis.

Lorsqu'on a le choix, on localise le grand côté d'une bâtisse de préférence au petit côté. À la figure 11.41, on choisit AB plutôt que AD.

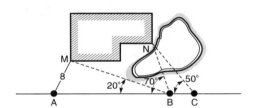

Figure 11.40 Des points mal définis.

Figure 11.41 Le grand côté de préférence au petit.

11.14 PROBLÈMES PARTICULIERS

En topométrie, plusieurs problèmes particuliers peuvent surgir lors du mesurage. Dans le texte qui suit, nous présentons les plus courants.

Distance entre deux points A et B dont l'un est inaccessible. Prenons le cas où le point B est de l'autre côté d'une rivière. On pourrait procéder de deux façons : par triangle rectangle et par triangles égaux.

Triangle rectangle. Après avoir élevé et mesuré une perpendiculaire AP (sect. 11.4), on mesure à partir de P l'angle α entre PA et PB (fig. 11.42a). La distance cherchée est alors :

$$d = b \text{ tg } \alpha$$

Triangles égaux. Après avoir élevé une perpendiculaire AP à AB (fig. 11.42b), on prend le milieu M de AP. Sur la perpendiculaire PR élevée sur PA, on trouve son intersection N avec BM. La longueur PN est égale à la distance AB cherchée conformément à l'égalité ABM et MPN.

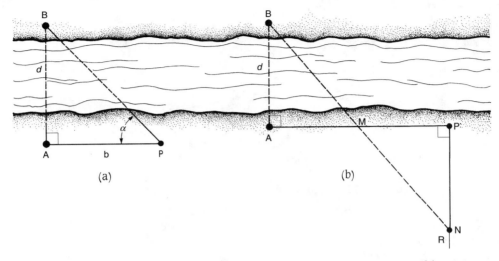

Figure 11.42 Le calcul d'une distance lorsqu'un point est inaccessible : a) par triangle rectangle; b) par triangles égaux.

Distance entre deux points inaccessibles. Pour trouver la distance d entre les points inaccessibles P et R, qui sont ou non visibles l'un de l'autre, on mesure vers ces points les angles α, β, γ et δ des extrémités A et B d'une base auxiliaire b (fig. 11.43).

Triangle ABP :

$$\frac{m}{\sin(\alpha + \beta)} = \frac{r}{\sin \gamma} = \frac{b}{\sin \Phi} \rightarrow r = \frac{b \sin \gamma}{\sin \Phi}$$

Triangle ARB :

$$\frac{n}{\sin(\gamma + \delta)} = \frac{p}{\sin \beta} = \frac{b}{\sin \theta} \rightarrow n = \frac{b \sin(\gamma + \delta)}{\sin \theta}$$

Triangle APR :

$$d^2 = r^2 + n^2 - 2r\,n\,\cos\alpha$$

La distance entre les points P et R est donc :

$$d = b \sqrt{\left(\frac{\sin \gamma}{\sin \Phi}\right)^2 + \left(\frac{\sin(\gamma + \delta)}{\sin \theta}\right)^2 - 2\left(\frac{\sin \gamma}{\sin \Phi}\right)\left(\frac{\sin(\gamma + \delta)}{\sin \theta}\right)\cos \alpha} \quad (11.10)$$

Voyons à l'exemple 11.3 comment déterminer la distance entre deux points inaccessibles.

EXEMPLE 11.3

Trouver la distance PR inaccessible de la figure 11.43 si, à partir d'une base auxiliaire AB de 285 m, on a mesuré les angles suivants :

$\alpha = 75°\ 30'$ $\gamma = 35°\ 23'$

$\beta = 40°\ 17'$ $\delta = 80°\ 46'$

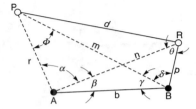

Figure 11.43   Le problème des deux points (exemple 11.3)

Solution

$\Phi = 180° - (75°\ 30' + 40°\ 17' + 35°\ 23') = 28°\ 50'$
$\theta = 180° - (40°\ 17' + 35°\ 23' + 80°\ 46') = 23°\ 34'$

La distance s'obtient au moyen de l'équation 11.10 :

$$d = 285 \sqrt{\left(\frac{\sin 35°\ 23'}{\sin 28°\ 50'}\right)^2 + \left(\frac{\sin 116°\ 09'}{\sin 23°\ 34'}\right)^2 - 2\left(\frac{\sin 35°\ 23'}{\sin 28°\ 50'}\right)\left(\frac{\sin 116°\ 09'}{\sin 23°\ 34'}\right)\cos 75°\ 30'}$$

$$= 646\ \text{m}$$

Hauteur d'une tour dont la base est accessible.   On installe l'instrument en un endroit P de telle sorte que son plan horizontal soit légèrement plus haut que la base B de la tour (fig. 11.44). On mesure la distance horizontale a, l'angle vertical α du sommet de la tour et la distance d entre la base de la tour et le plan horizontal de l'instrument. La hauteur de la tour h est donc :

$$h = d + a\ \text{tg}\ \alpha \tag{11.11}$$

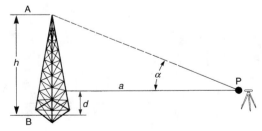

Figure 11.44   La détermination de la hauteur d'une tour dont la base est accessible.

Hauteur d'une tour dont le pied est inaccessible. Dans ce cas, on procède à des mesurages dans un plan vertical (fig. 11.45a) ou bien on se sert d'une base auxiliaire (fig. 11.45b).

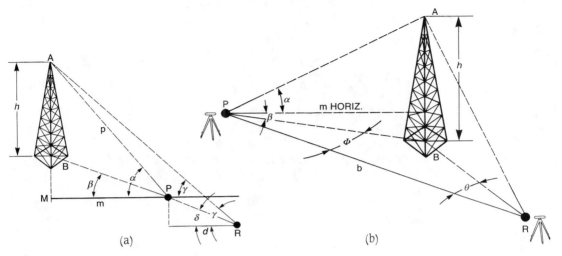

Figure 11.45 La détermination de la hauteur d'une tour dont le pied est inaccessible : a) par mesurages dans un plan vertical; b) à l'aide d'une base auxiliaire.

Plan vertical

Soit deux points, P et R, dans un plan vertical passant par l'axe de la tour. Il faut mesurer les angles α, β, γ et δ ainsi que la distance horizontale d (fig. 11.45a) :

$$h = AM - BM$$

$$= m \left(\operatorname{tg} \alpha - \operatorname{tg} \beta \right)$$

$$m = p \cos \alpha$$

$$p = \frac{d \sec \delta \sin(\gamma - \delta)}{\sin(\alpha - \gamma)}$$

$$h = \frac{d \left(\operatorname{tg} \alpha - \operatorname{tg} \beta \right) \sec \delta \sin(\gamma - \delta) \cos \alpha}{\sin(\alpha - \gamma)} \qquad (11.12)$$

Si les points P et R sont à la même altitude, la dernière expression devient :

$$h = \frac{d \left(\operatorname{tg} \alpha - \operatorname{tg} \beta \right) \sin \gamma \cos \alpha}{\sin(\alpha - \gamma)} \qquad (11.13)$$

Remarque : Il faut tenir compte des signes des angles verticaux.

Base auxiliaire

Ici, il faut prendre une ligne de base auxiliaire PR, sensiblement horizontale. On mesure les angles horizontaux Φ et θ, les angles verticaux α et β de même que la base auxiliaire b (fig. 11.45b). On obtient ainsi :

$$h = m \, (\text{tg} \, \alpha - \text{tg} \, \beta)$$

$$m = \frac{b \sin \theta}{\sin(\Phi + \theta)}$$

$$h = \frac{b \sin \theta \, (\text{tg} \, \alpha - \text{tg} \, \beta)}{\sin(\Phi + \theta)} \tag{11.14}$$

L'exemple 11.4 montre la façon de déterminer, par mesurages dans un plan vertical, la hauteur d'une tour dont le pied est inaccessible. L'exemple 11.5 présente le même type de calcul, mais à l'aide d'une base auxiliaire.

· · · · · · · · · · · · · · · · · · ·
EXEMPLE 11.4

Quelle est la hauteur d'une tour si, de deux stations P et R espacées de 17,486 m et situées dans le plan vertical passant par l'axe de la tour, les angles mesurés donnent les valeurs suivantes (fig. 11.45a)?

$\alpha = 58° \ 14' \ 00''$ $\gamma = 44° \ 46' \ 40''$

$\beta = 20° \ 03' \ 00''$ $\delta = 14° \ 39' \ 20''$

Solution

On trouve la réponse à l'aide de l'équation 11.12 :

$$h = \frac{d \, (\text{tg} \, \alpha - \text{tg} \, \beta) \, \sec \delta \, \sin(\gamma - \delta) \, \cos \alpha}{\sin(\alpha - \gamma)}$$

$$= \frac{17,486 \, (\text{tg} \, 58° \ 14' \ 00'' - \text{tg} \, 20° \ 03' \ 20'') \, \sec 14° \ 39' \ 20'' \, \sin 30° \ 07' \ 20'' \, \cos 58° \ 14' \ 00''}{\sin 13° \ 27' \ 20''}$$

$$= 25,649 \text{ m}$$

· · · · · · · · · · · · · · · · · ·
EXEMPLE 11.5

Quelle est la hauteur d'une cheminée si, à partir d'une base auxiliaire de 28,948 m de longueur, on mesure les angles suivants (fig. 11.45b)?

$\alpha = 42° \ 17' \ 40''$ $\Phi = 38° \ 56' \ 00''$

$\beta = -13° \ 31' \ 20''$ $\theta = 46° \ 19' \ 20''$

Solution

La réponse s'obtient au moyen de l'équation 11.14 :

$$h = \frac{b \sin \theta \left(\operatorname{tg} \alpha - \operatorname{tg} \beta\right)}{\sin(\Phi + \theta)}$$

$$= \frac{28,948 \sin 46° \, 19' \, 20" \left(\operatorname{tg} 42° \, 17' \, 40" - \operatorname{tg}\left(-13° \, 31' \, 20"\right)\right)}{\sin 85° \, 15' \, 20"}$$

$$= 24,165 \text{ m}$$

. . . .

11.15   LES SIGNAUX

La communication entre les membres de l'équipe peut se révéler difficile en raison de la distance qui les sépare ou du bruit qui règne aux alentours. Il y a lieu de communiquer à l'aide d'un poste émetteur-récepteur ou de signaux de la main. Il n'existe pas de convention officielle, quoique certains signaux semblent être consacrés par l'usage.

Il faut que tous les membres conviennent des signaux à utiliser. Ces derniers doivent être simples, faciles à retenir et ils doivent imiter autant que possible le geste à poser. Des signaux peuvent aussi servir à communiquer les nombres. L'opérateur ne doit pas oublier qu'il a, par rapport à l'aide, l'avantage d'utiliser le grossissement de la lunette. Afin de rendre le signal plus visible, on peut agiter un mouchoir ou un autre objet semblable.

La figure 11.46 suggère quelques signaux types que nous décrivons ci-après.

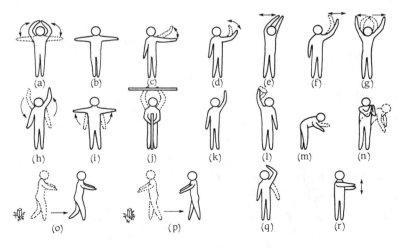

Figure 11.46   Quelques signaux.

C'est correct (a). De façon générale, pour indiquer que le signal a été bien compris, que le déplacement est le bon, que la lecture a été prise, etc., on étire les bras en pleine extension, la paume des mains vers l'avant, et on les balance dans un mouvement de va-et-vient en les croisant au-dessus de la tête.

Maintenir (b). Pour maintenir une position ou donner suite à un autre signal, on étend les bras à l'horizontale et on les maintient dans cette position.

Vers le haut ou vers le bas (c). Lorsqu'il faut faire monter ou descendre la mire ou tout autre objet, on balance les bras vers le haut ou vers le bas. La vitesse de balancement est une indication de l'importance du déplacement à effectuer.

Vers la droite ou vers la gauche (d). On indique le déplacement vers la droite ou vers la gauche avec le bras correspondant et, au fur et à mesure que l'aide se rapproche du point voulu, on ralentit le mouvement.

Rendre vertical (e). Si la mire ou le jalon n'est pas vertical, on étend les bras du côté de l'inclinaison et on les ramène à la verticale.

Balancer la mire (f). Pour faire balancer la mire afin d'obtenir une lecture minimale, on étend un bras au-dessus de la tête et on le balance de gauche à droite.

Étirer la mire (g). Lorsque l'opérateur désire une autre section de la mire ou qu'il se rend compte que la mire n'est pas étirée convenablement, il place les deux bras au-dessus de la tête et il fait un mouvement, comme s'il étirait un élastique.

Renverser la mire (h). Certaines mires ont une double graduation. Si l'aide présente la mauvaise face ou s'il tient la mire à l'envers, l'opérateur place un bras vers le haut et l'autre vers le bas, et les agite de haut en bas.

Monter la mire (i). Si l'opérateur ne voit pas la mire ou une division principale de celle-ci, il étend les bras de chaque côté en pleine extension et fait un mouvement de bas en haut, simultanément des deux bras.

Donner la ligne (j). Pour donner la ligne ou une altitude, l'aide tient la mire ou un jalon horizontalement au-dessus de la tête et descend cet instrument verticalement devant lui. L'opérateur peut faire de même avec ou sans jalon.

Demander la ligne (k). Si l'opérateur ou l'aide veut avoir la ligne, il tend verticalement un bras.

Établir un point de changement (l). Pour établir un point de changement, l'opérateur ou l'aide décrit un cercle au-dessus de la tête avec un bras.

Implanter (m). Après avoir donné un alignement, si l'opérateur désire indiquer à l'aide qu'il peut planter un piquet, il se penche sur le côté et mime le geste de quelqu'un qui frappe sur quelque chose.

Ramasser les instruments (n). Après avoir terminé le travail ou une phase du travail, le chef d'équipe peut indiquer à l'opérateur de ramasser les instruments en mimant le geste correspondant.

Avancer ou reculer (o et p). Pour indiquer d'avancer ou de reculer, on pose le geste depuis la station, et ce perpendiculairement à l'alignement.

Revenir (q). Lorsqu'on veut signaler à un autre membre de l'équipe de revenir, on allonge un bras sur le côté et on le ramène au-dessus de l'épaule opposée en effectuant un grand mouvement de rotation.

Obstruction (r). S'il y a obstruction, par exemple à cause des branches ou de la main de l'aide qui cache les divisions de la mire, l'opérateur étire partiellement un bras de côté et frappe dans sa main avec l'autre main.

Chiffres. Voir la figure 11.47.

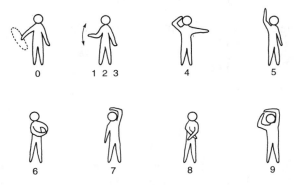

Figure 11.47 Les chiffres.

Quand on doit effectuer un travail, on peut toujours au début convenir d'autres signaux. La compréhension des signaux est beaucoup plus sûre si tous les membres de l'équipe participent activement au travail et en comprennent le sens.

Dans la mesure du possible, on doit faire les mouvements transversalement si on veut transmettre des signaux perceptibles.

EXERCICES

11.1 Ne pouvant installer le théodolite sur le point A, on décide de le placer à une station excentrée T (fig. 11.48). On mesure les angles ci-dessous et on prend les distances sur une carte topographique, sauf la distance TA qui est chaînée:

∠ A-T-1 = 180° 45' 40"	TA	= 8,755 m
∠ A-T-2 = 232° 12' 54"	A-1	= 642 m
∠ A-T-3 = 302° 38' 00"	A-2	= 579 m
∠ A-T-4 = 28° 16' 20"	A-3	= 402 m
∠ A-T-5 = 93° 24' 18"	A-4	= 754 m
	A-5	= 280 m

Calculer le gisement de chacune des directions si le gisement de A-1 est de 210° 58' 33".

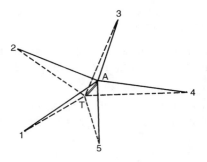

Figure 11.48 (Exercice 11.1)

11.2 Quel est le gisement des directions AB, AC, AD et AE si, à partir d'une station excentrée T, on a les orientations et les distances suivantes?

TA : 80° 30' 00"   6,173 m
TB : 320° 10' 10"   200   m
TC : 58° 28' 20"   300   m
TD : 88° 06' 00"   189   m
TE : 176° 51' 30"   425   m

11.3 Une polygonale a comme sommet la pointe d'un clocher d'église (fig. 11.49). Quel est l'angle à ce sommet si, à partir d'une station excentrée T située à 30,648 m du clocher, on a les directions et les distances suivantes?

T-clocher   28° 19' 30"
TA   168° 46' 50"   4254 m
TB   264° 01' 50"   3981 m

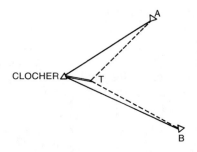

Figure 11.49 (Exercice 11.3)

11.4 On localise par relèvement les points P_1, P_2 et P_3 sur les points connus A, B et C. Calculer les coordonnées des points P_1, P_2 et P_3 si celles de A, B et C et les angles mesurés sont les suivants :

	X (m)	Y (m)	P_1	P_2*	P_3*
A	1 542,657	2 566,354			
			26° 53' 44"	39° 52' 28"	150° 21' 22"
B	3 265,123	1 329,891			
			40° 43' 34"	40° 08' 52"	74° 22' 10"
C	4 826,372	2 784,554			

* Remarque : Pour P_2 et P_3, le point donné le plus à gauche est C.

11.5 Quelles sont les coordonnées des points P_4, P_5 et P_6 localisés par relèvement si celles des points M, N et O et les angles mesurés sont les suivants?

	X (m)	Y (m)	P_4	P_5*	P_6
M	1 542,657	2 566,354			
			37° 21' 35"	19° 23' 17"	147° 41' 43"
N	3 265,123	3 673,238			
			31° 44' 38"	54° 19' 26"	61° 29' 09"
O	4 826,372	2 784,554			

* Remarque : Pour P_5, le point donné le plus à gauche est O.

11.6 Quelles sont les coordonnées d'un point P localisé par relèvement si les coordonnées des points A, B et C et les angles mesurés sont les suivants?

	X (m)	Y (m)	P
A	1 233,955	2 642,787	
			32° 30' 00"
B	2 258,819	2 965,926	
			47° 30' 00"
C	2 939,692	1 657,980	

11.7 On localise un point P par biangulation à partir d'une ligne AB connue (fig. 11.50) :

$\angle$ P-A-B = 34° 10' 20"

$\angle$ A-B-P = 42° 26' 40"

Calculer les distances horizontales AP et BP.

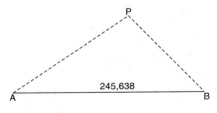

Figure 11.50 (Exercice 11.7)

11.8 On localise un point P par bilatération à partir d'une ligne AB connue (fig. 11.51). Calculer les angles en A, en B et en P.

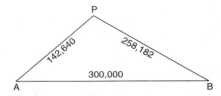

Figure 11.51 (Exercice 11.8)

11.9 On recourt à une ligne d'opération AB pour obtenir la distance entre deux clochers d'église (fig. 11.52) :

$\alpha = 85°\ 22'\ 00"$ $\gamma = 29°\ 41'\ 00"$

$\beta = 20°\ 04'\ 00"$ $\delta = 89°\ 14'\ 00"$

Quelle est la distance horizontale entre les deux clochers?

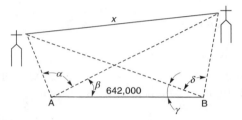

Figure 11.52 (Exercice 11.9)

11.10 En vue de déterminer la hauteur d'une tour de télévision située sur une colline voisine, on fixe deux points à 200,00 m l'un de l'autre, à une même altitude, sur une droite joignant le centre de la tour (fig. 11.53). On mesure ensuite les angles verticaux de chacun de ces points sur la base et le sommet de la tour. Calculer la hauteur de cette dernière.

$\alpha = 16°\ 41'\ 57"$ $\gamma = 12°\ 40'\ 49"$

$\beta = 7°\ 35'\ 41"$ $\delta = 5°\ 42'\ 38"$

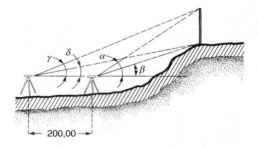

Figure 11.53 (Exercice 11.10)

11.11 Pour déterminer le volume d'un château d'eau cylindrique monté sur une tour, on place un point P à 200,00 m mesurés horizontalement à partir de la projection sur le sol du centre du réservoir.

Déterminer le diamètre, la hauteur et le volume de ce réservoir en tenant compte des angles indiqués à la figure 11.54.

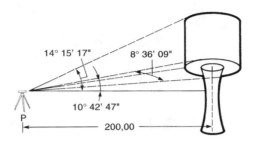

Figure 11.54   (Exercice 11.11)

11.12 Quelle est la capacité du réservoir sphérique de la figure 11.55 si, à partir d'une base de 100,00 m, on a mesuré les angles suivants?

$\alpha = 51° \, 43' \, 30''$ $\gamma = 81° \, 03' \, 45''$

$\beta = 38° \, 16' \, 30''$ $\delta = 62° \, 56' \, 15''$

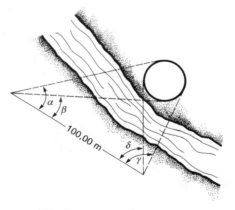

Figure 11.55   (Exercice 11.12)

11.13 Trouver la distance AB de la figure 11.56.

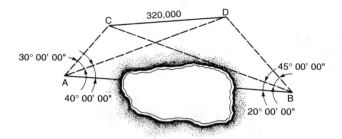

Figure 11.56 (Exercice 11.13)

11.14 Quelle est la distance MN de la figure 11.57?

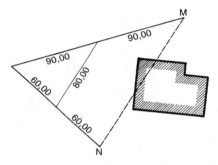

Figure 11.57 (Exercice 11.14)

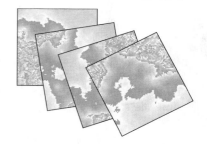

La polygonation

12.1 GÉNÉRALITÉS

La polygonation est l'ensemble des opérations qui consistent à mesurer et à calculer une polygonale. Le calcul des polygonales se fait par coordonnées et s'inspire donc fortement de la géométrie analytique. Lorsqu'on connaît les coordonnées du point de départ, on peut calculer, à l'aide du gisement et de la distance de chaque côté, les coordonnées de tous les sommets de la polygonale.

Afin de bien comprendre le procédé de calcul servant à la résolution des polygonales, nous verrons dans ce chapitre les buts d'une polygonale, les définitions s'y rapportant, les conditions de fermeture, les erreurs absolue et relative ainsi que les méthodes de compensation dites proportionnelles. De plus, nous étudierons et résoudrons certains problèmes particuliers et des cheminements incomplets. Enfin, nous présenterons brièvement les principaux logiciels appliqués à la topométrie et à la géomatique en général.

12.2 LES BUTS D'UNE POLYGONALE

Pour faire un levé topographique, qui consiste à relever pour un territoire donné l'ensemble des détails naturels et artificiels tant en altimétrie qu'en planimétrie (fig. 12.1a), et pour en faire la représentation graphique, il faut établir sur le terrain des lignes de contrôle qui serviront de référence afin de lier les détails. L'établissement de ces lignes de contrôle constitue en fait la structure polygonale (fig. 12.1b).

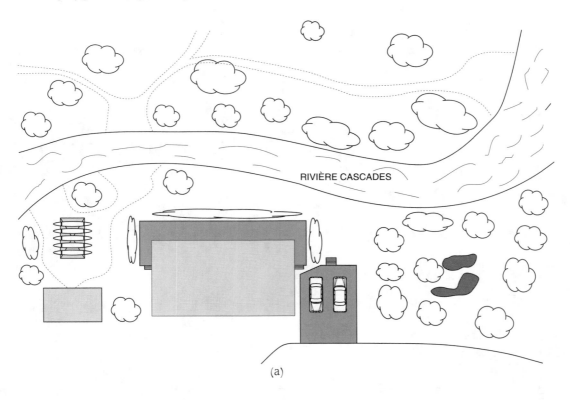

RIVIÈRE CASCADES

(a)

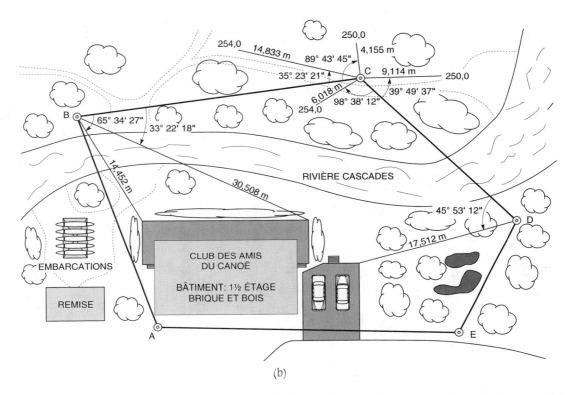

Figure 12.1 a) Le territoire à relever; b) la structure polygonale sur le territoire.

On a également recours à la polygonation notamment à des fins de densification de points géodésiques (fig. 12.2) et de points de contrôle en photogrammétrie, de même qu'à des fins de rattachement dans un système de coordonnées établi.

12.2.1 La polygonale fermée

Lorsque le dernier côté d'un cheminement se termine sur le point de départ, formant ainsi un polygone, la *polygonale* est dite *fermée*. C'est le cas de la polygonale ABCDEA de la figure 12.3. La polygonale fermée permet de vérifier la mesure des angles, puisque la somme des angles intérieurs est égale à autant de fois 180° qu'il y a de côtés moins 2 (sect. 12.3). Elle permet également de vérifier la précision du mesurage des côtés, mais non l'exactitude.

Les polygonales fermées consistent en des lignes d'opération. Parce qu'elles permettent de se rapprocher des détails du terrain, on les utilise surtout pour faciliter le levé planimétrique d'une région donnée. Quelquefois, pour de grandes régions, il faut ajouter des polygonales secondaires qui peuvent être ouvertes ou rattachées.

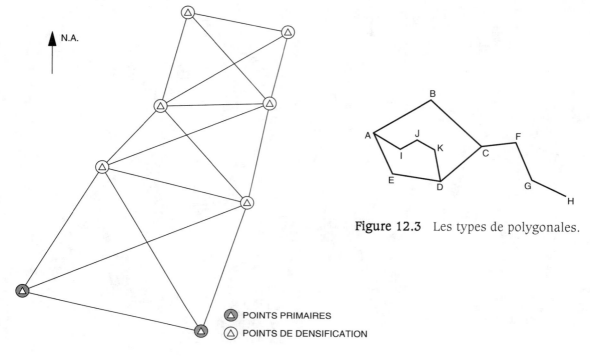

Figure 12.3 Les types de polygonales.

Figure 12.2 La densification de points géodésiques.

12.2.2 La polygonale ouverte

La *polygonale ouverte*, contrairement à la polygonale fermée, ne se termine pas sur le point de départ ni sur un point connu. Il faut l'éviter, car elle n'offre aucun moyen de vérification. Lorsqu'elle est reliée à une autre polygonale, elle porte le nom d'*antenne* (CFGH, fig. 12.3).

12.2.3 La polygonale rattachée

La *polygonale rattachée* relie deux points connus. Elle ne permet pas de vérifier la somme des angles, mais plutôt de déterminer l'exactitude et la précision de l'ensemble des mesures des distances et des angles (AIJKD, fig. 12.3). Les polygonales rattachées sont tout à fait indiquées pour des projets en longueur : routes, chemins de fer, canaux, etc.

12.3 LA MESURE DES ANGLES

L'erreur de fermeture des angles intérieurs d'une polygonale fermée s'obtient par la différence entre la somme des angles mesurés et le total théorique des angles d'un polygone, qui est de $180° (n - 2)$, n étant le nombre de côtés ou d'angles. La somme des angles de déflexion, mesurés vers la gauche ou vers la droite, est toujours égale à 360°. Précisons qu'il faut tenir compte du signe. L'écart permis, basé sur la théorie des erreurs, est $l \sqrt{n}$, n étant le nombre d'angles et l, le degré d'appréciation de l'instrument.

Lorsque l'équipement disponible le permet, on devrait employer la méthode du *centrage forcé* (chap. 4) pour réaliser un cheminement. Cette méthode exige l'utilisation de trois trépieds. Afin de mesurer l'angle BCD de la figure 12.4, on installe l'instrument en C et les cibles en B et en D. Quant à l'angle CDE, on le mesure en dégageant de leur trépied l'instrument et la cible et en les permutant en C et en D. Ensuite, on installe sur le point E la cible d'abord posée en B ainsi que le trépied. On reprend cette séquence d'opérations pour mesurer les autres angles.

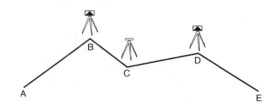

Figure 12.4 Le centrage forcé.

12.4 LE DÉPART (ΔX) ET LA LATITUDE (ΔY)

Le départ, ou ΔX, d'un côté est la projection de ce côté sur l'axe EST-OUEST, soit l'axe des x. Par exemple, si α représente l'angle de la course du segment AB (fig. 12.5a, b, c et d), on a :

$$\text{départ AB} = \Delta X_{AB} = l_{AB} \sin \alpha_{AB} \tag{12.1}$$

La latitude, ou ΔY, d'un côté est la projection de ce côté sur l'axe NORD-SUD, soit l'axe des y. Si α représente l'angle de la course du segment AB, on a alors :

$$\text{latitude AB} = \Delta Y_{AB} = l_{AB} \cos \alpha_{AB} \tag{12.2}$$

1er cas. La figure 12.5a montre le segment AB dont la course est N. $\alpha°$ E. En topométrie, on conserve la même convention de signe qu'en géométrie analytique. Par conséquent, un segment AB situé dans le quadrant N.-E. a un départ (ΔX) EST, donc positif. De même, la latitude (ΔY) de ce même segment est NORD, donc positive.

2e cas. La figure 12.5b montre le segment AB dont la course est S. $\alpha°$ E. Un segment AB situé dans le quadrant S.-E. a un départ (ΔX) EST, donc positif. La latitude (ΔY) de ce même segment est SUD, donc négative.

3e cas. La figure 12.5c illustre le segment AB dont la course est S. $\alpha°$ O. Un segment AB situé dans le quadrant S.-O. a un départ (ΔX) OUEST, donc négatif. La latitude (ΔY) de ce même segment est SUD, donc négative.

4e cas. La figure 12.5d présente le segment AB dont la course est N. $\alpha°$ O. Un segment AB situé dans le quadrant N.-O. a un départ (ΔX) OUEST, donc négatif. Quant à la latitude (ΔY) de ce même segment, elle est NORD, donc positive.

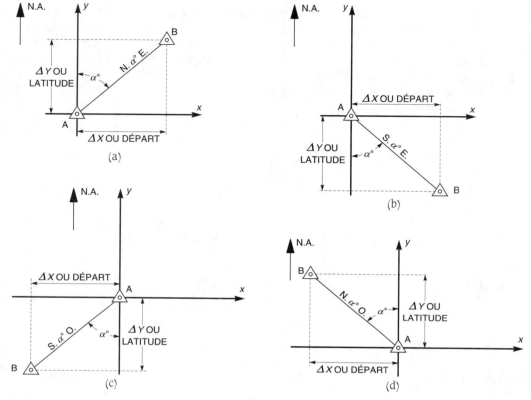

Figure 12.5 Le départ et la latitude : a) quadrant N.-E.; b) quadrant S.-E.; c) quadrant S.-O.; d) quadrant N.-O.

Dans ces quatre cas, on exprime le départ et la latitude à l'aide des équations 12.1 et 12.2.

Si on connaît le départ et la latitude du côté AB, la longueur de AB s'exprime alors par :

$$l_{AB}^2 = \left(\Delta X_{AB}\right)^2 + \left(\Delta Y_{AB}\right)^2 \tag{12.3}$$

étant donné que :

$$\left(\Delta X_{AB}\right)^2 + \left(\Delta Y_{AB}\right)^2 = \left(l_{AB} \times \sin \alpha_{AB}\right)^2 + \left(l_{AB} \times \cos \alpha_{AB}\right)^2$$

$$\left(l_{AB} \times \sin \alpha_{AB}\right)^2 + \left(l_{AB} \times \cos \alpha_{AB}\right)^2 = l_{AB}^2 \left[\sin^2 \alpha_{AB} + \cos^2 \alpha_{AB}\right] = l_{AB}^2$$

Par ailleurs, lorsqu'on sait quels sont le départ (ΔX) et la latitude (ΔY) du côté AB, on peut obtenir sa course par la relation suivante :

$$\frac{\Delta X_{AB}}{\Delta Y_{AB}} = \frac{l_{AB} \ \sin \left(\text{course AB}\right)}{l_{AB} \ \cos \left(\text{course AB}\right)} = \text{tg} \left(\text{course de AB}\right)$$

d'où on tire que :

$$\mathrm{tg}^{-1}\left(\frac{\Delta X_{AB}}{\Delta Y_{AB}}\right) = \text{course de } AB \qquad (12.4)$$

À partir d'une combinaison de deux éléments connus, par exemple la course et le départ, on peut facilement calculer les deux autres éléments, soit la longueur et la latitude.

Pour ce faire, on a recours d'abord à l'équation 12.1 :

$$\Delta X_{AB} = l_{AB} \sin \alpha_{AB}$$

$$l_{AB} = \frac{\Delta X_{AB}}{\sin \alpha_{AB}}$$

puis à l'équation 12.2 :

$$\Delta Y_{AB} = l_{AB} \cos \alpha_{AB}$$

ou encore :

$$\Delta Y_{AB} = \sqrt{l_{AB}^2 - \left(\Delta X_{AB}\right)^2}$$

L'utilisation de la course dans le calcul des départs et latitudes fait toujours intervenir un angle compris entre 0° et 90°. Par conséquent, l'instrument de calcul ne tient pas compte du quadrant et donne toujours des résultats positifs. Pour pallier cette lacune, on doit tenir compte du signe du départ et de la latitude en fonction du quadrant. D'après la section 10.8, si on utilise le gisement au lieu de la course, le signe sera automatiquement affiché sur la calculatrice, et ce suivant l'un des quatre cas suivants :

1er cas

Course AB = N. $\alpha°$ E. $\rightarrow$ Gisement AB = $\gamma_{AB}° = \alpha°$

                                            Départ positif

                                            Latitude positive

2e cas

Course AB = S. $\alpha°$ E. $\rightarrow$ Gisement AB = $\gamma_{AB}° = 180° - \alpha°$

or $\sin(180° - \alpha°) = \sin \alpha°$ $\rightarrow$ Départ positif

et $\cos(180° - \alpha°) = \text{-}\cos \alpha°$ $\rightarrow$ Latitude négative

3e cas

Course AB = S. $\alpha°$ O. $\rightarrow$ Gisement AB = $\gamma_{AB}° = 180° + \alpha°$

or $\sin(180° + \alpha°) = \text{-}\sin \alpha°$ $\rightarrow$ Départ négatif

et $\cos(180° + \alpha°) = \text{-}\cos \alpha°$ $\rightarrow$ Latitude négative

4e cas

Course AB = N. $\alpha°$ O. $\quad\rightarrow\quad$ Gisement AB = $\gamma_{AB}° = 360° - \alpha°$

or $\quad$ sin $(360° - \alpha°)$ = -sin $\alpha°$ $\quad\rightarrow\quad$ Départ négatif

et $\quad$ cos $(360° - \alpha°)$ = cos $\alpha°$ $\quad\rightarrow\quad$ Latitude positive

On voit qu'il est plus simple d'effectuer les calculs en fonction des gisements plutôt que des courses.

Les calculatrices de type scientifique peuvent convertir les coordonnées polaires en coordonnées rectangulaires et vice versa. En entrant comme arguments la distance et son gisement, on obtient les composantes de départ (ΔX) et de latitude (ΔY). À l'inverse, en entrant les composantes ΔX et ΔY, on obtient le gisement et la distance. Cependant, il faut prendre note que les calculatrices utilisent l'axe des x comme base pour le calcul des pentes et qu'en topométrie la référence est l'axe du méridien correspondant à l'axe des y.

12.5 LA FERMETURE D'UNE POLYGONALE

Pour illustrer la fermeture d'une polygonale, prenons l'exemple suivant. Soit la polygonale ABCDA (fig. 12.6) qui est géométriquement fermée. La projection de chacun des côtés sur l'axe méridien donne les latitudes (ΔY) suivantes : A'B', B'C', C'D' et D'A'. La somme algébrique de ces latitudes est égale à zéro puisqu'il s'agit de segments orientés. De même, si on projette les côtés sur l'axe est-ouest, les segments A"B", B"C", C"D" et D"A" correspondent aux départs (ΔX) de la polygonale. La somme algébrique de ces segments orientés est aussi égale à zéro. Les deux conditions de fermeture sont donc :

$$\sum_{\substack{i=1 \\ \text{alg}}}^{i=n} \text{départs}_i = \sum_{\substack{i=1 \\ \text{alg}}}^{i=n} \left(\Delta X\right)_i = 0$$

$$\sum_{\substack{i=1 \\ \text{alg}}}^{i=n} \text{latitudes}_i = \sum_{\substack{i=1 \\ \text{alg}}}^{i=n} \left(\Delta Y\right)_i = 0$$

où Σ_{alg} représente la somme algébrique.

Si un cheminement polygonal ferme sur un point de coordonnées connues, par exemple C, autre que le point de départ (fig. 12.7), les conditions de fermeture deviennent alors :

$$X_C \text{ calculée} - X_C \text{ connue} = \Delta X = 0$$
$$Y_C \text{ calculée} - Y_C \text{ connue} = \Delta Y = 0$$

En pratique, lors de l'établissement d'une polygonale sur le terrain, on doit mesurer les angles et les distances de celle-ci. Or, dans toute observation, il y a présence d'erreurs fortuites quelle que soit la précision des observations (chap. 2). Toutefois, on considère que les mesures ne comportent pas d'erreurs grossières et que les observations ont été purgées ou corrigées des erreurs systématiques.

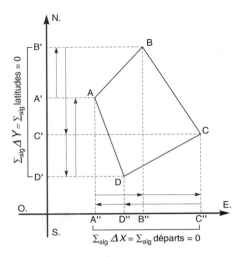

Figure 12.6 La fermeture géométrique d'une polygonale.

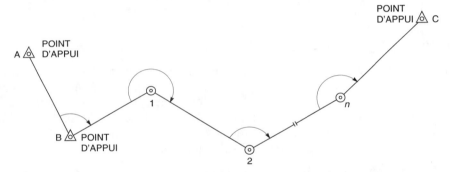

Figure 12.7 Le cheminement polygonal.

La figure 12.8 illustre une polygonale pour laquelle les sommes algébriques des départs (ΔX) et des latitudes (ΔY) sont différentes de zéro. L'erreur absolue se calcule comme suit :

$$
\begin{aligned}
e_{abs} &= \sqrt{\left(\Sigma_{alg}\ \text{départs}\right)^2 + \left(\Sigma_{alg}\ \text{latitudes}\right)^2} \\
&= \sqrt{\left(\Delta X\right)^2 + \left(\Delta Y\right)^2}
\end{aligned}
\tag{12.5}
$$

Dans une polygonale fermée, les valeurs de [ΔX] et de [ΔY] correspondent aux sommes algébriques des départs et des latitudes de tous les côtés, sommes qui représentent les composantes de l'erreur absolue. Pour contrôler la précision d'une polygonale, il est préférable d'utiliser l'erreur relative, que l'on obtient en divisant l'erreur absolue par la longueur de la polygonale, soit son périmètre, P :

$$
e_{rel} = \frac{1}{\left(P/e_{abs}\right)}
\tag{12.6}
$$

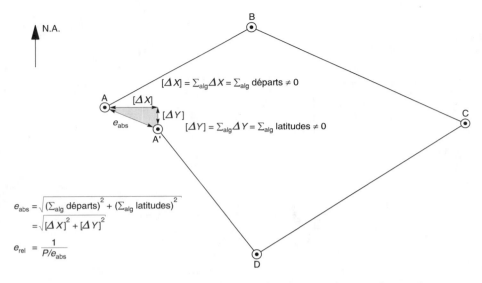

Figure 12.8 L'erreur de fermeture géométrique d'une polygonale.

12.6 LA COMPENSATION

Même dans les limites permises, il faut répartir l'erreur de fermeture. Autrement, l'accumulation totale des erreurs se retrouve au dernier point. Il existe plusieurs méthodes de compensation et la plupart font appel à des compensations proportionnelles. Quoique la méthode des moindres carrés soit la plus précise, on ne l'emploie pas pour une polygonale ordinaire et, de plus, elle déborde le cadre de ce manuel. Par ailleurs, quelle que soit la méthode de la compensation utilisée, elle ne remplace jamais un travail soigné sur le terrain.

Avant de commencer la compensation proprement dite, on recommande de vérifier la fermeture angulaire (sect. 12.3). En général, on accomplit cette vérification sur le terrain. Si l'erreur angulaire et par la suite l'erreur relative sont inférieures à l'écart permis, on procède à la compensation en employant une des méthodes présentées ci-dessous.

12.6.1 La répartition par parallèles proportionnelles (méthode Bowditch ou *compass rule*)

Dans la polygonale ABCDA (fig. 12.9), le point d'arrivée A' ne coïncide pas avec le point de départ A. Pour faire la compensation, il faut premièrement trouver la grandeur et la direction du segment AA' qui correspond à l'erreur de fermeture. Deuxièmement, il faut déplacer parallèlement à l'erreur de fermeture chaque sommet d'une distance proportionnelle à la longueur cumulée des côtés :

$$\text{BB'} = \text{AA'}\left(\frac{l_{AB}}{P}\right)$$

$$\text{CC'} = \text{AA'}\left(\frac{l_{AB} + l_{BC}}{P}\right) \quad \text{etc.} \tag{12.7}$$

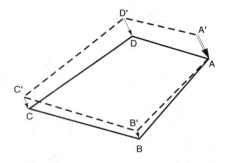

Figure 12.9 La compensation par parallèles proportionnelles.

Les expressions servant au calcul des corrections pour les départs, $C_{\Delta X}$, et des corrections pour les latitudes, $C_{\Delta Y}$, sont les suivantes :

$$C_{\Delta X_{AB}} = \frac{\left(\Sigma_{\text{alg}} \text{ départs}\right) \times l_{AB}}{P} \tag{12.8}$$

$$C_{\Delta Y_{AB}} = \frac{\left(\Sigma_{\text{alg}} \text{ latitudes}\right) \times l_{AB}}{P} \tag{12.9}$$

$$C_{\Delta X_{BC}} = \frac{\left(\Sigma_{\text{alg}} \text{ départs}\right) \times l_{BC}}{P}$$

$$C_{\Delta Y_{BC}} = \frac{\left(\Sigma_{\text{alg}} \text{ latitudes}\right) \times l_{BC}}{P} \qquad \text{etc.}$$

où l représente la longueur d'un segment.

$$\Delta X_{AB} \text{ corrigé} = \Delta X_{AB} \text{ calculé} - C_{\Delta X_{AB}} \tag{12.10}$$

$$\Delta Y_{AB} \text{ corrigée} = \Delta Y_{AB} \text{ calculée} - C_{\Delta Y_{AB}} \qquad \text{etc.} \tag{12.11}$$

On recommande cette méthode, qui est la plus utilisée, surtout lorsque les mesures de distances et d'angles sont homogènes.

12.6.2 La répartition par projections proportionnelles (*transit rule*)

Dans cette méthode de compensation, la répartition de l'erreur de fermeture se fait en fonction des projections ΔX et ΔY sur des axes rectangulaires. Cette méthode privilégie les directions parallèles aux axes :

$$C_{\Delta X_{AB}} = \frac{\left(\Sigma_{\text{alg}} \text{ départs}\right) \times |\Delta X_{AB}|}{\Sigma_{\text{arith}} \text{ départs}} \tag{12.12}$$

$$C_{\Delta Y_{AB}} = \frac{\left(\Sigma_{\text{alg}} \text{ latitudes}\right) \times |\Delta Y_{AB}|}{\Sigma_{\text{arith}} \text{ latitudes}} \tag{12.13}$$

$$C_{\Delta X_{BC}} = \frac{\left(\Sigma_{\text{alg}} \ \text{départs}\right) \times |\Delta X_{BC}|}{\Sigma_{\text{arith}} \ \text{départs}}$$

$$C_{\Delta Y_{BC}} = \frac{\left(\Sigma_{\text{alg}} \ \text{latitudes}\right) \times |\Delta Y_{BC}|}{\Sigma_{\text{arith}} \ \text{latitudes}} \qquad \text{etc.}$$

où Σ_{arith} représente la somme arithmétique.

$$\Delta X_{AB} \ \text{corrigé} = \Delta X_{AB} \ \text{calculé} - C_{\Delta X_{AB}}$$

$$\Delta Y_{AB} \ \text{corrigée} = \Delta Y_{AB} \ \text{calculée} - C_{\Delta Y_{AB}} \qquad \text{etc.}$$

Cette méthode s'utilise parfois lorsqu'on mesure les angles avec plus de précision que les distances.

L'exemple 12.1 présente l'ensemble des opérations nécessaires au calcul d'un cheminement.

· · · · · · · · · · · · · · · · · ·

EXEMPLE 12.1

Trouver les coordonnées des stations du cheminement ABCDEA (fig. 12.10), si le gisement du côté AB est de 37° 03' 20" et les coordonnées de A sont $X = 2109{,}091$ m et $Y = 445{,}655$ m.

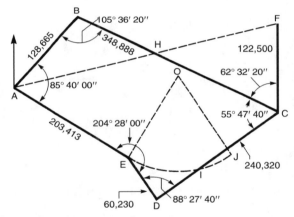

Figure 12.10 Un exemple de polygonation (exemple 12.1).

Solution

Vérification des angles

$$
\begin{array}{rl}
 & 85° \ 40' \ 00'' \\
 & 105° \ 36' \ 20'' \\
 & 55° \ 47' \ 40'' \\
 & 88° \ 27' \ 40'' \\
 & \underline{204° \ 28' \ 00''} \\
\Sigma \ \text{angles} \quad = & 539° \ 59' \ 40'' \\
180 \ (n-2) \quad = & \underline{540° \ 00' \ 00''} \\
\text{erreur} \quad \rightarrow & \qquad -20''
\end{array}
$$

En principe, l'erreur de fermeture angulaire ne doit pas dépasser le degré d'appréciation de l'instrument multiplié par $\sqrt{n}$, n étant le nombre de stations.

Calcul des gisements

À partir d'un gisement initial connu ou arbitraire, et dans le cas d'un cheminement fermé, on peut généralement calculer les gisements à l'aide des angles intérieurs. Si les sommets du cheminement sont pris dans le sens des aiguilles d'une montre, on considère que les angles intérieurs sont mesurés vers la gauche à des fins de calcul des gisements.

Dans un cheminement ouvert, il faut déterminer si les angles sont mesurés vers la droite ou vers la gauche. Dans un cheminement en longueur, une route par exemple, on utilise généralement les angles de déflexion (à droite ou à gauche). D'ailleurs, dans tous les cas, il est possible de mesurer les gisements en passant par les angles de déflexion.

Par angles intérieurs			Par angles de déflexion		
gisement	AB	37° 03' 20"	gisement	AB	37° 03' 20"
			déflexion	B	74° 23' 40"
gisement	BA	217° 03' 20"	gisement	BC	111° 27' 00"
angle	−B	105° 36' 20"	déflexion	C	124° 12' 20"
gisement	BC	111° 27' 00"	gisement	CD	235° 39' 20"
			déflexion	D	91° 32' 20"
gisement	CB	291° 39' 20"	gisement	DE	327° 11' 40"
angle	−C	-55° 27' 40"	déflexion	E	-24° 28' 00"
gisement	CD	235° 39' 20"	gisement	EA	302° 43' 40"
			déflexion	A	94° 20' 00"
gisement	DC	415° 39' 20"	gisement	AB	397° 03' 40"
angle	−D	-88° 27' 40"			
gisement	DE	327° 11' 40"			ou
					37° 03' 40"
gisement	ED	507° 11' 40"			
angle	−E	-204° 28' 00"			
gisement	EA	302° 43' 40"			
gisement	AE	122° 43' 40"			
angle	−A	-85° 40' 00"			
gisement	AB	37° 03' 40"			

On calcule les gisements jusqu'au côté AB, ce qui permet de faire une vérification par rapport à la valeur initiale.

Calculs des ΔX et des ΔY

$\Delta X_{AB} = 128{,}665 \sin 37° 03' 20" = 77{,}532$ m
$\Delta Y_{AB} = 128{,}665 \cos 37° 03' 20" = 102{,}681$ m

On procède de la sorte pour tous les côtés (tabl. 12.1). Il est à noter qu'il s'agit de valeurs orientées, tout comme les gisements, γ :

$\Delta X_{BA} = -\Delta X_{AB}$ $\qquad \gamma_{BA} = \gamma_{AB} \pm 180°$

Tableau 12.1   Le calcul d'une polygonale (exemple 12.1)

Station	Longueurs mesurées (m)	Angles mesurés	Gisements	ΔX	ΔY
A		85° 40' 00"			
	128,665		37° 03' 20"	77,5321	102,6813
B		105° 36' 20"			
	348,888		111° 27' 00"	324,7230	-127,5846
C		55° 47' 40"			
	240,320		235° 39' 20"	-198,4228	-135,5805
D		88° 27' 40"			
	60,230		327° 11' 40"	-32,6320	50,6242
E		204° 28' 00"			
	203,413		302° 43' 40"	-171,1209	109,9749
A					
	981,516	539° 59' 40"		+ 0,0794	+ 0,1153

Erreur de fermeture angulaire :
539° 59' 40" − 540° = -20"

Station	Compensation (parallèles proportionnelles)				Coordonnées	
	ΔX	ΔY	Longueurs (m)	Gisements	X	Y
A	77,5217	102,6662	128,647	37° 03' 21"	2109,091	445,655
B	324,6948	-127,6255	348,877	111° 27' 29"	2186,613	548,321
C	-198,4423	-135,6088	240,352	235° 39' 09"	2511,308	420,696
D	-32,6369	50,6171	60,227	327° 11' 13"	2312,865	285,087
E	-171,1374	109,9510	203,414	302° 43' 11"	2280,228	335,704
A					2109,091	445,655
	0	0				

$$e_{abs} = \sqrt{0,0794^2 + 0,1153^2} = 0,1399 \text{ m}$$

$$\text{précision relative} = \frac{0,1399}{981,516} = \frac{1}{981,516/0,1399} \cong 1/7000$$

$$\text{gisement de fermeture} = \text{tg}^{-1}\left(\frac{0,0794}{0,1153}\right) \cong 35°$$

Erreur de fermeture

L'erreur de fermeture correspond aux sommes algébriques des ΔX et ΔY. Théoriquement, ces sommes doivent être nulles, sinon on calcule l'erreur de fermeture en grandeur et en direction à l'aide de l'équation 12.5 :

$$e_{abs} = \sqrt{(0,0794)^2 + (0,1153)^2} = 0,1399 \text{ m}$$

Quant au gisement de fermeture, γ_{ferm}, on le calcule au moyen de l'équation 12.4 :

$$\gamma_{ferm} = tg^{-1}\left(\frac{0,0794}{0,1153}\right) = 35°$$

L'erreur relative donne la précision qu'on détermine en divisant l'erreur de fermeture par la longueur totale du cheminement :

$$\frac{0,1399}{981,5} \cong \frac{1}{7000}$$

La direction de l'erreur de fermeture fournit une bonne indication de la précision. Si cette dernière ne se situe pas dans les limites permises, il faut faire les vérifications nécessaires. Reprenons notre exemple. Si on avait jugé la précision insuffisante, il aurait fallu vérifier le côté AB. Ensuite, notre vérification aurait porté sur les côtés présentant des difficultés particulières de mesurage et, si cela avait été nécessaire, on aurait refait au complet le mesurage de la polygonale.

Compensation

Même si la précision est acceptable, il faut compenser le cheminement afin d'éviter que l'accumulation d'erreurs ne soit imputée au dernier côté. Pour ce faire, on a recours à la méthode des parallèles proportionnelles, c'est-à-dire à l'équation 12.8 :

$$C_{\Delta X_{AB}} = 0,0794\left(\frac{128,665}{981,516}\right) = 0,0104 \text{ m}$$

et à l'équation 12.9 :

$$C_{\Delta Y_{AB}} = 0,1153\left(\frac{128,665}{981,516}\right) = 0,0151 \text{ m}$$

$$\Delta X_{AB} = 77,5321 - 0,0104 = 77,5217 \text{ m}$$

$$\Delta Y_{AB} = 102,6813 - 0,0151 = 102,6662 \text{ m}$$

$$C_{\Delta X_{BC}} = 0,0794\left(\frac{348,888}{981,516}\right) = 0,0282 \text{ m}$$

$$C_{\Delta Y_{BC}} = 0,1153\left(\frac{348,888}{981,516}\right) = 0,0410 \text{ m}$$

$$\Delta X_{BC} = 324{,}7230 - 0{,}0282 = 324{,}6948 \text{ m}$$

$$\Delta Y_{BC} = -127{,}5846 - 0{,}0410 = -127{,}6255 \text{ m}$$

et ainsi de suite.

On calcule ensuite la longueur et la direction des côtés ainsi compensés :

$$l_{AB} = \sqrt{(77{,}5217)^2 + (102{,}6662)^2} = 128{,}6467 \text{ m}$$

$$\gamma_{AB} = \text{tg}^{-1}\left(\frac{77{,}5217}{102{,}6662}\right) = 37° \ 03' \ 21''$$

$$l_{BC} = \sqrt{(324{,}6948)^2 + (-127{,}6255)^2} = 348{,}8767 \text{ m}$$

$$\gamma_{BC} = \text{tg}^{-1}\left(\frac{324{,}6948}{-127{,}6255}\right) = 111° \ 27' \ 29''$$

et ainsi de suite.

Pour le côté AB, en particulier, on devrait trouver comme direction celle donnée au départ; toutefois, puisque la compensation se fait sur les coordonnées, elle affecte nécessairement la direction. La compensation doit s'effectuer sur l'ensemble des côtés et des angles et, par conséquent, indépendamment de la direction de départ.

Précisons que, pour être rigoureux, il faudrait faire une rotation d'axes de l'écart $\Delta\gamma$ entre les deux directions :

$$\Delta\gamma = \gamma' - \gamma \tag{12.14}$$

Calcul des coordonnées

À partir des coordonnées du point connu A, on détermine les coordonnées des autres sommets en ajoutant de façon algébrique les ΔX et ΔY de chaque côté :

$$X_B = X_A + \Delta X_{AB}$$
$$= 2109{,}091 + 77{,}5217 = 2186{,}613 \text{ m}$$
$$Y_B = Y_A + \Delta Y_{AB}$$
$$= 445{,}655 + 102{,}6662 = 548{,}321 \text{ m} \quad \text{etc.}$$

On se retrouve avec les coordonnées de A qu'on connaissait déjà et avec lesquelles on peut procéder à la vérification. Afin d'être mathématiquement rigoureux et de respecter la direction initiale, il faudrait recalculer ici aussi les coordonnées des stations en tenant compte de la rotation d'axe $\Delta\gamma$:

$$X' = X \cos \Delta\gamma + Y \sin \Delta\gamma \tag{12.15}$$

$$Y' = Y \cos \Delta\gamma - X \sin \Delta\gamma \tag{12.16}$$

. . . .

12.7 PROBLÈMES PARTICULIERS

À partir des coordonnées calculées à l'exemple 12.1, on peut résoudre plusieurs problèmes particuliers en appliquant les principes de la géométrie analytique. Pour comprendre les explications suivantes, se référer à la figure 12.10 et au tableau 12.1.

Localisation d'un point auxiliaire. Localiser le point F si sa distance CF est de 122,500 m et l'angle entre CB et CF, de 62° 32' 20" :

$$\gamma_{CF} = \gamma_{CB} + \angle BCF = 291° 27' 29" + 62° 32' 20" = 353° 59' 49"$$

$$\Delta X_{CF} = 122,500 \sin 353° 59' 49" = {-}12,811 \text{ m}$$

$$\Delta Y_{CF} = 122,500 \cos 353° 59' 49" = 121,828 \text{ m}$$

$$X_F = 2511,308 - 12,811 = 2498,497 \text{ m}$$

$$Y_F = 420,696 + 121,828 = 542,524 \text{ m}$$

Distance et direction entre deux points. Trouver la distance et la direction entre A et F :

$$l_{AF} = \sqrt{(2498,497 - 2109,091)^2 + (542,524 - 445,655)^2}$$

$$= 401,273 \text{ m}$$

$$\gamma_{AF} = \text{tg}^{-1}\left(\frac{2498,497 - 2109,091}{542,524 - 445,655}\right) = 76° 01' 50"$$

Intersection entre deux droites. Trouver l'intersection H entre AF et BC :

$$\frac{X_H - 2511,308}{Y_H - 420,696} = \frac{324,6948}{-127,6255} = {-}2,544\ 121$$

$$\frac{X_H - 2109,091}{Y_H - 445,655} = \frac{389,4051}{96,8689} = 4,019\ 918$$

$$\left. \begin{array}{l} X_H = {-}2,544\ 121\ Y_H + 3581,6082 \\[6pt] X_H = 4,019\ 918\ Y_H + 317,5944 \end{array} \right\} \quad \begin{array}{l} X_H = 2316,526 \text{ m} \\[6pt] Y_H = 497,257 \text{ m} \end{array}$$

Localisation d'un point sur un arc de cercle. Trouver l'extrémité J d'un arc de cercle de 180,008 m tangent à AE en E, si le rayon est de 137,5 m (fig. 12.10) :

$$\text{Angle au centre} = \frac{180,008 \times 360°}{2\pi \times 137,500} = 75° 00' 31"$$

	gisement	EA	302° 43' 11"
	gisement	EO	32° 43' 11"
	gisement	OE	212° 43' 11"
	angle au centre		-75° 00' 31"
	gisement	OJ	137° 42' 40"

$$X_J = 2280,2284 + 137,500 \left(\sin 32° 43' 11" + \sin 137° 42' 40"\right)$$

$$= 2447,071 \text{ m}$$

$$Y_J = 335,7040 + 137,500 \left(\cos 32° 43' 11" + \cos 137° 42' 40"\right)$$

$$= 349,669 \text{ m}$$

Intersection entre un arc de cercle et une sécante. Trouver l'intersection I entre l'arc de cercle précédent et le segment CD :

$$X_O = 2280,2284 + 137,500 \sin 32° 43' 11" = 2354,5510 \text{ m}$$

$$Y_O = 335,7040 + 137,500 \cos 32° 43' 11" = 451,3863 \text{ m}$$

Pour simplifier les calculs, prenons comme origine le centre de l'arc de cercle, ce qui donne comme coordonnées, après la translation d'axes, les valeurs suivantes :

	X	Y	X'	Y'
O	2 354,5510	451,3863	0	0
D	2 312,8652	285,0869	-41,6858	-166,2994
C	2 511,3075	420,6957	156,7565	-30,6906

$$\text{sécante} \rightarrow \frac{X_I' - (-41,6858)}{Y_I' - (-166,2994)} = \frac{-198,4423}{-135,6088} = 1,463\ 344$$

$$X_I' = 1,463\ 344\ Y_I' + 201,6674$$

$$\text{cercle} \rightarrow \left(X_I' - 0\right)^2 + \left(Y_I' - 0\right)^2 = (137,5)^2 \rightarrow X_I'^2 + Y_I'^2 = 18\ 906,25$$

$$Y_I' = -137,499$$

$$X_I' = 0,459$$

d'où :

$$Y_I = -137,499 + 451,386 = 313,887 \text{ m}$$

$$X_I = 0,459 + 2354,551 = 2355,010 \text{ m}$$

12.8 UN CHEMINEMENT INCOMPLET

En géométrie, afin de résoudre un polygone de n sommets, on doit connaître $2n - 3$ éléments indépendants de celui-ci. Dans un triangle, si on connaît deux côtés et l'angle compris entre eux, on peut calculer la longueur du troisième côté et la valeur des deux autres angles manquants. Par contre, si on connaît seulement les trois angles d'un triangle, on ne peut pas le résoudre, c'est-à-dire calculer les trois côtés, puisque les trois angles donnés ne sont pas des éléments indépendants. La somme des angles intérieurs d'un triangle étant égale à 180°, le fait de connaître la valeur de deux angles donne la valeur du troisième.

En géométrie, on entend par élément soit la grandeur d'un angle, soit la longueur d'un côté. En topométrie, un élément peut être non seulement la longueur d'un côté, mais aussi la direction d'un côté (ce qui implique deux angles).

Il arrive quelquefois qu'il manque un ou deux éléments pour le mesurage d'un cheminement. Lorsqu'il en manque deux, il n'y a pas de moyen de vérification et, s'il en manque plus de deux, le problème reste indéterminé. Nous allons voir ci-dessous les différents cas qui peuvent se présenter. Dans les figures 12.11 à 12.16, nous avons indiqué en lignes pointillées le ou les côtés affectés.

12.8.1 Un seul côté affecté

1er cas : une direction manquante.   Dans la figure 12.11, les angles BCD et CDE n'ont pas pu être mesurés, c'est pourquoi il manque la direction du côté CD. Voyons la marche à suivre pour déterminer la valeur de ces angles.

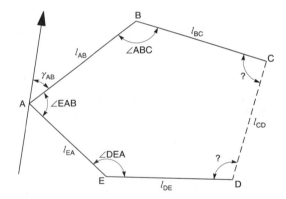

Figure 12.11   Une direction manquante.

Méthode de résolution

1. Calculer les gisements et les courses de tous les côtés non affectés (AB, BC, DE et EA).

2. Calculer les départs (ΔX) et les latitudes (ΔY) des côtés non affectés.

3. Effectuer :

$$\Sigma_{alg} \text{ départs } = -\Delta X_{CD}$$
$$\Sigma_{alg} \text{ latitudes } = -\Delta Y_{CD}$$

---

4. Calculer le gisement ou la course de CD :

$$\gamma_{CD} = \mathrm{tg}^{-1}\left(\frac{\Delta X_{CD}}{\Delta Y_{CD}}\right)$$

Ceci permet de trouver les angles BCD et CDE.

5. Calculer la longueur de CD :

$$l_{CD} = \sqrt{\left(\Delta X_{CD}\right)^2 + \left(\Delta Y_{CD}\right)^2}$$

6. Comparer la longueur calculée de CD avec la longueur mesurée de CD.

7. Calculer l'erreur relative de fermeture :

$$e_{\text{rel de fermeture}} = \frac{l_{CD_{\text{calculée}}} - l_{CD_{\text{mesurée}}}}{P}$$

Note : Dans le but de répartir l'erreur de fermeture, on pourrait compenser le polygone au moyen de la longueur du segment CD mesurée sur le terrain, qui n'a pas été utilisée dans les calculs, ainsi que du gisement de CD (étape 4). Dans ce cas, les sommes algébriques des départs et des latitudes des côtés du polygone seraient différentes de zéro. On pourrait également faire appel à la méthode des parallèles proportionnelles (*compass rule*) ou à celle des projections proportionnelles (*transit rule*) (sect. 12.6).

L'exemple 12.2 présente le mesurage d'un cheminement lorsqu'une direction est manquante.

· · · · · · · · · · · · · · ·
EXEMPLE 12.2

Dans la figure 12.10, on considère que la direction du côté CD est manquante. On calcule les gisements à partir de celui de AB pour les côtés BC, EA et DE :

$$\gamma_{AB} = 37°\ 03'\ 20''\qquad \gamma_{EA} = 302°\ 43'\ 20''$$
$$\gamma_{BC} = 111°\ 27'\ 00''\qquad \gamma_{DE} = 327°\ 11'\ 20''$$

La somme algébrique des ΔX et ΔY des côtés connus donne les ΔX et ΔY de la droite CD, ce qui permet d'en calculer la direction et la longueur :

$$\Delta X_{CD} = -324{,}7230 - 77{,}5321 + 171{,}1316 + 32{,}6369 = -198{,}4866\ \text{m}$$

$$\Delta Y_{CD} = 127{,}5846 - 102{,}6813 - 109{,}9583 - 50{,}6210 = -135{,}6760\ \text{m}$$

$$\gamma_{CD} = \mathrm{tg}^{-1}\left(\frac{-198{,}4866}{-135{,}6760}\right) = 235°\ 38'\ 43''$$

$$l_{CD} = \sqrt{(198{,}487)^2 + (135{,}676)^2} = 240{,}427\ \text{m}$$

Comme moyen de vérification, on peut calculer l'erreur de fermeture :

$$e_{abs} = 240,427 - 240,320 = 0,107$$
$$e_{rel} = 1/9200$$

Une fois la direction de CD trouvée, on peut procéder à la compensation en employant une des méthodes que nous avons vues précédemment (sect. 12.6).

. . . .

2ᵉ cas : une longueur manquante. Dans la figure 12.12, on n'a pas pu mesurer la longueur du côté CD. Voyons comment résoudre un tel cas.

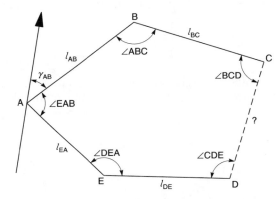

Figure 12.12 Une longueur manquante.

Méthode de résolution

1. Calculer les gisements et les courses de tous les côtés.

2. Calculer les départs (ΔX) et les latitudes (ΔY) des côtés non affectés (AB, BC, DE et EA).

3. Effectuer :

$$\Sigma_{alg} \text{ départs } = -\Delta X_{CD}$$
$$\Sigma_{alg} \text{ latitudes } = -\Delta Y_{CD}$$

4. Déterminer la longueur du côté CD :

$$l_{CD} = \sqrt{\left(\Delta X_{CD}\right)^2 + \left(\Delta Y_{CD}\right)^2}$$

5. Calculer la course de CD :

$$\gamma_{CD} = tg^{-1}\left(\frac{\Delta X_{CD}}{\Delta Y_{CD}}\right)$$

6. Comparer :

   a) la course calculée de CD (étape 5) avec la course mesurée de CD (étape 1);

   b) l'angle BCD mesuré avec l'angle BCD calculé;

   c) l'angle CDE mesuré avec l'angle CDE calculé.

7. On peut trouver l'erreur relative de fermeture en calculant le départ et la latitude de ce côté et en faisant intervenir le gisement mesuré de CD (étape 1) ainsi que sa longueur (étape 4). En général, les sommes algébriques des départs et des latitudes sont différentes de zéro. À partir de ces résultats, on peut calculer l'erreur absolue ainsi que l'erreur relative de fermeture de la polygonale (sect. 12.5). Si on veut répartir l'erreur de fermeture sur l'ensemble du polygone, la compensation est toujours possible (sect. 12.6).

Voyons à l'exemple 12.3 comment calculer un cheminement lorsqu'il manque une longueur mais qu'on connaît tous les angles.

· · · · · · · · · · · · · · · · · · · ·
EXEMPLE 12.3

Supposons qu'on connaisse tous les angles du polygone de la figure 12.10. Vérifier la fermeture angulaire, puis répartir cette erreur également à chaque angle avant d'en calculer les gisements.

Solution

$$\gamma_{AB} = 37° \ 03' \ 20'' \qquad \gamma_{DE} = 327° \ 11' \ 28''$$

$$\gamma_{BC} = 111° \ 26' \ 56'' \qquad \gamma_{EA} = 302° \ 43' \ 24''$$

$$\gamma_{CD} = 235° \ 39' \ 12''$$

$$\Delta X_{CD} = -77{,}5321 - 324{,}7255 + 32{,}6349 + 171{,}1295 = -198{,}4932 \text{ m}$$

$$\Delta Y_{CD} = -102{,}6813 + 127{,}5783 - 50{,}6223 - 109{,}9616 = -135{,}6869 \text{ m}$$

$$l_{CD} = \sqrt{(-198{,}4932)^2 + (-135{,}6869)^2} = 240{,}438 \text{ m}$$

· · · · · · · · · · · · · · · · · ·

3ᵉ cas : une direction et une longueur d'un même côté manquantes. Dans la figure 12.13, les angles BCD et CDE ainsi que la longueur du côté CD n'ont pas pu être mesurés. La direction et la longueur de ce côté sont donc manquantes.

Méthode de résolution

1. Calculer les gisements et les courses de tous les côtés non affectés (AB, BC, DE et EA).

2. Calculer les départs (ΔX) et les latitudes (ΔY) des côtés non affectés.

3. Effectuer :

   $$\Sigma_{alg} \text{ départs} = -\Delta X_{CD}$$

   $$\Sigma_{alg} \text{ latitudes} = -\Delta Y_{CD}$$

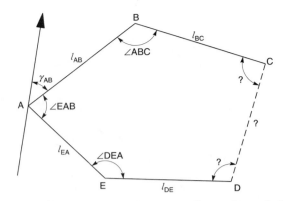

Figure 12.13 Une direction et une longueur d'un même côté manquantes.

4. Déterminer la longueur de CD :

$$l_{CD} = \sqrt{\left(\Delta X_{CD}\right)^2 + \left(\Delta Y_{CD}\right)^2}$$

5. Calculer la course de CD :

$$\gamma_{CD} = tg^{-1}\left(\frac{\Delta X_{CD}}{\Delta Y_{CD}}\right)$$

6. Déterminer les angles manquants comme suit :

$$\angle BCD = \gamma_{CB} - \gamma_{CD}$$

$$\angle CDE = \gamma_{DC} - \gamma_{DE}$$

Note : Si la différence de gisement est négative, ajouter 360° au résultat pour obtenir l'angle manquant.

7. Aucune vérification n'est possible, parce qu'on ne peut comparer aucun élément mesuré (direction, longueur) de ce côté avec ses éléments calculés.

12.8.2 Deux côtés affectés adjacents

1er cas : les longueurs de deux côtés adjacents manquantes. Dans la figure 12.14, on ne connaît pas les longueurs des côtés CD et DE. Voyons ci-dessous comment résoudre ce cas.

Méthode de résolution

1. Calculer les gisements et les courses de tous les côtés.

2. Calculer les départs (ΔX) et les latitudes (ΔY) des côtés non affectés (AB, BC et EA).

3. Effectuer :

$$\Sigma_{alg} \text{ départs} = -\Delta X_{CE}$$

$$\Sigma_{alg} \text{ latitudes} = -\Delta Y_{CE}$$

Le segment CE représente une ligne auxiliaire de fermeture.

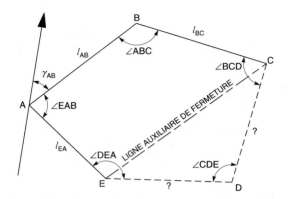

Figure 12.14 Les longueurs de deux côtés adjacents manquantes.

4. Déterminer la longueur de CE :

$$l_{CE} = \sqrt{\left(\Delta X_{CE}\right)^2 + \left(\Delta Y_{CE}\right)^2}$$

5. Calculer le gisement de CE :

$$\gamma_{CE} = \operatorname{tg}^{-1}\left(\frac{\Delta X_{CE}}{\Delta Y_{CE}}\right)$$

6. Puisqu'on connaît la longueur de CE ainsi que les angles ECD et CDE (par différence de gisements), on peut résoudre le triangle plan quelconque CDE en appliquant la loi des sinus :

$$\frac{l_{CD}}{\sin \angle CED} = \frac{l_{CE}}{\sin \angle CDE} \rightarrow l_{CD}$$

$$\frac{l_{DE}}{\sin \angle ECD} = \frac{l_{CE}}{\sin \angle CDE} \rightarrow l_{DE}$$

7. Aucune vérification possible.

2ᵉ cas : la longueur d'un côté et la direction du côté adjacent manquantes. Dans la figure 12.15, on ne connaît ni la longueur du côté CD ni la direction du côté DE. La solution est identique à celle du cas précédent, mais on doit appliquer la loi des sinus dans l'ordre suivant :

$$\frac{\sin \angle CDE}{l_{CE}} = \frac{\sin \angle ECD}{l_{DE}} \rightarrow \sin \angle CDE$$

$$\frac{l_{CD}}{\sin \angle CED} = \frac{l_{CE}}{\sin \angle CDE} \rightarrow l_{CD}$$

3ᵉ cas : les directions de deux côtés adjacents manquantes. Dans la figure 12.16, les angles BCD, CDE et DEA n'ont pas pu être mesurés. La solution est identique à celle des deux cas précédents, sauf qu'on doit résoudre le triangle plan quelconque CDE en appliquant d'abord la loi du cosinus :

$$\cos \angle CED = \frac{l_{CE}^2 + l_{DE}^2 - l_{CD}^2}{2\, l_{CE} l_{DE}}$$

Ensuite, en appliquant la loi des sinus, on calcule l'angle ECD :

$$\frac{\sin \angle ECD}{l_{DE}} = \frac{\sin \angle CED}{l_{CD}} \rightarrow \sin \angle ECD$$

L'angle CDE = $180° - (\angle CED + \angle ECD)$.

L'angle BCD = $\gamma_{CB} - \gamma_{CE} + \angle ECD$.

L'angle DEA = $360° - (\gamma_{EA} - \gamma_{EC}) + \angle CED$.

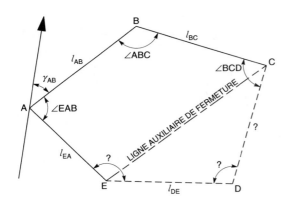

Figure 12.15 La longueur d'un côté et la direction du côté adjacent manquantes.

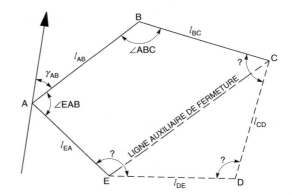

Figure 12.16 Les directions de deux côtés adjacents manquantes.

12.8.3 Deux côtés affectés non adjacents

La méthode générale de solution consiste à déplacer le ou les côtés connus ainsi qu'un côté affecté parallèlement à leur position initiale afin de les rendre respectivement adjacents (fig. 12.17 et 12.18).

1ᵉʳ cas : les deux côtés affectés séparés par un seul côté connu. Dans la figure 12.17a, les côtés CD et EA affectés sont séparés par le côté connu DE. Le déplacement des côtés DE et CD forme la figure 12.17b. Ces deux côtés ayant été déplacés parallèlement à leur position initiale, leurs gisements sont conservés. On peut résoudre le triangle plan quelconque AFE étant donné qu'on connaît trois éléments indépendants de celui-ci. Selon les éléments connus, la solution est identique à celle de l'un des trois cas mentionnés précédemment.

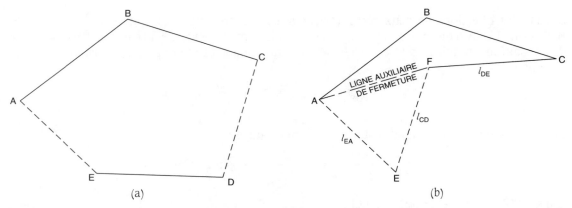

Figure 12.17 Deux côtés affectés non adjacents séparés par un seul côté connu : a) avant le déplacement; b) après le déplacement.

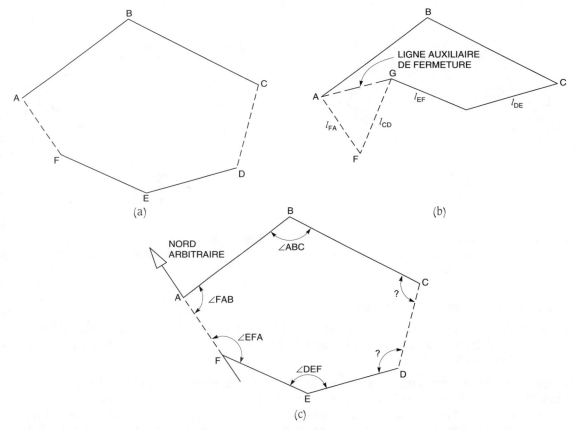

Figure 12.18 Deux côtés affectés non adjacents séparés par plus d'un côté connu : a) avant le déplacement; b) après le déplacement; c) le côté FA pris comme méridienne arbitraire.

L'exemple 12.4 présente le cas d'un cheminement lorsqu'une direction et une longueur sont manquantes.

EXEMPLE 12.4

Supposons qu'on ignore la direction de CD et la longueur de AE (fig. 12.10). On peut, sans affecter la fermeture, les rendre adjacents en changeant l'ordre (fig. 12.19). Il n'y a aucun moyen de vérification ni de compensation. Dès lors, on considère la polygonale comme ouverte entre les deux extrémités M et N et comme ayant deux côtés incomplets.

Solution

On trouve la longueur et la direction de MN comme suit :

$$\Delta X_{MN} = -32,6369 + 77,5321 + 324,7230 = 369,6182 \text{ m}$$

$$\Delta Y_{MN} = +50,6210 + 102,6813 - 127,5846 = 25,7177 \text{ m}$$

$$l_{MN} = \sqrt{(369,6182)^2 + (25,7178)^2} = 370,5118 \text{ m}$$

$$\gamma_{MN} = \text{tg}^{-1}\left(\frac{369,6182}{25,71877}\right) = 86° \, 01' \, 11''$$

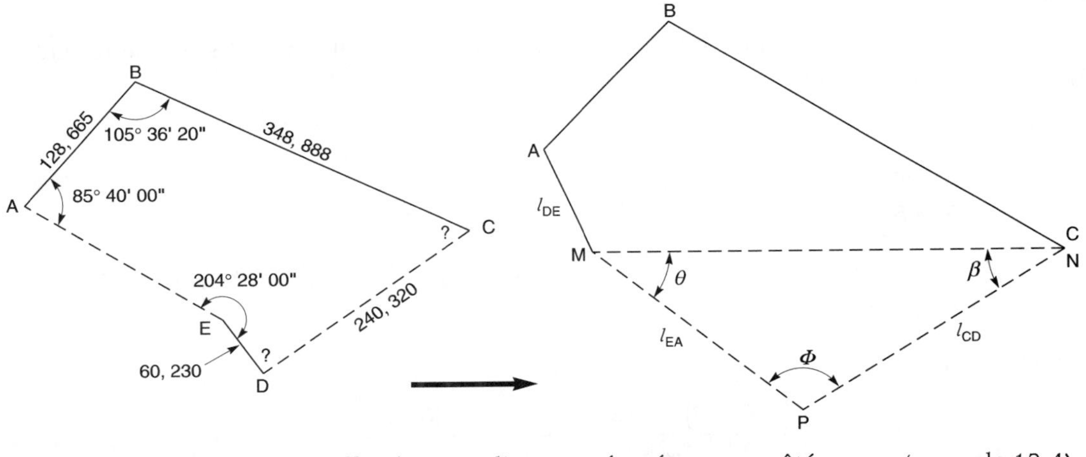

Figure 12.19 Deux côtés affectés non adjacents séparés par un côté connu (exemple 12.4).

Il s'agit maintenant de résoudre le triangle scalène MNP. On sait que :

$$\gamma_{AB} = 37° \, 03' \, 20''$$

$$l_{MN} = 370,5118 \text{ m}$$

$$l_{CD} = 240,320 \text{ m}$$

$$\theta = 122° \, 43' \, 20'' - 86° \, 01' \, 11'' = 36° \, 42' \, 09''$$

Il en découle que :

$$\varPhi = \sin^{-1}\left(\frac{370,5118 \ \sin 36° \ 42' \ 09''}{240,320}\right) = 67° \ 08' \ 13'' \ \text{ou} \ 112° \ 51' \ 47''$$

Nous sommes en présence d'un cas ambigu et les deux solutions sont donc mathématiquement acceptables. Toutefois, pour discerner la bonne, il faut connaître au préalable une valeur approximative de la longueur de AE ou savoir si l'angle $\varPhi$ est aigu ou obtus. Dans ce cas-ci, l'angle est obtus et, par conséquent, égal à 112° 51' 47'' :

$$\gamma_{DC} = 302° \ 43' \ 20'' + 112° \ 51' \ 47'' = 415° \ 35' \ 07'' \ \text{ou} \ 55° \ 35' \ 07''$$

$$\beta = 180 - \left(36° \ 42' \ 09'' + 112° \ 51' \ 47''\right) = 30° \ 26' \ 05''$$

$$l_{EA} = \frac{240,320 \ \sin 30° \ 26' \ 05''}{\sin 36° \ 42' \ 09''} = 203,687 \ \text{m}$$

· · · · · · · · · · · · · · · · · · ·

Voyons à l'exemple 12.5 comment procéder lorsque deux directions sont manquantes et à l'exemple 12.6, lorsque deux longueurs sont manquantes.

· · · · · · · · · · · · · · · · · · ·

EXEMPLE 12.5

Dans la figure 12.10, si les directions de CD et de EA sont manquantes, il s'agit de résoudre le triangle MNP, comme nous l'avons vu à l'exemple 12.4.

Solution

Puisqu'on sait que :

$$l_{MN} = 370,512 \ \text{m}$$

$$l_{AE} = 203,413 \ \text{m}$$

$$l_{DC} = 240,320 \ \text{m}$$

on peut donc dire que :

$$\theta = \cos^{-1}\left(\frac{(370,512)^2 + (203,413)^2 - (240,320)^2}{2 \times 370,512 \times 203,413}\right) = 36° \ 40' \ 11''$$

$$\beta = \cos^{-1}\left(\frac{(370,512)^2 + (240,320)^2 - (203,413)^2}{2 \times 370,512 \times 240,320}\right) = 30° \ 21' \ 49''$$

et

$$\gamma_{AE} = 86° \ 01' \ 11'' + 36° \ 40' \ 11'' = 122° \ 41' \ 22''$$

$$\gamma_{DC} = 86° \ 01' \ 11'' - 30° \ 21' \ 49'' = 55° \ 39' \ 22''$$

EXEMPLE 12.6

Lorsque les longueurs de AE et de CD sont manquantes (fig. 12.10), il faut également résoudre le triangle MNP. Cependant, on calcule la longueur de MN en tenant compte de la fermeture angulaire.

Solution

Après avoir corrigé les angles, on trouve la longueur et la direction de MN comme suit :

$$\Delta X_{MN} = -32,6349 + 77,5321 + 324,7255 = 369,6227 \text{ m}$$

$$\Delta Y_{MN} = 50,6223 + 102,6813 - 127,5783 = 25,7253 \text{ m}$$

$$l_{MN} = \sqrt{(369,6227)^2 + (25,7253)^2} = 370,5168 \text{ m}$$

$$\gamma_{MN} = \text{tg}^{-1}\left(\frac{369,6227}{25,7253}\right) = 86°\ 01'\ 07''$$

$$\theta = 122°\ 43'\ 24'' - 86°\ 01'\ 07'' = 36°\ 42'\ 17''$$

$$\beta = 86°\ 01'\ 07'' - 55°\ 39'\ 12'' = 30°\ 21'\ 55''$$

$$\Phi = \left(55°\ 39'\ 12'' + 360\right) - 302°\ 43'\ 24'' = 112°\ 55'\ 48''$$

$$l_{AE} = \frac{370,5168 \ \sin 30°\ 21'\ 55''}{\sin 112°\ 55'\ 48''} = 203,370 \text{ m}$$

$$l_{CD} = \frac{370,5168 \ \sin 36°\ 42'\ 17''}{\sin 112°\ 55'\ 48''} = 240,455 \text{ m}$$

2ᵉ cas : les deux côtés affectés séparés par plus d'un côté connu. La figure 12.18a illustre ce cas. Si on déplace les côtés DE et FE ainsi que le côté affecté CD parallèlement à leur position initiale, on obtient la figure 12.18b. Par la suite, il faut résoudre le triangle plan AGF comme nous l'avons vu précédemment.

Une solution plus élégante et plus rapide que la solution générale consiste à adopter comme méridienne arbitraire le côté affecté dont on connaît la direction.

Soit la figure 12.18c pour laquelle on connaît la direction du côté FA ainsi que la longueur du côté CD. Il faut calculer les angles manquants BCD et CDE ainsi que la longueur du côté FA.

Méthode de résolution

1. Prendre FA comme méridienne arbitraire :

   $$\gamma_{FA} = 0°\ 00'\ 00''$$

2. Calculer dans ce système arbitraire les gisements et les courses des côtés AB, BC, DE et EF.

---

3. Déterminer les départs (*ΔX*) et les latitudes (*ΔY*) des côtés AB, BC, DE et EF.

4. Effectuer :

$$\Sigma_{alg} \text{ départs } = -\Delta X_{CD}$$

Le départ de FA est nul dans ce système.

5. Calculer la latitude de CD :

$$\Delta Y_{CD} = \sqrt{l_{CD}^2 + \left(\Delta X_{CD}\right)^2}$$

6. Calculer la course de CD :

$$\gamma_{CD} = tg^{-1}\left(\frac{\Delta X_{CD}}{\Delta Y_{CD}}\right)$$

7. Calculer la somme algébrique des latitudes de AB, BC, DE et EF, ce qui donne $-\Delta Y_{FA}$. De plus, $\Delta Y_{FA} = l_{FA}$.

8. Aucune vérification possible.

Remarque : On peut adopter cette méthode de résolution seulement si on connaît la direction d'un côté affecté.

L'exemple 12.7 illustre le mesurage d'un cheminement lorsqu'on connaît la direction du côté affecté.

. . . .
EXEMPLE 12.7

Pour ce qui est des exemples 12.4 et 12.6, on aurait pu, au lieu de changer l'ordre des côtés, adopter comme méridienne arbitraire le côté affecté dont on connaît la direction (fig. 12.20). Ici, nous allons résoudre l'exemple 12.6 en adoptant comme méridienne arbitraire la direction du côté EA.

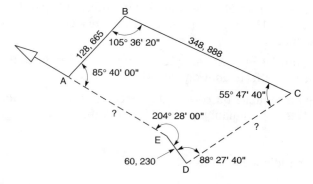

Figure 12.20 La méthode de résolution à l'aide d'une méridienne arbitraire (exemple 12.7).

Solution

La somme algébrique des ΔX des côtés non affectés correspond à $-\Delta X$ de l'autre côté (CD). Avec cette valeur et le gisement de CD dans ce système de coordonnées, on peut trouver la valeur de ΔY et la longueur de CD. Pour déterminer la longueur de AE, il s'agit de faire la somme des ΔY des autres côtés. Dans cet exemple, on tient compte de l'erreur angulaire de fermeture.

gisement	EA	0° 00' 00"		gisement	DC	112° 55' 48"
				angle	−D	−88° 27' 44"
gisement	AE	180° 00' 00"		gisement	DE	24° 28' 04"
angle	−A	−85° 40' 04"				
gisement	AB	94° 19' 56"		gisement	ED	204° 28' 04"
				angle	−E	−204° 28' 04"
gisement	BA	274° 19' 56"		gisement	EA	0° 00' 00"
angle	−B	−105° 36' 24"				
gisement	BC	168° 43' 32"				
gisement	CB	348° 43' 32"				
angle	−C	−55° 47' 44"				
gisement	CD	292° 55' 48"				

Stations	Gisements	Longueurs (m)	ΔX	ΔY
A				
	94° 19' 56"	128,665	128,2974	-9,7193
B				
	168° 43' 32"	348,888	68,2107	-342,1551
C				
	292° 55' 48"	?		
D				
	24° 28' 04"	60,230	24,9461	54,8210
E				
	0° 00' 00"	?	0	
A				

$$\Delta X_{DC} = 128,2974 + 68,2107 + 24,9461 + 0 = 221,4542 \text{ m}$$

$$\Delta Y_{DC} = 221,4542 \text{ cotg } 112° 55' 48" = -93,6826 \text{ m}$$

$$l_{CD} = \sqrt{221,4542^2 + (-93,6826)^2} = 240,455 \text{ m}$$

$$l_{EA} = 9,7193 + 342,1551 - 93,6828 - 54,8210 = 203,371 \text{ m}$$

. . . .

Tableau 12.2 Les logiciels appliqués à la géomatique

Nom du logiciel	Fabricant	Applications	Autres caractéristiques
Premiers modèles			
COGO-90	Institut M.I.T.	Topométrie, topométrie routière	Unité centrale (IBM 7090) Langage Fortran
ICES-COGO	Institut M.I.T.	Topométrie, topométrie routière	Unité centrale Langage Fortran
Site Computation and Design	Hewlett-Packard	Topométrie, topométrie routière	Ordinateur personnel HP et calculatrice HP-41C/CV
Compu-1	La firme D. A. Martin et associés	Topométrie	Peut être combiné à un ordinateur de poche de type Sharp PC-1500A
Série GEM	ProConsul	Topométrie	Ordinateur personnel IBM
Nouvelle génération			
AutoCAD	Autodesk	Dessin assisté par ordinateur	Environnement graphique utilisé par divers logiciels de géomatique
Micro-Station	Intergraph	Dessin et conception assistés par ordinateur	Environnement graphique combiné à une base de données et utilisé par divers logiciels de géomatique
CivilCAD	Bloomfield	Géomatique, volumétrie, topométrie routière	Environnement graphique intégré CAO/DAO
Topos	Leica	Topométrie	Conversion en fichiers DXF pour traitement sur AutoCAD et Micro-Station
LisCAD plus	Leica	Topométrie, volumétrie	Conversion en fichiers DXF et DGN pour traitement sur AutoCAD et Micro-Station
Série WORKS	Intergraph	Géomatique, volumétrie, topométrie routière	Modules CogoWorks, RoadWorks, SiteWorks; interaction avec l'environnement graphique de Micro-Station
InSurv	Intergraph	Géomatique, volumétrie, topométrie routière	Environnement graphique intégré CAO/DAO

EMXS	Sundance Software	Géomatique, volumétrie, topométrie routière	Interaction avec l'environnement graphique d'AutoCAD
Série GWN	Scientific Software Group	Géomatique, volumétrie	Modules GWN-COGO, GWN-DTS: interaction avec l'environnement graphique d'AutoCAD ou de Micro-Station
Eagle Point	Eagle Point	Géomatique, volumétrie, topométrie routière	Modules Survey, COGO, Site and Roadway Design; interaction avec l'environnement graphique d'AutoCAD ou de Micro-Station
Modules SOFTDESK	Softdesk	Géomatique, volumétrie, topométrie routière	Modules Survey, COGO, EarthWorks, Advance Design et autres; interaction avec l'environnement graphique d'AutoCAD
AGEO expert	Geodimetre	Topométrie	Conversion en fichiers DXF pour traitement sur AutoCAD
GÉOplus	Géoplus	Topométrie	Conversion en fichiers DXF pour traitement sur AutoCAD
VISIONplus	Géoplus	Topométrie, volumétrie, topométrie routière	Environnement graphique permettant l'intégration de GÉOplus et des modules de la série Works d'Intergraph
Série MAP	Sokkia	Géomatique, volumétrie, topométrie routière	Modules Calculs, Contour, Volume, Profiles et autres; conversion en fichiers DXF pour traitement sur AutoCAD
GéoMAX	ACDS	Géomatique, volumétrie, topométrie routière	Environnement graphique intégré CAO/DAO; utilise le système d'exploitation UNIX
Série GESQAN	LUQS informatique et Raymond Léger (pour module GéoCAD)	Géomatique, volumétrie, topométrie routière	Module GéoCAD; interaction avec l'environnement graphique d'AutoCAD
Cadarp	Roger Perrault, programmeur	Topométrie	---
Coordarp	Hugues Boutet, programmeur	Topométrie	Peut être combiné à un ordinateur de poche de type Sharp PC-1403H

12.9 L'INFORMATIQUE APPLIQUÉE À LA TOPOMÉTRIE

12.9.1 Historique

C'est au début des années 60 qu'ont été conçus les premiers logiciels destinés à des applications topométriques. En 1961, le professeur C. L. Miller du Massachusetts Institute of Technology (M.I.T.) a mis au point, en collaboration avec le Département des travaux publics de Puerto Rico, le système COGO (coordonnées géométriques) qui fonctionnait sur un ordinateur IBM 1620.

Sous la direction du professeur Miller, Daniel Ross a modifié par la suite la version originale afin de l'adapter à un ordinateur central plus puissant, soit le modèle IBM 7090/94. Cette nouvelle version, plus complète et opérant en mode multiusagers, a fait l'objet d'une publication en 1964 intitulée *COGO-90 : Engineering User's Manual*.

Durant la même période et toujours au M.I.T., on a réalisé un ensemble de logiciels portant le nom de *Integrated Civil Engineering System* (ICES) et servant à la pratique et à l'enseignement du génie civil. Parmi ces nombreux logiciels, on compte le programme ICES-COGO conçu pour fonctionner sur un ordinateur central de type IBM 360.

Ces versions ont connu un tel succès que le nom COGO est encore associé à différents modules de logiciels en géomatique (ex. : GEM-COGO, COGOWorks, GWN-COGO, etc.). Le tableau 12.2 contient la liste et la description sommaire de divers logiciels utilisés en géomatique.

12.9.2 L'intégration d'outils informatiques en géomatique

En général, tout travail de levé ou d'implantation en géomatique fait appel à trois étapes : collecte des données sur le terrain, traitement des données et mise en plan des données. Cet ordre peut être inversé dans le cas d'implantation.

L'avènement de la technologie de pointe a rendu l'informatique omniprésente au sein de chacune de ces étapes. La figure 12.21 illustre une station totale informatisée lors de la phase du levé ou de l'implantation des données sur le terrain. La figure 12.22 présente le matériel nécessaire au transfert ainsi qu'au traitement informatique des données. La dernière étape, soit la mise en plan, issue d'un traitement informatique préalable, est illustrée à la figure 12.23.

 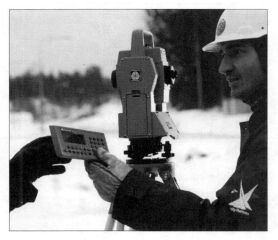

Figure 12.21   La saisie de données sur le terrain à l'aide d'une station totale informatisée.

Figure 12.22 Le traitement des informations recueillies sur le terrain au moyen d'un logiciel.

Figure 12.23 L'étape de la mise en plan à l'aide d'une table traçante.

EXERCICES

12.1 Trouver la distance de AE de la figure 12.24.

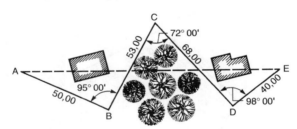

Figure 12.24 (Exercice 12.1)

12.2 a) Déterminer l'erreur de fermeture et la précision relative de la polygonale de la figure 12.25 et compenser au moyen de la méthode de la répartition par parallèles proportionnelles (*compass rule*). Le gisement du côté 1-2 est 90° 00' 00". Calculer ensuite les coordonnées de chacun des sommets si le sommet 1 a comme coordonnées $X = Y = 1000,00$.

b) Calculer les coordonnées du point d'intersection 5 de la droite joignant les sommets 1 et 3 et de la droite joignant les sommets 2 et 4.

c) Calculer l'angle 1-5-4.

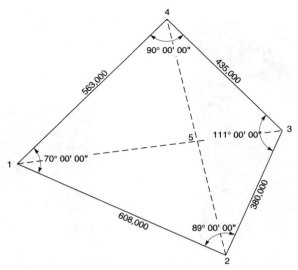

Figure 12.25 (Exercice 12.2)

12.3 Calculer les coordonnées des sommets de la polygonale de la figure 12.26, après l'avoir compensée par projections proportionnelles (*transit rule*), si le gisement du côté 1-2 est égal à 45° 00' 00". Les coordonnées du point le plus à l'ouest sont $X = 1000,00$ et $Y = 1000,00$. Calculer également les coordonnées du point 6, qui représente l'intersection des côtés 2-3 et 4-5.

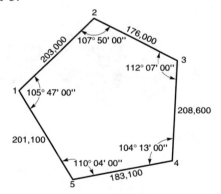

Figure 12.26 (Exercice 12.3)

12.4 En vue de localiser une limite de propriété, on a tracé une polygonale sur le terrain et on a mesuré ses éléments (fig. 12.27). Les points de clôture 6, 7 et 8 ont été localisés par polaires.

a) Compenser cette polygonale par une méthode au choix.
b) Calculer la longueur de la clôture joignant les points 6 et 7 ainsi que la longueur de celle joignant les points 7 et 8.
c) Calculer l'angle 6-7-8.

Partie C : Méthodes de levé

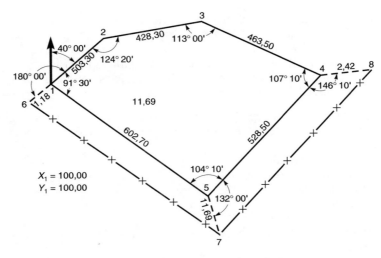

Figure 12.27 (Exercice 12.4)

12.5 Quelles sont les coordonnées du point D de la polygonale de la figure 12.28?

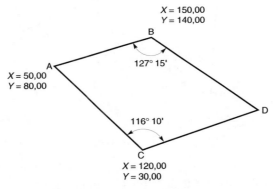

Figure 12.28 (Exercice 12.5)

12.6 Soit la polygonale ABCDEA dont les ΔX et ΔY sont les suivants :

Point	Est	Ouest	Nord	Sud
A				
	189		180	
B				
	165			148
C				
		238		168
D				
	15		180	
E				
		130		43
A				

a) Vérifier si la polygonale est fermée et justifier la réponse.

b) Si elle n'est pas fermée, répartir l'erreur de fermeture par la méthode de projections proportionnelles (*transit rule*).

c) À l'aide des nouvelles valeurs de ΔX et ΔY, calculer les coordonnées X et Y de chacun des sommets de la polygonale si l'origine passe par le point le plus à l'ouest.

d) Calculer les nouvelles directions et longueurs.

12.7 Soit la polygonale ABCDEA (fig. 12.29) pour laquelle on connaît les angles de déflexion ainsi que les longueurs des côtés, sauf la longueur de EA. Si le gisement de EA est de 350°, trouver :

a) le gisement de chacun des côtés;

b) la course de chacun des côtés;

c) les ΔX et ΔY de chacun des côtés;

d) la longueur de EA;

e) le point le plus à l'ouest;

f) les coordonnées X et Y de chacun des sommets si les axes passent par le point le plus à l'ouest.

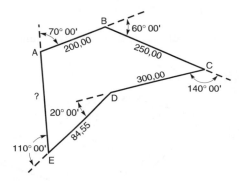

Figure 12.29   (Exercice 12.7)

12.8 Soit la polygonale ABCDEFA (fig. 12.30) pour laquelle on n'a pas pu mesurer les deux côtés CD et FA, car ils traversent une rivière. Connaissant les distances et les gisements indiqués dans la figure, calculer les longueurs des côtés CD et FA.

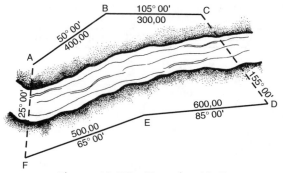

Figure 12.30   (Exercice 12.8)

12.9 Soit les alignements ED et DC de la polygonale de la figure 12.31, qui forment la ligne de centre du tunnel. Quelles sont les coordonnées de D ainsi que les longueurs de ED et de DC si les lignes ED et CD font un angle de 30° avec la ligne CE?

Point	ΔX	ΔY
A		
	1000,00	200,00
B		
	600,00	-600,00
C		
	?	?
D		
	?	?
E		
	0,00	800,00
A		

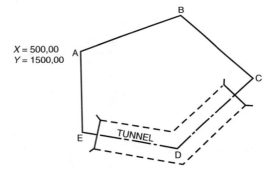

$X = 500,00$
$Y = 1500,00$

Figure 12.31 (Exercice 12.9)

12.10 Calculer les éléments inconnus de la polygonale de la figure 12.32.

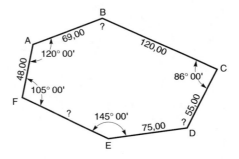

Figure 12.32 (Exercice 12.10)

Le nivellement

13.1 GÉNÉRALITÉS

Le nivellement, et de façon générale l'altimétrie, consiste principalement à déterminer la hauteur des points au-dessus d'une surface de référence, à mesurer la différence d'altitude entre les points ainsi qu'à réaliser et à vérifier le gradient de pente dans certains travaux municipaux. Au Canada, les altitudes sont définies dans l'*Arrêté en Conseil n° 630* du Conseil privé, daté du 11 mars 1935. On y décrète que le niveau moyen de la mer, déterminé en certains points du littoral par le Service hydrographique du Canada et reporté à l'intérieur des terres par le Service géodésique fédéral, soit adopté comme niveau de référence officiel du pays et connu sous le nom de *Plan de référence géodésique du Canada* (sect. 1.5, les systèmes de références géodésiques).

Les travaux de nivellement permettent :

a) de compléter la mise en plan des détails;
b) de planifier la construction de routes, de chemins de fer, de canaux, etc.;
c) de calculer des volumes d'excavation, et ainsi de suite.

Dans ce chapitre, nous donnerons premièrement quelques définitions et notions utiles à l'étude du nivellement. Deuxièmement, nous expliquerons en détail les trois types de nivellement : différentiel, trigonométrique et barométrique. Troisièmement, nous verrons les sources d'erreurs, les fautes et la précision relatives au nivellement différentiel ainsi que la compensation des altitudes.

13.2 DÉFINITIONS

Verticale. La verticale en un lieu est la direction de la force due à la pesanteur. Cette force est la résultante de la force gravitationnelle et de la force centrifuge. Le fil à plomb donne la verticale du lieu.

Plan vertical. Plan qui passe par la verticale du lieu.

Plan horizontal. Plan tangent à une surface de niveau en un lieu donné; il est perpendiculaire à la verticale du lieu.

Ligne horizontale. Droite entièrement contenue dans un plan horizontal; elle correspond à la directrice d'une nivelle, lorsque celle-ci est calée (fig. 13.1).

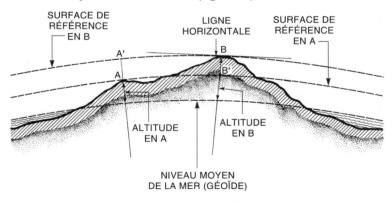

Figure 13.1 Les surfaces de référence.

Surface de niveau. Surface courbe dont chaque point qui la compose est normal à la verticale du lieu. Par exemple, il peut s'agir d'une grande étendue d'eau au repos non affectée par l'action des marées (fig. 13.3). Dans la pratique, pour ce qui est d'une faible étendue, cette surface peut se ramener à son plan tangent, appelé plan de référence (fig. 13.1).

Niveau moyen de la mer. Surface de référence conventionnelle de nivellement qui correspond au niveau moyen de la mer, établi à l'aide de marégraphes observés sur une période de 10 à 20 ans (fig. 13.1).

Altitude. L'altitude d'un lieu est la hauteur de ce lieu au-dessus du niveau moyen de la mer (fig. 13.1).

Repère de nivellement. Marque permanente d'altitude connue; généralement, c'est une installation fixe, à un endroit bien déterminé (pont, église, bâtisse gouvernementale, etc.), qui comporte une plaque de laiton portant l'identification du repère.

13.3 LA COURBURE DE LA TERRE ET LA RÉFRACTION

Les différences de niveau se calculent toujours par rapport au plan horizontal passant par l'instrument. Toutefois, ce plan horizontal ne peut être assimilé à la surface de la Terre que s'il se rapporte à une très petite portion. À cause de la courbure de la Terre, il est évident que la ligne horizontale s'éloigne de la surface de niveau d'une valeur d en fonction de la distance l (fig. 13.2).

Dans le triangle rectangle AOB' (fig. 13.2a), on a :

$$(r + d)^2 = r^2 + l^2$$

$$r + d = \left(r^2 + l^2\right)^{1/2}$$

$$d = \left(r^2 + l^2\right)^{1/2} - r$$

$$= \left(r^2\right)^{1/2} + \frac{1}{2}\left(r^2\right)^{-1/2}\left(l^2\right) + \ldots - r$$

$$= r + l^2/2r + \ldots - r$$

$$\cong l^2/2r$$

Il est à remarquer que la dénivelée d est très petite comparativement au rayon r de la Terre, qui est de 6371 km. Si on substitue la valeur de r dans l'équation $d \cong l^2/2r$, on obtient :

$$d \cong 0{,}000\ 078\ 5\ l^2$$

où d et l sont en kilomètres.

Si on exprime l en kilomètres et d en mètres, on a alors :

$$d \cong 0{,}0785\ l^2$$

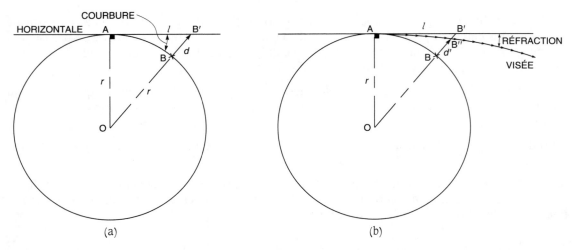

Figure 13.2 a) La courbure de la Terre; b) l'effet combiné de la courbure et de la réfraction.

Par ailleurs, comme la ligne de visée ne suit pas la surface de la Terre, elle traverse des couches atmosphériques de différentes densités. Le rayon optique est ainsi réfracté et passe en B'' (fig. 13.2b). Cette variation due à la réfraction dépend des conditions atmosphériques et de l'angle vertical. Le rayon de courbure de la ligne de visée représente environ 7 fois le rayon de courbure de la Terre. Par conséquent, si on prend les 6/7 de 0,0785 l^2, l'effet combiné de la réfraction et de la courbure de la Terre s'exprime par la relation suivante :

$$d' = 0,0675 \, l^2 \tag{13.1}$$

La limite de distance pour laquelle on peut accepter cette assimilation de la surface de niveau au plan horizontal dépend de la précision désirée. En effet, l'erreur qui en résulte est de 0,03 mm à 20 m et de 1 cm à 400 m, et elle est proportionnelle au carré de la distance. Lorsque les *visées avant* et *arrière* sont d'égale portée, les erreurs dues à la courbure et à la réfraction s'annulent.

13.4 LA CONVERGENCE DES SURFACES DE NIVEAU

La surface de niveau passant par un point est très voisine d'un ellipsoïde concentrique au *géoïde* qui a pour altitude zéro (fig. 13.1). Les verticales données par la direction de la force due à la pesanteur sont des courbes passant par le centre de la Terre (centre de gravité). Les différentes surfaces de niveau, perpendiculaires en chacun de leurs points aux verticales, ne sont pas parallèles entre elles (fig. 13.3). Leur écartement diminue au fur et à mesure qu'on se déplace vers le pôle.

On mesure les différences de niveau perpendiculairement aux surfaces de référence, c'est pourquoi on les nomme altitudes orthométriques (du grec *ortho* qui signifie droit).

À partir du point A, si on fait un cheminement de nivellement en suivant un méridien et en prenant les lectures arrière et avant identiques et des portées égales, ce cheminement suivra la surface de niveau en A jusqu'en A'. On fait ensuite un second cheminement à partir d'un point B, situé un mètre plus bas que A, jusqu'en B' : ce cheminement suivra la surface de niveau en B.

Comme les surfaces de niveau ne sont pas parallèles (AB ≠ A'B'), les points A et A' ne sont pas à la même distance de surface de niveau de B ou du géoïde. On dit alors qu'ils ont la même altitude dynamique, mais pas la même altitude orthométrique.

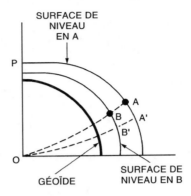

Figure 13.3 La convergence des surfaces de niveau.

En suivant une surface de niveau (vers le pôle), un point se rapproche du géoïde et, par conséquent, son altitude (altitude orthométrique) varie. Il est alors nécessaire d'appliquer une correction appelée correction orthométrique.

Bien que ce bref exposé ne donne qu'une petite idée de la convergence des surfaces de niveau, nous n'approfondirons pas davantage ce sujet, qui déborde largement le cadre de ce manuel. Nous allons plutôt nous tourner vers l'étude des trois types de nivellement : différentiel, trigonométrique et barométrique.

13.5 LE NIVELLEMENT DIFFÉRENTIEL

En ce qui concerne le nivellement différentiel, on obtient les altitudes au moyen de la différence des distances verticales par rapport à un plan horizontal de référence donné par le niveau. Le plan de référence se matérialise lorsqu'on fait tourner la lunette autour de son axe principal (fig. 7.2). La lunette permet de lire sur une mire la distance verticale entre le point occupé par la mire et le plan de référence. C'est le type de nivellement qui est le plus précis et le plus courant. La figure 13.4 illustre le principe du nivellement différentiel. On installe l'instrument entre deux points A et B, sur lesquels on place successivement la mire.

On fait une lecture (3,27 m) sur la mire placée sur le point A dont on connaît l'altitude (149,36 m). Cette lecture, appelée visée arrière (R), indique que le plan de référence est de 3,27 m plus haut que le point A. L'altitude du plan de nivellement (AN) est donc de 152,63 m. Si la visée avant (V) sur le point à déterminer (B) est de 0,43 m, l'altitude de ce dernier sera alors de 152,20 m. La dénivelée entre les deux points est : 152,20 − 149,36 = 2,84 m ou encore 3,27 − 0,43.

Il faut tenir la mire verticalement au moment de la lecture. On peut aussi obtenir la distance verticale en balançant la mire en avant et en arrière (fig. 13.5). La plus petite lecture correspond à la distance verticale.

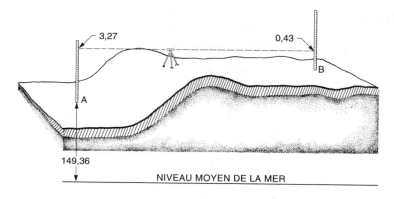

Figure 13.4 Le principe du nivellement différentiel.

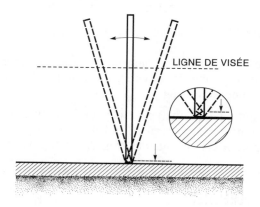

Figure 13.5 Le balancement de la mire.

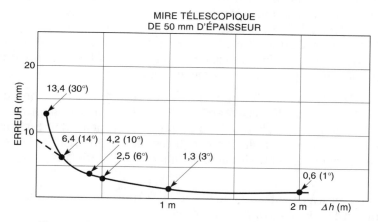

Figure 13.6 L'erreur de lecture due au balancement.

Si la ligne de visée passe juste au-dessus du point (faible lecture), le balancement de la mire peut entraîner une erreur, car l'inclinaison vers l'arrière se fait autour du talon de la mire et a pour effet de remonter la graduation de la face de la mire. Dans la figure 13.6, la courbe donne l'erreur due à l'inclinaison en fonction de la lecture correspondant à une mire télescopique de 50 mm d'épaisseur. Comme le balancement dépasse rarement 10°, la ligne pointillée limite l'erreur relative à cette inclinaison.

L'erreur de lecture due au balancement diminue en fonction de l'augmentation de la lecture, tandis que l'erreur due à l'inclinaison de la mire augmente avec la lecture. On recommande de faire balancer la mire seulement si la lecture dépasse 0,5 m et s'il y a présence de vent d'intensité moyenne ou forte. Une nivelle pour mire (fig. 5.4d) permet d'assurer la verticalité, et ce rapidement et sans difficulté.

De façon générale, on exécute le nivellement différentiel selon l'un des modes suivants : par *rayonnement* ou par *cheminement*, ou le plus souvent par la combinaison des deux.

13.5.1 Le nivellement par rayonnement

Le nivellement par rayonnement se fait à partir d'une seule station. On détermine les altitudes de différents points intermédiaires par rapport à un repère connu. Voyons à l'exemple 13.1 comment procéder.

• • • • • • • • • • • • • • • • • • • •

EXEMPLE 13.1

Trouver l'altitude des points A, B, C et D, sachant que celle du point M est de 124,691 m.

Solution (fig. 13.7 et 13.8)

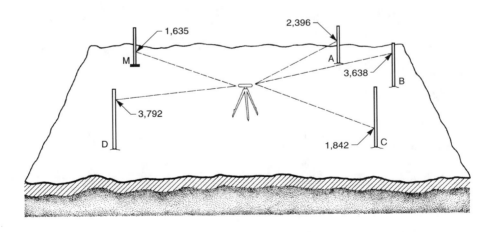

Figure 13.7 Le nivellement par rayonnement (exemple 13.1).

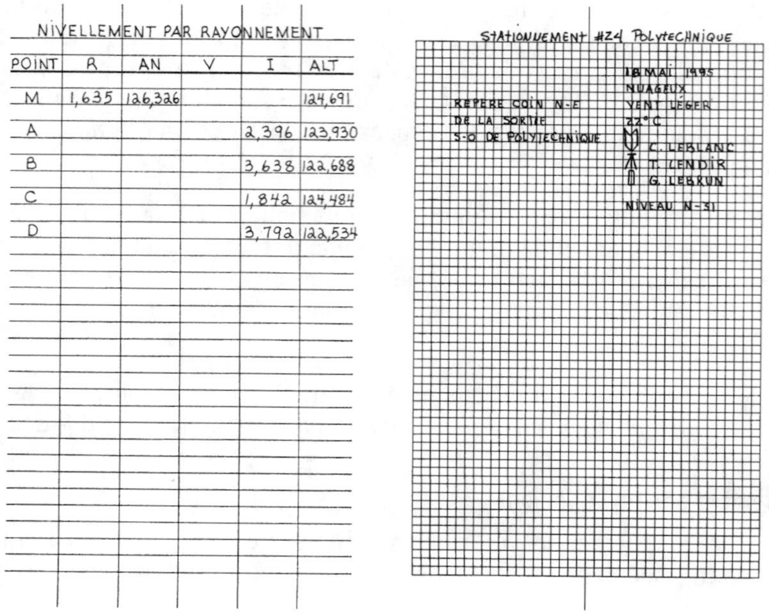

NIVELLEMENT PAR RAYONNEMENT					
POINT	R	AN	V	I	ALT
M	1,635	126,326			124,691
A				2,396	123,930
B				3,638	122,688
C				1,842	124,484
D				3,792	122,534

Figure 13.8 La prise de notes (exemple 13.1).

13.5.2 Le nivellement par cheminement

Le nivellement par cheminement consiste en une suite alternative de stations et de points de changement entre deux points qui sont trop éloignés ou qui ont une trop grande dénivelée. Un *point de changement* (PC) est un point intermédiaire temporaire qu'on utilise pour déplacer l'instrument. On effectue une visée avant sur ce point et, après avoir déplacé l'instrument, on prend une visée arrière sur ce même point afin de trouver l'altitude du plan de nivellement (ex. 13.2).

EXEMPLE 13.2

Trouver l'altitude du point C à l'aide du cheminement de la figure 13.9, sachant que l'altitude du point M est de 86,395 m.

Solution (fig. 13.9 et 13.10)

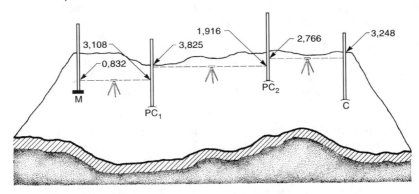

Figure 13.9 Le nivellement par cheminement (exemple 13.2).

POINT	R	AN	V	I	ALT
M	0,832	87,227			86,395
PC₁	3,825	87,944	3,108		84,119
PC₂	2,766	88,794	1,916		86,028
C			3,248		85,546
	7,423		8,272		
			7,423		
			0,849		0,849
				√	86,395

NIVELLEMENT PAR CHEMINEMENT

CAMPUS U de M

12 JUIN 1995
BEAU + CHAUD
30°C
M
REPÈRE COIN N-E   V   R. LEMIEUX
DE U+M   △   S. LEPIRE
                ▮   T. LEBON

NIVEAU N-71

REPÈRE COIN N-O
DE POLYTECHNIQUE

Figure 13.10 La prise de notes (exemple 13.2).

. . . .

13.5.3 Les procédés de nivellement différentiel

La façon de procéder en ce qui a trait au nivellement différentiel est très importante si on veut annuler certaines erreurs ou se ménager des moyens de vérification.

Cheminement fermé ou rattaché. Le cheminement fermé ou rattaché consiste principalement à fermer sur un point dont on connaît l'altitude, soit par le retour au point de départ, soit par la fermeture sur un autre point d'altitude connue.

Ce procédé permet de trouver l'erreur de fermeture et de vérifier si elle se situe dans les limites permises. Si l'erreur est trop grande, il faut commencer par vérifier les calculs. La différence entre la somme des visées avant et celle des visées arrière doit égaler la différence d'altitude entre le point de départ et le point d'arrivée (fig. 13.10). S'il n'y a pas d'erreur de calcul, il faut procéder à des vérifications sur le terrain.

Double point de changement. On fait en réalité deux cheminements en parallèle et on vérifie l'altitude du plan de nivellement à chaque station. Chaque point de changement (PC) est double. Si on utilise deux mires, il faut faire la visée avant et la visée arrière sur la même mire en un même point de changement. La visée arrière sur le point de départ et la visée avant sur le point final doivent se faire sur la même mire. L'exemple 13.3 illustre la façon d'effectuer un cheminement par double point de changement.

. . . .

EXEMPLE 13.3

Trouver l'altitude du point N si celle de M est de 118,462 m.

Solution (fig. 13.11 et 13.12)

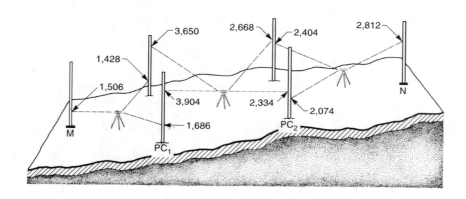

Figure 13.11   Le double point de changement (exemple 13.3).

POINT	R	AN	V	I	ALT
M	1,506	119,968			118,462
	1,506				
PC₁	3,904	122,186	1,686		118,282
	3,650	122,190	1,428		118,540
		122,188			
PC₂	2,074	121,928	2,334		119,854
	2,404	121,924	2,668		119,520
		121,926			
N			2,812		119,114
			2,812		
R =	15,044	V =	13,740		
-	13,740				
	1,304	÷ 2 =	0,652		0,652
					118,462

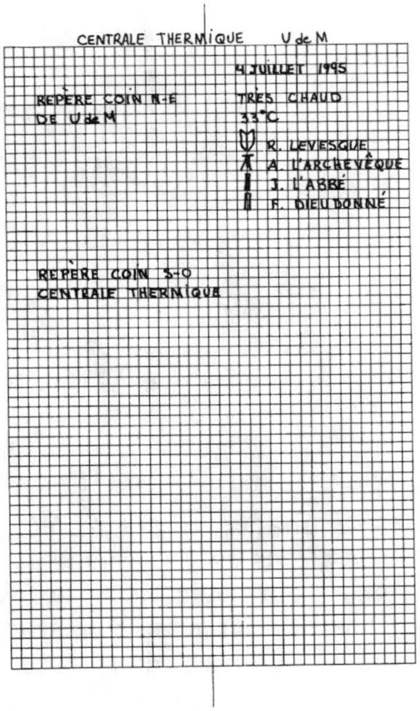

CENTRALE THERMIQUE   U de M

4 JUILLET 1995

REPÈRE COIN N-E   TRÈS CHAUD
DE U de M   33°C

R. LEVESQUE
A. L'ARCHEVÊQUE
J. L'ABBÉ
F. DIEUDONNÉ

REPÈRE COIN S-O
CENTRALE THERMIQUE

Figure 13.12   La prise de notes (exemple 13.3).

. . . .

Mire à double graduation. La plupart des mires de précision ont une double graduation décalée de quelques mètres. Pour ce qui est des points de changement, on utilise généralement un *socle* pour mire. Les dénivelées qu'on obtient avec chacune des deux graduations doivent être identiques dans les limites tolérées, et les différences de lecture des deux échelles doivent être constantes et égales au décalage entre les deux graduations.

Visées réciproques. La topographie du terrain, par exemple la présence d'une rivière, peut empêcher la prise de visées avant et arrière d'égale longueur. On procède alors par *visées réciproques* (nivellement réciproque).

Comme l'indique la figure 13.13, on place des mires en A et en B. On installe l'instrument en R d'un côté de la rivière, puis on fait les lectures avant et arrière. Ensuite, on transporte l'instrument de l'autre côté de la rivière en S, en laissant les mires sur les mêmes stations, et on fait de nouveau les lectures avant et arrière sur les mêmes mires.

Étant donné que les visées RB et SA sont très longues, il faudra prendre plusieurs lectures et en faire la moyenne. Les deux dénivelées n'auront pas la même valeur parce que les visées sont inégales et les réfractions atmosphériques sont différentes.

En plus d'être laborieuse, cette méthode a une précision discutable. On l'emploie donc quand il est impossible de faire autrement.

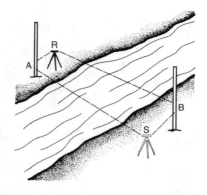

Figure 13.13 Le nivellement réciproque.

Visées réciproques simultanées. Lorsqu'on emploie la méthode précédente, le temps qui s'écoule entre les deux observations est assez long et les conditions atmosphériques peuvent varier durant ce laps de temps. Pour obvier à cet inconvénient, on peut utiliser deux instruments et faire les lectures simultanément. Comme les instruments n'ont pas la même erreur de collimation, il faut procéder à une seconde série de lectures simultanées après avoir permuté les instruments. Cette méthode n'est pas tellement plus longue que la précédente, mais elle est plus précise. Par contre, il faut un second instrument et un autre opérateur.

	NIVELLEMENT À 3 FILS				
	ÉCOLE POLYTECHNIQUE				
POINT	R	MOY.	DIST.	COLL.	A.N.
M	2,402				
	2,854	2,8533	90,2	-0,0361	132,292
	3,304				
A	2,624				
	3,174	3,1753	110,4	-0,0442	135,018
	3,728				
B	2,160				
	2,476	2,4740	62,6	-0,0250	136,219
	2,786				
3)	25,508		263,2		
	8,5027	8,5026	-0,1053	-0,1053	

29 JUIN 1995					
BEAU & CHAUD	29°C				
M J. LAFLEUR					
X M. LAROSE					
B J.C. LATULUPPE					
ERR. DE COLLIMATION	+0,0004 m/m				
POINT	V	MOY.	DIST.	COLL.	ALT.
ALT DE M : 129,475					
A	0,044				
	0,436	0,4367	78,6	-0,0314	131,887
	0,830				
B	1,012				
	1,268	1,2673	47,8	-0,0191	133,770
	1,522				
C	1,234				
	1,582	1,5833	70,0	-0,0280	134,664
	1,934				
3)	9,862		196,4		
	3,2873	3,2873	-0,0786	-0,0785	
	8,5027		-0,1053		
	-5,2154			0,0267	-5,2154
					0,0267
				✓	129,4753

J. Lafleur

Figure 13.14 La méthode des trois fils.

Méthode des trois fils. On fait la lecture sur les trois fils horizontaux du réticule et on calcule la moyenne afin d'obtenir une meilleure valeur. Cette méthode permet aussi de faire certaines vérifications. La moyenne des lectures doit être égale à la lecture médiane à ± le degré d'appréciation (fig. 13.14). La différence entre les lectures extrêmes donne indirectement la distance et permet d'équilibrer les visées avant et arrière ou de corriger l'erreur de collimation.

13.5.4 Le nivellement différentiel avec un niveau électronique numérique

La théorie du nivellement différentiel que nous venons de présenter ne fait pas de distinction entre les différents types de niveaux (optique, électronique, laser, etc.). L'utilisation d'un instrument optique conventionnel exige l'inscription manuscrite des observations. Le niveau électronique numérique, quant à lui, offre à l'utilisateur la possibilité de mesurer, de calculer, d'afficher et d'enregistrer les altitudes et les distances en appuyant sur des touches. La lecture de la mire codée repose sur un système électronique de traitement d'image intégré à l'instrument (sect. 5.4).

On peut utiliser ce type d'instrument avec un carnet de notes conventionnel en transcrivant dans ce dernier les observations affichées à l'écran. On peut également s'en servir en mode numérique, ce qui permet alors d'enregistrer les observations. Grâce à des programmes intégrés, il est possible de calculer en continu les altitudes de nivellement différentiel par rayonnement ou par cheminement lors de levés du terrain ou d'implantation.

Par ailleurs, certains progiciels permettent d'effectuer une compensation des altitudes et même de transférer les données dans un ordinateur au bureau afin d'obtenir un traitement plus rapide et complet. Au début des années 90, les firmes Leica et Topcon ont mis respectivement sur le marché les modèles de niveaux numériques Wild NA 2002/3000 et DL-101/102 (fig. 13.15). Les fabricants fournissent des manuels d'opérations détaillés pour tous les équipements.

(a)   (b)

Figure 13.15 Le niveau électronique numérique : a) Leica NA 2002; b) Topcon DL-102.

13.5.5 Les sources d'erreurs relatives au nivellement différentiel

Voyons tout d'abord les erreurs humaines.

Mise au point imparfaite : la présence de parallaxe, à cause d'une mise au point imparfaite, entraîne des erreurs de lecture.

Acuité visuelle imparfaite : la perception visuelle est propre à chaque opérateur.

Portée trop longue : les portées trop longues rendent les lectures difficiles et sujettes aux erreurs.

Il y a également des erreurs dues aux instruments.

Instrument mal réglé : voir le chapitre 9.

Graduation de la mire : la dilatation de la mire, une mire inclinée au moment de la lecture, l'origine de la graduation qui ne coïncide pas avec la base de la mire sont autant de causes d'une graduation imparfaite de la mire. Dans le dernier cas, l'effet s'annule si on utilise la même mire pour effectuer la visée avant et la visée arrière sur un même point.

Trépied instable : les boulons du trépied sont trop lâches.

Inertie de la bulle de la nivelle : en raison de la lenteur avec laquelle la bulle se stabilise, on peut faire des lectures avant que l'instrument soit convenablement calé.

Enfin, terminons avec les erreurs d'origine naturelle.

Affaissement de l'instrument ou de la mire : ceci se produit entre deux lectures (visée avant et visée arrière).

Nature du sol : il faut choisir un sol ferme; on doit éviter d'installer l'instrument sur l'asphalte, surtout lorsqu'il fait chaud.

Courbure de la Terre : comme nous l'avons vu à la section 13.3, la ligne de visée s'éloigne de la surface de la Terre à cause de la courbure de celle-ci. Par contre, cette erreur s'annule si les longueurs des visées arrière et avant sont égales, et elle est négligeable pour les courtes distances.

Réfraction atmosphérique : la ligne de visée, en traversant des couches atmosphériques de différentes densités, est déviée vers la surface de la Terre. Ici encore, pour ce qui est des visées arrière et avant de même longueur, l'erreur s'annule s'il n'y a pas de variation subite de la réfraction atmosphérique.

Variation de température : on pense ici surtout à l'action inégale des rayons solaires sur les différentes parties de l'instrument. Pour réaliser des travaux de précision, on recommande fortement l'usage d'un parasol.

13.5.6 Les fautes relatives au nivellement différentiel

Les principales fautes relatives au nivellement différentiel sont les suivantes :

Point de changement mal identifié : les visées avant et arrière sont faites sur des points différents lors du déplacement de l'instrument.

Mauvaise lecture : elle consiste en la confusion de nombres, par exemple lire 1,48 au lieu de 1,38 en raison de la proximité du 4 inscrit sur la mire.

Mauvaise inscription : il peut arriver qu'on inscrive des valeurs lues dans la mauvaise colonne; par exemple, on inscrit une lecture «arrière» dans la colonne des visées «avant».

Erreur de calcul : l'erreur de calcul est une faute qu'on évitera en redoublant d'attention. En général, on peut vérifier les calculs à l'aide de la relation suivante :

$$\Sigma R - \Sigma V = \Delta Z$$

Mire télescopique mal étirée : il est important de s'assurer que la mire est complètement étirée avant de faire les lectures.

13.5.7 La précision du nivellement différentiel

La qualité du nivellement dépend, en grande partie, des instruments utilisés et de l'attention apportée au cours du mesurage. Elle est fonction de l'objectif à atteindre et du genre de travail à exécuter. Pour définir l'ordre de précision des nivellements, on a recours à un critère qui correspond aux limites de tolérance entre les mesurages aller et retour d'un cheminement ouvert ou bien à l'écart de fermeture d'un cheminement fermé.

Les normes adoptées varient légèrement d'un pays à l'autre et même d'une province à l'autre. Le Service de la géodésie du Québec recommande les valeurs suivantes :

$$
\begin{array}{lll}
\text{Haute précision} & \varepsilon \leq \pm & 2 \text{ mm } \sqrt{K} \\
1^{\text{er}} \text{ ordre} & \varepsilon \leq \pm & 4 \text{ mm } \sqrt{K} \\
2^{\text{e}} \text{ ordre} & \varepsilon \leq \pm & 8 \text{ mm } \sqrt{K} \\
3^{\text{e}} \text{ ordre} & \varepsilon \leq \pm & 16 \text{ mm } \sqrt{K} \\
4^{\text{e}} \text{ ordre} & \varepsilon \leq \pm & 32 \text{ mm } \sqrt{K} \\
\text{Ordre indéterminé} & \varepsilon > \pm & 32 \text{ mm } \sqrt{K}
\end{array}
$$

L'écart permis ε s'exprime en millimètres et la distance K entre les points extrêmes du circuit, en kilomètres.

Ordre indéterminé. Nivellement servant à effectuer des travaux préliminaires. Visées jusqu'à 200 m. Lecture de mire à 5 cm près. Visées avant et arrière non balancées.

Quatrième ordre. Nivellement ordinaire utilisé dans la plupart des travaux de génie. Visées jusqu'à 120 m. Lecture de mire à 5 mm près. Visées arrière et avant balancées seulement pour les grandes distances. Pas nécessairement rattaché, bien que ce soit souhaitable, au réseau national de contrôle vertical.

Troisième ordre. Nivellement utilisé lors de l'établissement de repères d'altitude et des mesures de contrôle relatives aux travaux d'envergure et pour des visées d'environ 80 m. Lecture de mire à 2 mm près. Visées avant et arrière balancées. Oscillation de la mire pour effectuer les grandes lectures ou utilisation d'une nivelle pour mire.

Deuxième ordre. Nivellement précis servant à densifier le réseau de contrôle vertical national. Établissement de réseaux municipaux. Utilisation d'un niveau de précision et d'une mire *invar*. Visées avant et arrière balancées et limitées à 50 m. Lecture au millimètre près.

Premier ordre. Nivellement de précision utilisé lors de l'établissement du réseau national de *repères d'altitude*. Fait avec un niveau et une mire de précision. Visées d'environ 30 m. Lecture à 0,2 mm près. Instrument protégé du soleil. Visées arrière et avant balancées.

Haute précision. Nivellement de très haute précision en vue d'établir un réseau fondamental de nivellement national et de nivellement spécial, par exemple l'étude des mouvements de la croûte terrestre. Niveau et mire de précision. Instrument protégé du soleil. Visées avant et arrière balancées et limitées à 20 m. Lecture à 0,1 mm près.

13.5.8 La compensation des altitudes

Dans le chapitre 2, nous avons vu que les poids attribués aux observations sont inversement proportionnels aux variances, c'est-à-dire au carré de leur erreur standard ou écart type respectif.

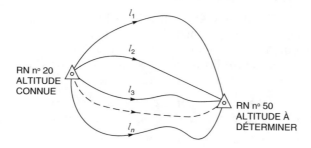

Figure 13.16 Le réseau de nivellement.

Supposons que toutes les observations pour un réseau de nivellement différentiel aient été effectuées dans des conditions identiques. On considère la longueur de chacune des lignes du réseau comme l_1, l_2, l_3,..., l_n (fig. 13.16). De plus, σ et l représentent respectivement l'erreur standard par installation du niveau et la somme des longueurs des visées avant et arrière par installation. Ainsi, on peut poser que :

$$l_1/l, \ l_2/l, \ l_3/l, \ldots, \ l_n/l$$

représentent le nombre d'installations du niveau par ligne de nivellement. En se référant à la section 2.14, on a :

$$\sigma_1 = \sigma\sqrt{l_1/l}$$
$$\sigma_2 = \sigma\sqrt{l_2/l}$$
$$\sigma_3 = \sigma\sqrt{l_3/l}$$
$$\cdots\cdots\cdots$$
$$\sigma_n = \sigma\sqrt{l_n/l} \tag{13.2}$$

On peut donc dire que :

$$\sigma_1^2 = \sigma^2 \ l_1/l$$
$$\sigma_2^2 = \sigma^2 \ l_2/l$$
$$\sigma_3^2 = \sigma^2 \ l_3/l$$
$$\cdots\cdots\cdots$$
$$\sigma_n^2 = \sigma^2 \ l_n/l \tag{13.3}$$

Puisque les poids sont relatifs et inversement proportionnels aux variances, les poids des lignes de nivellement sont alors ceux-ci :

$$p_1 = 1/\sigma_1^2 = l/l_1 \, \sigma^2$$
$$p_2 = 1/\sigma_2^2 = l/l_2 \, \sigma^2$$
$$\cdots\cdots\cdots\cdots\cdots\cdots$$
$$p_n = 1/\sigma_n^2 = l/l_n \, \sigma^2$$
$$= \left(l/\sigma^2\right) \times \left(1/l_n\right) = \text{constante} \times \left(1/l_n\right)$$

Finalement on a :

$$p_n \propto 1/l_n \qquad\qquad (13.4)$$

L'équation 13.4 montre que le poids à attribuer aux lignes de nivellement est inversement proportionnel à la longueur de la ligne de nivellement. Voyons maintenant à l'exemple 13.4 un cas de compensation des altitudes.

· · · · · · · · · · · · · · · · · · ·

EXEMPLE 13.4

Quelle est l'altitude la plus probable du repère de nivellement (RN) n° 10 si l'altitude du RN n° 9 est de 50,000 m et si les dénivelées ainsi que les longueurs pour l_1, l_2 et l_3 sont respectivement de 8,114 m, 8,120 m, 8,110 m, 2,0 km, 3,0 km et 1,5 km?

Solution

Selon l'équation 13.4, les poids respectifs sont :

$$p_1 = 1/2 \qquad p_2 = 1/3 \qquad p_3 = 2/3$$

On peut aussi les écrire sous la forme suivante :

$$p_1 = 3 \qquad p_2 = 2 \qquad p_3 = 4$$

L'altitude du repère de nivellement n° 10 se calcule comme suit :

$$\text{alt RN n° 10} = 50,000 + \frac{8,114 \times 3 + 8,120 \times 2 + 8,110 \times 4}{3 + 2 + 4}$$
$$= 50,000 + 8,1136$$
$$= 58,114 \text{ m}$$

· · · · · · · · · · · · · · · · · · ·

Circuit simple. Un circuit simple de nivellement se compose d'un ensemble de lignes de nivellement formant une boucle (fig. 13.17). Puisqu'on calcule l'erreur permise en fonction de la distance, il est normal que la compensation se fasse sur cette base. La correction pour chaque ligne de nivellement qui compose le circuit se calcule proportionnellement à sa longueur. L'exemple 13.5 montre comment procéder avec un circuit simple de nivellement.

EXEMPLE 13.5

Calculer l'altitude des points du cheminement de la figure 13.17 si l'altitude de A est de 317,446 m. On a inscrit sur chaque ligne la distance et la dénivelée mesurées.

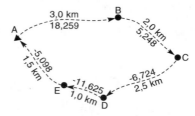

Figure 13.17 Un circuit simple de nivellement (exemple 13.5).

Solution (tabl. 13.1)

Tableau 13.1 Le calcul de l'altitude des points d'un cheminement (exemple 13.5)

Points	Différence d'altitude, Δz (m)	Distance (km)	Correction (m)	Altitude corrigée (m)
A				317,446
	18,259	3,0	-0,018	
B				335,687
	5,248	2,0	-0,012	
C				340,923
	-6,724	2,5	-0,015	
D				334,184
	-11,625	1,0	-0,006	
E				322,553
	-5,098	1,5	-0,009	
A				317,446
	0,060 m	Σl = 10 km	-0,060 m	

Erreur de fermeture = 0,060 m
Correction pour B = -0,060 × 3/10 = -0,018 m

Altitude corrigée de B = 317,446 + 18,259 − 0,018 = 335,687 m
et ainsi de suite pour les autres points.

Réseau de nivellement. Un réseau de nivellement est formé de plusieurs circuits (fig. 13.18). Quoique la méthode des moindres carrés constitue la meilleure façon de compenser un tel réseau, nous ne l'aborderons pas ici, car elle déborde le cadre de ce manuel. Une autre façon de procéder consiste à compenser le réseau par approximations successives.

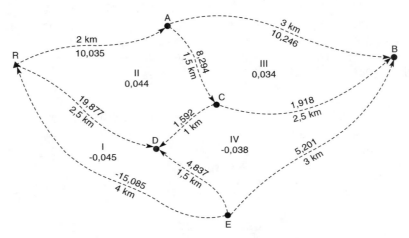

Figure 13.18 Un réseau de nivellement.

Pour ce faire, on répartit dans chaque circuit l'erreur de fermeture entre chaque ligne proportionnellement à sa longueur. L'ordre dans lequel on prend les circuits n'a pas d'importance, bien qu'on recommande de commencer par le circuit dont l'erreur est la plus grande. On les prend en succession jusqu'à ce que la compensation soit complétée. Voyons, à l'exemple 13.6, comment compenser un réseau de nivellement par approximations successives.

. . . .
EXEMPLE 13.6

Si l'altitude de R est de 128,473 m, trouver l'altitude des repères A, B, C, D et E. La figure 13.18 donne les différences d'altitudes et les distances entre les points. Il faut déterminer le signe de la différence d'altitude en tenant compte du sens du nivellement indiqué par la flèche. L'erreur de fermeture prise dans le sens des aiguilles d'une montre est inscrite à l'intérieur de chaque circuit.

Solution

Le tableau 13.2 présente la compilation de la compensation du réseau. Les premières colonnes donnent, pour chaque circuit, l'identification de chacune des lignes de nivellement ainsi que leur longueur respective.

Tableau 13.2 La compensation d'un réseau de nivellement (exemple 13.6)

Circuits (km)		1re approximation, ΔZ (m)		2e approximation, ΔZ (m)		3e approximation, ΔZ (m)		Altitude (m)
		Avant	Après	Avant	Après	Avant	Après	
I								
RD	2,5	19,877	19,891	19,902	19,900	19,903	19,902	R : 128,473
DE	1,5	-4,837	-4,829	-4,834	-4,835	-4,835	-4,835	10,024
ER	4,0	-15,085	-15,062	-15,062	-15,065	-15,065	-15,067	A : 138,497
	8,0	-0,045	0	0,006	0	0,003	0	10,232
								B : 148,729
II								-1,938
RA	2,0	10,035	10,026	10,026	10,024	10,024	10,024	C : 146,791
AC	1,5	8,294	8,288	8,297	8,295	8,294	8,294	1,584
CD	1,0	1,592	1,588	1,585	1,584	1,584	1,584	D : 148,375
DR	2,5	-19,891	-19,902	-19,900	-19,903	-19,902	-19,902	-4,835
	7,0	0,030	0	0,008	0	0,000	0	E : 143,540
								-15,067
III								R : 128,473
AB	3,0	10,246	10,229	10,229	10,232	10,232	10,232	
BC	2,5	-1,918	-1,932	-1,941	-1,938	-1,938	-1,938	
CA	1,5	-8,288	-8,297	-8,295	-8,294	-8,294	-8,294	
	7,0	0,040	0	-0,007	0	-0,000	0	
IV								
CB	2,5	1,932	1,941	1,938	1,938	1,938	1,938	
BE	3,0	-5,201	-5,190	-5,190	-5,189	-5,189	-5,189	
ED	1,5	4,829	4,834	4,835	4,835	4,835	4,835	
DC	1,0	-1,588	-1,585	-1,584	-1,584	-1,584	-1,584	
	8,0	-0,028	0	-0,001	0	0,000	0	

Pour le circuit I, l'erreur de fermeture est de -0,045 m (colonne de la 1re approximation). La répartition se fait proportionnellement à la longueur de la ligne. Ainsi, pour RD :

$$\Delta Z = 19,877 - (-0,045)\,(2,5/8) = 19,891 \text{ m}$$

Dans le circuit II, la ligne DR est la même que la ligne RD du circuit I, mais en sens contraire. Comme différence d'altitude, on prend la valeur corrigée dans le circuit I plutôt que la valeur observée. L'erreur de fermeture de ce circuit est alors de 0,030 m et on la répartit comme précédemment. On fait de même pour les deux autres circuits.

On répète le procédé pour calculer les approximations suivantes, en prenant toujours la dernière valeur corrigée de chaque ligne jusqu'à ce que la correction soit nulle ou négligeable.

. . . .

13.6 LE NIVELLEMENT TRIGONOMÉTRIQUE

À partir de l'altitude connue d'un point A, on peut déterminer l'altitude d'un point B en résolvant un triangle rectangle ICD (fig. 13.19).

Selon l'équipement utilisé et la méthode employée, si on mesure deux éléments du triangle rectangle ICD, par exemple l et α ou l' et α, on obtient :

$$\text{altB} = \text{altA} + h_i + l \sin \alpha - h_c \tag{13.5}$$

ou encore

$$\text{altB} = \text{altA} + h_i + l' \operatorname{tg} \alpha - h_c \tag{13.6}$$

La différence d'altitude entre B et A se détermine comme suit :

$$\text{altB} - \text{altA} = \Delta \operatorname{alt}_A^B = h_i - h_c + l \sin \alpha \tag{13.7}$$

ou bien

$$\Delta \operatorname{alt}_A^B = h_i - h_c + l' \operatorname{tg} \alpha \tag{13.8}$$

Si l'angle mesuré correspond à l'angle zénithal z, les expressions 13.7 et 13.8 deviennent respectivement :

$$\Delta \operatorname{alt}_A^B = h_i - h_c + l \cos z \tag{13.9}$$

$$= h_i - h_c + l' \operatorname{cotg} z \tag{13.10}$$

Il est à noter que, si on utilise une station totale, la distance verticale d (fig. 13.19) s'obtient directement sur l'instrument, d'où :

$$\Delta \operatorname{alt}_A^B = \left(h_i - h_c \right) + d \tag{13.11}$$

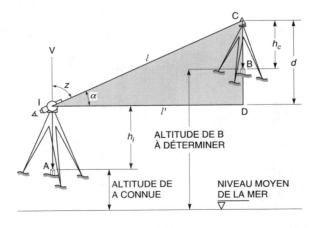

Figure 13.19 Le nivellement trigonométrique avec un angle vertical (α) positif.

Sur le terrain, si on peut opérer de telle sorte que $h_i = h_c$, les expressions précédentes se résument à :

$$\Delta \, \text{alt}_A^B = l \sin \alpha = l' \, \text{tg} \, \alpha \qquad \text{(13.7), (13.8)} \rightarrow \qquad (13.12)$$

$$= l \cos z = l' \, \text{cotg} \, z \qquad \text{(13.9), (13.10)} \rightarrow \qquad (13.13)$$

$$= d \qquad \text{(13.11)} \rightarrow \qquad (13.14)$$

Si on utilise la méthode stadimétrique (sect. 8.3), en plaçant la mire en station sur B, on obtient :

$$\Delta \, \text{alt}_A^B = 1/2 \, \text{K}i \, \sin 2\alpha + h_i - \text{lecture au fil central} \qquad (13.15)$$

$$= 1/2 \, \text{K}i \, \sin 2z + h_i - \text{lecture au fil central} \qquad (13.16)$$

où   K = 100
     i = intervalle intercepté entre le fil supérieur et le fil inférieur (fils de stadia)
     α = angle vertical
     z = angle zénithal

Dans le cas où l'instrument de mesure est situé plus haut que la cible, peu importe qu'il s'agisse d'une mire ou d'un prisme, on a (fig. 13.20) :

$$\text{altB} = \text{altA} + h_i - l \sin \alpha - h_c \qquad (13.17)$$

ou encore

$$\text{altB} = \text{altA} + h_i - l' \, \text{tg} \, \alpha - h_c \qquad (13.18)$$

La différence d'altitude entre les points A et B s'exprime donc par :

$$\Delta \, \text{alt}_A^B = \left(h_i - h_c \right) - l \sin \alpha \qquad (13.19)$$

ou encore

$$\Delta \, \text{alt}_A^B = \left(h_i - h_c \right) - l' \, \text{tg} \, \alpha \qquad (13.20)$$

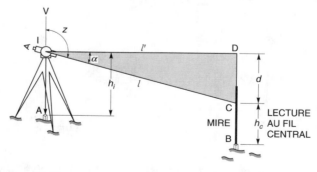

Figure 13.20   Le nivellement trigonométrique avec un angle vertical (α) négatif.

Dans les expressions 13.17 à 13.20, on suppose que l'angle α (angle de dépression) est pris en valeur absolue. Si on tient compte du signe de α, qui est ici négatif, ces mêmes équations deviennent :

$$\text{altB} = \text{altA} + h_i + l\sin(-\alpha) - h_c \tag{13.21}$$

$$= \text{altA} + h_i + l'\,\text{tg}(-\alpha) - h_c \tag{13.22}$$

$$\Delta\,\text{alt}_A^B = \left(h_i - h_c\right) + l\sin(-\alpha) \tag{13.23}$$

$$= \left(h_i - h_c\right) + l'\,\text{tg}(-\alpha) \tag{13.24}$$

Or, on peut dire que :

$$\sin(-\alpha) = -\sin\alpha \tag{13.25}$$

et

$$\text{tg}(-\alpha) = -\text{tg}\,\alpha \tag{13.26}$$

En substituant respectivement les équations 13.25 et 13.26 dans 13.21 et 13.22, on obtient les expressions 13.17 et 13.18 si dans ces dernières on ne considère que la valeur absolue de α.

Si l'angle mesuré est l'angle zénithal z, les expressions 13.19 et 13.20 deviennent :

$$\Delta\,\text{alt}_A^B = \left(h_i - h_c\right) + l\cos z \tag{13.27}$$

$$= \left(h_i - h_c\right) + l'\cot g\, z \tag{13.28}$$

Puisque $z > 90°$, les résultats de $l\cos z$ et de $l'\cot g\, z$ seront automatiquement négatifs.

Lorsqu'on utilise une station totale, on lit la distance verticale d directement sur l'instrument, d'où (fig. 13.20) :

$$\Delta\,\text{alt}_A^B = \left(h_i - h_c\right) + d \tag{13.29}$$

Le signe assigné à d par la station totale est négatif.

Sur le terrain, si on peut procéder de telle sorte que $h_i = h_c$, les expressions 13.23, 13.24, 13.27, 13.28 et 13.29 se résument à :

$$\Delta\,\text{alt}_A^B = l\sin(-\alpha) = l'\,\text{tg}(-\alpha) \tag{13.30}$$

$$= l\cos z = l'\cot g\, z \tag{13.31}$$

$$= d \tag{13.32}$$

Si on utilise la méthode stadimétrique et si on opère de telle sorte que la lecture au fil central soit égale à h_i, on obtient :

$$\Delta\,\text{alt}_A^B = d = 1/2\,Ki\,\sin(-2\alpha) = -1/2\,Ki\,\sin 2\alpha \tag{13.33}$$

Si on mesure l'angle zénithal z (fig. 13.20), l'équation 13.33 devient :

$$\Delta \text{alt}_A^B = d = 1/2 \, Ki \, \sin(-2\alpha) = 1/2 \, Ki \, \sin(180° - 2z)$$
$$= 1/2 \, Ki \, \sin 2z \qquad (13.34)$$

Puisque $90° < z < 180°$, alors $180° < 2z < 360°$ ($\sin 2z$ est négatif).

En résumé, quelle que soit la position de l'instrument par rapport à celle de la cible (prisme) ou de la mire, on a :

$$\Delta \text{alt}_A^B = d + \left(h_i - h_c\right) \qquad (13.35)$$

ou bien

$$\Delta \text{alt}_A^B = l \cos z + \left(h_i - h_c\right)$$
$$= l' \cotg z + \left(h_i - h_c\right) \qquad (13.36)$$

Précisons que, lorsqu'on utilise une station totale, celle-ci tient automatiquement compte du signe de d. Par ailleurs, si l'angle mesuré correspond à l'angle zénithal, les fonctions cos et cotg tiennent compte elles aussi des signes.

Dans le cas où on mesure l'angle vertical, on doit tenir compte des signes pour α : ainsi, l'angle vertical d'élévation est positif et l'angle vertical de dépression, négatif :

$$\Delta \text{alt}_A^B = l \sin \alpha + \left(h_i - h_c\right)$$
$$= l' \, \text{tg} \, \alpha + \left(h_i - h_c\right) \qquad (13.37)$$

Selon la méthode stadimétrique et si l'angle mesuré est l'angle zénithal, la fonction $\sin 2z$ tient compte du signe :

$$\Delta \text{alt}_A^B = 1/2 \, Ki \, \sin 2z + \left(h_i - \text{lecture au fil central}\right) \qquad (13.38)$$

Encore selon la méthode stadimétrique et si, cette fois, l'angle mesuré correspond à l'angle vertical, on doit alors tenir compte du signe pour α. Ainsi, l'angle vertical d'élévation est positif et l'angle vertical de dépression, négatif :

$$\Delta \text{alt}_A^B = 1/2 \, Ki \, \sin 2\alpha + \left(h_i - \text{lecture au fil central}\right) \qquad (13.39)$$

Enfin, supposons qu'on puisse opérer sur le terrain de telle façon que $h_i = h_c$ ou $h_i =$ lecture au fil central. Dans ce cas, les expressions précédentes se résument à :

$$\Delta \text{alt}_A^B = d \qquad (13.40)$$
$$= l \cos z = l' \cotg z \qquad (13.41)$$
$$= l \sin \alpha = l' \, \text{tg} \, \alpha \qquad (13.42)$$
$$= 1/2 \, Ki \, \sin 2z \qquad (13.43)$$
$$= 1/2 \, Ki \, \sin 2\alpha \qquad (13.44)$$

Note : Les commentaires concernant les expressions 13.35 à 13.39 s'appliquent également et respectivement aux expressions 13.40 à 13.44.

Les exemples 13.7 à 13.9 illustrent quelques cas de détermination de l'altitude d'un point au moyen du nivellement trigonométrique.

· · · · · · · · · · · · · · · · · ·

EXEMPLE 13.7

Quelle est l'altitude d'un point B, si l'angle vertical mesuré en A est de 10° 15' 20" sur une cible stationnée en B? Les autres données sont les suivantes :
- distance inclinée entre le théodolite et la cible = 215,650 m;
- hauteur de l'instrument au-dessus de A = 1,35 m;
- hauteur de l'instrument au-dessus de la cible = 1,65 m;
- altitude de A = 65,00 m.

Solution

Pour résoudre ce problème, on a recours à l'équation 13.5 :

$$\text{altB} = \text{altA} + h_i + l \sin \alpha - h_c$$
$$= 65,00 + 1,35 + \left(215,65 \sin 10° 15' 20"\right) - 1,65$$
$$= 103,09 \text{ m}$$

· · · · · · · · · · · · · · · · · ·

EXEMPLE 13.8

Dans le but de déterminer l'altitude d'un point B, on a procédé par nivellement trigonométrique. Trouver l'altitude de B si les données sont les suivantes :
- angle zénithal mesuré en A = 105° 12' 30";
- distance horizontale AB = 182,615 m;
- altitude de A = 150,00 m;
- hauteur du théodolite au-dessus de A = hauteur de la cible au-dessus de B.

Solution

D'après l'équation 13.13, on sait que :

$$\Delta \, \text{alt}_A^B = l' \, \text{cotg} \, z$$
$$= 182,615 \, \text{cotg} \, 105° 12' 30"$$
$$= 182,615 \times \frac{1}{\text{tg} \, 105° 12' 30"}$$
$$= \text{-}49,64 \text{ m}$$

L'altitude du point B se calcule donc comme suit :

$$altB = altA - 49,64$$
$$= 150,00 - 49,64$$
$$= 100,36 \text{ m}$$

· · · · · · · · · · · · · · · · · ·

EXEMPLE 13.9

On prend les mesures suivantes à la stadia entre deux stations A et B :
- hauteur de l'instrument au-dessus de la station A = 1,35 m;
- constantes stadimétriques : K = 100, C = 0;
- angle vertical α = -12° 30';
- lectures effectuées sur la mire : fil supérieur = 2,10 m,
  fil central = 1,70 m,
  fil inférieur = 1,30 m.

a) Quelle est la distance horizontale entre les deux stations?
b) Quelle est la différence d'altitude entre les deux stations?

Solution

a) Nous avons vu au chapitre 8 (sect. 8.3) que la distance horizontale se déterminait comme suit :

$$h = Ki \cos^2 \alpha$$
$$= 100(2,10 - 1,30) \cos^2(-12° 30')$$
$$= 76,25 \text{ m}$$

b) On trouve la différence d'altitude à l'aide de l'équation 13.39 :

$$\Delta \text{alt}_A^B = 1/2 \, Ki \, \sin 2\alpha + \left(h_i - \text{lecture au fil central} \right)$$
$$= 1/2(100)(0,80) \sin(2 \times -12° 30') + (1,35 - 1,70)$$
$$= -16,90 - 0,35 = -17,25 \text{ m}$$

· · · · · · · · · · · · · · · · · ·

13.7 LE NIVELLEMENT BAROMÉTRIQUE

On sait que la pression atmosphérique varie en fonction du temps et de l'altitude. On peut donc calculer la dénivelée entre deux points par rapport à la variation de la pression atmosphérique, en tenant compte naturellement des changements locaux de conditions atmosphériques.

Les pressions se mesurent à l'aide d'instruments appelés baromètres. En ce qui concerne le nivellement barométrique, on a modifié l'instrument afin qu'il donne une lecture en unités de longueur, en mètres par exemple. Cet instrument porte le nom d'altimètre.

Les conditions de température, d'humidité et de gravité influent sur les lectures. Ces variations sont corrigées directement par l'appareil lui-même, à l'aide de courbes ou de formules de correction ou bien par la méthode appropriée.

13.7.1 La correction relative à la température

La pression atmosphérique varie en fonction de la densité de l'air et, par conséquent, en fonction de la température. Les altimètres sont étalonnés pour une température (T_0) qui diffère d'un fabricant à l'autre. Dans le cas des autres températures, il faut les corriger en appliquant la relation suivante :

$$\delta_T = 0,001\ 767\ \Delta Z\big(T_1 + T_2 - 2T_0\big) \tag{13.45}$$

où δ_T = correction (m)
     ΔZ = différence d'altitude (m)
     T_1 et T_2 = températures aux deux points (°C)

Cette correction ne s'applique que si la différence de température est très grande. Il ne faut pas confondre cette correction avec celle relative à la température de l'instrument. Certains altimètres compensent la variation de température, tandis que d'autres sont munis d'une courbe de correction.

13.7.2 La correction relative à l'humidité

Plusieurs fabricants fournissent un abaque qui donne la correction combinée de la température et de l'humidité (fig. 13.21). Pour le consulter, il faut connaître la température ambiante et le pourcentage d'humidité. Ce dernier s'obtient à l'aide d'un psychromètre. Le tableau 13.3 indique le pourcentage d'humidité en fonction des températures humide et sèche.

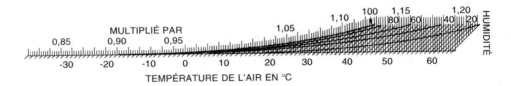

Figure 13.21 La correction relative à la température et à l'humidité.

13.7.3 La correction relative au fluage

Supposons qu'on ait quelques altimètres qui sont placés au même endroit et à la même altitude et qui donnent la même lecture au départ. Après un certain temps, les lectures varieront d'un appareil à l'autre, et ce à cause du fluage. Le fluage consiste en la disparition des efforts internes de l'appareil dans l'ensemble de son mécanisme, ce qui entraîne un état d'équilibre. Pour un appareil donné, on considère cette variation comme uniforme dans le temps.

Tableau 13.3 Un tableau psychrométrique

	Température humide																																							
	1	2	3	4	5	6	7	8	9	10	11	12	13	14	15	16	17	18	19	20	21	22	23	24	25	26	27	28	29	30	31	32	33	34	35	36	37	38	39	40
10	4	14	23	33	44	54	65	76	88	100																														
11		8	17	26	36	46	56	66	77	88	100																													
12		2	11	20	29	38	48	57	68	78	89	100																												
13			6	14	22	31	40	49	59	68	79	89	100																											
14			1	9	17	25	33	42	51	60	70	79	90	100																										
15				4	12	19	27	35	44	52	61	70	80	90	100																									
16					7	15	22	29	37	45	54	62	71	81	90	100																								
17					3	10	17	24	32	39	47	55	64	74	82	91	100																							
18						6	13	19	26	33	41	48	56	65	74	82	91	100																						
19						3	9	15	22	28	35	42	50	58	66	75	83	91	100																					
20							5	11	18	24	30	37	44	51	59	66	75	83	91	100																				
21							2	8	14	20	26	32	39	45	52	60	68	75	84	91	100																			
22								5	10	16	22	28	34	40	47	52	64	71	77	84	92	100																		
23								2	7	13	18	24	29	35	42	47	56	62	70	77	84	92	100																	
24									5	10	15	20	25	31	37	43	49	55	63	70	78	85	92	100																
25									2	7	12	17	22	27	33	38	44	50	57	63	72	78	85	92	100															
26										5	9	14	18	24	29	34	40	45	51	58	67	73	79	85	92	100														
27										2	7	11	16	20	25	30	36	41	47	52	58	67	73	79	86	93	100													
28											5	9	14	18	22	27	32	38	43	48	55	59	68	74	80	86	93	100												
29											3	7	11	15	19	24	28	34	39	44	49	54	60	64	72	79	86	93	100											
30												5	8	12	16	21	25	30	34	39	44	50	55	61	67	73	80	86	93	100										
31												3	6	10	14	18	22	26	31	36	40	45	51	56	62	67	73	80	86	93	100									
32												1	5	8	12	16	20	24	28	33	37	43	47	53	57	62	68	74	80	87	93	100								
33													3	6	10	13	17	21	25	29	33	39	43	47	52	58	62	68	74	80	87	93	100							
34													2	5	8	11	15	19	22	26	30	35	39	43	48	54	58	63	69	75	81	87	93	100						
35														3	6	9	13	16	20	24	28	32	36	40	44	50	54	59	64	70	76	81	87	93	100					
36														2	5	8	11	14	18	21	25	29	33	37	41	45	50	55	59	65	71	76	82	87	94	100				
37														1	4	7	9	13	16	20	23	27	30	34	38	42	46	51	55	60	65	71	76	82	88	94	100			
38															2	5	8	11	14	17	20	24	27	31	35	39	43	47	51	56	61	66	71	76	82	88	94	100		
39															1	4	7	9	12	15	18	21	25	28	32	36	39	44	48	53	57	62	67	72	77	82	88	94	100	
40																2	5	8	11	13	17	20	23	26	29	33	36	40	45	48	53	57	62	67	72	77	82	88	94	100
41																1	3	6	9	11	14	18	21	24	27	30	34	37	41	45	49	53	58	62	67	72	77	83	88	94
42																	2	4	7	8	12	15	18	21	24	28	31	35	38	42	46	50	54	58	63	68	72	78	83	88
43																	1	3	5	7	10	13	16	19	22	25	29	32	35	39	43	46	50	55	59	63	68	73	78	83
44																		2	4	6	9	11	14	17	20	23	26	30	33	36	40	44	47	51	55	59	64	68	73	78
45																		1	3	5	7	10	13	15	18	21	24	28	31	34	37	41	44	48	52	56	60	64	69	73
46																			2	4	6	9	11	14	16	19	22	25	28	31	35	38	41	45	49	52	56	60	65	69
47																			1	3	5	7	9	11	14	17	20	23	26	29	32	35	39	42	46	49	53	57	61	65
48																				2	4	6	8	10	13	15	18	21	24	27	30	33	36	40	43	46	50	53	57	61
49																					3	4	6	9	11	14	16	19	22	25	28	31	34	37	40	43	47	50	54	58
50																					1	3	5	7	10	12	14	16	19	22	25	28	31	34	37	41	44	47	51	54

13.7.4 Les méthodes de nivellement barométrique

Compte tenu que la pression atmosphérique varie en fonction du temps, il est nécessaire d'avoir un ou plusieurs appareils témoins pour déterminer la variation locale. À chaque déplacement, il faut laisser le temps à l'appareil et au thermomètre de se stabiliser, soit environ 10 min. À chaque lecture, on doit également noter l'heure et les températures sèche et humide si la précision l'exige.

Il faut planifier les cheminements de manière à ce qu'ils se coupent en des points communs, appelés noeuds, qui pourront en fait servir de moyens de vérification.

Méthode à un altimètre. Cette méthode est plus ou moins précise, car il n'y a pas d'appareil témoin. On peut s'en servir comme moyen de vérification grossier et rapide ou pour avoir un aperçu de la dénivelée entre deux points.

On part d'un point d'altitude connu, puis on fait la lecture du zéro, ou bien on règle l'appareil à l'altitude du point occupé. Ensuite, on passe à chacune des stations pour revenir au point de départ ou pour terminer sur un autre point connu. Il est nécessaire de corriger chaque lecture en fonction de la variation de température. La différence entre la lecture d'arrivée corrigée et la lecture initiale peut correspondre à la variation des conditions atmosphériques, puisqu'on considère cette variation comme uniforme.

Méthode à base unique. Un altimètre demeure à la station d'altitude connue appelée base. Cet altimètre témoin permet de connaître les variations de la pression atmosphérique pendant que un ou plusieurs altimètres errants sillonnent le terrain en passant par les différents points inconnus.

À la base, les lectures sont prises continuellement, toutes les 10 ou 20 min par exemple, jusqu'à ce que les altimètres errants y soient de retour. Sur le terrain, après avoir laissé l'instrument se stabiliser à une station, l'opérateur peut faire 5 lectures toutes les 2 min et calculer la moyenne. Nous présentons ci-dessous les différentes étapes relatives au nivellement barométrique.

Correction relative au déphasage. On évalue cette erreur en laboratoire et on la présente sous forme de courbe en fonction de la lecture. Cette erreur est très faible et généralement incluse dans la courbe de correction de température.

Correction relative à la variation de température (de l'instrument). C'est une correction qui tient compte des variations de température de l'instrument. Certains altimètres compensent automatiquement cette variation, tandis que d'autres sont munis d'une courbe de correction de température en fonction de l'altitude.

Correction du zéro. Plusieurs altimètres placés dans les mêmes conditions ne donnent pas nécessairement la même lecture. La différence de lecture entre un altimètre et un appareil choisi comme référence porte l'appellation «erreur du zéro». Dans l'exemple 13.10 présenté un peu plus loin, la correction relative à l'altimètre errant est de -7,4 m. On peut aussi régler les altimètres de manière à ce qu'ils donnent la même lecture au départ.

Correction relative au fluage. Lors du mesurage, la manipulation des instruments provoque un certain déréglement des pièces de l'instrument et altère les lectures. Cette variation, qu'on considère comme uniforme, se détermine pour chaque instrument par la comparaison des lectures faites à la base, et ce au début et à la fin des travaux. Dans l'exemple 13.10, on voit que sur une période de 3 h le fluage est de 842,3 − 836,8 = 5,5 m pour ce qui est de l'altimètre stationnaire et de 849,0 − 844,2 = 4,8 m dans le cas de l'altimètre errant. La correction relative au fluage au point A-12 est de :

$$Z_{A-12} = 219,35 + 71,99 = 291,3 \text{ m}$$
$$Z_{A-03} = 219,35 + (-47,12) = 172,2 \text{ m}$$
$$Z_{A-21} = 219,35 + (-72,17) = 147,2 \text{ m}$$

Lecture normalisée. C'est la lecture théorique que donnerait l'altimètre errant s'il était en tous points identique à l'altimètre témoin à la base. Dans l'exemple 13.10, la lecture normalisée pour le point A-12 est 915,7 − 7,4 + 0,16 = 908,46 m.

Différence d'altitude préliminaire. C'est la différence entre la lecture normalisée du point occupé et celle de l'altimètre témoin, soit 908,46 − 839,5 = 68,96 m.

Humidité relative. Le tableau 13.3 donne l'humidité relative de l'air en fonction de la température sèche et de la température humide. La moyenne de l'humidité relative sur le terrain et à la base, au même instant, de même que la température sèche permettent de trouver sur le graphique de la figure 13.21 le facteur de correction requis, soit 1,044.

Différence d'altitude effective. La différence d'altitude entre la base et le point du terrain est 68,96 × 1,044 = 71,99 m, ce qui donne 291,3 m comme altitude pour le point A-12.

· · · · · · · · · · · · · · · · ·

EXEMPLE 13.10

Quelle est l'altitude des points A-12, A-03 et A-21, si un circuit de nivellement barométrique à base unique a donné les valeurs de la figure 13.22 et si l'altitude de la base est de 219,35 m?

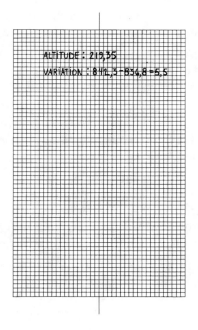

		ALTIMÈTRE	STATIONNAIRE		
POINT	HEURE	LECTURE	TEMPÉRATURE SÈCHE	HUMIDE	HUMIDITÉ RELATIVE
R189	9:00	836,8	20°C	16°C	66 %
	9:20	838,5	20	15	59
	9:40	839,5	21	14	45
	10:00	840,4	22	13	34
	10:20	841,2	24	14	31
	10:40	841,8	26	15	29
	11:00	842,2	28	16	27
	11:20	842,5	30	17	25
	11:40	842,5	32	18	24
	12:00	842,3	35	20	24

ALTITUDE : 219,35

VARIATION : 842,3 − 836,8 = 5,5

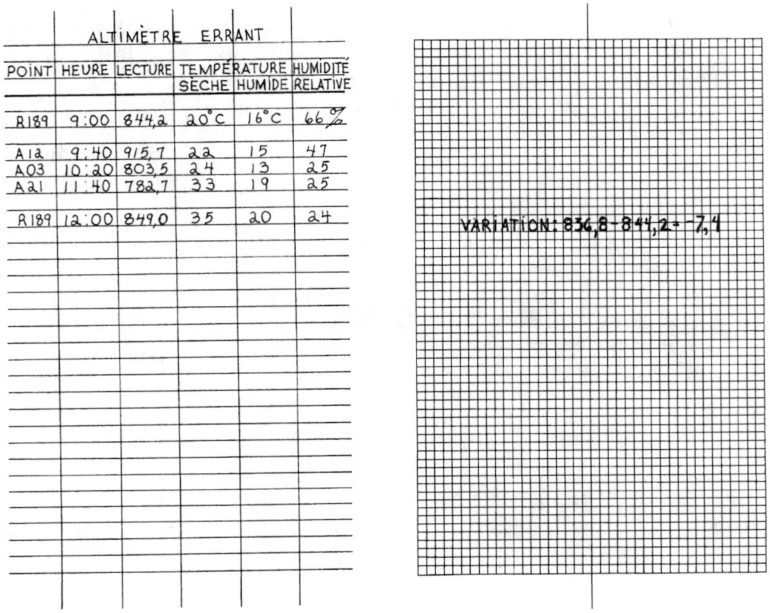

Figure 13.22 (Exemple 13.10)

Solution

Point	Lect.	Correction				Lect. normal.	Lect.alt. stat.	Δ Lect.	Hum. rel.		ΔZ	Alt.
		Déphasage	Temp.	Zéro	Fluage				Moy.	Fact.		
A-12	915,7	—	—	-7,4	0,16	908,46	839,5	68,96	46 %	1,044	71,99	291,3
A-03	803,5			-7,4	0,31	796,41	841,2	-44,79	28 %	1,052	-47,12	172,2
A-21	782,7			-7,4	0,62	775,92	842,5	-66,58	25 %	1,084	-72,17	147,2

$$Z_{A-12} = 219,35 + 71,99 = 291,3 \text{ m}$$

$$Z_{A-03} = 219,35 + (-47,12) = 172,2 \text{ m}$$

$$Z_{A-21} = 219,35 + (-72,17) = 147,2 \text{ m}$$

. . . .

Méthode à deux bases. On utilise deux altimètres témoins, un placé à une base supérieure et l'autre, à une base inférieure. Ces deux appareils permettent d'étalonner la colonne d'air entre des stations d'altitude connue, ce qui élimine la nécessité d'apporter les corrections relatives à la température et à l'humidité (fig. 13.23).

Comme dans la méthode à base unique, on lit tous les altimètres à une même base pour déterminer les corrections relatives au fluage et au zéro, et ce au début et à la fin des travaux. Ensuite, on normalise les lectures en mètres.

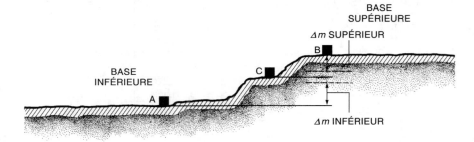

Figure 13.23 La méthode à deux bases.

L'altitude du point C se détermine par proportion, à partir de la différence réelle d'altitude ΔZ entre les deux bases A et B ainsi que de la différence de lecture normalisée Δm entre ces mêmes bases :

$$Z_C = Z_A + \Delta Z_{AB}\left(\frac{\Delta m_{AC}}{\Delta m_{AB}}\right) \tag{13.46}$$

L'exemple 13.11 présente le calcul de l'altitude au moyen de la méthode à deux bases.

· · · · · · · · · · · · · · · · · ·
EXEMPLE 13.11

Quelle est l'altitude d'un point C si l'altitude de la base supérieure B est de 395,4 m et celle de la base inférieure A, de 270,7 m? Les lectures normalisées des altimètres sont les suivantes :

$$m_A = 317,5 \text{ m}$$

$$m_B = 428,6 \text{ m}$$

$$m_C = 361,3 \text{ m}$$

Solution

D'après l'équation 13.46, on sait que :

$$Z_C = Z_A + \Delta Z_{AB}\left(\frac{\Delta m_{AC}}{\Delta m_{AB}}\right)$$

$$= 270,7 + \left(395,4 - 270,7\right)\left(\frac{361,3 - 317,5}{428,6 - 317,5}\right)$$

$$= 319,9 \text{ m}$$

On peut également déterminer l'altitude du point C en procédant comme suit :

$$Z_C = Z_B + \Delta Z_{AB}\left(\frac{\Delta m_{BC}}{\Delta m_{AB}}\right)$$

$$= 395,4 + (395,4 - 270,7)\left(\frac{361,3 - 428,6}{428,6 - 317,5}\right)$$

$$= 319,9 \text{ m}$$

. . . .

EXERCICES

13.1   Rédiger le carnet de notes du nivellement par rayonnement de la figure 13.24 et calculer l'altitude de tous les points si celle du repère R est de 127,362 m.

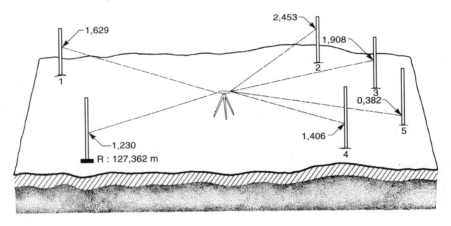

Figure 13.24   (Exercice 13.1)

13.2   Un circuit de nivellement a donné les valeurs suivantes :

POINT	R	AN	V	I	ALT.
M₁	3,00				408,60
PC₁	1,68		1,34		
PC₂	2,07		3,93		
A	4,36		3,50		
PC₃	2,71		0,03		
PC₄	0,46		0,98		
M₁			4,54		

a) Compléter le carnet de notes et calculer l'erreur de fermeture.

b) En supposant que le point A est au milieu du trajet, calculer son altitude corrigée.

13.3 On a effectué le circuit de nivellement suivant sur le terrain :

POINT	R	AN	V	I	ALT.
M_1	2,633				273,496
PC_1	4,300		1,591		
PC_2	1,658		0,591		
A	1,856		0,189		
PC_3	1,301		4,130		
PC_4	0,747		3,276		
B	2,798		1,548		
PC_5	2,262		0,914		
PC_6	0,228		3,609		
M_2			1,905		

a) Compléter le carnet de notes, faire la vérification des calculs et déterminer l'erreur de fermeture.

b) Déterminer l'altitude corrigée des points A et B s'ils sont situés respectivement au tiers et aux deux tiers du parcours.

13.4 On a réalisé sur le terrain le circuit de nivellement de la figure 13.25 par la méthode du double point de changement.

Rédiger le carnet de notes et faire les vérifications nécessaires. Déterminer l'erreur de fermeture au repère M_4 ainsi que l'altitude du repère M_2.

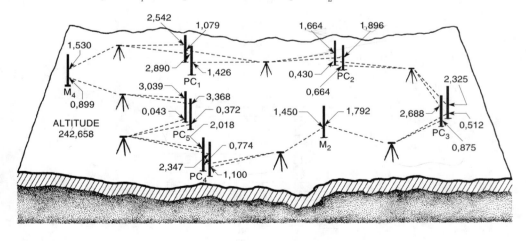

Figure 13.25   (Exercice 13.4)

13.5 Rédiger le carnet de notes du circuit de nivellement de la figure 13.26. Calculer les altitudes de tous les points, après avoir trouvé et distribué l'erreur de fermeture. L'altitude du repère de nivellement M est de 85,396 m.

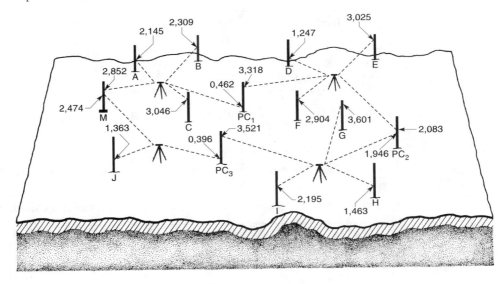

Figure 13.26 (Exercice 13.5)

13.6 On effectue un circuit de nivellement avec un niveau dont l'inclinaison de la ligne de visée est de 0,000 65 m vers le bas. L'erreur de fermeture apparente (avant correction pour l'inclinaison) est égale à -0,006 m. La somme des longueurs des visées avant est de 460 m et celle des visées arrière, de 365 m.

a) Calculer l'erreur de fermeture réelle.

b) S'il s'agit d'un nivellement à des fins d'installation de services municipaux, cette erreur est-elle acceptable?

13.7 Un opérateur désire déterminer l'altitude d'un point A à partir d'un repère de nivellement d'une altitude de 361,495 m et, pour ce faire, il effectue un circuit de nivellement. Lors de la vérification des notes, il obtient les données suivantes :

	Du repère au point A (m)	Du point A au repère (m)
Somme des R	22,195	11,046
Somme des V	6,446	26,777
Somme des longueurs des visées arrière	290	305
Somme des longueurs des visées avant	320	305

Ayant des doutes quant au réglage du niveau, l'opérateur procède à une vérification de l'inclinaison de la ligne de visée. Après avoir placé deux points, P_1 et P_2, à 60 m l'un de l'autre, il fait les lectures suivantes :

Niveau	Sur P_1 (m)	Sur P_2 (m)
Niveau près de P_1	1,652	1,054
Niveau près de P_2	2,341	1,719

a) Déterminer l'erreur de fermeture du circuit en considérant que l'erreur d'inclinaison est nulle.

b) Déterminer l'erreur d'inclinaison du niveau.

c) Déterminer l'erreur de fermeture réelle du circuit de nivellement et l'altitude corrigée du point A.

13.8 Lors d'un nivellement direct par cheminement à trois fils, on a obtenu les lectures suivantes :

Stations	Visées arrière (m)	Stations	Visées avant (m)
RN n° 32	1,470	PC$_1$	2,838
	1,110		2,624
	0,720		2,407
PC$_1$	1,915	PC$_2$	3,224
	1,466		3,100
	1,011		2,967
PC$_2$	1,560	Point A	2,980
	1,090		2,766
	0,629		2,558

Calculer l'altitude du point A si :

– l'altitude du point RN n° 32 est de 35,000 m;

– l'erreur d'inclinaison de la ligne de visée est égale à 0,000 36 m par mètre de visée en dessous du plan horizontal ($K = 100$ et $C = 0$).

13.9 À l'aide de la figure 13.27 qui illustre un circuit de nivellement :

a) rédiger le carnet de notes;

b) vérifier les calculs, c'est-à-dire faire la preuve du carnet de notes;

c) vérifier si le circuit ferme et dire pourquoi;

d) s'il y a erreur, dire dans quelle boucle elle se trouve et justifier la réponse;

e) dire ce qu'il faudrait faire dans une telle situation.

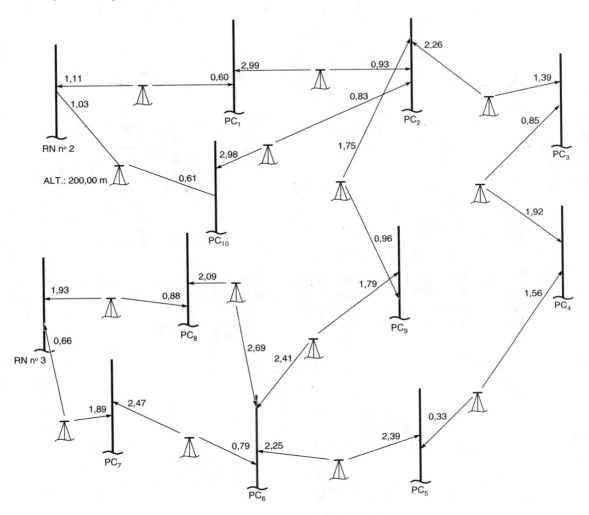

Figure 13.27 (Exercice 13.9)

13.10 En effectuant un nivellement différentiel (direct) par cheminement avec lecture sur les trois fils, on a obtenu les valeurs suivantes :

Stations	Visées arrière (m)	Stations	Visées avant (m)
RN n° 15	1,88	PC$_1$	1,52
	1,33		1,28
	0,75		1,06
PC$_1$	2,45	PC$_2$	0,99
	1,81		0,64
	1,18		0,28
PC$_2$	3,04	Point A	1,24
	2,26		0,92
	1,51		0,59

Calculer l'altitude du point A si :

– l'altitude du RN n° 15 est de 100,000 m;
– l'erreur d'inclinaison de la ligne de visée est égale à 0,009 m par 30 m de visée au-dessus du plan horizontal (K = 100 et C = 0).

13.11 Pour déterminer l'altitude d'un nouveau repère de nivellement, on a procédé selon 4 lignes de nivellement différentiel en partant du RN n° 30 dont l'altitude est de 75,000 m. En fonction de la figure 13.28 et des données suivantes, déterminer la moyenne pondérée de l'altitude de ce nouveau repère altimétrique.

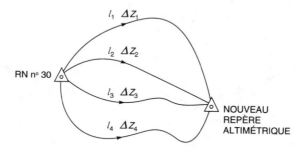

Figure 13.28   (Exercice 13.11)

$l_1 = 6,0$ km et $\Delta Z_1 = 38,605$ m
$l_2 = 5,0$ km et $\Delta Z_2 = 38,590$ m
$l_3 = 5,5$ km et $\Delta Z_3 = 38,600$ m
$l_4 = 6,5$ km et $\Delta Z_4 = 38,610$ m

13.12 Trouver l'altitude compensée des repères A, B, C, D et E si celle du repère M est de 84,827 m. Les dénivelées et les distances entre les points sont indiquées dans la figure 13.29. Le signe de la dénivelée doit correspondre au sens indiqué par la flèche.

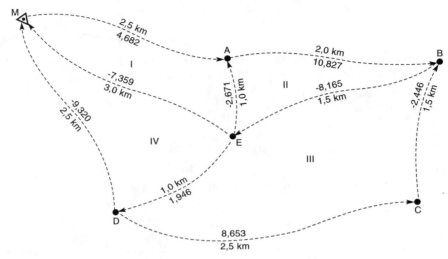

Figure 13.29 (Exercice 13.12)

13.13 Calculer la distance horizontale et la différence d'altitude entre deux points, si les valeurs prises par stadimétrie sont les suivantes :

fil supérieur	= 4,68 m
fil central	= 2,63 m
fil inférieur	= 0,60 m
angle zénithal	= 85° 00'
hauteur de l'instrument	= 1,30 m
K = 100	
C = 0	

13.14 Calculer l'altitude d'un point B par nivellement trigonométrique à partir d'un point A dont l'altitude est de 86,76 m, sachant que :

- distance horizontale AB = 780,29 m;
- angle zénithal au point A = 98° 00';
- hauteur du théodolite = 1,37 m;
- hauteur de la cible = 1,71 m.

13.15 Quelle est la différence d'altitude entre les points A et B, si un théodolite placé entre les deux points a donné les valeurs suivantes?

	Lecture sur la mire (m)	Angle zénithal	Distance inclinée (m)
A	2,08	80°	183,90
B	2,32	105°	152,40

13.16 Trouver la différence d'altitude entre deux points distancés de 3 km si, d'un théodolite installé sur un des points, on a obtenu les valeurs suivantes :

- hauteur de l'instrument = 1,40 m;
- hauteur de la cible = 3,20 m;
- angle zénithal = 111° 48' 06".

Il faut tenir compte de la courbure et de la réfraction.

13.17 Calculer l'erreur de fermeture et l'altitude des points A, B et C d'un circuit de nivellement effectué par stadimétrie, si l'altitude de M25 est de 255,476 m (K = 100 et C = 0).

Instrument sur	A		C	
Mire sur	M25	B	M25	B
Fil supérieur (m)	2,662	3,778	2,105	1,381
Fil central (m)	1,938	3,258	1,329	0,838
Fil inférieur (m)	1,214	2,739	0,554	0,296
Angle zénithal	100° 00'	84° 00'	97° 00'	82° 00'
Hauteur de l'instrument (m)	1,40		1,45	

13.18 Calculer les coordonnées X, Y et Z de la base d'une antenne de radio et la hauteur de cette antenne construite au sommet d'une colline (fig. 13.30). D'un point A, en visant le sommet de l'antenne, on a obtenu un angle zénithal de 79° 30' avec une hauteur de l'instrument de 1,37 m; d'un point B, en visant la base de l'antenne, on a obtenu un angle de 82° 00' et une hauteur de l'instrument de 1,52 m.

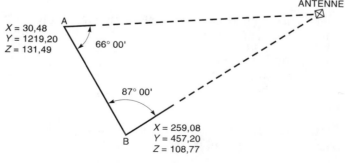

Figure 13.30 (Exercice 13.18)

13.19 Lors de la détermination de la différence d'altitude entre deux points par nivellement barométrique (méthode à base unique), on a obtenu les valeurs suivantes :

Altimètre	7 h	8 h		10 h
	Base (m)	Base (m)	Point P (m)	Base (m)
A	582	584		588
B	575		452	578

Sachant que l'indice de correction relatif aux conditions atmosphériques est de 1,05 m, calculer l'altitude du point P si celle de la base est de 218,4 m.

13.20 En effectuant un nivellement barométrique par la méthode à base unique, on a recueilli les valeurs suivantes :

Heure	Altimètre A		Altimètre B	
	Station	Lecture moyenne (m)	Station	Lecture moyenne (m)
7 h	Base	465	Base	450
8 h	Base	466	P_1	380
9 h	Base	467	P_2	418
10 h	Base	468	Base	462

Sachant que les conditions de température donnent un indice de correction de 1,05, calculer l'altitude des points P_1 et P_2 si l'altitude de la base est de 150,00 m.

13.21 Trouver l'altitude du point P par nivellement barométrique (méthode à deux bases), sachant que les altitudes des bases inférieure et supérieure sont respectivement de 100,00 et de 153,0 m, et en tenant compte des valeurs ci-dessous :

Altimètre	9 h	10 h			11 h
	Base inf. (m)	Base sup. (m)	Position Base inf. (m)	Point P (m)	Base sup. (m)
A	564,5	623,0			569,5
B	572,0		576,0		579,0
C	560,5			583,5	563,5

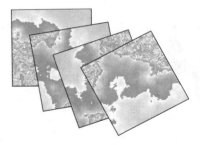

La représentation du relief

14.1 GÉNÉRALITÉS

Une carte topographique doit indiquer, en plus des détails naturels et artificiels, le relief du terrain. Cette représentation peut être qualitative ou quantitative. La représentation qualitative peut se faire à l'aide de hachures, d'estompage, de couleurs ou de saillies (carte en relief). Quant à la représentation quantitative, elle s'effectue par points cotés ou plus généralement par *courbes de niveau*.

Cette dernière méthode est la plus répandue, c'est pourquoi nous y consacrons le présent chapitre. Toutefois, avant d'aborder cette matière, voyons ci-dessous une brève description des autres procédés.

Hachures. Ce type de représentation, de moins en moins utilisé, donne d'un seul coup d'oeil une vue d'ensemble du relief. Les hachures sont de petites lignes, sensiblement parallèles, tracées suivant la direction de plus grande pente. La grosseur des traits varie en fonction de la pente, et on omet les hachures en terrain plat.

Estompage. L'estompage est une représentation plus artistique que les hachures. On indique le relief par des dégradés de plus en plus foncés au fur et à mesure que la pente augmente.

Couleurs. On emploie des teintes unies de plus en plus foncées en fonction de l'altitude et non de la pente.

Saillies. L'utilisation de matière plastique qu'on peut mouler très facilement permet de réaliser des cartes en relief beaucoup plus représentatives que les précédentes. Par contre, elles sont encombrantes et peu maniables.

Points cotés. Ce procédé consiste à donner, sur la carte, l'altitude d'un certain nombre de points. On l'utilise en général pour dresser les cartes marines.

14.2 LES COURBES DE NIVEAU

La meilleure méthode pour représenter quantitativement la forme du terrain consiste en l'utilisation des courbes de niveau. Une courbe de niveau constitue le lieu géométrique des points de même altitude. Pour s'en donner une image, on peut considérer la ligne de contact d'une nappe d'eau avec la surface du sol. Par ailleurs, sur une carte, l'ensemble des courbes de niveau donnera la représentation du relief (fig. 14.1).

Les courbes de niveau sont habituellement des lignes irrégulières et fermées. La distance verticale entre deux courbes de niveau consécutives se nomme *équidistance*. Quant à l'*intervalle*, il s'agit de la distance horizontale mesurée sur le plan de la carte entre deux courbes de niveau consécutives. Le rapport entre l'équidistance et l'intervalle correspond à la pente pour une direction donnée. Il convient de discerner des lignes caractéristiques du relief, comme les lignes de crête (où se fait le partage des eaux) et les lignes de *thalweg* (axe du fond de la vallée).

Le choix de l'équidistance dépend de la nature de la carte, de son échelle et du relief du terrain (par exemple 1, 2, 5, 10 ou 20 m). Pour faire plus facilement le décompte des altitudes, on trace en traits plus foncés une courbe de niveau, appelée courbe maîtresse, en général à toutes les 5 lignes et on inscrit sa cote.

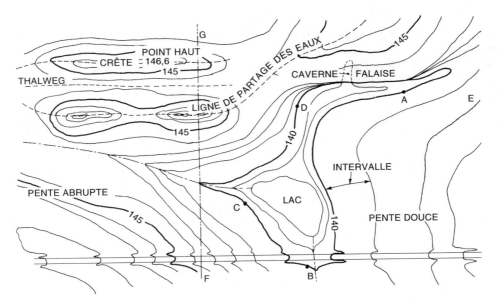

Figure 14.1 Les courbes de niveau.

14.2.1 Les caractéristiques des courbes de niveau

Certaines caractéristiques des courbes de niveau sont fondamentales (fig. 14.1). En voici les principales :

a) Tous les points d'une même courbe sont à la même altitude (A, B, C et D par exemple).

b) Les courbes de niveau sont des lignes fermées, à moins qu'elles ne soient interrompues par la limite de la carte, comme en E.

c) L'intervalle entre les courbes indique la nature de la pente : les courbes de niveau sont rapprochées pour une pente abrupte, distancées dans le cas d'une pente douce et également distancées pour une pente uniforme.

d) Une courbe de niveau ne peut pas en croiser une autre d'altitude différente, excepté s'il s'agit d'une caverne; dans ce cas, elle la croise deux fois.

e) Plusieurs courbes qui se fusionnent en une seule témoignent de la présence d'une falaise, et ce en général sur une courte distance seulement.

f) Deux courbes de même altitude ne peuvent se fusionner en une seule. Il est excessivement rare qu'une crête de montagne ou qu'un thalweg soit parfaitement horizontal.

g) Une courbe d'altitude supérieure ou inférieure ne peut pas être seule entre deux courbes de même altitude.

h) Lorsqu'une courbe traverse une route ou un cours d'eau, elle le fait perpendiculairement à leur axe.

14.2.2 Les méthodes de levé des courbes de niveau

On peut localiser les courbes de niveau soit par des méthodes conventionnelles, dans lesquelles les observations tant altimétriques que planimétriques se font directement sur le terrain, soit par des méthodes plus modernes de captage à distance du relief du terrain, qui font appel aux techniques d'infographie. Parmi les procédés conventionnels, on retrouve les méthodes directe et indirecte.

Méthode directe. Cette méthode consiste à localiser des points qui ont une même altitude prédéterminée. L'altitude du plan de nivellement s'obtient par visée arrière sur un repère d'altitude connue. On calcule la lecture avant, qui donnerait la courbe de niveau cherchée, puis on localise les points qui donneraient cette lecture. Après les avoir mis en plan, on les joints par une ligne.

Dans la figure 14.2, la visée arrière de 2,79 m sur le repère d'altitude de 318,64 m donne comme altitude de plan de nivellement 321,43 m. Afin de tracer la courbe de niveau de 320 m, on cherche les points pour lesquels la lecture sur la mire correspond à 1,43 m.

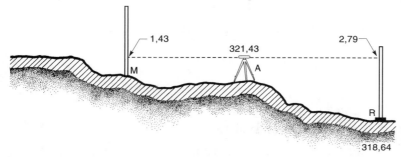

Figure 14.2 La détermination d'une courbe de niveau par la méthode directe.

Méthode indirecte. Par cette méthode, on détermine d'abord l'altitude d'un ensemble de points localisés par quadrillage, par polaire ou par tout autre système. On trace ensuite les courbes de niveau par interpolation.

Dans la figure 14.3, on voit que pour tracer la courbe de 30 m il faut passer notamment par le point D, au quart de la distance de CA et au milieu de AB.

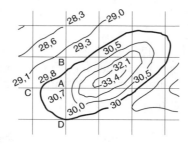

Figure 14.3 La détermination de courbes de niveau par la méthode indirecte.

Techniques de captage à distance et infographie. Les nouveaux systèmes de captage à distance de données, tels que les équipements de photographie aérienne utilisés en photogrammétrie analogique ou numérique, les divers types de récepteurs employés dans le système G.P.S. ainsi que les satellites servant à la télédétection, sont devenus les principaux outils de la cartographie et, par conséquent, de la représentation du relief du terrain.

Ces outils se combinent aux équipements d'infographie comme l'ordinateur personnel (seul ou en réseau), les balayeurs optiques et les tables digitalisantes. Pour disposer d'une station photogrammétrique numérique qui soit complète, il faut y intégrer des dispositifs optiques et mécaniques ainsi que des logiciels spécifiques aux disciplines cartographiques.

Parmi les systèmes de captage à distance, on trouve le DVP (*Digital Video Plotter*), distribué par Leica et mis au point par le Département des sciences géodésiques et de télédétection de l'Université Laval, à Québec (fig. 14.4a). Une autre station complète, la série PA-2000 de Topcon (fig. 14.4b), met à profit la grande polyvalence du logiciel CIVILCAD. Par ailleurs, le système modulaire MGE (système *InterMap Analytic*), créé par la société Intergraph, permet l'analyse d'images satellites ou aéroportées numérisées (fig. 14.4c).

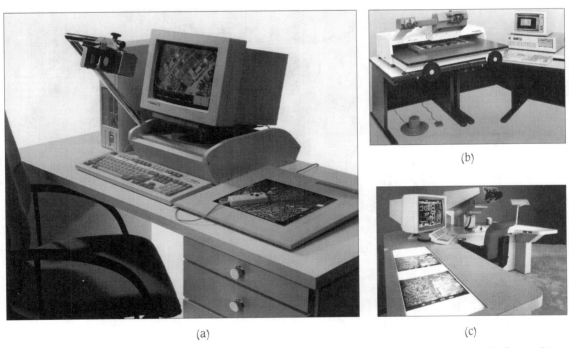

(a)   (b)   (c)

Figure 14.4   Divers modèles de systèmes de captage à distance de données et d'infographie :
a) le DVP de Leica; b) le PA-2000/CIVILCAD de Topcon; c) le MGE d'Intergraph.

14.2.3 Applications relatives aux courbes de niveau

Profil tiré des courbes de niveau. Si on trace une droite sur une carte topographique, on peut construire le profil le long de cette ligne. En effet, on connaît l'altitude des points de rencontre de la droite avec les courbes de niveau et on mesure à l'échelle sur la carte les distances entre ces points. La figure 14.5 illustre le profil de la droite FG de la figure 14.1.

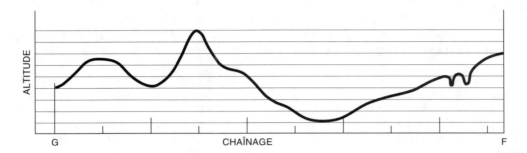

Figure 14.5 Un profil à partir de courbes de niveau.

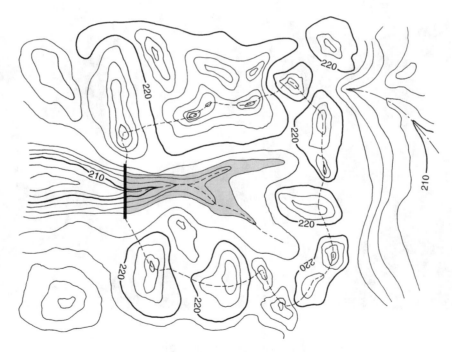

Figure 14.6 Un bassin de drainage.

Bassin de drainage. La surface d'un bassin de drainage qui alimente un barrage est limitée par les lignes de crête entourant une dépression, comme l'indique la ligne pointillée de la figure 14.6. L'eau s'écoule suivant la direction de plus grande pente, qui est normale par rapport aux courbes de niveau. En examinant les courbes de niveau, on peut facilement trouver la direction de l'écoulement de l'eau, puisque cette dernière s'écoule de chaque côté de la ligne de crête, appelée ligne de partage des eaux.

Si le barrage a une cote de retenue de 216 m (fig. 14.6), la surface inondée, soit la surface ombragée, est limitée par la courbe de niveau de 216 m. Le volume du *réservoir d'emmagasinement*, qu'il ne faut pas confondre avec le bassin de drainage, peut se calculer par la formule du prismatoïde (sect. 15.14).

Le bassin de drainage qui alimente ce barrage est indiqué par une ligne pointillée correspondant à la ligne de partage des eaux. Lorsqu'on connaît les précipitations annuelles de la région, le coefficient d'infiltration et le taux d'évaporation, il est possible de calculer le potentiel hydraulique et énergétique du barrage.

Terrassement. En comparant les courbes de niveau prises avant la construction d'une bâtisse ou d'une route avec celles qu'on obtient après l'aménagement du terrain, il est possible de calculer le terrassement. Avant même le début des travaux, on peut tracer les courbes de niveau finales et les superposer aux courbes existantes, ce qui permet de calculer les volumes (fig. 14.7). En ce qui concerne une route, le volume se calcule généralement à partir des profils longitudinaux et transversaux (chap. 19).

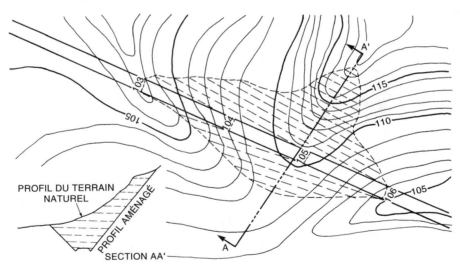

Figure 14.7 Un terrassement.

EXERCICES

14.1 Indiquer, s'il y a lieu, les fautes de principes commises lors de la préparation des courbes de niveau relatives aux exemples de la figure 14.8 et justifier la réponse.

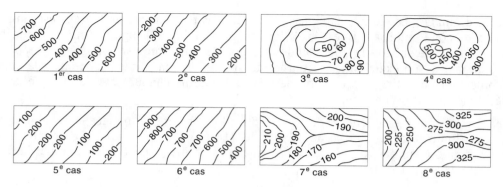

1er cas   2e cas   3e cas   4e cas

5e cas   6e cas   7e cas   8e cas

Figure 14.8   (Exercice 14.1)

14.2 Coter les courbes de niveau de la figure 14.9 dont l'équidistance est de 10 m, en respectant les valeurs déjà données. Tracer le profil suivant l'axe XX'.

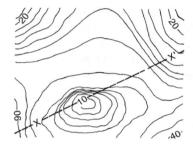

Figure 14.9   (Exercice 14.2)

14.3 À l'aide du levé suivant (fig. 14.10), tracer les courbes de niveau par interpolation à tous les 10 m.

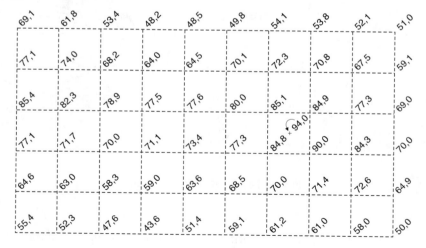

Figure 14.10   (Exercice 14.3)

La superficie et le volume

Calculs topographiques PARTIE D

15.1 GÉNÉRALITÉS

Le calcul de la superficie (S) constitue une des opérations importantes du mesurage des propriétés. L'unité de mesure de superficie est le mètre carré (m^2) et, pour ce qui est des grandes étendues, l'hectare (1 ha = 10 000 m^2). Dans ce chapitre, nous verrons différentes méthodes de calcul de la superficie. Le choix de la méthode dépend de la forme de la figure, des valeurs connues, des appareils de calcul disponibles et de la précision requise.

Avant d'aborder ces sujets, voyons un bref rappel des formules pour le calcul des aires de quelques figures géométriques planes, définies et courantes (tabl. 15.1).

Tableau 15.1 Les figures les plus courantes et leurs formules de calcul de superficie

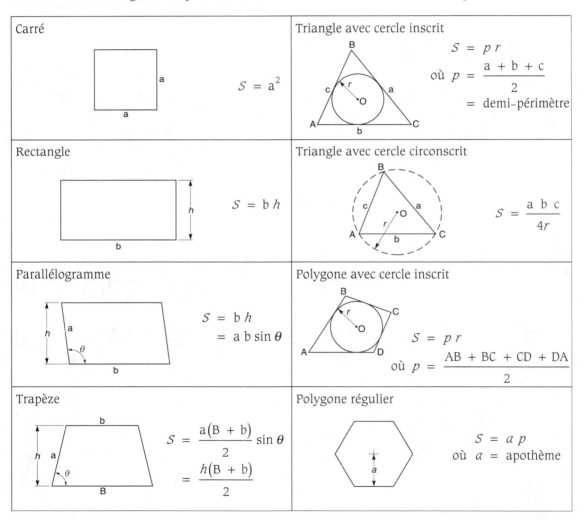

Tableau 15.1 (suite)

Losange	Cercle
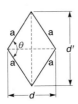 $S = \dfrac{d\,d'}{2}$ $= a^2 \sin \theta$	$S = \pi\,r^2$ $S_{secteur} = \pi\,r^2\,\dfrac{\theta°}{360°}$ $= r^2\,\dfrac{\theta_{rad}}{2}$

Triangle simple
$S = \dfrac{b\,h}{2}$ $= \dfrac{b\,c\,\sin\theta}{2}$ $= \sqrt{p\,(p-a)\,(p-b)\,(p-c)}$ où $p = \dfrac{a+b+c}{2}$

Couronne
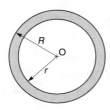 $S = \pi\left(R^2 - r^2\right)$

Ellipse
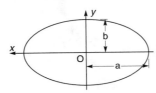 $S = \pi\,ab$

15.2 LA DÉCOMPOSITION EN FIGURES GÉOMÉTRIQUES

On emploie cette méthode lorsque le terrain peut se partager facilement en figures géométriques (triangles, segments circulaires, etc.), dont on peut rapidement calculer les superficies en appliquant des formules qui font intervenir des éléments mesurés sur le terrain (ex. 15.1).

EXEMPLE 15.1

Trouver la superficie de la figure 15.1.

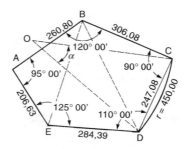

Figure 15.1 La décomposition en figures géométriques (exemple 15.1).

Solution

Triangle ABE :

$$S_{ABE} = 1/2 \times 260,80 \times 206,63 \sin 95° = 26\,842,02 \ \text{m}^2$$

Triangle BCD :

$$S_{BCD} = 1/2 \times 306,08 \times 247,08 = 37\,813,12 \ \text{m}^2$$

Triangle BDE :

$$\overline{BE} = \sqrt{260,80^2 + 206,63^2 - (2 \times 260,80 \times 206,63 \cos 95°)} = 346,563 \ \text{m}$$

$$\overline{BD} = \sqrt{306,08^2 + 247,08^2} = 393,362 \ \text{m}$$

$$\frac{1}{2} P_{BDE} = \frac{1}{2}(284,39 + 346,563 + 393,362) = 512,158 \ \text{m}$$

où P = le périmètre

$$S_{BDE} = \sqrt{512,158\,(512,158 - 284,39)\,(512,158 - 346,563)\,(512,158 - 393,362)}$$
$$= 47\,903,89$$

$$\alpha = 2 \sin^{-1}\left(\frac{247,08}{2 \times 450,00}\right) = 31° \ 52' \ 06''$$

segment CD = secteur OCD − triangle OCD

$$\text{secteur OCD} = \frac{\pi \times 450,00^2 \times 31° \ 52' \ 06''}{360°} = 56\,316,132 \ \text{m}^2$$

$$\text{triangle OCD} = \frac{1}{2} \times 247{,}08 \times 450{,}00 \times \cos 15° 56' 03'' = 53\ 456{,}983 \ \text{m}^2$$

$$\text{segment CD} = 56\ 316{,}132 - 53\ 456{,}983 = 2859{,}149 \ \text{m}^2$$

Réponse :

$$S_{\text{ABCDE}} = 26\ 842{,}02 + 37\ 813{,}12 + 47\ 903{,}89 + 2859{,}15$$
$$= 115\ 418 \ \text{m}^2 \ \left(11{,}542 \ \text{ha}\right)$$

. . . .

15.3 LA MÉTHODE DES COORDONNÉES

Si on connaît les coordonnées des sommets d'un cheminement (ex. 12.1), on peut alors calculer rapidement la superficie. Le calcul s'appuie essentiellement sur la superficie des trapèzes rectangulaires, dont les bases sont soit les abscisses, soit les ordonnées des sommets.

Dans la figure 15.2, on déduit facilement que la superficie ABCDEA correspond à : trapèze B'BCC' + trapèze C'CDD' – trapèze B'BAA' – trapèze A'AEE' – trapèze E'EDD'. Le trapèze B'BCC' a comme bases les abscisses de B et de C et comme hauteur la différence de leur ordonnée. Sa superficie est égale à 1/2 $(X_B + X_C)(Y_B - Y_C)$. L'ordre du choix des coordonnées indique le signe de la superficie.

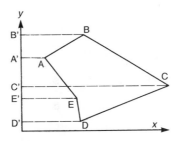

Figure 15.2 La méthode des coordonnées.

Par conséquent, le double de la superficie totale $(2S)$ équivaut à la somme des produits suivants :

$$\left(X_A + X_B\right)\left(Y_A - Y_B\right) + \left(X_B + X_C\right)\left(Y_B - Y_C\right) + \left(X_C + X_D\right)\left(Y_C - Y_D\right)$$
$$+ \left(X_D + X_E\right)\left(Y_D - Y_E\right) + \left(X_E + X_A\right)\left(Y_E - Y_A\right)$$

Après avoir effectué les produits et regroupé les termes, on obtient l'expression suivante :

$$2S = -X_A Y_B - X_B Y_C - X_C Y_D - X_D Y_E - X_E Y_A$$
$$+ X_B Y_A + X_C Y_B + X_D Y_C + X_E Y_D + X_A Y_E \tag{15.1}$$

On peut simplifier l'équation 15.1 en faisant la liste des coordonnées et en répétant les coordonnées du point initial :

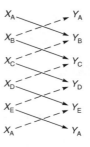

$$(15.2)$$

Les produits qui correspondent aux flèches en diagonale allant vers le bas sont positifs et, à l'inverse, ceux indiqués par les flèches en diagonale allant vers le haut sont négatifs. Pour obtenir la superficie, on fait la somme algébrique de tous les produits et on divise la valeur absolue par deux. L'exemple 15.2 présente le calcul de la superfice à l'aide de la méthode des coordonnées.

EXEMPLE 15.2

Déterminer la superficie de la figure 12.10 par la méthode des coordonnées.

Solution

	Valeurs compensées		Coordonnées		Superficie (m^2)	
	Longueur (m)	Gisement	X (m)	Y (m)	+	−
A			2109,0910	445,6550	1 156 459,31	974 474,89
	128,647	37° 03' 21"				
B			2186,6127	548,3212	919 898,52	1 377 003,15
	348,877	111° 27' 29"				
C			2511,3075	420,6957	715 940,92	973 012,41
	240,352	235° 39' 09"				
D			2312,8652	285,0869	776 438,13	650 063,28
	60,227	327° 11' 13"				
E			2280,2284	335,7040	1 016 195,18	708 030,30
	203,414	302° 43' 11"				
A			2109,0910	445,6550		

$$4\ 584\ 932,06 \quad - \quad 4\ 682\ 584,03$$
$$+ \quad 4\ 584\ 932,06$$

$$48\ 826,0 \quad \leftarrow |97\ 651,97|$$
$$(4,883\ \text{ha})$$

15.4 LA MÉTHODE DES ORDONNÉES ADJACENTES

En apportant une modification à l'équation 15.1, on obtient l'équation 15.3 qui représente la méthode des ordonnées adjacentes :

$$2S = X_A\left(Y_E - Y_B\right) + X_B\left(Y_A - Y_C\right) + X_C\left(Y_B - Y_D\right)$$
$$+ X_D\left(Y_C - Y_E\right) + X_E\left(Y_D - Y_A\right) \tag{15.3}$$

Voyons à l'exemple 15.3 une application de cette méthode.

· · · · · · · · · · · · · · · · · ·
EXEMPLE 15.3

Trouver la superficie de la figure 12.10 par la méthode des ordonnées adjacentes.

Solution

	Valeurs compensées		Coordonnées			Superficie (m²)	
	Longueur (m)	Gisement	X (m)	Y (m)	ΔY (m)	+	−
A			2109,0910	445,6550			
	128,647	37° 03' 21"					
B			2186,6127	548,3212	24,9593	54 576,376	
	348,877	111° 27' 29"					
C			2511,3075	420,6957	263,2343	661 062,229	
	240,352	235° 39' 09"					
D			2312,8652	285,0869	84,9917	196 574,276	
	60,227	327° 11' 13"					
E			2280,2284	335,7040	-160,5681		366 131,899
	203,414	302° 43' 11"					
A			2109,0910	445,6550	-212,6172		448 429,007
	128,647	37° 03' 21"					
B			2186,6127	548,3212			
						912 212,88	814 560,906
						− 814 560,91	
						97 651,97 → 48 826,0	
						(4,883 ha)	

· · · · · · · · · · · · · · · · · ·

15.5 LA MÉTHODE DES DISTANCES MÉRIDIENNES DOUBLES

La méthode des distances méridiennes doubles (d.m.d.) est une méthode pratique pour le calcul de la superficie d'un cheminement fermé. On prend un méridien de référence, qui passe de préférence par le point situé le plus à l'ouest (fig. 15.3). La distance méridienne d'un point est la

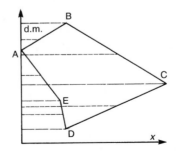

Figure 15.3 La méthode des d.m.d.

distance entre ce point et le méridien ou tout simplement son abscisse. Quant à la distance méridienne d'une droite, il s'agit de la distance entre le milieu de cette droite et le méridien. La somme des abscisses de ses extrémités donne le double de sa distance méridienne.

Comme nous l'avons vu précédemment avec la méthode des coordonnées, la superficie correspond à la somme des trapèzes, dont la distance méridienne double représente la somme des bases. La distance méridienne double du premier côté est le ΔX de ce côté. La d.m.d. des autres côtés correspond à la d.m.d. du côté précédent, plus le ΔX de ce dernier, plus le ΔX du côté considéré. Le produit de la d.m.d. et le ΔY d'un côté constituent la superficie double du trapèze construit sur ce côté.

Avec la méthode des d.m.d., tout comme avec la méthode des ordonnées adjacentes, on risque de perdre des chiffres significatifs. En effet, on multiplie des nombres assez grands par des différences qui peuvent être petites, ce qui réduit le nombre de chiffres significatifs. En employant la méthode des coordonnées, on peut également perdre de tels chiffres (tout dépend de l'appareil de calcul utilisé) si, en raison de l'éloignement considérable de l'origine par rapport au système de coordonnées, les valeurs sont très grandes. Dans ce dernier cas, on recommande de faire une translation d'axe pour rapprocher l'origine.

L'exemple 15.4 présente une application de la méthode des distances méridiennes doubles.

· · · · · · · · · · · · · · · · · · · ·

EXEMPLE 15.4

Trouver la superficie de la figure 12.10 par la méthode des distances méridiennes doubles.

Solution

	Valeurs compensées Longueur (m)	Gisement	ΔX (m)	ΔY (m)	d.m.d. (m)	Superficie (m²) +	−
A							
B	128,647	37° 03' 21"	77,5217	102,6662	77,5210	7 958,861	
C	348,877	111° 27' 29"	324,6948	-127,6255	479,7382		61 226,843
D	240,352	235° 39' 09"	-198,4423	-135,6088	605,9908		82 177,653
E	60,227	327° 11' 13"	-32,6369	50,6171	374,9116	18 976,935	
A	203,414	302° 43' 11"	-171,1374	109,9510	171,1374	18 816,725	
						45 752,521	− 143 404,496
							+ 45 752,521
						48 826,0 ←	|97 651,98|
						(4,883 ha)	

· · · · · · · · · · · · · · · · · · · ·

15.6 LA MÉTHODE POLYGONALE DE SARRON

Pour bien comprendre cette méthode, prenons un cheminement ABCDEFGA dont les côtés sont identifiés par les lettres a à g (fig. 15.4).

Joignons le sommet A à tous les autres sommets, ce qui forme autant de triangles qu'il y a de côtés moins 2. La somme des superficies de ces triangles donne la superficie totale du cheminement. Par conséquent, en désignant par h_b, h_c, h_d, etc., les hauteurs respectives de ces triangles, on peut déterminer le double de la superficie :

$$2S = \left(b \times h_b\right) + \left(c \times h_c\right) + \left(d \times h_d\right) + \dots \tag{15.4}$$

Il s'agit maintenant d'exprimer ces différentes hauteurs en fonction des valeurs connues. Par exemple, pour ce qui est de h_d, on voit dans la figure 15.4 que cette hauteur est la somme des projections des côtés précédents sur la perpendiculaire au côté d pris comme droite origine. La projection d'une droite sur une autre constitue le produit de cette droite par le cosinus de l'angle situé entre les deux droites. L'angle formé par un côté et la perpendiculaire au côté d correspond à l'angle formé par le côté concerné et le côté d moins 90°. L'angle provenant des côtés a et d, identifié par $\angle ad$, représente la somme des angles de déflexion des sommets B, C et D.

La projection du côté a sur la perpendiculaire à d est : a cos ($\angle ad$ – 90°) ou a sin $\angle ad$. De plus, la hauteur relative à d est alors :

$$h_d = a \sin \angle ad + b \sin \angle bd + c \sin \angle cd$$

Ainsi, le double de la superficie du triangle ADE devient :

$$2S_{ADE} = ad \sin \angle ad + bd \sin \angle bd + cd \sin \angle cd$$

Puisqu'il en est de même pour les autres triangles, on peut dire que :

$$2S = \left[\begin{array}{l} ab \sin \angle ab \\ + \ ac \sin \angle ac + bc \sin \angle bc \\ + \ ad \sin \angle ad + bd \sin \angle bd + cd \sin \angle cd \\ + \dots \end{array}\right. \tag{15.5}$$

Dans l'équation 15.5, si les lignes et les colonnes sont interchangées, l'équation devient alors :

$$2S = \left[\begin{array}{l} ab \sin \angle ab + ac \sin \angle ac + ad \sin \angle ad + \dots \\ \qquad\qquad + bc \sin \angle bc + bd \sin \angle bd + \dots \\ \qquad\qquad\qquad\qquad + cd \sin \angle cd + \dots \end{array}\right. \tag{15.6}$$

La méthode polygonale suscite un peu moins d'intérêt que les autres méthodes, mais il arrive qu'on l'utilise dans des cas particuliers. Elle offre l'avantage de ne pas nécessiter de calcul relatif aux coordonnées. De plus, la superficie s'obtient directement à partir des côtés et des angles de déflexion mesurés, de préférence, dans le sens des aiguilles d'une montre. Le tableau 15.2 présente un exemple de disposition des éléments mesurés au moyen de la méthode polygonale de Sarron.

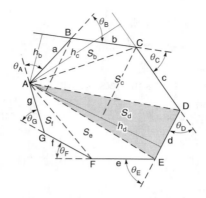

Figure 15.4 La méthode polygonale de Sarron.

Tableau 15.2 La disposition des éléments mesurés au moyen de la méthode polygonale

Point	Angle de déflexion	Dist.	Angle ij ij sin ij	Superficie
A				
		a		
B	θ_B	b	$\angle ab = \theta_B \quad \angle ac = \theta_B + \theta_C$ $ab \sin \angle ab + ac \sin \angle ac \quad \rightarrow \quad A$	
C	θ_C		$\angle bc = \theta_C$	
		c	$bc \sin \angle bc \quad \rightarrow \quad B$	
D			$\Sigma = 2S$ $S = \Sigma/2$	

L'exemple 15.5 illustre un calcul effectué avec cette méthode.

· · · · · · · · · · · · · · · · · ·

EXEMPLE 15.5

Après avoir compensé les angles, trouver la superficie de la figure 12.10 par la méthode polygonale de Sarron.

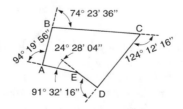

Figure 15.5 (Exemple 15.5)

Solution

Point	Angle de déflexion	Dist. (m)	Angle ij ij sin ij	Superficie (m²)
A				
		128,665		
B	74° 23' 36"		74° 23' 36" 198° 35' 52" 290° 08' 08"	
		348,888	43 234,65 + (-9861,33) + (-7 275,83)	= 26 097,49
C	124° 12' 16"		124° 12' 16" 215° 44' 32"	
		240,320	69 342,7 + (-12 274,83)	= 57 067,89
D	91° 32' 16"		91° 32' 16"	
		60,230	14 469,26	= 14 469,26
E				

$$S = 48\ 817{,}3\ \text{m}^2 \leftarrow 97\ 634{,}64$$

(4,882 ha)

. . . .

15.7 LA MÉTHODE DES ORDONNÉES RECTANGULAIRES

On a recours à la méthode des ordonnées rectangulaires si la limite de la surface est irrégulière. On localise alors un certain nombre de points à partir d'un côté du cheminement, ce qui forme autant de trapèzes (fig. 15.6). Cette superficie d'appoint s'obtient par la somme des trapèzes :

$$S = \left(\frac{h_1 + h_2}{2}\right) d_1 + \left(\frac{h_2 + h_3}{2}\right) d_2 + \ldots + \left(\frac{h_{n-1} + h_n}{2}\right) d_{n-1} \tag{15.7}$$

Si les points sont pris à des intervalles réguliers, la formule devient :

$$S = d \left(\frac{h_1 + h_n}{2} + h_2 + \ldots + h_{n-1}\right) \tag{15.8}$$

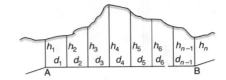

Figure 15.6 La méthode des ordonnées rectangulaires.

15.8 LA FORMULE DE SIMPSON

Le développement de la formule de Simpson repose sur l'hypothèse selon laquelle le pourtour du terrain est assimilable à un arc de parabole continu entre deux intervalles adjacents égaux, c'est-à-dire AH = HI (fig. 15.7). Selon cette hypothèse et la théorie du calcul différentiel concernant la valeur moyenne d'une fonction donnée, la pente de la tangente CE à la parabole, au point D, est parallèle à la corde BF.

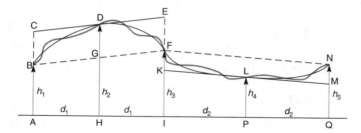

Figure 15.7 La formule de Simpson.

Considérons la parabole définie par l'équation $y = x^2$ de même que la droite $y = 4$ (fig. 15.8). Les coordonnées rectangulaires des points d'intersection B et C sont respectivement (-2,4) et (2,4). De plus, la pente de la parabole au point E est égale à la pente de la corde BC, qui est effectivement égale à 0. La superficie de la figure ABCDA correspond à :

$$S_{ABCDA} = 16 \text{ unités}^2$$

Quant à la superficie du segment parabolique BECB, elle équivaut à :

$$S_{BECB} = \int dA = \int_{x=-2}^{x=2} \left(4 - x^2\right)dx = \left[4x - \frac{x^3}{3}\right]_{x=-2}^{x=2} = \frac{2}{3}\left(16 \text{ unités}^2\right)$$

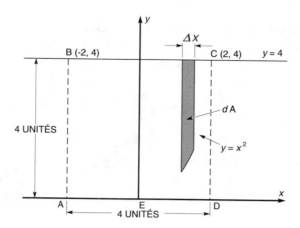

Figure 15.8 Un segment parabolique (formule de Simpson).

La superficie du segment parabolique est donc égale aux 2/3 de celle du parallélogramme circonscrit. Par conséquent, on peut dire que :

$$S_{\text{ABDFIA}} = S_{\text{ABGFIA}} + S_{\text{BDFGB}}$$

$$= \left(\frac{h_1 + h_3}{2}\right) 2d_1 + \frac{2}{3}\left[h_2 - \left(\frac{h_1 + h_3}{2}\right)\right] 2d_1$$

$$= h_1 d_1 + h_3 d_1 + \frac{4}{3} h_2 d_1 - \frac{2}{3} h_1 d_1 - \frac{4}{3} h_3 d_1$$

$$= \frac{d_1}{3}\left(h_1 + 4h_2 + h_3\right) \tag{15.9}$$

Pour la surface IFLNQPI ayant une courbure concave, on a :

$$S_{\text{IFLNQPI}} = S_{\text{IFNQI}} - S_{\text{FLNF}}$$

$$= \left(\frac{h_3 + h_5}{2}\right) 2d_2 - \frac{2}{3}\left[\frac{h_3 + h_5}{2} - h_4\right] 2d_2$$

$$= h_3 d_2 + h_5 d_2 - \frac{2}{3} h_3 d_2 - \frac{2}{3} h_5 d_2 + \frac{4}{3} h_4 d_2$$

$$= \frac{d_2}{3}\left(h_3 + 4h_4 + h_5\right) \tag{15.10}$$

Les équations 15.9 et 15.10 s'expriment de la même façon, peu importe la forme de la limite du terrain naturel, qu'elle soit convexe ou concave. Si $d_1 = d_2 = d_3 = \ldots = d_n = d$, la surface totale d'appoint est alors :

$$S_{\text{tot}} = \frac{d}{3}\left(h_1 + h_n + 4 \sum h_{\text{pair}} + 2 \sum h_{\text{impair}}\right) \tag{15.11}$$

La relation 15.11 est valable lorsqu'il y a un nombre pair de sections. Dans le cas d'un nombre impair, on calcule la dernière section comme s'il s'agissait d'un trapèze. La formule de Simpson peut également s'appliquer au calcul des volumes, si on prend les mesures h_1, h_2,..., h_n comme les surfaces des sections planes parallèles et séparées par un intervalle égal à d.

Voyons à l'exemple 15.6 comment utiliser la formule de Simpson.

. . . .

EXEMPLE 15.6

Quelle est la superficie d'appoint de la figure 15.9, si on effectue les calculs à l'aide de la formule de Simpson?

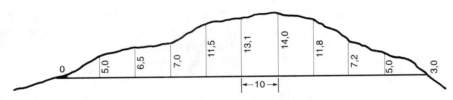

Figure 15.9 (Exemple 15.6)

Solution

Équation 15.11 :

$$S_{\text{tot}} = \frac{d}{3}\left(h_1 + h_n + 4\sum h_{\text{pair}} + 2\sum h_{\text{impair}}\right)$$

$$\sum h_{\text{pair}} = 5,0 + 7,0 + 13,1 + 11,8 + 5,0 = 41,9$$

$$\sum h_{\text{impair}} = 6,5 + 11,5 + 14,0 + 7,2 = 39,2$$

$$S_{\text{tot}} = \frac{10}{3}\left[0 + 3,0 + 4(41,9) + 2(39,2)\right] = 830,0 \text{ m}^2$$

. . . .

15.9 LE PLANIMÈTRE

Le planimètre est un intégrateur de superficie qui permet d'évaluer la grandeur de la surface comprise à l'intérieur d'un contour irrégulier. Il existe deux types de planimètres : mécanique (fig. 15.10a) et électronique (fig. 15.10b). Les deux fonctionnent selon le même principe, mais le planimètre électronique offre en plus l'affichage numérique des résultats.

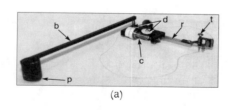
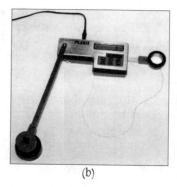

Figure 15.10 a) Le planimètre mécanique et l'identification de ses principales composantes; b) le planimètre électronique.

Dans sa version la plus simple, le planimètre comprend :

a) un point fixe (p) appelé pôle;
b) un bras polaire (b) qui tourne autour du pôle;
c) un autre bras (r), appelé bras du traceur ou bras moteur. Relié au bras polaire par une articulation à rotule, il est muni à l'autre extrémité d'une pointe traceuse (t) ou de tout autre système permettant de suivre la limite de la surface à évaluer;
d) une roue intégrante de contact (c), dont l'axe est parallèle au bras (r) et solidaire de celui-ci, qui tourne par frottement sur le plan ou la carte.

Au moyen d'un dispositif compteur (d), le tambour gradué solidaire de la roue (c) enregistre les déplacements (ou encore la composante de ces déplacements) perpendiculaires à l'axe.

15.9.1 La théorie de base

Soit PRCT, la position initiale du planimètre (fig. 15.11). Lorsque la pointe traceuse se déplace d'une distance infinitésimale, de T à T", la roue (c) qui est en contact avec la surface A enregistre le vecteur dn, ce qui correspond à une translation pure. Ensuite, elle subit un glissement, qui équivaut au vecteur dG, puis elle enregistre une rotation C'C". La superficie de la surface infinitésimale dA, correspondant à la figure PRCTT'T"C"R'P, est donc :

$$dA = 1/2\ l^2d\phi + rdn + 1/2\ r^2d\theta \qquad (15.12)$$

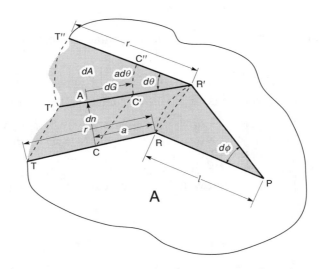

Figure 15.11 Le principe de fonctionnement du planimètre lorsque le pôle est à l'intérieur de la surface à mesurer.

La distance linéaire dS, enregistrée par la roue (c) lorsque la pointe traceuse se déplace de T à T", est :

$$dS = dn + ad\theta \qquad (15.13)$$

ou encore :

$$dn = dS - ad\theta \qquad (15.14)$$

En substituant l'équation 15.14 dans l'équation 15.12, on obtient :

$$dA = 1/2\ l^2d\phi + rdS - ard\theta + 1/2\ r^2d\theta \qquad (15.15)$$

ou encore :

$$dA = rdS + 1/2\ l^2d\phi - ard\theta + 1/2\ r^2d\theta \qquad (15.16)$$

et

$$A = \int dA = \int rdS + \int 1/2\ l^2d\phi - \int ard\theta + \int 1/2\ r^2d\theta \qquad (15.17)$$

Si le pôle du planimètre est situé à l'intérieur de la surface intégrée, le bras polaire et le bras du traceur partent du point initial T, accomplissent chacun une rotation complète et reviennent fermer sur le point de départ T. Par conséquent, les bornes dans l'équation 15.17 sont celles-ci :

$$A = \int dA = \int_{S=0}^{S=S} r dS + \int_{\phi=0}^{\phi=2\pi} 1/2\ l^2 d\phi - \int_{\theta=0}^{\theta=2\pi} ar d\theta + \int_{\theta=0}^{\theta=2\pi} 1/2\ r^2 d\theta$$

et on obtient :

$$A = rS + l^2\pi - 2\pi\ ar + r^2\pi \tag{15.18}$$

$$= rS + \left(l^2 - 2ar + r^2\right)\pi \tag{15.19}$$

Si on convertit la distance S parcourue par la roue de contact en rotation, en prenant R comme rayon de celle-ci, on obtient :

$$A = 2\pi R r n + \left(l^2 - 2ar + r^2\right)\pi \tag{15.20}$$

où n représente le nombre de révolutions de la roue de contact.

Dans l'équation 15.20, l'expression $(l^2 - 2ar + r^2)\pi$ n'est pas enregistrée par la roue de contact. Appelée surface du cercle neutre, elle correspond à la superficie d'un cercle, dont le rayon est égal à la distance PT lorsque l'angle PCT est droit (fig. 15.12). La roue graduée se déplace alors suivant son axe et, par conséquent, celle-ci ne subit aucun déplacement angulaire. Dès lors, la superficie balayée par le planimètre équivaut au cercle neutre ou cercle de base, qu'on obtient comme suit :

$$\overline{PT}^2 = \overline{PC}^2 + \overline{CT}^2 \tag{15.21}$$

$$\overline{PT}^2 = \left(l^2 - a^2\right) + \left(r - a\right)^2$$

$$= l^2 - a^2 + r^2 - 2ar + a^2$$

$$= l^2 - 2ar + r^2 \tag{15.22}$$

De ce qui précède, on tire que :

$$\left(\overline{PT}^2\right)\pi = \left(l^2 - 2ar + r^2\right)\pi, \text{ c'est-à-dire la surface du cercle neutre}$$

Pour un planimètre muni d'un bras polaire et d'un bras du traceur de longueur fixe, le fabricant fournit généralement la valeur de la surface du cercle neutre. En général, celle-ci est inscrite au verso du couvercle de la boîte de l'instrument. À défaut de connaître la surface du cercle neutre, on peut toujours la déterminer soit en mesurant directement les éléments a, r et l, soit en planimétrant une surface de superficie connue avec le pôle situé à l'intérieur de celle-ci.

Dans la figure 15.12, on voit que, lorsque l'angle est aigu, la roue (c) tourne dans un sens et, lorsque l'angle est obtus, elle tourne dans l'autre sens. On constate également que l'appoint I est positif, alors que l'appoint II est négatif. Lorsque le pôle se situe à l'intérieur de la surface, la superficie finale est égale à celle du cercle neutre plus la somme algébrique des appoints. Cette dernière somme s'obtient au moyen de la roue graduée. Ainsi, l'expression 15.20 peut s'écrire sous la forme suivante :

$$A = Kn + \text{surface du cercle neutre} \tag{15.23}$$

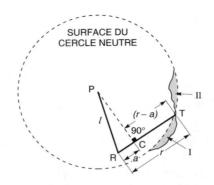

Figure 15.12 La surface du cercle neutre du planimètre.

où

$$K = 2\pi\, Rr \tag{15.24}$$

Si le pôle du planimètre se situe à l'extérieur de la surface (fig. 15.13), les bornes d'intégration pour θ et ϕ varient de 0 à 0. Par conséquent, d'après l'équation 15.17, on a :

$$A = \int dA = \int_{S=0}^{S=S} r\,dS + \int_{\phi=0}^{\phi=0} 1/2\, l^2 d\phi - \int_{\theta=0}^{\theta=0} ar\,d\theta + \int_{\theta=0}^{\theta=0} 1/2\, r^2 d\theta$$
$$= rS + 0 \tag{15.25}$$

Dans l'équation 15.25, la surface du cercle neutre n'intervient pas, alors :

$$A = rS = Kn \tag{15.26}$$

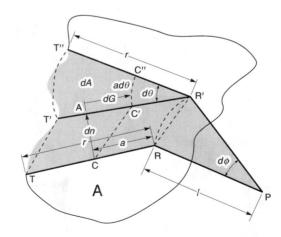

Figure 15.13 Le fonctionnement du planimètre lorsque le pôle est à l'extérieur de la surface.

15.9.2 L'étalonnage du planimètre

Tout planimètre, qu'il soit mécanique ou électronique, doit faire l'objet d'un entretien préventif périodique, qui permet de détecter certaines défectuosités ou d'effectuer un réglage. Cet entretien est d'autant plus nécessaire que la roue de contact subit de la translation, de la rotation et du glissement. L'état de fonctionnement du planimètre et diverses erreurs fortuites inhérentes au mouvement et au glissement peuvent affecter la précision du résultat d'une opération de planimétrage.

Afin de remédier à ces inconvénients, tout utilisateur doit s'assurer d'étalonner son planimètre, et ce sur le même papier ou support que celui qu'il a utilisé pour représenter ou dessiner la surface à planimétrer. En général, les fabricants fournissent avec l'instrument un étalon (fig. 15.14), qui consiste soit en une tige métallique rectiligne ou de forme combinée rectiligne-curviligne, soit en une rondelle en corrélation avec le type ou le modèle de planimètre.

En faisant opérer une révolution à la tige ou au planimètre autour de la rondelle (fig. 15.15), on balaie un cercle de superficie connue. La valeur numérique de cette superficie est inscrite sur l'étalon.

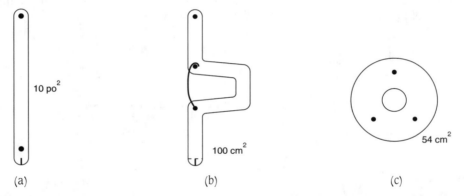

(a)   (b)   (c)

Figure 15.14 Des étalons pour divers types de planimètres : a) et b) étalons pour planimètres mécaniques; c) étalon pour planimètre électronique.

Figure 15.15 L'étalonnage d'un planimètre mécanique à l'aide d'un étalon adapté à sa pointe traceuse.

Transformons l'équation 15.26 de la façon suivante :

$$K = A/n \qquad (15.27)$$

Puisqu'on connaît la superficie A balayée par l'étalon, il est possible de déterminer la constante d'étalonnage K, en notant le nombre de révolutions ou d'impulsions n effectuées par la roue de contact. Afin d'obtenir une moyenne plus précise de la constante d'étalonnage, on conseille fortement de faire plusieurs essais et d'effectuer plusieurs révolutions de l'étalon à chaque essai. Le tableau 15.3 illustre un modèle de prise de notes pour l'étalonnage du planimètre, quel que soit le type utilisé. On doit toujours apporter une attention particulière aux unités de K (6e colonne du tableau). Le tableau 15.4 présente un exemple de disposition appliquée au planimétrage des courbes de niveau; ce planimétrage sert à déterminer un volume de retenue pour un barrage.

Tableau 15.3 Un modèle de prise de notes pour l'étalonnage d'un planimètre

Essais	Lecture initiale (révolution ou impulsion)	Lecture finale (révolution ou impulsion)	n ⎡ Δ rév. (méc.) ⎢ ou ⎣ Δ imp. (électr.)	S ⎡ surface ⎢ 5 tours ⎣ cm² ou po²	K ⎡ K = S/n ⎢ cm²/imp. ⎢ cm²/rév. ⎣ po²/rév.	$\overline{K}$
1						
2						
3						
4						
5						

Tableau 15.4 Un exemple de disposition appliquée au planimétrage des courbes de niveau

Altitudes	Essais	Lecture initiale (révolution ou impulsion)	Lecture finale (révolution ou impulsion)	n ⎡ Δ rév. (méc.) ⎢ ou ⎣ Δ imp. (électr.)	$\overline{n}$
	1				
	2				
	1				
	2				
	1				
	2				
	1				
	2				

15.10 LES DÉTERMINATIONS GRAPHIQUES

Les méthodes graphiques permettent de vérifier rapidement l'ordre de grandeur d'une superficie. Il existe trois façons de procéder.

a) Le terrain peut se composer de triangles et de trapèzes, dont on mesure à l'échelle les bases, b, et les hauteurs, h (fig. 15.16). Lorsqu'une limite est irrégulière, on peut la remplacer par une droite, qu'on nomme droite de redressement, de telle sorte que la superficie demeure la même (ligne BC) :

$$S = \frac{1}{2} \left(b_1 h_1 \right) + \left(\frac{b_1 + b_2}{2} \right) h_2$$

b) On peut faire la mise en plan à l'échelle sur une feuille quadrillée, puis compter les carrés.

c) Il est possible de transformer le polygone en un triangle équivalent, puis de mesurer à l'échelle la base et la hauteur. Soit le polygone ABCDEA (fig. 15.17). À partir du point C, traçons $\overline{CA}$ et, à partir de B, menons une parallèle à $\overline{CA}$ jusqu'à B' sur le prolongement de $\overline{AE}$. Le triangle CB'A est équivalent à CBA (même base et même hauteur). Le polygone B'CDEB' est équivalent à ABCDEA, mais avec un côté en moins. On répète ce procédé jusqu'à ce qu'il ne reste que trois côtés. Ainsi, le triangle B'CD' est équivalent au polygone ABCDEA.

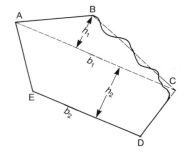

Figure 15.16 La décomposition en figures simples.

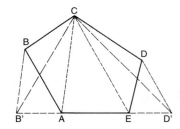

Figure 15.17 La transformation en un triangle équivalent.

15.11 LE PARTAGE DES SURFACES

Il arrive souvent qu'on doive diviser un terrain en deux ou en plusieurs parties, en respectant certaines contraintes (fig. 15.18). Signalons que le polygone de la figure 15.18 est le même que celui de la figure 12.10. Pour faciliter les calculs dans les exemples 15.7 à 15.10, nous utiliserons les valeurs obtenues dans l'exemple 12.1, qui contient la figure 12.10.

Les cas les plus fréquents de partage des surfaces sont les suivants :

> – par une droite joignant deux sommets;
> – par une droite passant par un point et ayant une direction donnée;
> – par une droite passant par un point connu et donnant une superficie déterminée;
> – par une droite suivant une direction connue et donnant une superficie déterminée.

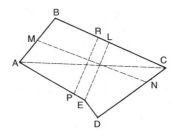

Figure 15.18 Le partage d'un terrain.

15.11.1 Par une droite joignant deux sommets

Dans la figure 15.18, le polygone ABCDEA doit être divisé en deux parties par la droite AC. Il faut déterminer la longueur et la direction de AC ainsi que la superficie de chacune des parties.

On peut trouver la longueur et la direction en appliquant les relations de géométrie analytique (sect. 12.7). Par ailleurs, on peut calculer les superficies en employant la méthode des coordonnées (sect. 15.3), la méthode des ordonnées adjacentes (sect. 15.4) ou la méthode des d.m.d. (sect. 15.5). Dans l'exemple 15.7, nous procédons à ce calcul à l'aide de la méthode des coordonnées.

· · · · · · · · · · · · · · · · · · · ·

EXEMPLE 15.7

Trouver les superficies des deux parties de terrain, qu'on a obtenues en menant la droite qui joint les sommets A et C du polygone de la figure 15.18. Quelles sont la longueur et la direction de AC ?

Solution

	Méthode des coordonnées			
	Coordonnées		Superficie (m²)	
Point	X (m)	Y (m)	+	−
A	2109,091	445,655	1 156 459,31	974 474,89
B	2186,613	548,321	919 898,52	1 377 003,15
C	2511,308	420,696	1 119 176,75	887 285,46
A	2109,091	445,655		
			3 195 534,57	− 3 238 763,51
				+ 3 195 534,57
			21 614,5	← 43 228,93

$$\Delta ABC = 21\,614{,}5 \text{ m}^2$$

$$ACDEA = 48\,826{,}0 - 21\,614{,}5 = 27\,211{,}5 \text{ m}^2$$

$$\overline{AC} = \sqrt{(\Delta X)^2 + (\Delta Y)^2} = \sqrt{402{,}2165^2 + (-24{,}9593)^2} = 402{,}990 \text{ m}$$

$$\gamma_{AC} = \text{tg}^{-1}\left(\frac{\Delta X}{\Delta Y}\right) = \text{tg}^{-1}\left(\frac{402{,}2165}{-24{,}9593}\right) = 93° \ 33' \ 03''$$

· · · · · · · · · · · · · · · · · ·

15.11.2 Par une droite passant par un point et ayant une direction donnée

Dans la figure 15.18, les lettres ABCDEA délimitent un terrain dont on connaît les dimensions. On veut le diviser en deux parties par une droite EL passant par E et ayant un gisement donné. Pour calculer la superficie de chaque partie, il faut tout d'abord trouver les coordonnées de L, qui est à l'intersection de $\overline{BC}$ et $\overline{EL}$. Voyons comment procéder à l'exemple 15.8.

· · · · · · · · · · · · · · · · · · ·

EXEMPLE 15.8

Quelle est la superficie de la partie «ouest» du polygone de la figure 15.18? Cette partie résulte du tracé de la droite EL, qui passe par E et qui a un gisement de 20° 00' 00''. Trouver aussi la longueur de cette droite et celle de BL.

Solution

Dans un premier temps, il s'agit de déterminer l'intersection L entre les droites BC et EL :

$$\frac{X_L - 2186{,}6127}{Y_L - 548{,}3212} = \text{tg } 111° \ 27' \ 29'' = -2{,}544\,121\,0$$

$$\frac{X_L - 2280{,}2284}{Y_L - 335{,}7040} = \text{tg } 20° \ 00' \ 00'' = 0{,}363\,970\,23$$

$$X_L = 2336{,}212 \text{ m}$$

$$Y_L = 489{,}519 \text{ m}$$

Dans un deuxième temps, la superficie de la partie «ouest» peut se calculer par la méthode des ordonnées adjacentes :

Point	Coordonnées X (m)	Coordonnées Y (m)	Méthode des ordonnées adjacentes ΔY (m)	Superficie (m²) +	Superficie (m²) −
		Méthode des ordonnées adjacentes			
A	2109,091	445,655			
B	2186,613	548,321	-43,8641		95 913,715
L	2336,212	489,519	212,6172	496 718,939	
E	2280,228	335,704	43,8641	100 020,078	
A	2109,091	445,655	-212,6172		448 429,007
B	2186,613	548,321			
				596 739,017	− 544 342,722
				− 544 342,722	
		26 198,15 m² (2,620 ha)		← 52 396,295	

Longueur de la droite EL :

$$\overline{EL} = \sqrt{\Delta X^2 + \Delta Y^2}$$

$$= \sqrt{(2280,228 - 2336,212)^2 + (335,704 - 489,519)^2}$$

$$= 163,687 \text{ m}$$

Longueur de la droite BL :

$$\overline{BL} = \sqrt{(2336,212 - 2186,613)^2 + (489,519 - 548,321)^2}$$

$$= 160,741 \text{ m}$$

. . . .

15.11.3 Par une droite passant par un point connu et donnant une superficie déterminée

En procédant à un examen sommaire, on détermine sur quel côté du polygone se situe l'autre point de la droite qui passe par le point connu. On joint ce dernier aux deux extrémités du côté. On obtient le point cherché en comparant les superficies de deux triangles qui ont la même hauteur et dont les bases reposent sur cette même droite (ex. 15.9).

. . . .

EXEMPLE 15.9

Quelle position aura la droite MN qui passe par M, soit le milieu de AB (fig. 15.18), si on veut que la partie «nord» du polygone ait une superficie de 20 000 m²?

Solution

$$X_M = \frac{2109,091 + 2186,613}{2} = 2147,852 \text{ m}$$

$$Y_M = \frac{445,655 + 548,321}{2} = 496,988 \text{ m}$$

Point	Méthode des coordonnées			
	Coordonnées		Superficie (m^2)	
	X (m)	Y (m)	+	−
M	2147,852	496,988	1 177 712,71	1 086 720,51
B	2186,613	548,321	919 898,52	1 377 003,15
C	2511,308	420,696	1 248 089,95	903 591,99
M	2147,852	496,988		
			3 345 701,18	− 3 367 315,64
				+ 3 345 701,18
			10 807,2	← |21 614,47|

Point	Méthode des coordonnées			
	Coordonnées		Superficie (m^2)	
	X (m)	Y (m)	+	−
M	2147,852	496,988	903 591,992	1 248 089,946
C	2511,308	420,696	715 940,916	973 012,408
D	2312,865	285,087	1 149 466,504	612 324,467
M	2147,852	496,988		
			2 768 999,412	− 2 833 426,821
				+ 2 768 999,412
			32 213,7	← |64 427,409|

$$S_{MBCN} = 20\ 000,0 \text{ m}^2$$
$$S_{MBC} = 10\ 807,2 \text{ m}^2$$
$$S_{MCN} = \overline{9\ 192,8 \text{ m}^2}$$
$$S_{MCD} = 32\ 213,7 \text{ m}^2$$

$$\overline{CN} = \overline{CD}\left(\frac{MCN}{MCD}\right)$$

$$= 240{,}352\left(\frac{9192{,}8}{32\,213{,}7}\right) = 68{,}589 \text{ m}$$

$$X_N = X_C + \Delta X_{CD}\left(\frac{\overline{CN}}{\overline{CD}}\right)$$

$$= 2511{,}308 + (-198{,}4423)\left(\frac{68{,}589}{240{,}352}\right) = 2454{,}678 \text{ m}$$

$$Y_N = Y_C + \Delta Y_{CD}\left(\frac{\overline{CN}}{\overline{CD}}\right)$$

$$= 420{,}696 + (-135{,}609)\left(\frac{68{,}589}{240{,}352}\right) = 381{,}997 \text{ m}$$

Autre méthode. Les coordonnées du point N peuvent se déterminer par la résolution de deux équations du premier degré, établies à partir de la superficie donnée et de la superficie totale :

$$S_{ABCDEA} = 48\,825{,}99 \text{ m}^2$$
$$S_{MBCNM} = 20\,000 \text{ m}^2$$
$$S_{MNDEAM} = 28\,825{,}99 \text{ m}^2$$

	X (m)	Y (m)		X (m)	Y (m)
M	2147,8519	496,5881	M	2147,8519	496,9880
N	X	Y	B	2186,6127	548,3212
D	2312,8652	285,0869	C	2511,3075	420,6957
E	2280,2284	335,7040	N	X	Y
A	2109,0910	445,6550	M	2147,8519	496,9880
M	2147,8519	496,5881			

Exprimons les superficies MNDEAM et MBCNM par la méthode des coordonnées :

$$28\,825{,}99 = \frac{1}{2}\left(211{,}9012\,X + 165{,}0133\,Y - 525\,531{,}92\right)$$

$$211{,}9012\,X + 165{,}0133\,Y - 583\,183{,}90 = 0$$

$$-20\,000{,}00 = \frac{1}{2}\left(76{,}2924\,X + 363{,}4556\,Y - 366\,112{,}401\right)$$

$$76,2924 \ X + 363,4556 \ Y - 326\ 112,40 = 0$$

$$X_N = 2454,68 \text{ m}$$
$$Y_N = 382,00 \text{ m}$$

. . . .

15.11.4 Par une droite suivant une direction connue et donnant une superficie déterminée

En premier lieu, en passant par un sommet du polygone, il faut considérer une ligne d'essai qui a l'orientation prescrite. La différence entre la superficie limitée par la ligne et celle prescrite donne la superficie d'un trapèze construit sur cette ligne d'essai (fig. 15.19). En deuxième lieu, il s'agit de trouver la hauteur de ce trapèze au moyen de l'équation 15.28 :

$$S = X \ \overline{EL} - \frac{1}{2} \ X^2 \left(\text{cotg} \ \alpha + \text{cotg} \ \beta \right) \tag{15.28}$$

Les extrémités de la droite cherchée se calculent avec les relations suivantes :

$$\overline{EP} = X \ \text{cosec} \ \alpha$$
$$\overline{LR} = X \ \text{cosec} \ \beta$$

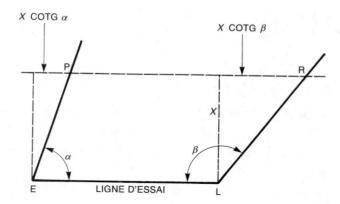

Figure 15.19 Les éléments du trapèze.

L'exemple 15.10 illustre la façon d'effectuer ce type de calcul.

. . . .

EXEMPLE 15.10

Quelle est la position de la droite PR (fig. 15.18), qui a un gisement de 20° et qui donne, dans la partie «ouest» du polygone, une superficie de 21 000 m²?

Solution

Au moyen d'une ligne d'essai EL, on obtient une superficie ABLEA de 26 198,15 m² et une distance EL de 163,687 m (ex. 15.8), d'où :

$$S_{ABLEA} = 26\ 198,15\ m^2$$
$$S_{ABRPA} = \text{-}21\ 000,00\ m^2$$
$$\overline{S_{PRLEP} = \quad 5\ 198,15\ m^2}$$

Équation 15.28 :

$$S = X\ \overline{EL} - \frac{1}{2}\ X^2\ (\cotg\ \alpha + \cotg\ \beta)$$

$$\alpha = 20°\ \text{ou}\ 380° - 302°\ 43'\ 11'' = 77°\ 16'\ 49''$$
$$\beta = 291°\ 27'\ 29'' - 200°\ 00'\ 00'' = 91°\ 27'\ 29''$$

$$5198,15 = 163,687\ X - \frac{X^2}{2}\ (\cotg\ 77°\ 16'\ 49'' + \cotg\ 91°\ 27'\ 29'')$$

$$X = 31,822\ m$$

$$\overline{EP} = 31,822\ \text{cosec}\ 77°\ 16'\ 49'' = 32,623\ m$$
$$\overline{LR} = 31,822\ \text{cosec}\ 91°\ 27'\ 29'' = 31,833\ m$$

$$X_P = 2280,228 + 32,623\ \sin\ 302°\ 43'\ 11'' = 2252,782\ m$$
$$Y_P = 335,704 + 32,623\ \cos\ 302°\ 43'\ 11'' = 353,338\ m$$

$$X_R = 2336,212 + 31,833\ \sin\ 291°\ 27'\ 29'' = 2306,586\ m$$
$$Y_R = 489,519 + 31,833\ \cos\ 291°\ 27'\ 29'' = 501,164\ m$$

$$\overline{PR} = \sqrt{(2252,782 - 2306,586)^2 + (353,338 - 501,164)^2}$$
$$= 157,313\ m$$

· · · · · · · · · · · · · · · · · ·

15.12 LE REDRESSEMENT DES LIMITES

Le redressement des limites consiste à rendre rectiligne une limite irrégulière entre deux parcelles de terrain, de telle façon que celles-ci conservent leur superficie.

Dans la figure 15.20, la solution est de remplacer la limite ABCDE par la droite AF issue de A. Dans ce cas, la méthode de Sarron trouve une application très intéressante. Il faut que les surfaces hachurées de part et d'autre de $\overline{AF}$ s'équilibrent, c'est-à-dire que la surface du polygone ABCDEFA soit nulle.

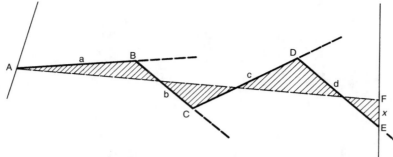

Figure 15.20 Le redressement des limites.

On peut écrire :

$$\left.\begin{array}{l} ab \sin \angle ab \; + \; ac \sin \angle ac \; + \; ad \sin \angle ad \; + \; ax \sin \angle ax \\ \qquad + \; bc \sin \angle bc \; + \; bd \sin \angle bd \; + \; bx \sin \angle bx \\ \qquad\qquad + \; cd \sin \angle cd \; + \; cx \sin \angle cx \\ \qquad\qquad\qquad + \; dx \sin \angle dx \end{array}\right] = 0$$

Après avoir groupé les termes qui contiennent x, on obtient :

$$x = -\frac{ab \sin \angle ab \; + \; ac \sin \angle ac \; + \; ad \sin \angle ad \; + \; bc \sin \angle bc \; + \; bd \sin \angle bd \; + \; cd \sin \angle cd}{a \sin \angle ax \; + \; b \sin \angle bx \; + \; c \sin \angle cx \; + \; d \sin \angle dx}$$

L'exemple 15.11 présente une application du redressement des limites.

· · · · · · · · · · · · · · · · · · ·

EXEMPLE 15.11

On veut redresser la limite ABCDE (fig. 15.21) en la remplaçant par la droite AM. Calculer la distance EM.

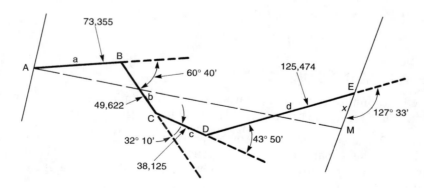

Figure 15.21　(Exemple 15.11)

Solution

Point	Angle de déflexion	Dist. (m)	Angle ij / ij sin ij				Superficie (m²)
A							
		73,355					
B	60° 40'		60° 40'	28° 30'	-15° 20'	112° 13'	2073,874 + 67,951 x
		49,622	3173,314	1334,45	-2433,89	67,951 x	
C	-32° 10'			32° 10'	-76° 00'	51° 33'	-7048,508 + 38,862 x
		38,125		-1007,18	-6041,32	38,862 x	
D	-43° 50'				43° 50'	83° 43'	-3313,011 + 37,896 x
		125,474			-3313,01	37,896 x	
E	127° 33'					127° 33'	99,479 x
						99,479 x	
M							-8287,645 + 244,187 x = 0

$$x = \left(\frac{8287,645}{244,187}\right) = 33,940 \text{ m}$$

Lorsque le signe de x est négatif, il faut inverser le sens de $\overline{EM}$.

· · · · · · · · · · · · · · · · · ·

15.13   LE VOLUME

Les ingénieurs et les géomètres sont souvent appelés à calculer des volumes d'excavation ou de remplissage, ou bien à déterminer la quantité de béton requise pour construire certains ouvrages. Des calculs de volume, dont l'unité de mesure est le mètre cube (m³), sont également nécessaires pour l'évaluation de la capacité de réservoirs d'emmagasinement ou de la quantité de matériaux en vrac. Afin de résoudre ce type de problèmes, on fait appel de plus en plus à l'informatique. Voici les principales méthodes de calcul :

- méthode des sections en travers;
- méthode des prismes tronqués;
- méthode des courbes de niveau;
- méthode géométrique.

15.13.1   La méthode des sections en travers

Lorsqu'on emploie la méthode des sections en travers, on mesure les profils du terrain perpendiculairement à l'axe du projet, et ce à tous les 10, 20 ou 30 m. La superficie de ces sections est soit calculée, soit mesurée avec un planimètre. Le volume se calcule à l'aide de la formule de la moyenne des bases ou de la formule du prismatoïde.

Formule de la moyenne des bases.   Le volume entre deux sections, s_1 et s_2, est égal à la moyenne des surfaces de ces deux sections multipliée par la distance horizontale h qu'il y a entre elles; ainsi :

$$V = \frac{h\left(s_1 + s_2\right)}{2} \tag{15.29}$$

Formule du prismatoïde. La formule du prismatoïde s'applique aux formes géométriques qu'on peut considérer comme prismatoïdales. Cette formule est plus précise que la précédente :

$$V = \frac{h}{6}\left(s_1 + 4s_m + s_2\right) \tag{15.30}$$

où s_1 et s_2 = les surfaces des deux bases
   s_m = la surface de la section médiane
   h = la distance horizontale entre les sections s_1 et s_2

Pour résoudre l'équation 15.30, il est nécessaire de connaître la surface de la section médiane. Dans les projets qui renferment plusieurs sections, on prend comme bases les sections de rang impair et comme sections médianes les sections intermédiaires. S'il y a un nombre impair de sections, la formule devient alors (ex. 15.12) :

$$V = \frac{h}{3}\left(s_1 + s_n + 2 \sum s_{\text{impair}} + 4 \sum s_{\text{pair}}\right) \tag{15.31}$$

où V = le volume (m³)
   h = la distance horizontale entre deux sections consécutives (m)
   s_1 = la surface de la première section (m²)
   s_n = la surface de la dernière section (m²)
   Σs_{impair} = la surface de la somme des sections de rang impair (m²)
   Σs_{pair} = la surface de la somme des sections de rang pair (m²)

Dans le cas d'un nombre pair de sections, la dernière portion se calcule à l'aide de la formule de la moyenne des bases.

. . . .

EXEMPLE 15.12

Calculer le volume d'excavation nécessaire à la construction d'une route (fig. 15.22), si les superficies mesurées au planimètre, pour chaque section, sont les suivantes :

Chaînage	S (m²)
2 + 000	8
2 + 020	30
2 + 040	25
2 + 060	44
2 + 080	56
3 + 000	86
3 + 020	73
3 + 040	97
3 + 060	118
3 + 080	91
4 + 000	77
4 + 020	54
4 + 040	36
4 + 060	20
4 + 080	3

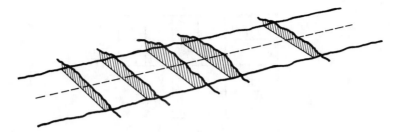

Figure 15.22 (Exemple 15.12)

Solution

Équation 15.31 :

$$V = \frac{h}{3}\left(s_1 + s_n + 2\sum s_{\text{impair}} + 4\sum s_{\text{pair}}\right)$$

$$\sum s_{\text{pair}} = 30 + 44 + 86 + 97 + 91 + 54 + 20 = 422 \text{ m}^2$$

$$\sum s_{\text{impair}} = 25 + 56 + 73 + 118 + 77 + 36 = 385 \text{ m}^2$$

$$V = \frac{20}{3}\left[8 + 3 + (4 \times 422) + (2 \times 385)\right] = 16\,460 \text{ m}^3$$

. . . .

15.13.2 La méthode des prismes tronqués

Cette méthode consiste à établir un quadrillage (fig. 15.23) et à déterminer l'altitude de chaque sommet avant et après l'excavation. Si on considère l'ensemble des prismes tronqués ainsi obtenus, la formule est la suivante :

$$V = \frac{A}{4}\left(\sum d_1 + 2\sum d_2 + 3\sum d_3 + 4\sum d_4\right) \tag{15.32}$$

où A = la superficie d'un quadrilatère
    d = les dénivelées à chaque sommet

L'indice indique le nombre de quadrilatères contigus à un même sommet :

$$\begin{aligned}
a &\rightarrow d_1 \\
b &\rightarrow d_2 \\
c &\rightarrow d_4 \\
d &\rightarrow d_3
\end{aligned}$$

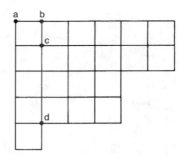

Figure 15.23 La méthode des prismes tronqués.

L'exemple 15.13 présente une application de la méthode des prismes tronqués.

· · · · · · · · · · · · · · · · · ·

EXEMPLE 15.13

Quel est le volume d'excavation de l'emplacement de la figure 15.24, si la superficie d'un quadrilatère est de 100 m² et si les altitudes, mesurées avant et après l'excavation, sont les suivantes?

Sommets	Altitudes (m)		ΔZ (m)	Sommets	Altitudes (m)		ΔZ (m)
	avant	après			avant	après	
a-1	128,4	121,3	7,1	c-1	127,2	120,6	6,6
a-2	127,4	121,5	5,9	c-2	125,8	120,8	5,0
a-3	126,8	121,8	5,0	c-3	125,1	121,1	4,0
a-4	125,7	122,1	3,6	c-4	124,0	121,3	2,7
a-5	124,3	122,4	1,9				
				d-1	126,4	120,3	6,1
b-1	127,8	121,0	6,8	d-2	125,6	120,5	5,1
b-2	127,0	121,2	5,8				
b-3	125,7	121,5	6,2				
b-4	124,8	121,8	3,0				
b-5	123,7	122,0	1,7				

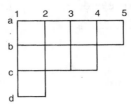

Figure 15.24 (Exemple 15.13)

Solution

Équation 15.32 :

$$V = \frac{A}{4}\left(\sum d_1 + 2\sum d_2 + 3\sum d_3 + 4\sum d_4\right)$$

$$\sum d_1 = 7{,}1 + 1{,}9 + 1{,}7 + 2{,}7 + 6{,}1 + 5{,}1 = 24{,}60 \text{ m}$$

$$\sum d_2 = 5{,}9 + 5{,}0 + 3{,}6 + 6{,}8 + 6{,}6 + 4{,}0 = 31{,}90 \text{ m}$$

$$\sum d_3 = 3{,}0 + 5{,}0 = 8{,}0 \text{ m}$$

$$\sum d_4 = 5{,}8 + 6{,}2 = 12{,}0 \text{ m}$$

$$V = \frac{100}{4}\left[24{,}60 + (2 \times 31{,}90) + (3 \times 8{,}0) + (4 \times 12{,}0)\right] = 4010 \text{ m}^3$$

· · · · · · · · · · · · · · · · · · · ·

15.13.3 La méthode des courbes de niveau

À l'aide des courbes de niveau, on calcule le volume en mesurant avec un planimètre les superficies limitées par chaque courbe. On peut utiliser la formule de la moyenne des bases ou la formule du prismatoïde (ex. 15.12).

15.13.4 La méthode géométrique

Lorsque les volumes à calculer correspondent à des figures géométriques bien définies ou qu'ils sont assimilables à de telles figures, on utilise les formules de la géométrie euclidienne (ex. 15.14). Le tableau 15.5 présente les formules servant à calculer la superficie latérale (S_{lat}), la superficie totale (S_{tot}) et le volume (V) pour certaines figures géométriques.

Tableau 15.5 Les formules de superficie et de volume pour quelques figures géométriques

Cube	Cylindre
$$S_{lat} = 4\,a^2$$ $$S_{tot} = 6\,a^2$$ $$V = a^3$$	$$S_{lat} = 2\pi rh$$ $$S_{tot} = S_{lat} + 2\pi r^2$$ $$V = B\,h = \pi r^2 h$$
Parallélépipède rectangulaire	Cône
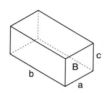 $$S_{lat} = P_{base} \times c$$ $$S_{tot} = S_{lat} + S_{bases}$$ $$V = B\,h = a\,b\,c$$	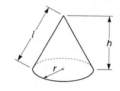 $$S_{lat} = \pi rl$$ $$S_{tot} = S_{lat} + \pi r^2$$ $$V = \frac{B\,h}{3} = \frac{1}{3}\pi r^2 h$$
Prisme droit	Tronc de cône
$$S_{lat} = P_{base} \times h$$ $$S_{tot} = S_{lat} + S_{bases}$$ $$V = B\,h$$	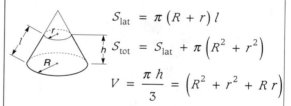 $$S_{lat} = \pi\,(R + r)\,l$$ $$S_{tot} = S_{lat} + \pi\left(R^2 + r^2\right)$$ $$V = \frac{\pi\,h}{3} = \left(R^2 + r^2 + R\,r\right)$$
Pyramide	Sphère
$$V = \frac{B\,h}{3}$$	$$S_{tot} = 4\pi r^2$$ $$V = \frac{4\pi}{3}r^3$$
Tronc de pyramide	
$$V = \frac{h}{3}\left(B + b + \sqrt{B\,b}\right)$$	

EXEMPLE 15.14

Quel est le volume d'un réservoir cylindrique de 75 m de rayon, r, et de 30 m de hauteur, h?

Solution

$$V = \pi r^2 h = \pi \times 75^2 \times 30 = 530\,000 \text{ m}^3$$

EXERCICES

15.1 Calculer la superficie de la polygonale de l'exercice 12.2 par la méthode des coordonnées et par la méthode des d.m.d.

15.2 Calculer la superficie de la polygonale de l'exercice 12.3.

15.3 Calculer la superficie de la polygonale de l'exercice 12.4, en utilisant les méthodes des coordonnées, des d.m.d. et de Sarron.

15.4 Déterminer la position de la droite AB, qui a un gisement de 80°, compte tenu qu'elle doit délimiter, avec les deux clôtures de l'exercice 12.4, une superficie de 5 ha.

15.5 Calculer la superficie de l'espace de terrain situé entre la ligne d'opération AB et le bord du lac (fig. 15.25). Utiliser la méthode des ordonnées rectangulaires ainsi que la formule de Simpson. Comparer les résultats obtenus par les deux méthodes.

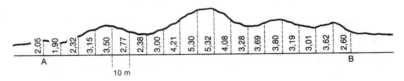

Figure 15.25   (Exercice 15.5)

15.6 Calculer le plus précisément possible la superficie de l'île de la figure 15.26.

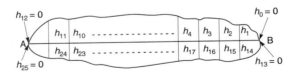

Figure 15.26   (Exercice 15.6)

Les ordonnées mesurées perpendiculairement à la droite AB, à tous les 20 m, sont les suivantes :

N°	Ordonnées (m)	N°	Ordonnées (m)
h_0	0	h_1	7,25
h_2	22,50	h_3	23,25
h_4	23,60	h_5	22,80
h_6	21,50	h_7	28,00
h_8	27,20	h_9	27,50
h_{10}	25,40	h_{11}	24,70
h_{12}	0	h_{13}	0
h_{14}	21,20	h_{15}	22,10
h_{16}	20,40	h_{17}	20,60
h_{18}	26,20	h_{19}	24,30
h_{20}	24,10	h_{21}	21,70
h_{22}	20,10	h_{23}	18,90
h_{24}	16,40	h_{25}	0

15.7 On a arpenté un terrain de forme triangulaire ABC et, après le relevé, on a obtenu les résultats suivants :

– course de AB = N. 60° 00' E.;
– course de CA = N. 60° 00' O.

Le côté CB est une ligne méridienne et sa longueur est de 273,545 m.

a) Trouver la superficie de ce terrain en mètres et en hectares.
b) Donner la longueur en mètres de chacun des côtés du polygone.

15.8 Soit le polygone ABCDE dont les départs et les latitudes sont les suivants :

	Départs, ΔX (m)	Latitudes, ΔY (m)
AB	140	120
BC	80	-20
CD	-140	-170
DE	-120	-30
EA	+40	100

Les coordonnées du point C sont : $X_C = 160$ m et $Y_C = 140$ m.

À partir du sommet B, si on mène une droite perpendiculaire au côté DE, dans quelle proportion cette droite divise-t-elle le polygone ABCDE?

15.9 Soit le polygone ABCDE (fig. 15.27).

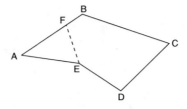

Figure 15.27 (Exercice 15.9)

Les coordonnées du point A sont : $X_A = 0$ m et $Y_A = 600$ m.

Les départs et les latitudes du polygone ABCDE sont :

Sommets	Départs, ΔX (m)	Latitudes, ΔY (m)	X (m)	Y (m)
A			0	600
	800	700		
B				
	800	-300		
C				
	-400	-1000		
D				
	-500	400		
E				
	-700	200		
A				

a) Dire si le polygone ferme et motiver la réponse.
b) Localiser la droite EF qui donne, dans la partie «est» du polygone ABCDE, une superficie de 745 625 m².
c) Déterminer les coordonnées du point F ainsi que la course de EF.

15.10 Soit le polygone ABCDE dont les départs et les latitudes sont :

Stations	Départs, ΔX (m)	Latitudes, ΔY (m)
A		
	500	600
B		
	700	-100
C		
	200	-650
D		
	-800	-450
E		
	-600	600
A		

Calculer la superficie par la méthode des coordonnées et vérifier la réponse par la méthode des d.m.d.

15.11 Soit le polygone ABCDEA dont les départs et les latitudes sont :

Côtés	Départs, ΔX (m)		Latitudes, ΔY (m)	
	Est	Ouest	Nord	Sud
AB	700		100	
BC	500			400
CD		400		500
DE		600	100	
EA		200	700	

a) Vérifier si le polygone ferme et motiver la réponse.
b) Si les coordonnées rectangulaires du point situé le plus à l'ouest sont $X = 0$ et $Y = 800$, quelles sont les coordonnées des sommets du polygone?
c) Si on partage ce polygone en menant une droite méridienne DF, quelle superficie obtient-on dans la partie «ouest»?

15.12 Soit la structure polygonale ABCDEA (fig. 15.28).

a) Calculer l'erreur relative de fermeture de la polygonale.
b) Compenser la polygonale par la méthode de Bowditch (*compass rule*).
c) Si les coordonnées rectangulaires du point A sont $X_A = 1000$ m et $Y_A = 1000$ m, calculer les coordonnées rectangulaires des sommets de la polygonale.
d) Calculer les coordonnées rectangulaires du point d'intersection F de la droite AC et de la droite BE.
e) Quelle est la valeur de l'angle AFB?
f) Déterminer la superficie de la polygonale.

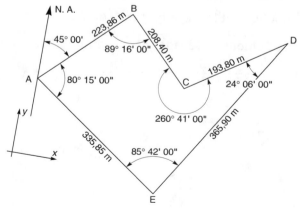

Figure 15.28 (Exercice 15.12)

15.13 En fonction de la figure 15.29 :

a) calculer les coordonnées rectangulaires du point 4;
b) calculer le gisement du côté 4-5;
c) calculer l'erreur de fermeture relative du polygone 45674;
d) compenser le polygone 45674 par la méthode de Bowditch (*compass rule*);
e) calculer les coordonnées rectangulaires des points 5, 6 et 7;
f) calculer les coordonnées rectangulaires du point d'intersection 8 de la droite 4-6 et de la droite 5-7;
g) calculer la superficie du polygone 45674.

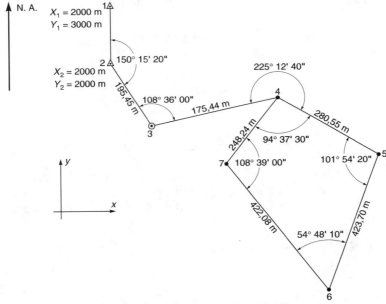

Figure 15.29 (Exercice 15.13)

15.14 Soit la polygonale ABCDEA dont les données sont les suivantes :

Stations	Départs, ΔX (m)	Latitudes, ΔY (m)	Coordonnées rectangulaires X (m)	Y (m)
A			500	500
	800	600		
B				
	500	-200		
C				
	-300	-700		
D				
	-400	300		
E				
	-600	0		
A				

a) Calculer les coordonnées rectangulaires de chacun des sommets de la polygonale, sachant que celles du point A sont $X_A = 500$ m et $Y_A = 500$ m.

b) Déterminer les coordonnées du point d'intersection F du côté AE et du côté CD.

c) Calculer la superficie de la polygonale par la méthode des d.m.d., puis vérifier le résultat par la méthode des coordonnées rectangulaires.

15.15 On a mesuré un terrain en forme de parallélogramme et obtenu les résultats indiqués dans la figure 15.30.

Quelle est la superficie de ce terrain et son erreur standard?

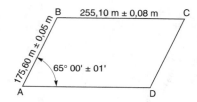

Figure 15.30 (Exercice 15.15)

15.16 Dans le but de déterminer le volume de retenue d'un futur réservoir, on a procédé par planimétrage des courbes de niveau. En fonction de la figure 15.31, calculer le volume de retenue du réservoir ainsi que l'erreur standard de ce volume en appliquant la formule du prismatoïde.

Les données sont les suivantes :

$$\overline{n}_{50\,m} = 0,325 \text{ révolution}$$

$$\overline{n}_{55\,m} = 0,878 \text{ révolution}$$

$$\overline{n}_{60\,m} = 1,503 \text{ révolution}$$

$$\overline{n}_{65\,m} = 1,962 \text{ révolution}$$

$$\overline{n}_{70\,m} = 3,545 \text{ révolutions}$$

N.B. : $\sigma_{\overline{n}_{50}} = \sigma_{\overline{n}_{55}} = \ldots = \sigma_{\overline{n}_{70}} = \pm 0,005$ révolution.

La constante d'étalonnage K = 100 cm²/rév. $\pm\ \sigma_K$, où $\sigma_K = \pm\ 2$ cm²/rév. L'échelle générale du plan est 1 : 2000.

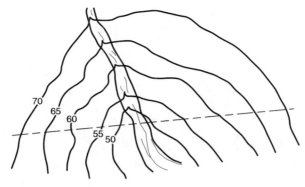

Figure 15.31 (Exercice 15.16)

15.17 Afin de déterminer le volume de retenue d'un barrage par la formule du prismatoïde, on a procédé par planimétrage des surfaces de niveau (fig. 15.32) et obtenu les résultats ci-dessous :

$$\overline{n}_{230\,m} = 60 \text{ cycles}$$

$$\overline{n}_{235\,m} = 120 \text{ cycles}$$

$$\overline{n}_{240\,m} = 234 \text{ cycles}$$

$$\overline{n}_{245\,m} = 372 \text{ cycles}$$

$$\overline{n}_{250\,m} = 558 \text{ cycles}$$

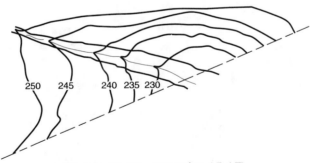

Figure 15.32 (Exercice 15.17)

La constante du planimètre électronique utilisé est $K = 0{,}095$ cm²/cycle et l'échelle du plan, 1 : 2000.

a) Quel est le volume de retenue en mètres cubes?

b) Si $\sigma_{\overline{n}_{230}} = \sigma_{\overline{n}_{235}} = \sigma_{\overline{n}_{240}} = \sigma_{\overline{n}_{245}} = \sigma_{\overline{n}_{250}} = \sigma_{\overline{n}_i} = \text{constante} = \pm 5$ cycles et $\sigma_{\overline{K}} = \pm 0{,}002$ cm²/cycle, quelle est l'erreur standard, ou écart type, du volume?

15.18 Calculer la capacité du réservoir d'emmagasinement créé par la construction de trois barrages (fig. 15.33), dont la cote de retenue est de 180 m, si l'échelle de la carte est de 1 : 10 000.

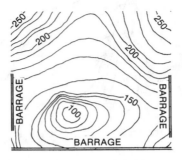

Figure 15.33 (Exercice 15.18)

15.19 La ligne polygonale ABCDE de la figure 15.34 représente la limite entre deux propriétés. Quelle serait la position d'une droite, passant par le point A, qui remplacerait ABCDE tout en conservant les superficies initiales?

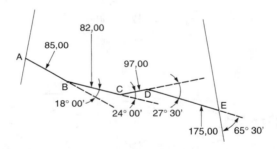

Figure 15.34 (Exercice 15.19)

15.20 Quelle quantité de roc faut-il excaver pour construire un édifice, si l'altitude avant le creusage correspond aux valeurs ci-dessous et si l'altitude générale désirée est de 81,45 m (fig. 15.35)?

a-1 88,45	b-1 86,23	c-1 85,81	d-1 84,35	e-1 84,93
a-2 87,81	b-2 85,34	c-2 85,19	d-2 84,20	e-2 83,19
a-3 87,18	b-3 83,68	c-3 84,36	d-3 83,88	e-3 82,36
a-4 86,10	b-4 84,23	c-4 85,28	d-4 84,33	
a-5 87,23	b-5 85,95	c-5 86,34	d-5 85,07	
a-6 87,35	b-6 85,17	c-6 85,71		

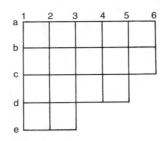

Figure 15.35 (Exercice 15.20)

15.21 Pour déterminer le volume de terrassement, on a procédé par la méthode des prismes tronqués. Calculer le volume d'excavation de l'emplacement de la figure 15.36, si la superficie d'un quadrilatère (cellule) est égale à 25 m² et si les altitudes, mesurées avant et après l'excavation, sont les suivantes.

Sommets	Altitudes (m)		ΔZ (m)	Sommets	Altitudes (m)		ΔZ (m)
	Avant	Après			Avant	Après	
a-1	68,24	55,00		d-1	72,50	54,90	
a-2	68,53	54,90		d-2	72,60	54,90	
a-3	68,72	54,90		d-3	72,80	55,00	
				d-4	73,00	55,00	
b-1	69,50	54,95		d-5	73,20	54,85	
b-2	69,60	55,00					
b-3	69,80	54,80		e-1	73,50	55,00	
b-4	69,85	54,85		e-2	73,60	55,00	
				e-4	73,80	54,90	
c-1	69,90	55,00		e-5	74,00	55,05	
c-2	70,05	55,05					
c-3	70,25	55,10					
c-4	71,33	55,05					
c-5	71,67	54,07					

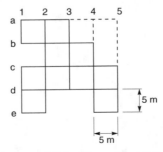

Figure 15.36 (Exercice 15.21)

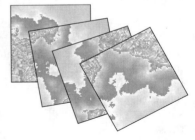

La topométrie
de construction

Topométrie appliquée

PARTIE E

16.1 GÉNÉRALITÉS

Tous les travaux de construction nécessitent, au préalable, des plans topographiques précis qui donnent l'état des lieux. Rien de sérieux ne peut être fait si le maître d'oeuvre n'a pas de plan de levé approprié servant d'assise à son projet.

Vient ensuite l'implantation des ouvrages : ici encore, on a recours au géomètre afin d'obtenir les altitudes et les alignements requis. On doit effectuer un réseau de nivellement différentiel pour établir des repères d'altitude en dehors du site des travaux, mais suffisamment près tout de même pour que l'usage en soit facile. Afin d'éviter que les repères ne soient renversés ou enterrés par la machinerie lourde, il faut prendre bien soin de les signaler convenablement. Le géomètre doit s'assurer que le constructeur a assez de repères en avance pour ne pas être retardé, sans toutefois en avoir trop, puisque ces points seraient inévitablement dérangés pendant les travaux.

Avant que débute la réalisation du projet, le géomètre doit planifier son travail, car, durant les opérations, certains repères vont disparaître à cause du creusage, du déplacement des terres ou de l'arrivée des matériaux de construction. Par ailleurs, il est possible que la bâtisse ou la structure à ériger vienne masquer certains alignements.

Dans ce chapitre, nous traiterons du degré de précision nécessaire dans les travaux de topométrie de construction ainsi que des repères de construction. En outre, nous verrons comment procéder à l'implantation d'une bâtisse et d'un réseau d'égouts. Nous terminerons le chapitre par la description d'équipement laser utilisé en construction.

16.2 LA PRÉCISION

Le degré de précision dans les alignements et dans les altitudes dépend de la nature du travail à exécuter. Par exemple, pour l'excavation, des altitudes à 2 cm près sont suffisantes. C'est une erreur de contrôler l'excavation au millimètre près. Quant à l'alignement et au nivellement des structures, une précision de ±5 mm suffit. En ce qui concerne les structures métalliques préfabriquées, elles requièrent une précision d'au moins 1 mm. Dans ce dernier cas, il est important de tenir compte de la température.

En topométrie de construction, il faut éviter de commettre des fautes, en raison des sommes considérables d'argent engagées, et il faut donc vérifier son travail continuellement.

16.3 LES REPÈRES DE CONSTRUCTION

Si c'est nécessaire, on établit un réseau de repères permanents, duquel il sera toujours possible de repartir quoi qu'il advienne. Pour faciliter le travail, on recommande d'utiliser un système de coordonnées tridimensionnel (xyz).

À partir d'un réseau permanent, on implante des repères temporaires qui peuvent être :
- une ligne de base relative à un projet routier;
- une limite servant à l'implantation d'une bâtisse;
- un contrôle altimétrique relatif à différents stades de la construction d'une route;
- des contrôles horizontaux et verticaux pour différents planchers d'une bâtisse construite en hauteur;
- des piquets qui délimitent l'excavation;
- des lignes de pente et des alignements relatifs à des projets de construction d'égouts;

- une ligne témoin en retrait (en parallèle);
- ainsi de suite.

En général, les corps de métiers de la construction sont habitués à ces repères, car les travaux qu'ils ont à exécuter y sont souvent rattachés.

Il est nécessaire de vérifier les repères régulièrement. Lorsqu'on les utilise après une assez longue période, on doit d'abord procéder à une vérification.

La nature des repères dépend de l'importance des travaux. Ils épousent les formes les plus diverses : monuments en béton armé construits sur le roc ou en dessous du niveau de gel, tiges de métal, clous à ciment, piquets de bois, marques à la peinture ou marques gravées, etc. (sect. 5.7 et 5.9).

16.4 L'IMPLANTATION D'UNE BÂTISSE

Lors de l'implantation d'une bâtisse, la première tâche du géomètre est de la situer correctement, sur le bon emplacement, en prenant les distances à partir des limites de cette propriété, et ce en conformité avec les données du plan de l'architecte. Plusieurs municipalités possèdent un règlement de construction, qui impose des marges minimales de recul et des marges latérales.

On obtient les altitudes et les alignements relatifs aux fondations, aux colonnes, aux différents planchers, etc., au moyen de *chaises d'alignement* (*batter board*). On place ces dernières en ligne avec les fondations, mais assez en retrait pour qu'elles ne nuisent pas aux travaux et ne soient pas dérangées au cours de la construction (fig. 16.1). Une chaise d'alignement se compose de deux piquets reliés par une planche sur laquelle un clou matérialise l'alignement. Un cordeau tendu entre deux chaises donne la limite extérieure des fondations. Lorsqu'il s'agit de petites bâtisses, on mesure les altitudes à partir de ce cordeau, mais pour des bâtisses plus importantes, on se sert du théodolite et du niveau. Les planches sont horizontales et fixées à une altitude donnée.

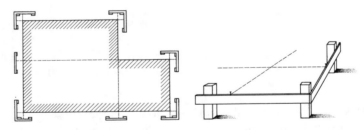

Figure 16.1 Les chaises d'alignement.

16.5 L'IMPLANTATION D'UN RÉSEAU D'ÉGOUTS

En général, les conduites d'eau fonctionnent sous pression, tandis que les conduites d'égouts fonctionnent par gravité. Dans le cas des conduites d'égouts, il est important d'effectuer avec précision l'alignement et surtout l'implantation du profil. Il faut piqueter la ligne de centre à tous les 10 ou 20 m. Comme les piquets sont susceptibles de disparaître au cours de l'excavation, on doit veiller à placer une ligne de référence en parallèle.

Implantation d'un profil. L'implantation d'un profil consiste à donner des altitudes en des points de chaînage, selon un certain alignement, lorsqu'on veut construire un réseau d'égouts ou procéder à d'autres travaux. Après avoir déterminé l'altitude du plan de nivellement, on calcule la lecture *avant*, qu'on doit reporter sur la mire afin que son pied suive le profil désiré. Ensuite, on trace une marque sur le piquet, sous la mire (fig. 16.2).

Si le profil se situe sous la surface du sol, par exemple lors de la construction d'un égout, ou s'il est trop haut pour être rejoint, on trace la marque sur le piquet ou sur une chaise de nivellement, à un nombre entier de décimètres au-dessus ou au-dessous du profil.

Dans la figure 16.3, le profil passe à 4,3 m plus haut que la marque en (a), à 2,7 m plus bas en (b) et il correspond à la marque en (c). Le chaînage est indiqué sur la face visible, dans le sens croissant du chaînage.

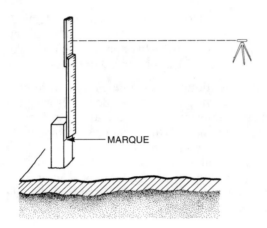

Figure 16.2 Le marquage d'une altitude.

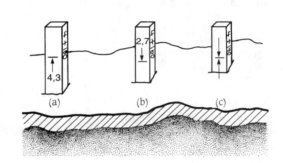

Figure 16.3 L'implantation d'un profil : a) 4,3 m plus haut que la marque; b) 2,7 m plus bas que la marque; c) correspondant à la marque.

La figure 16.4 illustre un arrangement de chaises d'alignement relatif à une conduite d'égout. Le dessus de la planche est placé à un nombre entier de décimètres au-dessus du *radier* du tuyau. Des clous sont plantés sur le dessus de la planche, dans l'alignement de la conduite.

Implantation suivant la pente. Lorsque la pente est uniforme sur une grande distance et que la situation le permet, il est plus rapide et surtout plus sûr de réaliser l'implantation suivant la pente (fig. 16.5). Pour ce faire, on installe le théodolite sur le point de départ et on dirige la lunette suivant la pente prescrite, afin de pouvoir placer les chaises en fonction de cette ligne de visée.

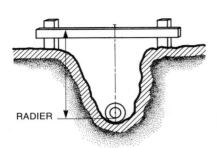

Figure 16.4 L'implantation d'une conduite d'égout.

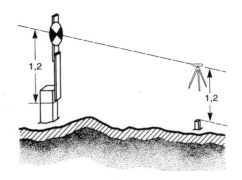

Figure 16.5 L'implantation suivant la pente.

Laser. Le laser (*Light Amplification by Stimulated Emission of Radiation*) est un appareil qui émet une onde lumineuse cohérente et monochromatique. Il peut servir comme onde porteuse dans les télémètres électroniques (sect. 8.4) ou pour matérialiser, par la lumière, une ligne de visée. On s'en sert pour :

1. marquer des points inaccessibles (fig. 16.6);
2. donner des alignements lors de l'installation de machinerie lourde ou de la construction de bateaux;
3. donner des alignements lorsqu'on creuse des tunnels, des fossés, etc.;
4. guider des engins d'excavation (lors de travaux publics et dans les mines);
5. matérialiser un plan de référence (fig. 16.7).

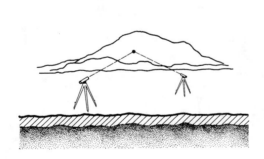

Figure 16.6 La projection visuelle d'une marque.

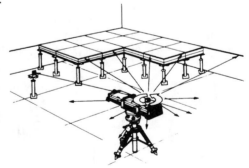

Figure 16.7 Le plan matérialisé par un rayon laser.

Théodolite à laser Kern, modèle DKM2-AL. Le théodolite à laser Kern, modèle DKM2-AL (fig. 16.8), résulte de la combinaison d'un théodolite à secondes et d'un laser à gaz. On peut installer l'émetteur du rayon laser sur une des pattes du trépied ou à proximité de l'instrument. De là, le rayon laser est amené directement dans la lunette du théodolite par fibre optique.

Figure 16.8 Le théodolite à laser, modèle DKM2-AL (docum. Kern).

On peut se servir des fonctions de ce théodolite de façon isolée, c'est-à-dire comme théodolite ou comme source de rayon, ou bien on peut combiner ces deux fonctions. Le poids du laser n'influe pas sur le théodolite, et les mesures d'angles s'effectuent normalement. L'axe optique de la lunette coïncide avec le rayon laser, de sorte qu'il n'y a pas de parallaxe sur le signal. Une croix réticulaire, projetée par le rayon laser, sert au pointage.

La figure 16.9 illustre le principe de fonctionnement de ce théodolite. Le faisceau de rayons parallèles du laser (1) est concentré par un objectif (2) sur une section suffisamment petite, afin qu'un seul fil (3) de fibre de verre de 0,08 mm puisse transmettre la lumière dans la lunette du théodolite, où elle sert à l'éclairage du réticule (4). La surface réfléchissante du prisme séparateur (5) renvoie l'image du point du rayon laser avec l'ombre de la croix du réticule dans l'axe optique de la lunette du théodolite. La lumière du laser réfléchie vers l'oculaire est absorbée par un filtre (6), de manière à ce qu'on puisse travailler normalement avec le théodolite, le laser restant branché sur la lunette. Dans des conditions favorables et en employant des voyants appropriés, on peut obtenir une précision d'alignement de quelques millimètres sur 400 m.

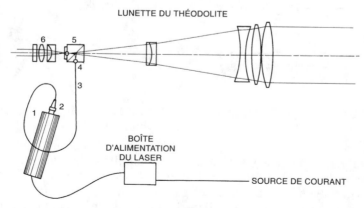

Figure 16.9 Le principe du théodolite à laser (docum. Kern).

Niveau laser automatique Leica, modèle LNA20 (fig. 16.10). Ce niveau polyvalent et robuste est conçu principalement pour l'utilisation en chantier. Une fois l'appareil bien calé, un prisme rotatif balaie un plan horizontal, dont on peut déterminer la position à l'aide du détecteur laser LPD2. Doté d'un compensateur à pendule résistant aux chocs, le niveau assure une précision maximale de ±0,8 mm, une fois la bulle centrée. Dans de bonnes conditions atmosphériques, sa portée maximale est de 120 m. Il est possible de munir cet appareil d'un adapteur d'inclinaison, le Wild IPA2, qui permet d'incliner le plan laser par accroissement de ±2° avec le plan

(a)

(b)

(c)

(d)

(e)

Figure 16.10 a) Le niveau laser automatique Leica, modèle LNA20, et son détecteur laser, modèle LPD2; b) le détecteur placé sur une mire; c) l'alignement du coffrage; d) le contrôle des armatures; e) le bétonnage des fondations.

horizontal. Cette combinaison s'avère particulièrement intéressante pour la construction de routes et de stades, le drainage et le bétonnage. La figure 16.10 illustre le niveau LNA20 et quelques-unes de ses applications en construction.

Niveau laser d'alignement Topcon, modèle TP-L1 (fig. 16.11). Cet appareil sert principalement aux travaux de canalisation qui exigent de la rapidité et de la précision. Il convient aux puits étroits et aux conduites ayant un diamètre de 150 mm et plus. Fonctionnant à l'hélium et au néon (He-Ne), ce laser a une longueur d'onde de 632,8 nm et il émet un faisceau de 14 mm de diamètre. Un bouton de commande permet d'incliner le faisceau laser de +35 % à -15 %, et ce avec un accroissement de pente de 0,001 %.

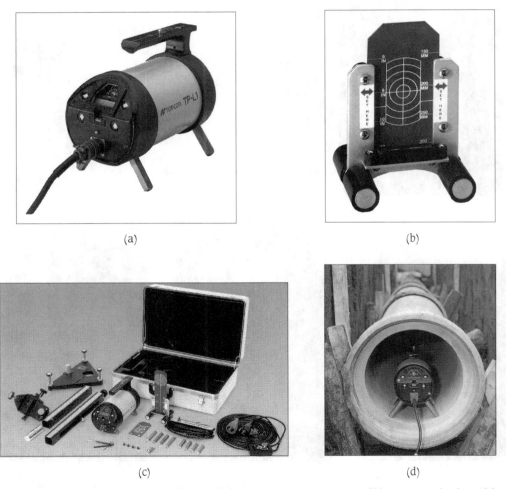

(a) (b)

(c) (d)

Figure 16.11 a) Le niveau laser d'alignement Topcon, modèle TP-L1; b) la cible d'alignement; c) l'appareil et les accessoires; d) l'alignement d'une canalisation.

En terminant, signalons que nous ne traitons pas ici du piquetage d'une route, qui fait partie de la topométrie de construction, car nous l'étudierons de façon détaillée dans le chapitre 19.

EXERCICES

16.1 Dans le but de vérifier l'altitude des quatre points A, B, C et D d'une semelle de béton récemment construite (fig. 16.12), on a procédé au moyen du nivellement différentiel par rayonnement avec lectures sur les trois fils. Selon les devis et spécifications, l'altitude de cette semelle doit être de 100,000 m avec une précision permise de ±0,005 m. Les observations effectuées lors de la vérification de l'altitude de cette semelle sont les suivantes :

Fils	Mire sur le RN n° 15 (m)	Mire sur A (m)	Mire sur B (m)	Mire sur C (m)	Mire sur D (m)
Supérieur	1,250	1,633	1,857	1,918	1,693
Central	1,000	1,427	1,463	1,472	1,435
Inférieur	0,750	1,230	1,060	1,020	1,192

Il faut tenir compte également des données ci-dessous :
- altitude du RN n° 15 = 100,425 m;
- sensibilité de la nivelle du niveau = 30", K = 100 et C = 0.

L'erreur d'inclinaison de la ligne de visée est égale à 0,0004 m/mètre de visée au-dessus du plan horizontal. De plus, la bulle de la nivelle du niveau s'est déplacée de deux divisions en s'éloignant de l'opérateur, au moment des lectures effectuées sur les points A, B, C et D de la semelle.

a) L'altitude de la semelle est-elle conforme aux exigences des devis et spécifications?
b) Quelle est l'altitude moyenne de cette semelle (points A, B, C et D)?

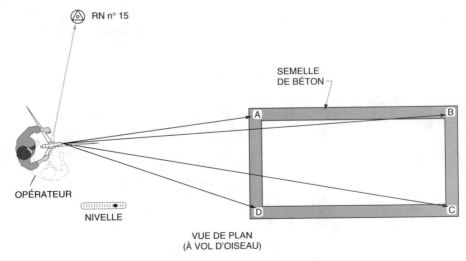

Figure 16.12 (Exercice 16.1)

16.2 Afin d'implanter une bâtisse, on a procédé au moyen de chaises d'alignement. En fonction de la figure 16.13 et du tableau ci-dessous qui donne les coordonnées rectangulaires de chaque coin du bâtiment :

a) calculer les dimensions de la bâtisse;

b) calculer les coordonnées rectangulaires des points 1 à 20 sur les chaises d'alignement, compte tenu que ces points sont en retrait de 2 m;

c) si l'instrument est en station sur le point 100 et qu'on effectue la visée arrière sur le point 99, calculer les angles et les distances nécessaires à l'implantation de chaque point (de 1 à 20) des chaises d'alignement.

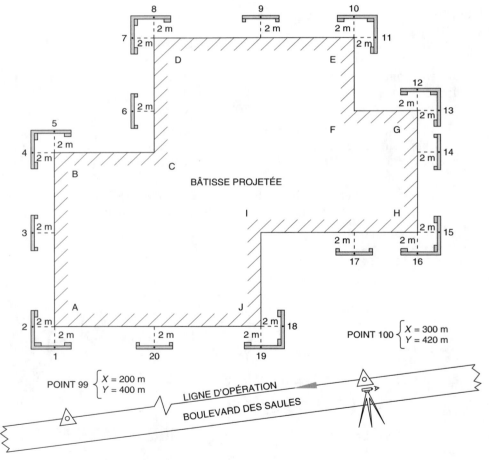

Figure 16.13 (Exercice 16.2)

Identification	Coordonnées	
	X (m)	Y (m)
A	252,106	434,360
B	251,067	452,330
C	261,050	452,907
D	260,358	464,887
E	280,324	466,042
F	280,786	458,055
G	286,776	458,402
H	287,469	446,422
I	271,496	445,498
J	272,073	435,514
99	200,000	400,000
100	300,000	420,000

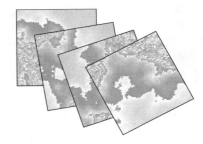

La topométrie
souterraine

Topométrie appliquée PARTIE E

17.1 GÉNÉRALITÉS

La topométrie souterraine comprend les opérations exécutées dans une galerie, un tunnel ou une mine. La construction de métros et d'égouts collecteurs ainsi que les travaux hydro-électriques représentent, hors du champ de l'exploitation minière, les opérations souterraines qu'on effectue de plus en plus. En raison des conditions de travail très particulières sous le sol, il faut adapter les instruments et les méthodes utilisés en surface. Les principales particularités de ce type de travail sont :

a) l'exiguïté des galeries;

b) la rapidité d'exécution requise pour réduire au maximum le temps d'arrêt de l'exploitation;

c) la difficulté de conserver les repères;

d) la nécessité de rattacher la direction des galeries aux repères en surface;

e) la concentration élevée de poussières, d'humidité et de bruit, et ainsi de suite.

Compte tenu qu'on attaque habituellement un tunnel en plusieurs points afin de répartir les équipes, le travail du géomètre chargé du traçage et du raccordement des tronçons est particulièrement délicat. On comprend que sa responsabilité soit grande.

Ce chapitre ne prétend pas explorer à fond la topométrie souterraine. Nous y verrons donc les travaux préliminaires aux opérations souterraines et les théodolites servant à ces mêmes opérations. De plus, nous parlerons brièvement d'alignement et d'altimétrie.

17.2 LES TRAVAUX PRÉLIMINAIRES

Avant d'entreprendre toute opération souterraine, il est nécessaire de procéder à un relevé topographique à la surface. Toute la région de la zone souterraine doit faire l'objet d'un levé, qu'on doit exécuter suivant les méthodes classiques. En surface, il faut établir des repères permanents très stables et bien protégés. On doit les localiser par coordonnées, et ce avec précision.

La figure 17.1 illustre un cheminement en surface reliant les deux extrémités d'un tunnel projeté. Il va de soi que le cheminement doit être effectué avec une grande précision. Puisque le tunnel doit être orienté suivant les trois axes, il faut aussi effectuer un nivellement de précision.

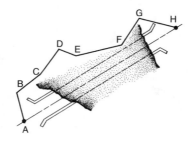

Figure 17.1 Le raccordement d'un tunnel.

À titre d'exemple, citons le tunnel du mont Blanc, d'une longueur de 11,6 km, qui a été percé en 1963 et en 1964 et amorcé en même temps du côté français et du côté italien. Ses deux axes de percement se sont rencontrés vers le milieu de la longueur avec une précision de 13,50 cm en direction et de 0,25 cm en hauteur.

Après les opérations de surface, on passe dans le sous-sol et on rattache les opérations qu'on y effectue à celles qui se font en surface, au moyen de procédés dont nous parlerons plus loin.

17.3 LES THÉODOLITES POUR LA TOPOMÉTRIE SOUTERRAINE

Lorsqu'on effectue des opérations souterraines, on peut utiliser des théodolites conventionnels (sect. 6.6), mais habituellement on emploie des théodolites spécialement adaptés à ce genre de travaux. Il ne faut pas oublier, par ailleurs, qu'on est souvent contraint de faire des visées très inclinées dans les galeries à forte pente et même des visées au zénith et au nadir dans les puits. Autrefois, on utilisait des théodolites à lunette excentrée qui permettaient de faire des visées verticales. En raison des inconvénients dus à la correction d'excentricité, on a renoncé à ces appareils au profit des théodolites à lunette centrale. Ceux-ci doivent permettre de faire des visées très courtes et être munis d'un éclairage intérieur. Pour les visées très inclinées, on doit se servir de l'oculaire coudé de la lunette. Pour les visées au zénith et au nadir, on emploie un collimateur vertical.

On comprend facilement que les trépieds soient très gênants lors des opérations. On peut les remplacer par des poinçons enfoncés dans les montants, auxquels on peut accrocher des théodolites spéciaux dits suspendus, qui sont interchangeables avec des mires ou des voyants (fig. 17.2). Cette technique favorise la libre circulation dans les galeries.

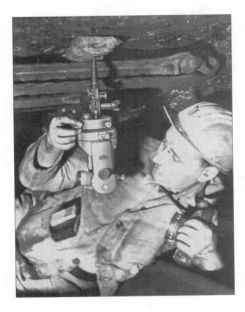

Figure 17.2 Le théodolite suspendu (docum. Breithaupt).

17.3.1 L'orientation souterraine

L'orientation souterraine est plus ou moins complexe en fonction du nombre et de l'intervalle des communications avec les travailleurs à la surface. L'orientation au moyen d'un puits unique constitue le cas le plus délicat. Il existe différentes façons de procéder.

Orientation magnétique. L'utilisation de l'aiguille aimantée présente certains problèmes dus aux différentes variations de la déclinaison magnétique, surtout lorsqu'il y a des soutènements métalliques et des voies ferrées.

Orientation optique. Le principe consiste à utiliser le plan vertical déterminé à l'aide de la lunette du théodolite. Il est très important que la ligne de visée décrive un plan rigoureusement vertical, condition qui peut être remplie par le double retournement. On peut utiliser le théodolite en surface ou au fond du puits (fig. 17.3).

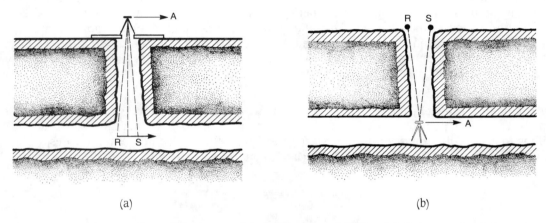

(a) (b)

Figure 17.3 L'orientation optique : a) théodolite en surface; b) théodolite au fond du puits.

Théodolite en surface. Le théodolite doit permettre de faire les visées vers le nadir, ce qui n'est pas toujours possible à cause de la présence du cercle horizontal de l'instrument. Certains théodolites sont munis d'un prisme pentagonal pivotant qui permet de contourner cette difficulté (fig. 17.4).

Le théodolite doit être en station sur le sol, au-dessus du puits, et dirigé vers une cible éloignée (fig. 17.3a). On ajoute le prisme pentagonal pivotant et on place deux mires horizontales, M_1 et M_2, au fond du puits, parallèlement à la direction terrestre et aussi éloignées l'une de l'autre que possible (fig. 17.5). On fait pivoter le prisme, ce qui donne les lectures l_1 et l_2. Après un double retournement, on obtient les lectures l_3 et l_4. Les moyennes de ces lectures donnent, au fond du puits, une direction RS perpendiculaire à la direction terrestre TA.

Théodolite au fond du puits. Le théodolite doit permettre d'effectuer des visées vers le zénith, ce qu'on peut obtenir avec un oculaire coudé. Pour ce faire, on prend une direction TA au fond du puits. On localise deux points, R et S, à l'orifice du puits et dans le plan vertical de la visée (fig. 17.3b). On répète l'opération après avoir fait un double retournement et on prend la moyenne.

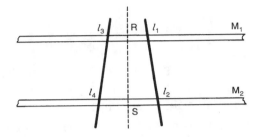

Figure 17.4 Le théodolite muni d'un prisme pentagonal pivotant (docum. Wild).

Figure 17.5 Le transfert d'une direction.

Orientation mécanique. On projette la direction terrestre au fond du puits à l'aide de fils à plomb. Le poids des masses suspendues varie de 10 à 50 kg pour des profondeurs allant de 100 à 1000 m, et le diamètre des fils est de 1 à 2 mm. On observe les fils au fond du puits à l'aide d'un théodolite.

La difficulté de cette méthode est d'assurer la stabilité des fils. On réussit à amortir les oscillations en munissant les masses d'ailettes et en les plongeant dans des bains d'huile ou de toute autre substance plus ou moins visqueuse. La période d'amortissement est relativement longue, et la position d'équilibre demeure quelque peu incertaine.

Orientation gyroscopique. On projette un point en surface au fond du puits à l'aide d'un collimateur vertical. De là, avec un gyrothéodolite (sect. 6.7), on obtient la direction souterraine voulue. Le gyrothéodolite permet d'effectuer des opérations d'orientation dans un tunnel de façon tout à fait sécuritaire et avec une grande précision.

17.3.2 L'alignement souterrain

L'alignement relatif, notamment, au creusage de tunnels et de galeries de mine peut se faire à l'aide d'un théodolite, mais on tend de plus en plus à utiliser le laser (fig. 17.6).

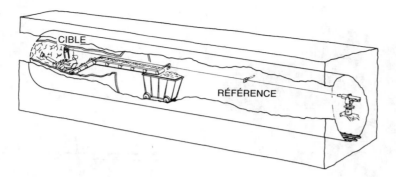

Figure 17.6 Le creusage d'un tunnel (docum. Spectra Physics).

17.3.3 L'altimétrie souterraine

Les opérations altimétriques souterraines présentent un intérêt tout à fait spécial, en raison de la nature même des lieux. Le cheminement souterrain est réellement tridimensionnel.

Nivellement dans un tunnel. Le nivellement dans un tunnel se fait avec un niveau conventionnel, mais les repères d'altitude sont situés au plafond des galeries. Il faut donc tenir la mire la tête en bas et aussi l'éclairer. On doit inscrire avec un signe négatif les lectures effectuées sur des points ancrés au plafond, afin de faciliter leur identification.

Nivellement dans un puits incliné. Dans un puits incliné, il faut mesurer suivant la pente. On mesure d'abord l'angle vertical α avec un théodolite et la distance rectiligne l avec une chaîne. On calcule ensuite la différence d'altitude : $\Delta Z = l \sin \alpha$.

Nivellement dans un puits vertical. Dans un puits vertical, on mesure la distance verticale avec une chaîne suspendue. Lorsque le puits est profond, le problème consiste à trouver une chaîne assez longue. Il existe des rubans hectométriques et même kilométriques.

Il est à noter que le ruban s'allonge sous l'action du poids tenseur et de son propre poids. Il est important d'en tenir compte lorsqu'on effectue des opérations de précision. De plus, la tension n'est pas la même à tous les points de la chaîne. Ainsi, à une extrémité, il faut ajouter le poids de la chaîne. Si on applique une tension de 15 kg à une chaîne qui pèse 12 kg, les différentes parties de la chaîne sont soumises à une traction qui varie de 15 à 27 kg. On calcule l'allongement en prenant une tension moyenne (art. 8.2.8) :

$$\frac{15 + 27}{2} = 21 \text{ kg}$$

Voyons, à l'exemple 17.1, comment déterminer l'altitude d'un point à l'aide d'un cheminement souterrain.

. . . .

EXEMPLE 17.1

Trouver l'altitude du point P12 de la figure 17.7, si celle de P3 est de -18,45 m. Rédiger le carnet de notes.

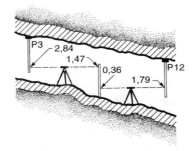

Figure 17.7 (Exemple 17.1)

Solution

Point	R	AN	V	I	Alt.
P3	-2,84	-21,29			-18,45
PC_1	0,36	-22,40	1,47		-22,76
P12			-1,79		-20,61

. . . .

EXERCICES

17.1 On désire creuser un tunnel sous une montagne, selon le plan de la figure 17.8. Les points A et D représentent les points de percée. En vue d'élaborer un avant-projet, on veut déterminer la longueur et la pente qu'aura le futur tunnel. Pour ce faire, on effectue une polygonale ouverte ABCD entre A et D. Il est à noter que le symbole « ₵ » signifie «ligne centrale».

Quelles sont la longueur, la pente en pourcentage et l'orientation du tunnel?

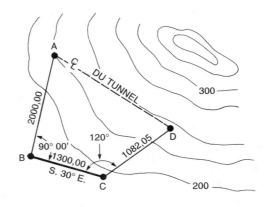

Figure 17.8 (Exercice 17.1)

17.2 Quelle est l'altitude du point S si celle de R est de 23,84 m (fig. 17.9)? Rédiger le carnet de notes.

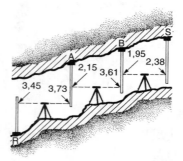

Figure 17.9 (Exercice 17.2)

L'hydrographie

18.1 GÉNÉRALITÉS

La topométrie hydrographique consiste principalement à mesurer et à représenter des fonds marins et des rivages. L'hydrographie comprend également l'étude des marées et des courants marins, la modification des cours d'eau, le calcul des capacités d'emmagasinement des barrages, le levé bathymétrique en haute mer pour déterminer des limites de juridiction nationale dans le domaine maritime, etc.

Le besoin d'information de plus en plus précise concernant notamment la topographie sous-marine, les dépôts de sédimentation et les réserves de pétrole a entraîné la prolifération de méthodes de mesurage hautement spécialisées et de firmes possédant des bateaux spécialement équipés pour les appliquer (fig. 18.1). Aujourd'hui, on peut forer des puits, immerger des pipe-lines, construire des ponts-tunnels et ériger des plates-formes avec précision.

Puisqu'une étude exhaustive du sujet déborde le cadre de ce manuel, dans ce chapitre nous n'aborderons que les thèmes suivants : les méthodes de sondage, la façon de déceler les obstacles isolés, le niveau moyen de la mer et le calcul du débit d'un cours d'eau.

Figure 18.1 Un vaisseau hydrographique.

18.2 LE SONDAGE

On détermine la profondeur de l'eau en sondant en différents points. Pour trouver l'altitude de ces points, il faut connaître celle de la surface de l'eau. Si le niveau de l'eau varie beaucoup, il faut utiliser un indicateur de niveau d'eau pour connaître son altitude chaque fois qu'on fait un sondage.

La méthode de sondage dépend de la nature des lieux et de l'importance du travail à effectuer. On peut utiliser de simples embarcations légères (fig. 18.2) ou des bateaux spécialement équipés (fig. 18.1).

Perche de sondage. La perche de sondage est habituellement un bâton de 5 m gradué sur toute sa longueur. On l'utilise lorsque la profondeur est faible.

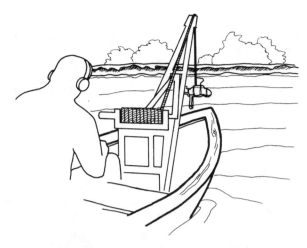

Figure 18.2 Une embarcation légère.

Plomb de sonde. Le plomb de sonde consiste en une masse de plomb de 4 à 7 kg attachée à l'extrémité d'un câble ou d'une chaîne. Il doit avoir une forme aérodynamique.

Sondage par écho. Le sondage par écho permet d'obtenir un enregistrement continu et précis de la profondeur d'eau sous le bateau. Il s'agit de créer une onde sonore dans l'eau, près de la surface, et de mesurer l'intervalle de temps écoulé entre l'émission originale de l'onde et son écho réfléchi par le fond (fig. 18.3). Dans des conditions favorables, on peut déterminer les profondeurs à ±15 cm près. Lorsqu'on recherche du pétrole, on procède par prospection séismique sous-marine.

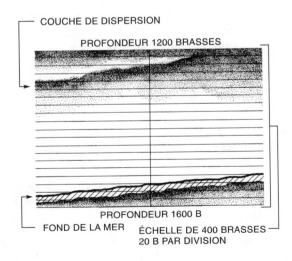

Figure 18.3 Un sondage par écho.

Localisation des points de sondage. Il n'est pas suffisant de faire des sondages, il faut également localiser les points. Les méthodes de localisation sont variées et assez nombreuses, et certaines sont plus précises ou plus faciles à employer que d'autres.

Lignes repères. Cette méthode consiste à établir sur le rivage des alignements avec des jalons ou des cibles (fig. 18.4). On se déplace dans ces alignements en mesurant la distance à partir d'un point repère.

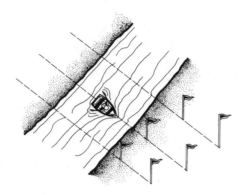

Figure 18.4 Des lignes repères.

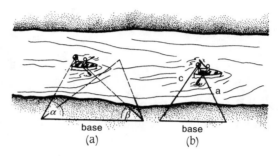

Figure 18.5 a) La biangulation; b) la bilatération.

Stadia. Il est possible de localiser les points de sondage par stadia, à partir du rivage. En plus de mesurer l'orientation et la distance interceptée sur la mire, l'opérateur peut prendre la lecture à la surface de l'eau par le truchement de la lunette et faire ensuite la réduction nécessaire.

Biangulation ou bilatération. On localise les points de sondage par intersection, à partir de bases établies le long du cours d'eau (fig. 18.5). Par biangulation (fig. 18.5a), on mesure simultanément les deux angles à l'aide des théodolites installés à chaque extrémité de la base. Par bilatération (fig. 18.5b), on mesure les distances à partir des extrémités de la base, principalement avec des télémètres électroniques ou, de préférence, avec des stations totales. Il faut installer les cibles dans le bateau. Le choix des appareils dépend de l'importance du levé hydrographique et de la précision requise.

Relèvement. On peut localiser le point de sondage par relèvement (sect. 11.11). À partir du bateau et à l'aide d'un sextant (sect. 6.3), on mesure les angles α et β sur trois points connus, sur le rivage (fig. 18.6).

Repérage électronique. Pour ce qui est des travaux d'envergure, la localisation se fait habituellement à l'aide des méthodes et des appareils suivants : Decca Hi-Fix, Pulse 8, Tellurometer MRD1 (fig. 18.7), Lorac, Loran, Raydist, Omega, Effet Doppler, Satellite, système GPS, etc.

On jumelle ces derniers à des systèmes de sondage plus ou moins élaborés comme le sondeur par écho spécialisé, le sondeur par ultrason, le balayage latéral, la prospection séismique, le magnétoscope sous-marin et le submersible miniature.

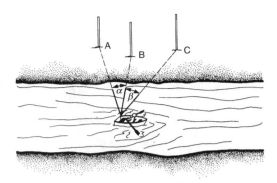

Figure 18.6   Le relèvement.

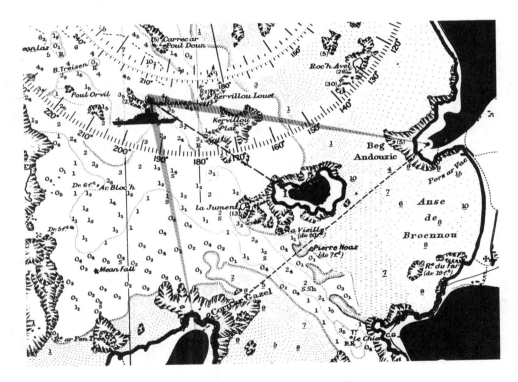

Figure 18.7   Le système MRD1 (docum. Tellurometer).

18.3 LES OBSTACLES ISOLÉS

Comme le fond n'est pas visible la plupart du temps, il peut arriver que le sondage ne détecte pas certains obstacles submergés importants. On peut les déceler en traînant un câble tendu entre deux embarcations à différentes profondeurs (fig. 18.8). Le câble est supporté en plusieurs points par des flotteurs afin d'être maintenu horizontal, ce qui facilite la localisation de l'obstacle.

Figure 18.8 Un obstacle isolé.

18.4 LE NIVEAU MOYEN DE LA MER

Grâce à l'étude des fluctuations des marées, on peut déterminer le niveau moyen de la mer. L'information concernant la fluctuation des marées est aussi très importante pour les navigateurs.

Pour déterminer le niveau moyen de la mer, il faut installer des marégraphes à différents endroits sur le bord de la mer (fig. 18.9). L'observation s'étale sur plusieurs années (de 10 à 20 ans). Par la suite, on fait la moyenne et on l'adopte comme surface de référence. Les altitudes sont données en fonction de cette surface.

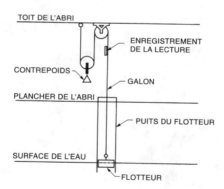

Figure 18.9 Un marégraphe.

18.5 LE DÉBIT D'UN COURS D'EAU

Le débit d'un cours d'eau est le volume d'eau qui s'écoule par unité de temps. Habituellement, le débit Q est donné en m³/s et se calcule avec la formule suivante :

$$Q = v\,s \tag{18.1}$$

où v = la vitesse moyenne du flot (m/s)
  s = la section (m²)

La vitesse du flot n'est pas uniforme à travers toute la section. Elle est plus grande au centre que près des rives.

Par expérience, on a déterminé que la vitesse moyenne d'une section verticale de profondeur p est approximativement la moyenne des vitesses prises à 0,2 p et à 0,8 p. Ainsi, pour obtenir la vitesse moyenne relative à une section transversale, on doit diviser cette dernière en un certain nombre de portions (fig. 18.10). On mesure la vitesse du flot à 0,2 p et à 0,8 p au milieu de chacune et on fait la moyenne de ces valeurs. Ensuite, on multiplie cette moyenne par la superficie de la portion. La somme de ces produits donne le débit total du cours d'eau. Précisons qu'on mesure les vitesses à l'aide de moulinets hydrométriques (fig. 18.11).

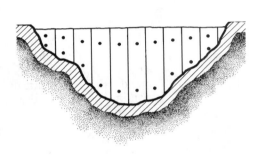

Figure 18.10 La mesure du débit d'un cours d'eau.

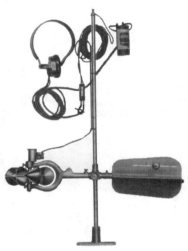

Figure 18.11 Le moulinet hydrométrique (docum. Gurley).

EXERCICES

18.1 Nommer trois méthodes de sondage utilisées en topométrie hydrographique et les décrire sommairement.

18.2 Nommer trois méthodes de localisation des points de sondage et les décrire sommairement.

18.3 Dans le but de déterminer le débit d'une rivière, on a mesuré la vitesse d'écoulement en différents points d'une section verticale transversale (fig. 18.12). Pour ce faire, on a divisé la section en 10 portions de 5 m de largeur. On a observé la profondeur et la vitesse au centre de chacune des portions et noté les résultats dans le tableau ci-dessous.

a) Calculer le débit de cette rivière conformément à la procédure décrite à la section 18.5.
b) Si on prenait comme vitesse moyenne d'écoulement la moyenne de toutes les vitesses mesurées, quel serait le débit de ce cours d'eau?

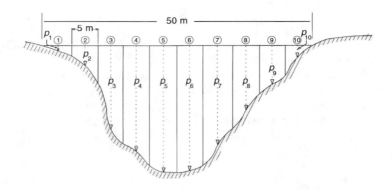

Figure 18.12 (Exercice 18.3)

Portion	Profondeur, p (m) Centre de la portion	Vitesse (m/s) Centre de la portion		Portion	Profondeur, p (m) Centre de la portion	Vitesse (m/s) Centre de la portion	
		à $0,2\,p$	à $0,8\,p$			à $0,2\,p$	à $0,8\,p$
1	1,10	0,85	0,77	6	6,02	1,08	1,08
2	1,88	0,88	0,86	7	5,38	1,05	1,01
3	3,12	0,94	0,90	8	4,71	0,98	0,94
4	4,64	1,00	0,96	9	3,19	0,95	0,91
5	5,16	1,06	1,04	10	1,35	0,86	0,80

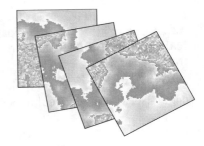

La topométrie routière

19.1 GÉNÉRALITÉS

La topométrie routière joue un rôle essentiel dans la réalisation de tout projet de système de transport. Elle inclut le travail de mesurage sur le terrain, y compris tous les calculs pertinents qui s'y rattachent, l'étude de cartes, la confection de plans, de profils longitudinaux et transversaux ainsi que la préparation des autres documents nécessaires à la conception et à la réalisation de routes, tant urbaines que rurales, de chemins de fer, de canaux, de lignes de transmission, etc.

Ce chapitre couvre beaucoup de matière. Parmi les sujets que nous y traitons, signalons les principaux : les courbes circulaires simple, composée et renversée, les spirales théorique et pratique, les profils longitudinal et transversal, les courbes verticales paraboliques, la classification et les normes relatives aux routes, les systèmes de coordonnées appliquées à un projet routier, la détermination des quantités ainsi que le diagramme de masse.

19.2 CONSIDÉRATIONS PRÉLIMINAIRES

Au cours de l'élaboration et de la réalisation de tout projet routier, certains facteurs essentiels doivent faire l'objet d'une analyse approfondie. Parmi les plus importants figurent les aspects démographique, économique et technique ainsi que l'état de la circulation routière, la topographie et la géologie du site choisi.

Facteur démographique. La décision de construire une route se justifie par le souci de répondre aux besoins d'une population donnée, ce qui oblige logiquement à prendre en considération les implications sociales et politiques d'un tel choix. Il y a donc lieu d'étudier le développement démographique et d'en surveiller les tendances.

Facteur économique. L'aspect économique est certes primordial. Le coût de la réalisation d'une route doit être pleinement justifié par les services et les avantages sociaux qu'elle procurera, de même que par les retombées économiques qu'elle pourra susciter. Il faut faire l'estimation des coûts avant de choisir le tracé définitif de la route.

Facteur technique. En ce qui concerne l'aspect technique, par exemple de la construction d'une autoroute, les points suivants doivent faire l'objet d'une étude détaillée :

- les avantages et les inconvénients des différents choix;
- la détermination des points de départ et d'arrivée;
- la largeur de l'emprise;
- les voies d'accès et de sortie;
- les voies de service, s'il y a lieu;
- le nombre de pistes de roulement;
- la largeur de la bande médiane, uniforme ou variable;
- les sections en travers, le sol, les fondations ainsi que les remblais et déblais;
- les alignements dans le plan horizontal et le rayon de courbure minimal;
- les alignements dans le plan vertical ainsi que les pentes maximale et minimale;
- la distance de visibilité minimale dans les plans horizontal et vertical;
- le drainage, les ponceaux, les tuyaux et les fossés;
- les structures, les voies élevées et les passages à niveaux multiples;

- les diverses natures des revêtements : types inférieur, moyen ou supérieur;
- les chaussées rigides et flexibles;
- les dimensions variables des différents éléments de la plate-forme selon les besoins de la circulation.

Il faut exécuter un travail considérable sur le terrain avant que les ingénieurs responsables du projet puissent fixer l'alignement final et exact, les cotes d'altitude désirées, la largeur des différents éléments géométriques de la plate-forme et la localisation des structures, et ce tout en respectant les normes de sécurité, de coût et de rentabilité du projet.

État de la circulation. Pour réaliser un projet routier et particulièrement un projet de voirie, il est absolument nécessaire de bien connaître la circulation. Nul ne peut ignorer, par exemple, les implications relatives à la venue d'une artère ou d'une autoroute à l'intérieur d'un réseau routier. En ce qui concerne les différents éléments d'analyse ainsi que les principes de base qui régissent les règles et les diverses applications de la circulation routière, le lecteur pourra consulter des ouvrages spécialisés dans ce domaine.

Topographie. La topographie du terrain est le principal facteur qui affecte l'allure générale de la route. Un terrain accidenté exerce une influence sur les alignements du tracé, la longueur des courbes horizontales, la déclivité des pentes longitudinales, la distance de visibilité, l'allure du profil transversal, le dévers, etc. Par contre, un terrain plat peut présenter des difficultés relatives au drainage, à la stabilisation des talus, aux structures, etc.

Géologie. Au stade de la planification, les études géologiques permettent d'obtenir des renseignements utiles qui concernent notamment la stabilité des terres, la présence de failles géologiques, la nature du sol ainsi que la présence de marais, de roc et de matériaux de construction. Ces derniers pourront servir lors de la mise en place de l'infrastructure, de la structure et du pavage. De plus en plus, le géologue fait appel à la photo-interprétation pour réaliser ce genre de travaux.

19.3 LA CLASSIFICATION DES ROUTES

Par *route*, on entend ici toute voie de circulation rurale utilisée par les véhicules à moteur. La classification des routes permet principalement de les hiérarchiser en fonction du type de service offert aux usagers et de les grouper suivant des normes d'analyse, de construction, d'entretien et d'opération. En fait, il existe plusieurs systèmes de classification des routes. Au Canada, l'association C.G.R.A. (Canadian Good Roads Association) a opté pour le système présenté au tableau 19.1.

Au Québec, le système de classification des routes adopté par le ministère des Transports est semblable à celui de la C.G.R.A., sauf qu'on utilise les termes route régionale et route provinciale à la place de collecteur et artère. La numérotation routière au Québec se conforme à la règle suivante : les numéros pairs identifient les routes orientées dans l'axe est-ouest, ou parallèles au fleuve Saint-Laurent, alors que les numéros impairs désignent les routes orientées dans l'axe nord-sud, ou perpendiculaires au fleuve.

Tableau 19.1 Le système de classification des routes en milieu rural d'après la C.G.R.A.

Classe	Type	Vitesse de design (km/h)	Code	
Route locale	À voies non divisées	60	RLU	60
		70	RLU	70
		80	RLU	80
		90	RLU	90
		100	RLU	100
Collecteur	À voies non divisées	60	RCU	60
		70	RCU	70
		80	RCU	80
		90	RCU	90
		100	RCU	100
	À voies divisées	70	RCD	70
		80	RCD	80
		90	RCD	90
		100	RCD	100
Artère	À voies non divisées	80	RAU	80
		90	RAU	90
		100	RAU	100
		110	RAU	110
		120	RAU	120
	À voies divisées	80	RAD	80
		90	RAD	90
		100	RAD	100
		110	RAD	110
		120	RAD	120
Autoroute	À voies divisées	100	RFD	100
		110	RFD	110
		120	RFD	120
		130	RFD	130
		140	RFD	140

On réserve aux autoroutes les numéros de 1 à 99. Les chiffres 4, 6 et 8, ajoutés à ces numéros, déterminent les déviations, tandis que les chiffres 5, 7 et 9 désignent les routes collectrices. Les routes provinciales sont numérotées de 100 à 199 et les routes régionales, de 200 à 399.

19.4 LA LOCALISATION DU TRACÉ

Compte tenu des différents facteurs qui interviennent dans la recherche d'un tracé de route en milieu rural, les études portent d'abord sur la région à desservir et ensuite sur le tracé lui-même (tabl. 19.2).

Tableau 19.2 Les différentes étapes en vue de la localisation du tracé

Territoire	Largeur
Région	Le territoire contenant toutes les solutions
Bande	De 5 à 15 km de largeur
Corridor	De 1 à 2 km de largeur
Route	De 0,2 à 0,5 km de largeur
Tracé	L'emprise, la ligne centrale et le projet même

Considérations générales. La figure 19.1 représente l'emplacement de la ligne centrale, $\mathcal{C}$, d'une route projetée reliant les points A et B. En raison de la topographie du terrain, de la nature et de l'utilisation du sol, des structures à ériger, du coût d'expropriation, des possibilités de bancs d'emprunt, etc., le tracé de la route s'obtient habituellement par une combinaison d'alignements droits et de courbes circulaires avec ou sans spirales.

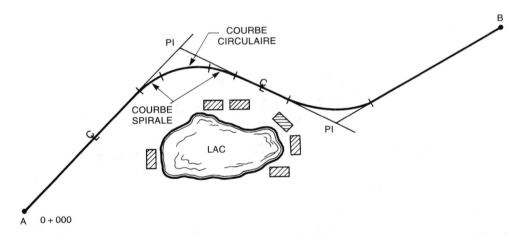

Figure 19.1 L'emplacement de la ligne centrale d'une route projetée (plan horizontal).

Généralement, on prend le point de début du projet comme l'origine du mesurage, c'est-à-dire 0 + 000, et on établit une relation numérique continue pour les autres points de la ligne centrale au moyen du chaînage (fig. 19.2).

L'écriture du chaînage au point d'intersection PI_1, c'est-à-dire 0 + 242,450, signifie que ce point est situé à une distance horizontale de 242,450 m à partir du point A.

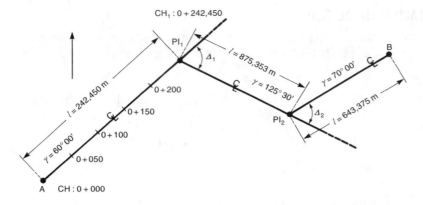

Figure 19.2 Le chaînage le long de la ligne centrale.

19.5 LA COURBE CIRCULAIRE SIMPLE

Prenons deux alignements horizontaux, qu'il faut relier par une courbe circulaire dont on connaît le rayon R (fig. 19.3).

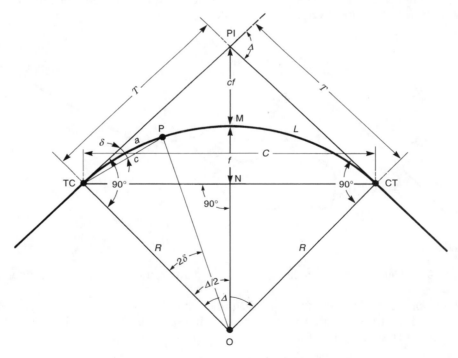

Figure 19.3 La courbe circulaire simple.

Voyons la signification des symboles utilisés dans la figure 19.3 :

TC = le point de raccordement de la tangente et de l'arc de cercle (commencement de la courbe)

CT = le point de raccordement de l'arc de cercle et de la tangente (fin de la courbe)

R = le rayon de la courbe circulaire

PI = le point d'intersection des alignements (ou des tangentes)

Δ = l'angle de déflexion entre les alignements

T = la longueur de la tangente

L = la longueur de la courbe selon l'arc

C = la corde principale, celle reliant le TC au CT

c = la corde intermédiaire

a = la longueur d'un arc intermédiaire

f = la flèche principale ou la flèche intermédiaire

cf = la contre-flèche principale

δ = l'angle de déviation entre la tangente et la corde intermédiaire

O = le centre de courbure de la courbe circulaire

De la figure 19.3, on tire les relations suivantes :

$$T = R \ \text{tg} \frac{\Delta}{2} \tag{19.1}$$

$$
\begin{aligned}
f &= R - R \cos \frac{\Delta}{2} \\
&= R \left(1 - \cos \frac{\Delta}{2} \right)
\end{aligned}
\tag{19.2}
$$

$$
\begin{aligned}
cf &= R \sec \frac{\Delta}{2} - R \\
&= R \left(\sec \frac{\Delta}{2} - 1 \right)
\end{aligned}
\tag{19.3}
$$

$$C = 2R \sin \left(\frac{\Delta}{2} \right) \tag{19.4}$$

$$
\begin{aligned}
L &= R\Delta_{\text{rad}} \\
&= \frac{\pi\Delta° \ R}{180°}
\end{aligned}
\tag{19.5}
$$

$$c = 2R \sin \delta \tag{19.6}$$

$$\delta = \sin^{-1}\left(\frac{C}{2R}\right) \tag{19.7}$$

$$a = L\left(\frac{2\delta}{\Delta}\right)$$

$$= 2L\left(\frac{\delta}{\Delta}\right) \tag{19.8}$$

$$\delta° = \frac{a\Delta°}{2L}$$

$$= \frac{90°\,a}{\pi R} \tag{19.9}$$

Le chaînage des points caractéristiques s'exprime comme suit :

$$\text{Ch TC} = \text{Ch PI} - T \tag{19.10}$$

$$\text{Ch CT} = \text{Ch TC} + L \tag{19.11}$$

L'exemple 19.1 montre comment calculer les éléments d'une courbe circulaire simple et comment rédiger le carnet de notes.

· · · · · · · · · · · · · · · · · ·
EXEMPLE 19.1

Soit deux alignements horizontaux à relier par une courbe circulaire (fig. 19.4). Si $R = 300,000$ m, $\Delta = 40°\ 00'$ et le chaînage du PI $= 1 + 840,000$:

a) calculer les éléments de la courbe;

b) rédiger le carnet de notes qui permettra de piqueter cette courbe circulaire, si les chaînages sont des multiples de 30 m.

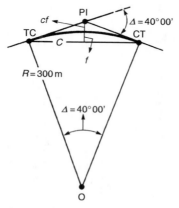

Figure 19.4 (Exemple 19.1)

Solution

a) Calcul des éléments de la courbe

Équation 19.4 :

$$C = 2R \sin\left(\frac{\Delta}{2}\right) = 2 \times 300{,}000 \times \sin 20° = 205{,}212 \text{ m}$$

Équation 19.2 :

$$f = R\left(1 - \cos\frac{\Delta}{2}\right) = 300{,}000\left(1 - \cos 20°\right) = 18{,}092 \text{ m}$$

Équation 19.3 :

$$cf = R\left(\sec\frac{\Delta}{2} - 1\right) = 300{,}000\left(\sec 20° - 1\right) = 19{,}253 \text{ m}$$

Équation 19.1 :

$$T = R \operatorname{tg}\frac{\Delta}{2} = 300{,}000 \operatorname{tg} 20° = 109{,}191 \text{ m}$$

Équation 19.5 :

$$L = \frac{\pi \Delta° R}{180°} = \frac{\pi \times 40° \times 300{,}000}{180°} = 209{,}440 \text{ m}$$

$$
\begin{array}{rl}
\text{Ch PI} & 1 + 840{,}000 \\
-T & \underline{\quad -109{,}191} \\
\text{Ch TC} & 1 + 730{,}809 \\
L & \underline{\quad\quad 209{,}440} \\
\text{Ch CT} & 1 + 940{,}249
\end{array}
$$

b) Pour piqueter une courbe, on localise ses points à des chaînages qui sont ordinairement des multiples de 30 :

$$a_1 = \left(1 + 740\right) - \left(1 + 730{,}809\right) = 9{,}191 \text{ m}$$

Équation 19.9 :

$$\delta_1 = \frac{a_1 \Delta°}{2L}$$

$$= \frac{9{,}191 \times 40° \, 00'}{2 \times 209{,}440} = 0° \, 52' \, 40''$$

ou encore :

$$\delta_1 = \frac{90° \, a_1}{\pi R} = \frac{90° \times 9{,}191}{\pi \times 300} = 0° \, 52' \, 40''$$

Équation 19.6 :

$$c_1 = 2R \sin \delta_1$$
$$= 2 \times 300,000 \sin 0° 52' 40'' = 9,191 \text{ m}$$

$$\delta_2' = \frac{30 \times 40° 00'}{2 \times 209,440} = 2° 51' 53''$$

ou encore :

$$\delta_2' = \frac{90° \times 30}{\pi \times 300} = 2° 51' 53''$$

$$\delta_2 = \delta_1 + \delta_2'$$
$$= 0° 52' 40'' + 2° 51' 53'' = 3° 44' 33''$$

$$c_2 = 2R \sin \delta_2'$$
$$= 2 \times 300 \times \sin 2° 51' 53'' = 29,987 \text{ m}$$

et ainsi de suite pour les autres points (fig. 19.5).

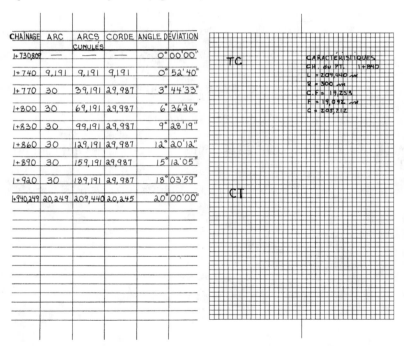

CHAÎNAGE	ARC	ARCS CUMULÉS	CORDE	ANGLE DÉVIATION
1+730,809	—	—	—	0° 00' 00''
1+740	9,191	9,191	9,191	0° 52' 40''
1+770	30	39,191	29,987	3° 44' 33''
1+800	30	69,191	29,987	6° 36' 26''
1+830	30	99,191	29,987	9° 28' 19''
1+860	30	129,191	29,987	12° 20' 12''
1+890	30	159,191	29,987	15° 12' 05''
1+920	30	189,191	29,987	18° 03' 59''
1+940,249	20,249	209,440	20,245	20° 00' 00''

CARACTÉRISTIQUES
CH. du PT. 1+840
L = 209,440 m
R = 300 m
C.F = 19,253
F = 19,092 m
C = 205,212

Figure 19.5 Le carnet de piquetage (exemple 19.1).

· · · · · · · · · · · · · · · · · · · ·

19.6 L'IMPLANTATION DE LA COURBE

En général, les données initiales sont le chaînage du PI, l'angle de déflexion entre les deux alignements et le rayon de la courbe. Après avoir calculé tous les éléments de la courbe (équat. 19.1 à 19.6, 19.10 et 19.11) ainsi que les angles de déviation et les cordes (équat. 19.7 à 19.9) pour les points de la courbe, on fait le piquetage comme suit :

a) on implante le TC en mesurant à partir du PI, et ce sur l'alignement, la distance T;
b) on implante le CT de la même façon sur le second alignement;
c) on installe l'instrument sur le TC et on vise le PI avec 0° 00' 00" sur le cercle horizontal;
d) pour implanter chacun des points de la courbe, on tourne les angles de déviation δ et on mesure les cordes correspondantes. Il faut prendre chacune de ces dernières à partir du point précédent.

Station intermédiaire. Dans certains cas, notamment s'il y a des obstacles naturels ou artificiels, l'opérateur peut être obligé d'installer le théodolite sur des points de la courbe autres que le TC.

La figure 19.6 illustre le cas d'une visée arrière sur le TC. L'instrument est en station sur le point 4 et l'opérateur vise le TC en lunette renversée, avec 0° 00' 00" sur le cercle horizontal. Lorsqu'on bascule la lunette, la ligne de visée donne le prolongement de la corde TC-4.

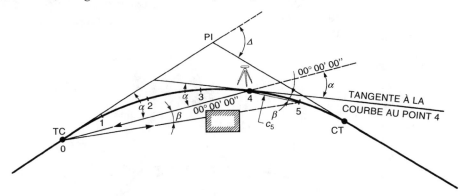

Figure 19.6   Le déplacement de l'instrument sur la courbe (visée arrière sur le TC).

La valeur de l'angle qu'on cherche pour piqueter le point 5 correspond à $\alpha + \beta$. Toutefois, l'angle 4-TC-5 est effectivement égal à β. Ainsi, l'opérateur, qui est placé au point 4 et qui vise le TC, implante après basculement le même angle $\alpha + \beta$ que si l'instrument était demeuré sur le TC. L'avantage de ce mode d'opération provient du fait que, pour continuer le piquetage de la courbe, on peut utiliser le carnet de notes tel qu'on l'a rédigé. Aucun calcul supplémentaire n'est requis.

La figure 19.7 présente le cas d'une visée arrière sur un point autre que le TC. Après avoir placé le théodolite en station sur le point 4, l'opérateur vise en lunette renversée le point 1, en plaçant dans cette direction l'angle δ_1. Ensuite, il bascule la lunette et la tourne jusqu'à ce que la lecture devienne égale à δ_5. La direction qu'il obtient ainsi est celle où il faut placer le point 5, car :

$$\delta_1 + \alpha + \beta = \delta_5$$

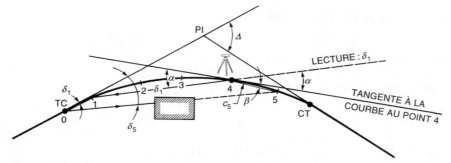

Figure 19.7 Une visée arrière sur un point autre que le TC.

Du point 4, l'opérateur chaîne la corde c_5 dans cette direction. Les autres points avant de la courbe sont piquetés de la même façon que si l'instrument était demeuré en station sur le TC. Ce mode d'opération offre le même avantage que celui présenté précédemment.

19.7 LA COURBE CIRCULAIRE COMPOSÉE

Une courbe circulaire composée est constituée de deux ou de plusieurs courbes circulaires consécutives, de rayons différents, tangentielles entre elles et ayant chacune leur centre de courbure situé du même côté des tangentes communes (fig. 19.8 et 19.9).

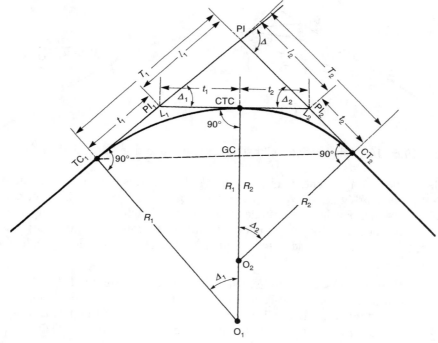

Figure 19.8 La courbe circulaire composée de deux arcs de cercle.

De la figure 19.8, on tire les relations suivantes :

$$\Delta = \Delta_1 + \Delta_2$$

$$t_1 + t_2 = \text{distance horizontale entre PI}_1 \text{ et PI}_2$$

Selon l'équation 19.1, on peut dire que :

$$t_1 = R_1 \text{ tg } \Delta_1/2$$
$$t_2 = R_2 \text{ tg } \Delta_2/2$$

En appliquant la loi des sinus dans le triangle PI$_1$-PI-PI$_2$, on a :

$$l_1 = (t_1 + t_2) \frac{\sin \Delta_2}{\sin \Delta}$$

$$l_2 = (t_1 + t_2) \frac{\sin \Delta_1}{\sin \Delta}$$

d'où

$$T_1 = t_1 + l_1$$
$$T_2 = t_2 + l_2$$

et selon l'équation 19.5 :

$$L_1 = \frac{\pi \Delta_1^\circ R_1}{180^\circ}$$

$$L_2 = \frac{\pi \Delta_2^\circ R_2}{180^\circ}$$

En appliquant la loi du cosinus dans le triangle TC$_1$-PI-CT$_2$, on a :

$$GC = \sqrt{T_1^2 + T_2^2 - 2T_1 T_2 \cos(180^\circ - \Delta)}$$

$$\text{Ch TC}_1 = \text{Ch PI} - T_1$$
$$\text{Ch CTC} = \text{Ch TC}_1 + L_1$$
$$\text{Ch CT}_2 = \text{Ch CTC} + L_2$$

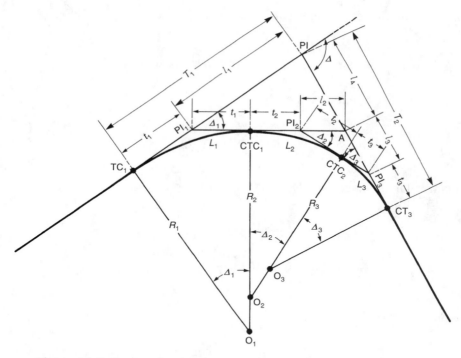

Figure 19.9 La courbe circulaire composée de trois arcs de cercle.

De la figure 19.9, on tire les relations suivantes :

$$\Delta = \Delta_1 + \Delta_2 + \Delta_3$$

$$t_1 + t_2 = \text{distance horizontale entre } PI_1 \text{ et } PI_2$$

$$t_2 + t_3 = \text{distance horizontale entre } PI_2 \text{ et } PI_3$$

Conformément à l'équation 19.1, on sait que :

$$t_1 = R_1 \text{ tg } \Delta_1/2$$
$$t_2 = R_2 \text{ tg } \Delta_2/2$$
$$t_3 = R_3 \text{ tg } \Delta_3/2$$

Dans le triangle PI_2-A-PI_3, on a :

$$l_3 = \left(t_2 + t_3\right) \frac{\sin \Delta_2}{\sin\left(\Delta_2 + \Delta_3\right)}$$

$$l_2 = \left(t_2 + t_3\right) \frac{\sin \Delta_3}{\sin\left(\Delta_2 + \Delta_3\right)}$$

Dans le triangle PI_1-PI-A, on a :

$$l_1 = (t_1 + t_2 + l_2) \frac{\sin(\Delta_2 + \Delta_3)}{\sin \Delta}$$

$$l_4 = (t_1 + t_2 + l_2) \frac{\sin \Delta_1}{\sin \Delta}$$

d'où

$$T_1 = t_1 + l_1 \qquad (19.12)$$

$$T_2 = t_3 + l_3 + l_4 \qquad (19.13)$$

$$Ch\ TC_1 = Ch\ PI - T_1$$
$$Ch\ CTC_1 = Ch\ TC_1 + L_1$$
$$Ch\ CTC_2 = Ch\ CTC_1 + L_2$$
$$Ch\ CT_3 = Ch\ CTC_3 + L_3$$

et d'après l'équation 19.5 :

$$L_1 = \frac{\pi \Delta_1^\circ R_1}{180^\circ}$$

$$L_2 = \frac{\pi \Delta_2^\circ R_2}{180^\circ}$$

$$L_3 = \frac{\pi \Delta_3^\circ R_3}{180^\circ}$$

Remarque : Chaque cas de courbe circulaire composée doit faire l'objet d'une étude particulière en fonction des données initiales. Après avoir calculé le chaînage des points caractéristiques tels que PI_1, PI_2, TC_1, CTC_1, etc., on effectue le piquetage de chacune des courbes circulaires constituantes de la même façon que si on était en présence d'une courbe circulaire simple.

Voyons, dans l'exemple 19.2, la façon de calculer le chaînage des points caractéristiques dans le cas d'une courbe circulaire composée.

. . . .
EXEMPLE 19.2

On doit relier deux alignements horizontaux par une courbe circulaire composée de deux arcs de cercle (fig. 19.10). On sait que la valeur de la contre-flèche mesurée sur la bissectrice de la première courbe circulaire = 90,059 m, la distance horizontale entre PI_1 et PI_2 = 539,725 m, le chaînage du PI = 0 + 862, $\Delta = 110°\ 00'$ et $\Delta_1 = 60°\ 00'$. Compte tenu de ces données, calculer le chaînage des points caractéristiques.

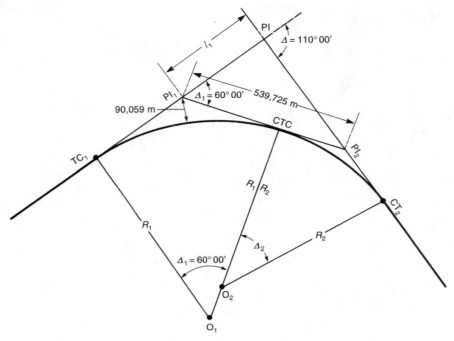

Figure 19.10 (Exemple 19.2)

Solution

Équation 19.3 :

$$\mathcal{c}f = R\left(\sec\frac{\Delta}{2} - 1\right)$$

$$R_1 = \frac{\mathcal{c}f_1}{\sec \Delta_1/2 - 1}$$

$$= \frac{90,059}{\sec 30° - 1} = 582,151 \text{ m}$$

Équation 19.1 :

$$t_1 = R_1 \operatorname{tg}\frac{\Delta_1}{2}$$

$$= 582,151 \times \operatorname{tg} 30° = 336,105 \text{ m}$$

$$t_2 = 539,725 - 336,105 = 203,620 \text{ m}$$

$$R_2 = \frac{t_2}{\operatorname{tg} \Delta_2/2} = \frac{203,620}{\operatorname{tg} 25°} = 436,665 \text{ m}$$

Équation 19.5 :

$$L_1 = \frac{\pi \Delta_1^{\circ} R_1}{180^{\circ}} = 609{,}627 \ \text{m}$$

$$L_2 = \frac{\pi \Delta_2^{\circ} R_2}{180^{\circ}} = 381{,}062 \ \text{m}$$

et

$$l_1 = \frac{539{,}725 \times \sin 50^{\circ}}{\sin 110^{\circ}} = 439{,}988 \ \text{m}$$

Ch PI	0 + 862,000
$-t_1$	$-$ 336,105
$-l_1$	$-$ 439,988
Ch TC$_1$	0 + 085,907
L_1	609,627
Ch CTC	0 + 695,534
L_2	381,062
Ch CT$_2$	1 + 076,596

. . . .

19.8 LA COURBE CIRCULAIRE RENVERSÉE

Une courbe circulaire renversée est formée de deux arcs de cercle situés de part et d'autre de leur tangente commune (fig. 19.11).

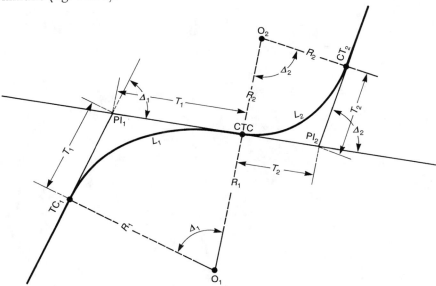

Figure 19.11 La courbe circulaire renversée.

De la figure 19.11, on tire les relations suivantes :

$$
\begin{aligned}
\text{Distance de PI}_1 \ \text{à PI}_2 &= T_1 + T_2 \\
\text{Distance O}_1\text{O}_2 &= R_1 + R_2 \\
\text{Ch TC}_1 &= \text{Ch PI}_1 - T_1 \\
\text{Ch CTC} &= \text{Ch TC}_1 + L_1 \\
\text{Ch CT}_2 &= \text{Ch CTC} + L_2
\end{aligned}
$$

L'exemple 19.3 présente le calcul du chaînage des points caractéristiques pour une courbe circulaire renversée.

. . . .

EXEMPLE 19.3

Calculer le chaînage des points caractéristiques ainsi que la distance O_1O_2 du raccordement de la figure 19.11, sachant que :

$$
\begin{aligned}
\text{Ch PI}_1 &= 2 + 450{,}148 \\
\Delta_1 &= 50°\ 00' \\
\Delta_2 &= 60°\ 00' \\
R_1 &= 800{,}000 \ \text{m}
\end{aligned}
$$

La distance entre PI_1 et PI_2 est égale à 719,456 m.

Solution

Équation 19.1 :

$$
T = R \ \text{tg} \ \Delta/2
$$
$$
T_1 = 800{,}000 \times \text{tg} \ 25°\ 00' = 373{,}046 \ \text{m}
$$

$$
\begin{aligned}
T_2 &= \text{PI}_1 \ \text{à} \ \text{PI}_2 - T_1 \\
&= 719{,}456 - 373{,}046 = 346{,}410 \ \text{m}
\end{aligned}
$$

Puisqu'on sait que (équat. 19.1) :

$$
R_2 = T_2/\text{tg} \ \Delta_2/2 = \frac{346{,}410}{\text{tg} \ 30°\ 00'} = 600{,}000 \ \text{m}
$$

on peut déduire que :

$$
O_1O_2 = R_1 + R_2 = 1400{,}000 \ \text{m}
$$

Équation 19.5 :

$$
L_1 = \frac{\pi \Delta_1° R_1}{180°} = \frac{\pi \times 50° \times 800{,}000}{180°} = 698{,}132 \ \text{m}
$$

$$L_2 = \frac{\pi \Delta_2^\circ R_2}{180^\circ} = \frac{\pi \times 60^\circ \times 600,000}{180^\circ} = 628,318 \text{ m}$$

$$
\begin{array}{lr}
\text{Ch PI}_1 & 2 + 450,148 \\
-T_1 & -373,046 \\
\hline
\text{Ch TC}_1 & 2 + 077,102 \\
L_1 & 698,132 \\
\hline
\text{Ch CTC} & 2 + 775,234 \\
L_2 & 628,318 \\
\hline
\text{Ch CT}_2 & 3 + 403,552
\end{array}
$$

. . . .

19.8.1 La courbe circulaire renversée située entre des tangentes parallèles

La figure 19.12 montre une courbe renversée qui relie deux alignements parallèles.

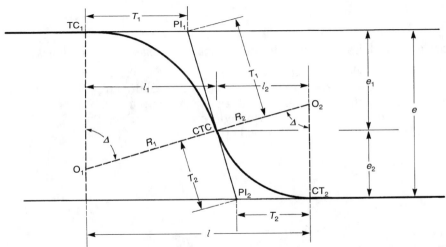

Figure 19.12 La courbe circulaire renversée située entre deux alignements parallèles.

De la figure 19.12, on tire les relations suivantes :

$$l = l_1 + l_2$$
$$l_1 = R_1 \sin \Delta$$
$$l_2 = R_2 \sin \Delta \qquad (19.14)$$

D'après ce qui précède, on peut dire que :

$$l = \left(R_1 + R_2\right) \sin \Delta$$
$$e_1 = R_1 - R_1 \cos \Delta$$
$$e_2 = R_2 - R_2 \cos \Delta$$

mais

$$e = e_1 + e_2$$

d'où

$$e = \left(R_1 + R_2\right)\left(1 - \cos \Delta\right) \tag{19.15}$$

Donc, si on connaît trois paramètres, par exemple e, R_1 et R_2, on peut facilement déterminer les deux autres, soit Δ et l.

Remarque : Si les deux arcs de cercle qui constituent la courbe circulaire renversée ont le même rayon, on obtient :

$$R = R_1 = R_2$$

$$l = 2R \sin \Delta \tag{19.16}$$

$$e = 2R\left(1 - \cos \Delta\right) \tag{19.17}$$

19.8.2 La courbe circulaire renversée située entre deux alignements non parallèles

Représentons par θ l'angle situé entre deux alignements (fig. 19.13). Premièrement, à partir du point TC_1, construisons l'angle θ en menant une perpendiculaire au prolongement du deuxième alignement A-CT_2. On obtient ainsi le point B. Deuxièmement, à partir du point O_1, menons une droite perpendiculaire à la droite TC_1-B. On obtient alors les points C et D. Par construction, le quadrilatère BCD-CT_2 est un rectangle. Dans la figure 19.13, on a les relations suivantes :

$$\left(\text{de } TC_1 \text{ à } B\right) = l \sin \theta$$

$$\left(\text{de } TC_1 \text{ à } C\right) = R_1 \cos \theta$$

$$\cos \Delta_2 = \frac{O_2D}{O_1O_2} = \frac{R_2 + \left(\text{de } CT_2 \text{ à } D\right)}{R_1 + R_2}$$

d'où

$$\Delta_2 = \cos^{-1}\left(\frac{R_2 + R_1 \cos \theta - l \sin \theta}{R_1 + R_2}\right) \tag{19.18}$$

Par construction, l'angle en E est égal à Δ_2, d'où :

$$\Delta_2 = \Delta_1 + \theta$$

ou encore

$$\Delta_1 = \Delta_2 - \theta$$

et

$$l_1 + \left(\text{de B à } CT_2 \right) = l \cos \theta \tag{19.19}$$

mais

$$\left(\text{de B à } CT_2 \right) = CD = DO_1 - CO_1 \tag{19.20}$$

$$DO_1 = \left(R_1 + R_2 \right) \sin \Delta_2 \tag{19.21}$$

$$CO_1 = R_1 \sin \theta \tag{19.22}$$

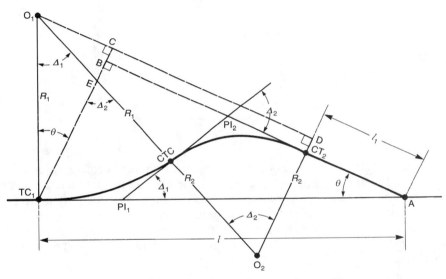

Figure 19.13 La courbe circulaire renversée située entre deux alignements non parallèles.

Si on remplace les termes de l'équation 19.19 par ceux des équations 19.20, 19.21 et 19.22, on obtient alors :

$$l_1 = l \cos \theta + R_1 \sin \theta - \left(R_1 + R_2 \right) \sin \Delta_2 \tag{19.23}$$

Donc, si on connaît l, R_1, R_2 et l'angle θ entre la tangente au TC_1 et la tangente au CT_2, il est possible de déterminer les valeurs de Δ_1, Δ_2 et l_1.

L'exemple 19.4 illustre le calcul de la distance qui sépare le CT_2 et le point d'intersection A.

. . . .

EXEMPLE 19.4

Calculer la distance l_1 qui sépare le CT_2 du point d'intersection A des deux alignements de la figure 19.13, si la distance entre le TC_1 et A = 314,264 m, R_1 = 300,000 m, R_2 = 160,000 m et l'angle θ = 36° 20' 00".

Solution

Équation 19.18 :

$$\Delta_2 = \cos^{-1}\left(\frac{R_2 + R_1 \cos \theta - l \sin \theta}{R_1 + R_2}\right)$$

$$= \cos^{-1}\left(\frac{160,000 + 300,000 \cos 36° \ 20' \ 00" - 314,264 \sin 36° \ 20' \ 00"}{300,000 + 160,000}\right)$$

$$= 62° \ 04' \ 02"$$

$$\Delta_1 = \Delta_2 - \theta = 25° \ 44' \ 02"$$

Équation 19.23 :

$$l_1 = l \cos \theta + R_1 \sin \theta - \left(R_1 + R_2\right) \sin \Delta_2$$

$$= 314,264 \cos 36° \ 20' \ 00" + 300,000 \sin 36° \ 20' \ 00"$$

$$- \left(300,000 + 160,000\right) \sin 62° \ 04' \ 02"$$

$$= 24,502 \ m$$

Remarque : La courbe circulaire renversée s'emploie surtout pour la construction de chemins de fer. En voirie, compte tenu de la présence du *dévers*, c'est-à-dire de l'inclinaison transversale de la chaussée, on évite d'utiliser ce type de courbe. Cependant, on peut toujours relier trois alignements par deux courbes circulaires de courbure opposée, en prenant bien soin de laisser sur l'alignement commun une certaine distance minimale entre la fin d'une courbe et le début de la suivante. Dans un tel cas, ce type de raccordement donne une courbe circulaire pseudo-renversée (art. 19.8.3).

. . . .

19.8.3 La courbe circulaire pseudo-renversée

La figure 19.14 illustre trois alignements reliés par deux courbes circulaires simples, qui ont leur centre de courbure situé de part et d'autre du deuxième alignement. Une distance minimale, d_{min}, entre le CT_1 et le TC_2 est nécessaire à la modification du dévers.

Procédé. Généralement, on connaît la distance entre PI_1 et PI_2 ainsi que les angles de déflexion Δ_1 et Δ_2. Partant de ces données, on choisit, pour une classe spécifique de route, une valeur pour le rayon de la première courbe, R_1. Quant à la valeur de T_1, on la calcule au moyen de l'équation 19.1. Une fois cette valeur trouvée, on obtient celle de T_2 comme suit :

$$T_2 = \left(\text{de } PI_1 \text{ à } PI_2\right) - \left(T_1 + d_{min}\right)$$

et

$$R_2 = \frac{T_2}{\text{tg } \Delta_2/2}$$

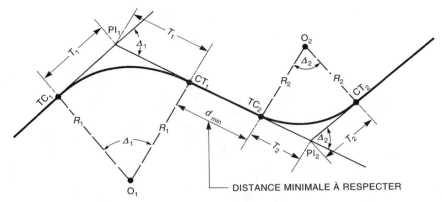

Figure 19.14 La courbe circulaire pseudo-renversée.

Par la suite, on compare la valeur de R_2 avec la valeur minimale permise pour la classe de route. Si $R_2 \geq R_{min}$, la solution est acceptable. Par contre, si $R_2 < R_{min}$, il faut rejeter la solution. Dans ce cas, on effectue un deuxième choix, en prenant une valeur pour R_1 plus faible que la précédente, et on refait les calculs selon le même procédé jusqu'à ce que la condition $R_2 > R_{min}$ soit satisfaite.

Dans l'exemple 19.5, nous présentons le calcul d'une valeur de R_2 qui donne, après un deuxième essai, une solution acceptable.

. . . .

EXEMPLE 19.5

En fonction de la figure 19.14, calculer une valeur pour R_2 qui donne une solution acceptable, compte tenu que la distance horizontale entre PI_1 et PI_2 est de 369,224 m. Les angles de déflexion sont respectivement de 48° 36' et de 35° 14'. La valeur minimale pour le rayon de courbure est de 300 m, et une distance minimale de 75 m est requise entre le CT_1 et le TC_2.

Solution

Premier essai :

$$R_1 = 500 \text{ m}$$

$$T_1 = R_1 \text{ tg } \Delta_1/2$$

$$= 500 \times \text{tg } \frac{48° 36'}{2} = 225,759 \text{ m}$$

$$T_2 = 369,224 - (225,759 + 75)$$

$$= 68,465 \text{ m}$$

$$R_2 = \frac{68,465}{\text{tg } \dfrac{35° 14'}{2}} = 215,611 \text{ m}$$

Puisque 215,611 m < 300 m, il faut rejeter cette solution.

Second essai :

$$R_1 = 400 \text{ m}$$

Équation 19.1 :

$$T_1 = 180,607 \text{ m}$$

$$T_2 = 369,224 - (180,607 + 75)$$

$$= 113,617 \text{ m}$$

$$R_2 = \frac{113,617}{\text{tg} \dfrac{35° \, 14'}{2}} = 357,805 \text{ m}$$

Ce résultat étant supérieur à 300 m, la solution est acceptable.

• • • • • • • • • • • • • • • • • •

19.9   LES COURBES CIRCULAIRES EN PARALLÈLE

Souvent, on doit piqueter des courbes circulaires concentriques, qui seront situées de part et d'autre de la ligne centrale de la route. Ce travail est nécessaire si on veut, par exemple, fixer sur le terrain les limites de la voie publique (lignes d'emprise), implanter les bordures de la route ou les lignes centrales des fossés ou bien tout simplement implanter une ligne d'opération pour la durée des travaux. À la figure 19.15, on a les caractéristiques suivantes :

R, L = le rayon et la longueur de la courbe centrale
R_e, L_e = le rayon et la longueur de la courbe extérieure
R_i, L_i = le rayon et la longueur de la courbe intérieure
a, c = l'arc et la corde le long de la ligne centrale
a_e, c_e = l'arc et la corde le long de la ligne extérieure
a_i, c_i = l'arc et la corde le long de la ligne intérieure
d = la distance radiale qui sépare la courbe centrale de la courbe extérieure ou intérieure

En général, on connaît les valeurs des caractéristiques de la ligne centrale telles que R et Δ. De plus, puisqu'on sait ce que vaut d, on peut facilement obtenir les caractéristiques des courbes extérieure et intérieure :

$$R_e = R + d$$

$$R_i = R - d$$

donc

$$L_e = L\left(\frac{R + d}{R}\right)$$

$$L_i = L\left(\frac{R - d}{R}\right)$$

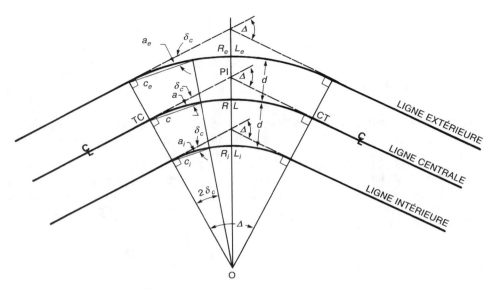

Figure 19.15 Les courbes circulaires en parallèle.

En outre, d'après l'équation 19.5 :

$$L = \frac{\pi \Delta° R}{180°}$$

$$L_e = \frac{\pi \Delta°}{180°} \left(R + d \right)$$

$$L_i = \frac{\pi \Delta°}{180°} \left(R - d \right)$$

et

$$L_e - L = L - L_i = \frac{\pi \Delta° d}{180°} \tag{19.24}$$

Dans l'exemple 19.6, voyons comment calculer les longueurs L_e et L_i pour des courbes circulaires en parallèle.

· · · · · · · · · · · · · · · · · · · ·

EXEMPLE 19.6

Dans la figure 19.15, si $d = 15,000$ m et $\Delta = 52°\ 16'\ 15''$, calculer en fonction de L les longueurs L_e et L_i.

Solution

Selon l'équation 19.24, on sait que :

$$L_e - L = L - L_i = \frac{\pi \Delta°\ d}{180°} = \frac{\pi \times 52°\ 16'\ 15'' \times 15,000}{180°} = 13,684\ \text{m}$$

---

d'où

$$L_e = L + 13,684 \text{ m}$$
$$L_i = L - 13,684 \text{ m}$$

. . . .

Piquetage des courbes circulaires en parallèle. Ces courbes peuvent être piquetées individuelle-ment si, pour chaque cas, on calcule les angles de déviation pour les longueurs d'arc requises.

Les calculs relatifs à ce type d'opération s'effectuent comme nous l'avons vu précédemment, mais il faut d'abord calculer R_e et R_i. De préférence, on effectue le piquetage de ces courbes en ayant recours aux mêmes angles de déviation que ceux utilisés pour la ligne centrale. Dans ce cas, on calcule la longueur des cordes c_e et c_i en fonction de la longueur de la corde correspon-dante c de la ligne centrale, à l'aide des relations suivantes :

$$c_{e_1} = c_1 \frac{(R + d)}{R}$$

$$c_{i_1} = c_1 \frac{(R - d)}{R}$$

L'exemple 19.7 présente une application du piquetage des courbes circulaires en parallèle.

. . . .

EXEMPLE 19.7

Rédiger le carnet de notes qui permettra de piqueter les trois arcs concentriques de la figure 19.15, en tenant compte des données suivantes : le chaînage du PI = 1 + 814,000, $R = 400,000$ m, l'angle de déflexion $\Delta = 42° 30'$ et la distance $d = 20,000$ m. Le piquetage des arcs extérieur et intérieur doit se faire avec les mêmes angles de déviation que ceux utilisés pour la courbe centrale, et le chaînage de la ligne centrale doit être un multiple de 30 m.

Solution (fig. 19.16)

Équation 19.1 :

$$T = R \text{ tg } \Delta/2$$
$$= 400,000 \times \text{tg } \frac{42° 30'}{2} = 155,551 \text{ m}$$

Équation 19.5 :

$$L = \frac{\pi\Delta° R}{180°} = \frac{\pi \times 42° 30'}{180°} \times 400,000 = 296,706 \text{ m}$$

$$\begin{array}{ll}
\text{Ch PI} & 1 + 814,000 \\
-T & -155,551 \\
\hline
\text{Ch TC} & 1 + 658,449 \\
L & 296,706 \\
\hline
\text{Ch CT} & 1 + 955,155
\end{array}$$

$$a_1 = (1 + 680) - (1 + 658,449) = 21,551 \text{ m}$$

Équation 19.9 :

$$\delta_1 = \frac{a_1 \Delta^\circ}{2L} = \frac{90^\circ \, a_1}{\pi R}$$

$$= \frac{21,551 \times 42^\circ \, 30'}{2 \times 296,706} = \frac{90^\circ \times 21,551}{\pi \times 400}$$

$$= 01^\circ \, 32' \, 36''$$

Équation 19.6 :

$$c_1 = 2R \sin \delta_1$$

$$= 2 \times 400,000 \times \sin 01^\circ \, 32' \, 36''$$

$$= 21,546 \text{ m}$$

$$c_{e_1} = c_1 \frac{(R + d)}{R}$$

$$= \frac{21,546 \, (400,000 + 20,000)}{400,000}$$

$$= 22,624 \text{ m}$$

$$c_{i_1} = c_1 \frac{(R - d)}{R}$$

$$= 21,546 \frac{(400,000 - 20,000)}{400,000}$$

$$= 20,469 \text{ m}$$

On procède de la même façon pour les autres points, mais en prenant des arcs de 30 m jusqu'au chaînage 1 + 950. Le calcul du dernier angle de déviation δ_n s'effectue comme suit :

$$\delta_n = \frac{5,155 \times 42^\circ \, 30'}{2 \times 296,706} + \delta_{1+950} = 0^\circ \, 22' \, 09'' + 20^\circ \, 52' \, 51'' = 21^\circ \, 15' \, 00''$$

POINT	LIGNE a	CENTRALE ₵ Σa	c	C EXT c_e	C.INT c_i
1+658,449	—	—	—	—	—
1+680	21,551	21,551	21,546	22,624	20,469
1+710	30	51,551	29,993	31,494	28,494
1+740	30	81,551	29,993	31,494	28,494
1+770	30	111,551	29,993	31,494	28,494
1+800	30	141,551	29,993	31,494	28,494
1+830	30	171,551	29,993	31,494	28,494
1+860	30	201,551	29,993	31,494	28,494
1+890	30	231,551	29,993	31,494	28,494
1+920	30	261,551	29,993	31,494	28,494
1+950	30	291,551	29,993	31,494	28,494
1+955,155	5,155	296,706	5,154	5,412	4,896

ANGLE DE DÉVIATION

0° 00 00
1° 32 36
3° 41 51
5° 50 26
7° 59 21
10° 08 16
12° 17 11
14° 26 06
16° 35 01
18° 43 56
20° 52 51
21° 15 00

Figure 19.16 (Exemple 19.7)

. . . .

19.10 LE POINT D'INTERSECTION (PI) INACCESSIBLE

Pour une raison ou une autre, il peut arriver qu'on soit dans l'impossibilité d'occuper le point d'intersection de deux alignements donnés, afin d'en mesurer l'angle de déflexion et d'en établir le chaînage. Par exemple, cela peut se produire lors de la réfection d'un tronçon de route dont on juge une courbe trop prononcée (fig. 19.17). Puisqu'on ne peut pas effectuer la mesure directe de

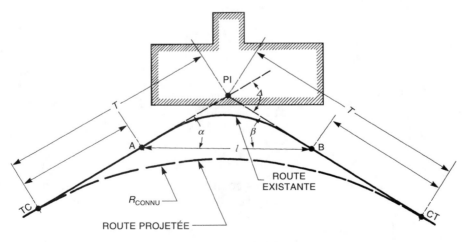

Figure 19.17 Le PI inaccessible.

l'angle $\varDelta$ ni le chaînage des tangentes T à partir du PI, on choisit deux points A et B sur les alignements donnés, de manière à ce que la ligne AB évite l'obstacle. Il faut mesurer les angles α et β ainsi que la distance l. Une fois qu'on connaît ces trois paramètres, il s'agit tout simplement de résoudre le triangle scalène ainsi obtenu.

De la figure 19.17, on tire les relations suivantes :

$$\alpha + \beta = \varDelta \qquad (\text{de A à PI}) = \frac{l \sin \beta}{\sin \varDelta} \qquad (\text{de A à TC}) = T - (\text{de A à PI})$$

$$(\text{de B à PI}) = \frac{l \sin \alpha}{\sin \varDelta} \qquad (\text{de B à CT}) = T - (\text{de B à PI})$$

Après avoir placé le TC et le CT à partir respectivement du point A et du point B, on peut procéder au piquetage de la courbe circulaire projetée.

19.11 LE PIQUETAGE PAR INTERSECTION (BIANGULATION)

En utilisant deux théodolites, l'un stationné sur le TC et l'autre, sur le CT (fig. 19.18), on peut piqueter une courbe circulaire sans avoir recours au chaînage. Il s'agit de déterminer l'intersection des deux lignes de visée, par exemple le point A. L'angle de déviation au TC est le même que celui formé par la ligne de visée et la corde au CT. Quoique cette méthode soit relativement précise, on l'utilise peu, car elle nécessite l'emploi de deux théodolites.

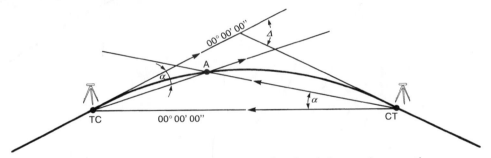

Figure 19.18 Le piquetage d'une courbe circulaire par intersection.

19.11.1 Le piquetage à la chaîne seulement

Il est possible de piqueter une courbe circulaire sans faire usage d'un théodolite. Nous présentons ici deux méthodes : celle des triangles semblables et celle de l'ordonnée à la tangente.

Méthode des triangles semblables. En se référant à la figure 19.19, on a :

$$\frac{c/2}{R} = \frac{\overline{BC}}{c} \text{ (triangles rectangles semblables)}$$

d'où

$$\overline{BC} = \frac{c^2}{2R} \tag{19.25}$$

On a également :

$$\frac{\overline{DE}}{c} = \frac{c}{R} \text{ (triangles isocèles semblables)}$$

d'où

$$\overline{DE} = c^2/R$$

ainsi que

$$\frac{\overline{GF}}{c} = c/R \qquad\qquad (19.26)$$

$$\overline{GF} = c^2/R$$

et ainsi de suite.

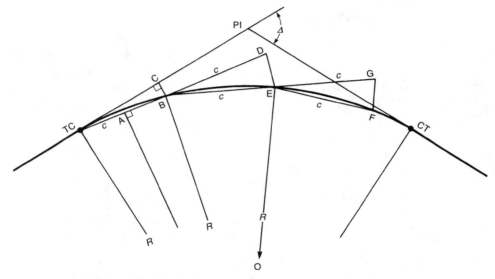

Figure 19.19 La méthode des triangles semblables.

Le procédé pour piqueter la courbe consiste, en premier lieu, à calculer la valeur de $\overline{BC}$ pour une longueur choisie de corde c. En deuxième lieu, on calcule la distance qui sépare le TC du point C par la relation suivante :

$$(\text{de TC à C}) = \sqrt{c^2 - \overline{BC}^2}$$

On place le point C sur la tangente (fig. 19.19) et, à partir de ce point, on élève la perpendiculaire CB; le point B est le point cherché. On prolonge la première corde c d'une longueur égale pour placer le point D. La distance DE se calcule à l'aide de l'équation 19.26 ou du double de $\overline{CB}$. Le point cherché E s'obtient par bilatération, puisqu'on connaît c et $\overline{DE}$. On effectue le piquetage du point F de la même façon que pour E, et ainsi de suite pour ce qui est des autres points de la courbe.

Méthode de l'ordonnée à la tangente. L'ordonnée à la tangente est la distance qui sépare la courbe de la tangente (fig. 19.20). Pour des longueurs l choisies et mesurées à partir du TC, on peut facilement calculer les ordonnées AB par la relation qui suit :

$$\overline{AB} = \overline{A'B'} = R - \sqrt{R^2 - l^2} \tag{19.27}$$

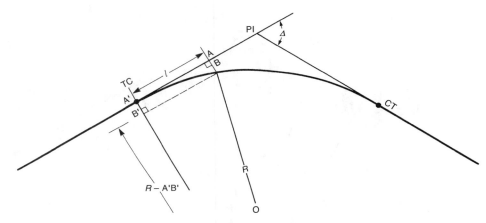

Figure 19.20 La méthode de l'ordonnée à la tangente.

19.11.2 Le piquetage en région boisée

Dans le cas d'un tracé préliminaire, il est possible qu'un piquetage grossier de la route soit suffisant. De plus, si une partie du travail se situe en région boisée, on peut profiter des clairières pour placer quelques points de la courbe et, s'il y a lieu, pour en placer davantage, en calculant la flèche correspondant à la ou aux cordes tracées (fig. 19.21). Ce procédé, tout en assurant une certaine rapidité d'exécution, permet de réduire au maximum la coupe de bois et de respecter ainsi l'environnement. Cela est très important, surtout à ce stade des travaux, car le tracé final de la route peut être modifié de façon appréciable par rapport au tracé préliminaire. La figure 19.22 montre un cas semblable à celui de la figure 19.21, sauf qu'on a calculé les flèches en fonction de la corde principale :

$$(R - f)^2 = R^2 - (c/2^2)$$

$$f = R - \sqrt{R^2 - (c/2)^2} \tag{19.28}$$

Dans la figure 19.22, on a :

$$\overline{AB} = R - \sqrt{R^2 - (C/2)^2}$$

$$\overline{CD} = \overline{AB} - \overline{AE}$$

$$\overline{AE} = R - \sqrt{R^2 - (C/4)^2}$$

d'où

$$\overline{CD} = \sqrt{R^2 - (C/4)^2} - \sqrt{R^2 - (C/2)^2} \qquad (19.29)$$

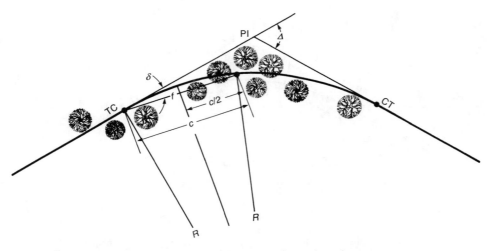

Figure 19.21 La courbe circulaire en région boisée (premier cas).

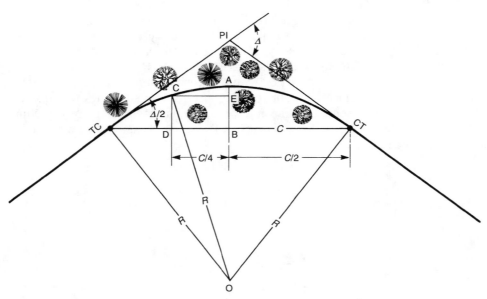

Figure 19.22 La courbe circulaire en région boisée (deuxième cas).

L'exemple 19.8 illustre le chaînage de points caractéristiques pour une courbe circulaire dont le PI est inaccessible.

EXEMPLE 19.8

On doit relier deux alignements par une courbe circulaire dont le PI est inaccessible. De plus, la courbe doit passer au centre de la distance AB. Calculer le rayon R, la longueur L et le chaînage des points caractéristiques TC et CT de cette courbe, si le chaînage du PI est égal à 2 + 845 (fig. 19.23).

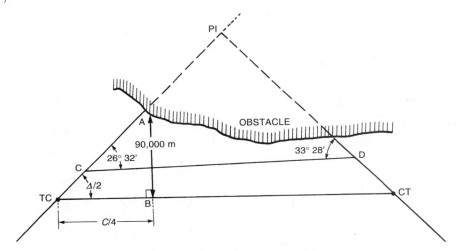

Figure 19.23 (Exemple 19.8)

Solution

Équation 19.29 :

$$\frac{90,000}{2} = \sqrt{R^2 - (c/4)^2} - \sqrt{R^2 - (c/2)^2}$$

Conformément à l'équation 19.4, on peut dire que :

$$C = 2R \sin \Delta/2 = 2R \sin \left(\frac{26° \, 32' \, + \, 33° \, 28'}{2} \right) = 2R \sin 30° = R$$

d'où

$$45,000 = \sqrt{R^2 - R^2/16} - \sqrt{R^2 - R^2/4}$$

alors :

$$R = 440,225 \text{ m}$$

Équation 19.5 :

$$L = \frac{\pi\Delta° R}{180°} = \frac{\pi \times 60° \times 440,225}{180°} = 461,003 \text{ m}$$

Équation 19.1 :

$$T = R \text{ tg } \Delta/2 = 440,225 \times \text{tg } 30° = 254,164 \text{ m}$$

Ch PI	2 + 845,000
− T	− 254,164
Ch TC	2 + 590,836
L	461,003
Ch CT	3 + 051,839

. . . .

19.12 LE CHOIX DU RAYON DE COURBURE

Le tableau 19.3 présente le rayon de courbure le plus approprié en fonction de la classe de route et de l'angle de déflexion Δ.

Tableau 19.3 Le rayon de courbure le plus approprié en fonction de la classe de route et de Δ

Angle d'intersection Δ°		Classification		
	RLU 60 RCU 60 RCD 60	RLU 80 RCU 80 RCD 80 RAU 80 RAD 80	RLU 100 RCU 100 RCD 100 RAU 100 RAD 100 RFD 100	RAU 110 RAD 110 RFD 110
0° 00' − 0° 30'	Aucune courbe requise			
0° 30' − 10° 00'	Utiliser une longueur de 300 m pour la courbe			
	R (m)			
10 − 15	1750	1750	1750	1750
15 − 20	1150	1750	1750	1750
20 − 30	875	875	1150	1150
30 − 40	700	700	875	1150
40 − 50	600	600	700	875
50 − 60	450	500	600	700
60 − 70	350	450	500	600
70 − 80	300	350	450	
80 − 90	250	300	350	
90 − 100	225	250		
100 − 110	200	225		
110 − 130	175			
130 − 150				

C'est un fait avéré que de relier deux alignements horizontaux par une courbe circulaire ayant un grand rayon de courbure, pour un type de route donné, ne pèche ni contre la sécurité de l'usager, ni contre la technique de construction. Par contre, l'utilisation de courbes circulaires qui ont une courbure prononcée (petit rayon) occasionne les inconvénients suivants :

– un changement brusque de direction au TC et au CT;

– un impact de la force centrifuge;

– un danger de dérapage et de glissement latéral;

– une visibilité limitée;

– un dépassement risqué;

– une diminution appréciable de la capacité de la route;

– une construction plus compliquée;

– des difficultés d'égouttement, de drainage, etc.

Comme il n'est pas toujours possible de relier deux alignements horizontaux par une longue courbe circulaire, et compte tenu du fait qu'on doive modifier la section transversale d'une chaussée à l'approche d'une courbe circulaire, la solution logique serait d'insérer une courbe à rayon variable entre la tangente et l'arc de cercle (sect. 19.13).

19.13 LA SPIRALE THÉORIQUE

La spirale théorique obéit à une loi simple et exacte. C'est une courbe dont le rayon de courbure décroît, à un taux constant, depuis la tangente jusqu'à la courbe circulaire. Au point de tangence, le rayon de la spirale est égal à l'infini, tandis qu'au point de raccordement de la spirale avec l'arc de cercle, il est égal au rayon de ce dernier (fig. 19.24).

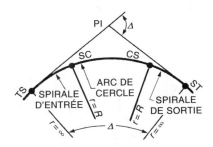

Figure 19.24 La variation du rayon de courbure de la spirale.

Voyons la signification des nouveaux symboles utilisés dans la figure 19.24 :

TS = le point entre la tangente et la spirale d'entrée
SC = le point entre la spirale et l'arc de cercle
CS = le point entre l'arc de cercle et la spirale de sortie
ST = le point entre la spirale de sortie et la tangente

Les avantages qui militent en faveur de l'utilisation de la spirale sont multiples. En voici les principaux :

- La spirale est la courbe qui épouse le plus fidèlement possible la trajectoire naturelle décrite par un véhicule à l'approche d'une courbe circulaire.
- La transition, pour passer de l'alignement droit à l'arc de cercle, est nécessaire.
- Elle assure une vitesse plus uniforme et un moins grand déplacement latéral du véhicule dans la courbe.
- Elle permet d'introduire une surlargeur et un dévers graduels.
- Elle assure une sollicitation progressive de la force centrifuge sur le véhicule.
- Elle améliore l'esthétique de la route.

Toutefois, certaines objections quant à l'utilisation de la spirale peuvent être soulevées :

- la difficulté apparente des calculs;
- la faible différence, du point de vue pratique, entre une courbe circulaire sans spirale et un raccordement avec spirales (objection valable seulement si le rayon de courbure de l'arc de cercle est très grand);
- la difficulté de localiser les lignes d'emprise parallèlement à la ligne centrale, etc.

Malgré ces quelques inconvénients, la spirale présente un bilan très positif.

19.13.1 Les caractéristiques du raccordement cercle-spirale

a) Les spirales d'entrée et de sortie doivent être tangentes à leur alignement respectif (fig. 19.24).
b) Le rayon de courbure, en un point de la spirale, doit être inversement proportionnel à la distance entre ce point et l'origine (TS).
c) L'arc de cercle et la spirale doivent avoir une tangente commune à leur point de raccordement (SC et CS).

19.13.2 L'équation de la spirale

Si on se réfère à la figure 19.25, la deuxième caractéristique de la spirale, mise sous forme mathématique, donne :

$$r = K\left(\frac{1}{l}\right)$$

Si $l = L_S$, alors $r = R$ et, par conséquent :

$$rl = RL_S = K$$

d'où

$$\frac{1}{r} = \frac{l}{RL_S} \qquad\qquad (19.30)$$

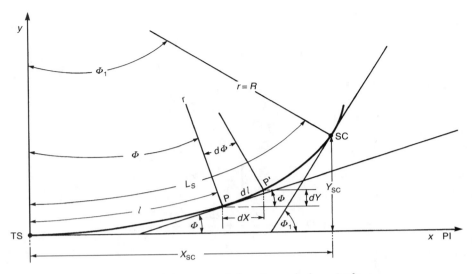

Figure 19.25 La mathématique de la spirale.

Par ailleurs, on peut dire que :

$$dl = rd\Phi_{\text{rad}}$$

$$\frac{1}{r} = d\Phi/dl \qquad (19.31)$$

Si on groupe les équations 19.30 et 19.31, on obtient :

$$\frac{l}{RL_S} = d\Phi/dl$$

$$d\Phi = \frac{l\,dl}{RL_S}$$

$$\Phi = \int \frac{l\,dl}{RL_S} = \frac{l^2}{2RL_S} + K$$

Or, si $l = 0$, alors $\Phi = 0$ et, par conséquent :

$$K = 0$$

$$\Phi = l^2/2RL_S \qquad (19.32)$$

Si $l = L_S$, on a :

$$\Phi = \Phi_1$$

et l'équation 19.32 devient :

$$\Phi_1 = L_S/2R \qquad (19.33)$$

ou encore

$$\Phi_1{}^\circ = \frac{L_S}{2R} \times \frac{180^\circ}{\pi} = \frac{90^\circ L_S}{\pi R} \tag{19.34}$$

De plus, dans la figure 19.25, on a :

$$dX = dl \cos \Phi$$

$$dY = dl \sin \Phi$$

d'où

$$X = \int dl \cos \Phi$$

$$\cos \Phi = 1 - \frac{\Phi^2}{2!} + \frac{\Phi^4}{4!} - \frac{\Phi^6}{6!} + \dots$$

Or, d'après l'équation 19.32, on sait que :

$$\Phi = \frac{l^2}{2RL_S}$$

alors :

$$X = \int \left(1 - \frac{l^4}{8R^2L_S{}^2} + \frac{l^8}{384R^4L_S{}^4} - \frac{l^{12}}{46\,080R^6L_S{}^6} + \dots \right) dl$$

$$= l - \frac{l^5}{40R^2L_S{}^2} + \frac{l^9}{3456R^4L_S{}^4} - \frac{l^{13}}{599\,040R^6L_S{}^6} + \dots + K$$

Or, si $l = 0$, alors $X = 0$ et $K = 0$, d'où :

$$X = l - \frac{l^5}{40R^2L_S{}^2} + \frac{l^9}{3456R^4L_S{}^4} - \frac{l^{13}}{599\,040R^6L_S{}^6} + \dots \tag{19.35}$$

Par ailleurs, pour Y, on a :

$$Y = \int dl \sin \Phi$$

$$\sin \Phi = \Phi - \frac{\Phi^3}{3!} + \frac{\Phi^5}{5!} - \frac{\Phi^7}{7!} + \dots$$

En remplaçant Φ par $l^2/2RL_S$, on obtient :

$$Y = \int \left(\frac{l^2}{2RL_S} - \frac{l^6}{48R^3L_S{}^3} + \frac{l^{10}}{3840R^5L_S{}^5} - \frac{l^{14}}{645\,120R^7L_S{}^7} + \dots \right) dl$$

$$= \frac{l^3}{6RL_S} - \frac{l^7}{336R^3L_S{}^3} + \frac{l^{11}}{42\,240R^5L_S{}^5} - \frac{l^{15}}{9\,676\,800R^7L_S{}^7} + \dots + K$$

Or, si $l = 0$, alors $Y = 0$ et $K = 0$. Ainsi :

$$Y = \frac{l^3}{6RL_S} - \frac{l^7}{336R^3L_S{}^3} + \frac{l^{11}}{42\,240R^5L_S{}^5} - \frac{l^{15}}{9\,676\,800R^7L_S{}^7} + \ldots \qquad (19.36)$$

Les équations 19.35 et 19.36 représentent l'équation de la spirale en coordonnées rectangulaires.

Dans ces expressions, si on prend $l = L_S$, on obtient pour SC :

$$X_{SC} = L_S - L_S{}^3 / 40R^2 + L_S{}^5 / 3456R^4 - \ldots \qquad (19.37)$$

$$Y_{SC} = L_S{}^2 / 6R - L_S{}^4 / 336R^3 + L_S{}^6 / 42\,240R^5 - \ldots \qquad (19.38)$$

19.13.3 Les angles de déviation

L'angle de déviation δ, qui correspond à l'angle que forme une corde particulière avec la tangente à l'origine (fig. 19.26), est donné par la relation suivante :

$$\operatorname{tg}\delta = \frac{Y}{X} \qquad (19.39)$$

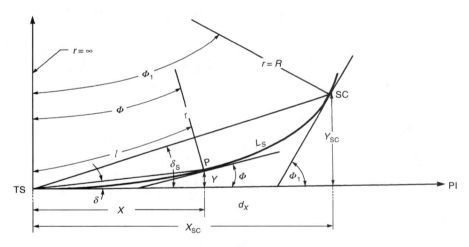

Figure 19.26 Les angles de déviation.

Si on reporte les équations 19.35 et 19.36 dans l'équation 19.39, on obtient :

$$\operatorname{tg}\delta = \frac{l^3 / 6RL_S - l^7 / 336R^3L_S{}^3 + \ldots}{l - l^5 / 40R^2L_S{}^2 + \ldots}$$

$$\delta = \operatorname{tg}^{-1}\!\left(\frac{l^2}{6RL_S} + \frac{l^6}{840R^3L_S{}^3} + \ldots \right) \qquad (19.40)$$

D'après l'équation 19.32, on sait que :

$$\Phi = l^2/2RL_S$$

d'où

$$\delta = \text{tg}^{-1}\left(\Phi/3 + \Phi^3/105 + 26\,\Phi^5/155\,925 + \ldots\right) \tag{19.41}$$

Si $l = L_S$, alors $\delta = \delta_S$ et l'équation 19.40 devient :

$$\delta_S = \text{tg}^{-1}\left(\frac{L_S}{6R} + \frac{L_S^{\,3}}{840R^3} + \ldots\right) \tag{19.42}$$

ou encore

$$\delta_S = \text{tg}^{-1}\left(\Phi_1/3 + \Phi_1^3/105 + 26\,\Phi_1^5/155\,925 + \ldots\right) \tag{19.43}$$

Or, puisque δ est un angle relativement petit, on peut poser :

$$\text{tg}\,\delta \cong \delta_{\text{rad}} = \frac{l^2}{6RL_S} + \frac{l^6}{840R^3L_S^{\,3}} \tag{19.44}$$

et, de même :

$$\text{tg}\,\delta_S \cong \delta_{S_{\text{rad}}} = \frac{L_S}{6R} + \frac{L_S^{\,3}}{840R^3} \tag{19.45}$$

En divisant l'équation 19.44 par l'équation 19.45, on obtient :

$$\frac{\delta}{\delta_S} = \frac{l^2/6RL_S + l^6/840R^3L_S^{\,3} + \ldots}{L_S/6R + L_S^{\,3}/840R^3 + \ldots}$$

$$= \frac{l^2}{L_S^{\,2}} - \frac{l^2}{140R^2} + \frac{l^2 L_S^{\,2}}{19\,600R^4}$$

et, en ne conservant que les deux premiers termes, on a :

$$\frac{\delta}{\delta_S} = \frac{l^2}{L_S^{\,2}}\left(1 - L_S^{\,2}/140R^2\right)$$

d'où

$$\delta = \delta_S \left(l/L_S \right)^2 \left(1 - L_S^2 \big/ 140R^2 \right) \qquad (19.46)$$

Si on ne conserve qu'un seul terme, on obtient les approximations suivantes :

$$\delta = \text{tg}^{-1} \left(l^2 \big/ 6RL_S \right)$$
$$\cong \Phi/3$$
$$\delta_S = \text{tg}^{-1} \left(L_S/6R \right)$$
$$\cong \Phi_1/3 \qquad (19.47)$$

et, finalement :

$$\delta = \delta_S \left(l/L_S \right)^2 \qquad (19.48)$$

Ces dernières équations assurent une précision adéquate à la plupart des travaux en voirie.

Pour piqueter une spirale théorique (ex. 19.9), on la divise en 10 parties égales et on mesure toujours les angles de déviation à partir du TS. De plus, comme le mesurage s'effectue suivant la corde, on considère, sans introduire d'erreur appréciable, que la longueur de la corde est égale à celle de l'arc utilisé dans les calculs.

. . . .

EXEMPLE 19.9

Calculer les angles de déviation pour piqueter une spirale théorique de 100 m, sachant que le rayon de l'arc de cercle est égal à 350 m.

Solution

Équation 19.42 :

$$\delta_S = \text{tg}^{-1} \left(\frac{L_S}{6R} + \frac{L_S^3}{840R^3} + \dots \right)$$

$$= \text{tg}^{-1} \left(\frac{100}{6 \times 350} + \frac{100^3}{840 \times 350^3} + \dots \right) = 2° \, 43' \, 40''$$

D'après l'équation 19.46, on sait que :

$$\delta = \delta_S \left(l/L_S \right)^2 \left(1 - L_S^2 \big/ 140R^2 \right)$$

$$= \delta_S \left(l/L_S \right)^2 \left(1 - \frac{100^2}{140 \times 350^2} \right) = \delta_S \left(l/L_S \right)^2 \times 0,999 \, 417$$

d'où

$$\delta_0 = 2° \, 43' \, 40'' \left(\frac{0}{100}\right)^2 \times 0{,}999\,417 = 0° \, 00' \, 00''$$

$$\delta_{10} = 2° \, 43' \, 40'' \left(\frac{10}{100}\right)^2 \times 0{,}999\,417 = 0° \, 01' \, 38''$$

et ainsi de suite (tabl. 19.4, col. B).

Si on résout cette application à l'aide de l'équation 19.47, on obtient :

$$\delta_S = \text{tg}^{-1} \left(\frac{100}{6 \times 350}\right) = 2° \, 43' \, 35''$$

et, à l'aide de l'équation 19.48 :

$$\delta_0 = 2° \, 43' \, 35'' \left(\frac{0}{100}\right)^2 = 0° \, 00' \, 00''$$

$$\delta_{10} = 2° \, 43' \, 35'' \left(\frac{10}{100}\right)^2 = 0° \, 01' \, 38''$$

et ainsi de suite (tabl. 19.4, col. C).

Dans l'équation 19.47, si on substitue l'angle en radians à la fonction tangente, on a alors :

$$\delta_S = \frac{L_S}{6R} \rightarrow \delta_S° = \frac{180° \, L_S}{6\pi R} = \frac{30° \, L_S}{\pi R}$$

$$\delta_S° = \frac{30° \times 100}{\pi \times 350} = 2° \, 43' \, 42''$$

et

$$\delta_0 = 2° \, 43' \, 42'' \left(\frac{0}{100}\right)^2 = 0° \, 00' \, 00''$$

$$\delta_{10} = 2° \, 43' \, 42'' \left(\frac{10}{100}\right)^2 = 0° \, 01' \, 38''$$

et ainsi de suite (tabl. 19.4, col. D).

Tableau 19.4 La comparaison entre les résultats de l'exemple 19.9

δ	A$$\delta = \text{tg}^{-1}\left(\dfrac{l^2}{6RL_S} + \dfrac{l^6}{840R^3 L_S^3}\right)$$	B$$\delta_S = \text{tg}^{-1}\left(\dfrac{L_S}{6R} + \dfrac{L_S^3}{840R^3}\right)$$ $\delta_S (l/L_S)^2 (1 - L_S^2/140R^2)$	C$$\delta_S = \text{tg}^{-1}(L_S/6R)$$ $\delta = \delta_S (l/L_S)^2$	D$$\delta_S = L_S/6R$$ $\delta_S (l/L_S)^2$
	Équations utilisées			
δ_0	0° 00' 00"	0° 00' 00"	0° 00' 00"	0° 00' 00"
δ_{10}	0° 01' 38"	0° 01' 38"	0° 01' 38"	0° 01' 38"
δ_{20}	0° 06' 33"	0° 06' 32"	0° 06' 32"	0° 06' 33"
δ_{30}	0° 14' 44"	0° 14' 42"	0° 14' 43"	0° 14' 44"
δ_{40}	0° 26' 11"	0° 26' 08"	0° 26' 10"	0° 26' 11"
δ_{50}	0° 40' 55"	0° 40' 50"	0° 40' 54"	0° 40' 55"
δ_{60}	0° 58' 55"	0° 58' 48"	0° 58' 53"	0° 58' 56"
δ_{70}	1° 20' 12"	1° 20' 02"	1° 20' 09"	1° 20' 13"
δ_{80}	1° 44' 44"	1° 44' 32"	1° 44' 42"	1° 44' 46"
δ_{90}	2° 12' 32"	2° 12' 18"	2° 12' 30"	2° 12' 36"
δ_{100}	2° 43' 35"	2° 43' 20"	2° 43' 35"	2° 43' 42"

Enfin, si on a recours à l'équation 19.40, qui est plus rigoureuse, on obtient :

$$\delta = \mathrm{tg}^{-1}\left(\frac{l^2}{6RL_S} + \frac{l^6}{840R^3{L_S}^3} + \cdots\right)$$

$$\delta_0 = \mathrm{tg}^{-1}\left(\frac{0^2}{6 \times 350 \times 100} + \frac{0^6}{840 \times 350^3 \times 100^3}\right) = 0° \ 00' \ 00''$$

$$\delta_{10} = \mathrm{tg}^{-1}\left(\frac{10^2}{6 \times 350 \times 100} + \frac{10^6}{840 \times 350^3 \times 100^3}\right) = 0° \ 01' \ 38''$$

et ainsi de suite (tabl. 19.4, col. A).

Remarque : La comparaison entre les résultats des quatre colonnes du tableau 19.4 fait ressortir qu'il vaut mieux calculer les angles de déviation de la spirale au moyen de l'équation de la colonne A ou encore, de façon tout aussi acceptable, à l'aide des équations de la colonne C.

. . . .

19.13.4 Le raccordement de l'arc de cercle à la spirale

Pour intercaler la spirale entre l'alignement et l'arc de cercle, on peut procéder de deux façons. On peut conserver le point de tangence (le TC devient alors le TS) et réduire en conséquence le rayon initial R de l'arc de cercle (fig. 19.27). On peut également déplacer l'arc de cercle de façon radiale et le tronquer d'une même longueur à chacune de ses extrémités (fig. 19.28). Dans le texte qui suit, nous allons détailler cette dernière méthode.

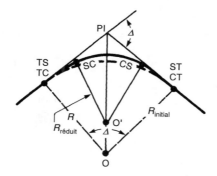

Figure 19.27 La méthode de la réduction du rayon initial R.

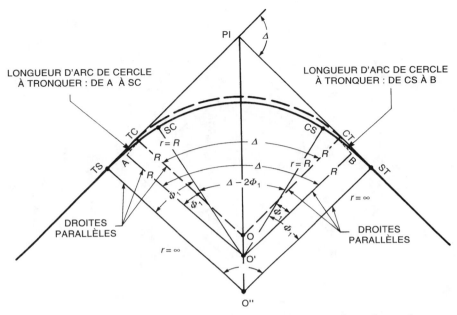

Figure 19.28 La méthode du déplacement radial de l'arc de cercle.

19.13.5 La théorie du raccordement

La figure 19.29 illustre la méthode du décalage de l'arc de cercle. Nous donnons ci-dessous la signification des symboles utilisés dans cette figure :

TS = le point entre la tangente et la spirale d'entrée
SC = le point entre la spirale et l'arc de cercle
CS = le point entre l'arc de cercle et la spirale de sortie
ST = le point entre la spirale de sortie et la tangente
R = le rayon de l'arc de cercle
L_S = la longueur de la spirale (suivant l'arc)
cf = la contre-flèche
t_l = la longue tangente de la spirale
t_c = la courte tangente de la spirale
C = la corde principale de la spirale
d = le décalage de l'arc de cercle
r = le rayon de courbure de la spirale en un point donné
l = la distance entre un point et l'origine sur la spirale
δ = l'angle de déviation d'un point donné de la courbe
s = la distance entre le TS ou le ST et le prolongement du rayon jusqu'à la tangente principale

---

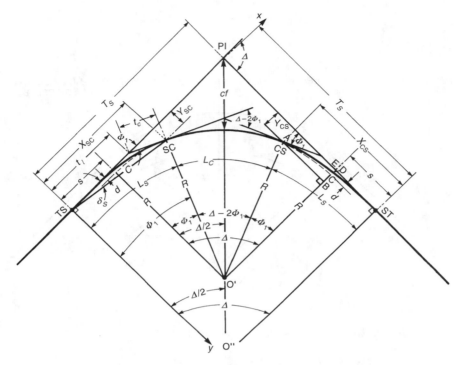

Figure 19.29 Le raccordement cercle-spirales.

Le segment $\overline{CE}$ représente le décalage, d, de l'arc de cercle, d'où :

$$d = Y_{CS} - \overline{BC} \tag{19.49}$$

$$\overline{BC} = R - R \cos \Phi_1 \tag{19.50}$$

En développant le $\cos \Phi_1$ en série et en prenant $\Phi_1 = L_S/2R$, on obtient :

$$\cos \Phi_1 = 1 - L_S^2 \big/ 8R^2 + L_S^4 \big/ 384R^4 - \ldots \tag{19.51}$$

En reportant le second terme de l'équation 19.51 dans l'équation 19.50, on a :

$$\overline{BC} = R - R \left(1 - L_S^2 \big/ 8R^2 + L_S^4 \big/ 384R^4 - \ldots \right)$$
$$= L_S^2 \big/ 8R - L_S^4 \big/ 384R^3 + \ldots \tag{19.52}$$

Si on reporte le second terme des équations 19.52 et 19.38 dans l'équation 19.49, on obtient :

$$d = L_S^2 \big/ 6R - L_S^4 \big/ 336R^3 + \ldots - \left(L_S^2 \big/ 8R - L_S^4 \big/ 384R^3 + \ldots \right)$$
$$= \frac{L_S^2}{24R} - \frac{L_S^4}{2688R^3} + \ldots \tag{19.53}$$

La longueur de l'arc de cercle AC, qu'on doit tronquer à chacune de ses extrémités pour faire place à la spirale, est :

$$\text{arc AC} = R\Phi_1$$

Selon l'équation 19.33, on sait que :

$$L_S = 2R\Phi_1$$

d'où

$$\text{arc AC} = \frac{L_S}{2} \qquad (19.54)$$

De plus, comme l'arc AC $\cong$ l'arc AD, on peut considérer, en pratique, que le point D constitue le milieu de la spirale. Selon l'équation 19.36, on a :

$$Y_D = \frac{(L_S/2)^3}{6RL_S} - \frac{(L_S/2)^7}{336R^3L_S^3} + \frac{(L_S/2)^{11}}{42\,240R^5L_S^5} - \ldots$$

$$Y_D = \frac{L_S^2}{48R} - \frac{L_S^4}{43\,008R^3} + \ldots \qquad (19.55)$$

Si on conserve le premier terme de l'équation 19.53 et le premier terme de l'équation 19.55, on obtient :

$$Y_D = \frac{d}{2} \qquad (19.56)$$

Cela signifie que l'ordonnée du point milieu de la spirale a pour valeur la moitié de celle du décalage.

La tangente principale est :

$$T_S = (R + d)\ \text{tg}\ \frac{\Delta}{2} + s \qquad (19.57)$$

Or :

$$s = X_{CS} - \overline{AB} \qquad (19.58)$$

$$\overline{AB} = R \sin \Phi_1$$

En développant le sin Φ_1 en série et en substituant $L_S/2R$ à Φ_1, on a :

$$\overline{AB} = R\left(\frac{L_S}{2R} - \frac{L_S^3}{48R^3} + \ldots\right) = \frac{L_S}{2} - \frac{L_S^3}{48R^2} + \ldots$$

En reportant cette expression de $\overline{AB}$ et l'équation 19.37 dans l'équation 19.58, on obtient :

$$s = L_S - \frac{L_S^3}{40R^2} + \ldots - \left(L_S/2 - L_S^3/48R^2 + \ldots\right)$$

$$= L_S/2 - L_S^3/240R^2 + L_S^5/34\,560R^4 - \ldots \qquad (19.59)$$

D'une part, la courte tangente s'exprime ainsi :

$$t_c = \frac{Y_{SC}}{\sin \Phi_1}$$ (19.60)

Le report de l'équation 19.38 et de la valeur du sin Φ_1 dans l'équation 19.60 donne :

$$t_c = \frac{L_S^2/6R - L_S^4/336R^3 + \ldots}{L_S/2R - L_S^3/48R^3 + \ldots} = \frac{L_S}{3} + \frac{L_S^3}{126R^2} + \frac{L_S^5}{4882R^4} + \ldots$$ (19.61)

D'autre part, la longue tangente correspond à :

$$t_l = X_{SC} - \frac{Y_{SC}}{\tan \Phi_1}$$ (19.62)

En développant la tg Φ_1 en série et en substituant le second terme des équations 19.37 et 19.38 dans l'équation 19.62, on a :

$$t_l = L_S - \frac{L_S^3}{40R^2} + \ldots - \frac{L_S^2/6R - L_S^4/336R^3 + \ldots}{L_S/2R + L_S^3/24R^3 + \ldots}$$

$$= L_S - L_S^3/40R^2 + \ldots - \left(\frac{L_S}{3} - \frac{17\,L_S^3}{504R^2} - \ldots \right)$$

$$= \frac{2}{3} L_S + \frac{11\,L_S^3}{1260R^2} + \frac{139\,L_S^5}{665\,280R^4} + \ldots$$ (19.63)

Quant à la corde principale de la spirale, elle équivaut à :

$$C = \frac{Y_{SC}}{\sin \delta_S}$$ (19.64)

Le développement du sin δ_S en série et la substitution de l'équation 19.38 dans l'équation 19.64 donnent :

$$C = L_S - \frac{100\,L_S^3}{9011R^2} + \frac{100\,L_S^5}{97\,237R^4} - \ldots$$ (19.65)

La contre-flèche s'exprime comme suit :

$$cf = (R + d) \sec \frac{\Delta}{2} - R$$

ou encore

$$cf = (R + d) \sec \frac{\Delta}{2} - (R + d) + d$$

d'où

$$cf = (R + d) \left(\sec \frac{\Delta}{2} - 1 \right) + d$$ (19.66)

Enfin, la longueur de l'arc de cercle correspond à :

$$L_C = \frac{\pi R}{180°} \left(\Delta° - 2\Phi_1° \right) \qquad (19.67)$$

Dans l'exemple 19.10, nous présentons des calculs relatifs à ces divers éléments et, dans l'exemple 19.11, nous effectuons le chaînage de points caractéristiques.

. . . .

EXEMPLE 19.10

Calculer la tangente principale, T_S, la corde principale de la spirale, C, la contre-flèche, cf, la longue tangente, t_l, et la courte tangente, t_c, compte tenu que le rayon de l'arc de cercle $R = 350$ m, $L_S = 100$ m et $\Delta = 50°$.

Solution

Équation 19.53 :

$$d = L_S^2 / 24R - L_S^4 / 2688R^3 + \ldots$$

$$= \frac{100^2}{24 \times 350} - \frac{100^4}{2688 \times 350^3} = 1{,}190 - 0{,}001 = 1{,}189 \text{ m}$$

Équation 19.59 :

$$s = L_S / 2 - L_S^3 / 240R^2 + L_S^5 / 34\,560R^4 - \ldots$$

$$= \frac{100}{2} - \frac{100^3}{240 \times 350^2} - \frac{100^5}{34\,560 \times 350^4} = 50 - 0{,}034 + \ldots$$

$$= 49{,}966 \text{ m}$$

Équation 19.57 :

$$T_S = \left(R + d \right) \text{tg} \frac{\Delta}{2} + s$$

$$= \left(350 + 1{,}189 \right) \text{tg} \frac{50°}{2} + 49{,}966$$

$$= 213{,}728 \text{ m}$$

Équation 19.65 :

$$C = L_S - \frac{100 L_S^3}{9011 R^2} + \ldots$$

$$= 100 - \frac{100 \times (100)^3}{9011 \times 350^2} = 99{,}909 \text{ m}$$

Équation 19.66 :

$$cf = (R + d) \left(\sec \frac{\Delta}{2} - 1 \right) + d$$

$$= (350 + 1{,}189) \left(\sec \frac{50°}{2} - 1 \right) + 1{,}189 = 37{,}494 \text{ m}$$

Équation 19.63 :

$$t_l = \frac{2}{3} L_S + \frac{11 L_S^{\,3}}{1260 R^2} + \dots$$

$$= \frac{2}{3} \times 100 + \frac{11 \times 100^3}{1260 \times 350^2} + \dots = 66{,}738 \text{ m}$$

Équation 19.61 :

$$t_c = \frac{L_S}{3} + \frac{L_S^{\,3}}{126 R^2} + \dots$$

$$= \frac{100}{3} + \frac{100^3}{126 \times 350^2} + \dots = 33{,}398 \text{ m}$$

· · · · · · · · · · · · · · · · · ·

EXEMPLE 19.11

Si le chaînage du PI de l'exemple 19.10 est égal à 1 + 814,830, calculer le chaînage des points caractéristiques TS, SC, CS et ST.

Solution

Équation 19.34 :

$$\Phi_1 = \frac{90° \, L_S}{\pi R} = \frac{90° \times 100}{\pi \times 350} = 8° \, 11' \, 06''$$

Équation 19.67 :

$$L_C = \frac{\pi R}{180°} \left(\Delta° - 2\Phi_1° \right)$$

$$= \frac{350\pi}{180°} \left(50° - 2 \times 8° \, 11' \, 06'' \right) = 205{,}434$$

Ch PI	1 + 814,830
$-T_S$	− 213,728 (exemple 19.10)
Ch TS	1 + 601,102
L_S	100,000
Ch SC	1 + 701,102
L_C	205,434
Ch CS	1 + 906,536
L_S	100,000
Ch ST	2 + 006,536

· · · · · · · · · · · · · · · · · ·

19.13.6 L'ordre séquentiel du calcul et du piquetage d'une spirale théorique

En règle générale, on connaît le chaînage du PI et l'angle Δ. Le rayon de courbure de l'arc de cercle et la longueur de la spirale se déterminent selon le type de route à construire. Le tableau 19.5, tiré des normes publiées par la C.G.R.A., présente le rayon de courbure, le dévers, le paramètre de la spirale et le nombre de voies en fonction de la classe de route, qui tient compte de la vitesse de conception. Ce tableau est basé sur un dévers maximal de 8 %.

Voici quelques explications concernant ce tableau :

- Les symboles utilisés sont :

  e = le dévers
  A = le paramètre de la spirale (m)
  NC = la couronne normale
  RC = la couronne dont la partie extérieure est ramenée dans le prolongement de la partie inférieure

- $L_S = A^2/R$

- Les paramètres de la spirale correspondent à des valeurs minimales. Lorsque c'est possible, il faut utiliser des valeurs supérieures à celles-ci.

- Pour les données inscrites au-dessus de la ligne en gras, il est préférable d'avoir une spirale, mais ce n'est pas essentiel.

- Dans le cas d'un pavage de 6 voies, utiliser les valeurs correspondant à 4 voies pour les données inscrites au-dessus de la ligne pointillée et les valeurs de 4 voies $\times$ 1,15 pour les données inscrites au-dessous de la ligne pointillée.

Afin de calculer et d'effectuer le piquetage d'une spirale théorique, il faut suivre les étapes suivantes :

a) Choisir R et L_S de façon à remplir les conditions imposées.
b) Calculer Φ_1 et δ_S.
c) Déterminer d et s.
d) Calculer T_S et L_C.
e) Déterminer les chaînages des points caractéristiques.
f) Mesurer les angles de déviation de la spirale, en prenant des cordes de longueur égale à $L_S/10$.
g) Piqueter le TS et le ST, en mesurant sur la tangente une longueur T_S à partir du PI.
h) Stationner le théodolite sur le TS et piqueter la spirale d'entrée jusqu'au SC, en utilisant les angles de déviation et les longueurs de corde calculés en f).
i) Placer le théodolite sur le point SC. Prendre une visée arrière sur le TS en ayant $180° - (\Phi_1 - \delta_S)$ sur le plateau, et ce en lunette droite. Rester en lunette droite et la tourner jusqu'à ce que le vernier indique 0°. La ligne de visée est alors dans la direction de la tangente à la courbe circulaire (fig. 19.29). Piqueter la courbe circulaire jusqu'au CS à l'aide de la méthode expliquée à la section 19.6.
j) Stationner le théodolite sur le ST et piqueter la spirale de sortie jusqu'au CS. (Pour des cordes de longueur constante, les angles de déviation sont les mêmes que ceux de la spirale d'entrée.)
k) Bien s'assurer que l'ensemble curviligne ferme à l'intérieur de la tolérance permise.

Tableau 19.5 Les paramètres en fonction de la classe de route

km/h	40			50			60			70			80			90			100			110			120			130			140		
	•	A		•	A		•	A		•	A		•	A		•	A		•	A		•	A		•	A		•	A		•	A	
m		2 voies	3&4 voies		2 voies	3&4 voies		2 voies	3&4 voies		2 voies	3&4 voies		2 voies	3&4 voies		2 voies	3&4 voies		2 voies	3&4 voies		2 voies	3&4 voies		2 voies	3&4 voies		2 voies	3&4 voies		2 voies	3&4 voies
7000	NC			NC			NC			NC			NC			NC			NC			NC			NC			NC			RC	0.025	700	700
5000	NC			NC			NC			NC			NC			NC			NC			NC			RC	0.024	600	600	0.027	800	800	0.030	625	625
4000	NC			NC			NC			NC			NC			NC			NC			0.026	500	500	0.030	500	500	0.034	500	500	0.034	560	560
3000	NC			NC			NC			NC			NC			NC			0.022	480	480	0.035	350	350	0.040	350	350	0.045	450	450	0.050	495	495
2000	NC			NC			NC			NC			NC			0.021	380	400	0.030	340	340	0.043	300	300	0.049	300	300	0.064	400	400	0.060	400	400
1500	NC			NC			NC			NC			0.026	300	300	0.027	250	250	0.037	300	300	0.050	270	270	0.062	350	350	0.082	330	340	0.068	385	345
1200	NC			RC			NC			0.023	225	225	0.032	225	225	0.032	240	240	0.044	250	250	0.056	250	250	0.068	285	285	0.086	300	325	0.074	365	330
1000	NC			RC			0.027	200	200	0.028	200	200	0.038	200	200	0.038	225	225	0.049	240	240	0.059	230	230	0.070	250	250	0.071	300	300	0.078	350	325
900	NC			RC			0.030	175	160	0.032	180	180	0.039	200	195	0.042	200	200	0.052	225	225	0.063	225	225	0.070	250	250	0.078	280	310	0.080	350	325
800	NC			0.020	150	150	0.034	160	140	0.035	175	175	0.046	175	185	0.046	185	185	0.056	200	200	0.067	225	225	0.078	250	250	0.080	280	280	0.080	350	350
700	NC			0.023	140	140	0.039	150	140	0.038	165	160	0.050	165	175	0.050	175	175	0.060	200	200	0.072	220	225	0.080	250	250	0.080	280	280			
600	0.021	120	120	0.026	120	125	0.045	140	125	0.042	150	150	0.056	150	165	0.058	175	175	0.065	200	200	0.078	220	220	0.080	250	250						
500	0.025	100	100	0.030	100	110	0.049	125	125	0.048	140	150	0.063	150	150	0.064	160	160	0.071	200	200	0.080	220	220									
400	0.028	90	90	0.035	90	100	0.053	110	125	0.054	125	135	0.067	135	160	0.071	160	185	0.075	200	215												
350	0.031	90	90	0.038	85	100	0.059	100	120	0.058	120	135	0.072	125	150	0.075	160	175	0.080	200	200												
300	0.035	90	90	0.042	85	95	0.062	95	120	0.063	110	125	0.078	125	150	0.080	160	175															
250	0.039	75	80	0.047	80	95	0.068	90	110	0.069	110	125	0.080	125	150																		
220	0.044	70	80	0.051	80	85	0.072	85	110	0.075	105	120																					
200	0.051	70	80	0.054	75	85	0.076	85	100	0.078	110	125																					
180	0.054	70	80	0.057	75	85	0.078	85	95	0.080	110	120																					
160	0.057	65	80	0.060	75	80	0.080	85	95																								
140	0.064	65	80	0.064	70	80	0.080	85	95																								
120	0.065	65	75	0.068	65	80																											
100	0.071	65	75	0.074	65	80																											
90	0.075	60		0.077	65	75																											
80	0.080	55		0.080	65	75																											
70	0.080	55																															
60	0.080	50																															
50	0.080	50																															
	minimum R = 50			minimum R = 80			minimum R = 120			minimum R = 170			minimum R = 230			minimum R = 300			minimum R = 380			minimum R = 475			minimum R = 600			minimum R = 700			minimum R = 850		

Théodolite installé sur un point intermédiaire. La spirale théorique se compose d'un nombre infiniment grand d'arcs de cercle infiniment petits. À chacun de ses points, la spirale a un rayon de courbure *r* particulier (art. 19.13.2), et le cercle engendré par ce rayon au point de la courbe se nomme cercle osculateur (fig. 19.30).

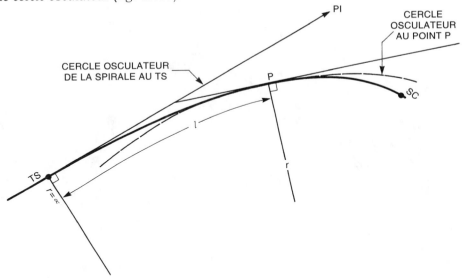

Figure 19.30 Le cercle osculateur en un point de la spirale.

Caractéristique. Une propriété très importante de la spirale est qu'elle s'éloigne du cercle osculateur concerné, en un point donné de celle-ci, selon le même angle que celui de sa tangente à l'origine (TS), et ce pour une même distance.

Dans la figure 19.31, prenons des arcs égaux par construction :

$$\text{arc } PB = \text{arc } PC = \text{arc } TS \text{ à } H = l_1$$

Le théodolite est en station sur le point P. On effectue une visée arrière, par exemple sur le point B de la spirale. L'angle nécessaire pour qu'on puisse revenir dans la direction de la tangente au point P équivaut à :

$$\angle BPA = \angle CPA - \angle BPC$$

On sait que :

$$\angle CPA = \delta_c = \frac{90° \, l_1}{\pi \, r} \text{ (cercle osculateur)}$$

où $r = \dfrac{RL_S}{l}$

On sait également que :

$$\angle BPC = \delta_H \left(\text{propriété de la spirale théorique, fig. 19.31}\right)$$

d'où

$$\delta_H = \delta_S \left(l_1/L_S\right)^2$$

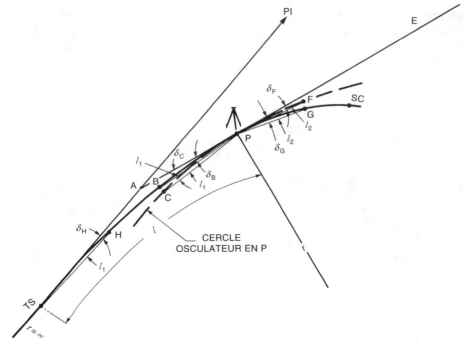

Figure 19.31   Le théodolite installé sur un point intermédiaire de la spirale.

Par conséquent :

$$\angle\text{BPA} = \delta_{\text{P-B}} = \frac{90° \, l_1}{\pi \, r} - \delta_S \left(l_1/L_S\right)^2$$

Si on prend une distance l_2 de l'autre côté, soit vers le SC, l'angle pour placer un point de la spirale à partir de la tangente au point P est alors :

$$\angle\text{EPG} = \angle\text{EPF} + \angle\text{FPG}$$

$$= \frac{90° \, l_2}{\pi \, r} + \delta_S \left(\frac{l_2}{L_S}\right)^2 \tag{19.68}$$

Pour implanter un point de la spirale à partir d'un point intermédiaire, on fait la visée arrière sur le point connu. On tourne la lunette de l'angle de déviation calculé pour ce point, ce qui donne la direction de la tangente. Par la suite, on bascule la lunette et on la tourne de l'angle de déviation calculé pour le point avant. L'angle total tourné représente la somme des angles de déviation.

Si les points considérés sont de part et d'autre et à égale distance du point intermédiaire, la somme des angles de déviation devient :

$$\delta_{\text{P-B}} + \delta_{\text{P-G}} = \frac{90° \, l_i}{\pi \, r} - \delta_S \left(\frac{l_i}{L_S}\right)^2 + \frac{90° \, l_i}{\pi \, r} + \delta_S \left(\frac{l_i}{L_S}\right)^2$$

$$= \frac{180° \, l_i}{\pi \, r} \tag{19.69}$$

où l_i = la longueur de la visée arrière et de la visée avant

$r = \dfrac{RL_S}{l}$ (l = la longueur entre P et le TS)

L'exemple 19.12 présente le calcul du chaînage et des angles de déviation dans un cas de raccordement spirales théoriques-cercle.

· · · · · · · · · · · · · · · · · · · ·

EXEMPLE 19.12

On doit relier par un raccordement spirales théoriques-cercle (fig. 19.32) deux alignements d'une route à deux voies, sur laquelle la vitesse de base est de 100 km/h. Si le chaînage du PI = 2 + 050, $\Delta = 40°$ et le rayon R de l'arc de cercle = 500 m, calculer le chaînage des points caractéristiques et les angles de déviation qui permettront de piqueter cette courbe.

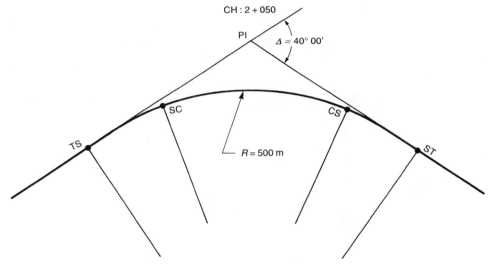

Figure 19.32   (Exemple 19.12)

Solution

D'après le tableau 19.5, pour une vitesse de 100 km/h et un rayon R de 500 m, la valeur du paramètre A de la spirale est de 200 m :

$$L_S = A^2/R = \frac{200^2}{500} = 80 \text{ m}$$

Équation 19.53 :

$$d = L_S^2/24R - L_S^4/2688R^3$$

$$= \frac{80^2}{24 \times 500} - \frac{80^4}{2688 \times 500^3} = 0{,}533 \text{ m}$$

Équation 19.59 :

$$s = L_S/2 - L_S^3/240R^2$$

$$= \frac{80}{2} - \frac{80^3}{240 \times 500^2} = 39{,}991 \text{ m}$$

Équation 19.57 :

$$T_S = (R + d) \text{ tg} \frac{\Delta}{2} + s$$

$$= (500 + 0{,}533) \text{ tg} \frac{40°}{2} + 39{,}991 = 222{,}171 \text{ m}$$

Équation 19.34 :

$$\Phi_1° = \frac{90° \, L_S}{\pi \, R}$$

$$= \frac{90° \times 80}{500\pi} = 4° \, 35' \, 01''$$

Équation 19.67 :

$$L_C = \frac{\pi \, R}{180°} \left(\Delta° - 2\Phi_1° \right)$$

$$= \frac{500\pi}{180°} \left(40° \, 00' \, 00'' - 9° \, 10' \, 02'' \right) = 269{,}066 \text{ m}$$

Ch PI	2 + 050
$-T_S$	$-222{,}171$
Ch TS	1 + 827,829
L_S	80
Ch SC	1 + 907,829
L_C	269,066
Ch CS	2 + 176,895
L_S	80
Ch ST	2 + 256,895

Angles de déviation de la spirale (équat. 19.47) :

$$\delta_S = \text{tg}^{-1} \left(L_S/6R \right)$$

$$= \text{tg}^{-1} \left(\frac{80}{6 \times 500} \right) = 1° \, 31' \, 39''$$

Équation 19.48 :

$$\delta = \delta_S \left(l/L_S \right)^2$$

À partir des calculs précédents, on rédige le carnet de notes pour le piquetage des spirales d'entrée et de sortie (tabl. 19.6).

Tableau 19.6 Les angles de déviation pour les spirales d'entrée et de sortie (exemple 19.12)

Points Sp. d'entrée	Arc ≅ corde (m)	Angles de déviation	Points Sp. de sortie
TS : 1 + 827,829	0	δ_0 : 1° 31' 39" $(0/80)^2$ = 0° 00' 00"	ST : 2 + 256,895
1 + 835,829	8	δ_8 : 1° 31' 39" $(8/80)^2$ = 0° 00' 55"	2 + 248,895
1 + 843,829	8	δ_{16} : 1° 31' 39" $(16/80)^2$ = 0° 03' 40"	2 + 240,895
1 + 851,829	8	δ_{24} : 1° 31' 39" $(24/80)^2$ = 0° 08' 15"	2 + 232,895
1 + 859,829	8	δ_{32} : 1° 31' 39" $(32/80)^2$ = 0° 14' 40"	2 + 224,895
1 + 867,829	8	δ_{40} : 1° 31' 39" $(40/80)^2$ = 0° 22' 55"	2 + 216,895
1 + 875,829	8	δ_{48} : 1° 31' 39" $(48/80)^2$ = 0° 33' 00"	2 + 208,895
1 + 833,829	8	δ_{56} : 1° 31' 39" $(56/80)^2$ = 0° 44' 54"	2 + 200,895
1 + 891,829	8	δ_{64} : 1° 31' 39" $(64/80)^2$ = 0° 58' 39"	2 + 192,895
1 + 899,829	8	δ_{72} : 1° 31' 39" $(72/80)^2$ = 1° 14' 14"	2 + 184,895
SC : 1 + 907,829	8	δ_{80} : 1° 31' 39" $(80/80)^2$ = 1° 31' 39"	CS : 2 + 176,895

Angles de déviation pour la courbe circulaire :

L'angle entre la tangente au SC et la corde principale C (fig. 19.33) = $\Phi_1 - \delta_S$ = 3° 03' 22".

Si le vernier est placé à 176° 56' 38" et qu'on vise le TS avec cette lecture, on tourne la lunette autour de son axe principal jusqu'à ce que le vernier indique 0° 00' 00". La lunette est alors dans la direction de la tangente au SC. Il est de bonne pratique de choisir, s'il y a lieu, un repère dans cette direction.

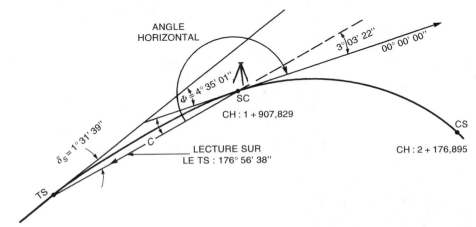

Figure 19.33 Le théodolite sur le SC, piquetage de l'arc de cercle (exemple 19.12).

Les angles de déviation de l'arc de cercle se calculent pour les points dont le chaînage est, par exemple, un multiple de 20 m (sect. 19.6). En ce qui concerne la spirale de sortie, on installe l'instrument sur le ST et les valeurs calculées sont les mêmes que celles qui ont servi à calculer la spirale d'entrée (fig. 19.33 et tabl. 19.6).

. . . .

19.14 LA SPIRALE PRATIQUE

La spirale pratique diffère de la spirale théorique par la longueur des arcs de cercle qui la forment. La spirale théorique est une succession d'arcs de cercle infiniment petits, tandis que la spirale pratique est constituée de cordes de même longueur. Celles-ci sont sous-tendues par des angles au centre α en progression arithmétique, dont le premier terme et la raison sont 10', ce qui donne une variation uniforme du rayon de courbure (fig. 19.34). L'angle au centre, α_n, de la n^e corde est égal à $10\,n$. À moins d'indication contraire, on traite les angles α de la spirale pratique en minutes plutôt qu'en degrés.

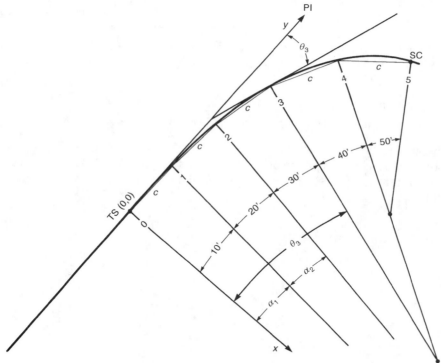

Figure 19.34 La spirale pratique.

19.14.1 L'angle total au centre et le gisement des cordes

On désigne par angle total au centre et on identifie par θ l'angle compris entre le rayon au TS et le rayon d'un point quelconque de la spirale (fig. 19.34). Cet angle est aussi égal à l'angle compris entre la tangente principale et la tangente à la spirale au point considéré.

L'angle total au centre jusqu'à un point n donné (n cordes) constitue la somme de tous les angles au centre individuels ou la somme des n termes d'une progression arithmétique, dont le premier terme et la raison sont 10' :

$$\theta_n = n\left(\frac{10 + \big[10 + 10\,(n-1)\big]}{2}\right) = 5n\,(n+1) \tag{19.70}$$

Lorsque $n = 8$:

$$\theta_8 = 5 \times 8\,(8+1) = 360' \text{ ou } 6°\,00'$$

Le gisement, γ_n, de la n^e corde (entre les points $n-1$ et n) représente l'angle total au centre jusqu'au point $n-1$, plus la moitié de l'angle au centre de la corde considérée (fig. 19.35) :

$$\gamma_n = \theta_{n-1} + \frac{\alpha_n}{2}$$

$$= 5(n-1)\,n + \frac{10n}{2}$$

$$= 5n^2 \tag{19.71}$$

Par exemple, pour la 9e corde, on a :

$$\gamma_9 = 5 \times 9^2 = 405' \text{ ou } 6°\,45'$$

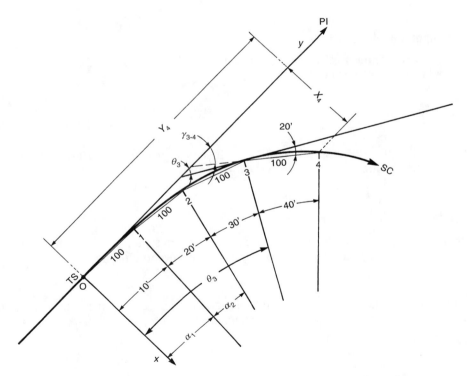

Figure 19.35 L'angle total au centre et le gisement des cordes.

19.14.2 Les coordonnées rectangulaires de la spirale

On peut calculer les différences ΔX et ΔY de toutes les cordes, en utilisant le gisement de chaque corde (fig. 19.35). Si on prend la tangente principale comme axe des y et le TS comme origine du système, on obtient les coordonnées rectangulaires en faisant la somme des ΔX et des ΔY successifs. On peut imaginer une spirale pratique composée de cordes ayant chacune une longueur de 100 m et calculer, pour cette spirale, les coordonnées et les autres caractéristiques qui lui sont propres. Ainsi, on a :

$$\Delta X_n = 100 \sin \gamma_n = 100 \sin \left(5n^2\right)$$

$$\Delta Y_n = 100 \cos \gamma_n = 100 \cos \left(5n^2\right)$$

$$X_n = 100 \left(\sin \gamma_1 + \sin \gamma_2 + \ldots + \sin \gamma_n\right)$$

$$Y_n = 100 \left(\cos \gamma_1 + \cos \gamma_2 + \ldots + \cos \gamma_n\right)$$

Si on dispose sous forme de tableau (tabl. 19.7) les résultats obtenus pour cette spirale maîtresse, on peut alors calculer par proportion et à partir de ces valeurs chacune des autres spirales.

19.14.3 Les angles de déviation

En partant des coordonnées rectangulaires calculées à l'article 19.14.2, on peut déterminer les angles de déviation au TS par la relation suivante :

$$\delta_n = \text{tg}^{-1} \left(\frac{X_n}{Y_n}\right)$$

Remarque : Quelle que soit la spirale pratique utilisée (corde $\neq$ 100 m), les angles de déviation demeurent les mêmes que ceux de la spirale maîtresse.

19.14.4 La longueur de la spirale

La longueur d'une spirale, L_S, est égale à la somme des arcs individuels, mais en pratique elle correspond au produit de la longueur de la corde (c) et du nombre (n) de celle-ci :

$$L_S = n\,c \qquad (19.72)$$

Il existe une relation empirique qui donne la longueur de la corde en mètres par rapport à la vitesse de base, v, en km/h et au taux de changement de la force centrifuge, a, en m/s^3 :

$$c^2 = 0,000\,055\,\frac{v^3}{a} \qquad (19.73)$$

Tableau 19.7 La spirale maîtresse (cordes de 100 m)

n	α	r (m)	θ	γ_c	ΔX (m)	ΔY (m)	X (m)	Y (m)	δ	arc (m)	l (m)
1	0° 10'	34 377,480	0° 10'	0° 05'	0,1454	99,9999	0,1454	99,9999	0° 05' 00"	100,0000	100,0000
2	0° 20'	17 188,758	0° 30'	0° 20'	0,5818	99,9983	0,7272	199,9982	0° 12' 30"	100,0001	200,0002
3	0° 30'	11 459,192	1° 00'	0° 45'	1,3090	99,9914	2,0362	299,9896	0° 23' 20"	100,0003	300,0005
4	0° 40'	8 594,415	1° 40'	1° 20'	2,3269	99,9729	4,3631	399,9626	0° 37' 30"	100,0006	400,0011
5	0° 50'	6 875,554	2° 30'	2° 05'	3,6353	99,9339	7,9984	499,8965	0° 55' 00"	100,0009	500,0019
6	1° 00'	5 729,651	3° 30'	3° 00'	5,2336	99,8630	15,2320	599,7594	1° 15' 50"	100,0013	600,0032
7	1° 10'	4 911,152	4° 40'	4° 05'	7,1207	99,7462	20,3527	699,5056	1° 40' 00"	100,0017	700,0049
8	1° 20'	4 297,280	6° 00'	5° 20'	9,2950	99,5671	29,6477	799,0726	2° 07' 29"	100,0023	800,0072
9	1° 30'	3 819,828	7° 30'	6° 45'	11,7537	99,3068	41,4014	898,3795	2° 38' 19"	100,0029	900,0100
10	1° 40'	3 437,868	9° 10'	8° 20'	14,4932	98,9442	55,8946	997,3237	3° 12' 28"	100,0035	1000,013
11	1° 50'	3 125,358	11° 00'	10° 05'	17,5080	98,4554	73,4026	1095,7791	3° 49' 56"	100,0043	1100,017
12	2° 00'	2 864,934	13° 00'	12° 00'	20,7912	97,8148	94,1938	1193,5938	4° 30' 44"	100,0051	1200,022
13	2° 10'	2 644,578	15° 10'	14° 05'	24,3333	96,9943	118,5271	1290,5881	5° 14' 50"	100,0060	1300,028
14	2° 20'	2 455,703	17° 30'	16° 20'	28,1225	95,9642	146,6496	1386,5523	6° 02' 15"	100,0069	1400,035
15	2° 30'	2 292,013	20° 00'	18° 45'	32,1439	94,6930	178,7936	1481,2453	6° 52' 57"	100,0079	1500,043
16	2° 40'	2 148,786	22° 40'	21° 20'	36,3793	93,1480	215,1729	1574,3933	7° 46' 57"	100,0090	1600,052
17	2° 50'	2 022,410	25° 30'	24° 05'	40,8065	91,2953	255,9794	1665,6886	8° 44' 12"	100,0102	1700,062
18	3° 00'	1 910,078	28° 30'	27° 00'	45,3990	89,1007	301,3784	1754,7892	9° 44' 43"	100,0114	1800,074
19	3° 10'	1 809,571	31° 40'	30° 05'	50,1259	86,5297	351,5043	1841,3190	10° 48' 27"	100,0127	1900,087
20	3° 20'	1 719,116	35° 00'	33° 20'	54,9509	83,5488	406,4552	1924,8677	11° 55' 24"	100,0141	2000,101

De l'équation 19.73, on tire les valeurs arrondies du tableau 19.8 lorsqu'on prend 0,5 m/s^3 comme valeur de a.

Tableau 19.8 La longueur de la corde, c, en fonction de la vitesse, v

Vitesse (v) (km/h)	Corde (c) (m)
50	4
60	5
70	6
80	7
90	9
100	10
110	12
120	13

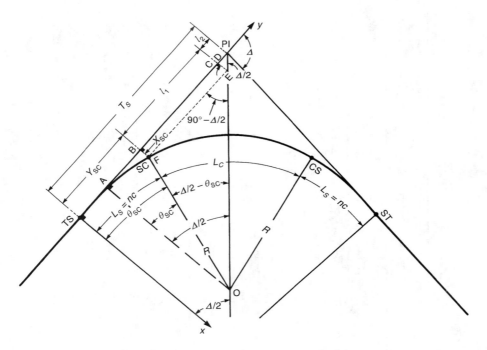

Figure 19.36 La tangente principale.

Dans la figure 19.36, on a :

$$T_S = Y_{SC} + l_1 + l_2 \tag{19.74}$$

$$l_1 = \overline{EF} = \frac{R \sin \left(\Delta/2 - \theta_{SC} \right)}{\sin \left(90° - \Delta/2 \right)} \text{ (triangle OFE)}$$

$$\overline{EF} = \frac{R \sin \left(\Delta/2 - \theta_{SC} \right)}{\cos \Delta/2}$$

$$l_2 = X_{SC} \text{ tg } \Delta/2 \text{ (triangle CDE)}$$

Si on reporte les valeurs de l_1 et l_2 dans l'équation 19.74, on obtient :

$$T_S = Y_{SC} + \frac{R \sin \left(\Delta/2 - \theta_{SC} \right)}{\cos \Delta/2} + X_{SC} \text{ tg } \Delta/2 \tag{19.75}$$

19.14.5 L'ordre séquentiel du calcul et du piquetage d'une spirale pratique

L'ordre séquentiel du calcul et du piquetage de la spirale pratique se fait de la même façon que pour la spirale théorique (art. 19.13.6). Dans l'exemple 19.13, nous présentons en détail ce procédé.

. . . .

EXEMPLE 19.13

En se référant aux données de l'exemple 19.12, calculer, pour un raccordement de cercle-spirales pratiques, le chaînage des points caractéristiques ainsi que les angles de déviation qui permettront de piqueter l'ensemble curviligne.

Solution

D'après le tableau 19.5, pour une vitesse de 100 km/h et un rayon de 500 m, la valeur minimale du paramètre A de la spirale est de 200 m, d'où :

$$L_S = A^2/R = \frac{200^2}{500} = 80 \text{ m (minimum)}$$

Selon le tableau 19.8 et l'équation 19.72, on sait que :

$$n = \frac{L_S}{c} = \frac{80}{10} = 8 \text{ cordes}$$

Le rayon de courbure du 8e arc s'obtient par proportion à partir du tableau 19.7 :

$$r_8 = \frac{4297,280 \times 10}{100} = 429,728 \text{ m}$$

or

$$429,728 \text{ m} < R = 500 \text{ m}$$

Cette solution n'est pas acceptable.

Procédons à un second essai, en prenant 7 cordes de 12 m chacune :

$$L_S = 7 \times 12 = 84 \text{ m} > L_S \text{ minimale}$$

$$r_7 = \frac{4911,152 \times 12}{100} = 589,338 \text{ m} > 500 \text{ m}$$

Cette solution est acceptable.

D'après l'équation 19.75, on sait que :

$$T_S = Y_{SC} + \frac{R \sin\left(\Delta/2 - \theta_{SC}\right)}{\cos \Delta/2} + X_{SC} \text{ tg } \Delta/2$$

$$Y_{SC} = Y_7 = 699,5056 \times 0,12 = 83,9407 \text{ m}$$

$$X_{SC} = X_7 = 20,3527 \times 0,12 = 2,4423 \text{ m}$$

$$\theta_{SC} = \theta_7 = 4° \, 40'$$

d'où

$$T_S = 83,9407 + \frac{500 \sin\left(\frac{40°}{2} - 4° \, 40'\right)}{\cos\left(\frac{40°}{2}\right)} + 2,4423 \times \text{tg } \frac{40°}{2}$$

$$= 225,532 \text{ m}$$

$$L_C = \frac{\pi R}{180°} \left(\Delta° - 2 \times \theta°_{SC}\right)$$

$$L_C = 500\left(40° - 2 \times 4° \, 40'\right) \frac{\pi}{180°} = 267,617 \text{ m}$$

Les angles de déviation servant à piqueter les spirales d'entrée et de sortie sont tirés du tableau 19.7 et figurent également dans le tableau 19.9.

Le calcul des chaînages est le suivant :

$$
\begin{array}{lr}
\text{Ch PI} & 2 + 050 \\
-T_S & -225{,}532 \\
\hline
\text{Ch TS} & 1 + 824{,}468 \\
L_S & 84{,}000 \\
\hline
\text{Ch SC} & 1 + 908{,}468 \\
L_C & 267{,}617 \\
\hline
\text{Ch CS} & 2 + 176{,}085 \\
L_S & 84{,}000 \\
\hline
\text{Ch ST} & 2 + 260{,}085 \\
\end{array}
$$

Tableau 19.9 Les spirales d'entrée et de sortie (exemple 19.13)

Points Sp. d'entrée	Corde (m)	Angles de déviation	Points Sp. de sortie	Caractéristiques
TS : 1 + 824,468	0	$\delta_0 = 0°\ 00'\ 00''$	ST : 2 + 260,085	$L_S = 84$ m
1 + 836,468	12	$\delta_1 = 0°\ 05'\ 00''$	2 + 248,085	$n = 7$ cordes
1 + 848,468	12	$\delta_2 = 0°\ 12'\ 30''$	2 + 236,085	$c = 12$ m
1 + 860,468	12	$\delta_3 = 0°\ 23'\ 20''$	2 + 224,085	Ch PI = 2 + 050
1 + 872,468	12	$\delta_4 = 0°\ 37'\ 30''$	2 + 212,085	Ch TS = 1 + 824,468
1 + 884,468	12	$\delta_5 = 0°\ 55'\ 00''$	2 + 200,085	Ch SC = 1 + 908,468
1 + 896,468	12	$\delta_6 = 1°\ 15'\ 50''$	2 + 188,085	Ch CS = 2 + 176,085
SC : 1 + 908,468	12	$\delta_7 = 1°\ 40'\ 00''$	CS : 2 + 176,085	Ch ST = 2 + 260,085
				$L_C = 267{,}617$ m
				$\Delta = 40°\ 00'$

Pour piqueter l'arc de cercle, on installe l'instrument sur le SC. L'angle entre la tangente au SC et la corde principale (fig. 19.37) est le suivant :

$$\theta_7 - \delta_7 = 4°\ 40'\ 00'' - 1°\ 40'\ 00'' = 3°\ 00'\ 00''$$

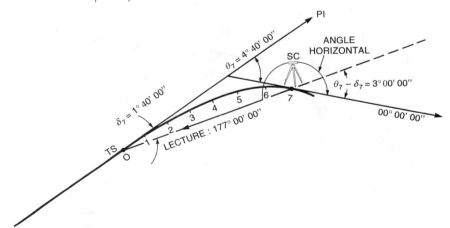

Figure 19.37 Le théodolite sur le SC, visée arrière sur le TS (exemple 19.13).

On place le vernier à la lecture 177° 00' 00", en visant le TS. On tourne alors la lunette autour de son axe principal jusqu'à ce que le vernier indique 0° 00' 00". La direction ainsi obtenue coïncide avec celle de la tangente au SC. On recommande de choisir, s'il y a lieu, un repère dans cette direction. Pour calculer des angles de déviation de la courbe circulaire, voir la section 19.6. Pour calculer la spirale de sortie, on stationne l'instrument sur le ST et on procède comme si on calculait la spirale d'entrée (tabl. 19.9).

. . . .

Théodolite stationné sur un point intermédiaire. Puisqu'on connaît les coordonnées rectangulaires de chacun des points de la spirale, il est facile de calculer les gisements de n'importe quelle corde et, par le fait même, l'angle de déviation. Cependant, on suggère fortement d'utiliser le tableau 19.10, qui est toujours invariable quelle que soit la spirale pratique choisie.

Dans l'exemple 19.14, nous donnons la marche à suivre lorsque le théodolite est stationné sur un point intermédiaire.

. . . .

EXEMPLE 19.14

Donner la marche à suivre pour localiser le point 1 + 884,468 de l'exemple 19.13, si on prend une visée arrière sur le TS. Il est à noter que le théodolite est stationné sur le point 1 + 872,468.

Solution

À la figure 19.38, on voit que l'instrument est installé sur le point 4 et que la visée arrière est prise sur le TS (point 0). Le tableau 19.7 donne 1° 02' 30" comme valeur de l'angle entre la tangente au point 4 et la visée vers le point 0. Après avoir basculé la lunette, on tourne l'instrument d'un angle de 0° 25', qui est donné pour le point 5.

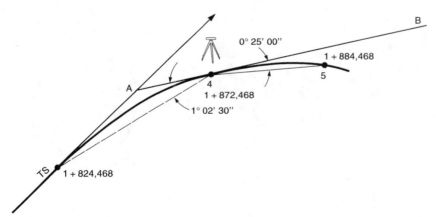

Figure 19.38 Le théodolite sur un point intermédiaire (exemple 19.14).

. . . .

Tableau 19.10   Les angles de déviation pour la spirale pratique

n	Instr. TS ou ST	Instr. 1	Instr. 2	Instr. 3	Instr. 4	Instr. 5	Instr. 6	Instr. 7	Instr. 8	Instr. 9
0	00'	05'	17' 30"	36' 40"	1° 02' 30"	1° 35' 00"	2° 14' 10"	3° 00' 00"	3° 52' 31"	4° 51' 41"
1	05	00	10	27 30	51 40	1 22 30	2 00 00	2 44 10	3 35 00	4 32 31
2	12 30"	10	00	15	37 30	1 06 40	1 42 30	2 25 00	3 14 10	4 10 01
3	23 20	22 30"	15	00	20	47 30	1 21 40	2 02 30	2 50 00	3 44 10
4	37 30	38 20	32 30	20	00	25	57 30	1 36 40	2 22 30	3 15 00
5	55 00	57 30	53 20	42 30	25	00	30	1 07 30	1 51 40	2 42 30
6	1° 15 50	1° 20 00	1° 17 30	1° 08 20	52 30	30	00	35	1 17 30	2 06 40
7	1 40 00	1 45 50	1 45 50	1 37 30	1 23 20	1 02 30	35	00	40	1 27 30
8	2 07 29	2 15 00	2 15 50	2 10 00	1 57 30	1 38 20	1 12 30	40	00	45
9	2 38 19	2 47 29	2 49 59	2 45 50	2 35 00	2 17 30	1 53 20	1 22 30	45	00
10	3 12 28	3 23 18	3 27 29	3 24 59	3 15 50	3 00 00	2 37 30	2 08 20	1 32 30	50
11	3 49 56	4 02 27	4 08 18	4 07 28	3 59 59	3 45 50	3 25 00	2 57 30	2 23 20	1 42 30
12	4 30 44	4 44 55	4 52 26	4 53 17	4 47 28	4 34 59	4 15 49	3 50 00	3 17 30	2 38 20
13	5 14 50	5 30 42	5 39 54	5 42 25	5 38 16	5 27 28	5 09 58	4 45 49	4 15 00	3 37 30
14	6 02 15	6 19 47	6 30 40	6 34 52	6 32 24	6 23 15	6 07 27	5 44 58	5 15 49	4 40 00
15	6 52 57	7 12 11	7 24 44	7 30 37	7 29 50	7 22 23	7 08 15	6 47 26	6 19 58	5 45 49
16	7 46 57	8 07 51	8 22 06	8 29 40	8 30 34	8 24 48	8 12 21	7 53 14	7 27 26	6 54 57
17	8 44 12	9 06 49	9 22 45	9 32 01	9 34 36	9 30 31	9 19 46	9 02 19	8 38 13	8 07 25
18	9 44 43	10 09 01	10 26 39	10 37 37	10 41 55	10 39 32	10 30 28	10 14 43	9 52 18	9 23 11
19	10 48 27	11 14 28	11 33 49	11 46 29	11 52 29	11 51 48	11 44 27	11 30 24	11 09 40	10 42 16
20	11 55 24	12 23 08	12 44 12	12 58 35	13 06 18	13 07 20	13 01 41	12 49 21	12 30 20	12 04 38

Tableau 19.10 (suite)

n	Instr. 10	Instr. 11	Instr. 12	Instr. 13	Instr. 14	Instr. 15	Instr. 16	Instr. 17	Instr. 18	Instr. 19	Instr. 20
0	5° 57'32"	7° 10'04"	8° 29'16"	9° 55'10"	11° 27'45"	13° 07'03"	14° 53'05"	16° 45'48"	18° 45'17"	20° 51'33"	23° 04'36"
1	5 36 42	6 47 33	8 05 05	9 29 18	11 00 13	12 37 49	14 22 09	16 13 11	18 10 59	20 15 32	22 26 52
2	5 12 31	6 21 42	7 37 34	9 00 06	10 29 20	12 05 16	13 47 54	15 37 15	17 33 21	19 36 11	21 45 48
3	4 45 01	5 52 32	7 06 43	8 27 35	9 55 08	11 29 23	13 10 20	14 57 59	16 52 23	18 53 31	21 01 25
4	4 14 10	5 20 01	6 32 32	7 51 44	9 17 36	10 50 10	12 29 26	14 15 24	16 08 05	18 07 31	20 13 42
5	3 40 00	4 44 10	5 55 01	7 12 32	8 36 45	10 07 37	11 45 12	13 29 29	15 20 28	17 18 12	19 22 40
6	3 02 30	4 05 00	5 14 11	6 30 02	7 52 33	9 21 45	10 57 39	12 40 14	14 29 32	16 25 33	18 28 19
7	2 21 40	3 22 30	4 30 00	5 44 11	7 05 02	8 32 34	10 06 46	11 47 41	13 35 17	15 29 36	17 30 39
8	1 37 30	2 36 40	3 42 30	4 55 00	6 14 11	7 40 02	9 12 34	10 51 47	12 37 42	14 30 20	16 29 40
9	50	1 47 30	2 51 40	4 02 30	5 20 00	6 44 11	8 15 03	9 52 35	11 36 49	13 27 44	15 25 23
10	00	55	1 57 30	3 06 40	4 22 30	5 45 01	7 14 11	8 50 03	10 32 36	12 21 50	14 17 46
11	55	00	1 00 00	2 07 30	3 21 40	4 42 30	6 10 01	7 44 12	9 25 03	11 12 36	13 06 51
12	1 52 30	1 00 00	00	1 05 00	2 17 30	3 36 40	5 02 30	6 35 01	8 14 12	10 00 04	11 52 37
13	2 53 20	2 02 30	1 05 00	00	1 10 00	2 27 30	3 51 40	5 22 30	7 00 01	8 44 12	10 35 04
14	3 57 30	3 08 20	2 12 30	1 00 00	00	1 15 00	2 37 30	4 06 40	5 42 30	7 25 01	9 14 12
15	5 05 00	4 17 30	3 23 20	2 22 30	1 15 00	00	1 20 00	2 47 30	4 21 40	6 02 30	7 50 01
16	6 15 49	5 29 59	4 37 30	3 38 20	2 32 30	1 20 00	00	1 25 00	2 57 30	4 36 40	6 22 30
17	7 29 57	6 45 48	5 54 59	4 57 30	3 53 29	2 42 30	1 25 00	00	1 30 00	3 07 30	4 51 40
18	8 47 24	8 04 57	7 15 48	6 19 59	5 17 30	4 08 20	2 52 30	1 30 00	00	1 35	3 17 30
19	10 08 10	9 27 24	8 39 56	7 45 48	6 44 59	5 37 30	4 23 20	3 02 30	1 35 00	00	1 40
20	11 32 14	10 53 09	10 07 23	9 14 56	8 15 48	7 09 59	5 57 30	4 38 20	3 12 30	1 40	00

19.15 LE DÉVERS ET LE RAYON MINIMAL

On nomme dévers l'inclinaison transversale de la chaussée, qui sert à annuler l'effet de la sollicitation centrifuge qui s'exerce sur un véhicule circulant dans une courbe circulaire. Le dévers est fonction du type de route, de la vitesse de base et du rayon R de la courbe.

Soit la figure 19.39, dans laquelle :

P = la force due à la pesanteur

f = le coefficient de friction latérale (la résistance au glissement peut agir dans les deux sens, selon l'inclinaison de la chaussée et la vitesse du véhicule)

v = la vitesse du véhicule

R = le rayon de la courbe

g = l'accélération due à la pesanteur

α = l'inclinaison transversale de la chaussée

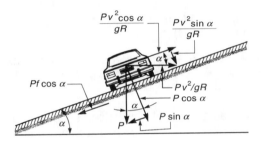

Figure 19.39 La sollicitation centrifuge qui s'exerce sur un véhicule dans une courbe.

La stabilité du véhicule est assurée si :

$$Pf \cos \alpha + P \sin \alpha - \frac{P v^2 \cos \alpha}{g R} = 0$$

En divisant cette équation par P cos α, on obtient :

$$f + \mathrm{tg}\, \alpha = \frac{v^2}{g R}$$

Comme le dévers, e, excède rarement 10 % (en général, il est compris entre 3 et 8 %), on peut poser que :

$$e = \mathrm{tg}\, \alpha \cong \alpha_{rad}$$

d'où

$$\frac{v^2}{g R} = f + e$$

ou encore

$$R = \frac{v^2}{g\left(f + e\right)}$$

Pour une vitesse donnée, le rayon de l'arc de cercle dépend donc du dévers et du coefficient de friction latérale. Pour être en mesure de calculer le rayon minimal d'une courbe, on doit connaître les valeurs maximales de f et de e pour une vitesse donnée.

La C.G.R.A. utilise la relation suivante pour le calcul de R_{min} :

$$R_{min} = \frac{v^2}{127\left(e + f\right)} \tag{19.76}$$

où R_{min} = le rayon de la courbe circulaire (m)
   v = la vitesse du véhicule (km/h)

Par ailleurs, l'association américaine A.A.S.H.O. a établi la valeur maximale sécuritaire du coefficient de friction latérale en fonction de la vitesse de base (tabl. 19.11).

Tableau 19.11 Le coefficient de friction latérale en fonction de la vitesse de base

Vitesse de base (km/h)	Valeur max. du coefficient
40	0,17
50	0,16
60	0,15
70	0,15
80	0,14
90	0,13
100	0,13
110	0,12
120	0,12
130	0,11
140	0,10

Dans l'exemple 19.15, voyons comment calculer le rayon minimal de l'arc de cercle.

EXEMPLE 19.15

Pour un dévers maximal de 8 % et une vitesse de base de 100 km/h, quel est le rayon minimal de l'arc de cercle?

Solution

Conformément à l'équation 19.76, on peut dire que :

$$R_{min} = \frac{v^2}{127\,(e + f)} = \frac{100^2}{127\,(0{,}08 + 0{,}13)}$$

$$= 374{,}95 \text{ m } (380 \text{ m})$$

Remarque : Pour toute valeur de $R > R_{min}$, la valeur du dévers peut s'obtenir au tableau 19.5.

19.16 LA TRANSITION

Pour qu'il soit possible d'introduire progressivement le dévers requis pour une courbe circulaire, il faut qu'il y ait une transition entre l'alignement et la courbe circulaire. Si la spirale fait partie du raccordement des alignements, la longueur de la transition, l_T, est donc la longueur de la spirale. De plus, avant d'introduire progressivement le dévers, on doit prévoir la distance d sur l'alignement, afin de ramener la piste extérieure dans un plan horizontal (fig. 19.40).

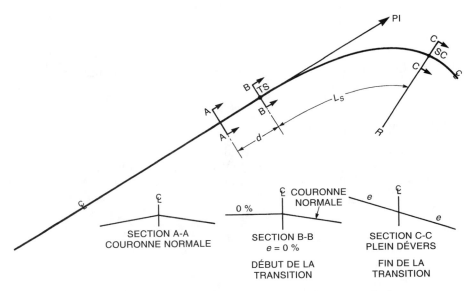

Figure 19.40 La transition du dévers avec une spirale.

Si le raccordement se fait uniquement par une courbe circulaire, le dévers doit nécessairement débuter sur l'alignement pour qu'il puisse atteindre ensuite sa plénitude sur l'arc de cercle (fig. 19.41).

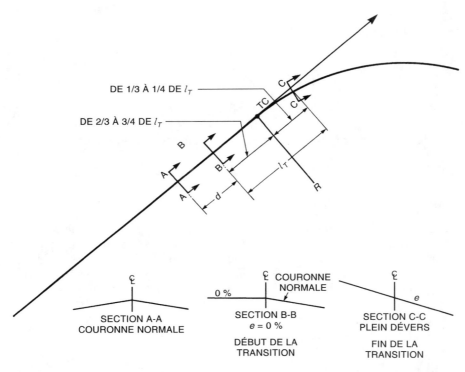

Figure 19.41 La transition du dévers avec une courbe circulaire seulement.

19.17 LA ROTATION DU PAVAGE

Habituellement, c'est la ligne centrale qu'on prend comme axe pour effectuer la rotation du pavage (fig. 19.42). Dans certains cas, la route peut être plus économique et de meilleure apparence si on effectue la rotation autour de la bordure intérieure (fig. 19.43) ou autour de la bordure extérieure (fig. 19.44).

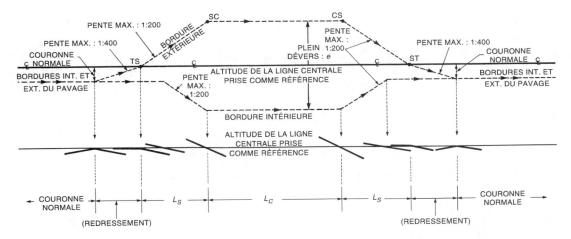

Figure 19.42 La rotation du pavage autour de la ligne centrale.

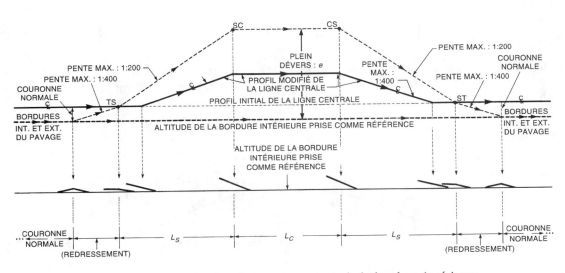

Figure 19.43 La rotation du pavage autour de la bordure intérieure.

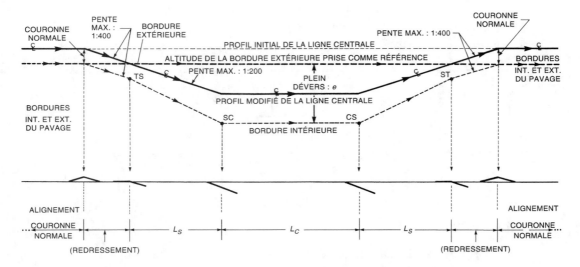

Figure 19.44 La rotation du pavage autour de la bordure extérieure.

L'exemple 19.16 présente un calcul relatif à la rotation du pavage.

. . . .

EXEMPLE 19.16

Déterminer les altitudes des bordures intérieure et extérieure ainsi que le chaînage des sections caractéristiques du raccordement de la figure 19.45, si la rotation se fait autour de la ligne centrale, la route a une pente uniforme de -3 % et le dévers e est de 6 %.

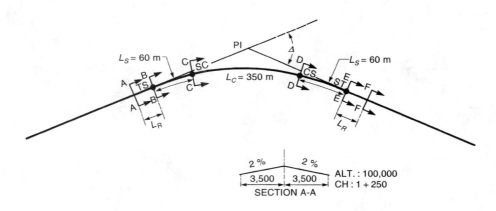

Figure 19.45 (Exemple 19.16)

Solution

L'altitude de la bordure intérieure et celle de la bordure extérieure se calculent comme suit :

$$\Delta Z_{(\text{section A–A})} = 3,500 \times 0,02 = 0,070 \text{ m}$$

$$Z_{\text{bordure}} = 100,000 - 0,070 = 99,930 \text{ m}$$

La pente maximale longitudinale pour le redressement est de 1/400 (fig. 19.42), d'où :

$$L_R = \frac{0,070}{1/400} = 28 \text{ m}$$

$$\Delta Z_{(\text{section C-C})} = 3,500 \times 0,06 = 0,210 \text{ m}$$

La figure 19.42 indique la pente maximale, soit 1/200. Par conséquent :

$$L_{S_{\min}} = \frac{0,210}{1/200} = 42 \text{ m} < 60 \text{ m} = L_S \text{ donnée}$$

Le tableau 19.12 donne le chaînage des sections caractéristiques de même que les altitudes de la ligne centrale et des bordures extérieure et intérieure.

Tableau 19.12   (Exemple 19.16)

Sections	Chaînage	Altitudes		
		Bordure ext.	℄	Bordure int.
A-A	1 + 250	99,930	100,000	99,930
B-B	1 + 278	99,160	99,160	99,090
C-C	1 + 338	97,570	97,360	97,150
D-D	1 + 688	87,070	86,860	86,650
E-E	1 + 748	85,060	85,060	84,990
F-F	1 + 776	84,150	84,220	84,150

· · · · · · · · · · · · · · · · · ·

Remarque : En règle générale, dans un calcul de rotation de pavage, il faut tenir compte non seulement de la rotation des pistes, mais également du changement des pentes des accotements, de la surlargeur auxiliaire requise entre la piste extérieure et son accotement ainsi que de la surlargeur nécessaire sur la piste intérieure. On introduit progressivement ces différents éléments géométriques de la plate-forme à mesure qu'on développe la spirale, afin d'atteindre les dimensions requises au début de la courbe circulaire. Le calcul de ces éléments s'effectue de façon similaire à ce que nous avons fait dans l'exemple 19.16. Toutefois, compte tenu des normes qui les régissent, nous invitons le lecteur à se référer à un manuel spécialisé dans ce domaine.

19.18 LE PROFIL LONGITUDINAL

La figure 19.46 représente le relief d'un terrain le long de la ligne centrale d'une route projetée. Dans le plan vertical, tout comme dans le plan horizontal, la route doit épouser une forme qui réponde aux normes de sécurité et de confort pour l'usager. Les ondulations et les accidents du terrain doivent être évités ou corrigés en conséquence. En fonction du profil naturel du terrain, on adopte des alignements qu'on doit relier par des courbes appropriées. La pente de ces alignements s'exprime en pourcentage (dénivelée par 100 m horizontal). Le sens croissant du chaînage détermine le signe de la pente. Les points caractéristiques de la courbe sont le point d'intersection PI, le début de la courbe DCV et la fin de la courbe FCV.

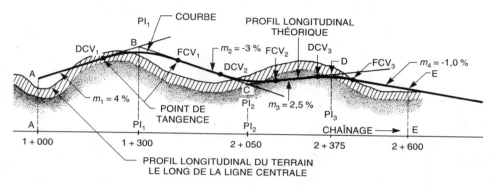

Figure 19.46 Le profil longitudinal.

19.19 LA COURBE VERTICALE

Supposons qu'on doive raccorder deux alignements d'un profil longitudinal par une courbe verticale qui a la propriété d'assurer un changement de pente uniforme pour passer du premier au second alignement (fig. 19.47).

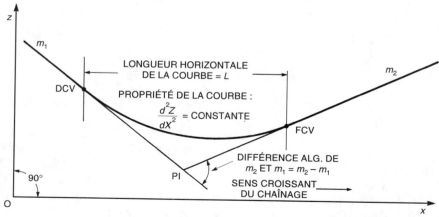

Figure 19.47 La courbe verticale.

Si on choisit un système de coordonnées rectangulaires, soit X et Z, avec l'axe des x pris horizontalement (en conformité avec le chaînage), la propriété recherchée de la courbe verticale se traduit par l'expression mathématique suivante :

$$\frac{d^2 Z}{d X^2} = K_1 \qquad (19.77)$$

En intégrant cette équation différentielle, on obtient :

$$\frac{dZ}{dX} = K_1 \, X + K_2$$

et

$$Z = \frac{1}{2} K_1 \, X^2 + K_2 \, X + K_3 \rightarrow a \, X^2 + b \, X + c \qquad (19.78)$$

Or, l'équation 19.78 représente une parabole ayant a, b et c comme paramètres. Par conséquent, la courbe verticale est une parabole.

19.19.1 Les propriétés de la parabole

Avec une parabole à axe vertical et tangente à l'axe des x (fig. 19.48), l'équation 19.78 devient :

$$Z = a X^2 \qquad (19.79)$$

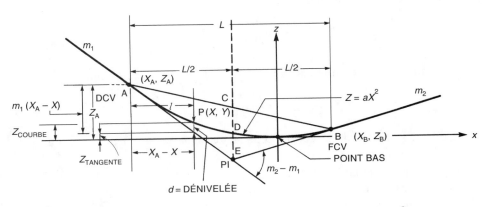

Figure 19.48 La courbe verticale parabolique : $Z = aX^2$.

La pente en un point quelconque de la parabole est celle-ci :

$$m = Z' = 2 \, aX$$

On obtient les coordonnées du point d'intersection E ou PI en résolvant deux équations linéaires à deux inconnues, soit :

$$Z_E - Z_A = m_A \left(X_E - X_A \right) = 2 \, a X_A \left(X_E - X_A \right) \qquad (19.80)$$

et

$$Z_E - Z_B = m_B \left(X_E - X_B \right) = 2\,a X_B \left(X_E - X_B \right) \tag{19.81}$$

En soustrayant l'équation 19.81 de l'équation 19.80 et en substituant à Z l'équation 19.79, on obtient :

$$a X_B^2 - a X_A^2 = 2\,a X_A X_E - 2\,a X_A^2 - 2\,a X_B X_E + 2\,a X_B^2$$

$$2\,a X_E \left(X_B - X_A \right) = a \left(X_B^2 - X_A^2 \right)$$

$$X_E = \frac{X_B + X_A}{2} \tag{19.82}$$

En substituant l'équation 19.82 à l'équation 19.80, on a :

$$Z_E = a X_A X_B \tag{19.83}$$

Le chaînage du PI (équat. 19.82) correspond donc à la moyenne des chaînages du DCV et du FCV, et la distance du PI à chaque extrémité est par le fait même égale à $L/2$.

L'altitude du point milieu C de la corde est :

$$Z_C = \frac{1}{2} \left(Z_A + Z_B \right) = \frac{a}{2} \left(X_A^2 + X_B^2 \right) \tag{19.84}$$

L'altitude de la courbe au point D équivaut à :

$$Z_D = a X_D^2 = a \left(\frac{X_A + X_B}{2} \right)^2 = \frac{1}{2} \left\{ \frac{a}{2} \left(X_A^2 + X_B^2 \right) + a X_A X_B \right\}$$

Dans cette équation, si on substitue les équations 19.83 et 19.84, on obtient :

$$Z_D = \frac{1}{2} \left(Z_C + Z_E \right) \tag{19.85}$$

Au chaînage du PI, l'altitude de la courbe représente la moyenne arithmétique de l'altitude du point milieu C de la corde et de celle du PI.

La dénivelée d à la tangente pour un point quelconque P (fig. 19.48) s'obtient par différence d'altitude entre la courbe et la tangente en ce point, d'où :

$$d = Z_{\text{courbe}} - Z_{\text{tangente}}$$

$$= a X^2 - \left[Z_A + m_1 \left(X - X_A \right) \right]$$

Or, puisqu'on sait que :

$$Z_A = a X_A^{\,2}$$

$$m_1 = 2 a X_A$$

on peut déduire que :

$$d = aX^2 - \left[aX_A^2 + 2\,aX_A\left(X - X_A\right)\right]$$

$$= aX^2 - aX_A^2 - 2\,aX_A X + 2\,aX_A^2$$

$$= aX_A^2 - 2\,aX_A X + aX^2 \rightarrow a\left(X_A - X\right)^2$$

$$= a\left(X_A - X\right)^2 \tag{19.86}$$

La dénivelée d à la tangente, en un point quelconque, est proportionnelle au carré de sa distance à partir du point de tangence DCV.

Remarque : Pour trouver l'altitude en un point de la courbe, il faut calculer l'altitude de la tangente au même chaînage et ajouter, de façon algébrique, la dénivelée d à la tangente. Prenons l'équation 19.86 :

$$d = a\left(X_A - X\right)^2$$

On sait que :

$$d_{PI} = a\left(L/2\right)^2$$

par conséquent :

$$d = d_{PI}\left(\frac{X_A - X}{L/2}\right)^2 \tag{19.87}$$

19.19.2 La longueur de la courbe

La longueur de la courbe dépend de la forme de celle-ci (convexe ou concave), de la vitesse de base et de la différence algébrique des pentes des alignements à relier. Le tableau 19.13 donne la longueur de la courbe à utiliser dans les différents cas possibles. Ce tableau se base sur les normes publiées par la C.G.R.A. Il est à noter que la longueur d'une courbe de forme convexe est généralement plus grande que celle d'une courbe concave (fig. 19.49a et b). Nous donnons ci-dessous la signification des symboles utilisés dans la figure 19.49 :

L = la longueur de la courbe (m)
A = la différence algébrique des pentes
S = la distance d'arrêt minimale pour visibilité (m)
H = la hauteur de l'oeil du conducteur
h = la hauteur de l'obstacle
H' = la hauteur des phares du véhicule
$1°$ = l'angle entre le plan de roulement et le faisceau des phares
K = L/A

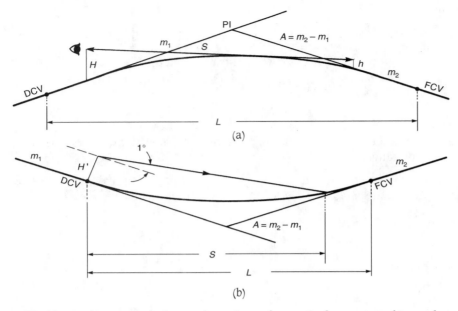

Figure 19.49 La longueur de la courbe : a) courbe verticale convexe; b) courbe verticale concave.

Tableau 19.13 La longueur minimale de la courbe à utiliser

v (km/h)	S		$K = L/A$			
	minimale (m)	souhaitable (m)	Convexe		Concave	
			minimale	souhaitable	éclairage	confort
40	45	45	4	5	7	4
50	65	65	7	10	11	6
60	85	90	15	20	20	10
70	110	120	22	35	25	15
80	140	150	35	55	30	20
90	170	180	55	85	40	20
100	200	210	70	110	50	25
110	220	240	85	140	55	25
120	240	260	105	170	60	30
130	260	280	120	200	65	–
140	270	300	130	220	70	–

L'exemple 19.17 illustre la façon de raccorder deux alignements par une courbe verticale parabolique.

EXEMPLE 19.17

Supposons qu'on doive raccorder deux alignements d'un profil longitudinal, dont les pentes sont respectivement de 4 % et de -2 %, par une courbe verticale parabolique. Si le chaînage du PI = 2 + 165 et la vitesse de base = 80 km/h, calculer les altitudes de la courbe à tous les 30 m. Il est à noter que le PI est à l'altitude 215,600 m (fig. 19.50).

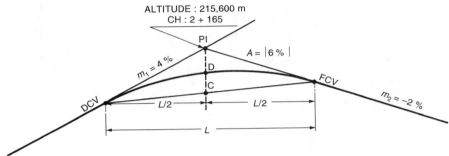

Figure 19.50 (Exemple 19.17)

Solution

Compte tenu des données du problème, le tableau 19.13 indique que la valeur souhaitable de K est de 55. Par conséquent :

$$L = K \, A = 55 \times 6 = 330 \text{ m}$$

$$
\begin{array}{ll}
\text{Ch PI} & 2 + 165 \\
-L/2 & \underline{ - 165} \\
\text{Ch DCV} & 2 + 000 \\
L & \underline{ 330} \\
\text{Ch FCV} & 2 + 330
\end{array}
$$

$$Z_{\text{DCV}} = Z_{\text{PI}} - m_1 \, (L/2)$$
$$= 215,600 - (0,04 \times 165) = 209,000 \text{ m}$$

$$Z_{\text{FCV}} = Z_{\text{PI}} + m_2 \, (L/2)$$
$$= 215,600 + (-0,02 \times 165) = 212,300 \text{ m}$$

$$Z_{\text{C}} = \frac{209,000 + 212,300}{2} = 210,650 \text{ m}$$

$$Z_{\text{D}} = \frac{210,650 + 215,600}{2} = 213,125 \text{ m}$$

La dénivelée d à la tangente au PI est :

$$d = 215,600 - 213,125 = 2,475 \text{ m}$$

Le tableau 19.14 présente les altitudes de la courbe à tous les 30 m.

Tableau 19.14 (Exemple 19.17)

Points	Alt. de la tangente	Dénivelée à la tangente			Alt. de la courbe	1re différence	2e différence
2 + 000	209,000	2,475 (0/165)²	=	0	209,000		
						1,118	
2 + 030	210,200	2,475 (30/165)²	=	0,082	210,118		0,163
						0,955	
2 + 060	211,400	2,475 (60/165)²	=	0,327	211,073		0,164
						0,791	
2 + 090	212,600	2,475 (90/165)²	=	0,736	211,864		0,164
						0,627	
2 + 120	213,800	2,475 (120/165)²	=	1,309	212,491		0,163
						0,464	
2 + 150	215,000	2,475 (150/165)²	=	2,045	212,955		0,164
						0,300	
2 + 180	215,300	2,475 (150/165)²	=	2,045	213,255		0,164
						0,136	
2 + 210	214,700	2,475 (120/165)²	=	1,309	213,391		0,163
						-0,027	
2 + 240	214,100	2,475 (90/165)²	=	0,736	213,364		0,164
						-0,191	
2 + 270	213,500	2,475 (60/165)²	=	0,327	213,173		0,164
						-0,355	
2 + 300	212,900	2,475 (30/165)²	=	0,082	212,818		0,163
						-0,518	
2 + 330	212,300	2,475 (0/165)²	=	0	212,300		

. . . .

19.19.3 L'équation générale de la parabole

En prenant un système de coordonnées rectangulaires avec l'axe des x horizontal et situé à l'altitude zéro, c'est-à-dire au niveau moyen de la mer, et l'axe des z passant par le DCV (fig. 19.51), on peut exprimer les paramètres a, b et c en fonction de m_1, m_2 et L dans l'équation générale de la parabole.

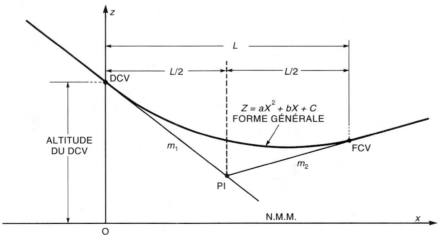

Figure 19.51 Les expressions des paramètres a, b et c.

D'après l'équation 19.78, on sait que :

$$Z = aX^2 + bX + c$$

quand

$$X = 0 \rightarrow Z = 0 + 0 + c = \text{altitude du DCV}$$

d'où

$$c = Z_{\text{DCV}} \tag{19.88}$$

La dérivée première de l'équation 19.78 est celle-ci :

$$Z' = \frac{dZ}{dX} = 2aX + b$$

La pente au point où $X = 0$, c'est-à-dire au DCV, correspond à :

$$Z' = 2aX + b = 0 + b = m_1$$

d'où

$$b = m_1 \tag{19.89}$$

Étant donné que la pente au point où $X = L$, c'est-à-dire au FCV, équivaut à :

$$Z' = 2aX + b = 2a(L) + b = m_2$$

alors :

$$a = \frac{m_2 - b}{2L} = \frac{m_2 - m_1}{2L} \tag{19.90}$$

En reportant les équations 19.88, 19.89 et 19.90 dans l'équation 19.78, on obtient :

$$Z = \left(\frac{m_2 - m_1}{2L}\right) X^2 + m_1 X + Z_{\text{DCV}} \tag{19.91}$$

L'analyse de l'équation 19.91 permet de constater que le premier terme correspond à la dénivelée d à la tangente, tandis que la somme des deux autres termes donne l'altitude de la tangente (remarque, art. 19.19.1). Puisqu'on connaît l'altitude du DCV, les pentes m_1 et m_2 et la longueur L, on peut se servir de l'équation 19.91 pour calculer directement les altitudes des points de la courbe en fonction des différentes valeurs de X (chaînage). L'exemple 19.18 présente une résolution de problème au moyen de l'équation 19.91.

. . . .

EXEMPLE 19.18

Nous avons résolu l'exemple 19.17 au moyen de la méthode de la dénivelé de la tangente au PI. Voyons maintenant comment résoudre ce cas à l'aide de l'équation 19.91.

Solution

Dans l'exemple 19.17, nous avons déterminé l'altitude du DCV, soit 209,000 m, et le chaînage du DCV, soit 2 + 000. En substituant dans l'équation 19.91 les valeurs des paramètres, on obtient :

$$Z_{2+000} = \left(\frac{-0,02 - 0,04}{2 \times 330}\right)(0)^2 + 0,04(0) + 209,000 = 209,000 \text{ m}$$

$$Z_{2+030} = \left(\frac{-0,02 - 0,04}{2 \times 330}\right)(30)^2 + 0,04(30) + 209,000 = 210,118 \text{ m}$$

etc.

et finalement :

$$Z_{2+330} = \left(\frac{-0,02 - 0,04}{2 \times 330}\right)(330)^2 + 0,04(330) + 209,000 = 212,300 \text{ m}$$

. . . .

19.19.4 Le point bas ou le point haut de la courbe

La pente au point bas ou au point haut de la courbe est égale à zéro. Ainsi, en différenciant l'équation 19.91, on obtient :

$$Z' = \left(\frac{m_2 - m_1}{L}\right)X_{\text{bas ou haut}} + m_1 = 0$$

d'où

$$X_{\text{bas ou haut}} = \frac{m_1 L}{m_1 - m_2} \tag{19.92}$$

En substituant l'équation 19.92 dans l'équation 19.91, on a :

$$Z_{\text{bas ou haut}} = \left(\frac{m_2 - m_1}{2L}\right)\left(\frac{m_1 L}{m_1 - m_2}\right)^2 + m_1\left(\frac{m_1 L}{m_1 - m_2}\right) + Z_{\text{DCV}}$$

et, après réduction :

$$Z_{\text{bas ou haut}} = \frac{m_1^2 L}{2(m_1 - m_2)} + Z_{\text{DCV}} \tag{19.93}$$

Par ailleurs, le chaînage du point bas ou du point haut correspond au chaînage de DCV + X du point bas ou du point haut.

$$\text{Ch du point bas ou haut} = \text{Ch DCV} + \frac{m_1 L}{m_1 - m_2} \tag{19.94}$$

19.19.5 Le taux de changement de pente

On obtient le taux de changement de pente en faisant la dérivée seconde de l'équation 19.91 :

$$Z'' = \frac{m_2 - m_1}{L} = \text{taux de changement de pente} \qquad (19.95)$$

Pour l'exemple 19.17, le taux de changement de pente est donc :

$$\frac{-0{,}02 - 0{,}04}{330} = \frac{-0{,}06}{330} = -1{,}818 \, \%/100 \text{ m}$$

19.19.6 La courbe verticale à tangentes inégales

Dans certains cas, en raison des exigences de terrain ou de structures, il peut s'avérer plus commode d'utiliser une parabole à tangentes inégales. La figure 19.52 montre une courbe verticale parabolique non symétrique, qui relie les alignements de pente m_1 et m_2.

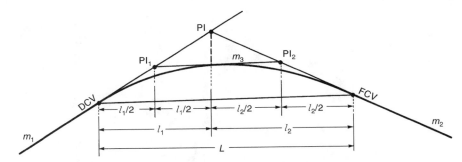

Figure 19.52   La courbe verticale à tangentes inégales.

Compte tenu des propriétés déjà démontrées pour la courbe verticale, il s'agit de mener une tangente à la courbe, au chaînage du PI, et de calculer deux courbes paraboliques distinctes ayant m_1, m_3 et l_1 comme pentes et longueur pour la première courbe et m_3, m_2 et l_2 pour la seconde.

Remarque : Pour obtenir m_3, il faut calculer l'altitude des points d'intersection PI_1 et PI_2 et diviser leur différence d'altitude par la demi-somme de l_1 et l_2, ou $L/2$.

L'exemple 19.19 montre comment calculer l'altitude d'une courbe parabolique à tangentes inégales.

• • • • • • • • • • • • • • • • • •

EXEMPLE 19.19

On doit relier deux alignements d'un profil longitudinal, qui ont respectivement 4 % et -5 % de pente, par une courbe parabolique à tangentes inégales (fig. 19.53). Si $l_1 = 200$ m, $l_2 = 300$ m, le chaînage du PI = 2 + 500 et l'altitude du PI = 24,000 m, calculer à tous les 50 m l'altitude de cette courbe.

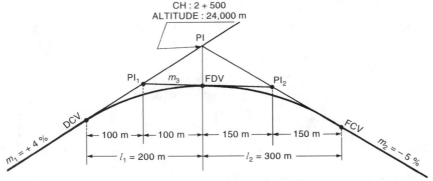

Figure 19.53   (Exemple 19.19)

Solution

$$
\begin{array}{ll}
\text{Ch PI} & 2 + 500 \\
-l_1 & -200 \\
\hline
\text{Ch DCV} & 2 + 300 \\
l_1/2 & 100 \\
\hline
\text{Ch PI}_1 & 2 + 400 \\
l_1/2 & 100 \\
l_2/2 & 150 \\
\hline
\text{Ch PI}_2 & 2 + 650 \\
l_2/2 & 150 \\
\hline
\text{Ch FCV} & 2 + 800
\end{array}
$$

$$Z_{PI_1} = Z_{PI} - m_1 \left(l_1/2 \right) = 24{,}000 - \left(0{,}04 \times 100 \right) = 20{,}000 \ \text{m}$$

$$Z_{PI_2} = Z_{PI} + m_2 \left(l_2/2 \right) = 24{,}000 + \left(-0{,}05 \times 150 \right) = 16{,}500 \ \text{m}$$

$$m_3 = \frac{16{,}500 - 20{,}000}{100 + 150} = -0{,}014 \ \left(-1{,}4 \ \% \right)$$

$$\text{Alt DCV} = Z_{PI} - m_1 l_1 = 24{,}000 - \left(0{,}04 \times 200 \right) = 16{,}000 \ \text{m}$$

$$\text{Alt FCV} = Z_{PI} + m_2 l_2 = 24{,}000 + \left(-0{,}05 \times 300 \right) = 9{,}000 \ \text{m}$$

$$\text{Alt FDV} = Z_{PI_1} + m_3 \left(l_1/2 \right) = 20{,}000 + \left(-0{,}014 \times 100 \right) = 18{,}600 \ \text{m}$$

Rappelons l'équation 19.91 :

$$Z = \left(\frac{m_2 - m_1}{2L} \right) X^2 + m_1 X + Z_{DCV}$$

Ainsi, pour la première courbe, on a :

$$Z = \left(\frac{m_3 - m_1}{2l_1} \right) X^2 + m_1 X + Z_{DCV}$$

$$Z_{2+300} = \left(\frac{-0{,}014 - 0{,}040}{2 \times 200}\right)(0)^2 + 0{,}040(0) + 16{,}000 = 16{,}000 \text{ m}$$

$$Z_{2+350} = \left(\frac{-0{,}014 - 0{,}040}{2 \times 200}\right)(50)^2 + 0{,}040(50) + 16{,}000 = 17{,}663 \text{ m}$$

et ainsi de suite.

Pour la deuxième courbe, on a :

$$Z = \left(\frac{m_2 - m_3}{2l_2}\right)X^2 + m_3 X + Z_{\text{FDV}}$$

$$Z_{2+500} = \left(\frac{-0{,}050 + 0{,}014}{2 \times 300}\right)(0)^2 - 0{,}014(0) + 18{,}600 = 18{,}600 \text{ m}$$

$$Z_{2+550} = \left(\frac{-0{,}050 + 0{,}014}{2 \times 300}\right)(50)^2 - 0{,}014(50) + 18{,}600 = 17{,}750 \text{ m}$$

et ainsi de suite.

$\bullet \quad \bullet \quad \bullet \quad \bullet \quad \bullet \quad \bullet \quad \bullet \quad \bullet \quad \bullet \quad \bullet \quad \bullet \quad \bullet \quad \bullet \quad \bullet \quad \bullet \quad \bullet \quad \bullet \quad \bullet$

19.20 LES SYSTÈMES DE COORDONNÉES APPLIQUÉES À UN PROJET ROUTIER

Pour tout projet routier, qu'il soit d'envergure (autoroute, artère, chemin de fer, etc.) ou non (réfection d'un tronçon d'un collecteur, amélioration d'une intersection, d'un carrefour, etc.), les concepteurs du projet doivent posséder toutes les données pertinentes de la région ou du territoire (sect. 19.1), afin d'être en mesure de choisir la meilleure solution. De plus, ils doivent pouvoir compter sur une représentation topographique fidèle, précise et la plus complète possible de cette région ou de ce territoire.

Pour obtenir cette représentation, il faut procéder à la collecte et au mesurage des nombreux et différents éléments du terrain. Pour ce faire, on peut implanter sur le terrain des lignes d'opération ou, mieux, des structures polygonales et leur rattacher tous les détails du levé (chap. 11 et 12). Avec la venue des stations totales, et compte tenu du mode d'opération de ces équipements, la méthode la plus appropriée est celle des coordonnées polaires.

Jusqu'à maintenant dans ce chapitre, nous avons expliqué la théorie relative aux raccordements curvilignes pour les plans horizontal et vertical. Nous avons vu également le piquetage des alignements et des ensembles curvilignes par la méthode traditionnelle, c'est-à-dire lorsque le théodolite est en station sur la ligne centrale, soit au TC, au TS, au SC, au ST, etc. Dans ce cas, on fait appel au chaînage des cordes et aux angles de déviation correspondants. La maîtrise de ces deux méthodes est certes un atout majeur en pratique, ne serait-ce que pour des fins de vérification.

Toutefois, en plus d'être compatible avec les stations totales, la méthode des coordonnées polaires offre l'avantage de travailler de façon plus sécuritaire et avec plus d'aisance, puisque l'implantation des différents éléments de la route se fait à partir des lignes d'opération situées à l'extérieur des alignements ou des voies de circulation.

Les coordonnées polaires des différents points qui proviennent du levé du terrain s'appuient, par exemple, sur une structure polygonale rattachée dans un système connu, comme le MTM3°. Ainsi, il est toujours possible de les convertir en coordonnées rectangulaires lors de la conception d'une route et de les reconvertir en coordonnées polaires lors de l'implantation de celle-ci. Il peut donc y avoir une bonne synergie entre les concepteurs et le personnel du terrain, puisqu'il s'agit d'un système intégré qui englobe le captage, la conception et l'implantation. Toutes les modifications à un élément du projet peuvent se faire facilement grâce à la flexibilité du système.

Dans l'exemple 19.20, nous expliquons la procédure relative au réaménagement d'une intersection et d'une courbe circulaire.

· · · · · · · · · · · · · · · · · ·
EXEMPLE 19.20

La figure 19.54 montre le plan issu du levé topographique d'un site, sur lequel il faut effectuer certaines réfections. En fait, on doit réaménager l'intersection entre les rues principale et locale ainsi que la courbe circulaire sur cette dernière. Afin de simplifier le problème et compte tenu de la présence des figures, nous donnerons sommairement la façon de procéder pour quelques éléments du réaménagement.

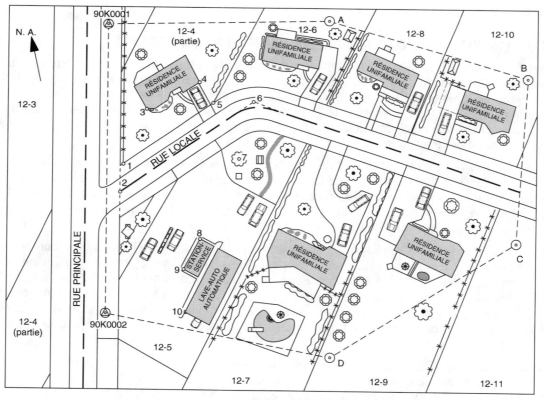

Figure 19.54 Le levé du terrain (exemple 19.20).

La polygonale formée des points 90K0001, A, B, C, D et 90K0002 a servi d'assise à la collecte de l'ensemble des éléments topographiques du terrain (chap. 12). Les points 90K0001 et 90K0002 sont deux points géodésiques dont on connaît les coordonnées planimétriques (MTM3°) ainsi que les altitudes. À partir de ces données, il est possible de calculer, dans le système MTM3°, les coordonnées rectangulaires des points levés. Les concepteurs ont donc en main une représentation fidèle, exacte et complète du site à réaménager.

La figure 19.55 met davantage l'accent sur les éléments géométriques à modifier, sans pour autant perdre de vue les contraintes d'occupation du site. À la suite d'études, les concepteurs ont retenu la solution illustrée à la figure 19.57 et présentée aux tableaux 19.19 et 19.20. Ces derniers doivent contenir tous les points requis du projet et indiquer pour chacun le chaînage ainsi que les coordonnées rectangulaires et polaires. Dans cet exemple, nous ne donnons que quelques points du projet pour ne pas alourdir notre exposé. Le personnel d'arpentage peut procéder à l'implantation des points sur le terrain lorsqu'il connaît les coordonnées polaires de chacun d'eux. La structure polygonale sert de base à l'opération.

Avant d'expliquer les quatre étapes nécessaires à la réalisation de ce projet, rappelons que le tableau 12.2 présente des logiciels, dont certains sont plus spécialisés en conception routière. Tous les éléments géométriques (distance, angle, superficie, etc.) peuvent être calculés, révisés et modifiés à l'aide de ces logiciels.

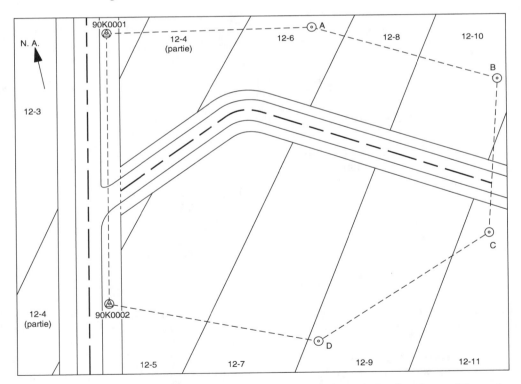

Figure 19.55 Les éléments géométriques à modifier dans le levé topographique de la figure 19.54 (exemple 19.20).

Première étape : établissement, mesure et compensation de la structure polygonale. La figure 19.56 fait ressortir la structure polygonale du levé topographique de la figure 19.54. On détermine les valeurs des angles et des distances après avoir compensé les valeurs mesurées sur le terrain (méthode Bowditch, chap. 12). Le tableau 19.15 contient les valeurs compensées des coordonnées MTM3° des sommets de la polygonale. Signalons que les valeurs des distances correspondent aux distances horizontales non réduites au niveau moyen de la mer et en projection. Nous avons procédé ainsi, car le facteur combiné de conversion est très près de l'unité et les longueurs sont relativement courtes.

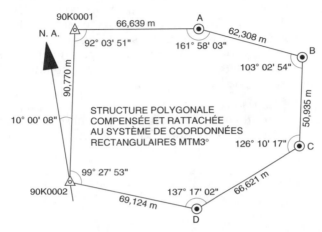

Figure 19.56 La structure polygonale du levé topographique de la figure 19.54 (exemple 19.20).

Tableau 19.15 Les coordonnées rectangulaires MTM3°
(exemple 19.20)

Description	X	Y
90K0001	298 523,98	5 039 520,05
90K0002	298 508,13	5 039 430,66
A	298 589,89	5 039 510,85
B	298 645,91	5 039 483,57
C	298 634,52	5 039 433,92
D	298 573,30	5 039 407,63

Deuxième étape : relevé de détails et calcul des coordonnées rectangulaires des points relevés. Afin d'obtenir le plan de la figure 19.54, il faut tout d'abord procéder au levé des éléments sur le terrain par la méthode polaire. Celle-ci consiste à relever chaque point par rapport à un côté de la polygonale, en mesurant un angle et une distance. Le tableau 19.16 énumère les coordonnées polaires de quelques points; dans celui-ci, on considère que l'instrument est en station sur le point 90K0002 et que la direction origine va vers le point 90K0001 à 0° 00' 00". Les dix points du tableau 19.16 apparaissent également dans la figure 19.54.

Tableau 19.16   La ligne polygonale 90K0001-90K0002 (exemple 19.20)

N° du point	Angle horizontal	Distance horizontale (m)	Description
1	5° 50'	46,30	Poteau d'une clôture au S.-O. du lot 12-4.
2	6° 01'	37,60	Intersection entre la ligne centrale de la rue locale et l'emprise Est de la rue principale.
3	10° 40'	64,20	Coin S.-O. de la première résidence au nord de la rue locale.
4	21° 30'	77,06	Coin S.-E. de la première résidence au nord de la rue locale.
5	26° 10'	72,84	Intersection entre les lots 12-4 et 12-6 et la ligne au nord de la rue locale.
6	34° 15'	79,43	Intersection des alignements de la rue locale.
7	39° 54'	62,18	Érable : diamètre = 40 cm.
8	49° 58'	36,72	Coin N.-E. de la station-service.
9	58° 25'	27,15	Coin S.-O. de la station-service.
10	87° 00'	23,81	Coin S.-O. du lave-auto automatique.

On procède de la façon illustrée au tableau 19.16 pour tous les points qu'il faudra rattacher à la ligne polygonale. On effectue ces opérations pour l'ensemble des lignes polygonales, en occupant successivement toutes les stations de la structure polygonale, et ce jusqu'à ce que le levé topographique soit considéré comme complet par le chef d'équipe. Pour accélérer le processus du levé, il est possible de mesurer certaines dimensions directement sur les bâtiments, les résidences, la largeur de rue, les clôtures, etc.

Le tableau 19.17 présente les coordonnées rectangulaires (MTM3°) des mêmes 10 points après la conversion des coordonnées polaires en coordonnées rectangulaires (chap. 12).

C'est à partir de ces coordonnées rectangulaires qu'on réalise la mise en plan au moyen d'un système informatisé (fig. 19.54). À la fin de la deuxième étape, les concepteurs ont en main le plan topographique qui leur permet de choisir la meilleure solution.

Tableau 19.17 Les données du tableau 19.16 converties en coordonnées rectangulaires MTM3° (exemple 19.20)

Points	X (m)	Y (m)
1	298 520,77	5 039 475,20
2	298 518,50	5 039 466,81
3	298 530,79	5 039 490,73
4	298 548,39	5 039 496,37
5	298 551,11	5 039 489,46
6	298 563,55	5 039 487,56
7	298 555,70	5 039 470,71
8	298 539,91	5 039 449,04
9	298 533,38	5 039 440,65
10	298 531,77	5 039 427,76

Troisième étape : choix de la conception. La nouvelle intersection entre la ligne centrale de la rue locale et la ligne d'emprise Est de la rue principale se fera à 90°. De plus, ce point d'intersection sera situé à 50,00 m à partir du repère 90K0002, mesuré parallèlement à la ligne d'emprise Est de la rue principale. On fixe le chaînage de ce point à 0 + 000. Par ailleurs, on établit le point d'intersection des deux alignements de la courbe circulaire simple au chaînage 0 + 089 et on fixe à 19° 00' l'angle Δ au PI. Le rayon R de la courbe est de 150 m, et l'emprise de la rue locale demeure à 13,75 m (tabl. 19.18 et fig. 19.57).

Tableau 19.18 Les caractéristiques de conception (exemple 19.20)

Éléments géométriques	Dimension (m)
Rayon de la courbe circulaire	150
Emprise de la rue locale	13,75
L_c (longueur de la courbe circulaire)	49,74 (calcul)
C_p (corde principale)	49,51 (calcul)
etc.	

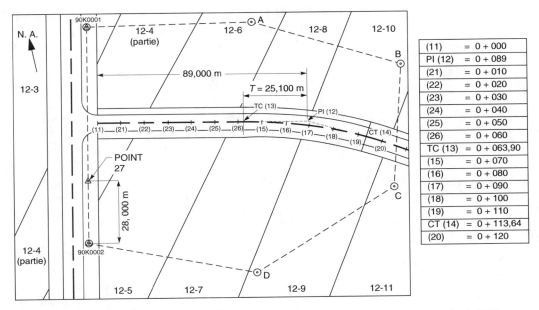

Figure 19.57 Le résultat de la conception d'un réaménagement (exemple 19.20).

Le tableau 19.19 contient les coordonnées rectangulaires des principaux points caractéristiques du nouvel aménagement routier.

Tableau 19.19 Les coordonnées rectangulaires MTM3° (exemple 19.20)

Point/Description	Chaînage	X	Y
11/Début	0 + 000	298 520,750	5 039 479,210
12/PI	0 + 089	298 608,400	5 039 463,750
21/Sur la ligne centrale	0 + 010	298 530,600	5 039 477,470
22/Sur la ligne centrale	0 + 020	298 540,450	5 039 475,730
23/Sur la ligne centrale	0 + 030	298 550,300	5 039 474,000
24/Sur la ligne centrale	0 + 040	298 560,140	5 039 472,260
25/Sur la ligne centrale	0 + 050	298 569,990	5 039 470,530
26/Sur la ligne centrale	0 + 060	298 579,840	5 039 468,790
13/TC	0 + 063,90	298 583,680	5 039 468,110
15/Dans la courbe, $\mathcal{C}_L$	0 + 070	298 589,660	5 039 466,930
16/Dans la courbe, $\mathcal{C}_L$	0 + 080	298 599,350	5 039 464,470
17/Dans la courbe, $\mathcal{C}_L$	0 + 090	298 608,860	5 039 461,370
18/Dans la courbe, $\mathcal{C}_L$	0 + 100	298 618,140	5 039 457,640
19/Dans la courbe, $\mathcal{C}_L$	0 + 110	298 627,150	5 039 453,310
14/CT, $\mathcal{C}_L$	0 + 113,64	298 630,350	5 039 451,590
20/2e alignement, $\mathcal{C}_L$	0 + 120	298 635,910	5 039 448,500

Quatrième étape : conversion des coordonnées rectangulaires en coordonnées polaires à des fins d'implantation sur le terrain. Afin de concrétiser sur le terrain le travail des concepteurs, il faut convertir en coordonnées polaires les coordonnées rectangulaires des points du réaménagement routier (tabl. 19.19). L'implantation de ces points se fait par la méthode polaire avec les coordonnées du tableau 19.20. Pour ce faire, on met l'appareil en station sur le point 27 et on effectue une visée origine sur le point 90K0001 à 0° 00' 00". Le point 27 est situé à 28 m du point 90K0002 sur l'axe qui relie ce dernier au 90K0001 (fig. 19.57). À partir de cette position, il est possible d'effectuer en toute sécurité, c'est-à-dire hors de la circulation, l'implantation des nouveaux points sans que divers obstacles comme une résidence ou des arbres n'obstruent la visibilité (tabl. 19.20). Pour le point 27, nous trouvons comme coordonnées rectangulaires : $X = 298\ 512,990$ m et $Y = 5\ 039\ 458,230$ m.

L'informatique est omniprésente dans ce processus. Au moyen d'un logiciel de conception et de dessin, il est possible de convertir les coordonnées rectangulaires en coordonnées polaires avant de les transférer dans le carnet électronique. Ce logiciel peut également effectuer lui-même les conversions à partir des coordonnées rectangulaires emmagasinées dans sa mémoire (chap. 3, sect. 3.7).

Tableau 19.20   Les coordonnées polaires du projet routier (exemple 19.20)

Point/Description	Chaînage	Angle horizontal	Distance horizontale (m)
11/Début	0 + 000	10° 18' 03"	22,361
12/PI	0 + 089	76° 41' 12"	95,570
21/Sur la ligne centrale	0 + 010	32° 28' 12"	26,081
22/Sur la ligne centrale	0 + 020	47° 29' 09"	32,556
23/Sur la ligne centrale	0 + 030	57° 05' 30"	40,506
24/Sur la ligne centrale	0 + 040	63° 25' 58"	49,191
25/Sur la ligne centrale	0 + 050	67° 49' 51"	58,311
26/Sur la ligne centrale	0 + 060	71° 01' 42"	67,672
13/TC	0 + 063,90	72° 02' 44"	71,374
15/Dans la courbe, ℄	0 + 070	73° 31' 42"	77,164
16/Dans la courbe, ℄	0 + 080	75° 52' 11"	86,584
17/Dans la courbe, ℄	0 + 090	78° 07' 38"	95,918
18/Dans la courbe, ℄	0 + 100	80° 19' 22"	105,150
19/Dans la courbe, ℄	0 + 110	82° 28' 19"	114,262
14/CT, ℄	0 + 113,64	83° 14' 37"	117,548
20/2ᵉ alignement, ℄	0 + 120	84° 27' 09"	123,307

. . . .

19.21   LE PROFIL TRANSVERSAL (SECTION TRANSVERSALE)

La section transversale d'une route est la vue d'une section perpendiculaire à la ligne centrale de cette route à un chaînage donné (alignement droit ou courbe). Elle comprend les principaux éléments situés entre les deux lignes d'emprise. Le ministère des Transports du Québec publie des sections transversales types pour diverses classes de routes, allant de l'autoroute à la route locale (fig. 19.58 et 19.59).

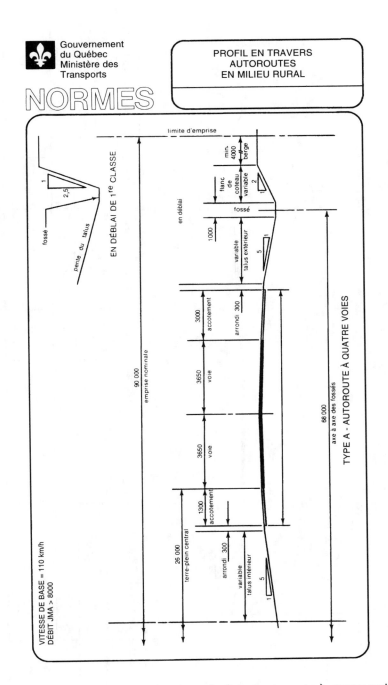

Figure 19.58 Une section transversale d'une autoroute à quatre voies.

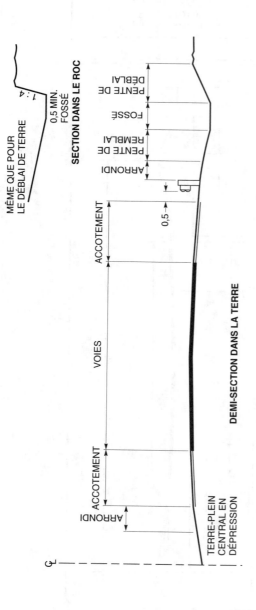

Classes RCD (km/h)	Arrondi de talus (m)	Accotement (m)		Voies (m)	Accotement (m)	Arrondi de talus (m)	Talus de déblai	Fossé	Talus de remblai	Pente des talus en remblai		
										Glissière		Sans glissière
		*	+							Terre	Roc	
100	1,0	1,5	2,5	chacune 3,7	3,0	1,0	6:1	variable	2:1	2:1	1,5:1	6:1
90 80 70	1,0	1,5	2,5	chacune 3,5	3,0	0,5	4:1	variable	2:1	2:1	1,5:1	4:1

* 2 voies

+ 3 voies ou plus

Figure 19.59 Une section transversale d'une collectrice rurale à chaussées séparées.

Section transversale type en milieu rural. La figure 19.60 représente une demi-section transversale, en alignement droit, d'une route projetée en milieu rural. La bande de terrain expropriée comprend les éléments suivants : la piste (pavage), l'accotement, l'épaulement ou arrondi, les talus, le fossé, le flanc de coteau et la berge. Les dimensions des éléments de même que la largeur de l'emprise sont fonction de la classe de route (sect. 19.3).

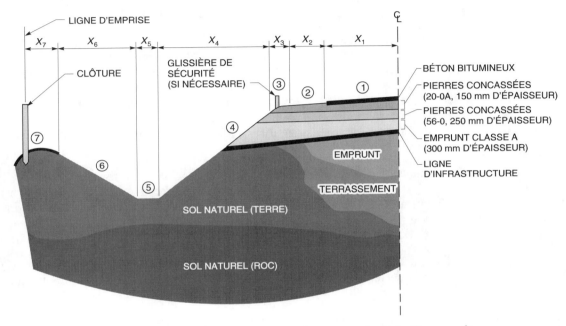

Figure 19.60 La demi-section en alignement droit (milieu rural).

Nous donnons ci-dessous la description sommaire de ces éléments.

Piste (1). Voie de circulation généralement pavée. La largeur X_1 de la piste varie de 3,00 à 4,00 m selon la classe de celle-ci. La pente normale en alignement droit pour un revêtement en béton bitumineux est de 2 %.

Accotement (2). Surlargeur attenante à la voie de circulation ayant pour fonction première de contribuer à la résistance structurale de la chaussée. L'accotement permet également le stationnement en cas de panne et peut même servir de piste additionnelle en cas d'urgence ou de déneigement. Il assure aux usagers de la route un sentiment de sécurité et de confort. Sa largeur, X_2, varie entre 2,00 et 3,00 m et atteint même 4,00 m dans certains cas. La pente normale pour un accotement pavé est de 4 %.

Épaulement (3). Partie arrondie servant de lien entre l'accotement et le talus du fossé. L'épaulement diminue les risques d'érosion, tout en améliorant l'apparence de la route. C'est à cet endroit qu'on installe les glissières de sécurité et les garde-fous lorsque la pente du talus et d'autres facteurs le justifient. La largeur normale de l'épaulement, X_3, est de l'ordre du mètre.

Talus (4).   Terrassement en pente situé entre l'épaulement et le fossé. La végétation, comme le gazon et les arbres, aide grandement à la stabilisation des talus. La pente maximale des talus est de 2:1, c'est-à-dire qu'il doit y avoir une distance horizontale de 2 m pour une distance verticale de 1 m. Pour des raisons de sécurité et de stabilité, il est toujours préférable d'opter pour une pente de 4:1 et même de 6:1 dans le cas de faibles déblais ou remblais. La distance horizontale, X_4, requise pour le talus est fonction de la dénivelée entre l'épaulement et le fond du fossé. Ainsi, la valeur de X_4 sera égale à 8 m si la dénivelée est de 2 m et la pente de 4:1.

Fossé (5).   Plutôt de forme trapézoïdale, ses dimensions dépendent des caractéristiques hydrologiques de la région. En général, sa largeur minimale, X_5, est égale à 0,6 m. La profondeur minimale des fossés ne doit pas être inférieure à 0,5 m sous la ligne d'infrastructure pour les déblais, ni inférieure à 0,5 m sous le niveau du sol naturel pour les remblais. La pente longitudinale minimale peut varier de 0,25 % à 0,50 %, selon la nature du sol. Une pente longitudinale trop forte peut engendrer de l'érosion, tandis qu'une pente trop faible peut réduire grandement le débit d'écoulement de l'eau et rendre les eaux stagnantes, en raison des dépôts de particules de sol et de la prolifération de la végétation.

Flanc de coteau (6).   Partie comprise entre le fossé et le début de la berge, qui sert de talus extérieur au fossé. La pente du flanc de coteau peut être de 1:2,5 ou 1:4 et même supérieure dans le cas de coupes de roc importantes. Si l'excavation est pratiquée dans la terre, une pente de 2:1 ou même plus douce peut être nécessaire. On calcule la valeur de X_6 de la même façon que celle de X_4 (les talus).

Berge (7).   Terrain compris entre le flanc de coteau et la ligne d'emprise. La distance minimale, X_7, est de 1,5 m pour un collecteur ou une route provinciale et peut atteindre 4,00 m pour une autoroute.

Pavage.   Surface de roulement en béton ou en asphalte, représentant la couche d'usure en contact avec les roues des véhicules. Le pavage étant soumis à l'action des roues motrices et des freins, il doit être de bonne qualité pour résister aux efforts de friction et aux fortes pressions verticales et obliques. Il est également soumis aux intempéries, aux variations de température, aux abrasifs, au gel et au dégel ainsi qu'aux opérations de déneigement. Il faut tenir compte de ces facteurs, qui ont pour effet de le fendiller, de le soulever, de le déformer, bref de le détériorer.

Glissière de sécurité.   Garde-fou habituellement installé en bordure de l'accotement, qui a pour principale fonction de réduire le plus possible les dommages corporels et matériels qui peuvent survenir lorsque les véhicules quittent accidentellement la voie de circulation. Comme son nom l'indique, la glissière de sécurité sert à conserver la trajectoire du véhicule qui la heurte sensiblement parallèle à la chaussée.

Les glissières de sécurité peuvent être classées en trois catégories : les glissières flexibles généralement constituées de trois câbles d'acier ancrés à des poteaux de bois (fig. 19.61a), les semi-rigides composées de feuillards en acier profilé fixés également à des poteaux de bois (fig. 19.61b) et les glissières rigides en béton (fig. 19.61c).

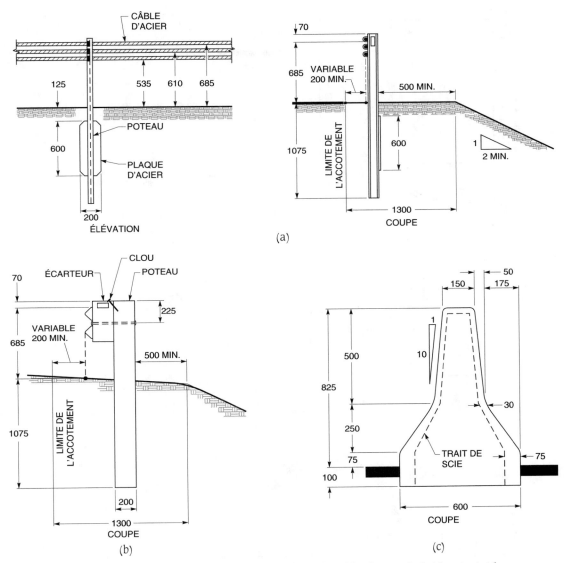

Figure 19.61 Les glissières de sécurité : a) flexible; b) semi-rigide; c) rigide.

Le ministère des Transports du Québec et d'autres organismes spécialisés dans le domaine routier produisent des abaques (fig. 19.62), qui permettent de déterminer si l'installation d'une glissière de sécurité est nécessaire ou non. Dans ces abaques, on tient compte de facteurs tels que la hauteur et la pente du talus, la largeur de l'accotement, la pente du profil longitudinal, le rayon de la courbe horizontale, la pente du terrain naturel au pied du remblai, la présence d'eau ou d'un mur de soutènement à cet endroit ainsi que les conditions climatiques de la région. Dans le cas d'une autoroute, par exemple, il faut installer une glissière si l'indice de nécessité est supérieur à 50. Cette valeur passe à 60 pour une route provinciale et à 70 pour une route régionale ou locale.

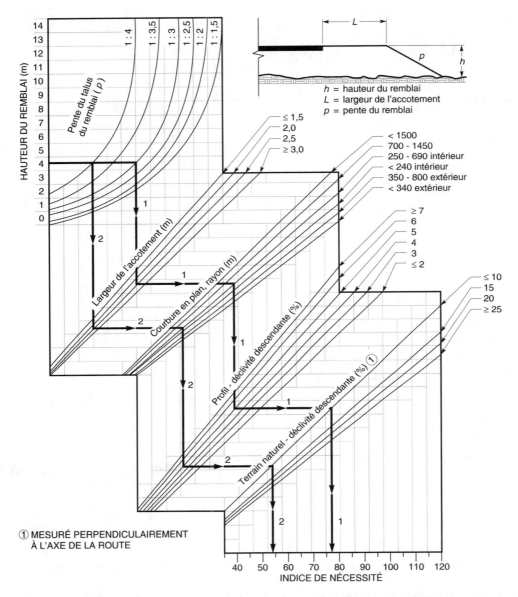

Figure 19.62 Un abaque des indices de la nécessité de l'installation d'une glissière de sécurité.

On installe aussi des glissières de sécurité près des objets fixes qui sont situés à proximité de la bordure de la chaussée. Ces objets peuvent être des piliers de structure, des culées de pont ou de viaduc, des structures pour panneaux de signalisation, des lampadaires, des rangées d'arbres, etc.

19.22 LA DÉTERMINATION DES QUANTITÉS

La détermination des quantités constitue sans doute un aspect très important des projets routiers. On a de plus en plus recours à des logiciels de conception routière qui permettent d'automatiser et d'intégrer plusieurs phases de la réalisation d'un projet, dont celle du calcul des quantités. Cependant, la programmation de ces systèmes performants repose sur une approche conventionnelle qui mène à la détermination des quantités d'excavation (déblais) et de remblayage (remblais) pour un projet routier. Voici les principales étapes de cette approche.

19.22.1 Le levé du territoire et le profil longitudinal

Après avoir procédé à l'ensemble des opérations de mesurage sur le territoire destiné à recevoir la nouvelle route, on doit mettre en plan le profil du terrain naturel le long de la ligne centrale. Sur ce plan, on détermine un profil longitudinal théorique et préliminaire de la future route (fig. 19.63), en tenant compte de sa classe et des normes qui s'y appliquent, comme les distances de visibilité, les déclivités maximales, les longueurs minimales des courbes verticales paraboliques, les altitudes à respecter (intersections), les structures de passage à niveau, etc.

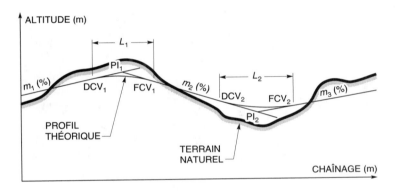

Figure 19.63 Le profil longitudinal théorique et préliminaire.

De plus, afin de réduire le plus possible les coûts de construction, on doit, tout en respectant les normes, éviter tout excès d'excavation et de remblayage et tenter d'équilibrer les déblais et les remblais. Ce profil théorique préliminaire le long de la ligne centrale représente en général la ligne d'infrastructure de la route. Après avoir effectué tous les calculs de chaînage et d'altitude requis, on trace ce profil en superposition sur celui du terrain naturel.

19.22.2 Les sections transversales originales du terrain naturel

Cette étape consiste dans la mise en plan des sections transversales originales, c'est-à-dire de celles qui représentent le terrain naturel mesuré à intervalle régulier de chaînage, ainsi qu'à tout chaînage où il y a un changement longitudinal de pente, que ce changement soit situé sur la ligne centrale ou non. Il peut arriver qu'on fasse appel à d'autres sections transversales, dans le cas notamment d'intersections de routes, de construction de ponceau et d'accès aux propriétés riveraines de la route.

En mode conventionnel, on dessine ces sections le plus souvent sur du papier quadrillé milli-métrique à des échelles appropriées. Les échelles horizontales et verticales les plus utilisées sont 1:50, 1:100 et 1:200. On recommande fortement de dessiner les sections transversales en partant du bas de la feuille, au chaînage 0 + 000 pour la première section, et de faire progresser le chaînage vers le haut (fig. 19.64). Ainsi, la mise en plan s'effectue dans le même ordre que le

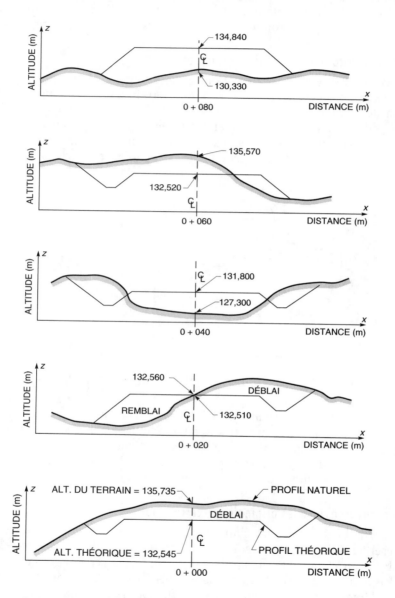

Figure 19.64 La représentation des sections transversales.

mesurage des sections sur le terrain et l'inscription dans le carnet de notes. De plus, cette disposition facilite l'étude du drainage puisque les sections apparaissent comme sur le terrain. Il est préférable de dessiner à l'encre les section originales, ce qui permet d'apporter des modifications planimétriques ou altimétriques à toute section théorique finale, sans pour autant altérer le dessin des sections originales.

19.22.3 Les sections transversales théoriques et le calcul des volumes

À partir du profil longitudinal théorique dessiné précédemment et de la section type définie pour le projet, on peut tracer, au plomb de préférence, les sections transversales théoriques finales (fig. 19.64), en les superposant sur les originales. Les quantités de déblais se limitent normalement à la ligne d'infrastructure, et les quantités de matériaux nécessaires à la construction de la structure et du pavage font l'objet d'avant-métrés spécifiques.

On peut dessiner les sections finales en même temps que les sections originales. Une fois complétée la mise en plan de l'ensemble des sections transversales, on peut planimétrer celles-ci et calculer les volumes de déblais et de remblais.

19.22.4 Quelques considérations sur les volumes de déblais et de remblais

Le volume compris entre deux sections en travers consécutives et homogènes représente, selon le cas, exclusivement du déblai ou du remblai. Pour déterminer les volumes compris entre deux sections consécutives, l'une en déblai et l'autre en remblai, on doit établir le chaînage à partir duquel commence le remblai et à partir duquel finit le déblai. Il s'agit d'appliquer la règle de trois, en y faisant intervenir les hauteurs respectives de déblai et de remblai propres à chaque section.

Cependant, on doit apporter une attention particulière dans le cas du déblai, car il faut tenir compte de l'apport du volume des fossés. Ainsi, le volume au chaînage obtenu par la règle de trois ne sera pas nul, mais égal au volume d'excavation des fossés situé dans la section en remblai. Si la couche au-dessus du sol est impropre aux remblais, on détermine le volume d'excavation de cette couche à l'aide des sections transversales, mais ce volume ne doit pas figurer sur les feuilles de quantités.

Le roc étant un excellent matériau de remblai, on doit s'assurer que tout le roc excavé est récupéré et utilisé dans les remblais, puis recouvert d'au moins un mètre de terre. On doit donc calculer le volume total de roc à excaver compris entre la section transversale du début et celle de la fin du déblai. Puis, à l'aide du profil longitudinal, on détermine l'emplacement du remblai, compris entre deux chaînages, où on déversera le roc excavé, tout en prévoyant de façon approximative une épaisseur suffisante de terre pour son recouvrement.

Sur chacune des sections transversales correspondant à ce remblai, on trace une droite d'essai qui consiste en une droite horizontale séparant la terre du roc, et ce à une distance verticale constante sous la ligne d'infrastructure. Ensuite, on détermine le volume total de ce remblai de roc, en se basant sur ces sections transversales et en tenant compte du foisonnement.

Si le volume total trouvé pour le remblai de roc est supérieur à celui du roc excavé, on descend la droite d'essai, ce qui a pour effet de diminuer le volume de remblai et d'augmenter l'épaisseur de terre au-dessus du roc. Si le volume total trouvé pour le remblai de roc est inférieur à celui du roc excavé, on élève la droite d'essai pour obtenir l'effet contraire. À partir de cette nouvelle position de la droite d'essai, on refait les calculs de quantités et on compare les résultats. Après quelques tentatives, on arrive généralement à atteindre l'équilibre entre le déblai et le remblai de roc.

Par ailleurs, on doit corriger les remblais pour tenir compte du volume de terre requis afin de combler les interstices, ou vides, entre les morceaux de roc. En pratique, on se base sur une épaisseur de 25 à 30 cm pour déterminer le volume de terre servant à combler les vides.

Les matériaux excavés, à l'exception du roc, subissent en général, une fois compactés dans le remblai, un rétrécissement ou un tassement par rapport à leur volume initial. Le pourcentage réel de tassement est fonction de la nature du matériau, de sa teneur en humidité ainsi que des méthodes d'excavation, de transport et de compactage. Pour la terre, on applique généralement un facteur de rétrécissement de 15 % pour les remblais supérieurs à 1 m et de 30 % pour les petits remblais, à cause des pertes dans le transport et au bas des talus. Ainsi, un mètre cube de terre excavée, lorsqu'on tient compte du tassement, ne peut combler que 0,85 ou 0,70 m³ de remblai.

Si l'excavation est pratiquée dans le roc, celui-ci subit un gonflement, ou foisonnement, par rapport à son état initial dans le déblai. Le pourcentage retenu pour le foisonnement du roc est de l'ordre de 50 %. Ainsi, un mètre cube de roc excavé, lorsqu'on tient compte du foisonnement, occupe un volume égal à 1,5 m³ dans le remblai. Puisque l'entrepreneur n'est payé le plus souvent que pour l'excavation, ce qui comprend le transport au taux fixe ou de base et l'épandage, on doit exprimer les remblais en fonction des déblais requis pour les combler. Il faut donc multiplier par 1,15 ou 1,30 les remblais requis pour tenir compte du tassement et les multiplier par 0,67 pour tenir compte du foisonnement.

19.23   LE DIAGRAMME DE MASSE

Tout projet routier doit se réaliser de la façon la plus économique, et les coûts reliés à l'excavation des différents matériaux et à leur transport n'échappent pas à cet objectif. Lors de la construction d'une route, il n'est pas toujours possible de déplacer ou transporter l'ensemble des matériaux excavés à l'intérieur d'une distance prédéterminée dans le devis, souvent égale à 1 km et désignée sous l'expression «distance de transport à taux fixe».

Le coût de ce transport fait partie du prix unitaire d'excavation. Souvent, il est nécessaire de transporter les matériaux excavés au-delà de la distance à taux fixe. Le diagramme de masse est nécessaire pour qu'on puisse déterminer la distribution la plus adéquate et la plus économique des matériaux. Il sert à déterminer le transport des matériaux à taux fixe et à taux croissant, et donc à calculer le coût de transport. Le diagramme de masse a pour abscisse le chaînage et pour ordonnée la somme algébrique des déblais et des remblais corrigés en fonction du tassement et du foisonnement (fig. 19.65).

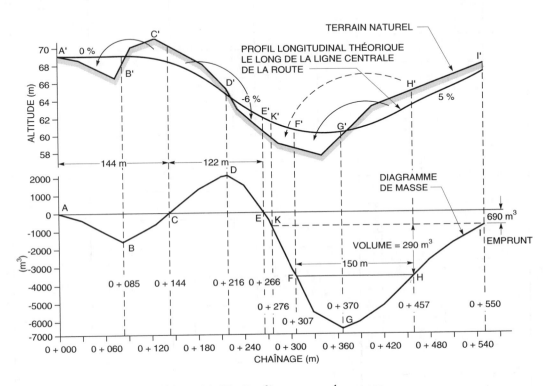

Figure 19.65 Le diagramme de masse.

On considère les déblais comme positifs puisqu'ils génèrent des matériaux. Par contre, les remblais sont négatifs, car ils nécessitent l'apport de matériaux. Les ordonnées représentent les différences cumulées entre les déblais et les remblais. Par conséquent, avant de construire le diagramme de masse, il faut procéder à la confection des feuilles de quantités. Le tableau 19.21 illustre un modèle de feuille de quantités, mais nous présenterons un modèle simplifié à l'exemple 19.21.

Tableau 19.21 Un modèle de feuille de quantités

CHAÎNAGE	DÉBLAI		REMBLAI		VOLUME						DIFFÉRENCE		DIAGRAMME DE MASSE
	SUPERFICIE (m^2)	M^1	SUPERFICIE (m^2)	M	DÉBLAI (m^3)	M	REMBLAI (m^3)	%	REMBLAI CORRIGÉ (m^3)	M	DÉBLAI (m^3)	REMBLAI (m^3)	ORDONNÉE (m^3)
	TOTAL										PROJET:		
											N° DU DOSSIER:		
	TOTAL CUMULATIF										CALCULÉ PAR:	DATE:	
											VÉRIFIÉ PAR:	DATE:	

1. M: nature du matériau
    Ex.: T = terre, R = roc

Les principales caractéristiques du diagramme de masse sont les suivantes :

1. Une pente ascendante (positive) dénote une excavation en ce point sur la route.

2. Une pente descendante (négative) dénote un emprunt.

3. De fortes pentes indiquent de fortes quantités de déblai ou de remblai.

4. De faibles pentes indiquent de faibles quantités de déblai ou de remblai.

5. Des points de pente nulle sur le diagramme de masse représentent des points où la route passe de déblai à remblai et vice-versa.

6. La différence d'ordonnée entre deux points sur le diagramme représente l'excès net d'excavation sur l'emprunt entre ces deux points ou, inversement, l'excès net d'emprunt sur l'excavation entre ces deux points.

7. Si une droite horizontale coupe le diagramme de masse en deux points, l'excavation et l'emprunt sont en équilibre (quantité égale entre ces deux points).

Dans l'exemple 19.21, nous expliquons comment construire un diagramme de masse.

. . . .
EXEMPLE 19.21

Dans le but d'alléger cet exemple tout en lui conservant la rigueur nécessaire à la bonne compréhension du diagramme de masse, nous avons simplifié, réduit et même omis certains éléments. C'est le cas pour la longueur du profil longitudinal, limitée à 550 m, pour la distance de transport à taux fixe, égale à 150 m, et pour le tableau représentant la feuille des quantités, simplifié et limité à un seul matériau excavé, soit de la terre. De plus, nous avons fixé le pourcentage de tassement à 120 %.

À partir des résultats de la feuille des quantités (tabl. 19.22), on construit, à même le plan qui illustre le profil longitudinal, le diagramme de masse en portant en abscisse le chaînage et en ordonnée la somme algébrique cumulative des déblais et des remblais. La distribution des terres se fait selon les trois étapes suivantes.

1. Détermination des distances de transport à taux fixe

Pour cet exemple, il s'agit des distances qui ne dépassent pas 150 m de longueur et pour lesquelles le déblai et le remblai sont en équilibre. On détermine ces distances en localisant des lignes horizontales inférieures ou égales à 150 m de longueur et dont les extrémités reposent sur le diagramme de masse. Dans la figure 19.65, le segment FH identifie une telle distance. Il faut également localiser tous les segments dont la longueur est inférieure à 150 m (AC et CE, fig. 19.65).

Ces lignes de transport à taux fixe doivent reposer chacune sur l'ordonnée zéro de la courbe de masse (AC et CE) ou à l'intérieur des boucles formées par la ligne zéro et le diagramme de masse (FH). Les déplacements du matériau excavé à taux fixe correspondent aux flèches pleines sur le profil longitudinal.

Tableau 19.22 Les résultats de la feuille de quantités (exemple 19.21)

Chaînage (m)	Déblai (m³)	Remblai (m³)	Remblai corrigé (pourcentage de tassement = 120 %) (m³)	Différence déblai (m³)	Différence remblai (m³)	Ordonnée du diagramme de masse (m³)
0 + 000						0
	0	185	222	-	222	
0 + 030						-222
	0	533	640	-	640	
0 + 060						-862
	0	380	456	-	456	
0 + 085						-1 318
	152	104	125	27	-	
0 + 090						-1 291
	645	0	0	645	-	
0 + 120						-646
	815	0	0	815	-	
0 + 150						169
	1 087	0	0	1 087	-	
0 + 180						1 256
	740	0	0	740	-	
0 + 210						1 996
	130	85	102	28	-	
0 + 216						2 024
	38	410	492	-	454	
0 + 240						1 570
	0	1 490	1 788	-	1 788	
0 + 270						-218
	0	2 287	2 744	-	2 744	
0 + 300						-2 962
	0	2 120	2 544	-	2 544	
0 + 330						-5 506
	0	605	726	-	726	
0 + 360						-6 232
	116	222	266	-	150	
0 + 370						-6 382
	298	0	0	298	-	
0 + 390						-6 084
	907	0	0	907	-	
0 + 420						-5 177
	1 184	0	0	1 184	-	
0 + 450						-3 993
	1 257	0	0	1 257	-	
0 + 480						-2 736
	1 066	0	0	1 066	-	
0 + 510						-1 670
	712	0	0	712	-	
0 + 540						-958
	268	0	0	268	-	
0 + 550						-690
Total	9415	8421	10 105			

2. Détermination de l'emplacement du déblai restant

Le diagramme de masse montre que l'excavation et le remblai sont en équilibre entre les points K et I. Ainsi, il faut déposer le volume HI de 2900 m³ dans le vide F'K', comme l'illustre la flèche pointillée sur le profil longitudinal. Pour ce diagramme de masse, l'ordonnée au chaînage 0 + 550 indique qu'on doit emprunter 690 m³ de matériaux pour combler le vide du segment E'K' entre les chaînages 0 + 266 et 0 + 276. Si le diagramme de masse indique un surplus, on peut utiliser ce dernier dans un autre tronçon de la route ou tout simplement le rejeter.

Si le diagramme de masse dénote un excédent important de déblai ou de remblai, on modifie le profil théorique de façon à obtenir un certain équilibre entre le déblai et le remblai.

3. Détermination de la distance de transport et calcul du transport à taux croissant

Sur le diagramme de masse, la surface délimitée par les points KFHIK s'exprime en mètres cubes par mètre, c'est-à-dire en unités de transport à taux fixe et à taux croissant. Ainsi, cette surface représente les mètres cubes par mètre du transport qu'il faut effectuer afin de déplacer le volume H'I' dans le vide F'K'. On trouve la distance de transport en divisant la surface appropriée (588 460 m³/m) par son ordonnée (2900 m³ d'excavation), ce qui donne 203 m.

La distance du transport à taux croissant correspond à la distance de transport moins la distance du transport à taux fixe. Dans ce cas-ci, elle est de 203 − 150 = 53 m. Le coût du transport à taux croissant est le produit de la distance à taux croissant et du nombre de mètres cubes excavés (dans cet exemple : 53 × 2900 = 153 700 m³/m).

· · · · · · · · · · · · · · · · · · ·

EXERCICES

19.1 Deux alignements sont reliés par une courbe circulaire de 440 m de rayon. Le chaînage du PI est de 1 + 700 et Δ est égal à 32° 00'. Calculer les caractéristiques de la courbe, soit sa longueur, la longueur de la tangente et le chaînage du TC et du CT.

19.2 Calculer les angles de déviation nécessaires au piquetage à tous les 30 m de la courbe de l'exercice 19.1.

19.3 Si le théodolite occupe le point intermédiaire du chaînage 1 + 710 de l'exercice 19.2, quelle est la valeur de l'angle de déviation qu'on doit tourner pour placer le point de chaînage 1 + 740, compte tenu que la visée arrière s'effectue sur le point de chaînage 1 + 590?

19.4 On doit relier deux alignements horizontaux par une courbe circulaire. En fonction de la figure 19.66, rédiger le carnet de notes qui permettra de piqueter cette courbe.

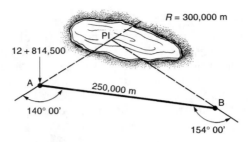

Figure 19.66 (Exercice 19.4)

19.5 On désire raccorder deux alignements horizontaux par une courbe circulaire simple, tangente à la droite AB au point C (fig. 19.67). Le chaînage du point A est de 1 + 382,829 et la distance AB, de 129,372 m. Calculer le rayon de courbure et le chaînage du TC et du CT de cette courbe.

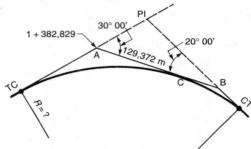

Figure 19.67 (Exercice 19.5)

19.6 Si la contre-flèche d'une courbe circulaire mesure 207,107 m et que la flèche principale est de 146,447 m, quels sont le rayon et l'angle au centre de cette courbe?

19.7 Énumérer, dans un ordre séquentiel, les différentes étapes à franchir lors du piquetage d'une courbe circulaire.

19.8 On désire relier deux alignements horizontaux par une courbe circulaire composée (fig. 19.68). Déterminer le chaînage des TC_1, CT_1, TC_2 et CT_2.

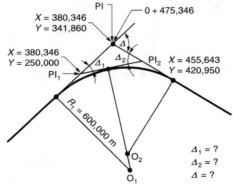

Figure 19.68 (Exercice 19.8)

19.9 On doit relier deux alignements au moyen d'un pont déjà existant. Pour ce faire, on décide de prendre deux arcs de cercle tangents à l'axe du pont, au milieu de celui-ci (fig. 19.69). Quelles sont les caractéristiques de ces deux courbes?

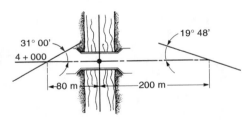

Figure 19.69   (Exercice 19.9)

19.10 Deux alignements sont reliés par un raccordement spirales théoriques-courbe circulaire. Il est à noter que le chaînage du PI = 1 + 250, le gisement de TS à PI = 80° 30', celui du PI au ST = 108° 30', le rayon de courbure de l'arc de cercle = 450 m et la longueur de la spirale = 60 m.

Calculer :

a) le chaînage des TS, SC, CS et ST;
b) les angles de déviation pour piqueter la spirale d'entrée.

19.11 Calculer l'angle entre la grande corde de l'arc de cercle et la corde qui passe par le point milieu de la spirale de l'exercice 19.10, si l'instrument est installé sur le SC.

19.12 S'il n'y avait pas eu de spirale, quelle aurait été la longueur de la courbe circulaire de l'exercice 19.10?

19.13 Sur le terrain, on a tracé une spirale pratique composée de 8 cordes de 10 m chacune. Calculer :

a) la longueur de la spirale pratique;
b) l'angle au centre de la spirale entre le TS et le SC;
c) l'angle de déviation de la tangente au point 5 avec la tangente principale;
d) les coordonnées du SC.

19.14 On doit relier deux pentes d'un profil longitudinal par une courbe verticale parabolique de 200 m de longueur. Les pentes m_1 et m_2 sont respectivement de -3 et 1 %. Le chaînage et l'altitude du PI sont de 1 + 000 et 35,000 m. Calculer l'altitude de la courbe à tous les 20 m.

19.15 Calculer le chaînage et l'altitude du point bas (exercice 19.14).

19.16 Quelle est la longueur d'une courbe verticale parabolique, si m_1 = 2 %, m_2 = -4 % et si on a fixé le taux de changement de pente à 2 %/100 m?

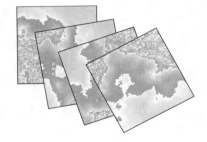

La topométrie
industrielle

20.1 GÉNÉRALITÉS

La construction de gros appareils (bateaux, avions, missiles) et l'installation de machinerie lourde (moulins à papier, turbines hydrauliques, accélérateurs atomiques) requièrent des mesurages très précis ayant trait à la localisation, à l'orientation et à l'alignement. Les besoins de gabarits d'usinage de plus en plus gros et de plus en plus précis ont fait naître un champ d'activité dans le domaine de la métrologie, soit la topométrie industrielle (*optical tooling*).

Les principes de la topométrie industrielle sont les mêmes que ceux de la topométrie générale, mais, en raison de la dimension des objets et de la précision requise, il a fallu mettre au point des techniques et des instruments spéciaux. Ainsi, on peut atteindre une précision de l'ordre de $1/200\ 000^e$ et on calcule les distances linéaires à 0,05 mm près et les directions à la seconde près.

Dans le texte qui suit, nous présentons les opérations de base de la topométrie industrielle ainsi que les instruments auxquels on a recours dans ce domaine. Avec la permission de Keuffel & Esser, nous avons tiré le contenu de ce chapitre de leur manuel intitulé *Optical Alignment Manual*, n° 71 1000.

20.2 LES OPÉRATIONS DE BASE

En topométrie industrielle, les opérations de base reposent principalement sur les notions fondamentales de l'optique. La lumière procure une ligne de référence, qui est essentiellement droite, sans poids et à partir de laquelle on effectue des mesurages avec une très grande précision. Ces opérations sont les suivantes : la collimation, l'autocollimation, l'autoréflexion, la mise au point à l'infini, la ligne de visée en coïncidence et le plan perpendiculaire.

20.2.1 La collimation

Les rayons parallèles traversant une lentille se rencontrent dans un plan normal, qui passe par le foyer de la lentille. Des rayons parallèles peuvent être créés par une source de lumière, qu'on considère à l'infini.

Lorsque la mise au point est telle que les rayons parallèles se rencontrent dans le plan du réticule, on dit que la mise au point de la lunette est à l'infini. Dans un tel cas, si le réticule est éclairé, son image est projetée en rayons parallèles. C'est ce qu'on appelle la collimation. Quant à l'appareil servant à effectuer cette opération, on le nomme «collimateur».

La figure 20.1a montre qu'une lunette, dont la mise au point est à l'infini, capte des rayons parallèles d'un collimateur. Les fils du réticule de ce collimateur sont dans le plan du réticule de la lunette. Si on oriente la lunette de telle sorte que les deux réticules coïncident, les lignes de visée des deux instruments sont parallèles, sans nécessairement se confondre (fig. 20.1b).

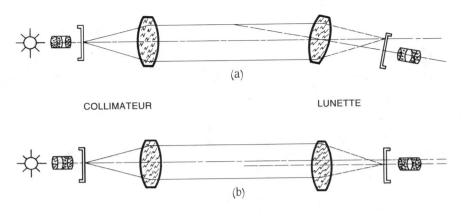

COLLIMATEUR   LUNETTE

Figure 20.1 La collimation : a) les deux réticules non en coïncidence; b) les deux réticules en coïncidence.

20.2.2 L'autocollimation

L'autocollimation est un procédé qui consiste à placer un miroir de façon perpendiculaire à la ligne de visée, ce qui permet à l'observateur de voir simultanément le réticule et l'image de celui-ci. L'oculaire utilisé, qu'on appelle oculaire pour autocollimation (fig. 20.2), contient une lumière et un miroir semi-transparent. Puisque l'instrument est dirigé vers le miroir, la ligne de visée (lunette) et son image réfléchie par le miroir font office de collimateur.

La mise au point de la lunette est à l'infini si l'opérateur réalise celle-ci sur l'image réfléchie du réticule. Lorsqu'on tourne le miroir pour amener en coïncidence le réticule et son image, le miroir devient perpendiculaire à la ligne de visée.

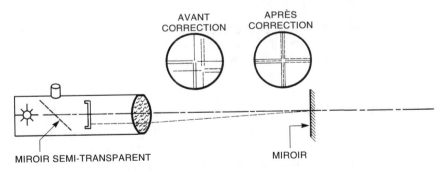

Figure 20.2 L'autocollimation.

20.2.3 L'autoréflexion

S'il n'y a pas d'oculaire pour autocollimation, on procède alors par autoréflexion, bien que cette technique soit moins précise. On fixe une cible pour autoréflexion sur le devant de la lunette (fig. 20.3a) ou bien on imprime une cible sur l'objectif (fig. 20.3b). La mise au point s'effectue de la même façon que dans le cas de l'autocollimation (fig. 20.3c et d).

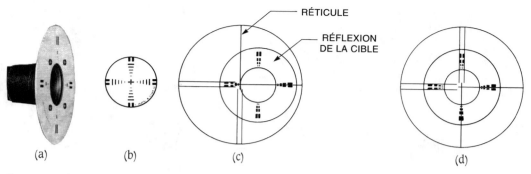

RÉTICULE

RÉFLEXION
DE LA CIBLE

(a)   (b)   (c)   (d)

Figure 20.3 L'autoréflexion : a) cible amovible; b) cible intégrée; c) cible non centrée; d) cible centrée.

20.2.4 La mise au point à l'infini

Pour faire une mise au point à l'infini, il faut souvent diriger deux lunettes l'une vers l'autre. On peut employer trois méthodes pour ce faire.

a) Si une des lunettes a un repère de mise au point à l'infini sur son dispositif de réglage, on effectue d'abord la coïncidence. Ensuite, on règle la mise au point de la seconde lunette sur le réticule de la première.

b) Si aucune lunette n'a de repère de mise au point à l'infini, mais qu'un des instruments a un oculaire pour autocollimation, on place un miroir devant la lunette afin de procéder à l'autocollimation. Après avoir enlevé le miroir, on effectue la mise au point de la seconde lunette sur le réticule de la première.

c) Si les instruments n'ont ni repère ni oculaire pour autocollimation, on fait la mise au point de l'un des instruments sur un objet aussi éloigné que possible, puis on règle la mise au point du second sur le réticule du premier.

20.2.5 La ligne de visée en coïncidence

Orienter deux instruments l'un vers l'autre en faisant coïncider leur ligne de visée n'est pas chose facile. Si on dirige l'une vers l'autre deux lunettes, dont la mise au point est à l'infini, et que les réticules coïncident, les lignes de visée sont parallèles, mais elles ne coïncident pas nécessairement (fig. 20.4a). Si la mise au point des deux instruments se fait sur un point entre les deux, le réticule de chacun peut coïncider avec l'autre. Les lignes de visée se rencontrent alors, mais généralement suivant un angle (fig. 20.4b). La coïncidence des lignes de visée s'obtient lorsque les réticules se superposent pour une mise au point à l'infini et pour un point intermédiaire à courte distance. Il est à noter que les réticules doivent être éclairés.

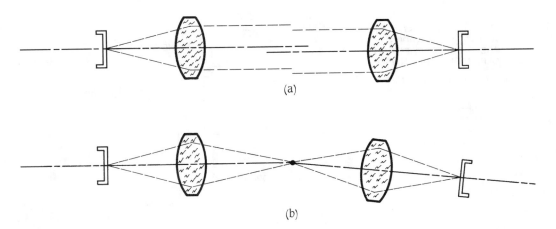

Figure 20.4   Les lignes de visée : a) parallèles mais non en coïncidence; b) en coïncidence mais selon un angle.

Le procédé est le suivant :

1. Orienter chaque instrument sur le centre de l'objectif de l'autre.

2. Placer une carte, qui a une marque sur chaque face, à mi-chemin entre les deux instruments et faire la mise au point de chaque instrument sur ces marques, et ce sans changer l'orientation.

3. Enlever la carte et, si les réticules ne coïncident pas, prendre la moitié de l'écart de chacun des fils du réticule.

4. Faire la mise au point à l'infini de chaque instrument et, si les réticules ne coïncident pas, prendre la moitié de l'écart de chacun des fils du réticule.

5. Poursuivre ainsi, c'est-à-dire en alternant avec la carte et la mise au point à l'infini, jusqu'à ce que les réticules des deux instruments coïncident.

20.2.6 Le plan perpendiculaire

Il est possible de mener un plan perpendiculaire à une ligne de référence donnée au moyen de l'une des trois façons suivantes : par autocollimation (ou autoréflexion), avec un prisme pentagonal ou avec un théodolite pour gabarit à double lunette.

Dans la figure 20.5, la ligne de visée originale est donnée par une lunette d'alignement (art. 20.3.6). Dans ce cas, on oriente le théodolite pour gabarit (art. 20.3.4) par autocollimation ou autoréflexion de la lunette d'alignement, à l'aide du miroir fixé sur l'axe secondaire du théodolite. La rotation de la lunette du théodolite crée le plan perpendiculaire à la ligne de visée originale. En ce qui concerne l'équerre à prisme, c'est la rotation d'un prisme pentagonal fixé sur l'objectif de la lunette qui engendre un plan perpendiculaire à la ligne de visée (fig. 20.6). Enfin, nous expliquons à l'article 20.3.5 comment procéder à l'aide d'un théodolite pour gabarit à double lunette.

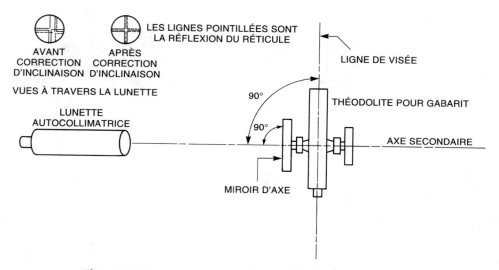

Figure 20.5 Le plan perpendiculaire par autocollimation.

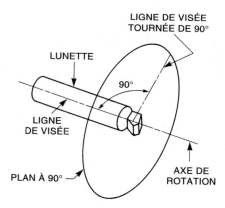

Figure 20.6 Le plan perpendiculaire avec prisme pentagonal.

20.3 LES INSTRUMENTS

Les instruments et accessoires qu'on utilise en topométrie industrielle ressemblent aux instruments conventionnels, mais ils sont davantage axés sur les propriétés fondamentales de l'optique. Les instruments de base sont le micromètre optique, la règle optique, le niveau de précision, le théodolite pour gabarit, le théodolite pour gabarit à double lunette, la lunette d'alignement et le banc métrologique.

20.3.1 Le micromètre optique

De façon générale, on utilise le micromètre optique (sect. 4.6) avec la *règle optique*, ce qui permet de mesurer des déplacements de l'ordre de 0,005 mm (fig. 20.7).

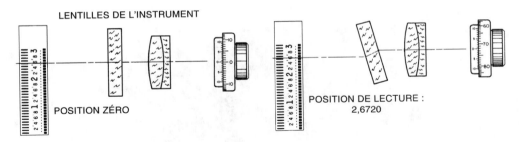

Figure 20.7 Le micromètre optique.

20.3.2 La règle optique

La règle optique est une lame d'acier à outil trempé, de 250, 500 ou 1000 mm de longueur, recouverte de plastique blanc mat. Les graduations sont en noir afin de créer un bon contraste. La plus grande précision de pointé s'obtient lorsque le fil du réticule est encadré par deux lignes parallèles, dans la mesure où les proportions sont convenables. Dans une bonne lunette, les fils du réticule varient en largeur de 2 à 3 s d'arc. Pour des fils de cette largeur, une plage blanche de 8 à 21 s entre les traits sur la règle donne une erreur probable de lecture de 0,15 s ou moins. Sur les règles fabriquées par Keuffel & Esser, il y a quatre séries de lignes parallèles pour chaque graduation, et ce en fonction de la distance (fig. 20.8). Actuellement, ces règles ne sont pas offertes en unités métriques. Les mesures données dans la figure 20.8 correspondent donc à des valeurs approximatives.

Figure 20.8 La règle optique.

20.3.3 Le niveau de précision

En topométrie industrielle, on se sert d'un niveau à bascule de précision conventionnel. La principale différence réside dans le choix du micromètre optique qui, lui, est plus précis.

En raison de la grande précision requise, il existe une autre distinction très importante qui concerne la permanence de la hauteur de l'instrument. Le niveau illustré à la figure 20.9 possède deux particularités qui permettent de conserver cette permanence : le système à quatre vis calantes et le pivot de basculement situé sur l'axe principal de l'instrument.

Figure 20.9 Le niveau de précision : 1. nivelle sphérique; 2. vis calantes; 3. vis de blocage; 4. oculaire; 5. vis de mise au foyer; 6. vis de rappel; 7. nivelle; 8. vis micrométrique; 9. rappel micrométrique; 10. axe de basculement.

Avec le système à quatre vis calantes, lors du calage, l'instrument pivote autour d'une rotule sans changer de hauteur. À l'opposé, avec le système à trois vis calantes, on effectue le calage en faisant varier la course de chaque vis, ce qui affecte légèrement la hauteur de l'instrument. Après avoir pris quelques lectures, si on doit de nouveau caler l'instrument, on risque de commettre des erreurs. En effet, dans la majorité des niveaux à bascule conventionnels, le pivot n'est pas sur l'axe principal et, lors du basculement, la hauteur de l'instrument varie légèrement. Il est possible de contrer ces inconvénients au moyen d'un calage plus précis (axe principal parfaitement vertical), en se servant à la fois des vis calantes et de la vis de basculement. Toutefois, cette façon de procéder implique beaucoup de tâtonnements. De plus, par la suite, il ne faut plus toucher aux vis calantes. On ne peut que manipuler la vis de basculement, mais très légèrement.

20.3.4 Le théodolite pour gabarit

Le théodolite pour gabarit a été conçu spécifiquement pour la topométrie industrielle (fig. 20.10). Ses principes de base sont les mêmes que ceux du théodolite conventionnel, mais il compte néanmoins un certain nombre de particularités. Sa principale différence réside dans sa fonction première, qui consiste à établir un plan vertical avec précision à l'endroit désiré. En outre, cet instrument n'a pas de cercle gradué pour la mesure des angles, et la nivelle du plateau, perpendiculaire à la lunette, est aussi sensible que celle de la lunette.

Il est possible de décaler le plan vertical à l'aide d'un micromètre optique fixé sur la lunette de l'instrument. Le procédé est le même que celui décrit à l'article 4.5.2, sauf que la rotation de la plaque de verre se fait autour d'un axe vertical qui déplace la ligne de visée latéralement.

Les tourillons de l'axe secondaire peuvent recevoir les pattes d'une nivelle cavalière (art. 4.4.1), ce qui permet de contrôler l'horizontalité de l'axe secondaire. On peut fixer un miroir plan à l'une ou l'autre extrémité de l'axe secondaire. De cette façon, on peut placer le plan de la ligne de visée perpendiculairement à toute ligne de visée optique par autocollimation ou autoréflexion.

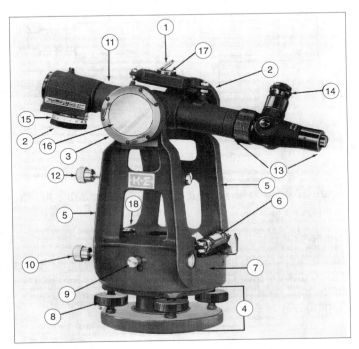

Figure 20.10   Le théodolite pour gabarit : 1. axe azimuthal; 2. axe d'altitude; 3. bouton de mise au foyer (sous la lunette); 4. tête de nivellement; 5. alidade; 6. nivelle tubulaire; 7. embase; 8. vis calantes; 9. vis de blocage (horiz.); 10. vis de rappel; 11. vis de blocage (alt.); 12. vis de rappel (alt.); 13. oculaire pour autocollimation; 14. oculaire; 15. échelle micrométrique; 16. miroir d'orientation; 17. nivelle de la lunette; 18. nivelle sphérique.

20.3.5   Le théodolite pour gabarit à double lunette

Le théodolite pour gabarit à double lunette a un axe secondaire creux dans lequel il y a, à chaque extrémité, un objectif et un réticule au foyer principal de l'objectif opposé (fig. 20.11). Un oculaire amovible peut être fixé à l'une ou l'autre extrémité. La ligne de visée de la lunette principale engendre un plan perpendiculaire à l'axe de la lunette secondaire.

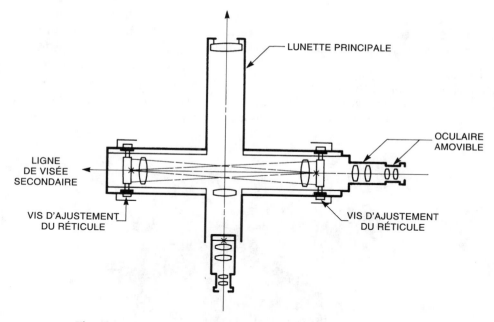

Figure 20.11 Le théodolite pour gabarit à double lunette.

20.3.6 La lunette d'alignement

La *lunette d'alignement* a été conçue spécialement pour la topométrie industrielle. Il s'agit d'un tube en acier trempé avec une surface chromée très dure (fig. 20.12). La mise au point se fait de l'infini à un point en contact avec l'objectif. Des micromètres optiques (horizontal et vertical) sont incorporés à la lunette.

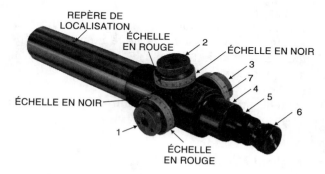

Figure 20.12 La lunette d'alignement : 1. bouton micrométrique pour déplacement horizontal; 2. bouton micrométrique pour déplacement vertical; 3. bouton de mise au point; 4. réticule; 5. tube de l'oculaire; 6. mise au foyer de l'oculaire; 7. échelle des distances.

20.3.7 Le banc métrologique

Les bancs métrologiques constituent un moyen facile et rapide d'installer les lunettes d'alignement et les théodolites pour gabarit dans les plans d'orientation (fig. 20.13).

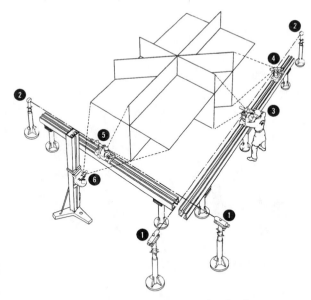

Figure 20.13 Les bancs métrologiques.

20.4 APPLICATIONS

La topométrie industrielle est née du besoin de mesures de distance et d'alignement de grande précision. C'est d'abord l'industrie aéronautique qui a fait appel à la topométrie industrielle (fig. 20.14), mais, par la suite, on y a eu recours dans de nombreux secteurs d'activité, principalement pour installer et vérifier de grosses machines. Signalons que l'industrie automobile et la construction navale constituent deux autres champs d'application très importants.

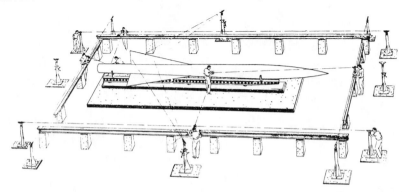

Figure 20.14 La topométrie industrielle au service de l'aéronautique.

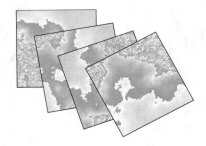

Le système de positionnement global (GPS)

21.1 GÉNÉRALITÉS

Le système de positionnement global *NAVSTAR/GPS*[1], conçu et exploité par le département de la Défense américaine (DOD), est un système de radionavigation basé sur une constellation satellitaire et utilisé à l'échelle mondiale. Il permet de déterminer la position tridimensionnelle de tout lieu terrestre, marin ou aérien, 24 h par jour, peu importe les conditions climatiques. Ses avantages, dont sa simplicité d'utilisation, sa précision, son exactitude, sa fiabilité et son universalité, vont reléguer au second rang les autres systèmes de localisation actuellement en service.

Le système GPS a nécessité plus de 12 milliards de dollars américains d'investissement depuis le début des années 80. Il faudra également y consacrer des budgets substantiels pour l'entretien et le remplacement des satellites, afin de lui assurer un fonctionnement à long terme. Compte tenu de l'ampleur de cet investissement public, de la haute technologie employée et du potentiel énorme d'applications civiles, le personnel militaire ne possède pas l'exclusivité de l'utilisation de ce système même s'il en détient le contrôle.

Les systèmes de positionnement par satellites datent déjà de quelques décennies. En 1959, les États-Unis commençaient à mettre au point le premier système mondial de navigation par satellites, nommé *TRANSIT*. En janvier 1964, il était disponible pour l'usage militaire et, en 1967, pour l'usage civil. Ce système fonctionnait suivant la mesure des fréquences ou, plus précisément, suivant la variation de fréquences due au déplacement des satellites (effet Doppler). Jusqu'au milieu des années 80, on a déployé différents systèmes tels que OSCAR, NOVA, SOOS et TSIKADA.

En 1967, la marine américaine a placé en orbite un premier satellite, le TRIMATION I, suivi en 1969 du TRIMATION II. Cette mission visait à vérifier si des mesures de temps fondées sur des horloges très précises ne pouvaient pas remplacer avantageusement les autres systèmes basés sur des mesures de fréquences (ex.: TRANSIT). Le développement rapide des technologies de la mesure du temps a permis de réaliser des *horloges atomiques* de très grande précision, à base de quartz, rubidium et césium. À titre d'exemple, la variation par jour de l'horloge du TRIMATION I était de 300×10^{-13} s, durée qui a été réduite à $0,1 \times 10^{-13}$ s pour le troisième satellite de cette mission. Pour faire suite à ce progrès manifeste, le DOD a donné son aval à la réalisation d'une constellation satellitaire complète et mondiale. C'est ainsi qu'est né le système NAVSTAR/GPS.

Dans ce chapitre, nous verrons d'abord les principales composantes du système GPS, son principe et ses modes de fonctionnement ainsi que les sources d'erreurs et le degré de précision. Ensuite, nous présenterons la réalisation d'un projet GPS, les champs d'applications, certaines caractéristiques d'équipement et les principales sources d'information concernant ce système.

21.2 LES COMPOSANTES DU SYSTÈME GPS

Le système GPS est constitué de trois composantes distinctes : la composante spatiale, la composante de contrôle et de commande et la composante d'utilisation (fig. 21.1).

---

1. NAVSTAR/GPS : *NAVigation System with Time And Ranging/Global Positioning System*.

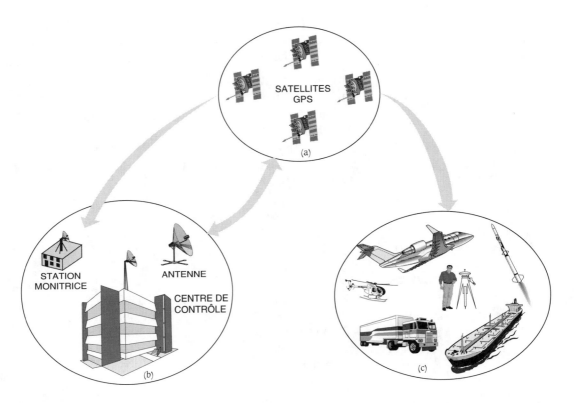

Figure 21.1 Les principales composantes du système GPS : a) composante spatiale; b) composante de contrôle et de commande; c) composante d'utilisation.

21.2.1 La composante spatiale

Le groupe prototype de satellites NAVSTAR, appelé BLOC I et comprenant 11 satellites, a été mis en orbite de février 1978 à octobre 1985. Les essais sur cette première constellation ont mis en évidence divers problèmes majeurs, surtout reliés aux horloges. La plupart des satellites de ce premier bloc n'ayant pas été fonctionnels, les concepteurs ont voulu corriger la situation avant d'effectuer le lancement d'un second groupe de satellites.

De février 1989 à mars 1994, on a procédé à la mise en orbite du second groupe de 24 satellites, appelé BLOC II/IIA, et ce au rythme moyen de 5 par année. Ce deuxième ensemble constitue la constellation actuelle NAVSTAR/GPS. Le tableau 21.1 donne la date de lancement, l'orbite et la date de mise en exploitation de chacun de ces 24 satellites.

Tableau 21.1 La constellation NAVSTAR/GPS

Identification	Orbite	Date de lancement	Date de mise en exploitation
II-1	E1	14 février 1989	14 avril 1989
II-2	B3	10 juin 1989	12 juillet 1989
II-3	E3	17 août 1989	13 septembre 1989
II-4	A4	21 octobre 1989	14 novembre 1989
II-5	D3	11 décembre 1989	11 janvier 1990
II-6	F3	24 janvier 1990	14 février 1990
II-7	B2	25 mars 1990	19 avril 1990
II-8	E2	2 août 1990	31 août 1990
II-9	D2	1er octobre 1990	20 octobre 1990
IIA-10	E4	26 novembre 1990	10 décembre 1990
IIA-11	D1	3 juillet 1991	30 août 1991
IIA-12	A2	23 février 1992	24 mars 1992
IIA-13	C2	10 avril 1992	25 avril 1992
IIA-14	F2	7 juillet 1992	23 juillet 1992
IIA-15	A3	9 septembre 1992	30 septembre 1992
IIA-16	F1	22 novembre 1992	11 décembre 1992
IIA-17	F4	18 décembre 1992	5 janvier 1993
IIA-18	B1	3 février 1993	4 avril 1993
IIA-19	C3	30 mars 1993	13 avril 1993
IIA-20	C4	13 mai 1993	12 juin 1993
IIA-21	A1	26 juin 1993	20 juillet 1993
IIA-22	B4	30 août 1993	28 septembre 1993
IIA-23	D4	26 octobre 1993	29 novembre 1993
IIA-24	C1	10 mars 1994	28 mars 1994

Caractéristiques techniques d'un satellite GPS. Dans le but d'alléger le texte, nous présentons sous forme de fiche technique les principales caractéristiques des satellites GPS.

Nom	:	Constellation NAVSTAR
Nombre de satellites	:	24 actifs, 4 satellites par orbite
Fabricant	:	Rockwell International
Poids	:	865 kg (satellite en orbite)
Dimension	:	5,18 m (17 pi) une fois les panneaux solaires déployés
Altitude	:	20 200 km
Orbite	:	Presque circulaire, excentricité < 0,03

Plan orbital :	6 plans orbitaux inclinés à 55° par rapport à l'équateur
Durée de l'orbite :	12 h sidérales (*TS*, c'est-à-dire temps sidéral relatif au *point vernal*) ou 11 h 58 min (TM, temps moyen solaire)
Antenne :	Arrangement de type hélice (spirale), gain maximal de 15 dB
Système de stabilisation :	Dispositif à trois axes contrôlés au moyen de détecteurs infra-rouges orientés vers la Terre
Capacité énergétique :	600 W par les panneaux solaires en plus de la capacité des piles Ni-Ca
Horloge atomique :	4 par satellite, 2 horloges au quartz et au rubidium et 2 au quartz et au césium
Dérive de l'horloge :	2×10^{-13} s/d ou 1 s/158 000 a
Durée de vie :	Conçu pour 7,5 années d'exploitation
Espérance de vie :	Approximativement 10 ans

Puisque la durée d'une orbite nécessite 11 h 58 min (TM), les satellites sont au rendez-vous 4 min plus tôt tous les jours. En somme, pour observer la même configuration de satellites au même lieu, il faut prévoir une avance de 2 h par mois ou d'une journée par année.

Signaux GPS. Les signaux provenant des satellites sont transmis sur deux fréquences porteuses, respectivement de 1575,42 et 1227,60 MHz, appelées L_1 et L_2. Ces fréquences radio font partie de la bande L, qui s'étend de 390 à 1550 MHz. La longueur d'onde de L_1 correspond à 19,0 cm et celle de L_2, à 24,4 cm.

La porteuse L_1 est modulée par un code d'accès libre (*code C/A*), par un code précis (*code P*) et par le message satellite. La porteuse L_2 est modulée par le code P et par le message satellite. En fait, les porteuses ont une modulation sur une base binaire, selon deux phases en quadrature. L'une est à 0° et l'autre, à 90°. Elles sont modulées, d'une part, par un signal de données à 50 b/s et, d'autre part, par le signal du spectre étendu, soit le code C/A ou le code P. La durée d'un *bit* du code P est de 1/10,23 μs. Peu importe la façon dont ce code est généré, sa longueur est de l'ordre de $2,355 \times 10^{14}$ b. Puisque sa fréquence est de 10,23 Mb/s, le temps nécessaire pour une séquence complète est :

$$\frac{2,355 \times 10^{14}}{10,23} = 23\ 020\ 528 \text{ s} = 266,4 \text{ jours} \approx 267 \text{ jours}$$

Compte tenu de la durée de cette période, il faut absolument connaître le temps relié au code P, sinon l'observation basée sur ce code sera beaucoup trop longue. De plus, il arrive souvent que le DOD brouille volontairement ce code, qui porte alors le nom de code Y. En fait, son utilisation est plutôt restreinte et réservée aux militaires. Quant au code C/A, il a une longueur de 1023 b. Il est généré au taux de 1,023 Mb/s, ce qui donne une fréquence répétitive de 1 KHz. Les utilisateurs civils peuvent toujours y avoir accès.

21.2.2 La composante de contrôle et de commande

La composante de contrôle et de commande est formée d'un centre de contrôle (CSOC, *Consolidated Space Operations Center*) situé à Colorado Springs, aux États-Unis, de cinq stations terrestres monitrices et de trois antennes terrestres (fig. 21.2). Le centre de contrôle et les stations monitrices communiquent ensemble par le biais des antennes terrestres et au moyen de satellites qui ne font pas partie du GPS.

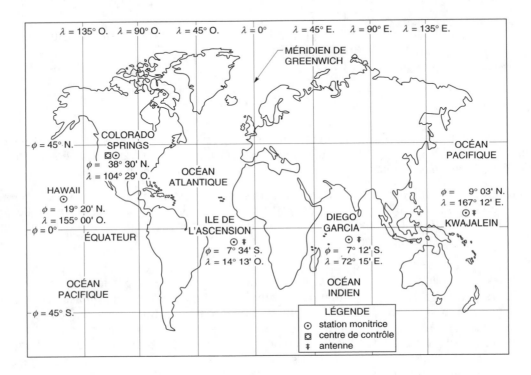

Figure 21.2 La situation géographique des composantes de contrôle du GPS.

Centre de contrôle. Le centre de contrôle joue un rôle primordial. Il reçoit et traite toutes les observations des satellites GPS recueillies par les cinq stations monitrices. Le centre analyse ces données et effectue les corrections nécessaires, afin de conserver la constellation à l'intérieur des normes édictées. Des corrections relatives notamment aux orbites, aux positions, au temps GPS en fonction du temps universel coordonné (UTC ± 180 ns) et aux horloges se calculent au centre et sont retransmises aux satellites et aux stations monitrices sous forme de signaux et de messages codés.

Le centre a la mainmise sur le système de positionnement. À tout moment, il peut rendre inutilisable le code P par brouillage. Au moyen de la technique de *disponibilité sélective* (SA, *Selective Availability*), il peut aussi diminuer substantiellement la précision du positionnement auquel les utilisateurs civils ont accès par le code C/A.

Stations terrestres monitrices. Le rôle des stations terrestres monitrices consiste à suivre constamment la constellation satellitaire GPS. Chaque station occupe un point terrestre de coordonnées connues : x, y, z ou ϕ, λ et altitude. Munie d'un récepteur multicanaux haut de gamme et d'une horloge atomique au césium, chaque station capte simultanément tous les signaux et les messages qui proviennent des satellites visibles à partir de 5° au-dessus de l'horizon.

Toute l'information ainsi recueillie est acheminée au centre de contrôle, qui calcule de façon très précise les corrections et qui détermine l'état de «santé» de chaque satellite. Les stations terrestres monitrices sont entièrement automatisées et ne requièrent donc pas de personnel.

Antennes terrestres. Au nombre de trois, ces antennes sont situées à Kwajalein, dans l'océan Pacifique, à Diego Garcia, dans l'océan Indien, et à l'île de l'Ascension, dans l'océan Atlantique (fig. 21.2). Ayant un lien bidirectionnel, elles assurent la réception et la transmission entre les composantes spatiale et de contrôle. Tout comme les stations monitrices, les antennes sont entièrement automatisées et ne requièrent pas de personnel.

21.2.3 La composante d'utilisation

La composante d'utilisation correspond en fait à toute personne qui a des besoins particuliers de positionnement et qui utilise un récepteur GPS pour capter les signaux codés provenant de la constellation satellitaire. Dans un équipement GPS, les principaux organes communs sont l'antenne, la section radiofréquence, le microprocesseur, le contrôleur ou l'unité de commande et d'affichage (CDU, *Control Display Unit*), l'enregistreur et le bloc d'alimentation. Ces éléments sont modulaires ou intégrés dans une même unité. Il existe sur le marché une vaste gamme de récepteurs, qui peuvent satisfaire les besoins de chacun et servir à de nombreuses applications dans le domaine du positionnement (tabl. 21.11).

Message GPS. Comme nous l'avons vu précédemment, le signal de données de 50 b/s est transmis du satellite au récepteur, en modulation avec les codes C/A et P sur les deux fréquences porteuses L_1 et L_2. Ce signal se compose de 25 ensembles de 1500 b, qui sont subdivisés chacun en 5 sous-ensembles de 300 b, ce qui correspond à 10 mots binaires de 30 b chacun. Chaque sous-ensemble est transmis en 6 s et un ensemble, en 30 s. Ainsi, la durée de transmission du message en entier nécessite 12 min 30 s. Le message GPS contient toute l'information nécessaire au positionnement du récepteur, soit, de façon simplifiée :

- le mot ou le signal de synchronisation et l'état de «santé» du satellite;
- le code C/A ou P;
- l'identification de la semaine et du nombre d'*époques* relatives à celle-ci;
- les *éphémérides* (c'est-à-dire les positions du satellite à des moments précis);

- les corrections relatives aux orbites (la pression solaire, l'attraction solaire et lunaire, la variation de la gravitation, etc.);
- les données sur les phénomènes atmosphériques (les activités ionosphériques, troposphériques, etc.);
- les autres données pertinentes.

Une partie seulement du message GPS peut être utile compte tenu du mode de positionnement et de l'application (sect. 21.4 et 21.7). C'est pourquoi, afin de maximiser la précision, les récepteurs font une sélection des informations jugées les plus essentielles dans le message reçu.

21.3 LE PRINCIPE DE FONCTIONNEMENT DU GPS

Le principe de fonctionnement du GPS est relativement simple en ce qui concerne la détermination de la position, c'est-à-dire des coordonnées, d'un point occupé par un récepteur. Il faut faire appel à la méthode du relèvement spatial par trilatération. Il s'agit de mesurer un minimum de trois distances, entre le récepteur et trois satellites, alors que, dans le cas du relèvement planimétrique goniométrique (sect. 11.11), il fallait mesurer deux angles, par exemple α et β.

Étant donné que les trajectoires orbitales des satellites sont constamment l'objet de surveillance et de vérification de la part des stations de contrôle terrestres, on connaît en tout temps la position de chacun d'eux dans l'espace, et ce avec une très grande précision. Ainsi, un observateur qui se trouve à une distance connue d_A d'un satellite A se situe quelque part sur une sphère imaginaire, dont le rayon r_A est égal à d_A (fig. 21.3a). Au même instant, si l'observateur se trouve à une distance connue d_B d'un satellite B, il se situe quelque part sur une sphère imaginaire, dont le rayon r_B équivaut à d_B (fig. 21.3b). Enfin, si au même moment et à partir d'un satellite C l'observateur connaît la distance d_C, sa position est alors soit au point 1, soit au point 2 de la figure 21.3c.

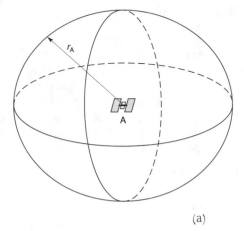

L'OBSERVATEUR SE SITUE
EN UN POINT QUELCONQUE
SUR LA SPHÈRE DE RAYON r_A.

(a)

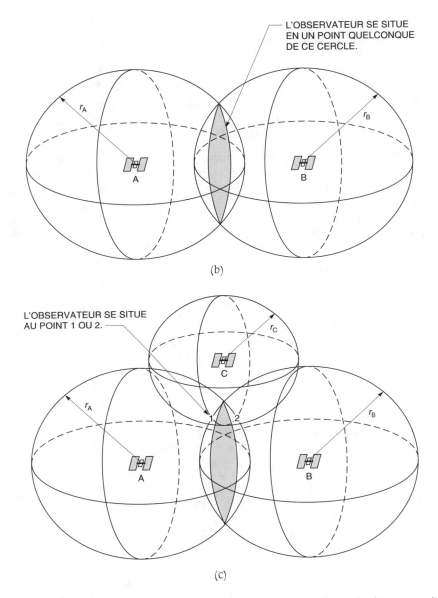

L'OBSERVATEUR SE SITUE
EN UN POINT QUELCONQUE
DE CE CERCLE.

(b)

L'OBSERVATEUR SE SITUE
AU POINT 1 OU 2.

(c)

Figure 21.3 a) La sphère imaginaire formée par un satellite; b) l'intersection de deux sphères imaginaires formées par les satellites; c) l'intersection de trois sphères imaginaires formées par les satellites.

En théorie, le problème de positionnement avec trois satellites est possible, si on conserve la solution qui semble la plus appropriée. En pratique, tout système de mesure a ses limites de précision et d'exactitude puisqu'il est toujours sujet à diverses sources d'erreurs (sect. 2.9). Même

---

si on a eu recours à de l'équipement de très haute technologie pour réaliser la constellation NAVSTAR, le système GPS n'échappe pas à cette règle et c'est pourquoi l'utilisation d'un quatrième satellite s'avère essentielle.

21.3.1 Les types de positionnement du GPS

Le système GPS permet de déterminer les coordonnées d'un point de deux façons : par le positionnement absolu ou par le positionnement relatif.

Positionnement absolu. Le positionnement absolu consiste à calculer les coordonnées (x_P, y_P et z_P) d'un point P sur lequel le récepteur GPS est stationné. Ce dernier capte les signaux provenant d'au moins quatre satellites, ce qui permet de déterminer les distances d_A, d_B, d_C et d_D (fig. 21.4). À l'aide de tables spécifiques relatives aux satellites, appelées éphémérides, les coordonnées de n'importe quel satellite peuvent se calculer à tout instant de sa trajectoire. Si on connaît la position de chaque satellite, on peut calculer les distances d_A, d_B, d_C et d_D au moyen des équations suivantes :

$$d_A = \sqrt{\left(x_A - x_P\right)^2 + \left(y_A - y_P\right)^2 + \left(z_A - z_P\right)^2} + L$$

$$d_B = \sqrt{\left(x_B - x_P\right)^2 + \left(y_B - y_P\right)^2 + \left(z_B - z_P\right)^2} + L$$

$$d_C = \sqrt{\left(x_C - x_P\right)^2 + \left(y_C - y_P\right)^2 + \left(z_C - z_P\right)^2} + L$$

$$d_D = \sqrt{\left(x_D - x_P\right)^2 + \left(y_D - y_P\right)^2 + \left(z_D - z_P\right)^2} + L \qquad (21.1)$$

Le terme absolu, L, tient compte des erreurs inhérentes au système, y compris l'erreur de synchronisation. Par conséquent, avec un minimum de quatre satellites, on peut calculer les coordonnées x_P, y_P et z_P ainsi que le terme absolu L.

En ce qui concerne l'altitude du point P, celle-ci peut se référer au géoïde (altitude orthométrique, H) ou bien à l'ellipsoïde (altitude géodésique, h). Pour convertir l'altitude orthométrique en altitude géodésique, on doit tenir compte de l'ondulation du géoïde (sect. 1.4). En se basant sur l'encadré de la figure 21.4, on obtient la relation suivante :

$$H = h - N \qquad (21.2)$$

Positionnement relatif. Le positionnement relatif, ou différentiel, consiste à déterminer les coordonnées d'un point par rapport à un autre point connu (fig. 21.5). Tout comme dans la méthode de positionnement absolu, chaque récepteur détermine sa position à partir de quatre satellites qu'il capte simultanément. Puisqu'on connaît les coordonnées du point P_1, on peut comparer la position connue de ce point avec celle déterminée par GPS et ainsi calculer les écarts Δx, Δy et Δz par rapport au point P_1. Ensuite, il s'agit d'appliquer ces mêmes écarts (vecteurs de correction) aux coordonnées du point P_2. Étant donné que la plupart des erreurs dans les observations GPS sont les mêmes en P_1 et en P_2 et que ces erreurs sont corrigées par traitement informatique, le positionnement relatif donne de meilleurs résultats que le positionnement absolu.

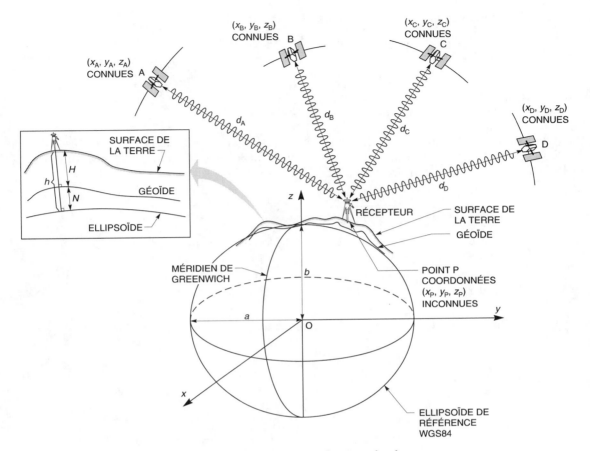

Figure 21.4   Le positionnement absolu.

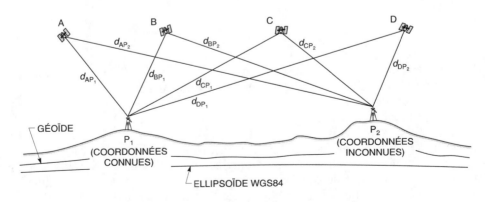

Figure 21.5   Le positionnement relatif.

21.3.2 La détermination de la distance entre le récepteur et le satellite

Au chapitre 8, nous avons vu que la vitesse de propagation, c, d'une onde radio ou électromagnétique s'exprime comme suit :

$$c = f \lambda$$

où f = la fréquence
λ = la longueur d'onde

La vitesse de propagation de l'onde dans l'espace est égale à celle de la lumière, c'est-à-dire à 300 000 km/s. Si on connaît la fréquence f, on peut facilement déterminer la longueur d'onde λ par le rapport c/f. Ainsi, pour une fréquence de 1 MHz, on a :

$$\lambda = \frac{300\ 000}{1\ 000\ 000} = 0,300 \text{ km } (300 \text{ m})$$

Le tableau 21.2 présente, pour le système GPS, la longueur d'onde en fonction de la fréquence des ondes porteuses L_1 et L_2 et des codes C/A et P.

Tableau 21.2 La longueur d'onde en fonction de la fréquence

Ondes porteuses et codes	Fréquence, f (MHz)	Longueur d'onde, λ (m)
L_1	1 575,42	0,019
L_2	1 227,60	0,024
C/A	1,023	293,0
P	10,23	29,3

Mesure de la phase. Pour obtenir la distance entre le récepteur et le satellite, on peut utiliser la méthode qui consiste à mesurer la phase ou, plus précisément, la portion de phase de l'onde porteuse (fig. 21.6) :

$$d_{A} = \phi + n\lambda + e \tag{21.3}$$

où d_{A} = la distance entre le récepteur et le satellite A (m)
ϕ = la phase ou la portion de la phase (m)
n = le nombre entier de cycles ou de longueurs d'onde, couramment appelé *ambiguïté*
λ = la longueur d'onde (m)
e = les erreurs inhérentes au système (m)

Si on observe un certain nombre de satellites, à un instant donné, ceux-ci forment une figure géométrique. Si on prolonge le temps d'observation, cette figure se modifie en raison du déplacement des satellites. En partant de ce principe, on peut calculer la valeur de l'ambiguïté n. Les fabricants de récepteurs GPS ont développé des algorithmes qui permettent, en quelques minutes d'observation, de résoudre la valeur de n.

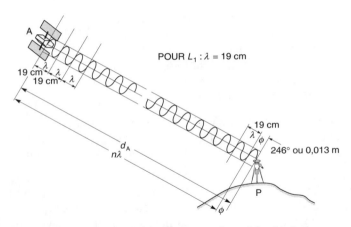

POUR L_1 : λ = 19 cm

19 cm
19 cm
19 cm

246° ou 0,013 m

d_A

$n\lambda$

Figure 21.6 La détermination de la distance par la méthode de la mesure de phase.

Mesure du temps de parcours. On peut également calculer la distance entre le récepteur et le satellite au moyen d'une autre méthode, dans laquelle on mesure le temps de parcours du signal codé entre le satellite et le récepteur (fig. 21.7). En fait, il s'agit de mesurer le temps écoulé entre l'émission du signal provenant du satellite et la réception de celui-ci par le récepteur GPS. Pour que le temps mesuré corresponde exclusivement au temps de parcours, il faut que le récepteur et le satellite soient parfaitement synchronisés, c'est-à-dire qu'ils puissent générer le même code au même instant. Après l'obtention du synchronisme, le récepteur est en mesure de détecter le délai entre les deux codes identiques, délai qui représente le temps de parcours du signal.

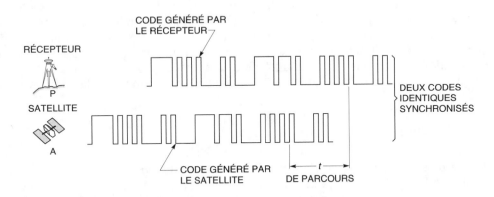

Figure 21.7 La méthode de la mesure du temps de parcours.

La distance, d_A, entre le satellite A et le récepteur stationné sur le point P (fig. 21.7) s'exprime par la relation suivante :

$$d_A = c\left(t_r - t_t\right) + e = ct_p + e \tag{21.4}$$

où d_A = la distance entre le récepteur et le satellite A (m)

      c = la vitesse de propagation du signal, soit la vitesse de la lumière (m/s)

      t_r = l'heure de la réception du signal

      t_t = l'heure de la transmission du signal

      e = les erreurs inhérentes au système (m)

      $t_p = t_r - t_t$ = le temps de parcours (s)

Si on considère qu'un satellite se situe à une distance moyenne de 20 000 km de la Terre, le signal a une durée de parcours de 0,067 s avant de parvenir au récepteur. De plus, il faut préciser qu'une distance de 1 m est franchie en 1/300 000 000 s, c'est-à-dire en 3,3 ns.

Pour assurer une précision de l'ordre du mètre avec la méthode de la mesure du temps, on doit absolument disposer d'horloges très précises. En effet, toute erreur, si petite soit-elle, dans la mesure du délai ou de la synchronisation des codes engendre des erreurs relativement grandes. Bien que les récepteurs soient munis d'horloges passablement précises et fiables, celles-ci, pour des raisons de coûts, ne peuvent pas se comparer aux horloges atomiques dont sont dotés les satellites.

Il est possible de pallier le manque de perfection des horloges des récepteurs et d'assurer ainsi de très bons résultats de positionnement, soit de l'ordre du mètre ou du centimètre. Dans ce but, les récepteurs haut de gamme sont conçus pour fonctionner selon les deux méthodes, au moyen d'une combinaison de mesure de phase des ondes porteuses et des codes C/A, P et K. Le tableau 21.11, dans la troisième catégorie, présente une liste sommaire de modèles de récepteurs GPS et leurs caractéristiques.

21.4 LES MODES DE POSITIONNEMENT

À l'heure actuelle, le positionnement absolu ou par point unique n'est pas assez précis pour qu'on puisse l'utiliser en topométrie, en photogrammétrie, en géodésie, etc. Nous décrivons ci-dessous des modes basés sur le positionnement relatif, ou différentiel (DGPS), qui permet d'appliquer au récepteur itinérant le vecteur de correction déterminé à la station de référence. Ainsi, l'utilisation d'un récepteur de qualité peut donner des résultats comparables et même supérieurs à ceux qu'on obtient à l'aide des méthodes conventionnelles relatives à ces champs d'applications.

21.4.1 Le mode statique

Le mode statique signifie que les récepteurs demeurent fixes sur leur station. Ce mode de positionnement représente la méthode classique de mesure de longues *lignes de base* (15 km et plus), qui donne le maximum de précision. Une ligne de base consiste en une paire de stations où des observations GPS ont été enregistrées simultanément.

La durée de poursuite d'un satellite est au moins de 1 h et varie proportionnellement en fonction de la longueur de la ligne de base. Dans ce mode, on tient compte notamment des changements géométriques de la trajectoire des satellites, des ambiguïtés des signaux, des effets ionosphériques, des corrections relatives aux horloges (par exemple, le synchronisme) et de la disponibilité sélective sur le code C/A. Par conséquent, cette technique, pour laquelle le temps d'observation est relativement long, permet d'obtenir des résultats très précis.

Cette méthode s'emploie pour des contrôles géodésiques de grandes étendues, pour des réseaux nationaux et continentaux ainsi que pour l'étude et le suivi des mouvements tectoniques. La figure 21.8 illustre le mode statique appliqué à un réseau géodésique qui comprend 12 lignes de base GPS. Comparativement aux méthodes traditionnelles, la méthode statique est plus précise, plus efficace et plus économique.

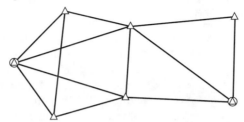

Figure 21.8 Le mode statique.

21.4.2 Le mode statique rapide

Ce mode requiert un court temps d'observation, au minimum 5 min, pour le récepteur itinérant. En outre, la longueur des lignes de base doit être inférieure à 15 km. La station de référence doit continuellement capter les signaux pendant la mission GPS. La résolution des ambiguïtés s'effectue à l'aide de techniques et de logiciels sophistiqués, comme par la méthode FARA (*Fast Ambiguity Resolution Approach*, méthode mise au point par la compagnie Leica).

Le récepteur mobile doit capter les signaux provenant d'au moins quatre satellites et préférablement de cinq ou plus. Les satellites observés doivent former une figure géométrique forte, c'est-à-dire un GDOP < 6 (*Geometric Dilution Of Precision*, sect. 21.5), pour qu'on puisse obtenir des résultats précis. De plus, les mesures doivent s'effectuer dans des conditions ionosphériques favorables.

On a recours au mode statique rapide (fig. 21.9) entre autres pour densifier des réseaux géodésiques, établir des points de contrôle en photogrammétrie et des canevas topographiques ainsi que dans le domaine municipal. Il peut très bien remplacer le cheminement polygonal et la triangulation complémentaire. Pour toute application qui nécessite la détermination rapide de nombreux points, on peut faire appel à cette méthode facile à utiliser, rapide et efficace. De plus, le contact entre le satellite et le récepteur n'a pas besoin d'être maintenu entre les stations, ce qui économise les piles de ce dernier.

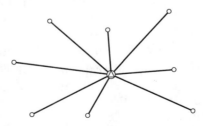

Figure 21.9 Le mode statique rapide.

21.4.3 Le mode arrêt-marche (*stop and go*)

Le mode arrêt-marche sert en arpentage, plus précisément lors de levés de détails dans des endroits dégagés où les points sont rapprochés. Ce mode consiste à placer une station de référence sur un point connu, qui capte continuellement les signaux d'au moins quatre satellites, sans en perdre aucun. Un GDOP inférieur à 6 et une forte constellation satellitaire sont nécessaires, de même que des conditions ionosphériques favorables.

Un récepteur itinérant entame ses mesures au point 1 (fig. 21.10) par détermination en mode statique rapide, ce qui permet de résoudre les ambiguïtés. Par la suite, le récepteur se déplace, tout en maintenant le contact avec le satellite, et effectue un arrêt d'environ 20 s sur chaque point de détail à localiser (2, 3, 4,..., *n*). Ce mode de positionnement représente la méthode la plus rapide pour le levé de détails avec le système GPS. Toutefois, puisque le contact avec le satellite doit être maintenu constamment, l'utilisateur doit prendre certaines précautions. Si le récepteur perd le contact avec le satellite, il faut procéder à une réinitialisation par mode statique rapide.

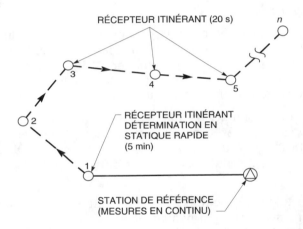

Figure 21.10 Le mode arrêt-marche (*stop and go*).

21.4.4 Le mode de réoccupation

Le mode de réoccupation (fig. 21.11) est une méthode idéale quand on ne peut mettre en oeuvre le mode statique rapide. On peut obtenir des résultats en observant seulement quatre satellites pour chacune des positions cherchées. La force géométrique de la constellation satellitaire est donc moins critique que celle du mode statique rapide (GDOP, tabl. 21.3).

Le principe de cette méthode est le même que celui du mode statique rapide, sauf qu'il faut observer chaque point à localiser une deuxième fois après un intervalle d'au moins 1 h. Cette attente représente un grand inconvénient puisqu'elle réduit de beaucoup la rapidité de la technique utilisée. Le mode de réoccupation s'emploie dans le domaine municipal, en géodésie et en topographie.

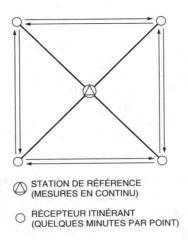

STATION DE RÉFÉRENCE
(MESURES EN CONTINU)

RÉCEPTEUR ITINÉRANT
(QUELQUES MINUTES PAR POINT)

Figure 21.11 Le mode de réoccupation.

21.4.5 Le mode cinématique

Le mode cinématique, ou dynamique (fig. 21.12), fait appel à une station de référence, c'est-à-dire à un récepteur qui effectue des mesures en continu sur un point connu, ainsi qu'à un récepteur mobile à bord d'un bateau, d'un avion ou d'un véhicule terrestre. Le récepteur itinérant doit demeurer quelques minutes en station, fixe sur un point de départ, pour d'abord procéder à une détermination en mode statique rapide. Ensuite, il se déplace en continu en prenant des mesures à intervalles réguliers, par exemple à toutes les secondes.

Pour effectuer des levés de routes ou hydrographiques, ou encore pour déterminer la trajectoire d'objets en mouvement, le mode cinématique est très utile, rapide et économique. Cependant, les mesures étant ininterrompues, il faut constamment maintenir la communication avec le satellite, ce qui représente un inconvénient dans certaines conditions.

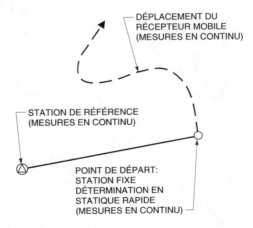

DÉPLACEMENT DU
RÉCEPTEUR MOBILE
(MESURES EN CONTINU)

STATION DE RÉFÉRENCE
(MESURES EN CONTINU)

POINT DE DÉPART:
STATION FIXE
DÉTERMINATION EN
STATIQUE RAPIDE
(MESURES EN CONTINU)

Figure 21.12 Le mode cinématique.

21.4.6 Le choix du mode

Lors de la planification, on doit procéder à l'analyse de divers facteurs afin de choisir judicieusement le mode de positionnement. Il faut étudier les points suivants :

- la définition du projet GPS, le mandat et ses objectifs;
- la précision requise et les normes à respecter;
- l'endroit ou le site des observations;
- le moment des observations à l'intérieur de la période allouée;
- l'étendue du réseau et la distance entre les points à localiser;
- le budget à respecter;
- le personnel;
- la logistique à déployer (l'équipement requis, les déplacements nécessaires, etc.).

21.4.7 Les paramètres d'observation

Lorsqu'on procède à une observation GPS, il faut prendre en considération un certain nombre de paramètres. Il s'agit de la longueur de la ligne de base, du nombre de satellites requis, de la force de la figure géométrique des satellites (GDOP, sect. 21.5), de la durée d'observation et des intervalles d'enregistrements (tabl. 21.3).

Tableau 21.3 Les paramètres d'observation

Mode	Ligne de base (km)	Nombre de satellites	GDOP	Durée d'observation	Intervalle (s)
Statique	de 15 à 50 de 50 à 100 > 100	de 4 à 5 de 4 à 5 de 4 à 5	< 6 < 6 < 6	de 60 à 90 min de 1,5 à 2,5 h 2 h au minimum	15
Statique rapide	de 0 à 5 de 5 à 10 de 10 à 15	de 4 à 5 de 4 à 5 de 4 à 5	< 6 < 6 < 6	de 5 à 10 min de 10 à 15 min de 15 à 20 min	5
Réoccupation	de 0 à 5 de 5 à 10 de 10 à 15	4 4 4	< 8 < 8 < 8	de 5 à 10 min de 10 à 15 min de 15 à 20 min	Variable
Arrêt-marche	Mêmes paramètres que ceux du mode statique rapide pour l'initialisation.			de 20 à 30 s	2
Cinématique	Mêmes paramètres que ceux du mode statique rapide pour l'initialisation.				1 ou plus

21.5 LES SOURCES D'ERREURS ET LE DEGRÉ DE PRÉCISION

Tout système de mesure, aussi moderne et sophistiqué soit-il, comporte des risques d'erreurs qui proviennent de sources personnelles, instrumentales et naturelles.

Une source importante d'erreurs résulte de la disponibilité sélective (SA), lorsque la technique de dégradation du signal est en fonction. Comme nous l'avons dit précédemment, c'est le département de la Défense des États-Unis qui peut délibérément introduire cette erreur, afin de diminuer la précision du positionnement auquel ont accès les utilisateurs civils. En mode absolu, cette erreur est la principale cause du manque de précision des résultats. Une autre source d'erreurs provient de la présence des couches ionosphérique et troposphérique. Celles-ci affectent la précision de la mesure GPS, en exerçant une influence sur la vitesse de propagation des signaux qui les traversent.

Par ailleurs, la trajectoire des satellites GPS est sujette à des variations d'orbite causées par la présence de forces telles que les variations de la gravitation terrestre, de la gravitation et de la pression radiante solaires et de l'attraction lunaire, de même que par d'autres anomalies. Tous ces facteurs affectent la précision du positionnement.

Les horloges, atomiques ou non, sont également une source d'imprécision. Selon la qualité des horloges, l'erreur de synchronisation du récepteur peut atteindre une centaine de mètres. La mise en station et le mouvement du centre de l'antenne, les imprécisions dues à la propagation par trajets multiples ainsi que le bruit du récepteur représentent d'autres sources d'erreurs.

La force de la figure géométrique obtenue lors de l'observation de satellites affecte elle aussi la précision du positionnement GPS. Cette dispersion de précision inhérente à la géométrie spatiale satellitaire se désigne par le sigle GDOP (*Geometric Dilution Of Precision*). La valeur de ce paramètre agit comme facteur multiplicateur de l'erreur standard de l'ensemble des erreurs mentionnées précédemment. À titre d'exemple, si on suppose que l'erreur standard est de ±10 m et que la valeur du GDOP au moment de l'observation est de 5, l'erreur standard de positionnement équivaut alors à ±50 m. Un bon GDOP s'exprime toujours par une petite valeur numérique. La figure 21.13 illustre le principe géométrique de ce concept. Outre le GDOP, d'autres types de DOP (dispersion de la précision) s'emploient dans le système GPS (tabl. 21.4)

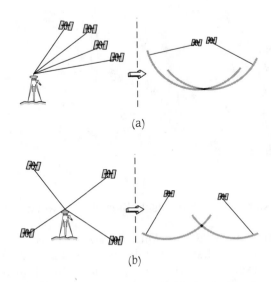

(a)

(b)

Figure 21.13 La géométrie des satellites et son effet sur le GDOP : a) mauvais GDOP; b) bon GDOP.

Tableau 21.4 Les paramètres DOP

Sigle	Type	Composantes de la position	Expression
GDOP	Géométrique	Position (x, y, z) et temps (t)	$\sqrt{\sigma_{xx}^2 + \sigma_{yy}^2 + \sigma_{zz}^2 + \sigma_{tt}^2}$
PDOP	Position	Position (x, y, z)	$\sqrt{\sigma_{xx}^2 + \sigma_{yy}^2 + \sigma_{zz}^2}$
HDOP	Horizontal	Position horizontale (x, y)	$\sqrt{\sigma_{xx}^2 + \sigma_{yy}^2}$
VDOP	Vertical	Altitude (z)	σ_{zz}
TDOP	Temps	Temps (t)	σ_{tt}

La figure 21.14 montre la variation du GDOP et du PDOP au cours d'une période de 24 h. On y constate que le GDOP est supérieur au PDOP et qu'à certains moments de la journée du 30 mars 1996, soit à 14 h, à 16 h et à 22 h 30, on ne recommandait pas l'utilisation de ces paramètres pour une observation précise. L'histogramme indique le nombre de satellites visibles à chaque moment de cette journée.

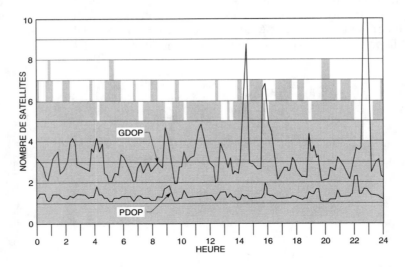

Figure 21.14 La prévision du nombre de satellites visibles ainsi que du GDOP et du PDOP.

Les méthodes de positionnement GPS qui n'ont recours qu'au code C/A sont beaucoup moins précises que celles qui utilisent la phase des ondes porteuses L_1 et L_2 ou bien une combinaison de phases et de codes. Par exemple, la précision planimétrique d'un positionnement par point unique (absolu) qui utilise exclusivement le code C/A est de l'ordre de ± 100 m, alors que la précision altimétrique atteint ± 160 m. Si les observations se font par la méthode différentielle en mode statique, les précisions planimétrique et altimétrique sont de ± 10 m.

Le tableau 21.5 présente la précision de différents modes basés sur la méthode différentielle (DGPS), qui fait appel à une combinaison de phases et de codes, et ce conformément aux spécifications techniques de l'équipement GPS de divers fabricants. Même si les récepteurs sont conçus pour assurer cette précision, lors des observations, les conditions atmosphériques et d'autres sources d'erreurs mentionnées précédemment peuvent entraîner des résultats dont la précision est sensiblement inférieure à celle indiquée dans le tableau. La plupart des tests ou des projets GPS réalisés vers le milieu des années 80, en vue de l'établissement de réseaux géodésiques, ont montré que, sur des distances de plus de 10 km, la précision variait de 1 à 3 p.p.m.

Tableau 21.5 La précision des modes basés sur la méthode différentielle

Mode	Ligne de base (km)	Nombre de satellites	GDOP	Précision
Statique	de 15 à 50	de 4 à 5	< 6	5 mm + 1 p.p.m.
	de 50 à 100	de 4 à 5	< 6	5 mm + 1 p.p.m.
	> 100	de 4 à 5	< 6	5 mm + 1 p.p.m.
Statique rapide	de 0 à 5	de 4 à 5	< 6	1 cm + 1 p.p.m.
	de 5 à 10	de 4 à 5	< 6	1 cm + 1 p.p.m.
	de 10 à 15	de 4 à 5	< 6	1 cm + 1 p.p.m.
Réoccupation	de 0 à 5	4	< 8	1 cm + 1 p.p.m.
	de 5 à 10	4	< 8	1 cm + 1 p.p.m.
	de 10 à 15	4	< 8	1 cm + 1 p.p.m.
Arrêt-marche				de 1 à 2 cm + 1 p.p.m.
Cinématique				de 1 à 2 cm + 1 p.p.m.

Depuis 1995, compte tenu de la mise en place de la constellation NAVSTAR, de la meilleure résolution des récepteurs, de la performance des logiciels de traitement ainsi que de la publication d'éphémérides très précises, les techniques GPS représentent, pour certaines applications, une solution avantageuse de remplacement des méthodes conventionnelles. Cependant, l'approche GPS fait appel à une méthode de localisation point par point, avec un minimum de deux récepteurs, alors qu'une seule station totale de dernière génération permet de localiser plusieurs détails par rayonnement à partir d'une ligne d'opération (polygonale).

Le tableau 21.6 indique les principales caractéristiques du réseau géodésique québécois, en fonction de l'ordre de précision et du milieu (urbain ou rural). Ces caractéristiques ont été établies au moyen de la méthode conventionnelle. En comparant les exigences du SGQ (Service géodésique québécois) et les résultats d'essais mentionnées précédemment, on constate que les possibilités techniques du GPS peuvent répondre avantageusement aux normes édictées par le SGQ. En raison de la réduction appréciable du coût des récepteurs de qualité, la méthode GPS s'avère plus économique que la méthode conventionnelle pour l'établissement de réseaux géodésiques. Le SGQ rédige des instructions relatives à l'établissement des réseaux géodésiques par les méthodes GPS.

Tableau 21.6 Les caractéristiques du réseau géodésique québécois établies au moyen de la méthode conventionnelle

Ordre	Milieu					
	Urbain			Rural		
	Distance moyenne (km)	Écart type sur les points (cm)	Précision relative	Distance moyenne (km)	Écart type sur les points (cm)	Précision relative
1	8	6	1/145 000	20	12	1/175 000
2	2,5	4	1/65 000	6	7,5	1/80 000
3	0,7	3	1/30 000	1,8	5	1/35 000
4	0,2	2	1/12 500	0,5	3,5	1/15 000

21.6 LA RÉALISATION D'UN PROJET GPS

Tout projet en géomatique, qu'il s'agisse d'un levé topographique, d'un réseau géodésique, d'une mission photogrammétrique, etc., doit répondre à des objectifs précis. Pour les atteindre, il est nécessaire de bien planifier son projet. La nature du terrain, la précision requise, le mode d'observation, le choix de l'équipement et des logiciels, le recrutement du personnel, les points de contrôle ainsi que le temps et les périodes d'observation sont autant de facteurs qu'il faut prendre en considération.

Dans le texte qui suit, nous expliquons brièvement les principales étapes relatives à la réalisation d'un *projet GPS* : la planification, la reconnaissance du terrain, la préparation des séances d'observation, la collecte des données et leur traitement. Mentionnons que ces informations se rapportent, en général, plutôt à l'aspect géodésique que topométrique.

21.6.1 La planification

L'étape de la planification du projet vise à se doter de moyens appropriés pour atteindre les objectifs du mandat et plus particulièrement la précision requise. En ce sens, on recommande fortement de réaliser un avant-projet, qui consiste à représenter un réseau géodésique sur une carte topographique de la région, à une échelle convenable, par exemple au 25 000e, 50 000e ou

125 000ᵉ. Pour ce faire, on doit tenir compte des normes exigées, comme la distance entre les points, le nombre de points de contrôle horizontaux et verticaux, le nombre de nouveaux points, la matérialisation des points, etc. Si le territoire appartient au domaine public, le choix de l'emplacement des points pose moins de contraintes que s'il est du domaine privé.

Le relief accidenté, la densité de la végétation ainsi que les voies et les modes d'accès aux sites projetés sont des éléments à considérer et, à cet égard, il peut s'avérer très utile de consulter une carte routière. Dans l'avant-projet, il est préférable d'utiliser des signes conventionnels, qui sont reconnus en cartographie (tabl. 21.7). Contrairement à ce qui se produit avec les méthodes conventionnelles, l'intervisibilité des stations, le calcul des hauteurs de tours, les facteurs météorologiques et d'autres éléments ne créent pas d'inconvénients au système GPS.

Tableau 21.7   Les symboles conventionnels

Symbole	Description
⊚	Point de contrôle horizontal
△	Point de contrôle vertical
○	Nouvelle station ou point du projet
○——○	Vecteur GPS en deux points du projet

21.6.2 La reconnaissance du terrain

L'avant-projet en main, on doit toujours effectuer une visite du site. On en profite alors pour s'assurer qu'il y a un dégagement suffisant d'obstacles (bâtiments, structures ou végétation), de telle sorte qu'on puisse observer les satellites à 15° au-dessus de l'horizon. De plus, il faut éviter la proximité de structures métalliques et de lignes électriques à haute tension. La reconnaissance du terrain permet de confirmer l'existence et l'état des points de contrôle ainsi que l'emplacement des nouvelles stations. On procède à la matérialisation des points et on établit dans le voisinage de ceux-ci une signalisation appropriée aussi bien aux travaux de jour que de nuit. En ce sens, le rapport de reconnaissance doit contenir la description des stations, la signalisation ainsi que les voies et modes d'accès aux sites. L'importance accordée à la reconnaissance est fonction de l'envergure et du type du projet ainsi que des critères relatifs au mandat. Ces renseignements accompagnés de schémas, de cartes, de graphiques de visibilité et de l'orientation des obstacles potentiels constituent les principaux éléments que doit contenir le rapport de reconnaissance. Une bonne reconnaissance du terrain assure une meilleure productivité lors des observations GPS (fig. 21.15).

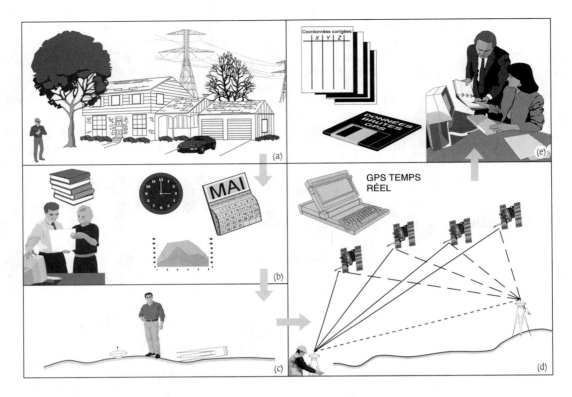

Figure 21.15 Les principales étapes d'un projet GPS : a) la reconnaissance des lieux; b) la préparation et la planification des périodes d'observation; c) la sélection et la préparation des équipements GPS; d) les mesures de positionnement avec les équipements GPS; e) le traitement différé des résultats d'observation.

21.6.3 La préparation et les équipements requis

Cette étape consiste à planifier toutes les séances d'observation et à mettre en place la logistique nécessaire afin de respecter le temps prévu pour les opérations de mesure sur le terrain. Nous présentons ci-après les principales activités relatives à la préparation des séances d'observation.

Choix de l'heure pour les périodes d'observation. L'almanach, qui indique le nombre de satellites visibles ainsi que leur gisement et leur hauteur selon les périodes de la journée, est inclus dans le logiciel du récepteur GPS. Les figures 21.16a et b illustrent le nombre de satellites qui étaient visibles le 30 mars 1996. En sélectionnant les périodes d'observation, on doit tenir compte des obstructions décelées lors de la reconnaissance. Le tableau 21.8 présente l'azimut et la hauteur du satellite en fonction de l'heure. Si une station excentrique GPS s'avère nécessaire, on peut compléter le travail au moyen de la méthode conventionnelle.

On suggère fortement de s'assurer auprès d'organismes qualifiés (sect. 21.8) que les satellites choisis sont opérationnels et qu'ils ne sont pas affectés par le DOD (ex. : rectification d'orbite, SA actif ou non).

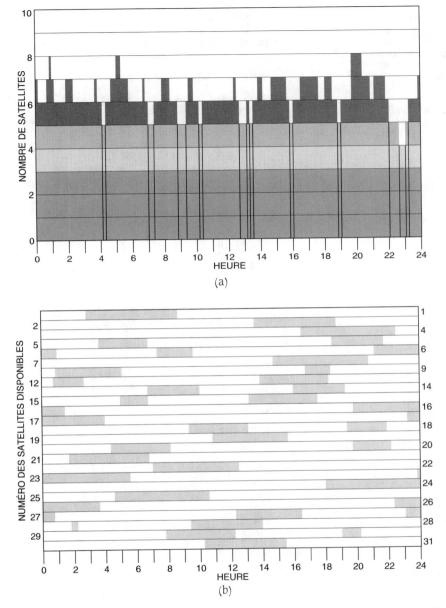

Figure 21.16 a) L'histogramme de prévision du nombre de satellites visibles;
b) le diagramme de la visibilité des satellites.

Choix d'une bonne géométrie satellitaire (GDOP). Comme nous l'avons expliqué à la section 21.5,
le GDOP affecte la précision du résultat. Lorsqu'on veut déterminer des périodes d'observation, il
faut rechercher une valeur inférieure ou égale à 6 (fig. 21.10).

Tableau 21.8 L'azimut et la hauteur du satellite en fonction de l'heure

École Polytechnique					Azimut et angle vertical : Polytechnique → satellite										
96/03/30 45° 30' N.		73° 36' O.			156 m 15° Almanach du : 96/02/15										

Heure	Azimut et angle vertical (°)														
	1	2	4	5	6	7	9	12	14	15	16	17	18	19	20	21
00:00	---	---	---	---	232	---	---	101	---	---	66	307	---	33	---	---
	---	---	---	---	42	---	---	5	---	---	48	36	---	7	---	---
00:10	---	---	---	---	228	---	165	98	---	---	69	308	---	30	---	---
	---	---	---	---	39	---	1	8	---	---	44	40	---	5	---	---
00:20	---	---	---	---	224	---	163	94	---	---	72	308	---	27	---	---
	---	---	---	---	35	---	5	12	---	---	40	45	---	3	---	---
00:30	---	---	---	---	221	---	161	91	---	---	75	308	---	---	---	---
	---	---	---	---	31	---	9	15	---	---	37	49	---	---	---	---
00:40	---	---	---	---	218	---	159	86	---	---	78	307	---	---	---	---
	---	---	---	---	27	---	13	18	---	---	33	54	---	---	---	---
00:50	---	---	---	---	215	---	157	82	---	---	81	305	---	---	---	---
	---	---	---	---	23	---	16	20	---	---	29	58	---	---	---	---
01:00	---	---	---	---	213	---	155	77	---	---	84	301	---	---	---	275
	---	---	---	---	19	---	20	23	---	---	26	62	---	---	---	3
01:10	---	---	---	---	211	---	153	73	---	---	87	296	---	---	---	278
	---	---	---	---	15	---	25	25	---	---	22	67	---	---	---	7
01:20	---	---	---	---	209	---	150	67	---	---	90	287	---	---	---	281
	---	---	---	---	11	---	29	26	---	---	19	70	---	---	---	10
01:30	---	---	---	---	206	---	148	62	---	---	93	274	---	---	---	283
	---	---	---	---	7	---	33	27	---	---	16	73	---	---	---	13
01:40	---	56	---	---	204	---	145	57	---	---	96	257	---	---	---	286
	---	2	---	---	4	---	37	27	---	---	12	74	---	---	---	16
01:50	---	52	---	---	---	---	141	52	---	---	98	239	---	---	---	288
	---	4	---	---	---	---	41	27	---	---	9	74	---	---	---	20
02:00	---	48	---	---	---	---	137	47	---	---	101	224	---	---	---	291
	---	5	---	---	---	---	45	26	---	---	6	72	---	---	---	23
02:10	238	45	---	---	---	---	132	42	---	---	104	212	---	---	---	293
	4	5	---	---	---	---	49	24	---	---	2	68	---	---	---	27
02:20	241	41	---	---	---	---	127	38	---	---	---	205	---	---	---	295
	8	6	---	---	---	---	52	22	---	---	---	64	---	---	---	30
02:30	243	37	---	---	---	---	120	34	---	---	---	199	---	---	---	297
	11	6	---	---	---	---	55	20	---	---	---	60	---	---	---	34
02:40	246	34	---	---	---	---	112	31	---	---	---	196	---	---	---	299
	15	5	---	---	---	---	57	17	---	---	---	55	---	---	---	38
02:50	248	30	---	---	---	---	103	28	---	---	---	193	---	---	---	301
	19	5	---	---	---	---	58	14	---	---	---	50	---	---	---	42
03:00	251	27	---	136	---	---	94	25	---	---	---	191	---	---	---	303
	22	3	---	3	---	---	58	11	---	---	---	45	---	---	---	46
03:10	254	23	---	133	---	---	85	23	---	---	---	190	---	---	---	304
	26	2	---	6	---	---	57	8	---	---	---	40	---	---	---	50
03:20	257	---	---	130	---	---	77	21	---	---	---	189	---	---	---	305
	30	---	---	10	---	---	56	4	---	---	---	35	---	---	---	55
03:30	260	---	---	127	---	---	71	---	---	---	---	188	---	---	---	306
	33	---	---	13	---	---	53	---	---	---	---	30	---	---	---	59
03:40	264	---	---	124	---	---	65	---	---	---	---	187	→	---	155	306

Facteurs qui influencent la durée d'une séance d'observation. La longueur des lignes observées et le nombre de satellites influent sur la durée des observations. Le tableau 21.3 indique la durée requise en fonction de la longueur des lignes à mesurer et du mode retenu. À titre d'exemple, signalons qu'en mode DGPS statique, l'utilisation de 6 satellites réduit d'environ 20 % la période requise pour 4 satellites.

Autres facteurs à considérer dans le choix des périodes d'observation. Les couches ionosphérique et stratosphérique affectent la précision des résultats. Lorsque c'est possible, on choisit une période d'observation pendant laquelle les activités solaires et autres dénotent un régime ionosphérique plutôt calme. Ne pas oublier de prévoir le temps de déplacement vers les sites et d'installation de l'équipement sur ceux-ci.

Préparation du programme des séances d'observation. En fonction des quatre activités précédentes, on doit établir un programme détaillé de l'organisation des séances d'observation qui indique, pour chacune d'elles, le temps du début et de la fin des mesures, l'intervalle d'enregistrement ainsi que d'autres renseignements pertinents.

À ce stade, on rédige sur des feuilles d'inventaire la liste la plus complète possible de l'ensemble du matériel et de l'équipement requis (tabl. 21.9). Avant de procéder à la collecte des données, les équipes devront s'assurer que tout le matériel est conforme aux feuilles d'inventaire.

Tableau 21.9 La feuille d'inventaire d'une séance GPS

Description	√	Remarque (s'il y a lieu)
1. Capteur	☐	
2. Contrôleur	☐	
3. Câble du capteur et du contrôleur	☐	
4. Carte d'enregistrement	☐	
5. Câble en réserve	☐	
6. Embase	☐	
7. Trépied	☐	
8. Piles	☐	
9. Câble pour pile	☐	
10. Chargeur de piles	☐	
11. Câble de 12 V (pour automobile)	☐	
12. Outils (marteau, pelle, etc.)	☐	
13. Ruban à mesurer	☐	
14. Baromètre, thermomètre	☐	
15. Communicateur radio	☐	
16. Équipements de signalisation (cône, lumière, etc.)	☐	
17. Livre d'instructions	☐	
18. Cartes, crayons, carnet de notes GPS	☐	
19. Ordinateur portatif	☐	
20. Câble RS-232	☐	
21. Supports d'information (disquettes, etc.)	☐	

21.6.4 La collecte des données

On doit arriver tôt sur le site afin de respecter l'horaire établi. Il faut prévenir les retards possibles causés par la circulation, les pannes, etc. Une fois sur place, on doit procéder aux opérations suivantes :

1. mettre en place une signalisation appropriée, afin de protéger de la circulation automobile le personnel et l'équipement, surtout en zone urbaine et le long des voies rapides;

2. mettre en station l'équipement (art. 4.6.2), faire les branchements, assurer l'alimentation électrique, etc.;

3. procéder aux mesures et aux observations suivantes :
   - le numéro de la séance, le nom de l'opérateur, la date, la description sommaire des appareils GPS, leur numéro d'identification, le nom et le numéro de la station, le type d'enregistrement et le mode de positionnement;
   - la mesure de la hauteur de l'antenne au début et à la fin de la séance d'observation;
   - les mesures des conditions atmosphériques (lectures psychométriques et pression barométrique);
   - l'heure de la mise sous tension de l'appareil, l'heure du début de la saisie des données en conformité avec le mode d'opération de l'équipement et avec la procédure édictée (mode, GDOP, intervalles d'observation, etc.) ainsi que l'heure de la fin des mesures et d'autres renseignements utiles;
   - le croquis du site et les renseignements concernant le déroulement de la séance.

On peut entrer la majorité de ces données directement dans le logiciel du contrôleur GPS. À la fin de la séance de mesures, l'équipe regroupe l'équipement et organise la prochaine séance en fonction du plan établi.

21.6.5 Le traitement des données

Les données recueillies et enregistrées dans l'équipement GPS doivent être sauvegardées sur une copie de sûreté. Si on a planifié d'étudier les données du projet en *traitement différé*, ou *post-traitement*, les calculs se feront alors au bureau, au moyen d'éphémérides de meilleure précision et relatives à la date des observations. La séance d'observation peut également se faire en temps réel; dans ce cas, on effectue le traitement simultané des données recueillies en utilisant les éphémérides disponibles. Le tableau 21.10 renferme quelques exemples de logiciels de traitement différé des données GPS.

Tableau 21.10 Quelques logiciels de traitement différé

Fabricant GPS	Nom du logiciel
Trimble	GPSurvey 2.0
Leica	SKI
Newton	GrafNET, GrafNAV et GPS_PROC
Topcon	GPPS-2

21.7 LES CHAMPS D'APPLICATIONS ET L'ÉQUIPEMENT GPS

Le GPS est une technologie de pointe qui deviendra fort probablement un service d'utilité publique (ex. : radio, télévision, téléphone, etc.). Ce système sera de plus en plus utilisé dans de nombreuses sphères d'activités : loisirs et récréation, transport, travaux de construction, inventaires, foresterie, topométrie, cartographie, géodésie, etc. (fig. 21.17).

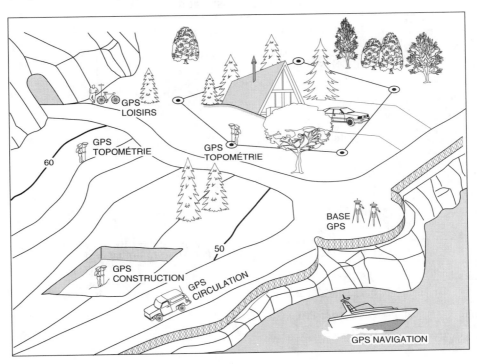

Figure 21.17 Les applications du GPS.

Les amateurs d'activités de plein air constituent un groupe important d'utilisateurs potentiels et représentent en fait le volet de large diffusion des produits GPS. Ces personnes se caractérisent par des besoins particuliers en matière de récepteurs. Ainsi, les récepteurs qui fonctionnent presque exclusivement sur le code C/A sont compacts et axés sur l'aspect convivial de l'interface graphique LCD. Les exigences relatives à la précision étant moindres pour ces utilisateurs, les fabricants peuvent offrir des récepteurs qui fonctionnent parfois en DGPS à des prix allant de 500 $ à 3000 $ (tabl. 21.11, 1re catégorie).

D'autres utilisateurs de GPS ont besoin par contre d'appareils qui offrent une plus grande précision. C'est le cas notamment en foresterie, où les récepteurs peuvent servir à inventorier les feux de forêts et les dégâts qui en résultent. En cartographie environnementale, on fait usage de récepteurs fonctionnant à la fois sur le code C/A et la fréquence L_1, afin de localiser les sources de pollution, les habitats fauniques, les lacs, les rivières et les routes. Ce type d'appareils s'utilise également pour la circulation terrestre, maritime et aérienne.

Tableau 21.11 Les principaux modèles de récepteurs GPS et leurs caractéristiques techniques[1]

Fabricant	Modèle	Nombre de canaux	Nombre de satellites
1re catégorie : loisirs et récréation			
Trimble	Scout Master	3	8
Eagle	ACCU-NAV Sport	5	12
Magellan	GPS-2000	3	12
Magellan	Méridien XL	3	12
Garmin	GPS-45 Navigator	nd[2]	8
Garmin	GPS-75 Navigator	nd	8
2e catégorie : applications cartographiques			
Trimble	GeoExplorer et Pathfinder Basic plus	6	8
Trimble	Pathfinder Pro-XL	8	8
Garmin	GPS-100 Personal Surveyor	nd	8
Garmin	GPS SRVY-II	nd	8
Leica	Capteur SR-260	6	nd
Topcon	GP-R1	12	12
Magellan	ProMark X	10	10

1. Cette liste, qui date de 1995, n'est pas exhaustive. Les prix comprennent le récepteur et l'équipement minimal servant à obtenir une position.

2. Donnée non disponible.

Réception code/signal	Précision GPS/DGPS (m)	Autres caractéristiques
Prix : de 500 $ à 3000 $		
Code C/A	GPS : 30 DGPS : 5	Mémoire de 250 points et 10 trajets.
Code C/A	GPS : 30	Mémoire de 200 points et 10 trajets. Affichage LCD (numérique et graphique).
Code C/A	GPS : 30	Mémoire de 100 points et 10 trajets. Affichage LCD (numérique et graphique).
Code C/A	GPS : 30 DGPS : < 10	Mémoire de 200 points et 20 trajets. Affichage LCD (numérique et graphique).
Code C/A	GPS : 30 DGPS : < 10	Mémoire de 250 points et 10 trajets. Affichage LCD (numérique et graphique).
Code C/A Signal L_1	GPS : 30 DGPS : < 5	Mémoire de 250 points et 10 trajets. Affichage LCD (numérique et graphique).
Prix : de 3000 $ à 25 000 $		
Code C/A Signal L_1	GPS : 30 DGPS : 3	Mémoire de 10 000 points. Précision < 1 m s'il y a un traitement différé.
Code C/A Signal L_1	GPS : 30 DGPS : < 1	Mémoire de 30 000 points. Option de 12 canaux. Possibilité de modes statique rapide et cinématique.
Code C/A Signal L_1	GPS : 15 DGPS : < 3	Mémoire de 4000 points. Possibilité de mode statique rapide.
Code C/A Signal L_1	GPS : 15 DGPS : < 1	Mémoire de 200 000 points. Possibilité de modes statique rapide et cinématique.
Code C/A	GPS : 15 DGPS : < 1	Mémoire de 512 ko à 1 Mo (environ 75 000 points) du contrôleur CR-233 ou CR-333. Modes statique rapide et cinématique.
Code C/A Signal L_1	GPS : 30 DGPS : < 1	Mémoire de 16 500 points. Possibilité de modes statique rapide et cinématique.
Code C/A Signal L_1	GPS : 30 DGPS : < 1	Possibilité de modes statique rapide et cinématique.

Tableau 21.11 (suite)

Fabricant	Modèle	Nombre de canaux	Nombre de satellites
3e catégorie : applications topographiques et géodésiques			
Trimble	4600LS Surveyor	8	8
Trimble	Site Surveyor SSi	9	8
Trimble	Land Surveyor IID	9	les satellites disponibles
Trimble	Geodetic Surveyor SSi	9	les satellites disponibles
Leica	Systèmes 200 et 300 :		
	– Capteur SR-261 (fig. 1.24c)	6	les satellites disponibles
	– Capteur SR-299	9	les satellites disponibles
	– Capteur SR-399	9	les satellites disponibles
Newton	Surveyor	10	les satellites disponibles

Notes concernant les caractéristiques de précision des récepteurs GPS :

GPS = en positionnement absolu (en point isolé)
DGPS = en positionnement relatif (différentiel)

La précision en GPS inscrite dans le tableau est optimale si on tient compte des paramètres suivants (sinon l'erreur peut être de 100 m) :

- un temps d'observation approprié avec un minimum de 4 satellites;
- une ionosphère calme;
- un brouillage SA minimal ou absent.

La précision en DGPS inscrite dans le tableau est optimale si on tient compte des paramètres suivants :

- une observation bifréquence de quelques minutes avec un minimum de 4 ou 5 satellites;
- un GDOP favorable (< 6);
- des lignes de base limitées à 15 km;
- une ionosphère calme;
- un traitement différé des données sur un progiciel de traitement GPS.

Réception code/signal	Précision GPS/DGPS (m)	Autres caractéristiques
Prix : de 25 000 $ à 60 000 $		
Code C/A Signal L_1	GPS : 30 DGPS : < 0,10	Mémoire de 30 000 points. Possibilité de modes statique rapide et cinématique.
Codes C/A et P Signaux L_1 et L_2	GPS : 30 DGPS : < 0,02	Mémoire de 30 000 points du contrôleur TCD1. Option de 12 canaux. Modes statique rapide et cinématique en temps réel.
Codes C/A et P Signaux L_1 et L_2	GPS : 30 DGPS : < 0,01	Mémoire de 30 000 points. Modes statique rapide et cinématique en temps réel.
Codes C/A et P Signal L_1 et L_2	GPS : 30 DGPS : < 0,005	Mémoire de 75 000 points. Option de 12 canaux. Modes statique rapide et cinématique en temps réel.
Code C/A Signal L_1	GPS : 15 DGPS : < 1	Mémoire de 512 ko à 1 Mo (environ 75 000 points) du contrôleur CR-233 ou CR-333. Modes statique rapide et cinématique.
Codes C/A et P Signaux L_1 et L_2	GPS : 15 DGPS : < 0,01	Mémoire du contrôleur CR-233, CR-333 ou CR-344. Modes statique rapide et cinématique en temps réel avec le contrôleur CR-344.
Codes C/A et P Signaux L_1 et L_2	GPS : 15 DGPS : < 0,005	Mémoire du contrôleur CR-233, CR-333 ou CR-344. Modes statique rapide et cinématique en temps réel avec le contrôleur CR-344.
Codes C/A et P Signaux L_1 et L_2	GPS : 30 DGPS : < 0,01	Option de 12 canaux. Contrôleur PC-5 (de CMT, fig. 3.8b). Modes statique rapide et cinématique en temps réel.

Pour mieux gérer leur territoire, les municipalités ont de plus en plus recours à des systèmes d'information à référence spatiale. L'établissement de tels systèmes nécessite le positionnement des éléments d'infrastructure. Les récepteurs dotés d'interface de communication avec les bases de données ainsi que d'une mémoire de plusieurs milliers de points sont parfaitement adaptés à cet usage. Dans de bonnes conditions en DGPS, ils procurent une précision réelle inférieure au mètre. Le prix de ces appareils varie entre 3000 $ et 25 000 $ en fonction des diverses caractéristiques techniques, comme la possibilité du mode statique rapide ou encore cinématique (tabl. 21.11, 2e catégorie).

D'autres récepteurs GPS doivent répondre à des exigences de haute précision, nécessaires, par exemple, à des travaux de nature géodésique. En fait, l'implantation, la densification et la vérification d'un réseau géodésique de base impliquent de grandes portées de 50 km ou plus et une précision de l'ordre du centimètre ou mieux.

Pour répondre à de tels besoins, les fabricants ont créé une gamme d'équipements GPS, dont le prix varie entre 25 000 $ et 60 000 $, en mettant l'accent sur la capacité des logiciels de traitement, de compensation, etc. Ces logiciels sont intégrés au récepteur ou peuvent s'utiliser à l'étape du traitement différé sur micro-ordinateur. En mode DGPS statique, l'utilisation combinée de codes et de fréquences avec un maximum de canaux (options de 12 canaux) ainsi qu'un traitement en temps réel ou différé permettent d'obtenir un niveau de précision géodésique (tabl. 21.11, 3e catégorie). Compte tenu de certains avantages dans ce champ d'applications, les techniques GPS supplantent les méthodes conventionnelles.

Les sommes colossales investies dans le système GPS depuis le début des années 70 ont permis d'établir une technologie efficace et bien rodée. Les applications du GPS sont presque illimitées et elles envahiront de plus en plus notre quotidien.

21.8 LES SOURCES D'INFORMATION

Compte tenu des nombreuses applications du GPS, qui deviendront multiples dans un avenir rapproché, nous terminons ce chapitre en retenant trois sources importantes d'information qui permettront sans doute aux intéressés d'en découvrir bien d'autres.

Aux États-Unis. L'organisme GPSIC (*Global Positioning System Information Center*), situé dans l'État de Virginie, est le centre d'information pour les utilisateurs civils du système NAVSTAR/GPS. Cet organisme peut donner au public des renseignements concernant, entre autres, l'État des satellites (en exploitation ou non), la description des orbites (almanach) qui se prêtent à une couverture GPS et à des prévisions sur la fenêtre (visibilité) des satellites ainsi que les éphémérides précises calculées par le *National Geodetic Survey* (NGS) des États-Unis. On peut rejoindre le GPSIC 24 h par jour et 7 jours par semaine. Selon les besoins de l'usager, la consultation peut se faire au moyen :

- d'un enregistrement vocal : composer le (703) 313-5907 pour obtenir un bref résumé au sujet de la constellation NAVSTAR;
- du babillard électronique, accès par modem au (703) 313-5910 : ce service gratuit donne des informations plus complètes sur le système GPS; le débit est de 300 à 14 400 bauds avec paramètres de communication (8 b de données, 1 b d'arrêt et aucun bit de parité);
- du courrier :

  Commandant U.S. Coast Guard
  Omega Navigation System Center
  7323 Telegraph Road, Alexandria
  VA 22310-3398
  USA

- du téléphone : composer le (703) 313-5900 pour obtenir des renseignements sur le centre GPSIC ou sur le babillard électronique (ex. : modalités d'inscription, information sur le GPS, coûts, etc.).

Au Canada. La Division des levés géodésiques (DLG) du Service de la géomatique exploite actuellement le système canadien de contrôle actif (CACS, *Canadian Active Control System*). Ce système comporte des stations de poursuite autonomes, appelées points de contrôle actif (ACP,

Active Control Point), qui enregistrent continuellement les données observées provenant de tous les satellites GPS visibles. La figure 21.18 illustre la répartition de ces stations sur le territoire canadien. Chaque station ACP est dotée d'un récepteur bifréquence de haute précision et d'une horloge atomique. Les données satellitaires et météorologiques recueillies par les ACP sont acheminées dans les locaux de la DLG à Ottawa pour y être traitées. Les différents produits offerts par la DLG sont :

- les données brutes, c'est-à-dire les observations continues du code et de la phase de l'onde porteuse sur les deux fréquences, L_1 et L_2, à des intervalles de 30 s et recueillies par les stations ACP;

- les éphémérides précises pour les satellites GPS : celles-ci sont basées et calculées sur les données qui proviennent des ACP canadiens et des 22 principales stations du Service international de géodynamique (IGS, *International Geodynamic Service*), réparties dans le monde;

- les corrections qui s'appliquent à la synchronisation des horloges des satellites;

- les logiciels utilitaires tels que EPH_UTIL et GPSPACE.

Figure 21.18 Le système canadien de contrôle actif.

Pour obtenir des renseignements concernant le système canadien de contrôle actif ou bien les services et les produits des levés géodésiques, s'adresser à :

>Service d'information
>Division des levés géodésiques
>615, rue Booth
>Ottawa (Ontario)
>K1A 0E9
>
>Tél. : (613) 992-2061 ou 995-3213
>Télécop. : (613) 995-3215
>Internet : information@geod.nrcan.gr.ca

Au Québec. On peut s'informer à l'adresse suivante :

>Service de la géodésie
>Ministère des Ressources naturelles du Québec
>5700, 4e Avenue Ouest
>Bureau E-305
>Charlesbourg (Québec)
>G1H 6R1
>
>Tél.: (418) 643-8236

21.9 EXERCICES

21.1 Que signifie l'acronyme NAVSTAR/GPS?

21.2 Quelles sont les trois composantes du système GPS?

21.3 Quelles sont l'altitude et la durée de l'orbite des satellites GPS?

21.4 Quelle est la durée de l'orbite d'un satellite?

21.5 Où est situé le centre de contrôle?

21.6 Quels sont le rôle et l'emplacement des stations terrestres monitrices?

21.7 Quels sont les principaux organes communs d'un récepteur GPS?

21.8 Quel est le principe de fonctionnement du GPS?

21.9 Quelle(s) différence(s) y a-t-il entre la méthode du positionnement absolu et la méthode du positionnement relatif?

21.10 Laquelle de ces deux méthodes est plus précise? Justifier la réponse.

21.11 Quelle(s) différence(s) y a-t-il entre la méthode de la mesure de la phase et la méthode de la mesure du temps de parcours?

21.12 Quelle est la méthode qu'utilisent les récepteurs de grande précision?

21.13 Énumérer cinq modes de positionnement et décrire le plus précis d'entre eux.

21.14 Que signifie l'acronyme DOP?

21.15 Pourquoi la valeur numérique du GDOP est-elle supérieure à celle du PDOP?

21.16 Quelles sont les principales étapes à suivre lors de la réalisation d'un projet GPS?

21.17 Que signifie l'expression «séance d'observation»?

21.18 Pourquoi les récepteurs mobile et stationnaire doivent-ils fonctionner en synchronisme lors de la collecte des données?

21.19 Quelle(s) différence(s) y a-t-il entre un traitement en temps réel et un traitement différé?

21.20 Nommer quelques applications du système GPS.

21.21 Nommer une source de renseignements sur le système GPS.

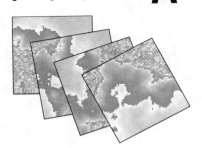

Les systèmes
d'unités de mesure

A.1 GÉNÉRALITÉS

En raison de l'adhésion du Canada au Système international d'unités (SI), nous avons jugé opportun de donner certains renseignements concernant ce système. En géométronique, particulièrement en arpentage légal, les documents et les renseignements ont une vie assez longue, c'est pourquoi nous fournissons à la fin de cette annexe un tableau des relations qui existent entre les différents systèmes de mesure que l'on retrouve dans les titres de propriété au Québec.

A.2 LE SYSTÈME INTERNATIONAL D'UNITÉS (SI)

Le SI est un ensemble cohérent, c'est-à-dire que le produit ou le quotient de deux unités quelconques du système donne l'unité d'une nouvelle quantité dérivée. Par exemple, l'unité de surface est le produit de deux unités de longueur, l'unité de vélocité est le quotient de l'unité de longueur et de l'unité de temps, et l'unité de force est le produit de l'unité de masse et de l'unité d'accélération ($kg \cdot m/s^2$).

Dans le SI, on distingue deux classes d'unités : les unités de base (tabl. A.1) et les unités dérivées (tabl. A.2). Certaines unités dérivées portent des noms spéciaux.

Tableau A.1   Les unités SI de base

Grandeur	Symbole	Unité	Symbole
longueur	l	mètre	m
masse	m	kilogramme	kg
temps	t	seconde	s
intensité de courant électrique	I	ampère	A
température thermodynamique	T	kelvin	K
quantité de matière	n	mole	mol
intensité lumineuse	I	candela	cd

Tableau A.2   Les unités SI dérivées

Grandeur	Symbole	Unité	Symbole
superficie	A	mètre carré	m^2
volume	V	mètre cube	m^3
masse volumique	ρ	kilogramme par mètre cube	kg/m^3
vitesse	v	mètre par seconde	m/s
vitesse angulaire	ω	radian par seconde	rad/s
accélération	a	mètre par seconde carrée	m/s^2
débit (volume)	q_v	mètre cube par seconde	m^3/s
moment d'inertie	I, J	kilogramme-mètre carré	$kg \cdot m^2$
moment d'une force	M	newton-mètre	$N \cdot m$

A.3 LES UNITÉS DÉRIVÉES DÉSIGNÉES PAR DES NOMS SPÉCIAUX

Toutes les quantités dérivées peuvent s'exprimer en unités de base et en unités supplémentaires qui les composent. Toutefois, on a simplifié quelques unités dérivées complexes employées couramment en leur donnant des noms spéciaux (tabl. A.3). Par exemple, l'unité de force, qui se compose des unités de masse, de longueur et de temps, a reçu le nom de «newton».

Tableau A.3 Les unités SI dérivées désignées par des noms spéciaux

Grandeur	Symbole	Unité	Symbole	Expression usuelle
angle plan	α, β, γ, θ, ϕ	radian	rad	°, ' et "
angle solide	Ω, ω	stéradian	sr	−
fréquence	f	hertz	Hz	s^{-1}
force	F, G	newton	N	$m \cdot kg/s^2$
pression, contrainte	p	pascal	Pa	N/m^2
travail, énergie, quantité de chaleur	E	joule	J	$N \cdot m$
puissance	P	watt	W	J/s
charge électrique	Q	coulomb	C	$s \cdot A$
tension, différence de potentiel	U	volt	V	W/A
capacité électrique	C	farad	F	C/V
résistance électrique	R	ohm	Ω	V/A
conductance	G	siemens	S	A/V
flux magnétique	Φ	weber	Wb	$V \cdot s$
induction magnétique	B	tesla	T	Wb/m^2
inductance propre	L	henry	H	Wb/A
température	t	degré Celsius	°C	K
flux lumineux	Φ	lumen	lm	$cd \cdot sr$
éclairement	E	lux	lx	lm/m^2
activité	A	becquerel	Bq	s^{-1}
dose absorbée (de rayonnements ionisants)	D	gray	Gy	J/kg
équivalent de dose (radioprotection)	H	sievert	Sv	J/kg

Température. L'échelle kelvin est l'échelle internationale absolue de température thermodynamique. Depuis le 1er avril 1975, l'échelle Celsius, qui a remplacé l'échelle centigrade en 1948, est communément utilisée au Canada.

L'intervalle entre les degrés des échelles kelvin et Celsius est identique, 0 K étant le zéro absolu. Les températures Celsius s'expriment en degrés Celsius (°C).

Une température de 0 °C correspond à 273,15 K et une température de 20 °C correspond à 293,15 K.

A.4 LES MULTIPLES DES UNITÉS SI

Le mètre (m) et le kilogramme (kg), adoptés par le SI comme unités de base de longueur et de masse, sont des grandeurs couramment employées. Cependant, le mètre ne peut pas servir lorsqu'il s'agit de prendre des mesures précises. C'est pourquoi on a prévu dans le système la possibilité de multiplier et de diviser les unités SI de base et dérivées à l'aide de facteurs décimaux. Ces facteurs, qui ont reçu des noms, s'emploient comme préfixes avec les unités SI (tabl. A.4).

Il est à noter que ces préfixes ne s'appliquent pas à l'unité de masse de base, soit le kilogramme. Les noms des multiples et des sous-multiples décimaux de cette unité se forment par l'ajout de préfixes au mot «gramme».

On rencontre rarement les préfixes hecto, déca et déci. Toutefois, l'hectare (10 000 m²) est une unité reconnue dans les domaines de l'arpentage, des biens immobiliers et de l'agriculture.

L'industrie de la construction n'encourage pas l'usage du centimètre et a opté pour le plus grand usage possible du mètre et du millimètre. Il n'en demeure pas moins que le centimètre est une longueur pratique, qu'on utilise couramment dans le domaine des dessins techniques.

Tableau A.4   Les préfixes SI

Préfixe	Symbole	Valeur
exa	E	10^{18}
peta	P	10^{15}
téra	T	10^{12}
giga	G	10^{9}
méga*	M	10^{6}
kilo*	k	10^{3}
hecto	h	10^{2}
déca	da	10^{1}
déci	d	10^{-1}
centi	c	10^{-2}
milli*	m	10^{-3}
micro*	μ	10^{-6}
nano	n	10^{-9}
pico	p	10^{-12}
femto	f	10^{-15}
atto	a	10^{-18}

*Préfixes recommandés pour l'usage courant.

A.5 LES UNITÉS HORS DU SI

Bien qu'il y ait de grands avantages à n'employer que des unités du Système international, certaines unités hors du système sont acceptées (tabl. A.5).

Remarques concernant le tableau A.5 :

a) Le l minuscule est le symbole international de litre. Toutefois, pour éviter toute ambiguïté, surtout lorsque le l se trouve accolé au chiffre 1, on recommande d'utiliser le L majuscule.

b) Le mot tonne doit être interprété avec précaution lorsqu'il figure dans des textes en français d'origine canadienne, dans lesquels il peut désigner l'équivalent de 2000 livres. Par ailleurs, on utilise beaucoup moins le mégagramme (Mg) que la tonne métrique.

c) L'unité astronomique n'a pas de symbole international. Les abréviations utilisées sont AU en anglais et UA en français.

d) Dans les domaines de la topographie et de l'agriculture, on utilise l'hectare et on le suggère comme unité de remplacement de l'acre.

e) Le noeud n'a pas de symbole international bien qu'on utilise souvent kn.

Tableau A.5 Les unités acceptées avec le SI

Unité	Symbole	Valeur en unités SI
Unités universellement permises avec le SI		
minute	min	1 min $= 60$ s
heure	h	1 h $= 3600$ s
jour	d	1 d $= 86\ 400$ s
degré (d'arc)	°	1° $= (\pi/180)$ rad
minute (d'arc)	'	1' $= (\pi/10\ 800)$ rad
seconde (d'arc)	"	1" $= (\pi/648\ 000)$ rad
litre (a)	l ou L	1 L $= 1$ dm^3
tonne (métrique) (b)	t	1 t $= 10^3$ kg $= 1$ Mg
Unités permises dans les domaines spécialisés		
électronvolt	eV	1 eV $= 0{,}160\ 219$ aJ
unité de masse atomique unifiée	u	1 u $= 1{,}660\ 565\ 5 \times 10^{-27}$ kg
unité astronomique (c)	UA	1 UA $= 149{,}597\ 870$ Gm
parsec	pc	1 pc $= 30{,}857$ Pm
		$= 206\ 265$ UA
hectare (d)	ha	1 ha $= 10^4$ m^2
mille marin		1 mille marin $= 1852$ m
noeud (e)	kn	1 kn $= 1$ mille marin par heure
		$= (1852/3600)$ m/s

A.6 LE SI ET L'INFORMATIQUE

Les ordinateurs n'offrent pas toujours un vaste choix de caractères graphiques, c'est pourquoi des normes internationales relatives à la représentation des unités SI en informatique ont été établies (tabl. A.6 et A.7).

Tableau A.6 La représentation des unités SI en informatique

Nom de l'unité	Symbole international (d'usage courant)	Forme I (minuscules et majuscules	Forme II (minuscules seulement)	Forme II (majuscules seulement)
Unités de base				
mètre	m	m	m	M
kilogramme	kg	kg	kg	KG
seconde	s	s	s	S
ampère	A	A	a	A
kelvin	K	K	k	K
mole	mol	mol	mol	MOL
candela	cd	cd	cd	CD
Unités dérivées avec des noms spéciaux				
radian	rad	rad	rad	RAD
stéradian	sr	sr	sr	SR
hertz	Hz	Hz	hz	HZ
newton	N	N	n	N
pascal	Pa	Pa	pa	PA
joule	J	J	j	J
watt	W	W	w	W
coulomb	C	C	c	C
volt	V	V	v	V
farad	F	F	f	F
ohm	Ω	Ohm	ohm	OHM
siemens	S	S	sie	SIE
weber	Wb	Wb	wb	WB
tesla	T	T	t	T
henry	H	H	h	H
degré Celsius	°C	Cel	cel	CEL
lumen	lm	lm	lm	LM
lux	lx	lx	lx	LX
becquerel	Bq	Bq	bq	BQ
gray	Gy	Gy	gy	GY
sievert	Sv	Sv	sv	SV
Autres unités				
degré (angle)	°	deg	deg	DEG
minute (angle)	'	'	mnt	MNT
seconde (angle)	"	"	sec	SEC
tour	r	r	r	R
litre	l (L)	L	l	L
hectare	ha	ha	har	HAR
minute (temps)	min	min	min	MIN
heure	h	h	hr	HR
jour	d	d	d	D
année	a	a	ann	ANN
gramme	g	g	g	G
tonne	t	t	tne	TNE
électronvolt	eV	eV	ev	EV
unité de masse atomique	u	u	u	U

Tableau A.7 La représentation des préfixes SI en informatique

Nom du préfixe	Valeur	Symbole international (d'usage courant)	Forme I (minuscules et majuscules)	Forme II (minuscules seulement)	Forme II (majuscules seulement)
exa	10^{18}	E	E	ex	EX
peta	10^{15}	P	P	pe	PE
téra	10^{12}	T	T	t	T
giga	10^{9}	G	G	g	G
méga	10^{6}	M	M	ma	MA
kilo	10^{3}	k	k	k	K
hecto	10^{2}	h	h	h	H
déca	10^{1}	da	da	da	DA
déci	10^{-1}	d	d	d	D
centi	10^{-2}	c	c	c	C
milli	10^{-3}	m	m	m	M
micro	10^{-6}	μ	u	u	U
nano	10^{-9}	n	n	n	N
pico*	10^{-12}	p	p	po	PO
femto	10^{-15}	f	f	f	F
atto	10^{-18}	a	a	a	A

* La norme ISO 2955-1974 donne les représentations p et P au lieu de po et PO pour pico, forme II.

A.7 LES RÈGLES D'ÉCRITURE DU SI

Noms et symboles des unités

Les symboles s'écrivent toujours en caractères romains (droits), peu importe le caractère employé pour le reste du texte.

Les symboles s'écrivent en minuscules, sauf quand ils proviennent d'un nom propre : m pour mètre, s pour seconde, mais N pour newton, A pour ampère, V pour volt et C pour Celsius.

Les symboles des unités ne prennent jamais la marque du pluriel : 45 g et non 45 gs; 500 A et non 500 AS.

On ne met pas de point après un symbole, sauf si celui-ci apparaît à la fin d'une phrase : kg, mm, kW et non kg., mm., etc.

Les symboles des unités s'emploient exclusivement avec les nombres écrits en chiffres. On peut écrire le nom des unités en toutes lettres, mais on ne doit jamais l'abréger : 16 cm² et non pas 16 cm car. Dans un texte technique, il est préférable d'utiliser un nombre écrit en chiffres, accompagné d'un symbole : 12 m² plutôt que 12 mètres carrés.

On ne doit pas commencer une phrase par un symbole; dans un texte, il faut écrire le nom de l'unité en toutes lettres.

On doit toujours laisser un espace entre la valeur numérique et la première lettre du symbole : 45 kg et non 45kg; 15 lm et non 15lm (15 lumens).

Les noms formés par multiplication s'écrivent avec un trait d'union et prennent la marque du pluriel : des newtons-mètres.

On doit éviter de séparer le symbole du nombre par un changement de ligne.

Préfixes, multiples et sous-multiples

Les préfixes s'écrivent en caractères romains (droits). On ne laisse pas d'espace entre le symbole du préfixe et le symbole de l'unité : kg et non k g pour kilogramme. De même, le nom du préfixe s'accole à celui de l'unité : mégawatt et non méga watt ou méga-watt.

Il ne faut pas employer de préfixes composés : Mm (mégamètre) et non kkm (kilokilomètre); nm (nanomètre) et non mµm (millimicromètre); g (gramme) et non mkg (millikilogramme).

Le choix du multiple ou du sous-multiple décimal d'une unité SI est dicté par la commodité. Le multiple choisi pour une application déterminée doit conduire à des valeurs numériques d'une portée pratique. On peut généralement choisir le multiple de façon que les valeurs numériques soient comprises entre 0,1 et 1000 :

| 12,5 kV | pour 12 500 V | 19,643 km | pour 19 643 m |
| 14,8 kPa | pour 14 800 Pa | 6,6 m | pour 6600 mm |

Nombres

Le signe décimal utilisé est la virgule.

Le signe décimal doit être précédé d'un zéro, si la valeur absolue du nombre est inférieure à un : 0,45 g et non ,45 g.

Il convient d'employer les nombres décimaux plutôt que les nombres fractionnaires : 0,25 kg plutôt que 1/4 kg; 7,5 km et non 7 1/2 km.

Il faut utiliser un espace pour séparer les groupes de trois chiffres à droite et à gauche de la virgule décimale : 26 000,621 76; 6 571 928,344 921.

Lorsqu'un nombre est formé de quatre chiffres, il n'est pas obligatoire de laisser un espace à moins qu'il fasse partie d'une colonne de nombres de plus de quatre chiffres : 2 345 ou 2345.

Multiplication et division

On utilise le signe «×» pour indiquer la multiplication entre les nombres et un point au-dessus de la ligne pour les multiplications entre les symboles d'unités : 24×50; $N \cdot m$; $kg \cdot m \cdot s^{-2}$.

On n'emploie ni le signe «×» ni le point au-dessus de la ligne lorsqu'on exprime la multiplication entre des lettres ou entre des lettres et des chiffres : ab; $3\,ab$.

La division s'exprime par le trait horizontal ou le trait oblique qui sépare le numérateur du dénominateur ou bien par l'utilisation d'exposants négatifs :

$$m/s^2 \quad \text{ou} \quad \frac{m}{s^2} \quad \text{ou} \quad m \cdot s^{-2}$$

On ne doit jamais introduire dans la même expression plus d'un trait oblique. On écrira donc : m/s^2 ou $m \cdot s^{-2}$ et non $m/s/s$; $W/(m^2 \cdot °C)$ ou $W \cdot m^{-2} \cdot °C^{-1}$ et non $W/m^2/°C$.

Lorsque les unités sont écrites en toutes lettres :

a) on utilise le mot «par» pour indiquer la division (volts par milliseconde et non volts/milliseconde);

b) les unités composées obtenues par multiplication s'écrivent avec un trait d'union entre les unités composantes (4 $N \cdot m$ donne quatre newtons-mètres).

Date et heure

La date sous forme numérique s'inscrit dans l'ordre suivant : année, mois et jour. Une date numérique peut s'écrire de trois façons :

1996 03 31 — à la machine ou en caractères d'imprimerie (des traits d'union sont permis);

1996-03-31 — à la main ou à la machine;

19960331 — à l'ordinateur ou pour la transmission des données.

L'heure s'écrit sous forme numérique comme suit : heure, minute et seconde. Seuls les deux points doivent séparer les heures des minutes et les minutes des secondes : 16:30:21.

L'heure étant exprimée sur la base de 24 h, on n'utilise plus les expressions A.M. et P.M.

On peut indiquer la date et l'heure en une seule expression : 1983-03-01:10:05 ou 1983 03 01 01:10:05.

Symboles de grandeurs et indices

Les symboles de grandeurs sont en général constitués d'un seul caractère de l'alphabet grec ou latin et s'écrivent en caractères italiques (penchés), majuscule ou minuscule selon le cas : A (aire), m (masse), v (vitesse), ρ (masse volumique), Ω (angle solide).

L'utilisation d'un indice en position inférieure droite permet de différencier certaines grandeurs : ρ (masse volumique); ρ_l (masse linéique); ρ_A (masse surfacique).

Les nombres en indice sont toujours en caractères romains : L_{12}, τ_{12}.

A.8 LA CONVERSION DES DIFFÉRENTS SYSTÈMES DE MESURE

Le tableau A.8 présente les facteurs de conversion commodes. Il faut prendre note que les mesures d'arpenteur découlent des mesures impériales, mais que les anciennes mesures françaises diffèrent légèrement des mesures impériales.

Tableau A.8 Les facteurs de conversion

	Ancienne mesure française (f)	SI	Mesure impériale	Mesure d'arpenteur
Linéaire	1 pi f = 12 po f 1 per f = 18 pi f 1 arp = 10 per f 1 arp = 180 pi f	1 m = 100 cm 1 km = 1 000 m	1 pi = 12 po 1 vg = 3 pi 1 per = 5,5 vg 1 per = 16,5 pi 1 mi = 5280 pi	10 Ch (Gunter) = 66 pi 1 Chon = 7,92 po 1 Ch = 100 Chon 1 Ch = 4 per 1 mi = 80 Ch
	3,078 433 pi f = 1 pi f = 1 arp = 17,102 41 arp =	1 m 0,3048 m* 0,324 840 6 m 1,609 344 km*	= 3,280 840 pi = 1 pi = 1,065 75 pi = 191,835 pi = 0,621 371 mi = 1 mi	
Superficie	1 arp² = 100 per f² 1 arp² = 32 400 pi f² 1 mi² = 784 arp²	1 a = 100 m² 1 ha = 10 000 m² 1 ha = 100 a	1 ac = 160 per² 1 ac = 43,560 pi² 1 mi² = 640 ac	1 ac = 10 ch²
	2,924 923 arp² = 1 arp² = 1,183 674 arp² =	1 ha 0,341 889 4 ha 0,404 685 642 24 ha	= 2,471 054 ac = 0,844 827 1 ac = 1 ac	

* Coefficients exacts.

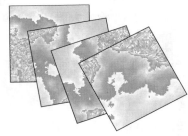

Réponses aux exercices

Chapitre 2

2.1 a) systématique   b) fortuite   c) systématique   d) systématique   e) systématique
     f) fortuite   g) faute   h) fortuite   i) faute   j) systématique
     k) systématique   l) faute   m) systématique   n) systématique   o) systématique
     p) faute   q) fortuite

2.2 a) 5   b) 5   c) 5   d) 1   e) 3   f) 4   g) 5   h) 4

2.3 a) 25,5   b) 786   c) 39 $\overline{5}$00   d) 9,14

2.4 a) 871,2   b) 28,2   c) 48$\overline{0}$0   d) 3027   e) 2322   f) 14 612

2.5 a) 128,5686   b) ±0,004 m   c) ±0,001 m

2.6 ±0,61 m²

2.7 104,990 m   ±0,009 m

2.11 1558 cm³   ±19 cm³

2.14 A = 67° 32' 21,2"   B = 55° 46' 31,9"   C = 56° 41' 06,9"

2.20 895,61 m   ±0,02 m

Chapitre 4

4.2 α" = 30" r = 13,7 m

4.3 r = 58,9 m

4.4 r = 206 m

4.6 α" = 5"

4.9 a) 300 mm   b) 4,3 mm vers l'extérieur   c) G $\cong$ 30X

Chapitre 6

6.1   ∠B   191° 58' 40"   ∠C   112° 16' 28"   ∠D   143° 00' 47"

6.3   ∠S   242° 44' 10"   ∠T   41° 24' 20"   ∠U   268° 54' 43"

6.4   ∠N   191° 34' 49"   ∠O   220° 19' 33"   ∠P   271° 56' 38"

6.5   ∠A   31° 45' 35"   ∠B   -14° 10' 15"   ∠C   27° 23' 25"

6.6   ∠M   -34° 25' 35"   ∠N   31° 19' 05"   ∠O   22° 54' 20"

6.8 $\angle$A   86° 15' 30" $\angle$B   65° 11' 10"

      $\angle$C   111° 05' 00"   et $e_{\text{ferm}} = 0° 00' 00"$ $\angle$D   97° 28' 20"

Chapitre 8

8.1   2,7 °C   1,6 daN   24 cm

8.2   463,810 m

8.3   450,034 m

8.5   566,87 $ en trop

8.9   0,135 m

8.10 269,621 m

8.12 $h = 270,4; \; d = 112,5$

8.13 100,9

8.14 10,99 m

8.19 6339,3 m

8.20 266,14 m

Chapitre 9

9.1   0,000 063 m/m au-dessus du plan horizontal

9.3   0,000 50 m/m au-dessus du plan horizontal

9.6   0,000 50 m/m au-dessous du plan horizontal

9.7   0,000 70 m/m au-dessus du plan horizontal

9.8   3,518 m

Chapitre 10

10.2   52° 57'

10.3   21,49 m

10.4   41° 36"

10.5   24,39 m

10.6   a) AB : 28° 40'   BC : 81° 26'   CD : 139° 37'   DE : 205° 42'   EF : 275° 35'   FA : 327° 05'

b) AB : N. 41° 10' E.   BC : S. 86° 04' E.   CD : S. 27° 53' E.   DE : S. 38° 12' O.
EF : N. 71° 55' O.   FA : N. 20° 25' O.

10.7   a)   1 : 106° 14'   b)   1-2 :   45° 12'   c)   1-2 :   29° 42'   N. 29° 42' E.
          2 : 133° 00'   2-3 :   92° 12'   2-3 :   76° 42'   N. 76° 42' E.
          3 :   98° 39'   3-4 : 173° 33'   3-4 : 158° 03'   S. 21° 57' E.
          4 : 135° 24'   4-5 : 218° 09'   4-5 : 202° 39'   S. 22° 39' O.
          5 :   66° 43'   5-1 : 331° 26'   5-1 : 315° 56'   N. 44° 04' O.

10.10 b)   1 : 100° 45'   2 : 75° 00'   3 : 270° 50'   4 :   85° 55'
          5 : 238° 29'   6 : 37° 26'   7 : 138° 27'   8 : 133° 08'

c)   1-2 : 200° 00'; S. 20° 00' O.   2-3 :   95° 00'; S. 85° 00' E.
   3-4 : 185° 50'; S.   5° 50' O.   4-5 :   91° 45'; S. 88° 15' E.
   5-6 : 150° 14'; S. 29° 46' E.   6-7 :   7° 40'; N.   7° 40' E.
   7-8 : 326° 07'; N. 33° 53' O.   8-1 : 279° 15'; N. 80° 45' O.

10.12 NO : 107° 48' 30"   OP : 148° 26' 30"   PQ : 30° 00' 50"   QR : 80° 42' 20"

10.14 a) A : 74° 24' D   B : 94° 12' D   C : 101° 32' D   D : 24° 29' G   E : 114° 21' D
          b) AB : 111° 28'   BC : 205° 40'   CD : 307° 12'   DE : 282° 43'   EA : 37° 04'

Chapitre 11

11.1   A-1 : 210° 58' 33"   A-2 : 261° 45' 19"   A-3 : 331° 48' 27"   A-4 : 58° 48' 44"
          A-5 : 125° 25' 07"

11.3   94° 37' 22"

11.4

	X	Y
P_1	3528,634	245,297
P_2	2964,711	4622,958
P_3	2765,339	2015,341

11.6   Points concycliques → solution indéterminée

11.7   AP = 170,402 m   BP = 141,822 m

11.8   ∠A = 59° 18' 17"   ∠B = 28° 21' 51"   ∠P = 92° 19' 52"

11.9   934,808 m

11.10 100,0 m

11.11   diamètre = 30,00 m   hauteur = 12,00 m   volume = 8482 m³

11.12   8180,5 m³

11.13   481,59 m

Chapitre 12

12.1   150,52 m

12.2   a) et b) e_{ferm} de 0,329 m : 1/6000

	X (m)	Y (m)
1	1000,000	1000,000
2	1607,986	1000,100
3	1601,345	1380,104
4	1192,569	1528,955
5	1406,323	1256,832

c) 84° 08' 49"

12.5 $X = 250,05$ m $Y = 100,01$ m

12.7

	a) gisement	b) course	c) ΔX	ΔY	f) X	Y
A	e) point le plus à l'ouest				O	O
	60° 00'	N. 60° E.	173,205	100,000		
B			173,21	100,00		
	120° 00'	S. 60° E.	216,506	-125,000		
C			389,71	-25,00		
	260° 00'	S. 80° O.	-295,442	-52,094		
D			94,27	-77,09		
	240° 00'	S. 60° O.	-73,222	-42,275		
E			21,05	-119,37		
	350° 00'	N. 10° O.				
A						

d) EA = 121,21

12.8   CD = 491,51   FA = 584,34

12.9   CD = DE = 952,19 $X_D = 1415,47$ $Y_D = 438,12$

12.10   FE = 92,34   ∠B = 136° 20' 20"   ∠D = 127° 39' 40"

Chapitre 13

13.1

Point	R	AN	V	I	ALT.
R	1,230	128,592			127,362
1				1,629	126,963
2				2,453	126,139
3				1,908	126,684
4				1,406	127,186
5				0,382	128,210

13.2   a) -0,040 m   b) 406,60 m

13.4

Point	R	AN	V	I	ALT.
M_4	1,530				242,658
M_4	1,530	244,188			242,658
PC_1	1,079	242,725	2,542		241,646
	1,426	242,724	2,890		241,298
		242,7245			
PC_2	0,664	241,4925	1,896		240,8285
	0,430	241,4905	1,664		241,0605
		241,4915			
PC_3	0,512	239,6785	2,325		239,1665
	0,875	239,6785	2,688		238,8035
M_2	1,450	239,3365	1,792		237,8865
M_2	1,450	239,3365	1,792		237,8865
PC_4	2,018	240,5805	0,774		238,5625
	2,347	240,5835	1,100		238,2365
		240,582			
PC_5	3,368	243,578	0,372		240,210
	3,039	243,578	0,043		240,539
M_4			0,899		242,679
M_4			0,899		242,658
					0,021
ΣR:	21,718	ΣV:	21,676		
M_2	(CORRIGÉ)				237,876

$$\frac{\Sigma R - \Sigma V}{2} = 0,021 = \Delta\text{alt } M_{4\text{ ret et dép}}$$

13.6   a) +0,056   b) 0,056 > 0,029 → pas acceptable

13.9 $alt_A = 30,232$ m

13.12 $Z_A = 89,515$ m $Z_B = 100,347$ m $Z_C = 102,792$ m $Z_D = 94,137$ m $Z_E = 92,187$ m

13.13 $\Delta = 34,09$ m $h = 404,90$ m

13.15   Le point B est 71,62 m plus bas que le point A.

13.16   1202,4 m

13.18   a) $X = 1766,24$ $Y = 996,82$ $Z = 333,09$

   b) $h = 118,68$

13.19   88 m

13.21   120,1 m

Chapitre 14

14.1   2e cas   : courbe unique entre deux autres de même altitude.
   3e cas   : courbe discontinue.
   4e cas   : courbe qui se croise.
   5e et 6e cas : 3 courbes consécutives de même altitude.
   7e cas   : 2 courbes de même altitude qui se fusionnent.

Chapitre 15

15.1   23,796 ha

15.3   43,299 ha

15.4   Clôture Est : 235,38 m   Clôture Ouest : 435,29 m

15.5   Méthode des ordonnées : 608,5 m^2 Méthode de Simpson : 610,3 m^2

15.7   a) 32 401 m^2; 3,240 ha   b) AB = BC = CA = 273,545 m

15.10   1 050 000 m^2

15.12   a) 1/6910

   b)

Distances compensées (m)	Angles compensés
AB : 223,828	∠A : 80° 14' 37"
BC : 208,395	∠B : 89° 15' 25"
CD : 193,772	∠C : 260° 41' 30"
DE : 365,948	∠D : 24° 05' 48"
EA : 335,866	∠E : 85° 42' 40"

c)

Point	X (m)	Y (m)
A	1000,000	1000,000
B	1158,266	1158,274
C	1303,705	1009,022
D	1462,531	1120,026
E	1274,308	806,194

d) $X_F = 1208,392$ m $\qquad Y_F = 1006,190$ m

e) $\angle AFB = 73° 27' 35''$

f) 68 463,3 m²

15.13 a) $X_4 = 2269,101$ m $\qquad Y_4 = 1864,211$ m

b) $\gamma_{4-5} = 124° 04' 00''$

c) 1/3048

d)

Distances compensées (m)	Angles compensés
4-5 : 280,475	$\angle 4$: 94° 38' 12''
5-6 : 423,597	$\angle 5$: 101° 52' 54''
6-7 : 422,215	$\angle 6$: 54° 48' 41''
7-4 : 248,282	$\angle 7$: 108° 40' 13''

e) $X_5 = 2501,473$ m $\qquad Y_5 = 1707,145$ m
$X_6 = 2341,600$ m $\qquad Y_6 = 1314,876$ m
$X_7 = 2113,890$ m $\qquad Y_7 = 1670,423$ m

f) $X_8 = 2292,443$ m $\qquad Y_8 = 1687,340$ m

g) 107 787,6 m²

15.15 40 598,6 m² ± 18 m² (40 600 m² ± 20 m²)

15.18 27,6 × 10⁶ m³

15.19 E déplacé vers le sud de 14,838 m

15.20 5986 m³

Chapitre 16

16.2 a) AB = 18,000 m   BC = 10,000 m   CD = 12,000 m   DE = 20,000 m   EF = 8,000 m
FG = 6,000 m   GH = 12,000 m   HI = 16,000 m   IJ = 10,000 m   JA = 20,000 m

b)

Point	X (m)	Y (m)
1	252,221	432,363
2	250,109	434,245
3	249,533	444,227
4	249,070	452,215
5	250,952	454,327
6	258,823	456,783
7	258,361	464,771
8	260,243	466,884
9	270,227	467,461
10	280,208	468,039
11	282,321	466,158
12	286,661	460,399
13	288,773	458,518
14	289,003	454,523
15	289,466	446,538
16	287,585	444,425
17	281,595	444,078
18	274,070	435,629
19	272,188	433,517
20	262,203	432,940

c) Implantation

Angles $< 99 - 100 - n$	Distance du point 100 au point (m)
n	
1 : 25° 49' 04"	1 : 49,352
2 : 27° 14' 41"	2 : 51,884
3 : 36° 57' 14"	3 : 55,981
4 : 43° 37' 28"	4 : 60,263
5 : 46° 17' 47"	5 : 59,867
6 : 53° 05' 01"	6 : 55,213
7 : 58° 23' 11"	7 : 61,141
8 : 61° 00' 43"	8 : 61,471
9 : 69° 12' 33"	9 : 56,027
10 : 78° 55' 07"	10 : 51,956
11 : 80° 21' 07"	11 : 49,427
12 : 83° 02' 13"	12 : 42,544
13 : 85° 03' 34"	13 : 40,121
14 : 83° 38' 29"	14 : 36,232
15 : 79° 39' 32"	15 : 28,552
16 : 74° 21' 56"	16 : 27,400
17 : 63° 54' 57"	17 : 30,307
18 : 42° 23' 21"	18 : 30,276
19 : 37° 13' 52"	19 : 30,923
20 : 30° 12' 34"	20 : 39,950

Chapitre 17

17.1 2125,83 m 1 % $\gamma_{AD} = 180° \, 00' \, 00''$

17.2 32,91

Chapitre 18

18.3 a) 180 m³/s b) 173 m³/s

Chapitre 19

19.1 $L = 245{,}742$ $T = 126{,}168$ Ch TC = 1 + 573,832 Ch CT = 1 + 819,574

19.3 lecture 1° 03' 10" pour 1 + 590 et 10° 49' 08" pour 1 + 740

19.5 $R = 291{,}198$ Ch TC = 1 + 304,803 Ch CT = 1 + 558,921

19.6 $R = 500{,}00$ $\Delta = 90° \, 00'$

19.8 Ch $TC_1 = 0 + 257{,}170$ Ch CTC = 0 + 506,106 Ch $CT_2 = 0 + 625{,}923$

19.9 $R_1 = 288{,}471$ $C_1 = 154{,}181$ $L_1 = 156{,}078$ $R_2 = 1145{,}948$ $C_2 = 394{,}044$
   $L_2 = 396{,}011$ Ch $TC_1 = 3 + 920$ Ch CTC = 4 + 076,078 Ch $CT_2 = 4 + 472{,}089$

19.11 191° 46' 18"

19.12 219,911 m

19.13 a) 80 m b) 6° 00' c) 2° 30' d) $X_{SC} = 2{,}965$ m $Y_{SC} = 79{,}907$ m

19.15 1 + 050 35,750 m

19.16 300 m

LEXIQUE · · · · · · · · · ·

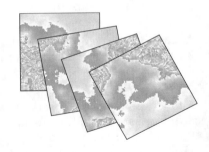

Affichage numérique : représentation numérique d'une grandeur, directement sur l'instrument.

Alidade : règle mobile, libre de tourner dans un plan qui permet de prendre ou de donner des directions. Ex. : alidade à pinnules ou à lunette.

Altimètre : instrument servant à mesurer les différences d'altitudes au moyen des variations de la pression atmosphérique.

Altimétrie : science de la mesure des hauteurs et des altitudes.

Altitude : hauteur d'un point au-dessus du niveau moyen de la mer.

Ambiguïté : nombre entier de cycles ou de longueurs d'onde entre le satellite et le récepteur.

Angle à droite : angle horizontal qu'on mesure en tournant vers la droite (dans le sens des aiguilles d'une montre).

Angle à gauche : angle horizontal qu'on mesure en tournant vers la gauche (dans le sens contraire des aiguilles d'une montre).

Angle de déflexion : angle horizontal qu'on mesure vers la droite ou vers la gauche, dans une polygonale ouverte ou fermée, et ce à partir du prolongement d'un de ses côtés vers le côté suivant.

Angle extérieur : angle situé à l'extérieur d'une polygonale fermée.

Angle intérieur : angle situé à l'intérieur d'une polygonale fermée.

Angle multiple : valeur angulaire obtenue par accumulation d'un même angle répété.

Angle nadiral : angle mesuré à partir du nadir dans un plan vertical.

Angle vertical : angle qu'on mesure dans un plan vertical et qui a habituellement son origine dans le plan horizontal d'observation.

Angle zénithal : angle mesuré à partir du zénith dans un plan vertical.

Antenne : polygonale auxiliaire dont le point de départ est généralement situé sur une autre polygonale et qui ne ferme pas sur un point connu.

Arpentage : mesurage d'un terrain par arpent; par extension, art de mesurer la superficie des terres. De nos jours, ce terme a une connotation légale.

Astronomie géodésique : basée sur des principes d'astronomie et de trigonométrie sphérique, l'astronomie géodésique, aussi appelée astronomie de position, permet de déterminer la position absolue de points et la direction absolue de lignes sur la surface de la Terre à partir d'observations faites sur les astres.

Axe principal : axe vertical passant par le centre géométrique d'un instrument.

Axe secondaire : axe horizontal autour duquel peut basculer la lunette.

Azimut astronomique : angle dièdre entre le méridien du lieu et le plan vertical passant par le point observé. On le mesure dans le plan horizontal, à partir de la direction nord et dans le sens des aiguilles d'une montre, de 0 à 360°. Il est de nature ponctuelle, c'est-à-dire qu'il se rapporte au méridien passant par le point occupé par l'instrument.

B . . . . . .

Bit : unité élémentaire d'information pouvant prendre deux valeurs distinctes, généralement 0 et 1.

C . . . . . .

Carte : représentation graphique d'une portion de la Terre par projection analytique ou géométrique sur une surface particulière. En raison de l'échelle, la plupart des détails du terrain y sont représentés par des signes conventionnels.

Cartographie : technique ayant pour objet la conception, la préparation, la rédaction et la réalisation de tous les types de plans et de cartes.

Centrage forcé : technique consistant à permuter, sur des trépieds, les instruments (théodolite, cible, etc.) préalablement installés sur les stations, ce qui favorise un centrage de haute précision.

Chaise d'alignement : instrument servant lors de la construction d'une bâtisse et constitué de deux piquets reliés par une planche sur laquelle un ou plusieurs clous matérialisent un ou des alignements.

Cheminement : série d'opérations, de proche en proche, qui servent à mesurer, sur le terrain, les différents éléments d'une polygonale ou d'un circuit de nivellement.

Code C/A : (C/A de l'anglais *Coarse Acquisition*). Séquence de modulations biphasées, binaires et pseudo-aléatoires transmises sur une onde porteuse GPS par un processeur de 1,023 MHz.

Code P : code GPS précis formé d'une très longue séquence de modulations biphasées, binaires et pseudo-aléatoires transmises sur une onde porteuse GPS par un processeur de 10,23 MHz. La durée nécessaire à la transmission d'une séquence complète de ce code est d'environ 267 jours.

Collimation : action de viser dans une direction précise ou de projeter des rayons parallèles.

Contre-fiche : étai soutenant une pièce verticale, en l'occurrence une mire de précision.

Courbe de niveau : lieu géométrique des points du terrain de même altitude.

Courbe maîtresse : courbe faisant partie d'un ensemble de courbes de niveau, tracée en trait plus foncé et cotée pour faciliter le décompte des altitudes.

Cycle orbital : nombre de révolutions qu'un satellite doit effectuer pour couvrir l'ensemble de la surface terrestre, c'est-à-dire pour passer au-dessus d'un même point terrestre.

D . . . .

Déclinaison magnétique : angle formé par le méridien magnétique et le méridien géographique en un lieu donné.

Degré d'appréciation : la plus petite lecture faite directement sur un instrument.

Dénivelée : différence d'altitude entre deux points, qui correspond à la distance verticale entre les surfaces de niveau passant par ces points.

Dévers : inclinaison transversale de la chaussée, qui vise à annuler l'effet de la sollicitation centrifuge sur un véhicule circulant dans une courbe circulaire.

Diastimètre : petit prisme triangulaire, dont l'angle au sommet est faible, que l'on retrouve dans certains appareils de mesure.

Dioptre : petite lunette d'orientation munie de pinnules.

Directrice de la nivelle : droite tangente au milieu de la nivelle dans le plan de celle-ci.

Disponibilité sélective (S/A) : technique qui consiste à diminuer substantiellement la précision du positionnement auquel les utilisateurs civils ont accès par le code C/A.

Dispositif de mise au point : partie d'un instrument utilisée pour régler la mise au point optique de la lunette.

Double retournement : opération combinée d'un basculement autour de l'axe secondaire de l'instrument et d'une rotation autour de l'axe principal, ce qui favorise une plus grande précision dans le mesurage des angles.

E . . . . . .

Échelle : rapport de similitude entre une distance mesurée sur le terrain et sa représentation sur la carte ou sur le plan.

Ellipsoïde : surface définie mathématiquement qui se rapproche de la forme du géoïde.

Éphéméride : liste de positions ou de localisations d'un objet céleste en fonction du temps.

Époque : période utilisée comme point de référence sur une échelle de temps.

Équerre à miroirs ou équerre à réflexion : équerre formée de deux miroirs, fixés à 45° l'un de l'autre, qui donne après réflexion deux directions perpendiculaires.

Équerre à prismes ou équerre optique : équerre formée d'un prisme pentagonal dont les faces réfléchissantes forment entre elles un angle de 45°. L'équerre optique double possède deux prismes pentagonaux superposés, ce qui permet de placer un point dans un alignement donné.

Équidistance des courbes de niveau : différence d'altitude entre deux courbes de niveau consécutives. Ne pas confondre avec l'intervalle des courbes de niveau.

Erreur absolue : différence entre la valeur qu'on aurait dû obtenir et la valeur calculée ou mesurée (voir *Erreur relative*).

Erreur relative : rapport entre l'erreur absolue et la quantité mesurée.

F - G - H

Fil à plomb : fil à l'extrémité duquel est fixée une masse de plomb ou d'acier de forme cylindrique, terminée par une partie conique, qui sert à donner la verticale.

Géodésie : science qui a pour objet l'étude qualitative et quantitative de la forme de la Terre et de ses propriétés physiques.

Géodimètre : nom déposé d'un appareil inventé en 1947 par Erik Bergstrand et destiné à la mesure des distances par signal lumineux à haute fréquence.

Géoïde : surface de niveau, correspondant au niveau moyen de la mer, qui est normale par rapport à la direction de la force due à la pesanteur, et ce en tous ses points.

Goniomètre : nom générique donné aux instruments permettant de mesurer les angles.

Gyrothéodolite : instrument formé d'un théodolite et d'un gyroscope, qui possède la propriété de donner directement la direction du vrai nord.

Histogramme : représentation visuelle de la distribution des erreurs résiduelles en fonction de la fréquence dans une série d'observations répétées.

Horloge atomique : horloge dont le circuit oscillant est strictement contrôlé par les phénomènes de transition que présentent les atomes de certains corps.

I

Inclinaison magnétique : angle formé par l'aiguille aimantée et le plan horizontal.

Intervalle : distance planimétrique mesurée sur une carte, qui sépare deux courbes de niveau consécutives. Cette distance doit être mesurée selon une ligne de plus grande pente.

Invar : acier contenant 36 % de nickel, caractérisé par une dilatation très faible aux températures courantes d'emploi.

Isogone : lieu géométrique des points de la Terre où la déclinaison magnétique est la même.

L

Ligne agonique : ligne de déclinaison magnétique nulle.

Ligne de base : ligne constituée d'une paire de stations à partir desquelles des données GPS ont été enregistrées simultanément.

Ligne de visée : ligne droite déterminée par l'oeil de l'observateur et l'objet regardé.

Ligne horizontale : droite entièrement contenue dans un plan horizontal, qui correspond à la directrice d'une nivelle, lorsque celle-ci est calée.

Ligne verticale : (voir *Verticale*).

Lunette : instrument d'optique composé de plusieurs lentilles disposées dans un tube et destiné à faire voir plus distinctement des objets éloignés. Ne pas confondre avec télescope.

Lunette d'alignement : lunette spécialement conçue pour la topométrie industrielle et ayant une distance minimale de mise au point nulle.

M . . . . .

Méridien : grand cercle de la surface terrestre dont le plan passe par l'axe de rotation de la Terre.

Méridien conventionnel : plan vertical d'un lieu dont la direction est choisie arbitrairement pour remplacer le méridien géographique ou magnétique inconnu ou pour simplifier les calculs.

Méridien géographique ou méridien astronomique : grand cercle de la sphère terrestre passant par les pôles (axe de la Terre).

Méridien magnétique : plan vertical, défini par la verticale du lieu et la direction du champ magnétique terrestre en ce lieu, donné par la position de l'aiguille aimantée.

Méridienne : intersection entre le plan du méridien du lieu et l'horizon et, par extension, la flèche la représentant sur le plan ou la carte.

Mesure directe des distances : mesure qu'on obtient en parcourant la ligne à mesurer et en appliquant bout à bout, un certain nombre de fois, l'instrument de mesure.

Mesure électronique des distances : mesure obtenue à l'aide d'appareils à composantes électroniques.

Mesure indirecte des distances : mesure qu'on obtient sans avoir à parcourir la longueur à mesurer.

Mètre : unité de base de longueur dans le SI, égale à 1 650 763,73 fois la longueur d'onde, dans le vide, de la radiation orangée du Krypton 86.

Micromètre à lame à faces parallèles : dispositif qui consiste principalement en une plaque de verre à faces parallèles placée sur le passage de la ligne de visée, qui, par rotation, entraîne un déplacement transversal et parallèle de cette ligne.

Micromètre optique : dispositif dans lequel le limbe est gradué en degrés et en fractions de degrés et l'index est mobile. On encadre une division du limbe en déplaçant l'index à l'aide d'une vis micrométrique.

Micro-onde : onde de très petite longueur (inférieure à 0,30 m).

Microscope à échelle : microscope de lecture dans lequel on superpose l'image d'une échelle à celle du limbe de l'instrument.

Microscope à index : microscope de lecture qui grossit la graduation très fine du limbe pour en faciliter la lecture.

Microscope de lecture : dispositif optique grossissant avec lequel on fait les lectures.

Mise au point : action de régler un appareil d'optique de façon à ce que l'image se forme dans le plan du réticule.

Mise en station : opération qui consiste à centrer et à caler un instrument topométrique.

N . . . . .

NAVSTAR/GPS : système de positionnement global par satellites, basé sur le principe du relèvement spatial, qui fait appel à la mesure du temps de parcours et/ou à la mesure de la phase.

Niveau : instrument comportant essentiellement une nivelle et une lunette, et dont la rotation autour de l'axe principal engendre un plan horizontal de référence.

Niveau moyen de la mer : surface de référence conventionnelle de nivellement, qui correspond au niveau moyen de la mer établi à l'aide de marégraphes observés sur une période de 10 à 20 ans.

Nivellement de précision : nivellement différentiel exécuté à l'aide d'un niveau de précision sur de courtes portées, avec des mires en acier invar, et nécessairement compensé par la suite.

O . . . . .

Objectif : système optique situé du côté de l'objet et formant l'image de ce dernier dans le plan du réticule.

Oculaire : système optique situé du côté de l'oeil de l'observateur et destiné à agrandir l'image donnée par l'objectif.

P . . . . .

Photogrammétrie : science qui permet d'obtenir des informations quantitatives et qualitatives grâce à des mesures directes ou indirectes sur des photos.

Plan : représentation graphique d'une portion restreinte de la Terre obtenue par projection orthogonale sur une surface plane. Les détails y sont représentés à l'échelle.

Plan horizontal : plan tangent à une surface de niveau en un lieu donné; il est perpendiculaire à la verticale du lieu.

Plan vertical : plan qui passe par la verticale du lieu; il y a une infinité de plans verticaux en un point donné.

Plateau intérieur : partie du théodolite qui porte la graduation angulaire horizontale.

Plateau supérieur : partie du théodolite qui porte l'index de mesure et le ou les verniers, et qui tourne avec la lunette.

Point de changement : point intermédiaire, occupé temporairement par la mire, sur lequel on effectue une visée arrière, après avoir déplacé le niveau, lors d'un nivellement par cheminement.

Point vernal : point d'intersection de l'écliptique et de l'équateur céleste, qui correspond à l'équinoxe du printemps.

Pôle Nord et pôle Sud : point où l'axe de rotation de la Terre rencontre la surface.

Polygonale : figure géométrique composée d'une succession continue d'angles et de segments de droites.

Polygonale fermée : polygonale dont le point final correspond au point initial.

Polygonale ouverte : polygonale dont le point final n'est pas connu.

Polygonale rattachée : polygonale qui relie deux points connus.

Polygonation : ensemble des opérations qui consistent à mesurer et à calculer une polygonale.

Projection : représentation sur un plan d'une surface courbe point par point, suivant un modèle mathématique.

Projet GPS : combinaison d'une ou de plusieurs sessions GPS; il n'y a aucune limite en ce qui a trait au nombre de stations.

R . . . . .

Radar (*Radio detection and ranging*) : système électronique qui permet de détecter la présence, la direction et la distance d'objets situés sur le trajet d'ondes radioélectriques, et ce grâce aux ondes réfléchies par ces objets.

Radier : revêtement, en général de maçonnerie ou de béton, en forme de voûte renversée, situé à la base des murs ou des piles de ponts, qui sert à les protéger de l'érosion de l'eau. Par extension, la face intérieure inférieure d'une conduite d'égout.

Rayonnement : procédé topométrique par lequel on localise, à partir de l'instrument, les distances et les directions de points.

Règle à calcul : instrument de calcul en forme de règle à coulisse, basé sur la propriété des logarithmes.

Règle optique : lame d'acier à outil trempé, recouverte d'une surface de plastique blanc mat, spécialement graduée.

Relèvement : opération topométrique qui a pour but de déterminer la position d'un point occupé par l'instrument, au moyen de visées effectuées sur au moins trois points dont on connaît la position.

Repère d'altitude ou repère de nivellement : marque permanente dont on connaît l'altitude.

Réservoir d'emmagasinement : lieu, en amont d'un barrage, destiné à retenir en réserve un certain volume d'eau.

Réticule : monture placée perpendiculairement à l'axe optique d'une lunette, dans le plan-image focal de son objectif, qui porte un système de fils ou de lignes gravées et dont l'intersection donne, avec le centre optique de l'objectif, la ligne de collimation.

S . . . . . .

Séance d'observation (GPS) : période d'observation effectuée en synchronisme avec les récepteurs mobiles et la station de base, et ce en fonction d'un mode d'opération spécifique et d'un échéancier.

Sextant : instrument à réflexion optique qui permet d'observer simultanément deux directions afin de mesurer des angles.

Socle : plaque métallique à crampons que l'on place sur le sol mou pour supporter la mire.

Station excentrée : station d'observation située à proximité d'une station principale de laquelle il faut prendre les mesures.

T . . . . . .

Télédétection : détection à distance et, plus spécifiquement, procédé d'interprétation photographique qui utilise des ondes autres que la lumière blanche.

Telluromètre : appareil de mesure des distances qui fait appel à des ondes électromagnétiques.

Thalweg : ligne d'intersection de deux chaînes de montagne, qui constitue la ligne de direction d'écoulement des eaux; axe du fond de la vallée.

Théodolite : instrument permettant de mesurer des angles dans les plans horizontal et vertical.

Théodolite cumulateur : théodolite permettant de mesurer des angles par accumulation (angles multiples).

Théodolite directionnel : théodolite permettant de mesurer des angles par différence entre des directions observées.

Topographie : (du grec *graphein* = dessiner). Art de représenter graphiquement un lieu, sous forme de plan ou de carte.

Topométrie : (du grec *topos* = lieu et *metron* = mesure). Ensemble des techniques de mesurage géométrique servant à déterminer la forme et les dimensions d'objets et de lieux sans tenir compte de la courbure de la Terre.

Traitement différé : traitement des données brutes par l'ordinateur après la session d'observations.

TRANSIT : système de positionnement mondial par satellites qui utilise la mesure de la variation de fréquence basée sur l'effet Doppler.

TS : temps sidéral en un lieu donné; angle horaire du point vernal en ce lieu.

Vernier : dispositif qui consiste en une petite réglette, graduée en fonction de la règle principale, libre de coulisser le long de cette dernière et permettant d'améliorer le degré d'appréciation d'un instrument de mesure.

Verticale : direction de la force due à la pesanteur donnée par le fil à plomb.

Vis calantes : vis surmontées d'un bouton moleté situé sur l'embase de l'instrument, qui permettent de régler aisément la verticalité de son axe principal.

Vis d'ancrage : vis permettant de fixer un instrument sur son trépied.

Vis de blocage : vis permettant d'immobiliser provisoirement la lunette dans le plan vertical ou le plan horizontal.

Vis de rappel : vis micrométrique qui sert à compléter un déplacement angulaire à l'aide d'une rotation, en sens inverse de la rotation initiale, ce qui permet de neutraliser le jeu dans la vis.

Vis micrométrique : vis dont la particularité est de posséder un pas très faible, ce qui n'entraîne qu'un léger déplacement et permet une meilleure rotation de la vis.

Visée : opération qui consiste à diriger l'axe optique d'une lunette vers un point déterminé.

Visée arrière : visée vers un point connu servant de référence.

Visée avant : visée vers un point à localiser ou à implanter.

Visées réciproques : observations de même nature faites aux deux extrémités d'une droite, simultanément ou non, en vue d'annuler certaines erreurs. Cette méthode permet de déterminer l'erreur de collimation d'un instrument.

INDEX . . . .

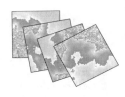